"一带一路"视野下的
西南茶马古道文献与遗产

刘礼堂　主编

图书在版编目（CIP）数据

"一带一路"视野下的西南茶马古道文献与遗产 / 刘礼堂主编. —北京：商务印书馆，2024. —ISBN 978-7-100-24199-1

Ⅰ. K928.6

中国国家版本馆CIP数据核字第2024Z8S310号

权利保留，侵权必究。

"一带一路"视野下的西南茶马古道文献与遗产
刘礼堂　主编

商 务 印 书 馆 出 版
（北京王府井大街36号　邮政编码100710）
商 务 印 书 馆 发 行
三河市尚艺印装有限公司印刷
ISBN 978-7-100-24199-1

2024年8月第1版　　　　开本710×1000　1/16
2024年8月第1次印刷　　印张30　1/2

定价：138.00元

序 言

  为了进一步推动西南茶马古道研究长远发展，由武汉大学主办，武汉大学长江文明考古研究院、武汉大学茶文化研究中心承办的西南茶马古道文献资料整理与遗产保护研究学术研讨会于2023年7月1日在武汉大学举行。来自中国社会科学院、北京大学、北京师范大学、四川大学、湖北大学、河南大学等单位的学者与会。从不同的时代、线路、主体切入，交流论证研究的最新成果，故以论文集的形式推广之。

  茶马古道是对以中国西南为中心的交通贸易网状的命名，已经存在了上千年，具有非凡的意义。1990年，木霁弘、李旭等六人考察滇、藏、川"大三角"地区时，提出了"茶马古道"的概念，从而形成了一道文化奇观，可谓一石激起千层浪。当然，作为一个由当代学者提出的概念，茶马古道仍有不少争论，仍有一些问题需要探讨。正如北京大学孙华教授所讨论的，茶马古道的对象、范围、类型和性质等，都需要审慎讨论和辨析。特别是，当前茶马古道的研究更多停留在现象和表层问题的探讨，学界需要深入的高质量的学术研究成果。我们深感茶马古道的研究要取得进一步突破，宏观方面需要更大的视野来观照，微观方面需要在文献资料和文化遗产两个维度取得突破。

  为此，武汉大学茶文化研究中心刘礼堂教授率领的团队从"大地理、大历史、大文明"的整体格局提出了西南茶马古道的概念，认为这是中国西南地区在茶马互市基础上形成的以茶叶为主要商品、以马匹为主要交通工具的商贸通道，是中国西南地区经济贸易、文化交流的重要走廊。西南茶马古道有川藏、滇藏、青藏三条主线路，并由众多支线组成，遍及四川、云南、陕西、甘肃、青海、西藏等省区，辐射东南亚、南亚等地区；它渊源于秦汉，形成于唐宋，快速发展于明清，大放异彩于近现代，有着深厚的历史积淀和文化底蕴。西南茶马古道是世界上海拔最高的商贸通道，是历史上西藏和内地联系不可缺少的桥梁和纽带，是多元文明交流互动的主要通道之一。在首席专家刘礼堂的带领下，武汉大学协同四川师范大学、西藏大学、云南省社会科学院、西南林业大学等高校和科研机构，向国家社科基金规划办公室申请"'一带一路'视野下的西南茶马古道文献资料整理与遗产保护研究"国家社科基金重大项目，并于2020年12月成功获批。该项目在"一带一路"的总体视野之下，系统搜集、整理、研究西南茶马古道文献资料，并在翔实、可靠的文献资料基础上，提出西南茶马古道的文化遗产保护方案，深入挖掘其历史与现实意义，铸牢"中华民族多元一体格局"的共同体意识，为中华民族共同体和人类命运共同体提供实践和理论资源的双重支撑。

该项目在疫情期间获批，文献调查、实际考察、学术研讨会召开等面临诸多不便，特别是线下会议一再延期，最终如愿召开。来自各方面专家教授云集一堂，探讨西南茶马古道文献资料整理与遗产保护的路径。本论文集所收录的论文主要来自这次会议所征集的稿件，也有一部分是近年来在报纸和期刊发表的西南茶马古道研究代表性论文。这些论文所涉及的论域较广：有的是茶马古道最新文献的收集和整理，首先，刘礼堂、陈韬在《光明日报》上发表的三篇论文，分别从三重角度阐述了西南交通大动脉的作用：对内而言，它是汉藏交融的千年大通道；对外而言，它是中外交流的桥梁和纽带；纵贯古今，它在铸牢中华民族共同体意识的过程中奏出千年回响。有的关涉基本概念和范畴，如杨福泉、孙华等人的研究。有的深入挖掘茶马古道文化遗产的点线面，如罗家祥、郑启的研究。这些研究以历史学研究为基本范式，但同时又关涉文化遗产、经济产业、民族关系和中外关系、民俗民风、印刷出版、图书情报等，充分体现了茶马古道研究的跨学科交融属性。

在21世纪的前10年，茶马古道的学术研究十分活跃。召开了多次学术研讨会，也出版了不少论文集或学术集刊，如木仕华曾编《活着的茶马古道重镇丽江大研古城：茶马古道与丽江古城历史文化研讨会论文集》（2006）、杨国清主编《"一带一路"与丽江：茶马古道研究论文集》（2010）、国家文物局和云南省文物局主编《茶马古道文化遗产保护论文集》（2010），云南大学茶马古道文化研究所也编辑出版了4辑《茶马古道研究集刊》。茶马古道的研究在古道时空范围的界定、古道商贸活动及其衍生问题、古道相关的考古学和文化遗产学等方面取得了丰硕的成果，但也存在不够系统和规范、在地域和时段上出现断裂、不同学科之间存在壁垒等问题。与此同时，茶马古道有关研讨会也出现泛旅游化的取向，学术化有待进一步提升。武汉大学茶文化研究中心所承担的西南茶马古道重大项目、所召开的学术研讨会，以及基于项目和研讨所编辑的论文集，旨在运用以文献整理为核心、多学科综合的新方法，凸显古道的价值与意义，提升研究的水平与格局。

茶马古道、西南茶马古道的概念，是由中国当代学者提出的原创性学术概念，这与西方学者所提出的丝绸之路等概念截然不同。我们可以说，这些概念体现了当代学者构建中国特色、中国风格、中国气派的学科体系、学术体系、话语体系的自觉和担当，也取得了丰硕的成效。通过宋时磊等人的研究，我们可以看出这些中国原创的概念，已经在英语世界、日本、韩国等产生了较大影响。这体现了当代学人话语生产和传播的能力，为讲好中国故事、传播中国声音，展现可信、可爱、可敬的中国形象，提供了原创学术话语。

最后，感谢国家社科基金规划办对"'一带一路'视野下的西南茶马古道文献资料整理与遗产保护研究"项目的信任和支持，同时也感谢武汉大学长江文明考古研究院对该书出版的资助，感谢所有子课题负责人和研究团队成员以及耕耘在茶马古道的研究者。让我们一起共同努力，为促进西南茶马古道的长远研究发展贡献力量，让这个历史的古道历久弥新，茶香悠悠飘万里。

刘礼堂

2023 年 12 月 26 日于武汉大学珞珈山振华楼

目 录

一、理论研究

茶马古道研究和文化保护的几个问题 / 杨福泉 3

再论茶马古道的若干问题——狭义茶马古道与广义茶马古道的
　　关系 / 孙　华 13

西南茶马古道：汉藏交融的千年大通道 / 刘礼堂　陈　韬 28

西南茶马古道：中外交流的桥梁与纽带 / 刘礼堂　陈　韬 33

西南茶马古道：中华民族共同体意识的千年回响 / 刘礼堂　陈　韬 39

"一带一路"视野下西南茶马古道研究：回顾、反思
　　与展望 / 刘礼堂　冯新悦 47

促进西南茶马古道研究长远发展 / 明海英 60

试论西南茶马古道的发展与多民族文化交流 / 陆晗昱 64

"茶马古道"概念在日本的接受与传播 / 宋时磊 90

茶马古道的概念、研究瓶颈与开拓方向——历史学科的视角 / 宋时磊 ... 110

茶马古道与万里茶道的文化融合和时代担当 / 冯晓光 120

四川茶马古道历史地位和作用研究 / 陈书谦 124

二、文化遗产

滇南茶碑调查研究 / 杨海潮　胡皓明 141

传承保护和利用好茶马古道文化资源 / 明海英 163

重塑"壮游"——研学旅游与中国西南茶马
　　古道 / 席格伦（Gary Sigley）著　李怡博　译 167

茶马古道研究知识图谱分析 / 凌文锋　杨海潮　木霁弘 171

川藏茶马古道文化遗存管窥——以川藏茶马古道起点雅安
　　为例 / 罗光德 185
茶马古道的保护、提名与管理：文化线路概念的运用和探究 / 王少琛 194
雅安茶马古道考古调查研究 / 兰　犁　吴　磊 201
西南茶马古道的重要分支——沐源川道 / 罗家祥 211
茶马古道在藏北草原的形成与走向——基于文献和实地的
　　历史考察 / 赵书彬 236
古道上的旅行者——古伯察、司徒·确吉加措和邢肃芝对川藏
　　茶马古道的记述及价值探讨 / 公秋旦次 250
西南茶马古道与马边南丝路古彝文化生态旅游走廊 / 陈　远 260
匾意今古 / 周安勇 267
茶马古道普洱茶业转型与社会结构变迁研究——以墨江县景星
　　朱氏家族为例 / 张宸溪　孙博文 274
保护利用茶马古道的普洱实践 / 张国华 293
茶马古道之黔西南古道 / 崔利军 305
浅析西南茶马古道对重庆及其流域内茶文化的传播
　　及影响 / 刘青泹　罗承勇 320
从印刷术看明代茶书的刊行与传播 / 陆晗昱 328
西南茶马古道文化遗产地理信息系统的设计与构建 / 彭　蛟 345
文化线路视野下茶马古道的动态性与遗产价值 / 池心怡 352
川藏茶马古道文化遗产保护、传承、利用的若干思考 / 陈　娜 367
从文物看西南茶马古道影响下的多民族文化交流 / 邹　尧 376

三、茶马贸易

蜀布、庸赁与边茶：岷江道上的贸易变迁与边徼
　　治理 / 段　渝　龚　伟 385
从自发行为到政府行为：近代中国的茶叶出口检验
　　实践 / 何　强　何施怡 400

四、古道风情

彼岸的目光——外国人眼中的蒙顶山茶和川藏茶马古道 / 高富华 419

宜宾茶俗文化对茶产业发展的历史贡献 / 张瑞英　郑启友.................. 433

五、研究综述

英印时期有关印茶入藏问题的报道和研究述论 —— 以中文报刊
　为例 / 宋维君.................. 445

西南茶马古道文献资料整理与遗产保护研究学术研讨会综述 / 王佳薇.....468

一、理论研究

茶马古道研究和文化保护的几个问题

杨福泉

（云南省社会科学院）

在中国西南横断山脉，从唐代起，产生了一条穿行于滇川藏交界地区、绵延数千里、以茶马互市为主要贸易内容、以马为主要运输工具来长途驮载货物的交通要道。在20世纪90年代初，木霁弘等6位青年学者在他们考察的基础上于1991年出版了《滇藏川"大三角"文化探秘》一书，首次正式提出了"茶马古道"这个名词[1]。茶马古道从横断山脉东侧的云南和四川的产茶地起始，穿过横断山脉和金沙江、澜沧江、怒江、独龙江、雅砻江等大江大河，西向拉萨，最后通向喜马拉雅西部的南亚次大陆。它是以滇藏川三角地带为中心，伸向中国内地、印度、东南亚的文明古道。一千多年来，茶马古道犹如一条吉祥的红绳，将大西南边地众多民族的生活乃至心灵世界，连接到了一起。

云南省委省政府在打造民族文化强省的举措中，提出建设包括茶马古道品牌在内的"四大文化品牌"。而开展第三次全国文物普查以来，云南省文物局选取了七处具有代表性的茶马古道路段，打包申报"云南茶马古道"为第七批全国重点文物保护单位。2010年6月3日至5日，在普洱召开"中国文化遗产普洱论坛——茶马古道遗产保护"会议，国家文物局局长单霁翔到会并作了"守护千年古道，再书世纪新篇"的主题演讲，标志着启动了国家层面对于茶马古道的保护。同时，茶马古道沿线的各省市区在论坛上达成共识，表示将在未来加强交流，共同保护这条古道，并争取将茶马古道申报为世界文化遗产。

茶马古道是否能成功申报世界文化遗产，是否能成为长盛不衰的文化品

---

[1] 木霁弘等：《滇藏川"大三角"文化探秘》，云南大学出版社1992年版。

牌、旅游精品，造福沿线各民族人民，皆取决于它能否保持长久的魅力。这就涉及茶马古道物质和非物质文化遗产的保护，以及对它的研究深度。笔者从20世纪80年代末开始至今，在茶马古道的云南区域里长期从事人类学、民族学调研。2002年6月，笔者有机会参与由西藏昌都地区、四川甘孜州和云南迪庆州这三个藏区联合组织的茶马古道考察，从这条古道最重要的驿站之一丽江出发，向着目的地拉萨，进行了一次古道远行。沿途经过云南的中甸县（今香格里拉市）、德钦县，西藏的芒康县、左贡县、昌都县、类乌齐县、丁青县、那曲县，最后到达拉萨市。笔者将自己在茶马古道行走和调研中所见到的一些问题和思考提出来，就教于同行和方家。

一、学术研究中的遗憾

自20世纪90年代以来，茶马古道研究日益受到国内外多学科、多行业、多角度的重视，出版了不少论文和书籍。但就笔者所见，目前关于茶马古道的论著，除了部分是从历史、宗教、民族关系等角度进行研究的功力比较深厚的论著之外，更多的是边走边看边记录的游记和图文实录，而严谨地从民族学、人类学、民俗学等学科的角度进行深钻细研的学术著作和田野调查民族志等还很少，特别是对沿线的村镇、商帮及其经济和文化变迁等方面进行细致调研的还不多见。

在茶马古道沿线，有各民族很多很具特色的村落和小镇，以及各种历史文化遗产遗址（比如众多的考古遗址）、非物质文化遗产等，构成了茶马古道沿线独特的人文风景线。要把茶马古道申报为世界文化遗产，使之成为中国文明史上可以与丝绸之路媲美的文明古道品牌，笔者认为首先应该认真地做好这条文化线路遗产沿线村镇和历史遗址、考古遗址等的调研。而在当下，对茶马古道沿线很多名村名镇的基础研究非常薄弱，有很多还是空白。比如关于丽江茶马古道重镇束河，虽然已经出版了一些相关书籍，但还没有一本比较系统地研究这个村落群（包括其村民来历、社会组织、宗教、民俗、商帮、产业等内容）的学术著作，比如《束河村志》这样的书。

再如西藏昌都地区的芒康县，自古就是西藏的东南大门，被称为茶马古道在西藏的第一站。西藏自治区芒康县盐井纳西民族乡无论从文化上，还是从地理物产上来讲，都是非常独特的神秘之地。该乡地处西藏自治区东南端，位于横断山脉澜沧江东岸芒康县和德钦县之间，平均海拔2400米左右。它在历史上是吐蕃通往南诏的要道，也是滇茶运往西藏的必经之路。盐业是盐井乡的主要经济来源，井口和盐田全分布在境内澜沧江两岸。过去西藏政府称盐井为"察洛"，而地方上的藏族则称"察卡洛"，纳西人则称"察卡"。不论是"察卡"或"察卡洛"，都是纳西语"盐井"的地名称谓。段鹏瑞在编撰于清宣统元年的《盐井乡土志》中说，"土人谓木氏（笔者注：明代纳西族土司）为木天王，今尚有此名称"，"今传盐井为麽些（纳西）王所开，由谓宗崖土城为木天王所建"。居住在这里的纳西人，大多是明代随纳西土司木天王来征康巴藏区时留居在这里的士兵后裔。该盐井的盐田现在是茶马古道上唯一仍在生产的人工原始晒盐的人文景观。盐井也是在西藏迄今唯一有天主教教堂和信徒的地方。纳西族和藏族的本土文化、纳西族的东巴教、藏族的藏传佛教和19世纪传入此地的天主教，和谐地共存于这个峡谷古镇里。2002年茶马古道考察队在这里调研时，上海社会科学院旅游研究专家王大悟先生向西藏昌都政府大力提议，应该致力于将盐井申报世界文化遗产。而就是这样的一个名村，目前也还缺少从历史、民族志、盐业贸易等方面入手的系统而细致的研究。

西藏芒康县邦达乡邦达村也面临同样的问题。该村因是茶马古道上赫赫有名的西藏巨商邦达昌的发迹之地而闻名遐迩。邦达家族是西康江卡县（今西藏昌都芒康县）人，三代以前是萨迦寺在芒康的差户，出身贫寒。邦达·宜江继承父业，在清光绪年间从事贩盐、贩马、贩茶叶等的生意，后来成了昌都、芒康的头号富商。后来，印度和西藏之间商埠开通，邦达·宜江将邦达昌的商号开到了印度的噶伦堡和加尔各答。1910年十三世达赖遭遇困厄，邦达·宜江从经济上大力援助达赖，并且为他奔走效劳。达赖回到拉萨后，大力扶持邦达昌，授权其全藏的羊毛和贵重药品的独家经营权，并由西藏政府给其免税和运输的种种便利。[①] 据丽江著名纳西族商人仁和昌、赖敬庵以及杨超然先生的回忆，邦达昌拥有的资金达1000万卢比以上。时人记载拉萨"城中之邦达昌商号，为藏中经营商业致富之第一家，远近咸知，势耀轩赫，俨然具有操纵西藏商业之地位。其所营之汇兑业与进出口货物贸易，几占全藏贸易总额之半，势力之大，

---

① 马大正主编：《国民政府女秘使赴藏纪实》，民族出版社1998年版，第49页。

可想见也"①。茶马古道上像这样的商号和名村，是非常值得认真地做村情村史研究的，但现在虽有一些研究成果，但还缺乏历史学、民族学等学科综合的系统研究。

再如笔者在考察中去过的西藏左贡县位于怒江河谷的东坝乡至今还大量保留着一妻多夫习俗，只有个别户是一夫一妻制②。云南德钦县茶马古道沿线的一些村落的藏族，则有一夫多妻制度和习俗。像这样有突出特色的村子，可以从当地的土地资源和土地制度等入手研究这种婚俗，也可以与茶马古道沿线其他民族的婚恋习俗进行比较研究。这样的研究，无疑将会加深茶马古道在学术研究方面的多元价值和分量。

笔者在茶马古道沿线一些村落调研过关于石棺葬、土碉楼、村民和氏族、家族的来历、苯教、东巴教乃至关于文成公主、金城公主进藏，藏传佛教不同教派的活佛转世、传教等情况，老人的口述是重要的资料来源。如果不趁着很多老人还健在，抓紧时间进行记录整理，那茶马古道沿线文化的研究会留下很多遗憾。

笔者于2010年参加了丽江举办的"茶马古道文化研讨会"，注意到有些青年学者提交了一些见微知著的论文，比如杨亦花的《语言学视域中的茶与纳西文化生活的关系》，王德和、古涛的《茶马古道尔苏藏族的贞朵屋研究》，杨杰宏的《阿喜渡口民族志研究》，和红媛的《茶马古道上村落文化的变迁：以丽江市七河乡西关村为例》等，这是一个好现象，对茶马古道的研究，就应该这样严谨地从一个个社区、地点或专题做个案研究。这样的研究积累多了，才会逐渐形成蔚为大观的"茶马古道学"。

此外，对茶马古道沿线各民族的商帮、著名商人、马锅头（马帮头领）等，也应该深入研究，包括记录他们的口述资料。而现在这方面的调研还比较薄弱，就笔者所见，目前仅有周智生的《商人与近代中国西南边疆社会——以滇西北为中心》（中国社会科学出版社，2006年）、李旭的《茶马古道上的传奇家族》（中华书局，2009年）等较有分量的专著。

同时，茶马古道也是一条历史上各民族进行商贸、文化和宗教等多元交流的通道，各民族的交流又促进了茶马古道的繁荣，因此，有待于从民族关系史

---

① 张忠：《西藏巨商邦达昌的兴衰与功过》，《贵州民族研究》2006年第2期。
② 杨福泉：《西行茶马古道》，上海人民出版社2009年版，第135—138页。

的角度来进行更多的深入研究。目前,茶马古道上民族关系史方面比较有深度的研究专著有入选《中国人类学民族学百年重要著作提要》的赵心愚的《纳西族与藏族关系史》(四川人民出版社,2004年)和笔者的《纳西族与藏族历史关系研究》[1]。还有,对茶马古道各民族相互之间在宗教文化上的交流,比如纳西族的东巴教与藏族苯教之间的关系,沿线藏传佛教不同教派在藏、纳西、白、普米等民族中的传播和交流等方面,都还有待于做更多深入的个案研究。

如上所述,笔者觉得对茶马古道的研究,应该有更多沿线选点和专题的个案研究,应该鼓励多个学科的学者,尤其是青年学子参与进来,这样才能逐渐建构起可以和"丝绸之路研究"相媲美且各有千秋的"茶马古道研究"或"茶马古道学"的雄厚基础。

二、文化保护实践中的不足

世界遗产委员会于2003年设立了文化线路(cultural routes or cultural itinerary)遗产项目申报,对陆地道路、水道或者混合类型的通道等文化线路遗产进行保护。世界遗产委员会《行动指南》中评价文化线路遗产的意义为:它代表了人们的迁徙和流动,代表了一定时间内国家和地区内部或国家和地区之间人们的交往,代表了多维度的商品、思想、知识和价值的互惠和持续不断的交流。它的本质是与一定历史时间相联系的人类交往和迁移的路线,包括一切构成该路线的内容:除城镇、村庄、建筑、闸门、码头、驿站、桥梁等文化元素之外,还有山脉、陆地、河流、植被等和路线紧密联系的自然元素。[2]茶马古道要申报世界文化遗产,并开辟为一条造福沿线民众的旅游热线,最关键的就是要加强对这条古道上的物质和非物质文化遗产的保护,但目前的保护还存在不少问题,包括:

1. 沿途历史文物欠缺规范和有效的保护。茶马古道沿线的文物遗址很多,但目前保护措施还不够专业。比如2002年茶马古道考察队来到西藏芒康县邦达乡的卓玛拉康寺,这是一个藏传佛教沙迦派的寺庙,寺内有然堆大日如来佛的

---

[1] 杨福泉:《纳西族与藏族历史关系研究》,民族出版社2005年版。
[2] 《文化线路的研究与保护——云南省文物考古研究所2018年度业务工作交流》,www.ynkgs.cn/view/ynkgmo/2/76/139.html,2019年2月1日。

塑像，相传是文成公主主持修建的，在"文革"时期被毁，现在正在重修。但修复后只有头部和基座是旧物，其余部分皆是新塑的。考古学家霍巍认为它本来应是唐代文物，但修复工作对文物来说实际上是一种破坏。此外，我们在茶马古道沿线乡村看到的各种民居、寺庙等建筑都非常有特色，但皆欠缺如历史文化名城、名镇等相关规章条例的保护。

2. 对沿线的文化遗产应进行符合文化遗产修复原则的规范性保护。茶马古道上的大商帮、"藏客"等对了解各民族的社会生活、历史、人文等具有不可替代的价值。沿线每一座古城镇里的历史遗产景观，已经有一种由历史和现实相融而成的人文价值和精神魅力，不应随意地改建甚至拆迁，应该遵循"修旧如旧，整旧如初"的原则来修复，茶马古道重镇云南剑川县沙溪镇寺登街的保护就值得称道。该地在2001年10月11日入选2002年第101个世界性濒危建筑保护名录后，剑川县积极与瑞士联邦理工大学国家区域与地方规划研究所开展合作，在2002年8月签订了"沙溪寺登街街区复兴项目书"，其复兴工程包括了6个不同的项目，共同构成一个颇有远见的区域规划，包括老街修复、古村落保护、沙溪坝可持续发展、生态卫生、脱贫和宣传等。笔者在寺登街曾和项目组的负责人、瑞士学者雅克·菲恩纳交谈，当时他是世界濒危建筑基金会委托的瑞士联邦理工大学空间规划研究所的项目经理。据他介绍，寺登街的修复工作基于严格的保留历史原貌的原则，古镇现在的状貌是到哪个历史时段的，就维持在这个时段，不刻意复古。[1] 这是一种值得借鉴的经验和做法。

而部分遗产的修复则令人失望。丽江木府（木氏土司府）在修复时，对在清咸丰年间兵燹（本地民众所称的"乱世十八年"）中幸存的土司府家庭居住的宅院"木家院"采取了全部翻新彩绘、油漆的方式，而这样就失去了原来那种历史沧桑感、劫后余生感。又如丽江市宁蒗县泸沽湖中的谢瓦峨岛（又称为蛇岛、水寨岛等）很有历史价值和人文意蕴，它曾经是民国年间摩梭人著名首领阿云山总管的别墅，著名的藏传佛教活佛罗桑益世（摩梭人）的诞生之地，著名学者洛克（Rock, J. F.）、李霖灿等人也曾在此居住，并撰写和拍摄过至今有相当影响的文章和照片。"文革"时"总管别墅"被毁，岛上布满荒草灌木，但还有些断壁残垣和老树等。后来在云南省有关部门的支持下，岛上进行了恢复重建工程。可惜也是全部翻新重建，没能保留住这个岛屿文化遗址的历史原真性。

---

[1] 李伟、俞孔坚：《世界文化遗产保护的新动向——文化线路》，《城市问题》2005年第4期。

笔者曾经在瑞士苏黎世古城参观过不少据说已存在了数百年的老字号商店、饭馆和古街巷；而美国很多城市都完整地保留着具有历史纪念意义的建筑物；在瑞典首都斯德哥尔摩古城，到处都是历史建筑物，令人印象特别深刻的是一座曾经在18—19世纪时作为马厩的老房子，其格局和装饰都完整地保留了历史的原貌，已成功申报成为世界文化遗产。相较之下，丽江古城作为茶马古道的重镇，过去有很多马店，但如今已经没有一个保留完整的马店遗址可以供人们回顾中国西部这一段难忘的历史，不能不说是一大遗憾。

3. 沿线的重要历史遗址和文化胜迹景观鲜有标识和介绍。目前，茶马古道沿线各地的重要考古遗址、历史建筑、驿站、地方名人、著名商帮和商人的宅院等，都缺乏标识和介绍，甚至在丽江大研古城、束河古镇这样旅游产业已经很繁荣的茶马古道重地，也是这样。而云南德钦县佛山乡纳古石棺葬考古遗址、芒康县邦达昌宅院遗址、芒康县盐井乡的盐井、丽江古城区和玉龙县的一些重要考古发掘地、"四大家族"（四大商帮）老宅、在金沙江和澜沧江峡谷中残留的一座座古老的碉楼和藏区高原上的一座座古寺都在等待着对它们的图文标识和介绍。

明朝嘉靖八年（1529年），纳西木氏土司在小中甸（属香格里拉县）建盖了巍峨的"木天王"宫[①]，相传丽江版《甘珠尔》木刻雕版亦曾藏于此宫中（现在拉萨大昭寺里还珍藏有木氏土司木增奉献给大昭寺的大藏经108卷，是大昭寺的镇寺之宝），而数百年风雨过去，昔日这曾因高扬佛教文明之帜而在茶马古道上闻名遐迩的历史遗址，如今已只剩断壁残垣，亦没有有效的保护措施。

笔者在2002年的茶马古道之行中还在香格里拉县考察了一个古寺的遗址，据当地藏学家王晓松讲，这是藏传佛教噶举派的"桂齐"（藏语音），在《徐霞客游记》中就记载在中甸有高3丈的强巴佛塑像，徐想前往观之，但被木土司婉言劝止，相传佛像即是在此寺。此寺后来被烧毁，至今已有320多年了。笔者查阅了有关资料，认为该寺应该是嘉夏寺（又名孜夏新寺），是由明代木氏土司出资、六世噶举派红帽系活佛却吉旺秋指导修建的，原来占地面积有13416平方米，在正殿供奉有三丈六尺高的铜铸弥勒佛像一尊，是结合了汉藏建筑风格的寺庙。该寺毁于清康熙十三年（1674年）蒙古和硕特部在川滇接壤地区镇

[①] 藏学家徐丽华认为这个王宫是在木增当土司的万历年间修建的，参见徐丽华：《木氏土司王宫"茶占"述略》，《中甸县志通讯》1989年第1期。

压噶玛噶举派叛乱时引发的战争中。但上述这个重要的历史遗址和遗迹都缺乏文字标识和介绍，如果不由本地学者介绍，根本无从知晓其重要价值。

2003年，笔者曾经在美国西部看到沿途的一些考古遗址，在可以遮风避雨的展示亭中都有详细的图文标识和介绍，即使无人解说，旅人也可以自己看图文了解。而国内湖南凤凰城的古宅老院在图文介绍和标识方面也做得不错，吸引了很多游客，是当地重要的旅游景观。这些做法都是值得借鉴的。

茶马古道沿线村镇，有各民族的很多圣境灵地或灵地圣迹（sacred landscape），包括神山、灵泉、圣者修行处、寺观庙宇等，仅在丽江，就有很多明代藏传佛教领袖大宝法王噶玛巴（噶玛噶举派活佛）的很多圣迹及其传说（如噶玛巴煮茶处、噶玛巴脚印、噶玛巴手杖石等），这些灵地圣迹与噶玛噶举派黑帽系十世活佛曲英多杰有关。他是在木氏土司的支持下，在丽江弘扬噶举派教义，为明代至清代著名的噶举派（白教）滇西十三大寺的形成奠定坚实基础的关键人物。甚至他的弟子杰策六世活佛诺布桑波（汉史记作"三宝法王"）也在滇西北留下了大量灵地圣迹[1]如今也成为茶马古道上独特的宗教文化景观。此外，在茶马古道沿线，有不少具有生殖崇拜意蕴的神山、灵洞、灵泉，比如德钦县奔子栏村附近位于东竹林寺东面的日尼巴俄多吉神山，意为"心的英雄金刚"山，当地人认为它有神奇的力量，除了能给人平安吉祥之外，还能保佑人生育。山腰有个约高8米、状如男子性器的土柱，常常有夫妻到这里祭拜求子。在丽江、剑川、香格里拉等地，也有不少这种被认为能赐子女、赐福气的灵泉、灵洞等，比如剑川石宝山的阿秧白雕石窟、丽江玉龙县白沙乡玉湖村的太子泉、香格里拉县三坝乡白地的白水台石壁等，迄今民众都还络绎不绝地朝拜这些灵地圣迹。[2]而迄今欠缺对这些在民间有深远影响的灵地圣迹的标识和详细的介绍。

4. 茶马古道的影像实录资料很少。一条文化线路遗产，应该有丰富的口碑和影像资料的积累。笔者对美国华盛顿国立美国印第安人博物馆（National Museum of the American India）中展示的印第安老人的口述录像有非常深刻的印象，老人们用自己的母语讲述着部落、村寨的历史和他们自己的故事，而屏幕下方则用英文字幕译出这些老者讲述的内容。这种聆听当事者口述的方式与看

---

[1] 杨福泉：《纳西族与藏族历史关系研究》，民族出版社2005年版，第214页。
[2] 杨福泉：《西行茶马古道》，上海人民出版社2009年版，第60、80、123页。

静态展品和别人写的解说词相比，更有一种真实的现场感。在美国其他地区和加拿大，笔者也看到不少以展出老照片、传统的生产生活用具等为主的社区博物馆。茶马古道沿线有如此丰富的各民族文化遗产，但显然我们在拍摄类似口述影像方面做得还不够，除了《最后的马帮》和《茶马古道·德拉姆》等少数几部影视纪录片之外，民间文化遗产的影像记录还没有得到足够的重视。很少有将老人（包括商人、马锅头、僧人、歌手、宗教专家等）的口述拍摄成影像实录资料的。笔者20多年来看着茶马古道沿线（云南段）村镇的老人一个个离去，他们丰富的阅历、知识和见闻在生前都没能拍摄成人类学影像资料片，这是一种民间文化遗产的重大损失。如果我们要将茶马古道申报为世界文化遗产，要深入展开沿这条古道的文化旅游，需要通过影像实录的手段来进行沿线各民族文化的保护与传承。

5. 民俗旧器不断流失，应通过建立茶马古道沿线博物馆来抢救保存。由于茶马古道很多传统民俗器物没有列入国家的文物保护对象中，所以多年来流散亡佚甚多，或被丢弃，或被商贩买走。有些民间的有识之士，自觉地收集民间文物和民俗旧器，保住了茶马古道的一些物质文化遗产，比如丽江宁蒗县落水村村民翁基次尔青和汝亨次仁多吉从1998年起，在滇川两地摩梭人居住地收集摩梭人的民俗旧器，拍摄日常生活照片，办起了一个简单的陈列室，继而发展成如今内容颇为丰富的摩梭民俗博物馆，成为迄今我国唯一反映摩梭人民俗文化的乡村博物馆。博物馆占地近4亩，内有展品800多件和几部反映摩梭人文化遗产保护等内容的纪录片，分为民俗陈列馆、祖母房、花房、喇嘛经堂、达巴馆、图片展览馆、茶马古道馆、服饰馆等馆区，对保护摩梭文化起到了重要的作用。

原来在丽江束河古镇的鼎业集团工作的纳西文化人夫巴先生多年来也在滇川地区收集了大量与茶马古道有关的实物、照片等，在束河创办了"茶马古道博物馆"，该馆由序厅、史事1厅、史事2厅、束河厅、皮匠厅、茶马风情厅、茶艺厅、影像资料中心8个部分组成，比较系统地介绍了茶马古道的起始时间、线路和重大历史事件，成为人们了解茶马古道历史文化的重要窗口。丽江"马帮路"民族文化艺术馆馆主牛牧先生也经过多年的艰苦努力，制作了非常全面而精良的微缩全景再现茶马古道。在丽江的台湾籍文化人于涌先生，也曾办过以陈列丽江民俗旧器为主的"绿雪斋"民俗旧器陈列室。

这些民间人士的努力，都为茶马古道文化的保存和保护做了积极的贡献。

而茶马古道既然作为一条线性的文化遗产之路进入了国家文化遗产保护的视野和发展计划中，甚至已经有要申报世界文化遗产的打算，那尽快收集、抢救沿线各民族子遗的物质和非物质文物、民俗旧器、老照片，创办更多的社区博物馆等内容，更是当务之急。否则，随着社会文化的巨大变迁，以后再来收集这些民俗旧器，会越来越困难。

总之，笔者认为茶马古道在今天被各级政府和国内外各种团体、游客高度重视，是非常难得的良机，滇川藏各地应通力合作，在国家文物局等单位的指导下制订统一的保护与开发的行动计划，用各种卓有成效的措施保护沿线物质和非物质文化遗产，使之成为我国的一宗文化线路遗产瑰宝，使这条古道在当代重新焕发出生机与活力，造福于沿线各族人民。

（原载《云南社会科学》2011 年第 4 期，《新华文摘》2011 年第 19 期摘载）

再论茶马古道的若干问题

——狭义茶马古道与广义茶马古道的关系

孙　华

（北京大学）

在人类不同文明发展和文化交流的历史上，由于各地的资源和物产不同，需要通过区域之间的长距离贸易来互相补充。有的古代道路由于长期作为某种或某几种主要商品的贸易通道，古代的人们可能不会在意，近当代的人们在追述该道路的历史并概括该道路价值的时候，就可能产生以这些代表性商品给这些古道命名的想法，"丝绸之路"就是这样的一个近现代概念，"茶马古道"也属于这类历史道路的当代概念。丝绸之路经过百余年的传播弘扬，现在已经声名远扬，人所共知；茶马古道的年代长度和路线长度尽管不如丝绸之路，名声也稍逊于丝绸之路，但在中国历史上的重要性却有过之而无不及，它是中国古代最重要的线性遗产。茶马古道的概念尽管提出历史并不很长，但由于该概念涉及茶叶这种重要的产品的运输和销售，加之现代传媒对茶马古道的宣传和推广，茶业、商贸、交通、历史、文化、遗产保护学界都颇为关注茶马古道，在并不很长的时间内已经有很多研究论作问世。此外，无论是茶马古道还是万里茶道，相关或不相关的省市自治区都在想联合申报世界文化遗产，其申报类型是曾经作为世界文化遗产特殊类型的"文化线路"，而文化线路作为遗产类型却因为基础研究的不足产生了许多问题，在最近的《实施〈保护世界文化和自然遗产公约〉操作指南》中已经删除。究竟应当如何看待、保护、管理和利用茶马古道以及同类的线性遗产？这些问题也都有开展研究的必要。这里，笔者仅就茶马古道的概念、茶马古道的时间范围和空间范围，包括狭义和广义茶马古道的路线，谈点自己的看法。

一、茶马古道的两种含义

"茶马古道"的名称不见于古代和近代文献，当代学术界和社会公众对茶马古道的认知，主要来自云南倡导茶马古道学者的阐释和宣传。该名称是由木霁弘等学者于1990年考察云南、西藏和四川之间古道时首先使用的概念，并在随后的专著《滇藏川"大三角"文化探秘》中进行了阐述。这个概念是可以视为当代云南文化人的发明，其基本思想是以云南普洱茶的产地思茅为起点，构拟了一个以云南为中心的茶叶产销路线图，并将此路线图延伸到南亚地区甚至更远，成为部分与西南丝绸之路重叠的贸易路网。这种构拟的茶马古道，通过媒体大力宣传，使得其深入人心。地方和国家文物行政管理部门都受到这个茶马古道概念的影响，将茶马古道作为第七批全国重点文物保护单位中的一个集群单位，云、贵、川、藏都有一些保存了路面的古道路段，被以"茶马古道某某段"的名义列入国家保护的范畴，尽管有的路段只有几百米长。

我们认为，从目前学术界不同学者所阐述的茶马古道的内涵和外延来看，茶马古道这一概念显然具有不同的所指。如果我们认同茶马古道这一当代概念，目前我们使用的茶马古道的术语显然具有广狭两义。

狭义的茶马古道主要指近古时期的中国，主要是宋明两代，当时的国家基于"茶马互市"的国家战略所开展的以茶换马行为所利用的道路及相关设施的统称。以茶换马的国族间行为肇始于唐代，宋明两代兴盛，清初以后就逐渐转化并消失。这种将产茶区的茶叶集聚地与产马区的马匹集中地及茶马交换地联系起来的道路和水路，包括路线两端的管理机构、制茶作坊、储茶仓库、马匹圈栏、交易场所以及沿线的码头、驿铺、马店、仓储等设施，就构成了茶马古道的基本内涵。

由于茶叶的茶区很广，农区茶叶如果通过不同主体和渠道大量流入牧区，就会导致茶叶价格的下降和马匹价格的上升，因而宋、明两代政府规定，只允许靠近牧区的特定茶区的茶叶作为茶马互市的茶叶。宋代用于茶马互市的茶叶，都产自四川四路，尤其是成都府路和兴元府路，也就是今天的四川西部、北部和陕西南部部分区域。明代用于茶马互市的茶叶，仍然主要来自四川省和陕西省的汉中府和兴安府，后者也就是宋代四川兴元府的属地。直到明代晚期，由于四川东北部和陕西南部的茶叶产量不能满足西北地区茶马互市的需求，才在优先使用四川和陕南茶叶的前提下，允许湖南茶进入西北进行互市[①]。

牧区（包括半农半牧区和有养马草场的农区）马匹来源更为广阔和分散，中央王朝负责茶马互市的官员和从事茶马贸易的商人难以深入分散流动的牧民家庭去买马，只能通过交好当地上层人士，由他们告知属民在何时将需要换取茶叶等物的马匹驱赶到指定的互市场所。互市所需茶叶从四川等产茶区运往陕、甘、青、康产马牧区，二者间的距离尽管不远，却要翻越崎岖高耸的崇山峻岭，体积较大的茶叶运输困难，当茶叶因故积压在途中或互市场所时，就会腐朽变质[②]；而互市马匹来源区域往往地势高亢平坦，驱赶马匹到较远的地方也相对便捷。因此，在茶马互市兴盛时期，互市双方积极能动的一方即中央王朝，他们选择互市场所也就尽可能靠近内地，在靠近四川盆地和汉中盆地的西北和西南沿边州县设置茶马贸易的场所和机构。

茶马互市的茶叶集中场所和马匹集中场所既然相对明确，那么，严格意义的茶马古道当然就是连接这两类场所之间的道路，以及马匹集中运输到指定集散场所的路线，包括陆路和水路。两类场所以外的茶叶分散至牧区千家万户的路线，以及马匹集中运输至目的地后以外的道路，都不宜归属于茶马古道的范畴。

广义的茶马古道是泛指历史上存在的连接茶叶生产区与茶叶消费区，尤其是从特定产茶集散地和制茶中心起运茶叶，运往青藏高原、西北地区和蒙古高原特定集中销售地点，以批量换取这些地区毛皮等土特产的茶叶生产、运输、贸易所经的古代道路、江河及沿线相关设施。这些路线及沿线设施承载着历史上边茶生产、运输、贸易和管理的人和事，是茶马互市和茶土贸易历史的物质见证。

我们知道，茶从销售的对象来说，包括了内销茶、边销茶（"边茶"）和外销茶三类。历史上的内销茶的主要销售区域都在产茶区附近，产销距离不很远，销售路线就是国内交通路线，故古代国家对内销茶多不施加特别的管控措施，

[①] 《明史·食货志》：万历年间，"中茶易马，惟汉中、保宁，而湖南产茶，其直贱，商人率越境私贩，中汉中，保宁者，仅一二divisions引。茶户欲力本课，辄私贩出边，番族利私茶之贱，因不肯纳马"。二十三年，御史李楠请禁湖茶，言："湖茶行，茶法、马政两弊，宜令巡茶御史召商给引，原报汉、兴、保、夔者，准中。越境下湖南者，禁止。"既而御史徐侨言："汉、川茶少而值高，湖南茶行之引，无妨汉中，汉茶味甘而薄，湖茶味苦，于酥酪为宜，亦利番也。但宜立法严核，以遏假茶。""户部折衷其议，以汉茶为主，湖茶佐之。各商中引，先给汉、川毕，乃给湖南。如汉引不足则补以湖引，报可。"

[②] 《续资治通鉴》卷284《宋纪七十二》："成都府路置场榷买诸州茶，尽以入官，最为公私之害。……又搬运不逮，糜费步乘，堆积日久，风雨损烂，弃置道左，同于粪壤。"

销茶所经道路也不为人所重①。外销茶出现较晚，从中国南方产茶区收购初加工后的茶叶，通过短距离陆路运往可通船的码头港口，再直接或转口通过水路运往海外其他有喝茶习惯的国家，其茶叶运输路线主要是内河和海洋的航线，陆上道路较短，故也很少使用茶道的概念。唯有边销茶是将内地农区的茶分别运输至特定的牧区，再将收购的牧区土特产品运输回内地，它的产生背景是茶马互市的国家政策，贸易受到国家的强力管控，茶马输送所依托的道路距离较长，且跨越不同的自然、经济和文化地理分区，因而受到人们关注，于是给这些道路冠以"茶马古道"等名称，以突出这些道路的标志性商贸产品的特征。

在边销茶路中，由于不同的茶生产区与销售区的商贸关联不同，形成了不同的销区和茶路。在茶马互市停止以后的清代和民国时期，边销茶分为西南边茶和西北边茶两个产销区，二者分别由不同的产茶区、销售区和茶路构成。西南边茶主要是以四川西部地区为茶叶生产基地，将茶叶分别销售至青藏高原和川西北山区。西北边茶以湖北和湖南为茶叶生产基地，将茶叶分别销售至蒙古高原和河西新疆。②有些边茶古道由于国家疆土的变化和销售线路的延伸，其茶叶销售和土产收购的终端已经属于外国，边销茶就与外销茶发生了混淆，"万里茶道"就是兼有边销茶道和外销茶道含义的"线性文化遗产"。为了方便运输和保存边销茶，这些边茶一般都是蒸烘发酵，模压成砖饼的黑茶，这些黑茶工艺当然以茶马互市开始很早的四川茶区最早生产，后来被各茶区广泛采用，并各自形成了自己的一些独特的工艺和名称，四川的边茶、湖北的青砖、湖南的茯茶、云南的普洱，都是黑茶的不同种类③。

意义转变后的广义的茶马古道，尽管贸易范围更加广大，贸易所经由的道

---

① 古代的内销茶在"引岸制"下又称"腹引"茶，始于明正德年间的四川。其时规定全川共发茶引五万道（张），其中行销内地的"腹引"二万六千道，行销徼外边区的"边引"二万四千道，结果边引不够而腹引无用。"今黎、雅、松潘兴贩浮于引目，而腹里引目则常积于无用。"（《明实录》卷1036嘉靖三十一年）

② 西南边茶又分为南路和西路。南路边茶以四川雅安为制茶中心，主要由人力背负到藏区的打箭炉（今四川康定），再由藏商用马匹或牦牛分散销售到青藏高原其他地点，其所之川藏古道极其艰险；西路边茶以四川灌县为制茶中心，再沿着岷江边上的"松茂古道"人背马驮运至松潘，由松潘的商人分销到川西北的藏羌区域。西北边茶也分为两路，两路以"西口"和"北口"为界，有"口内"和"口外"之分，湖南以安化为中心的边销茶口外主要销往西北甘肃和新疆地区，这些茶商往来的道路南段多为水路，北段则多与"丝绸之路"长安至天山路段重合，因而没有专门的名称；而湖北、江西、福建茶区的边销黑茶口外主要销往蒙古高原，最远可至俄罗斯的恰克图，茶产区与销售地距离遥远，因而有"万里茶道"的当代概念。参看纪晓明：《中国黑茶贸易与传播》，《中国茶叶》2006年第3期。

③ 秦大东：《黑茶的发展简史》，《茶叶通报》1983年第6期。

路也在延伸，茶商还采取了更加便于茶叶土产运输的路线，但产茶区的茶叶集散地和加工厂与卖茶地的买卖场仍然都是确定的，广义的茶马古道也就是连接这两个终端的交通线路，当然也包括陆路和水路。只是由于在晚清民国时期，由于俄国开通了汉口经由长江再通过海上航线至海参崴的新路线，原先由晋商主导的传统贸易路线即"万里茶道"等迅速衰落，新的茶叶运输路线又不再兼顾先前蒙回族群的茶叶需求，边销茶成为纯粹的外销茶，这样的水路航线当然也不应该归于广义的茶马古道之列。

通过狭义和广义茶马古道概念的比较，可以看出，狭义茶马古道的内涵和外延都要小于广义的茶马古道。不过，尽管狭义的茶马古道的内涵和外延较小，但由于茶马互市背景下的茶马古道事关宋明时期国家的经济、军事和民族政策，严格意义上的茶马古道即茶马互市的路线，是保障古代中国特定朝代国家策略实施的重要物质载体，因而茶马互市的产品所经由的道路得到国家的重点建设和保障，其历史价值远高于广义的茶马古道。我们研究、保护和利用茶马古道，需要首先明确这个概念的不同含义，否则就会产生认识上的偏差。

二、茶马古道的时间范围

茶马古道既然有狭广两义，不同含义的茶马古道自然就具有不同的时间范围和空间范围。狭义茶马古道，也就是古代国家用内地农区之茶换取西北牧区之马所使用的交通要道及其相关设施，历史学家已经做了很多研究，其时空范围本来比较明确，但由于茶马古道这个当代概念有狭义和广义，其时空范围自然就容易造成混淆。

狭义茶马古道的时间范围，当然与茶马互市的产生、发展、取消的时间节点紧密相关，需要首先确定茶马互市起止时间。根据现有的史料和研究成果，最早的古代国族之间的茶马贸易可以追溯到唐五代，其起源又有几说：第一说根据《新唐书·吐蕃传》和《资治通鉴》的记载[1]，推断茶马互市开始于唐开元十九年（731年）。第二说依据《封氏闻见记》关于回纥入朝贡马，买茶而归的

---

[1] 《新唐书·吐蕃传》："（开元十九年）吐蕃又请交马于赤岭，互市于甘松岭。宰相裴光庭曰：'甘松中国阻，不如许赤岭。'乃听以赤岭为界，表以大碑，刻约其上。"《资治通鉴》（开元十九年）："辛未，吐蕃遣其相论尚它硉入见，请于赤岭为互市，许之。"

记载①，封演卒于唐贞元末年，从而推断至迟在唐贞元年间（785—805 年），唐与回纥之间已经存在茶马贸易。第三说是根据后梁开平二年（908 年），楚王马殷从后梁获准，从湖南运茶到中原换取战马等物，湖南因此变得相当富裕的记载②，认为茶马互市开始于这一年。第四说依据以北宋英宗治平元年（1064 年），当时陕西买马官薛向奏请于原、渭、德顺军三处买马场以盐钞买马，卖马蕃客可执盐钞赴秦州买马司换取蜀茶而归，这可视为宋朝茶马之政的滥觞③。

以上这几种说法都是存在一些问题的。茶马互市开元年间就已出现的说法，缺乏应有的证据，因为相关文献只说吐蕃用马与唐互市，并没有说明唐用什么与吐蕃换马，不能作为茶马互市起于这年的根据。茶马互市产生于贞元之前之说，也存在问题，因为回纥贡马，唐朝廷赏赐的物品主要是金帛，回纥贵人不需要那么多金帛，在返回途中用这些赏赐物换茶，还不能算直接的茶马贸易，更不是茶马互市。后梁开平二年说，这的确是目前所知最早的茶马直接贸易记载，但发生贸易的区域在长江中游与黄河中游地区之间，还不是后来的农区与牧区之间，与后来茶马互市的国家策略也还有所不同。至于茶马互市起于北宋英宗治平元年之说，也不一定准确，因为文献只是说薛向以闲田垦殖所获盐钞买马，并没有说到以茶换马，即使牧区牧民多用卖马所获盐钞来换蜀茶，但他们应该也可用盐钞购买其他物品。从种种材料来看，茶马互市之始还是应该定在北宋神宗熙宁年间，南宋人章如愚就这样说："国初博易戎马，或以铜钱，或以布帛，或以银绢。……以钱则戎获其器，以金帛则戎获其用，彼之器用日见有余，而我之器用日形其不给；二者皆非计之得也。熙宁以来，讲摘山之利得充厩之良，中国得马足以为我利，戎人得茶不能以为我害。……以我蜀产，易彼上乘，此诚经久之策。"④ 茶马互市才真正开展起来。明王朝建立后，为了保障军马供给，也为了加强与西北草原各部族的联系，继续宋代以茶换马的互市政策，先后在陕西、甘肃、四川等省建立了"茶马司"，还在四川成都、重庆、保

---

① 封演：《封氏闻见记》："按此古人亦饮茶耳，但不如今人溺之甚，穷日尽夜，殆成风俗。始自中地，流于塞外。往年回鹘入朝，大驱名马，市茶而归，亦足怪焉。"
② 《资治通鉴》卷266："湖南判官高郁请听民自采茶卖于北客，收其征以赡军，楚王殷从之。秋，七月，殷奏于汴、荆、襄、唐、郢、复州置回图务，运茶于河南、北卖之，以易缯纩、战马而归，仍岁贡茶二十五万斤，诏许之。湖南由是富赡。"
③ 《宋史·薛向传》："向请斥闲田予民，收租入以市之。乃置场于原、渭，以羡盐之直市马，于是马一岁至万匹。"
④ 章如愚：《山堂先生群书考索后集》卷44《兵门马政类》，书目文献出版社1992年版。

宁（今四川阆中市）、播州（今贵州遵义市）和陕西汉中设茶仓收购茶叶，然后将其输送到甘青高原和川西高原的博易场①。宋、明时期是茶马互市的主要时期。

关于茶马互市的时间上限，有一个视角问题。茶马互市虽如有学者所说，其核心是中原王朝用来解决缺少战马问题的策略，"马政"是基本面，至于用什么来换马则是相对次要的方面。②如果就此而言，中原王朝向西北牧区的族群买马的确可能追溯到很早，最迟也是文献明确记载的唐开元十五年，这年唐朝廷"许于朔方军西受降城为互市之所，每年赍缣帛数十万匹就边以遗之"③。不过，就茶马互市来说，则应是双边的，也就是用茶换马，正如宋嘉祐八年提举茶场李杞所说，"卖茶买马，固为一事"。就茶马互市所形成的茶马古道来说，更要突出茶和马这两方面的标志，否则就不成其为茶马古道了。茶马互市的形成，是宋王朝为了保障马匹来源实施的用茶叶向西北高原诸部族换马的战略，茶马古道则是保障实施这种战略规划的交通路线、相关设施和实施措施。因此，如果从茶马互市双向的视向来看，将茶马互市及其关联的茶马古道起源时间定于北宋熙宁年间，这也是恰当的。

至于狭义茶马古道的时间下限，这比较确定，就是清代雍正十三年（1735年）。清代的顺治、康熙、雍正朝还延续明代的茶马互市制度，设有西宁、洮岷、河州、庄浪、甘州五个茶马司，康熙四年（1665年）还开茶马市于云南北胜关。然而，清朝满蒙一体，原本不大缺少战马，维系茶马互市更多的是考虑到利用茶马互市维系与西北诸族群的友好关系。这种关系的维系只需要向这些族群提供茶叶即可，不一定要换取他们的马匹。故康熙、雍正两朝，茶马互市就时停时续，雍正十三年新疆战事结束后，就彻底终止了茶马互市。茶马互市虽然终止，茶叶贸易却仍然持续，根据牧区对茶叶的需求，由民间商人继续向当时"边区"牧民提供茶叶，并用茶叶换取毛皮、药材等土产的茶土贸易却从未停止过。这些茶土贸易活动有的仍然沿着过去狭义的茶马古道的路线进行，有的却另辟更加便捷的联系边茶产区与销区的新路径，广义的茶马古道就是这样的交通路网。

---

① 邹廷彦纂《万历重庆府志》卷61："（洪武三十一年）庚辰，置重庆及播州宣抚司茶仓。时修成都、保宁、重庆等仓四所，命布政司移文天全六番招讨司，将岁收茶课仍收碉门茶课司，余，地方就送新仓收贮，听商人交易及与西蕃市马。"（上海图书馆编：《上海图书馆藏稀见方志丛刊》卷211，国家图书馆出版社2011年版，第304—305页。）

② 敏政：《茶马互市起源新考》，《军事历史研究》2018年第3期。

③ 刘昫等：《旧唐书·突厥传上》卷194，中华书局1975年版，第5177页。

广义的茶马古道，如前所述，是茶土贸易之路，商人用内地农区的茶叶交换边地牧区的产品，无论这种产品是马还是其他土产，其开始的年代都不应该早于狭义的茶马古道，因为在以茶换马的互市行为之前，就有过以金帛等物换马的行为，茶叶作为金帛等的替代品出现是较晚的事。至于广义茶马古道的时间下限，当然要晚于狭义茶马古道的终止时间。正是在茶马互市终止以后，才给更加商业化的茶土贸易以广泛的发展空间，黑茶贸易才得到了快速发展和向外拓展。自雍正十三年茶马互市转化为茶土贸易以后，清政府和民间积极推进西南藏区、西北回区和北方蒙区的茶土贸易，到了清代中晚期，茶土贸易逐渐进入了繁盛时期。以西南边茶贸易为例，自康熙三十五年（1696年）清政府批准四川茶商在打箭炉（今四川康定）与藏商互市后，这里就成为雅州（今四川雅安）南路边茶的集散地，服务于打箭炉的"以雅安为中心的南路边茶业有'义兴''天兴''孚和'等茶号八十多家"，另外为松潘提供茶叶的"以灌县为制造中心的西路边茶业也有'丰盛合''本立生''义合全'等茶商十余家"[1]。这些汉地茶商雇佣着大量生产和运输工人，与之对接的藏地商人也雇佣着大量藏族运输人员，茶叶交易的税收是当时川藏两地税收的重要组成部分。以至于当清末印度茶叶试图在藏地销售时，清廷四川总督刘秉璋在《致总理衙门电》就有这样的分析："查川茶销藏，岁约一千四百余万斤，征银十数万两。……华商虽仅运至打箭炉，卖与藏番接运，实无异华商入藏。盖藏帅借用番钞，给予印票，赴炉厅领茶，以抵藏饷，是藏饷须借商力接运。不仅茶也，藏帅及兵丁生机实系予此。……藏番运川者不下数万人，藏中穷番借脚力以谋生，川藏交界处所，借以安谧。上年瞻对闹事，不旋踵而即定者，亦借茶商往来，互通消息之力也。故名虽夷贩，而较华商尤为得力。致茶价交易，每岁几近百万，川省栽茶之园户、运茶之商贩、负茶之脚夫，多至数十万人，悉赖此为生活。设使印茶行藏，占却川茶销路，必致中外商情星散，饷运周折，即凡业茶之户，势亦无所聊生，何堪甚想。"[2]这尽管有夸大印茶销藏影响的成分，但边茶贸易在当时的重要性也可见一斑。

广义的茶马古道分布范围较广，路线也稍多，但作为茶马古道也要有明确的界定，不宜将具有边茶贸易性质的标志贴到茶区和牧区的所有古代道路上。

---

[1] 照山：《清代"引岸制"与四川边茶》，《茶叶通讯》1985年第4期。
[2] 色棱额等：《英人游历西成派员开导成折》，《清季外交史料》卷67。

例如，滇茶入藏有传统的从云南普洱茶叶产区，经大理、丽江、迪庆，至西藏昌都的道路，这条道路艰险难行，马帮运茶进藏的总量尽管不大，但确实可以归属广义的茶马古道。不过，民国年间滇茶入藏，是在英印大吉岭茶场产茶形成规模，通往大吉岭山地铁路通车，以及印茶销藏遇到问题的背景下出现的，其主要通道是从云南向南出境，通过缅甸和印度往西藏。这条滇茶运藏之道，除了个别云南大茶号商有能力直接运抵藏区进行销售外，云南的中小茶商们普遍无力将云南沱茶运至藏境，这些销藏滇茶多由印度商人承运至噶伦堡，再由藏商运至藏区。滇茶销藏，总体上数量不很大，即便是在因为康藏之间冲突导致川茶入藏低落，滇茶销藏陡增的1939年前后，销藏滇茶仍远不及销藏川茶之数。滇茶销藏开始于1924年，至1942年日本占据缅甸切断滇缅公路以后，这条滇茶过印入藏之路也就中断了。① 滇茶入藏的主线的形成是在近现代，使用时间又不长，广义的茶马古道也可以不包括这条道路。

三、茶马古道的主要路线

古代交通经过长时间的发展，到了近古时代，已经形成了四通八达的交通路网。所谓茶马古道，只是以茶马或茶作为这个交通路网中某条或某几条道路的指征物而已，其路段长度仅限于当时茶叶集聚地和集散地之间，那些连接茶叶集聚地千家万户茶农家庭和他们的茶园之间的道路，连接茶叶集散地（包括马匹集聚地和土产集聚地）与散布在草原荒漠地区的牧民驻牧地和农户居住地的道路和习惯通行路线，都不应该纳入茶马古道的范畴。

狭义茶马古道的空间范围，就马匹来源来说，主要有西北和西南两个区域。宋代的马源地区宋初有河东、河西、陕西、川峡、京东诸路共二十九军州，随着西夏立国和金人崛起，市马区域逐渐缩小，到了熙宁年间茶马互市之制形成时，就只有陕西、川峡两路七军州了。《宋史》卷一百五十一兵志十二马政四说："秦马旧二万，……益、梓、利三路漕司，岁出易马䌷绢十万四千匹；成都、利州路十一州，产茶二千一百二万斤。""初，原、渭、德顺凡三岁共市马万七千一百匹……熙宁三年，乃诏泾、原、渭、德顺岁买万匹。"北宋的德顺

---

① 冯翔：《印茶侵藏——基于中英档案和数据之研究》，《中国经济史研究》2020年第6期。

军、泾州、原州、渭州、文州、岷州宕昌寨和阶州贴峰峡寨分别在今宁夏的静宁县和甘肃的泾川、镇原、平凉、文县、宕昌和舟曲西北,都属于当时的秦凤路,属于西北秦边的范畴,秦马是宋朝军马的主要来源。南宋以后,西北秦马的主要来源地大多丧失,只剩属于利州西路的文州和岷州、阶州诸寨,原先西南川马在马政中的比重开始增加,成为秦马的重要补充。"盖南渡前,市马分为二:其一曰战马,生于西陲,良健可备行阵,今宕昌、峰贴峡、文州所产是也;其二曰羁縻马,产西南诸蛮,短小不及格,今黎、叙等五州所产是也。"黎州就是今四川汉源,叙州就是今四川宜宾,都在南宋成都府路和潼川府路的西南。西南川边诸州产马有限,马匹不能满足需求,故南宋初又开辟了广西横山寨作为市马场所,购买云贵高原一带部落的马匹,这就是所谓南边广马。"广马者,建炎末,广西提举峒丁李棫请市马赴行在。绍兴初,隶经略司。三年,即邕州置司提举,市于罗殿、自杞、大理诸蛮。"因此宋代"故凡战马,悉仰秦、川、广三边焉",当时的茶马古道也不会超越这三边之间道路的范围。明代的互市范围较广,长城沿边设有多个互市场所,但由于明蒙关系紧张,长城明蒙之间换马时断时续,且换马之物以布帛、铁锅、粟麦为主,难以归属严格意义上的茶马互市的范畴①。明代的茶马互市主要还是西北和西南两边,故茶马古道主要也就两条,"一出河州,一出碉门,运茶五十余万斤,获马万三千八百匹"②,当然还有一些支线和复线,茶马古道基本也延续了宋代茶马互市的西北秦边和西南川边两组茶区集聚地和牧区集散地的道路。

狭义茶马古道的范围既然只涉及了参与茶马互市的区域,也就是今四川、重庆、陕西与甘肃、青海、云南、贵州的茶区与牧区,茶马古道的路线也就只应该限定在这些省市之内,不宜扩展到周边地区去,更不宜将狭义的茶马古道延伸到国外,与"丝绸之路"(包括西南丝绸之路或丝绸之路南亚廊道)混为一谈。茶马互市时期和互市区域内曾经用作茶马贸易的国家交通要道,实际上只有两条:

第一条是秦蜀古道(简称"蜀道")的主道,即金牛道—陈仓道及其复线和支线,如陇蜀古道(祁山道)、阴平古道、松茂古道及嘉陵江水道等。这条道路的四川昭化以南路段,有通过剑门的剑阁道和经行阆中的川东道两条陆道,

---

① 刘菽、杨永康:《朝贡视阈下的明蒙互市述论》,《中国经济史研究》2020年第3期;范熙晅、张玉坤:《明代长城沿线明蒙互市贸易市场空间布局探析》,《城市规划》2016年第7期。
② 《明史·食货志四》卷80。

还有在茶马运输方面起重要作用的嘉陵江水路。陆道在昭化以上主要沿嘉陵江上游沿岸而行，经今广元、宁强、略阳，转入青泥河畔经成县再到石峡关（今龙门关），从这里沿着青泥河的支流白水河而上，前往西河州（今甘肃西和）、秦州（今甘肃天水）[①]。有嘉陵江水路和汉江水路，嘉陵江水路在昭化以上分为嘉陵江上游水路和白龙江水路，两条水路分别可通向上游的略阳和白水，当然江岸还有陆路与水路并行。宋代茶叶输送主要是取剑阁道，故宋人有管制过严则"成都路客人贩茶不得过剑门，利州路客人贩茶不得过陕西"之说。

第二条是川康古道，也就是宋代四川成都或雅州（今四川雅安）至碉门（今天全）和黎州（今荥经）的道路，这条道路在元代以后向西延伸至打箭炉（今康定）。从雅州出发，向西分别经过碉门和黎州，翻越今天的二郎山等大山，到达藏羌聚集的打箭炉，打箭炉因此成为茶马聚会交易的重镇，逐渐繁荣起来。清人余金说："打箭炉，故牦牛徼外地也。雅州西去大渡河五日程，羌蛮混杂，连山接野，鸟路沿空。……元明时，番人俱于此地互易茶马。自明末流寇之变，商民避兵讨活，携茶贸易。而乌斯藏亦适有喇嘛到炉，彼此交易。汉番杂处，于是有坐炉之营官，管束往来贸易诸番。"[②]

除以上两条茶马古道外，还有两条古道与茶马相关，但已经不是严格意义上的茶马古道。一是川黔古道，也就是南宋成都至叙州（今四川宜宾）、长宁军（今四川兴文）、南平军（今重庆南川）、珍州（今贵州正安）的交通路线。宋室南渡以后，为了多换取西南诸族的马匹，设置了"文、黎、珍、叙、南平、长宁、阶、西和凡八场"[③]，除了已有雅安以西的汉源和天全一带的换马场外，还新增了云贵高原边缘地区的田氏、杨氏诸土官地界的换马场。这些地区本来就产茶，宋廷换马可能更多是使用金帛一类，所换马匹的经行路线也以长江水路为主，不宜归入茶马古道之列。另一条是滇桂古道，也就是广西邕州的横山寨（今广西田东）联通大理国首都羊苴咩城（今云南大理）的古道。的确，从南宋初年起，为了解决缺乏马匹的紧要问题，宋廷在广西邕州横山寨设置了博易场，与大理国及其以东"西南诸番"交易马匹。不过，广西当时并不盛产茶叶，南

[①] 甘肃徽县白水峡的《新修白水路记》："至和二年冬，利州路转运史、主客郎中李虞卿，以蜀道青泥岭旧路高峻，请开白水路，自凤州河池驿至兴州长举驿，五十一里有半，以便公私之行。"
[②] 余金撰、顾静标校：《熙朝新语》卷2，上海书店出版社2008年版。
[③] 《宋史·食货志下》卷184。

宋方面用以换马的物品主要是银（包括银器）、盐、锦、彩帛等物[①]，并不能算是严格意义上的茶马互市，因而田东与大理之间的道路也不宜作为狭义的茶马古道。

在上面诸条路线中，还需要说明的问题是茶叶运输之道和马匹运输之路的异同。有的基本重合，有的则有所不同。茶叶从四川一带运往陕甘地区，主要是通过金牛道陆路，只是在抵达昭化桔柏渡以后也可改走嘉陵江水路上至略阳。但换取的马匹则要根据对军马的需求，通过不同的路线运往需要马匹的区域，在这之中最主要的马匹需求区域是京湖、两淮及其以南地区，从西北汉中平原流向东南江汉平原的汉水则是最适当的运马路线。南宋淳熙三年（1176年）宋廷整治换马地宕昌至汉阳军沿途马驿的诏书，就清楚反映了这一点[②]。

由于狭义茶马古道在清代初期以后，尽管不再以茶马互市作为主要的商贸功能，但在藏区和蒙区民众已经形成了根深蒂固饮茶习惯的情况下，这些道路先前形成的从农区运茶进牧区的功能仍然存在，只是先前的换马功能已经转变为交换毛皮、药材等土产的功能，因而多数先前茶马互市的古道也仍然是广义的茶马古道，只是茶马古道的主线秦蜀古道，清代以后来自长江中游两湖地区的茶叶大量销售西北地区，北运的蜀地边茶很少再通过大宗货物运输相对困难的秦蜀古道，秦蜀古道不再作为广义的茶马古道。又由于清代的蒙古草原已经纳入清朝疆土，新疆地区也不再成为关外之地，广义的茶马古道从长城的北口延伸到广阔的蒙古草原和新疆地区，在俄罗斯扩张到西伯利亚进入蒙古草原边缘后，茶土贸易更延伸至中俄之间。因此，广义的茶马古道主要有以下五条：

第一条是康藏茶道，从四川雅安至康定，也就是明清时期的打箭炉的道路。这条道路靠近盆地的雅州（今四川雅安）至黎州（今四川汉源）、碉门（今四川天全）的路段在宋代就是茶马互市的道路，明代四川进藏道路开通以后，茶马互市的西部端点就延伸到打箭炉（今四川康定）。"打箭炉，故牦牛徼外地也，雅州西去大渡河五日程，羌蛮混杂，连山接野，鸟路沿空。……元明时，番人

[①] 《岭外代答》云："自元丰间广西帅司已置干办公事一员于邕州，专切提举左右江洞丁，同措置买马。……朝廷岁拨本路上供钱、经制钱、盐钞钱及廉州石康盐、成都府锦，付经略司，为市马之费。经司以诸色钱买银及回易他州金锦彩帛，尽往博易。以马之高下，视银之重轻。盐锦彩缯，以银定价，岁额一千五百疋，分为三十纲赴行在所。"《宋会要辑稿·兵二十二》："市马之弊，每与蕃蛮博易，则支与铤银，或要器皿，以铤银打造。今者多集银匠，以铤银虫咸销夹入赤铜。"

[②] 《宋会要辑稿·兵二十三》："汉阳军、郢、房州及金、洋州、兴元府、兴、成、西和抵宕昌，马驿狭隘弊陋。诏逐路漕臣选委有才力官，躬视前去逐驿检视，疾速措置督责，务要整肃，不致阙误。"

俱于此地互易茶马。"①从雅安往康定的道路分大路和小路,"大路是从西南方向到达荥经,翻越大相岭到达清溪,再穿过飞跃岭,到达化林坪后,沿大渡河向北可到达泸定和打箭炉。小路则是从雅安自西北方向,到达天全,再沿着正西方向穿过两座山脉,到达距泸定桥大约10里的大渡河岸,溯河西行,到达打箭炉。因此路险峻,多羊肠小道,故称为'小路'"②。西南边茶的南路边茶,也就是清代四川邛州、名山、雅州、荥经、天全的引茶,都是通过这两条道路运往打箭炉。无论大路还是小路,都山高路险,因而南路边茶主要靠人力背驮,运输至为艰辛。

第二条是松茂茶道,也就是从茶叶集聚地和加工地四川灌县(今都江堰)到茶叶集散地松潘或理县、威州的道路。"大路由灌县至松播俗称'三脑九坪十八关,一罗一鼓上松潘'。小路由安县、经茂州(今茂汶羌族自治县)到理县"③。这条西路边茶行销的茶以灌县为制造中心,茶叶来自灌县、彭县、大邑、安县、汶川、茂州、绵竹、什邡、平武诸县。由于"这一地区经济落后,购买力低,加之明廷害怕松潘茶过多流入西北冲击西北茶马互市,限制供应,故所需边茶不多"④。故经由这条古道输送的边茶数量只有雅康古道的十分之一强,在茶马古道中的作用远小于雅康古道。

第三条是滇藏茶道,也就是云南大理至西藏昌都的道路。云南的茶叶主要产于大理以南的景东、思茅(普洱)、版纳等地,大理则是滇茶运销的主要集散地,清光绪十四年(1888年)永昌祥商号还在下关开设茶叶加工厂⑤。这条道路从云南大理起,经剑川或鹤庆,过丽江至中甸(今云南香格里拉),在这里分为两路:"一自西北出翁书关,一自正西走维西之奔子栏,渡澜沧江,俱由四川之巴、里二塘而往。此二路系官塘大道,有防汛弁兵盘诘。"⑥不过,滇藏茶道输往

---

① 徐锡龄:《熙朝新语》卷2。
② 石涛、李欢:《晚清川藏南路边茶探析》,《清史研究》2012年第4期。
③ 照山:《清代"引岸制"与四川边茶》,《茶叶通讯》1985年第4期。
④ 贾大泉、尉艳芝:《浅谈茶马贸易古道》,《中华文化论坛》2008年第12期。
⑤ 纪晓明:《中国黑茶贸易与传播》,《茶叶科学》2006年第3期。
⑥ 硕色、爱必达:《云贵总督硕色奏为滇省商民进藏贸易酌量变通办理折》:"鹤庆、丽江二府与四川之巴、里二塘及西藏各寨相连,该地夷汉商民多有贩卖茶、烟、布匹、杂货……。其赴藏路径,以鹤庆府所属之中甸为咽喉要道,一自西北出翁书关,一自正西走维西之奔子栏,渡澜沧江,俱由四川之巴、里二塘而往。此二路系官塘大道,有防汛弁兵盘诘。此外,中甸尚有米苴、桥头、浪都、东哇龙四处小路,维西尚有必弄工村、大小阿董、甲工村、都拉村、吉咱卡六处小路,皆可通行。"转引自张钦:《〈藏行纪程〉所载滇藏交通研究》,《中国边疆史地研究》2020年第1期。

藏区的茶叶数量并不大，只是在输藏其他生活用品中略显突出而已。

第四条是西北茶道。"《甘肃通志》载：'茶篦先由潼关、汉中二处盘查，运到巩昌（陇西）再经通判察验，然后分赴各司交纳，官茶贮库，商茶听商人在本司贸易。'从这段记载可看出，茶业的运输途径，一条路是由潼关入陕。根据历史资料西北茶叶销售品种推断，这一路应是湖南黑茶。由汉口上岸后，经已较通畅的陆路由河南进入陕西。另一条路则是已延续了数百年的长江入汉江，汉中上岸，翻越秦岭进入关中的道路。"①

第五条是蒙疆茶道，即古代中国长江中游以南产茶区与蒙古草原区之间的茶土贸易通道，该路线最远可以延伸至中俄茶叶贸易口岸恰克图，"万里茶道"这一当代概念指的就是这条道路。该线路水陆交替，经湖北武汉沿汉江水路至湖北襄阳登陆，沿南北纵向陆路经河南洛阳、山西太原和大同、内蒙古二连浩特，先延伸至蒙古高原的中心库伦（今蒙古国乌兰巴托），最后延伸至蒙俄边境处的恰克图（新城即恰克图今属俄罗斯，旧城即买卖城今属蒙古）。② 这条道路出现于清代茶马互市政策取消以后，兴盛于中俄《尼布楚条约》签订以后，衰落于清末《伊犁条约》签订后。随着俄国商人在武汉一带投资建厂，就近收购茶叶并加工，通过长江水路、海路和陆路销往俄罗斯后（尤其1904年西伯利亚铁路初步建成通车后），这条路线就不再成为茶路了。

四、结语

狭义的茶马古道是连接产茶农区与产牧区的道路，主要是利用现成的古代国内道路，其次才是国家直接统治区与间接统治区之间的边区道路，川陕古道就是其中最重要的一条，国际道路如"南亚廊道"或"西南丝绸之路"不属于茶马古道的范畴。广义的茶马古道则分布很广且延伸很远，所谓"万里茶道"，实际上就属于广义茶马古道的组成部分，只是广义的茶马古道有很多条，万里茶道不过是其中通往蒙疆道路的延长而已。无论是狭义还是广义的茶马古道，每条大路都有其明确的端点，将茶马古道无限延长，整个世界都成为茶马古道了。

---

① 纪晓明：《中国黑茶贸易与传播》，《茶叶科学》2006年第3期。
② 汪敬虞：《中国近代茶叶的对外贸易和茶叶的现代化问题》，《近代史研究》1987年第6期；甘满堂：《清代中国茶叶外销口岸及运输路线的变迁》，《农业考古》1998年第4期。

茶马古道作为文化遗产，它通常被归入世界遗产分类体系中的"文化线路"类型，但文化线路概念和项目的提出，本来只是为了发展文化旅游项目，不适宜作为一种文化遗产的类型。狭义的茶马古道可以归入线性遗产的类型，通过调查认定遗产对象、遗产范围（不仅是道路本身，还包括马场、茶仓、馆驿、递铺等相关设施）、保存现状并纳入各级保护单位，甚至可以单独或者与"川陕古道（蜀道）""南亚廊道"等系连申报世界文化遗产。广义的茶马古道则可以通过与茶业及其相关文化事项的整合，借鉴欧洲朝圣线路的思路，形成系列的文化创意和文化旅游项目。

西南茶马古道：汉藏交融的千年大通道

刘礼堂　陈　韬

（武汉大学；江苏师范大学）

西南茶马古道是我国历史上内地同西南边疆地区和周边邻国进行商贸、文化交流的重要通道，也是全人类共同拥有的宝贵廊道遗产。就国内部分而言，西南茶马古道分为青藏、川藏、滇藏三条主要线路和数量众多的支线，它们共同组成了一张复杂交错的道路网络。其中，西南茶马古道青藏线起自陕南，途径甘肃南部和青海地区后进入西藏；川藏线东起雅安，经康定、理塘、巴塘等川边重镇入藏；滇藏线起自普洱，经南涧、大理、丽江、德钦等地入藏。无论始自何处，无论各节点间分出岔路几何，三条主线都坚定不移地通往拉萨、日喀则等藏区腹地。可以说，西南茶马古道跨越崇山峻岭，连通内地和藏区，在长达一千多年的时间里促进了西南地区的经贸发展、文化交流与民族融合，凝铸了汉藏之间的血脉联系。

"治国必治边，治边先稳藏。"在中央第七次西藏工作座谈会上，习近平总书记指出，"要挖掘、整理、宣传西藏自古以来各民族交往交流交融的历史事实，引导各族群众看到民族的走向和未来，深刻认识到中华民族是命运共同体，促进各民族交往交流交融"。作为汉藏交融的千年大通道，西南茶马古道是汉藏民族血浓于水的历史见证，值得我们深入探索、挖掘和整理相关文献资料，勾勒茶马贸易的历史面貌，展示文化交流的千年风采，弘扬民族交融的团结精神。

茶马贸易之路

　　西南茶马古道是茶马贸易之路。诚然，在历史上的多数时间里，西南茶马古道流通着茶、马、丝、盐、铜等多种大宗商品，相关商业贸易甚至涉及沿线各族人民生活的方方面面，但不可否认的是，茶叶和马匹始终是西南茶马古道上最重要的物资，是西南茶马古道之所以成型的根本原因。这是由历史上贸易双方的实际需求决定的。一方面，在西南茶马古道兴起以后，尤其是在丢失了北方马场的宋、明时期，战马往往是稀缺的军事战略物资，中央王朝逐渐形成了对藏区良马的商品依赖。另一方面，对于藏区来说，茶叶早在1800年前就已由内地传入西藏，吐蕃王朝时期上层贵族热衷饮茶并将其作为药物食用，茶叶与藏区的联系由来已久；至晚到北宋时期，饮茶风气已经在藏区普通民众间流行开来，并且以肉食为主的饮食结构导致藏民饮茶需求极大，每年都要从内地的陕南、四川、湖南等产茶区购入大量茶叶。基于这种经济互补性，汉、藏之间的茶马贸易迅速发展起来，成为主导西南茶马古道的商业支柱。

　　这种茶马贸易持续时间之长、涉及地区之广、贸易规模之巨，为世所罕见，也正因如此，西南茶马古道才能够与丝绸之路、海上丝绸之路、中俄万里茶道等著名商道并称，成为古代和近代中国连通外部世界的强劲动脉之一。西藏阿里地区故如甲木遗址出土的茶叶实物将汉茶入藏的时间前推至公元3世纪，由于史料缺失，茶叶的具体传播路线很难复原，但由此可以看出当时作为西南茶马古道雏形的贸易通道至少已在酝酿之中。唐朝时期，在别名"唐蕃古道"的青藏茶马古道上，汉藏贸易充分发展，史载开元年间唐蕃双方的赤岭互市已涉及马匹贸易（《新唐书·吐蕃传上》）；而吐蕃王朝贵族阶层自文成公主入藏开始了解茶叶，到唐德宗时期吐蕃赞普已能够接触到产自寿州、舒州、蕲门等中原各地的茶叶（《唐国史补》卷下）。当时直接以茶易马的官方交易模式虽还未确立，但汉茶、藏马均已作为重要商品进入对方市场，茶马贸易基础已经筑牢。到了宋代，尤其是北宋熙宁以后，以互市贸易方式为主、朝贡贸易方式为辅，汉藏之间的茶马贸易兴盛起来，"兴元之大竹""洋州之西乡茶"等产于陕南的名茶皆"自河州入木波"（《山谷别集》卷八），四川所产茶叶也经由陕西、甘肃等地转卖入藏，即所谓"蜀茶之入秦者十凡八九"（《宋史·赵开传》）。据统计当时仅青藏茶马古道一线，每年官方用于交换藏马的茶叶就有4万驮左右。

即便是在南宋时期，宋廷在丢失了熙河地区的情况下，仍然在西和州、阶州等地以茶叶购买大量战马，并在雅州、黎州等地开辟了新的茶马互市场所。元代中央政权对藏马的需求减弱，但为了满足藏区饮茶需要，仍设立西番茶提举司，在碉门等地互市。明代茶马互市继续发展，不仅是陕南所产的茶叶，夔州等地的"巴茶"也转运至陕西经由青藏线入藏；并且川藏茶马古道也迅速兴盛起来，成为茶马贸易的另一条主要线路。清朝初年，清廷批准了达赖喇嘛在北胜州的茶马互市请求，兴起最晚的滇藏线也加入到了西南茶马古道的大网络中来，并且这条商贸线路直到民国时期还在发挥作用。可以说，西南茶马古道上的汉藏茶马贸易，时间上从唐宋时期延续到民国时期，地理上涉及陕、甘、青、川、滇、藏等多个省区，堪称一曲西南边疆地区经贸交流的恢宏史诗。

文化交流之路

西南茶马古道是文化交流之路。

首先，对于藏区来说，西南茶马古道带来了内地的物资，也传播了内地的文化，包括相对先进的农业种植和纺织技术、建筑文化、器物文化等。其中影响最大的无疑是茶文化。根据《汉藏史集》的记载，"对于饮茶最为精通的是汉地的和尚，此后噶米王向和尚学会了烹茶，米扎贡布又向噶米王学会了烹茶，这以后便依次传了下来"。噶米王即吐蕃王朝赞普赤松德赞，与茶圣陆羽是同时代人。噶米王从"汉地的和尚"那里引进烹茶技术的时候，陆羽正在用《茶经》为茶文化大厦封顶，因此可以说，当时藏区引进的茶文化，正是内地最为新潮的文化成果之一。历史上汉、藏之间文化交流的密切，由此可见一斑。值得关注的是，藏区引进内地茶文化，背后也渗入了两地佛教文化交流的深层次因素。早在魏晋时期，内地的茶文化就已经与佛教文化产生了紧密联系；到了唐代，茶禅结合更为深入，与陆羽同时的僧皎然就曾写下名为"饮茶歌诮崔石使君"的诗篇。而唐、蕃同为佛教昌盛的国度，因此内地僧侣成为向藏区传播茶文化的主体之一，也就不足为奇了。并且在吐蕃王朝衰亡之后，茶文化流行于藏区民间，藏传佛教寺庙和僧侣团也开始成为内地茶叶最大的消费群体。

其次，对于内地来说，西南茶马古道带来了丰富多彩的藏区文化。早在唐代，一些藏区文化成果就已经传播到了内地，比如社会上盛行的马球文化就深受吐蕃的影响，唐太宗曾"闻西蕃人好为打球，比令亦习"（《封氏闻见记》）。考虑到当时唐与吐蕃遣使互访主要经由青藏茶马古道，马球文化的东渐可以被视为西南茶马古道在唐代的文化交流贡献之一。随着茶马贸易的持续发展，汉藏文化交流逐渐深入到宗教领域，其中影响最为深远的当属元明时期藏传佛教在内地的传播。在宋代，由于茶马贸易的缘故，在当时主要的贸易节点如河州等地附近，藏传佛教已经有所传播，不过尚未深入内地，影响力有限。到了元明时期，藏传佛教开始对内地产生较大影响，其最初进入内地的路线与青藏茶马古道和川藏茶马古道基本一致；只不过由于帝王推崇等政治因素，藏传佛教僧侣进入内地后多聚集于南北二京、五台山等地，呈现出自上而下的传播格局。

最后，在文化交流的过程中，游走于汉、藏之间的茶马商人群体也形成了自己独特的商业文化。由于西南茶马古道途经地区多为高原山地，地势险峻，自然环境相对恶劣，从事茶马贸易的商人便以地域为基础结成团体共克险阻。其中，云南的喜洲商帮、鹤庆商帮等因多用马运货，被称为马帮；甘肃南部的洮州商帮则因多用牛运货，被称为牛帮。这些商帮往往有着严密的组织架构和规章制度，也在汉、藏等多民族环境的影响下形成了独具特色的生活方式和语言风格，培养出吃苦耐劳、勇于探索的商帮精神，共同构成了西南茶马古道上流动的文化载体。

民族交融之路

西南茶马古道是民族交融之路。在西南茶马古道兴起之前，位于内地的唐王朝和位于藏区的吐蕃王朝虽频繁遣使、和亲，但也有过多次军事对峙乃至冲突；而在西南茶马古道兴起之后，内地和藏区之间基本没有发生过大规模的战争。可以说，在漫长的茶马贸易和文化交流过程中，汉、藏之间产生了血浓于水的民族情感，并以西南茶马古道为纽带，形成了和谐共存、相互促进、彼此融合的民族格局。

依托西南茶马古道而实现的汉藏民族交融，最直观的表现是在衣食住行等生活领域。仅以居住领域为例，在岷江流域、雅砻江流域等汉藏民族交汇地带，许多藏族聚落呈现出向内地街市靠拢的形态；并且民居建筑往往是在传统的藏式石碉楼中增添了垂花门、石敢当等汉式建筑细部，有些建筑的装饰也是对联与八宝吉祥图并存。经过研究者考察发现，这种深度融合的聚落形态和民居建筑风格，往往是围绕着西南茶马古道线路及其重要节点分布的，足以说明西南茶马古道在促进民族交融方面的贡献。

汉藏民族交融也表现为精神文化成果的互补与共享。这种互补与共享，不仅出现在汉藏民族交汇地带，也深入了各自的核心区域。以藏区为例，藏传佛教最早的寺庙桑耶寺，其中心大殿融合了藏式、唐式、印式三种建筑风格，有些塑像的面貌也仿照汉人；据藏文文献记载，一些建于吐蕃王朝时期的宗教建筑如噶琼寺等也带有部分内地建筑的风格；而建于清代的拉萨关帝庙则同时供奉关公和文殊菩萨、格萨尔王。以内地为例，深受吐蕃影响的马球运动被铭刻于许多唐代铜镜的背面；而藏传佛教的影响更为深远，不仅在藏区周边拥有成都石经寺、大邑白岩寺等丛林，在北京拥有雍和宫这样的宗教风格建筑，也留下了杭州飞来峰造像、武汉胜像宝塔等宗教遗存。

汉藏民族交融更体现在深厚的民族情感上。西南茶马古道将内地茶叶输入藏区，不仅丰富了藏区人民的生活，也收获了藏区人民的友谊，藏族史诗《格萨尔》记载了许多与此相关的传说。"十种美味的汉地茶，生长在汉地肥沃土地上。享用香茶的人生活在藏地，茶将雪域、汉地紧紧相连起。""汉地商品在藏地销，并非藏地没有财宝，只因汉藏同心友谊牢。"类似这样歌颂茶马贸易、汉藏友谊的诗句在《格萨尔》中比比皆是，足见西南茶马古道千百年来培育和维系了深厚的汉藏民族情感，是汉藏民族交往交流交融的历史见证。

（原载《光明日报》2021年01月25日第14版）

西南茶马古道：中外交流的桥梁与纽带

刘礼堂　陈　韬

（武汉大学；江苏师范大学）

西南茶马古道作为我国古代西南地区最重要的政治经济文化大通道，一千多年来在边疆治理、民族融合、中外交通等方面做出了不可磨灭的贡献。其国内部分通过青藏、川藏、滇藏三条主干线及众多分支将内地与西藏紧密联系在一起，是汉藏民族血脉相连的历史见证；其国际部分则从西藏腹地的拉萨、山南、日喀则等地出发，穿越喜马拉雅山脉，通往尼泊尔、印度等南亚地区，在中外交通史上拥有不容忽视的地位。

2015年4月，国家主席习近平在巴基斯坦议会的演讲中指出："南亚地处'一带一路'海陆交汇之处，是推进'一带一路'建设的重要方向和合作伙伴。"2019年10月，习主席又在尼泊尔媒体发表的署名文章称，中尼"山水相连，世代友好"，是"跨越喜马拉雅的友谊"。历史上，正是西南茶马古道的开通为古代中国对外交流开拓了继"一带一路"之后的新路径，使中国人民同南亚人民的友谊成功跨越喜马拉雅；它还在"一带"与"一路"之间架起海陆交汇的桥梁，使青藏高原成为中外交流的枢纽和亚洲内陆的文化高地。可以说，西南茶马古道是中外交流的重要桥梁与纽带，挖掘、整理、研究、宣传西南茶马古道的历史，对于我们今天讲好中国故事、提供国际交流合作的中国经验，具有极为重要的意义。

开拓古代中国对外交流的新路径

中国古代对外交流的一些主要通道如陆上丝绸之路、南方丝绸之路等，早在两汉时期就已经得到了开拓，并在此后的两千年里保持大体稳定。隋唐以降，随着人们活动范围的扩大和对南方地区的开发，海上丝绸之路、西南茶马古道等一批新通道也逐渐兴盛起来，进一步塑造了中国古代对外交流的格局。隋唐时期以前，从中国内地进入南亚地区的路线主要有两条：一是沿丝绸之路进入西域，翻越葱岭，然后南下印度；二是从四川、云南经缅甸到达印度，也就是古人所说的"蜀—身毒道"。当时汉地的蜀布、丝绸、茶叶等物产流通到南亚，南亚的佛教、婆罗门教等文化传播到汉地，多是通过这两条路线。不过，这两条路线均绕过了地势险峻、高寒难耐的青藏高原，因此路程相对漫长，途经的政权、族群也较多，旅途中的不确定因素较大。到了唐代，吐蕃政权的兴起为青藏高原交通的改善创造了有利条件，沿着新兴起的西南茶马古道，从中国内地到南亚的路程大为缩短，并且只需穿越吐蕃一地，因此这条通道在多数时间里都较为畅通，中国由此开拓出一条与南亚地区开展经济文化交流的全新路径。

西南茶马古道的形成和发展经历了漫长的历史过程。就其国内部分而言，青藏线（也被称为"唐蕃古道"）开通最早，唐太宗时期文成公主入藏走的就是这条路线。而西南茶马古道的国际部分，也就是古人所说的"蕃尼古道"，开通于尼婆罗国（也称"泥婆罗""尼波罗""泥波罗""尼巴剌"，在今尼泊尔）尺尊公主入藏前后，时间上与唐蕃古道相近而稍早。随着这两段道路在公元七世纪相继开通，一条完整的连接中国内地和南亚地区的国际大通道就此成型。不过，生活在青藏高原及其周边的人们并未止步于此，他们以惊人的毅力和勇气持续探索、不断开拓，推动这条国际大通道走向成熟化和网络化。在国内，人们开拓出了川藏茶马古道、滇藏茶马古道以及众多毛细血管般的分支；在喜马拉雅地区，蕃尼古道也依地势演变为多条孔道，分别由达旺、亚东、聂拉木、吉隆、仲巴、札达等地进入南亚。此后，西南茶马古道的道路网越来越完善、交通规模越来越庞大，相关文献对线路、站点、里程等信息的记载也越来越详细，到了宋元时代，一个网络化的交通体系终于在中国和南亚之间建立起来。

促进中国与南亚的全方位交流互通

西南茶马古道交通体系的形成，促进了中国与南亚地区的全方位交流互通，这种交流互通既涉及政治、文化、宗教等上层建筑层面，也涉及更为基础的经济贸易层面。

从现存记载来看，西南茶马古道的开辟，极大地促进了中国和南亚之间的政治交往和文化交流。唐、吐蕃与南亚诸国互派使者的往事，在汉藏史料中多有记载。就内地使者而言，唐初的王玄策、李义表等人都曾由泥婆罗入印度，不仅有"泥婆罗……贞观中，卫尉丞李义表往使天竺，途经其国"（《旧唐书·西戎传》）等史籍记载佐证，还留下了位于今吉隆县的摩崖题铭《大唐天竺使之铭》遗存。就吐蕃使者而言，松赞干布时期的名臣禄东赞曾至泥婆罗迎接尺尊公主入藏（《汉藏史集》《西藏王臣记》）；吞弥·桑布扎则经由泥婆罗出使印度学习梵文，并据此创立藏族语言文字（《娘氏宗教源流》）。就南亚地区而言，吐蕃迎娶尺尊公主时，泥婆罗也派出了使臣护送，有途中行至芒域的记载（《贤者喜宴》）；而据《旧唐书》《新唐书》《唐会要》等记载，太宗、高宗时期，泥婆罗也曾两次遣使入唐，虽未明言具体路线，但考虑到当时的交通条件及蕃尼关系，这些使臣经吐蕃入唐的可能性最大。文化交流尤其是宗教交流是西南茶马古道开辟后中国、南亚之间的另一个主题。从现有史料来看，唐人所著《释迦方志》记录了蕃尼之间僧侣往来的几条路线；《大唐西域求法高僧传》则叙述了汉僧玄照、道方、道生、玄会，以及来自朝鲜半岛的新罗僧玄太、玄恪等人的事迹和他们经蕃尼古道入南亚求法的经历。在唐和吐蕃相继衰亡后，这种宗教文化交流并没有中断，反而规模更加扩大。并且，伴随着宋、元、明、清等中央王朝与西藏地区的联系加强以及统治阶层对藏传佛教的日渐重视，中国和南亚之间的政治交往和宗教文化交往愈发呈现出合流态势。如宋太祖时期曾下诏派遣三百名内地僧人至天竺求法；明代沿西南茶马古道出使南亚的慧昙、宗泐、智光等僧人既承担着求法的宗教任务，也都同时兼具官方使节的身份，并在返程时带回了尼巴剌等国的使臣。政治交往与文化交流的融合，反映出随着西南茶马古道交通网络的日益完善，中国与南亚诸国的互联互通进入了一个更深的层次。

西南茶马古道同样也为古代中国开辟了一条重要的对外商贸通道。实际上西南茶马古道的跨境商贸交流应当比政治和文化交流开启更早、持续时间更长、规模也更大，只不过由于相关资料的缺乏和古代史书记录的偏好等问题，今天我们对于这些商贸交流的了解不多，但仍能从一些传世文献和出土资料中看到一些踪迹。目前来看，清代记录西南茶马古道对外贸易情况的文献资料相对较多，这主要得益于经贸规模的扩大和边疆治理的加强。据记载，当时汉地出产的茶叶、丝绸、瓷器，藏区出产的盐、麝香、宗教法器，都曾沿着西南茶马古道进入南亚地区。有学者认为贸易导致的双边货币纠纷，正是乾隆年间第一次廓藏战争的起因，这也从侧面反映了中国与南亚经贸往来的巨大影响。除了民间贸易外，尼泊尔地区的廓尔喀政权与清王朝之间的朝贡贸易也是通过西南茶马古道实现的，廓尔喀派出的多达19批的朝贡使团均是由吉隆、聂拉木入藏，之后经青藏茶马古道或川藏茶马古道前往内地。值得一提的是，跨境贸易的开展也带来了更加深入的经济交流形式，如四川炉霍县呷拉宗遗址发现的吐蕃时代的冶炼炉，其冶铁技术就是源于南亚的斯里兰卡，系经印度传入吐蕃，这说明中国与南亚之间很早就有了人员、商品和技术上的互通，也说明远在被纳入传世文献记录体系前，双方的经贸往来就已经达到了较高水平。可以想见，对于西南茶马古道跨境经贸交流这棵参天大树来说，清代文献记载的盛况只是繁茂的枝叶，它还有更为庞大古老的根系留待后人去挖掘。

架起"一带"与"一路"的桥梁

西南茶马古道的开通，也在陆上丝绸之路和海上丝绸之路中间，架起了一座彼此联通的桥梁。从地理上看，中国兼有陆海之利：自关中平原西行，经过河西走廊进入亚洲腹地，便可通达欧亚大陆各地理板块；由东南沿海众多港口出发，则可以航行至太平洋、印度洋沿岸各地。这种陆海之利，既是古代陆上丝绸之路和海上丝绸之路兴起发展的地理基础，也是当代中国提出"一带一路"倡议、打造国际交流合作共同体的前提条件。陆上丝绸之路和海上丝绸之路在很长一段时间里都是古代中国和外国之间的主要通道，而西南茶马古道则促进了两个道路体系之间的有效沟通，使当时的中外交流连线成面，形成交叉联系的有机整体。

陆上丝绸之路和海上丝绸之路原本是相对区隔的，而在西南茶马古道开通后，人们充分利用青藏高原和南亚次大陆作为"一带""一路"海陆交汇区的地理优势，探索出了更多、更便利的路线组合方案。举例来说，公元9世纪左右藏区和波斯之间的麝香贸易就充分反映了这一点。当时阿拉伯帝国阿拔斯王朝的宫廷御医伊本·马萨瓦在《基本的香料》一文中记载了吐蕃麝香流通到西亚的路线，其中一条是从吐蕃翻越喜马拉雅山至印度中转，再从印度入海，经过海上丝绸之路运送到西亚地区；另一条则从吐蕃出发，向西北方向汇入陆上丝绸之路。由此，西南茶马古道成功地将陆上丝绸之路和海上丝绸之路连接起来，而不用再绕道深入中国内地进行中转贸易。

此外，出于季节变化、旅行时长、路途的便捷性和安全性等不同方面的考虑，旅行者有时也不会将自己局限于某一通道内部，而是兼取陆上丝绸之路、海上丝绸之路和西南茶马古道，在线路上形成闭环。如宋太祖乾德二年，"诏沙门三百人入天竺，求舍利及贝多叶书，业预遣中，至开宝九年始归"，此行系绕道西域丝绸之路后南下印度；返程时该僧侣使团则行经西南茶马古道，"至泥波罗国，又至磨逾里，过雪岭，至三耶寺，由故道自此入阶州"（《吴船录》）。元末自印度来华的具生吉祥（萨诃咱释哩）大师也是经西域的陆上丝绸之路进入内地，明朝建立后又曾行至作为海上丝绸之路起点之一的南京讲学传教，并在此结识了得意门生智光法师；后来智光法师奉诏出使南亚，则是走西南茶马古道，由传统的蕃尼古道口岸吉隆一带进入尼泊尔。这些交流实践打破了不同交通体系之间的区隔，使当时的中国人可以在南亚、东南亚、中亚、西亚等地区之间频繁往来，呈现出一种"前现代的全球化"图景。

造就中外交流枢纽和内陆文化高地

相比产生过众多古文明的大河平原地区，青藏高原终年严寒缺氧、高山大川密布、地形复杂多样，自然环境堪称严酷，但依然孕育了辉煌璀璨的藏文化。藏文化的形成与发展，根源于藏区人民坚韧不拔的奋斗精神、吃苦耐劳的敦厚品性和拥抱文明的进取之心，同时也受到了汉文化、南亚文化、波斯文化等周边文化的持续滋养。西南茶马古道的开通和兴盛，加强了青藏高原与周边地区的往来互动，使该地区成为中外交流的枢纽；而各种文化沿着西南茶马古道不断涌入、汇集，也造就了青藏高原丰富多彩、开放多元的文化面貌，使之成为雄踞亚洲内陆的文化高地。

作为对外交流之路的西南茶马古道，在藏文化发展史上发挥的一个重要作用就是将外国文化"引进来"。佛教信仰是南亚输入藏区的最重要的文化内容，仅藏文史料《韦协》一书就记载了赤松德赞时期派使臣迎请寂护大师、莲花生大师等众多南亚高僧入藏讲经说法的史事，其他文献中的类似记载也数不胜数。

伴随着佛教文化一起进入藏区的，还有南亚等地的器物工艺、造像艺术、建筑艺术、语言文字等。拉萨大昭寺所藏银壶，器型和纹饰兼有粟特（胡人醉酒形象）、汉地（反弹琵琶形象）与西藏本地（吐蕃服饰）元素；唐人《步辇图》中吐蕃大臣禄东赞所穿联珠纹长袍源自萨珊波斯，从今印度拉达克地区和西藏阿里地区的寺庙壁画来看，这种服饰风格应该是经过南亚从拉达克一带传入吐蕃的；此外，莲花生大师入藏后主持修建的桑耶寺，拉孜曲德寺现存的五方佛石窟和石塔，今吉隆县恰芒波寺的动物木雕等西藏地区文物遗存，均带有鲜明的南亚风格或南亚文化元素。更为重要的是，藏区引进的这些南亚文化内容，不仅使藏文化得到充实和发展，也有一部分传入内地，从而使藏区起到了中外交流枢纽的作用。比如藏传佛教信仰从藏区传入内地，在元、明、清三代得到内地上层社会的广泛接纳，形成了北京和五台山两个藏传佛教中心。再如南亚建筑艺术与西藏佛教艺术结合后，也对内地宗教建筑形成了深刻的影响。元世祖时期，尼波罗建筑大师阿尼哥在藏传佛教领袖八思巴的引荐下沿西南茶马古道进入中国，仕元四十余年，留下了许多珍贵的遗迹，今北京妙应寺白塔（也是中国现存年代最早、规模最大的喇嘛塔）以及五台山标志性建筑大白塔都出自他的妙手。

另一方面，西南茶马古道也使藏文化得以顺利地"走出去"。元代以后，随着藏文化尤其是藏传佛教文化的兴盛，藏区与南亚之间的宗教地位逐渐逆转；到了清代，西南茶马古道的向外求法功能已经大为弱化，藏族僧人由此进入南亚的主要目的变成了传播佛法、瞻仰圣迹和修缮塔寺，一定程度上反哺了南亚文化。此外，作为深受南亚文化影响的语言文字系统，藏语文在逐渐成熟后也开始沿着西南茶马古道向外扩散，不仅内地的青海、四川、云南等地生活着大量藏族人口，今天的不丹、尼泊尔、印度、巴基斯坦等南亚国家也分布着一些藏语文区域。可以说，西南茶马古道的开通，使青藏高原不再是不可逾越的天险，而是成为中外交流的重要枢纽和文化高地。

（原载《光明日报》2021年10月4日第6版）

西南茶马古道：中华民族共同体意识的千年回响

刘礼堂 陈　韬

（武汉大学；江苏师范大学）

西南茶马古道的青藏、川藏、滇藏三条主要线路，均穿过我国第一、二级地理阶梯的过渡地带，这里河流交错，群山纵横，峡谷盆地星罗棋布。复杂的地理环境及生物的多样性，孕育了西南茶马古道沿线的二十多个民族，在这条道路上我们能够看到汉族的温厚、藏族的壮美、彝族的刚健、羌族的古朴、白族的亮丽、佤族的奔放、纳西族的浪漫、花腰傣的柔美、哈尼族的热情……几十个民族共同构成了一幅和谐美丽的画卷，呈现出一派祥和气象。历史上的西南茶马古道极大地促进了不同民族之间的交流交往交融，为沿线各民族和谐共生、精诚团结、厚植中华民族共同体意识做出了不可磨灭的贡献。

"中华民族共同体意识"是习近平总书记在2014年提出的关于民族问题的重大论断。2019年9月，在全国民族团结进步表彰大会上，习总书记强调要"坚持促进各民族交往交流交融，不断铸牢中华民族共同体意识"，并开创性地提出了"四个共同"的中华民族历史观："我们伟大的祖国，幅员辽阔，文明悠久，中华民族多元一体是先人们留给我们的丰厚遗产，也是我国发展的巨大优势。我们辽阔的疆域是各民族共同开拓的，我们悠久的历史是各民族共同书写的，我们灿烂的文化是各民族共同创造的，我们伟大的精神是各民族共同培育的。一部中国史，就是一部各民族交融汇聚成多元一体中华民族的历史，就是各民族共同缔造、发展、巩固统一的伟大祖国的历史。"

西南茶马古道的千年往事，集中印证了我国西南地区各民族共同开拓辽阔疆域、共同书写悠久历史、共同创造灿烂文化、共同培育伟大精神的文明进程，堪称中华民族共同体意识的典范。

共同开拓辽阔的西南疆域

西南地区是我国民族数量最多的区域，它能够成为我国领土不可分割的一部分，离不开西南茶马古道上各民族的齐心开拓。这种开拓，不同于古代帝国式的军事扩张和近代殖民主义的侵占掠夺，而是生于斯、长于斯的各族人民共同开发、共促繁荣、共享成果的伟大进程。西南茶马古道不仅见证了各民族开发西南边疆的壮举，还以其独特的经济文化功能，为这一历史进程做出了无可替代的贡献。

西南茶马古道穿越陇西走廊、藏彝走廊、苗疆走廊三大民族走廊，以其网络状的发达道路系统，促使数十个民族"像石榴籽一样紧紧抱在一起"。其中，青藏茶马古道途经的陇西走廊在现代地理区域划分中被归入西北地区，属于西北民族走廊的一部分，但从民族史的角度来看，陇西走廊与西南各族的关系更为深厚。作为东接黄土高原、西连青藏高原、北抵祁连山脉、南控四川盆地的"十字路口"，陇西走廊自古就是民族迁徙的要道和商业贸易的枢纽，这里曾活跃着牦牛羌、党项羌、白狼羌、白马羌（白马氐）、陇西鲜卑、吐谷浑（慕容鲜卑分支）等古代民族。唐代以前，这些古代民族在陇西走廊开辟商贸通道，并与中原王朝开展互市，为此后青藏茶马古道的形成奠定了基础；唐宋时期，以藏族为主体的吐蕃政权、唃厮啰政权等相继控制陇西走廊地区，并与中原王朝建立了茶马贸易关系。这种茶马贸易关系深刻改变了陇西走廊的角色和定位，使它从汉、藏民族各自的地理边缘，转变为高原游牧文明和中原农耕文明之间的纽带，从而大大拓展了中华民族的视野和格局。

除开发陇西走廊外，这些古代民族中的一部分还向西进入青藏高原，与当地居民融合，逐渐形成了今天的藏族、土族、撒拉族、门巴族、珞巴族等民族；另一部分尤其是其中的氐羌民族在历史上多次沿藏彝走廊南下，经过漫长的发展演变，形成了今天主要居住在四川云南两省的彝、羌、哈尼、纳西、景颇、怒、独龙、傈僳、白、阿昌、拉祜、基诺、普米等众多民族。这些民族在西南大地上迁徙交融、繁衍生息，勤劳智慧的各族人民不仅扩展了我国的西南边界，也极大地促进了西南地区的开发，留下了哈尼梯田、波日桥等生产生活遗迹，以及德格印经院雕版印刷术、白族扎染技艺、傣族慢轮制陶技艺等非物质文化遗产。

西南茶马古道的另外两条线路川藏线和滇藏线，一方面向西穿过藏彝走廊，充当了汉、藏、彝、羌等民族之间的文明使者。早在唐代，川藏之间就有了零星的茶叶贸易；而吐蕃因为一度与南诏建立了结盟和朝贡关系，因此其上层贵族能够从南诏"得到茶及多种乐器"（《贤者喜宴》）。明清两朝，随着青藏线退居次要地位，川藏线、滇藏线先后成为西南茶马古道的主要线路，藏彝走廊在团结各民族、稳定西南边疆方面的意义更加突出。另一方面，在明清时期，川藏线和滇藏线还向东延伸到了苗疆走廊一带。作为苗疆走廊核心地带的贵州同样是西南地区茶叶的重要产区，历史上贵州茶除销往内地外，也是销往西藏的"边茶"的重要组成部分，明王朝还曾在播州宣慰司（在今贵州遵义市）设置了茶仓，专门服务于茶马贸易。贵州茶经四川、云南汇入茶马古道，促进了苗疆走廊与藏彝走廊之间的民族互动，推动了西南地区的民族迁徙与融合，使川、黔、滇、藏等地日益连接为一个整体。

共同书写悠久的古道历史

西南茶马古道延续了一千多年之久，从隋唐时期设立互市开始，宋榷茶马，元修驿路，明开碉门，清兴滇茶，各族人民共同书写了悠久而辉煌的古道历史。

以汉族为主体、多民族共存的隋唐王朝，与以鲜卑族为主体、包含羌氐等民族在内的吐谷浑政权，首先培育了西南茶马古道的萌芽。早在南北朝时期，被汉文文献称为"河南国"的吐谷浑就已经与临近的益州地区有了民间商业往来；到了隋朝，中原与吐谷浑建立了短暂的互市关系；唐高祖武德八年，吐谷浑又一次"款承风戍，各请互市，并许之"（《册府元龟》）。承风戍在今青海贵德县，是后来的唐蕃古道（青藏茶马古道）途经之地，而吐谷浑以产马著称，其在青海湖一带培育的良马"号为龙种"（《北史·吐谷浑传》），自然是参与承风戍互市的重要商品。紧随吐谷浑之后，吐蕃在赤岭、陇州等地与唐朝开展了互市，史籍中也留下了茶叶、马匹流通于汉藏之间的记载。不过，当时唐王朝从外部获取战马的主要途径是与西北的回鹘开展丝马贸易，对吐蕃马的需求并不大，因此西南茶马古道上的互市也时断时续。

到了宋代，吐蕃唃厮啰部控制了青藏茶马古道，与宋王朝之间开展了规模庞大且长期稳定的茶马贸易，二者也因此结为极为紧密的盟友。宋朝还在四川设立了"提举茶马司"，制定了《茶马法》，推动了茶马贸易的规范化，使之成为官方严格控制下的经济活动。至于建立元王朝的蒙古族本就是马背上的民族，没有通过茶叶贸易来获取战马资源的需求，但为了西南地区的和平稳定，他们依然接过了发展西南茶马古道的接力棒。元朝不仅修整完善了茶马道路系统，把它确立为官道，还在青藏、川藏两条线路上修建了四十多处驿站，对道路进行管理。终元一朝，西南茶马古道畅通无阻，汉、藏、蒙、回等各民族在古道上自由往来，西南地区民族交往的历史就此翻开了新的一页。

在此之后，明王朝进一步加强了对西南边疆和茶马古道的管理，一方面继承并强化了宋代的茶马律法和管理机构，另一方面在元代驿路系统的基础上开辟了碉门路茶道，使之成为当时茶马贸易的重要通道之一。明朝官方的一系列努力，加上各族人民和各地方政权的支持，使西南茶马古道空前繁荣起来，除了继续发展青藏线茶马贸易，还在川藏线上形成了黎州、雅州、碉门、岩州、松潘五大茶市。到了清代，西南茶马古道的形态发生重大变化，形成了"以茶贸马"和"以马运茶"两种模式并行的局面。一方面由于中央王朝的战马需求降低，官方茶马贸易逐渐萎缩，但为了满足藏、彝等民族日益旺盛的饮茶需求，清王朝持续扩大四川的"南路边茶""西路边茶"贸易规模，并在北胜州（在今云南永胜县）新设茶马互市。另一方面，北胜州（后移至丽江）互市促进了滇茶的崛起，清朝实行的自由贸易政策又使以骡马为运力的云南民间马帮成为发展古道贸易的重要力量，西南茶马古道迎来了"以马运茶"的时代，增添了又一重深厚的历史内涵。

西南茶马古道的历史从唐初延续到晚清民国，始终未曾断绝，这离不开汉、藏、蒙、满、羌、彝、纳西等民族的共同努力。各族人民共同书写了古道的历史，也真诚地讴歌这条道路。"蜀茶总入诸蕃市，胡马常从万里来"（黄庭坚《叔父给事挽词十首》），"黑茶一何美，羌马一何殊"（汤显祖《茶马》），"山顶的茶叶，一筒装七饼，茶叶没有脚，经过马帮驮，来到了船边……两族两颗心，相会在一起"（纳西族民歌《相会在一起》），一首首诗词、民歌，既是各族人民的真情流露，也是西南茶马古道悠远的历史回音。

共同创造灿烂的茶马文化

西南茶马古道是经济贸易之路，更是文化之路。西南各民族共同创造的灿烂的茶马文化，为古道注入了饮茶爱茶、开拓进取、包容互鉴、和平共处的文化内涵，塑造了它的鲜明个性和独特魅力。

茶马文化首先是饮茶爱茶的文化。西南茶马古道上各民族共同拥有源远流长的饮茶传统，饮茶爱茶是这些民族之间最大的"文化公约数"。早在西汉时期，蜀地文人王褒的文章《僮约》就提到了"烹茶尽具""武阳买茶"，这是世界上关于茶叶的最早记载；西藏阿里故如甲木寺遗址出土的茶叶残体，将藏地饮茶历史前推到了东汉末年；唐人《蛮书》中也记载"茶出银生城界诸山，散收无采造法，蒙舍蛮以椒姜桂和烹而饮之"，蒙舍蛮是今天彝族、布朗族等族的先民，他们用椒、姜、桂等香料与茶一起煮饮，这与汉、藏民族早期的饮茶方式有异曲同工之妙。从语言学的角度来说，"茶"这个名词首先是在汉语或彝语中产生的，之后在汉藏语系诸语种间传递，今天藏语中"茶"的发音仍与古汉语中茶的异体字"槚"极为相似。民族学调查研究也表明，藏彝走廊上的德昂族、布朗族、哈尼族等12个民族都有种茶和饮茶的习惯。各族人民不仅惯于饮茶，也十分爱茶：汉族中涌现出了"茶圣"陆羽、"茶仙"卢仝等爱茶如狂的文化名人；藏族同胞对茶的喜爱也到了"不可一日无茶以生"(《续文献通考》)的地步；布朗族古籍《奔闷》记载了首领叭言冷率领族众开垦茶园的事迹，将茶叶与伟大祖先联系在一起，将提倡种茶视为先民的丰功伟绩；德昂族最重要的史诗《达古达楞格莱标》甚至就是一部关于茶的浪漫传说，其中表现出的茶神崇拜信仰和以茶为万物之源的思想观念，在全世界范围内都是独树一帜的。饮茶爱茶是西南茶马古道的文化根基，千百年来正是这一片小小的茶树叶将西南各族人民紧密联系在一起，正如法国历史学家布罗代尔所说的那样："茶在中国与葡萄在地中海沿岸起的作用相同，凝聚着高度发达的文明。"(《十五至十八世纪的物质文明、经济和资本主义》)

茶马文化也是开拓进取的文化。受制于相对落后的交通技术条件，一般来说古代世界的道路或是局限于山谷、平原等容易行走的地区，或是借助河流、海洋的运输力量，而像西南茶马古道这样跨越无数崇山峻岭的贸易大通道则极为罕见。历朝历代，来自西南各民族的官兵、民夫、商旅，架桥修路，肩扛手提，历尽千辛万苦也要维持这条道路的通畅；藏、门巴、珞巴等高原民族同胞更是不畏艰险，翻越喜马拉雅山脉，将茶马古道延伸到了南亚地区。"马蹄踏下岁月印，马铃声声话沧桑"，"千驮货物运不尽，起早贪黑赶路忙，一天翻过九座山，上坡下坎走险滩，风霜当作棉被盖，扯把叶子做地毯，羊毛毡子掸露水，仰望夜空想家乡"，这些流传在滇西地区的《赶马调》，经过现代人的整理改编，唱出了古道的渺远苍凉，成为马帮开拓精神的最佳注解。正是受到这种开拓进取的文化滋养，西南茶马古道才得以傲立于"世界屋脊"之上，成为人类历史上海拔最高的文明古道。

茶马文化是包容互鉴的文化。西南茶马古道上各民族经过长期交流交往，形成了相互了解、相互尊重、相互包容、相互欣赏、相互学习、相互帮助的文化氛围。一个典型的例子是，清代陕西的汉族商人到川西打箭炉（今康定）一带从事茶马贸易，为与藏族同胞沟通，他们编写了《藏语会话》对译韵书："却是你，可是他，喝茶樋统，饭熬妈。来叫火，去叫热，番叫白米，汉叫甲。"（《西康图经》）这些文化程度并不高的茶马商人就是这样一字一句地学会了藏语对话。西南茶马古道上被称为"藏客"的纳西族商人群体也同样能够熟练掌握汉、藏、白等多种民族语言，他们在藏区经商时往往入乡随俗，主动穿上藏族服饰来拉近与藏族同胞之间的距离。除商贸文化外，西南茶马古道上的宗教文化也显示出极强的包容性。比如同为藏彝走廊上的原始宗教文化，羌族的"释比"文化与彝族的"毕摩"文化在社会职能、宗教法器、宗教仪式等方面都极为相似，作为羌族神职人员的"释比"还因为受汉族道教影响而被称为"端公"。此外，历史上汉族、蒙古族、普米族等民族都曾受到过藏传佛教的深刻影响；而纳西族普遍信奉的东巴教，则是藏族苯教与当地原始信仰融合的结果。

茶马文化更是爱好和平的文化。唐代以前，各民族之间出于利益纷争尤其是为了争夺战马这一军事战略资源，也曾爆发过一些战争冲突；西南茶马古道的开通，使包括战马在内的各类物资可以通过贸易手段获取，彻底改变了马在西南各民族文化中的面貌，使其不再与战争、灾祸联系在一起，而是成为财富的象征。这种改变对于西南地区和平发展的意义十分重大，明代名臣杨一清就认为茶马贸易能够很好地稳定边疆、消弭战争，他在给皇帝的上书中直言茶马贸易"实贤于数万甲兵矣"（《续文献通考》）。事实证明西南茶马古道的通畅也确实使"西陲宴然"，在明代两百多年间没有发生大的战争（《明史·朵甘乌斯藏行都指挥使司传》）。今天的云南祥云县云南驿镇是西南茶马古道上的重要节点，见证了古道的沧桑历史，该镇过街楼上的一副楹联"东奔西走天上地下皆为军火，南来北去鞍前马后只闻茶香"，道出了团结共处、爱好和平的真谛，是茶马文化的最佳注脚。

共同培育伟大的爱国精神

　　茶马古道所建立起来的各民族之间的联系，不仅是经济和文化联系，也是情感联系、精神联系。千年来，各民族依靠古道贸易互通有无，因共享古道历史文化而互敬互爱，也共同培育了伟大的爱国精神。"时穷节乃见"，在近代中国遭遇三千年未有之大变局、陷入存亡危机之际，这种爱国精神便熠熠闪耀，集中体现在抵制印茶入藏和西南地区抗战等重大历史事件之中。

　　印茶入藏是近代英印殖民当局主导的一项经济侵略活动，其目的是通过向西藏倾销印度茶叶，排挤内地茶叶，从而切断内地与西藏之间的经贸联系，逐步渗透乃至控制西藏。英国殖民者自占领印度后，就一直觊觎我国的西藏地区，于1888年、1904年两次军事入侵西藏；当英国窃取了茶叶种植技术，尤其是19世纪80年代以后印度茶在全球市场占据上风以后，英印殖民当局对于印茶入藏的野心便更加膨胀。他们一方面通过军事和外交手段，逼迫清政府签订不平等条约，开放亚东、噶大克等通商口岸；另一方面加紧仿制砖茶，并通过低价倾销、暗地走私等多种手段销往西藏。然而，英印殖民当局低估了茶马古道上各民族之间的血脉联系，也低估了西南各族同胞维护祖国主权和领土完整的决心。上千年来的汉茶藏饮传统，使内地茶叶对于藏族同胞来说早已不是一种简单的商品，而是融入了血液和心灵的文化积淀，而外来的印度茶无论是在口味上还是在心理上都无法为藏族同胞所接受。即便是在川康地区遭遇战争动荡、四川边茶运输中断的时期，西藏的茶叶消费缺口也是转由后起的滇茶来填补，印度茶仍被拒之门外。由于中央政府、西藏地方政府和藏族同胞的坚决抵制，印度茶在整个晚清民国时期始终未能打开西藏市场，据统计其在西藏的最高年销售量约为一万公斤，与内地茶叶动辄数百万公斤的销量相比不过是九牛一毛，与此同时部分内地茶叶甚至还通过拉萨转卖到了印度大吉岭等地。到20世纪40年代末，英印殖民当局的印茶入藏企图宣告破产，这是西南各族同胞反抗帝国主义渗透的一次伟大胜利。在华茶贸易整体衰落的时代背景下，西藏地方政府和人民对内地茶叶的倾力支持显得尤为可贵，充分彰显了西藏同胞炽热的民族情感和伟大的爱国主义精神。

　　到了抗日战争时期，中华民族面临的危机更加深重，此时的茶马古道就像一位壮心不已的老兵，义无反顾，挺身而出，在历史舞台上完成它悲壮的谢幕。

1938年底，退守西南的国民政府提出"利用人力兽力运输，增进货运"（《社会经济月报》1939年第1期），随后在茶马古道青藏线和滇藏线上恢复了驿运。1942年滇缅公路被日军切断后，茶马古道更是成为西南大后方与外界沟通的唯一陆上要道。整个抗战后期，四川、云南、西藏各地由汉、藏、白、纳西等各族人民组成的马帮，穿行在先人开拓出的石栈天梯和羊肠鸟道间，不畏艰险，昼夜不息。据统计，当时这条道路上一共动用了"八千匹骡马和两万头牦牛"（顾彼得《被遗忘的王国：丽江1941—1949》），为抗战后方输送了难以计数的紧缺物资，在中华民族的至暗时刻燃起希望的火种，谱写出一曲全民族抗战的壮阔乐章。

西南茶马古道见证了各民族共同开拓辽阔疆域的恢宏往事，沉淀着各民族共享互融的悠久历史与灿烂文化，凝聚着各族同胞深厚的爱国主义精神。它充分证明了，在中华民族生息繁衍的历史长河里，神州大地上的各民族交往交流交融，始终是休戚与共、荣辱与共、生死与共、命运与共的共同体。站在新时代的起点上，继续挖掘、整理、研究、宣传西南茶马古道的历史，有助于我们树立正确的中华民族历史观、民族观、国家观、文化观，增强对中华民族的认同感和自豪感，筑牢国家统一、民族团结、社会稳定的铜墙铁壁。

（原载《光明日报》2022年10月10日第14版）

"一带一路"视野下西南茶马古道研究：回顾、反思与展望

刘礼堂　冯新悦

(武汉大学；江苏师范大学)

西南茶马古道是我国历史上内地同西南边疆地区和周边邻国进行商贸、文化交流的重要通道，它分为青藏、川藏、滇藏三条主要线路，涉及茶、马、丝、盐、铜等大宗商品，沟通了汉、藏、羌、彝、蒙等几十个民族，汇集了汉传佛教、藏传佛教、道教、伊斯兰教、基督教等多种宗教文明，为中央政权对边疆地区的治理、中华民族多元一体格局的形成以及中华文化的对外交流与传播做出了巨大贡献。

近三十年来，西南茶马古道研究从无到有，取得了丰硕的研究成果，然而也存在一些问题，相关研究进一步发展的内生动力明显不足。基于此，本文希望通过梳理近三十年来古道研究的主要成果，分析研究困境，并在此基础上就该研究领域所需要的新视野、新思维和新方法问题进行探讨，以冀推动西南茶马古道研究的进一步发展。

一、西南茶马古道研究回顾

20世纪80年代末90年代初，随着"文化寻根"热潮的兴起和地方史研究的兴盛，西南地区的文化学者开始走向田野，寻找和研究本地历史文化遗产，从而发现了一条连接内地与藏区的古代贸易通道。1988年，木霁弘在《中甸汉文历史资料汇编》的序言里将这条古道命名为"茶马之道"[①]；1990年，木霁弘、

[①] 木霁弘：《茶马古道考察纪事》，云南教育出版社2001年版，第2页。

李旭等六人(后来被学界称为"茶马古道六君子")走访了马帮路线,并于次年以笔名在《云南大学报》发表《超越——茶马古道考察记》,在这篇文章里首次使用了"茶马古道"[①]一词。1992年,"六君子"又结合自己在走访考察中的所见、所闻、所想,写成《滇藏川"大三角"文化探秘》一书,绘制了滇藏、川藏两条茶马古道的路线图,将茶马古道视为"滇、藏、川大三角"的文化纽带[②],为茶马古道研究赋予了文化价值。西南茶马古道的研究就此拉开序幕。

早期的西南茶马古道研究存在依附于南方丝绸之路(西南丝绸之路)研究的倾向,这是因为南方丝绸之路的概念提出和研究起步较早,经过伍加伦、江玉祥、蓝勇、段渝等学者的探索,在学界产生了较大的影响。进入21世纪之后,人们越发意识到西南茶马古道的独立性,使之从南方丝绸之路框架下剥离出来,成为一个独立的研究领域。格勒《"茶马古道"的历史作用和现实意义初探》探讨了西南茶马古道在民族交流融合方面的历史作用,强调了该路线作为研究对象的意义,将其与丝绸之路、唐蕃古道并列为我国古代重要的国际贸易通道[③]。石硕《茶马古道及其历史文化价值》对茶马古道的定义、主要路线和历史文化价值进行了分析,进一步突出了古道研究的重要性[④]。孙华《"茶马古道"文化线路的几个问题》指出南方丝绸之路和茶马古道无论是在路线上还是货物种类上都存在明显的差异[⑤]。此外,学界还围绕西南茶马古道相关研究召开了"茶马古道文化国际学术研讨会""中国文化遗产保护普洱论坛"等多场学术会议,王士元、王明珂等学者牵头出版了《茶马古道研究集刊》(1—4辑)等一系列专题论文集。在相关学者的不懈努力下,西南茶马古道研究的学术地位逐渐得到了确认。

回顾西南茶马古道研究三十多年来的发展,主要的研究成果集中在以下三个方面。

一是西南茶马古道时空范围的界定。由于古道时空界定涉及的相关问题非常复杂,学界的认识一直处于不断丰富、不断深化的过程中,因此这一基础性的议题可以说贯穿了近三十年来的古道研究,成为一个长盛不衰的热点。

[①] 格玛明珠:《超越——茶马古道考察记》,《云南大学报》1991年1月15日。
[②] 木霁弘:《滇藏川"大三角"文化探秘》,云南大学出版社2003年版,第11页。
[③] 格勒:《"茶马古道"的历史作用和现实意义初探》,《中国藏学》2002年第3期。
[④] 石硕:《茶马古道及其历史文化价值》,《西藏研究》2002年第4期。
[⑤] 孙华:《"茶马古道"文化线路的几个问题》,《四川文物》2012年第1期。

时间范围上，由于明清时期和近代早期的资料相对丰富，资料的获取也较为容易，因此很长一段时间里，古道研究主要聚焦于这两个时段。近十年来，随着研究的深入，古道的时间上限已经推进到隋唐时期。孙华认为，隋唐时期的西南茶马古道已经是唐蕃贸易的重要通道，唐玄宗时期的赤岭互市是广义的茶马古道的开端[1]。宋时磊的研究显示，唐人借助茶叶的流通体系，将这一通道逐渐纳入内地的经济贸易网络，加速了边疆社会对中原的文化体验和认同[2]。张海超指出，南诏大理国也曾将生活在今云南茶叶产区的诸多民族置于统一管辖之下，通过将茶运往藏区和东南亚地区，维持了当地茶马古道交通网络的稳定[3]。陆离对宋代相关史料的挖掘则显示出，曾繁荣于唐代的青藏茶马古道在宋时依旧活跃，并且留下了茶马贸易的确凿记载[4]。在上述学者的梳理下，西南茶马古道在隋唐宋元时期的面貌逐渐清晰起来。不过，贸易大通道并非产生于一朝一夕之间，因此也有一些学者试图寻找古道的更早证据。杨海潮根据茶文化传入西藏的时间，将古道起点上溯至东汉[5]；赵国栋则认为，2016 年在西藏阿里发现的古茶叶遗存表明，西藏在"古象雄时期就已经与内地发生了某种形式的茶叶往来"[6]。这些研究无法直接论证古道在隋唐以前的存在和运转情况，却让学界对古道的历史渊源有了更深的了解。

空间分布上，学界的认识经历了从单线到网络化、从狭义到广义、从云南向周边不断拓展的过程：木霁弘等人在概念产生之初指出茶马古道有滇藏、川藏两条主要线路，后来又补充加入了青藏线，但仍然强调滇川藏"文化三角"的中心地位[7]；李刚等人则以不同线路之间的内在联系为依据，指出茶马古道共有陕甘、康藏、滇川三条线路，形成了一个庞大的交易网络[8]；张洁认为有甘藏、川藏、滇藏三条线路，且各线路随着茶马贸易的变化有所兴替[9]；凌文锋认为茶

---

[1] 孙华：《"茶马古道"文化线路的几个问题》，《四川文物》2012 年第 1 期。
[2] 宋时磊：《唐代茶叶及茶文化向边疆塞外的传播》，《人文论丛》2016 年第 2 期。
[3] 张海超：《南诏大理国与吐蕃及东南亚地区的茶叶贸易初探》，《农业考古》2020 年第 2 期。
[4] 陆离：《唐宋与吐蕃间的西北茶叶之路》，《陕西师范大学学报（哲学社会科学版）》2018 年第 3 期。
[5] 杨海潮：《茶文化初传藏区的时间与空间之语言学考证》，《青海民族研究》2010 年第 3 期。
[6] 赵国栋：《茶马古道遗产：西藏昌都茶叶贸易的历史、文化与启示》，《民族论坛》2021 年第 1 期。
[7] 木霁弘、陈保亚、李旭等：《"茶马古道"文化简论》，载李子贤：《文化历史民俗：中国西南边疆民族文化论集》，云南大学出版社 1993 年版，第 180—181 页。
[8] 李刚、李薇：《论历史上三条茶马古道的联系及历史地位》，《西北大学学报（哲学社会科学版）》2011 年第 4 期。
[9] 张洁：《茶马古道线路兴替：基于官办茶马贸易的考察》，《西北民族研究》2021 年第 4 期。

马古道除了三条主干道之外，还存在复杂的支线网络结构[①]。不过，"茶马古道"概念所涵盖的空间范围的扩大，一方面使学界的视野逐渐拓展，人们对古道历史全貌的认知也越来越清晰，另一方面却也使这一概念面临过度扩张、失去明确内涵的危险。一些学者提出了"北方茶马古道"[②]等概念，将远至我国东北地区以及中亚、欧洲等地的商道全都纳入进来，造成了只要是涉及茶叶和马匹的古代贸易通道均可被冠以"茶马古道"名号的局面。为解决这一问题，笔者提出"西南茶马古道"的整体框架概念，将茶马古道限定为青藏、川藏、滇藏三条主线和众多支线组成的，连接内地和藏区、延伸至南亚的古代交通道路系统[③]，使之既具有丰富的内涵，又具有相对明确的边界。

二是西南茶马古道商贸活动及其催生的人口、族群与文化问题。其中，关于茶马互市的讨论肇始于民国时期并一直延续至今，受到众多国内外学者的关注，因此成果也较为丰厚，国内如黎世蘅、竟凡、李光璧等人对西南地区的茶马贸易颇为关注；国外如日本学者佐伯富的研究也涉及宋代茶马贸易。新中国成立后特别是改革开放以后，有关茶马贸易的讨论更加深入。关于隋唐宋元时期的茶马贸易，学界的讨论主要集中在宋代，贾大泉分析了西川地区同吐蕃等民族的茶马贸易情况[④]，陈泛舟则考察了陕甘地区的茶马贸易[⑤]。就明清时期而言，武沐等人就明代茶马贸易的发展阶段、私茶兴起的原因、茶马贸易体制的改革等问题进行了考察[⑥]，陈海龙对官营茶马贸易在清代的衰亡问题展开了分析[⑦]。这些成果分别从不同的角度讨论了不同时代的茶马贸易情况，极大地拓展和深化了学界对茶马贸易的认识。

西南茶马古道不仅仅是贸易线路，也催生了与之相关的人口、族群与文化现象。在这方面，李旭的马帮文化研究[⑧]，汤开建的安多吐蕃部落研究[⑨]，周智生

---

① 凌文锋：《茶马古道与"牵牛花"网络——茶叶与滇藏川的文脉化研究》，《云南大学》2013 年第 5 期。
② 陈保亚、袁琳：《一条横贯欧亚大陆的北方茶马古道——基于 chaj 读音分布的语言地理学证据》，《思想战线》2015 年第 1 期。
③ 刘礼堂、陈韬：《西南茶马古道：汉藏交融的千年大通道》，《光明日报》2021 年 1 月 25 日。
④ 贾大泉：《宋代西川同吐蕃等族的茶马贸易》，《西藏研究》1982 年第 1 期。
⑤ 陈泛舟：《北宋时期川陕的茶马贸易》，《西南民族学院学报（哲学社会科学版）》1983 年第 2 期。
⑥ 武沐、郭翔：《明朝茶马贸易的几个问题》，《中国边疆史地研究》2019 年第 2 期。
⑦ 陈海龙：《清朝官营茶马贸易的衰亡》，《南通大学学报（社会科学版）》2013 年第 5 期。
⑧ 李旭：《论大西南马帮精神》，《云南民族学院学报（哲学社会科学版）》2000 年第 3 期。
⑨ 汤开建：《宋金时期安多吐蕃部落史研究》，上海古籍出版社 2007 年版，第 31—121 页。

的"藏客"研究[①],杨福泉的"房东伙伴"研究[②],均围绕与古道密切相关的人口和族群展开讨论,是文化研究的典型代表;张科对藏传佛教和安多区域史的考察[③],以及笔者对云南丙中洛乡的个案分析[④],则揭示了古道沿线民族宗教的互动情况。此外,石硕还进一步指出,西南茶马古道作为沟通中原腹地与西南边疆地区的重要通道,在历史上为维护边疆稳定、促进民族融合、推动文化交流发展做出了突出贡献[⑤]。

三是与西南茶马古道相关的考古学和文化遗产学研究。早期的古道研究多基于传世文献资料和民间口头文献资料,近十多年来,随着考古学界和文化遗产学界的介入,实物资料在这一领域越来越占据重要地位。2009年甘肃陇南康县"巡按陕西监察"残碑的发现,2011年西南茶马古道川藏线"新添—冷碛"段遗迹的调查,2016年西藏阿里地区故如甲木墓葬遗址茶叶遗存的认定,无论是在时间、空间上还是在细节面貌上都丰富了古道的内涵。关于古道相关遗产的研究、保护与开发,近年来的研究成果也层出不穷:木霁弘《茶马古道文化遗产线路》一书对古道文化遗产线路进行了系统的梳理[⑥];杨福泉则从文化保护的角度出发,探讨了古道文物保护、村落保护、口述资料抢救等问题[⑦];王丽萍将西南茶马古道视为文化线路和廊道遗产,试图在相对成熟的理论框架下进行遗产保护分析[⑧]。此外,喇明英等人的《四川茶马古道路网系统及其文化与旅游价值探讨》[⑨]、袁晓文等人的《茶马古道旅游开发及开发中的民族问题研究》[⑩]、李飞等人的《我国廊道遗产保护与旅游开发研究——以滇、藏、川茶马古道为例》[⑪]等成果针对西南茶马古道的遗产开发利用问题做了详细的探讨。值得一提的是,2011年,

---

① 周智生:《茶马古道上的纳西族"藏客"起源探析》,《西藏研究》2009年第5期。
② 杨福泉:《略述丽江古城及茶马古道上的"房东伙伴"贸易》,《西南民族大学学报》2015年第12期。
③ 张科:《藏传佛教与安多区域史研究》,《江汉论坛》2017年第3期。
④ 刘礼堂、谭昭:《云南丙中洛乡多元宗教的碰撞与融合——以基督教为例》,《红河学院学报》2018年第1期。
⑤ 石硕:《茶马古道及其历史文化价值》,《西藏研究》2002年第4期。
⑥ 木霁弘:《茶马古道文化遗产线路》,云南大学出版社2020年版。
⑦ 杨福泉:《茶马古道研究和文化保护的几个问题》,《云南社会科学》2011年第4期。
⑧ 王丽萍:《文化线路与滇藏茶马古道文化遗产的整体保护》,《西南民族大学学报(人文社科版)》2010年第7期。
⑨ 喇明英、徐学书:《四川茶马古道路网系统及其文化与旅游价值探讨》,《社会科学研究》2011年第4期。
⑩ 袁晓文、陈东:《茶马古道旅游开发及开发中的民族问题研究》,《思想战线》2015年第3期。
⑪ 李飞、马继刚:《我国廊道遗产保护与旅游开发研究——以滇、藏、川茶马古道为例》,《西南民族大学学报(人文社科版)》2016年第2期。

时任国家文物局局长单霁翔在当年的茶马古道文化遗产保护（雅安）研讨会上界定了茶马古道文化遗产的范围，指出了当前保护存在的一系列问题，并在此基础上阐述了三方面保护思路和五大工作要点[①]，为古道的研究绘制了具有体系性的文化遗产学蓝图，进一步拓宽了该领域的学术研究路径。

经过三十年的发展，目前研究西南茶马古道的论文、专著已有上千种，研究内容涵盖古道概念、时间范围、空间分布、线路走向、商贸结构、商品运输方式、商帮及其组织形式、沿线人口迁徙与族群互动、文化交流与传播、古道价值与意义、遗产保护与开发等多个层次。

不过，近三十年来的西南茶马古道研究也暴露出一些问题。首先，古道的研究一直不够科学、系统、规范，学术探索往往与地方政府和文化产业界对旅游开发的推动纠缠在一起，导致相关研究呈现出一定的游记化、感性化倾向。其次，研究在地域上、时段上出现断裂。从地域上来说，西南茶马古道研究从一开始就是地方学者的自发行为，尽管后来也召开过在全国范围内有影响力的研讨会，但研究视野限于本省、各管一片的现象并没有得到改善；从时段上来说，关于唐宋时期与明清时期的研究也泾渭分明，能够打通不同时代的研究成果较少。地域上、时段上断裂，不仅导致古道研究的格局始终无法打开，也导致学界在一些重大问题上迟迟未能达成共识。最后，不同学科之间存在明显的壁垒，文献学、历史学、语言学、考古学、人类学、民俗学、文化遗产学等多个学科的学者在古道研究上各自摸索，彼此独立，跨学科的研究成果较为罕见，历史文献资料、语言学资料、田野挖掘和调查资料之间缺乏互证，难免有盲人摸象之嫌。要解决这些问题，必须引入"一带一路"的新视野，大地理、大历史、大文明的新思维，以及以文献整理为核心、多学科综合的新方法，全面更新西南茶马古道研究的理路和范式，推动该领域的跨越式发展。

二、"一带一路"的新视野

2010年，国家文物局提出丝绸之路、京杭大运河、茶马古道申报世界遗产的战略规划，政策层面对于西南茶马古道的关注度不可谓不高。然而十年过去，

[①] 单霁翔：《保护千年古道，传承中华文明》，《四川文物》2012年第1期。

同为文化线路遗产的陆上丝绸之路、京杭大运河早已申遗成功，海上丝绸之路的重要枢纽鼓浪屿和泉州分别以"历史国际社区"和"宋元中国的世界海洋商贸中心"名义成为世界遗产，甚至提出时间更晚的中俄万里茶道也已进入《中国的世界遗产预备名单（2019）》，相比之下，西南茶马古道的申遗之路依旧崎岖。

申遗工作的曲折反映了学术研究的困境。长期以来，西南茶马古道的研究不够科学、系统、规范，不仅阻碍了相关研究领域的学术进展，也使该线路遗产的申遗和保护工作缺乏坚实的知识基础。目前公开出版的西南茶马古道相关著作已多达上百种，然而其中多数是以"考察""亲历""纪行""风景""故事"为题，学术性专著极少；已发表的论文中，带有"考察记""游记""景观"等字眼的非专业性文章也随处可见。确如一些学者所说，"茶马古道已经从学术概念成为声名远播的文化符号"[①]，引发了社会各界尤其是茶业、旅游业、文化娱乐业的广泛关注；但也恰恰是这些关注使西南茶马古道研究始终游走在学术和消费、娱乐的中间地带。西南茶马古道研究要突破瓶颈，纠正以往的游记化、感性化倾向，就需要以"一带一路"的新视野来引领进一步发展。具体来说，"一带一路"的新视野包括以下三个层面。

第一个层面是借鉴丝绸之路的研究范式，汲取研究经验。丝绸之路研究，特别是陆上丝绸之路研究已逾百年，学术成果丰硕，研究经验丰富，作为同类廊道遗产的研究范本，值得借鉴。陆上丝绸之路研究范式的主要特征，或者说较重要的研究经验，大致有三点。首先是拥有整体概念框架和研究格局。陆上丝绸之路的概念于1877年由李希霍芬提出，与西南茶马古道相似，学界当时对这条线路的认识也并不全面，此后同样经历了一个认识不断深化的过程。但是，陆上丝绸之路从一开始就被视为东西方交流的干线，如李希霍芬所说，昆仑山"北坡有一条民族交往的大道，从中亚出发穿越沙漠和高山，经甘肃到广袤富饶的西安府的大道。这里曾多次发生高级的文化，艺术与科学十分繁荣"[②]。它既不是某一条古道的支线，也不仅仅是一城一地的文化遗产，而是拥有完整框架和宏观格局的线路，这决定了它的研究者即便只取一隅做个案分析，也会以线路

[①] 周重林、凌文锋：《茶马古道20年：从学术概念到文化符号》，《中国文化遗产》2010年第4期。
[②] 费迪南德·冯·李希霍芬：《李希霍芬中国旅行日记》，李岩、王彦会译，商务印书馆2016年版，第618页。

的整体概念为思考起点，这就在一定程度上避免了研究的割裂。其次是以扎实的文献研究为基础。以1903年沙畹的《西突厥史料》出版为起点，陆上丝绸之路相关的传世文献研究便拉开了序幕；同样在20世纪初兴起的敦煌学及之后的吐鲁番学，又掀起了出土文献研究的热潮。陆上丝绸之路相关传世文献的整理、考释和分析，以及相关出土文献的挖掘、整理和研究，一直延续至今，为进一步的线路研究打下了坚实的文献基础。最后是综合多学科方法，使宏观分析与微观考察相结合。陆上丝绸之路的研究，既有文献学、考古学搭建骨架，又有政治史、经济史、文化史、宗教史、交通史角度的探索充实其内涵，还有众多区域研究、个案研究成果作为支撑，真正做到了宏观与微观的结合、多学科方法的综合运用，这使得该领域的研究能够做到深入细致、覆盖面广，既避免空泛，又不至于支离破碎。以上三点，既是陆上丝绸之路研究的先进经验，又对应下文将要阐述的"大地理、大历史、大文明的新思维"和"以文献整理为核心、多学科综合的新方法"。因此可以说，"一带一路"的新视野，是拓宽西南茶马古道研究思路、推进研究进一步发展的肯綮所在。

第二个层面是融入以丝绸之路为代表的中外交流史研究框架。前文提到西南茶马古道研究曾一度依附于南方丝绸之路研究，而从南方丝绸之路的框架下剥离出来，是西南茶马古道研究迈入正轨的重要一步。不过，强调线路的独立性不等于线路研究的孤立封闭，甚至可以说，使西南茶马古道成为独立概念，既符合历史事实，又是为了更好地厘清它与丝路系统之间的关系。历史上中国的对外交流具有整体性。一方面，每一个道路系统都有其明确的指向，陆上丝绸之路通往西域、中亚，海上丝绸之路通往南海、印度洋沿岸，南方丝绸之路通往东南亚，西南茶马古道通往西藏和南亚；另一方面，这些指向不同的道路系统之间又是广泛联系的，通过各条延伸出去的支线，西南茶马古道和南方丝绸之路将距离遥远的陆上丝绸之路、海上丝绸之路连接在一起，使古代中国的对外交流连线成面、浑然一体。西南茶马古道与丝路系统的连接，在历史上可以找到很多例证。比如，被称为"麝香之路"的古代贸易通道沟通了西藏和中亚、西亚地区，其具体路线实际上就是西南茶马古道与陆上丝绸之路、海上丝绸之路的组合；再如宋代佛教僧侣往返于内地和南亚之间，也兼取陆上丝绸之路和西南茶马古道，以形成路线上的闭环。类似的案例不胜枚举，说明西南茶马古道是一个开放的道路系统，它与陆上丝绸之路等古代道路系统密切相关。正因如此，西南茶马古道研究只有拥抱"一带一路"的新视野，融入以丝绸之路为代表的中外交流史研究框架,才能获得更为全面宏观的认识。

第三个层面是在对接"一带一路"倡议中突出现实关怀。从文化价值的角度来说,丝绸之路横绝大漠,海上丝路穿越海洋,西南茶马古道逾跨山岭,这些道路全都蕴藏着古代中国人与世界各族人民和平交往、互通有无的成功经验,共同体现了中华民族不畏艰险、开拓进取的宝贵精神,"一带一路"构想的提出,正是对这些成功经验、宝贵精神的理论总结和发扬光大。因此,在新时代研究西南茶马古道,离不开"一带一路"的广阔视野,借助这一视野,有利于西南茶马古道研究在中华民族多元一体的大叙事和人类命运共同体的大格局中找准当代定位,提升实践价值。

三、大地理、大历史、大文明的新思维

上文说到西南茶马古道研究存在地域和时段上的断裂,而这种断裂又明显阻碍了研究格局的拓展,导致学界始终未能将古道研究提升到中华文明研究的高度。未来的西南茶马古道研究需要摆脱这种断裂的困局,以大地理、大历史、大文明的新思维为相关研究领域注入活力。

大地理,就是要以西南茶马古道为切入点,关注其途经的整个西南地区及部分西北地区,从行政区划上来说就是陕、甘、青、川、黔、滇、藏七个省区。在早期的西南茶马古道研究中,云南学者占据相当大的比重;从古道遗产保护的推进来看,云南丽江等地的文化遗产保护与研究也是学界关注的焦点。这一方面反映了云南学界在西南茶马古道研究领域做出的突出贡献,另一方面却也暴露出西南茶马古道研究存在地域分布不均衡的问题。进入新世纪以后,随着四川、西藏等地的学者开始关注西南茶马古道研究,这一状况有所改观,但学者往往立足于本省区,又使得不同省区之间彼此分割、难有整体观照。仅以明代茶马古道和茶马贸易研究为例,肖文清等人重点讨论了明代河湟洮岷地区的茶马贸易情况[1];王兴骥则将讨论的范围限定在贵州[2];申旭的研究从明代下延至

---

[1] 肖文清、武沐:《明代河州、岷州、洮州茶马贸易研究》,《青海民族研究》2009年第4期。
[2] 王兴骥:《明代西南少数民族地区的茶马贸易——以贵州为例》,《贵州师范大学学报(社会科学版)》2003年第6期。

清代、民国，但地域上仍以云南为中心[1]。各地学者立足于本省区，固然可以使研究工作更加细致，但在地区本位思维下不免得出一些片面的结论。比如关于西南茶马古道的主导性力量，不同地区的学者有不同的说法，云南学者着眼于滇藏线，往往片面强调古道的民间性、地方性，相对忽视历史上国家主体对古道的全局性经营治理，认为西南茶马古道是马帮走出来的商路，要摒弃欧洲中心主义、印度中心主义、中原中心主义、汉文化中心主义等传统观念[2]；陕西等地的学者则以青藏线和川藏线的官修正史资料和茶马管理机构遗存为依据，指出茶马古道的形成离不开宏观层面的国家行为因素[3]。实际上，作为线路众多、历时悠久、牵涉族群广泛的古代贸易和文化通道，西南茶马古道的面貌必然是驳杂多样的，民间性、地方性与官方性、全局性也一定是共存的。西南茶马古道的研究者不应过于强调任何一个侧面，而是应该打破地区本位，以大地理的思维站在全局高度去考察，力促学术共识的形成。

大历史，意味着西南茶马古道研究要弥合时段上的断裂，关注古道在隋唐至近代一千多年的历史跨度里的发展演变及其规律、特质。以往的西南茶马古道研究，唐宋时期与明清时期之间的界限比较分明，不仅介于其间的金元时期几乎无人问津，将唐代至清代的古道发展状况统合起来作长时段讨论的成果也较少。一些学者已经意识到这一问题并尝试打通断代，如王晓燕的《官营茶马贸易研究》一书[4]，邓前程的《从自由互市到政府控驭：唐、宋、明时期汉藏茶马贸易的功能变异》[5]、张永国的《茶马古道与茶马贸易的历史与价值》[6]等文章，都进行了较长时段的梳理，并得出了一些规律性的结论。不过，这些通史性质的研究主要集中在茶马贸易领域，对于古道本身的历史演变，以及古道上的政治交往、宗教传播、文化交流与演化等问题涉及较少，仅有的一些讨论也比较粗疏。西南茶马古道研究中的很多问题，比如历代王朝对于古道的经营及其演变趋势、藏传佛教与古道的关系、古道对于沿线民族关系的塑造等，都是由于

---

[1] 申旭：《茶马古道与滇川藏印贸易》，《东南亚》1994 年第 3 期。
[2] 杨海潮：《茶马古道：地方性的民间视角》，《思想战线》2016 年第 6 期。
[3] 李刚、李薇：《论历史上三条茶马古道的联系及历史地位》，《西北大学学报（哲学社会科学版）》2011 年第 4 期。
[4] 王晓燕：《官营茶马贸易研究》，民族出版社 2004 年版。
[5] 邓前程：《从自由互市到政府控驭：唐、宋、明时期汉藏茶马贸易的功能变异》，《思想战线》2005 年第 3 期。
[6] 张永国：《茶马古道与茶马贸易的历史与价值》，《西藏大学学报（汉文版）》2006 年第 2 期。

大历史思维的缺乏一直悬而不决，解决这些问题没有捷径可走，必须进行较长时段的观察和深入细致的分析。

大文明，是指西南茶马古道研究应当提升到中华文明研究的高度，着力探索古道与中华文明的深层联系。这种文明研究包含两个层面，一是研究古道在中华文明形成过程中的作用，二是研究古道在中华文明与其他文明交流方面的贡献。在中华文明形成过程中，西南茶马古道一方面由于其沟通内地和藏区的功能，促进了汉文明和藏文明的交流交往交融；另一方面由于其连接陆上丝绸之路和海上丝绸之路的功能，也促进了面向海洋的东南部地区和面向亚洲大陆腹地的西北部地区两大历史地理板块的整合。在与其他文明的交流方面，西南茶马古道主要是促进了中华文明与南亚文明的交流。在隋唐以前，这两大文明之间多是通过陆上丝绸之路和南方丝绸之路进行沟通，西南茶马古道则开启了文明沟通的新阶段，不仅使之更加便利，也为之增添了青藏高原的文明因素。有了西南茶马古道的连接，青藏高原便成了中国与南亚之间政治、经济、宗教、文化交往的中转站，既塑造了青藏高原的文明面貌，也促使它形成东向发展趋势，从而改变了整个亚欧大陆东部的文明格局。西南茶马古道参与下的这种文明整合与交流的模式，以和平共处为主要基调，在世界历史上较为罕见，今后的古道研究应当充分讨论这一模式的内涵和特征，挖掘它的价值和意义，讲好古道上的中国故事。

总而言之，在近三十年来的学术基础上继续推进西南茶马古道研究，使之更上层楼，必须具备大地理、大历史、大文明的新思维。西南茶马古道研究的宏观目标，也不能局限于研究古道本身，而是力图揭示中国西南大历史、大地理和大文明的整体格局。

四、以文献整理为核心、多学科综合的新方法

西南茶马古道的研究涉及文献学、历史学、语言学、考古学、人类学、民俗学、文化遗产学等多个学科领域，但迄今为止各学科方法在古道研究中的综合运用却较为少见，这阻碍了研究的进一步发展。例如语言学是茶马古道早期研究的重要方法，语言学者通过考察"茶"在不同语言和方言中的发音来分析

历史上茶叶的流通和贸易状况，极大地开拓了古道研究的语言学路径[①]，但同时也存在以词证词、脱离历史现场等问题。再如一些考古发现更新了学界对古道的认识，但将这些考古发现同传世文献进行对照的更深入的研究工作却比较少。

比学科壁垒更为严重的问题，则是古道研究的文献基础不足。目前一些相关研究还停留在抽象的概念和理论层面，无论是对传世文献还是出土文献的挖掘都不深、不透，导致西南茶马古道研究虽然红红火火、热闹非凡，却缺乏基础性的文献支撑，成了无源之水、无本之木。文献研究的缺位不仅使得西南茶马古道的一些基本问题如具体路线走向、兴衰发展脉络、主要贸易内容等尚未厘清，也给进一步研究的开展、遗产的保护与申报等工作造成了较大的不便。聚焦文献是西南茶马古道研究转型中最为迫切的一步，它能够让古道研究落到实处、找到牢固的支撑点，而扎实的文献研究离不开文献资料整理这一基础工程。以往的西南茶马古道研究虽也部分触及了文献领域，但多数是依靠田野调查得来的民间文献，官方历史文献和出土文献资料挖掘得相对较少。中国是拥有数千年历史的文明古国，中国古代文献体系详细记载了本国历史、中外交流史乃至一些邻国的历史，其全面性和延续性在全世界范围内都是独一无二的。因此要在整理民间文献的同时，充分挖掘和合理利用这一历史文献体系，同时充分利用出土文献资料进行对照研究，借鉴丝绸之路研究的成功经验，将西南茶马古道研究推向学术化、深入化。

因此，今后西南茶马古道领域的发展方向，应当是以文献整理为核心，综合运用文献学的分类编目、文献计量、版本校勘，历史学的考据法、口述史、比较史学，以及社会语言学、民族语言学方法，考古学、人类学、民俗学的田野调查法等多学科方法，进行一种整体性的研究。坚持这一方向的意义，不仅在于推动本领域的进展，也在于为当今方兴未艾的交叉学科——路学，探索一种具备可行性的研究模式。

可喜的是，近年来在"一带一路"视野的引领下，学界已经逐渐形成共识，认识到西南茶马古道研究不仅应当摆脱地域、时段上的限制，还要以文明研究的眼光面向国际，加强与沿线国家的合作，形成协调机制，通过中外学界的共同努力，推动西南茶马古道保护和申遗工作。认识到这一领域不仅要夯实文献

---

① 陈保亚、杨海潮、汪锋等：《滇僰古道上的僰人（孤人）调查研究》，《云南民族大学学报（哲学社会科学版）》2009年第2期。

基础，还要注重不同学科的交叉综合。2016年北京国文琰文化遗产保护有限公司承担了"云贵川茶马古道管理现状与保护对策研究"课题，希望以此提升西南茶马古道研究的整体性。2017年由中国博物馆协会丝绸之路沿线博物馆专业委员会发起，云南省博物馆、四川博物院等多家省级博物馆联合举办了"茶马古道——八省区文物联展"，使古道研究在宣传上逐渐具有了全国性课题的气象。2020年，为响应习近平总书记在中央第七次西藏工作座谈会上的重要讲话精神，武汉大学茶文化研究中心整合资源、发挥优势，在茶史、茶叶经济、茶文化等领域已有科研成果的基础上，联合西南地区茶马古道研究阵地及专家学者，以川藏、滇藏、青藏三条线路为抓手，以文献资料整理、文化遗产保护和文化交流研究为重点，成功申报了"'一带一路'视野下的西南茶马古道文献资料整理与遗产保护研究"国家社科基金重大招标项目，为打破相关研究的各种限制提供了又一契机。接下来，西南茶马古道研究界还需要更进一步整合资源，创办全国性的学术期刊作为研究阵地，组建遗产保护和申报智库队伍，推进研究领域的长远发展，使西南茶马古道这一媲美丝绸之路的人类文明交流发展大通道获得应有的知名度和关注度，凸显古道在边疆治理、民族融合、文化互动方面的重要意义，为引导各族人民树立正确的国家观、历史观、民族观、文化观、宗教观提供学术支持。

（原载《武汉大学学报（哲学社会科学版）》2022年第3期）

促进西南茶马古道研究长远发展

明海英

（中国社会科学报）

由武汉大学主办，武汉大学长江文明考古研究院、武汉大学茶文化研究中心承办的西南茶马古道文献资料整理与遗产保护研究学术研讨会近日在武汉举行。来自中国社会科学院、北京大学、北京师范大学、河南大学、四川大学、湖北大学等单位的学者与会，从不同时代、线路、主体切入，交流该领域的最新研究成果。

第一，茶马贸易推动茶马古道的形成和发展。在人类文明发展和文化交流史上，由于各地自然资源和物产不同，人们需要通过区域间、长距离贸易来相互补充。早在先秦时期，蜀地和古印度之间就有贸易往来。四川省茶叶流通协会秘书长陈书谦表示，汉武帝时，开通了蜀地往南翻越大相岭、横渡大渡河，通往大小凉山、西昌平原的蜀道。蜀郡商人用内地茶叶与少数民族交换牦牛、马匹等物资，这是早期民间茶马贸易的雏形。

自从骑射成为战争的主要手段后，马成为军队不可或缺的战略物资。中国内地农区不产马，军队的马匹主要来自蒙古高原和青藏高原牧区。北京大学考古文博学院教授孙华介绍，北宋王朝建立后，由于长城沿线草原与荒漠地区被辽和西夏占据，失去了养马的草场。军队缺乏战马，遂致力于向西部高原诸部族买马。为此，宋王朝在四川成都等地设立了专门收购茶叶的机构以垄断茶叶贸易，并将茶叶运送到设置互市的地方交换马匹。明王朝建立后，鉴于北方存在蒙古残余势力，继续以茶换马。明朝实行茶马官方专营，在四川成都、重庆、保宁、播州和陕西汉中设茶仓收购茶叶，运到甘青安多地区和川西康巴地区换马。

在一千多年的发展中，茶马古道已成为纵横八方、连缀山海的路网。中国国际茶文化研究会副会长孙前表示，至今公认的茶马古道主要有三条，即川陕甘青线、川藏线、滇藏线。他介绍说，川陕甘青线时间早、规模大，它以国家战争之需为主，主要功能是以茶易马，时间跨度为 200 年左右。川藏线在川陕甘青线之后、由于战争所需而修，延续时间长达千年，后来转为民间贸易。滇藏线以民间互通有无的盐糖茶等百货贸易为主，以马为主要运输工具。

会上，多位学者从茶马古道路网的不同点、段切入，展开研究。四川师范大学巴蜀文化研究中心教授段渝从岷江道的贸易变迁入手。他介绍说，先秦时期，岷江道依靠天然的通道条件，在古代民族迁徙交往的背后，逐步形成了发达的自由贸易体系。西汉时期，中央政权在巴蜀西南夷地区强力推行郡县制度，并打击蜀商的商业活动，使岷江道原有的商业贸易功能趋于瓦解。唐宋时期，伴随区域政治格局的变化，岷江道成为汉番接触的前沿地带，战略地位受到重视，并开始茶马互市等经济性活动。南宋以降，朝廷实行"以茶治边"，广泛推行的"茶引"制度强化了岷江道的商业贸易功能。

川藏线上的雅安至康定（古称打箭炉）段，主要靠背夫背运，货物到达康定后再用骡马运送到昌都、拉萨等地。成都师范学院教授孔又专表示，自茶马古道兴起以后，为满足藏茶就近供应，雅安地区广泛种植茶叶，后来逐渐成为重要的茶叶种植、制作、销售中心，雅安也成为茶马古道川藏线的起点。宋代熙宁以后，朝廷在雅安设置茶马司和买马场，进一步巩固了雅安的地位。此后，虽然中原王朝对马匹的需求时断时续，但藏区人民对茶叶的需求始终没有间断。明代和清代前期，朝廷实行"茶引"制，允许商户贩卖藏茶，于是兴起了众多茶商茶号。清末至民国，藏茶买卖完全成为民间商业行为，茶叶贸易更加繁荣。

第二，茶马古道推进川西高原经济社会和文化发展。西南茶马古道不仅仅是商贸通道，更是文化交流和传播的桥梁。武汉大学茶文化研究中心研究员陆晗昱表示，西南茶马古道的三条主线在不同历史时期有着各自独特的作用。青藏茶马古道亦称唐蕃古道，是唐朝汉藏的交通要道。文成公主入藏，使饮茶风习传入吐蕃，其后，内地茶叶开始经青藏茶马古道更大规模地输入藏地。迄至宋代，青藏茶马古道成为汉藏茶马贸易的主要道路。南宋期间，朝廷从自杞、邕州横山砦等地买马，经广西、贵州等地运到内地。明代以来，青藏、川藏、滇藏茶马古道上，民间茶马商贸活动愈发兴盛。清朝顺治年间，青藏茶马古道沿用官营茶马贸易，至乾隆初年才予以废止；康熙年间，川藏、滇藏茶马古道均实行边茶商营贸易，政府颁发茶引、征收茶税，茶商自由营运。陆晗昱表示，伴随古道所承载的商贸活动的发展，沿线多民族文化之间也产生了愈加密切的交流与融合。

古道上，来自不同地区、不同背景的商人、旅行者和马帮等，带着各自的文化和习俗，与当地人进行交流、交易。重庆市国资委二级巡视员罗承勇表示，这促进了多民族文化交融，促进了茶文化与西南地区各族群文化相互融合，形成了独特的地域文化风貌。明清时期，徽商是活跃于西南地区茶叶贸易的重要商业力量。安徽师范大学历史学院副研究员康健表示，在激烈的市场竞争中，徽商依靠群体凝聚力，同时积极借助地方官府庇护，获得了可观的经济收入。他们既将家乡的徽茶贩运到西南地区，也将西南地区的茶叶贩运至外地，促进了茶马贸易的发展，加强了徽州与西南地区的经济文化交流，推动了西南民族地区经济发展。

中国社会科学院民族学与人类学研究所研究员木仕华表示，汉藏关系与南路边茶、西路边茶之间近两千年的关联，堪称大历史。茶马古道的历史功用，需要在汉藏千年贸易史、茶叶贸易国际化进程，近代白银资本与中英印茶叶销售之争所引发的中西贸易战以及中国边疆危机等大视野中重新审视。

第三，借助历史地理信息系统整合资料。从宋代起，中国内地和边疆因茶叶、马匹等贸易衍生出一套严密的法律、制度和政策。武汉大学茶文化研究中心研究员宋时磊介绍，日本学者从20世纪初就已关注茶马贸易，他们利用各种历史文献资料开展茶马古道的本体研究，还到茶马古道遗址现场亲身体验、调研和勘测，并从多学科视角切入。有学者介绍，19世纪末至20世纪初，不少外国人到四川至西藏的茶马古道考察，藏茶和茶马古道不经意间进入他们的视野。后来，随着英属印度茶业的发展，英国人开始觊觎西藏茶叶市场。为了让印茶顺利入藏，英印政府先后组织多批商人、学者、探险家对中国西南地区茶业及其经营样态进行较长时间的考察。印茶入藏的科考成果不仅记录了康藏地区茶业状况，还涉及该地区风情奇趣，客观上填补了有关方面的资料不足。

一般说来，历史上的名茶产地和重要茶区往往会有茶碑遗存，可以补史籍之不足、与史籍互相印证。西南林业大学文法学院教授杨海潮表示，云南省西双版纳州勐腊县的一批清代碑刻，内容涉及茶事公文布告、茶民建设会馆以及茶马古道路桥修筑等事务，记载了茶马古道上地方社会的政治、经济、民族、文化等丰富信息，具有多重学术价值。他调查了这批碑刻的原碑及其自然环境与社会环境，同时结合相关方志、档案等史料考校了碑文。

在漫长历史中，茶马古道留下了丰富的文献资料和历史遗存。武汉大学原副校长、人文社科资深教授胡德坤在致辞中表示，学界要进一步整合类型丰富、覆盖面广、数量庞大的各类资源，以促进该领域的研究长远发展。武汉大学万林艺术博物馆馆长助理彭蛟表示，茶马古道相关区域的自然和文化生态极为脆弱，随着经济社会的快速发展，大量相关遗存迅速消失，急需进行抢救性整理。彭蛟建议，建设专题地理信息系统，为相关研究提供清晰的空间参考，以实现精准量化的空间分析和直观的时空展示。具体来说，以时空框架为基础，遗产数据为核心，文献资料为支撑，建立现状、历史、线路、遗产四个空间数据库以及线路、遗产两个属性数据库，而系统功能设计应着重展示、分析和输出三个方面。

（原载《中国社会科学报》2023 年 7 月 31 日第 2702 期）

试论西南茶马古道的发展与多民族文化交流

陆晗昱

（武汉大学）

引 言

西南茶马古道是我国历史上内地同西南边疆地区以及周边邻国进行商贸、文化交流的重要通道，该道路交通网络形成于唐以前，是西南各民族间的沟通往来之道。唐与吐蕃交往时期，古道开始承载官营绢马、茶马贸易，贸易的日益兴盛推动西南茶马古道大兴于宋，极盛于明清，延续至民国。该道路网络分为青藏、川藏、滇藏三条主要线路和数量众多的支线，覆盖了陕、甘、青、川、滇、藏、贵、桂等地区。藏地是诸条线路的共同目的地，主要分布于青藏高原的蕃部是茶马互市贸易的主要对象。在西南茶马古道上的使臣往来、贸易交流和民间交往过程中，汉藏等多民族之间的文化交流随之开展。这种多民族文化交流沟通了内地和藏地，推动了汉文明与藏文明及其他西南少数民族文明的交流交往交融，使得上述地区形成了丰富多彩的地域文化图景。

近年来，西南茶马古道路学研究及古道所承载的茶马贸易和汉藏经济文化交流研究，逐渐成为国内经济史、文化史、民族学、民族史以及人类史研究的热点。较早时期，贾大泉在《汉藏茶马贸易》一文中谈到，茶马贸易是汉藏人民进行政治、经济文化交流的重要内容，成为汉藏民族维持友好关系的重要纽带[1]；王晓燕认为官营茶马贸易为民族融合打下了经济基础，对内地和周边民族经济文化产生了深刻影响[2]；石硕在一系列研究茶马古道及其历史文化价值和汉藏文化互动

---

[1] 贾大泉：《汉藏茶马贸易》，《中国藏学》1988年第4期。
[2] 王晓燕：《历史上官营茶马贸易对汉藏关系的影响》，《青海民族研究》2010年第1期。

的文章中指出，茶马古道的历史文化价值在于四个方面：茶马古道是青藏高原上一条古老的文明孔道；茶马古道是人类历史上海拔最高、通行难度最大的高原文明古道；茶马古道是汉、藏民族关系和民族团结的象征和纽带；茶马古道是迄今我国西部文化原生形态保留最好、最多姿多彩的一条民族文化走廊。[1]刘礼堂系统整理了西南茶马古道的研究情况[2]，钩沉丰富史料，阐述西南茶马古道是汉藏交融的千年大通道，成为中外交流的桥梁与纽带，凝聚了中华民族共同体意识[3]。宋时磊的研究显示，唐人借助茶叶的流通体系，将西南茶马古道逐渐纳入内地经济贸易网络，加速了边疆社会对内地的文化体验和认同。[4]随着西南茶马古道的发展，汉藏民族间的文化交流经历了怎样的历史演变，换言之，今天的民族文化面貌与格局由何而来？本文拟从宏观视角，以历史文献为基础、综合今人研究，对历史上西南茶马古道所承载的多民族文化交流作进一步探讨。

西南茶马古道带动的文化交流包含汉藏民族文化的文化典籍、语言文字、科技工艺、宗教信仰、价值观念、审美趣味、思维方式等方面的沟通与交融，多民族饮茶风习文化的发展，民族间贸易活动呈现的商业文化等多个方面。伴随中原王朝与藏地茶马贸易的演进及西南茶马古道交通线路的发展而产生的多民族文化交流，一方面鲜明地体现在青藏、川藏、滇藏茶马古道汉藏贸易互市地区的多民族密切往来中，另一方面体现于汉藏文化向各自广阔地域产生的文化扩散。前者是因为，熙河、秦凤、雅州、黎州、泸州、打箭炉、丽江等地区作为历史上汉藏贸易的主要交易地点，处于甘青河湟洮岷地区向南一直延伸到川西高原、滇西北的狭长地带。在这些地区，融洽的汉藏关系乃双方贸易的基

---

[1] 石硕：《茶马古道及其历史文化价值》，《西藏研究》2002年第4期；石硕、邹立波：《汉藏互动与文化交融：清代至民国时期巴塘关帝庙内涵之变迁》，《西南民族大学学报（人文社会科学版）》2011年第6期；石硕、邹立波：《藏彝走廊中藏文化的影响与辐射》，《广西民族大学学报（哲学社会科学版）》2013年第2期；石硕：《中国西部民族宗教格局与民族关系新趋势》，《西南民族大学学报（人文社会科学版）》2014年第6期；石硕：《从藏文史籍中的四个称谓看吐蕃对唐太宗的认知——兼论吐蕃的中原观》，《中国藏学》2015年第3期；石硕、邹立波：《"打箭炉"：汉藏交融下的地名、传说与信仰》，《思想战线》2019年第3期；石硕、刘欢：《从文成公主形象看中原风水、占卜知识在西藏的传播》，《西南民族大学学报（人文社会科学版）》2020年第5期。

[2] 刘礼堂、冯新悦：《"一带一路"视野下西南茶马古道研究：回顾、反思与展望》，《武汉大学学报（哲学社会科学版）》2022年第3期。

[3] 刘礼堂、陈韬：《西南茶马古道：汉藏交融的千年大通道》，《光明日报》2021年1月25日；《西南茶马古道：中外交流的桥梁与纽带》，《光明日报》2021年10月4日；《西南茶马古道：中华民族共同体意识的千年回响》，《光明日报》2022年10月10日。

[4] 宋时磊：《唐代茶叶及茶文化向边疆塞外的传播》，《人文论丛》2016年第2期。

础，密切的文化交流可谓缘自汉人和藏人等多民族民众彼此共同的需求与愿望，历史上在此世代繁衍的汉藏等各民族的文化发生了广泛的交流与联系。后者是汉藏文化在各自广阔的地域进行的文化传播。

一、物的连接：茶与马缔造的交流网络

历史上，生活在中国西南地区的蕃人等民族部落的饮食以乳酪肉食为主，茶富含维生素，有清热、解毒、健胃消食之效，是高原民族饮食中的必需品，故蕃部民众产生了对茶的固定需求。如《明史》所载："番人嗜乳酪，不得茶，则困以病。故唐、宋以来，行以茶易马法，用制羌、戎，而明制尤密。"[1] 唐宋以来，汉地茶叶种植、制作技术水平不断提升，且宋、明等朝代始终有国防用马和维持羁縻统治的买马需求，促使汉藏间发展出延续千年的茶马贸易。

承载汉藏茶马贸易的西南茶马古道含青藏、川藏、滇藏三条主要线路，各线路的交通网络随茶马贸易的发展而不断演进。青藏茶马古道起自陕南，途经天水、大非川、暖泉、河源、通天河等甘肃南部和青海地区后进入西藏；川藏茶马古道东起雅安，经康定、理塘、巴塘等川边重镇入藏；滇藏茶马古道起自普洱，经南涧、大理、丽江、德钦等地入藏，三条主线都通向拉萨、日喀则等藏地腹地。

三条主线在中国古代不同历史时期有着各自独特的作用。青藏茶马古道，亦称唐蕃古道，是唐朝时期的汉藏交通要道。唐代以来，中原内地去往吐蕃、南亚主要行此道路，文成公主远嫁吐蕃王松赞干布（641年）即走此路。该道路兴盛于唐，但早在唐以前就已存在。民间称文成公主为藏族饮茶习俗的开创者，传世文献也鲜有记载文成公主入藏前的民间茶马贸易活动，但西藏阿里地区发掘的公元3世纪故如甲木墓葬出土了茶叶实物[2]，说明早在1800年前，就已有茶

---

[1] 《明史》卷80《食货四》，中华书局1974年版，第1947页。

[2] 中国科学院地质与地球物理研究所吕厚远研究员与国内外同行合作，对西藏阿里地区故如甲木墓葬遗址出土的疑似茶叶食物残体，开展植物鉴定和年代学分析，通过标准样品的色谱—质谱分析、碳14年龄测定等手段，证明残体中含有茶叶植钙体、茶氨酸和咖啡因，判定此植物遗存是茶叶，所属年代为距今约1800年，属于西藏古象雄王国时期，亦即西汉前期。阿里地区位于藏北高原，至今都不具备产茶的条件，因此遗址中的茶叶只能从内地携带或者贸易而来。根据这些考古资料，霍巍认为，贵族要保持稳定的茶叶消费，必定有一定的贸易通道，这表明距今1800年前，茶叶从汉地进入西藏西部的通道便已经存在。霍巍：《西藏西部考古新发现的茶叶与茶具》，《西藏大学学报（社会科学版）》2016年第1期。

叶入藏，早已存在的青藏茶马古道上也大抵早已有茶货运输活动，只不过在文成公主入藏之前的贸易规模或许较小。文成公主入藏，推动了吐蕃社会饮用茶叶的风习，其后，内地茶叶开始经由青藏茶马古道更大规模地输入藏地。迄至宋代，内地茶叶生产长足发展，吐蕃饮茶风气更盛，其助推主要集中于熙秦地区的马贸易发展为以茶马贸易为主，青藏茶马古道成为汉藏茶马贸易的主要道路。南宋期间，宋廷还经自杞、邕州横山砦等地买马，经广西、贵州等地购入。明代以来，青藏、川藏、滇藏茶马古道上民间茶马商贸活动愈发兴盛。清朝顺治年间，面向甘青藏区的青藏茶马古道沿用官营茶马贸易，由政府主导经营，至乾隆初年才予以废止；康熙年间，川藏、滇藏茶马古道均确立边茶商营贸易，在康定开辟边茶市场，设立榷关，政府颁发茶引，征收茶税，茶商自由营运。在长达一千余年的时间里，西南茶马古道交通网络在崇山峻岭间蜿蜒向前，牵引经贸往来不断，促进彼此间建立商业文化。

（一）西南茶马古道之"茶"

茶是西南茶马古道多种文化间交流融合的关键媒介。唐朝时期，吐蕃王朝贵族阶层因文成公主入藏而更多地了解茶叶，逐渐热衷饮茶并将其作为药物食用。唐德宗时期，监察御史常鲁公入藏（781年）就发现，吐蕃赞普已能够接触到产自寿州、舒州、顾渚、蕲门等内地各地的茶叶[1]，当时直接以茶易马的官方交易模式还未确立，但汉茶已作为重要商品进入对方市场，被吐蕃上层社会视为珍贵好物，为茶马贸易的开展打下了消费基础。

到了北宋，以肉食为主的藏地民众因需要用茶来补充体内的维生素、促进肉食消化，导致饮茶需求极大，如宋朝郭茂恂所言："专用银绢、钱钞，非蕃部所欲。且茶马二者，事实相须。"[2] 即言茶为蕃部的必需品，马为内地所需。吐蕃还对各种种类的茶有所了解和区分，出了一本记载如何鉴别汉地茶叶好坏知识的书，名为"甘露之海"。[3] 为投藏民之所好，以便购置马匹，宋廷规定，雅州名山茶专门作为易马之用，四川所产茶叶于是经陕西、甘肃等地转卖入藏。彼时，"蜀茶之入秦者十几八九"[4]。藏民对茶需求量很大，除了以马易茶，每年藏

---

[1] 李肇、赵璘：《唐国史补·因话录》卷下，上海古籍出版社 1979 年版，第 66 页。
[2] 《宋史》卷 198《兵志十二》，中华书局 1985 年版，第 4952 页。
[3] 达仓宗巴·班觉桑布：《汉藏史集》，陈庆英译，西藏人民出版社 1986 年版，第 145 页。
[4] 《宋史》卷 374《赵开传》，中华书局 1985 年版，第 11597 页。

人还从内地的陕南、四川、湖南等产茶区购入大量茶叶，"兴元之大竹""洋州之西乡茶"等产于陕南的名茶皆"自河州入木波"[1]。据统计，在与藏地开展茶马贸易的主要线路青藏茶马古道上，每年运输用于交换藏马的茶叶就有4万驮左右[2]。南宋时期，更是在西和州、阶州等地以茶易战马，并在雅州、黎州等地开辟新的茶马互市场所。这些互市地点的开辟和茶马贸易的兴盛，都推动了西南茶马古道交通网络的发展和运输往来的繁盛。

元代中国一统，大江南北，尽入版图，战马云集，中央政权对藏马的需求减弱，对茶马互市不再重视，但为了满足藏地饮茶需要，仍设立西番茶提举司，从宋代兴起的汉藏茶马互市在碉门等地以民间贸易的形式延续下来。明代茶马互市持续发展，不仅陕南、夔州等地所产的茶叶转运陕西经由青藏线入藏，川藏茶马古道也迅速兴盛起来。明朝政府分别在四川、陕西两省接待朵甘思、乌斯藏入贡使团，规定乌斯藏（元明时期对藏人的称呼）的贡使只得由川藏路入贡，由碉门茶马司（今四川雅安）支出供给入贡使节完备食茶。乌斯藏的贡使只得由川藏茶马古道入贡，不再由青藏茶马古道的洮州路入贡，这加速了川藏茶马古道的畅通，使川藏道发展为茶马贸易的另一条主要线路。为制衡蒙古势力，抵御"西番""以夷治夷"，明代朝廷大力扶持下的木氏土司势力崛起，他们向北扩张，通过频频用兵基本控制今中甸、木里和维西等地，并在占领区域的基础上继续北上，大幅推进至今云南德钦、四川巴塘、理塘及西藏芒康一带的藏族地区，带来了纳西族与藏族间的密切交融，使滇藏茶马古道上的茶马贸易得以发展，纳西族及丽江地区开始成为以滇茶销藏为主的滇藏贸易的主要角色与中转站。

藏族视茶马贸易之路为"金路"，通过自己的牲畜、土特产品，他们换回大批的茶叶和内地出产的生活生产物资，如衣服、绸缎、布匹、酒肉、瓷器、铁器等商品，但茶叶始终是藏族人民的贸易大宗。有清一代，清廷进一步加强了对康区和西藏的经营，设置台站，放宽茶叶输藏，打箭炉（康定）成为边茶总汇之地。这样，明清时期形成了东部经由雅安、天全越马鞍山、泸定到康定的"小路茶道"和由雅安、荥经越大相岭、飞越岭、泸定至康定的"大路茶道"；西部经由康定过雅江、理塘、巴塘、江卡、察雅、昌都至拉萨的南路茶道和由

---

[1] 黄庭坚：《山谷全书·别集》卷9，载四川大学古籍所编：《宋集珍本丛刊》（第26册），线装书局2004年版，第186页。

[2] 李焘：《续资治通鉴长编》卷289，中华书局2004年版，第7078页。

康定经乾宁、道孚、炉霍、甘孜、德格渡金沙江至昌都与南路会合至拉萨的北路茶道。东线雅安至康定、西线康定至拉萨的茶马道路即为明清时期的川藏茶马古道。民国时期，这条道路上依然兴盛着茶业贸易，"路上来往的，多半是背夫和驮夫，背的是茶，驮的也是茶，都从雅州办来，往康定卖给康民的"①。滇藏茶马古道上的茶叶、土货贸易在民国时期仍十分兴盛；直至当代，川西藏族村寨部落一些汽车较少进入的寺庙仍靠驮夫运送盐和茶叶。如今川西木里很多驮夫口中依然流传着汉地马帮给藏地康坞大寺送茶和盐的故事：一个大雪凛冽的冬日，马帮队伍在山间小路艰难行走，不断摔倒，终于人与马全部滑倒而无力站起。就在人被雪几乎全部覆盖的时候，马锅头被远处康坞大寺的钟声唤醒，睁开眼、流泪说："要把盐巴和茶叶送到寺庙，喇嘛们离不开它们，而我们又离不开他们呀。"最后队伍站起、艰难行至康坞大寺，并见寺中所有喇嘛正在门口迎接他们。②从民间口口相传的故事可知，马帮为给藏地民众运送茶盐而守信义、克难关、战胜艰难险阻运输茶货。同时，他们视与藏地贸易为赖以生存的营生，冒着生命危险也要延续交易，不肯中断贸易往来。藏地僧侣、百姓则视运来茶盐的马帮为他们的生存线，感到彼此之间息息相关。这种以茶为媒介的西南茶马古道贸易可谓延续千年，连接汉藏民族情。

（二）西南茶马古道之"马"

西南茶马古道中的"马"经学界多番探讨有双重含义。一方面指茶马贸易，即贸易对象之"马"。对内地而言，历代王朝需要购置马匹用于作战等需求；对于藏地而言，藏地民众主要从事畜牧业，对内地的马匹贸易也刺激了藏地畜牧业的发展，同时，用马匹换回茶叶，改善了藏地人民的生活，利于其发展经济。另一方面，此"马"指川藏线、滇藏线等似"牵牛花状"铺展的西南茶马古道交通网络上的主要运输工具"马"。

作为商品的"马"，其贸易阶段经历了由兴到盛、由盛转衰的历史过程。唐代的茶马交易尚处于起步阶段，多采取贡马易茶的方式，交易频率较低。宋朝十分缺乏战马保卫国土，两宋王朝对战马的急需，推动其同吐蕃等部族茶马贸易的兴旺发达。早在宋初，宋廷即在西北和西南许多地方设置了买马场，用布、

---

① 董兆孚：《徼外旅痕》，《边政》1930 年第 4 期。
② 陈晓玲：《走进木里——神秘王国的马帮路》，四川人民出版社 2010 年版，第 7—9 页。

帛、茶和其他物品购入战马。北宋神宗熙宁年间，王韶开熙（甘肃临洮）河（甘肃临夏），这一带的吐蕃部族北与回纥相通，西与青海吐蕃相接，产马乏茶，宋神宗采纳王韶运蜀茶至熙河卖茶买马的建议，在四川榷茶，建立都大茶马司，主管川、秦地区的茶马贸易事宜。从此，内地汉族以绢帛等纺织品以及金银、钱币等与边疆地区兄弟民族交换马匹的贸易发展为以官营的专用茶易马的新历史时期。四川成都设置的都大茶马司下属有四川产茶州县的买茶场、熙秦地区的卖茶场和买马场，四川也同时设置了买马场。建立诸买马场地之后，宋朝就逐步停止在河东、陕西等地买马，"自是，国马专仰市于熙河、秦凤矣"[1]。西北战马从来源于沿边各族逐步发展为专仰熙河、秦凤地区的吐蕃部族。按蜀茶年产3000万斤计算，每年运往熙秦2000万斤以上茶叶供买马需要[2]，北宋时期所买战马每年在15000匹至20000匹之间。南宋时期，熙河地区丧失，仅能在西和州（甘肃西和）和阶州（甘肃武都）等地每年购战马5000匹左右。[3]宋朝亦于雅州、黎州等地设置买马场，但所购主要为不堪作战的羁縻马，每年仅5000匹左右[4]；一度还因"川、陕马纲路通塞不畅"，在广西邕州设立茶马司，"互市诸蕃马"[5]，经滇藏茶马古道和广西横山砦、自杞等地买蕃马。

明代是茶马贸易最发达、也是西南茶马古道发展最繁盛的历史时期，形成了比宋代更为完整的茶法和庞大的榷茶官僚机构。"自碉门、黎、雅抵朵甘、乌斯藏，行茶之地五千余里。山后归德诸州，西方诸部落，无不以马售者。"[6]明代朝廷还把保宁、夔州地区的茶叶划为"巴茶"，归陕西巡茶御史管理，每年调运"巴茶"100万斤至西宁、河州、洮州易马。清朝"牧地广于前代，稍为孳息，则已骊黄遍野，云锦成群，今则大宛、西番尽为内地，渥洼天马，皆枥上之驹"[7]。可见清代朝廷自有充足战马，康熙以后的茶马互市已不是军事上的迫切需要，茶马司演变为管理民族贸易的机构，官营茶马贸易的制度至此结束。虽然易马的停止使马匹销路不再，但藏汉民族之间的商业贸易却依旧延续了下去。

作为运输工具的"马"在西南茶马古道三条主线中均承担着大量的运输任

---

[1]《宋史》卷198《兵志十二》，中华书局1985年版，第4950页。
[2] 贾大泉、陈一石：《四川茶叶史》，巴蜀书社1989年版，第79页。
[3] 贾大泉、陈一石：《四川茶叶史》，巴蜀书社1989年版，第86—87页。
[4] 贾大泉、陈一石：《四川茶叶史》，巴蜀书社1989年版，第80、90页。
[5]《宋史》卷379《韩肖胄传》，中华书局1985年版，第11690页。
[6]《明史》卷80《食货志四》，中华书局1974年版，第1947—1948页。
[7] 张廷玉等：《清朝文献通考》卷30《征榷五》，浙江古籍出版社1988年版，第5128页。

务。以川藏茶马古道为例，民国二十九年（1940年）四川省建设厅《设计年鉴》载："这条道（松潘至灌县茶马古道）每年运输的骡马均达一万二千头左右。所运进货多为边茶、盐巴、布匹；运出多为皮毛、药材。"[1] 滇藏茶马古道上更是发展出一队队以赶马人及骡马队组成的马帮，他们在横断山脉、喜马拉雅山脉甚至川藏线上行走，因所行之路经历严寒酷暑、路途十分艰辛而闻名于世。马帮所用之马主要为古所称道的"羁縻马"，这种马体型短小，头大耳小，颈短粗，背腰长短适中，肌肉发达，四肢强健，蹄质坚硬，举步轻盈，能吃苦耐劳，善爬山越岭，驮载力强，是滇藏茶马古道主要运输动力。千百年来，这里的商品流通和文化交流主要是靠马帮完成的，云南阿诗玛们所唱"驼铃响来马帮来"，正是运输之马的写照。除了马驮，背夫、脚夫背运也是西南茶马古道的重要运输动力，农闲时期，很大一部分劳力都会参加背运。直到20世纪80年代，成阿公路修通后，西南茶马古道上的人力、畜力运输才逐步被机械运输替代。

二、互惠关系：茶马贸易的逻辑与特点

汉藏官营和私营茶马贸易的互市地点均算得上因为需要完成一件任务而结合的社会，用涂尔干（Durkheim）的话来说是"机械的团结"（Gesellschaft），不同于因在一起生长而发生的社会，即"有机的团结"[2]（Gemeinschaft）。费孝通先生言前者是法理社会，后者是礼俗社会。[3] 在熙河、秦凤、黎雅等地区的汉藏民族，为实现茶马交易而聚集，他们之间有着"机械的团结"的特点，遵循法理社会的运行规则以使交易更为顺畅。另一方面，长期的贸易往来使军士、垦夫们驻扎繁衍，展现出"有机的团结"，礼乐民俗的有机性便部分地替代了法理的机械性，使互市地区成为"有机的团结"与"机械的团结"的杂糅体。基于茶、马、丝、盐、铜及各地方土产等多种商品的往来贸易，西南地区多地域、各民族间发展出世代沿袭的贸易传统，并随着贸易制度和民族关系的变迁而调整发展，蕴含着历史悠久而内涵丰富的商业文化。

首先，为保证战马的供应和地域的安宁与和平，汉藏茶马贸易形成了马价

---

[1] 汶川县地方志编纂委员会编：《汶川县志》，四川民族出版社1992年版，第475页。
[2] 埃米尔·涂尔干：《社会分工论》，渠东译，生活·读书·新知三联书店2013年版。
[3] 费孝通：《乡土中国》，长江文艺出版社2019年版，第8页。

高于茶价的贸易原则，世代坚守此原则以保障贸易顺利进行，虽然也有贱马贵茶的时候，但日久则会换回弱马，故又会回归。宋朝为防御契丹、西夏、女真等进犯，需要大量战马充实国防，故其垄断茶马贸易不是追求商业贸易的经济利益，而是保证军事上战马的需要，是以其对马政格外重视，执行相关政策严格审慎，以交换战马为先务。宋朝曾任鄜延路钤辖的官员高继勋"坐市马亏价失官"①。因买马时亏价（少给钱）有损信誉，易造成战马购置数量减少，所以高继勋丢了官职，由此事可见宋廷对马价和购马贸易的坚定维护。此外，为鼓励吐蕃等部族以马易茶，朝廷规定博马茶（只许折支马价，以茶易马）的价格低于杂卖茶（卖给当地百姓食用的茶）的价格。如瑞金茶博马价每驮 129 贯 413 文，贴卖价每驮 173 贯 348 文；万春茶博马价每驮 87 贯 36 文，贴卖价 173 贯 348 文；洋州茶博马价 70 贯 542 文，贴卖价 173 贯 348 文②，等等，使得"马稍来集率厚其直偿之，成又宣谕德意。自是番酋感悦，相率诣阙谢恩，而山后归德等州西番诸部落皆以马来售矣"③。可见，蕃部以马易茶可得丰厚的购茶优惠，故皆愿牵马来售。此外，宋朝还给售马者另外的福利，如崇宁三年（1104 年）核定，"将四赤二寸以上马每匹合得茶，依已降朝旨比旧减半支折外，各与量添茶一担，招诱收市"④。即是宋廷为招诱蕃部卖马，除施行"比旧减半"的优惠外另添茶一担的销售政策。吐蕃部族享受了极其优厚的经济利益，受到鼓励而销售更多战马，保证了宋廷战马来源充足。

宋代开始，还在四川黎、雅地区实行以茶购买羁縻马的制度，即通过茶马贸易，以特别优厚的价格购买"产西南诸蛮，短小不及格"的"羁縻马"⑤，这种马无法用于作战，品质不良，"不可服乘，发以充数"⑥，但这项对蕃部的不等价交换一直延续了下来。对中原王朝而言，此交易"非所以取利也。今山前后五

---

① 《宋史》卷 289《高继勋传》，中华书局 1985 年版，第 9695 页。
② 徐松辑，刘琳、刁忠民、舒大刚等校点：《宋会要辑稿·职官四三》，上海古籍出版社 2014 年版，第 4152—4153 页。
③ 台湾"中央研究院"历史语言研究所编：《明太祖实录》卷 100，台湾"中央研究院"历史语言研究所 1962 年版，第 1694 页。
④ 徐松辑，刘琳、刁忠民、舒大刚等校点：《宋会要辑稿·职官四三》，上海古籍出版社 2014 年版，第 4152 页。
⑤ 《宋史》卷 198《兵志》，中华书局 1977 年版，第 4955 页。
⑥ 徐松辑，刘琳、刁忠民、舒大刚等校点：《宋会要辑稿·兵二三·马政三·买马下》，上海古籍出版社 2014 年版，第 9090 页。

部落仰此为衣食，一旦失利侵侮，不知费直几马也"①。是以"不取利"而从经济上优待、安抚西南诸部族，使得当地逾百年未见兵戎。可见，这种茶马贸易成为中原王朝搞好民族关系，保持边境安宁和维系羁縻统治的纽带。

其次，茶马贸易过程中，形成了约定俗成的商业规定与商业模式。茶马贸易经历了从国家贸易行为发展为民间商贸活动的历程，无论官营还是私贩，都形成了一些各民族皆认同的商贸制度。如明正德十年（1515年），"番人之市马也，不能辨权衡，止订篦中马。篦大，则官亏其直；小，则商病其繁。十年巡茶御史王汝舟酌为中制，每千斤为三百三十篦"②。说的是蕃人贩卖马匹，不分辨所兑茶叶的轻重，主要以装茶叶的竹筐大小衡量多寡，但筐大了，汉地政府亏损，筐小了，承办商人们嫌麻烦。为协调政府、茶商、蕃人马户三方的利益和贸易需求，巡察御史王汝舟折中规定，每千斤茶装于330个筐中，与蕃人易马，此规不轻易改变。此类贸易规定是平衡各方利益的结果，被逐步固化为茶马贸易的规定，以保障贸易顺畅进行。

明朝专用于易马的茶叶仍主要从四川运出，茶叶运输从官运发展为官运、商运结合。弘治三年（1490年）后，明廷实行"招商中茶法"，规定茶商运茶，政府抽取40%，逐渐地，官营茶马互市彻底被民间茶马互市取代。民间私营商人经营边茶时，形成了"驻中间，拴两头"的购销一体化经营模式。一般设总店于雅安、打箭炉等地，通盘指挥、协调边茶贸易，在茶区设分店，分销各路藏民商队，并以物易物，换回藏地的药材、麝香、毛皮等回程货，以购销一条龙的模式进行运作，形成井然有序的商业模式。

再次，西南茶马古道上的贸易运输形成了独具特色的贸易沟通方式。主要原因在于：第一，西南茶马古道上由内地向藏地运输的大宗商品主要为茶叶，还有汉地的绢、绸缎、布匹、铁器、铜器、纸张；由藏地运往内地的主要商品为马匹，以及食盐、红椒、红缨、毛布、药材、畜皮等土产物品，运输物品——尤其去程茶货等物品的数量大，货物沉重。第二，交通网络所覆盖区域含连绵险峻、山脉起伏的山地地貌，气候多变，地理、气候等综合环境较为复杂。所以，对茶叶等货物运输的出发及返程时间、气候状况、牲畜选择等均有明确的要求。从事茶马贸易等商业往来的茶马司、商人、大宗茶货等物品的运

---

① 《宋史》卷301《袁抗传》，中华书局1985年版，第10002页。
② 《明史》卷80《食货四》，中华书局1974年版，第1951页。

输人员间及与蕃户间逐渐形成了独具特色的沟通方式。

这些独特方式包含运输队伍内的规矩、语言,运输队伍间的沟通,等等。滇藏茶马古道有各路马帮,每支马帮都有赶马、经商、护卫等精细分工,也有很多规矩和禁忌,有他们的"行话帮规",以及对不吉利事物的忌讳。如滇西北马帮因煮饭烧菜的两口锅与马帮首领马锅头的"锅"谐音,故讳言为"大黑""二黑",筷子要叫"滑石子",碗为"莲花",勺称"顺子";吃饭时马帮首领大锅头位于大黑之首,面对次日出发方向,盛饭只盛表面一层,切忌挖洞;碗、汤勺、饭勺需平放、不能反扣。"翻、倒"等话意味失蹄翻驮,最为忌讳,所以马队回头不说倒转,而言"抖",看货翻查单账册不说翻看,而言"数"。老板所穿上衣三五件全数在身,天热只许解扣,敞胸露怀,不能逐件脱衣,因为这隐喻牲口被剥皮。滇南迤萨马帮的赶马人则严守帮子路线、货物、交易地点、方式等秘密,他们克己忍让、重礼尚往来,对不可信任之人避而远之;对默契之人则眨下眼、扬下眉毛,甚至脸上肌肉抽动一下都是在传递信息,所以他们在紧要关头能迅速团结。[1]再如,以马匹为主要运力的民间商帮最怕在赶马时"撞帮",因许多山间驿路窄而陡,逢到过这种路时,都要大声吆喝:"嗨嗨——我们要过来罗!"提醒对面运输队伍让路,避免迎头相遇,无法退让。运输队伍穿行山间,会赶在雨季前返程,如耽误了返程时间,会原地开展短途贩运,待进入旱季,再择日启程。赶马人的孩子从小学习割皮条、捆驮子,学会将驮货巧妙搭配、轻重匀称地捆扎"铁实",经得起前倾后仰、反复颠簸,而后才有资格承担运输任务。商道上的赶马人心中有路经,他们把每条驿路,每点特征,甚至细微的季节变化均刻在脑中,他们还吃苦耐劳、自立强壮、意志坚忍,经得起道路运输途中的任何变故。

最后,汉藏间的商贸活动历经千年,其间他们融通、互鉴彼此的商业风范。明清时期川藏、滇藏茶马古道上民间商贩已长久地接受了汉地礼义传统教育和藏地佛教文化的滋养,加之民间商贸不断发展,推动当地的民间商贩逐渐树立起了爱惜名誉、宽容忍让、讲义气、正派友善的经商准则。如民间商业组织马帮,就是责任明确的运输团体,曾于1990年历时100天徒步考察、走访马帮相关路线的"六君子"之一的李旭,阐述了马帮精神:他们深深明白"要是出了什么纰漏,做了什么手脚,下次就没有饭碗了",他们还特别看重信誉和信用,

---

[1] 陈灼红:《马帮驮出来的侨乡:红河迤萨》,云南教育出版社2017年版,第54—55页。

"真有什么意外，哪怕自己吃亏贴进去，也要保证客户的利益"，"马锅头从来都是说一不二，……绝无戏言。只要预先交付一点定金，他们就会尽心尽力完成工作，这已成他们的定例"。[1] 马帮、背夫都总是和做生意的对象成为朋友，有的甚至成了莫逆之交，关键时刻为对方两肋插刀、鼎力相助。商帮的孩子从小就被培养为处处为别人着想，宁肯自己吃亏也不伤害别人的人格，以人格保障经商。汉地商帮、运输的马帮总是克服万难，将藏地民众生活中不可或缺的茶、盐物资运送至藏地，与之开展贸易，获利并采办土货返程，藏地之人亦领受这份信义。

不仅驻扎西南的运输商帮发展出精明而诚恳的朴素职业道德，在民间茶马贸易兴起的过程中，原为官营茶马贸易重镇地区的陕商率先跨域贸易，走上大规模商运商销的阶段，发展为康藏市场茶商中的力量最大者。陕商与当地商帮一起经锅庄撮合，同藏人贩茶商——邦达昌、桑都昌、大金寺、理塘寺和拉萨三大寺的采办商相贸易[2]，同样带来内地商户忠义诚信、和气生财的行商理念。茶农、茶商、茶庄、背夫、骡马出租者、茶叶制造农户、包装人员、经纪人锅庄等贸易参与者在以茶叶为主的汉藏民间商品贸易中遵循诚信、和气的交易原则，使汉藏民族间的贸易展现出既粗犷明朗，又诚信守约的商业文化。在这样的商业氛围中，汉地民间往往以财神形象出现的关帝信仰传播到了明清以来茶马贸易的中心——理塘、巴塘、打箭炉等枢纽地区，关帝忠义守信的秉性、千里走单骑的豪情被汉藏等多民族与民间商贸交易、运输的准则与精神联系了起来。[3]

再观藏地蕃部，其经济历来不很发达，但贸易却相当活跃。尤其是宋朝时期，"木昔园者，西南生蕃小族，距茂州千余里，历熟蕃（内附者）八族然后至，八族常以转贩取赢"[4]。这些从事转贩、交易活动的蕃部部族是吐蕃的专业"商贾"阶层，他们"博买茶货，转贩入蕃"[5]。在这些吐蕃商贾间有一种求问做生意"是否得利"或"是否适合交易"的占卜习俗。敦煌古藏文文献中存留骰

---

[1] 李旭：《论茶马古道马帮之精神》，载木仕华主编：《活着的茶马古道重镇丽江大研古城：茶马古道与丽江古城历史文化研讨会论文集》，民族出版社2006年，第107页。

[2] 雅安的茶场、茶号很多亦由陕商经营，其次是川帮和康帮。焦虎三、焦好雨：《茶马古道"锅庄文化"文史调查与研究辑要》，西南交通大学出版社2019年版，第226页。

[3] 石硕、邹立波：《汉藏互动与文化交融：清代至民国时期巴塘关帝庙内涵之变迁》，《西南民族大学学报（人文社会科学版）》2011年第6期。

[4] 王象之：《舆地纪胜》卷149，江苏广陵古籍刻印社1991年版，第1061页。

[5] 徐松：《宋会要辑稿·职官四三之五九》，中华书局1957年版，第3303页。

子卜的卜辞,解卦辞就有"问财,进大财。……行商,盈利。问出行人,归。问何事皆吉"①。这些卦辞中经商盈利、招财进宝等言语频繁出现,说明在当时贸易繁荣的经济环境下,人们重视行商,加之对外贸易时,他们常面对"路上贼打之"的威胁,故蕃人行商前皆要占卜问卦。这种经商占卜问卦的习俗被内地民族吸纳,明朝时期,与蕃部贸易的汉人军户概以蕃人占卜为灵验,习得了蕃部行前占卜的方法,此后明朝与后金作战前,常以神道为军中占卜,占卜者所用之名即为"茶马"。而以"茶马"代指占卜者的风习竟沿袭甚为久远,甚至今日辽东半岛凤城"跳大神"者,仍被称为"茶马",他们在民间为人医病祛邪。②此外,这种习俗在近代茶马运输的马帮中依然盛行。马帮在野外"开稍"(吃午饭)和"开亮"(露宿)时,会以茶酒饭食供祭山神,遇到疑难或祈祷运输旅程顺利时,用铁条占卜问卦,称为"锅桩打卦"。③堪舆占卜之术最初实为汉地诠释天地自然以及社会人事关系之术,唐时传入藏地,为西南地区多民族所接受。伏藏文献④将文成公主塑造成具有高超的风水勘定能力的人⑤,说明吐蕃王朝和后世部族百姓皆对内地风水、占卜、历算知识非常感兴趣。堪舆占卜之术被吐蕃部族整合入地域信仰系统,演变为独特的占卜术,反向传播回汉地。

三、道之所载：西南茶马古道承载的文化互动与交流融通

西南茶马古道是在今川、滇、藏三地间古代文明传播和交流的重要孔道,亦即唐代以来民间交往、汉藏使节、差旅往还道路的基础上发展而来的。茶马

---

① 王尧、陈践：《三探吐蕃卜辞》,载《藏学研究文集》,中央民族学院藏学所内部铅印1986年版,第302页。
② 徐雪梅：《东北非物质文化遗产丛书·民间信仰卷》,东北大学出版社2018年版,第253页。
③ 王文学：《茶马古道丽江雄风》,云南大学出版社2011年版,第137页。
④ 伏藏是西藏分裂时期(9—13世纪)出现的一种特殊文献,因为多发现于地下及其他隐蔽位置,所以称为"伏藏"。宁玛派与苯教僧侣最早发掘并假托由莲花生埋葬,12世纪以后,伏藏文献增多,多为托古之作。参考王尧、沈卫荣：《试论藏族的史学和藏文史籍》,《史学史研究》1988年第2期;孙林：《伏藏著作在藏族史学发展史上的史学价值与地位》,《西藏研究》2003年第3期;诺布旺丹：《伏藏传统学术源流考》,《西藏研究》2017年第5期。
⑤ 《西藏王统记》叙述了文成公主通晓星算之学,曾以五行算图推算佛寺庙宇修建位置;索南坚赞：《西藏王统记》,刘立千译,民族出版社2012年版,第78页。《贤者喜宴》中也十分详细地描述了文成公主为墀尊公主测算建寺地点的过程。巴卧·祖拉陈瓦：《贤者喜宴·吐蕃史》,黄颢、周润年译,青海人民出版社2017年版,第119—120页。

贸易延绵千年，然而，这条古道不止于承载贸易往来，更承载了文化交流，体现了厚重的文化内涵。

（一）文化互动

西南茶马古道承载了古代先民在此迁徙流动[1]，自茶马贸易发展以来，古道交通网络更为兴盛，使得汉藏民族间的文化交流从主要发生于唐王朝和吐蕃王朝上层间的遣使、和亲和纳贡等政治交往行为逐渐发展为普通民众间开展的更广泛、层面更多、程度更深的民间文化深度交流。

1. 礼乐文化的传播与多民族康化

在民族间的交流互动中，古代内地的礼乐文化、制度观念逐渐渗透到兄弟民族的日常生活中，西南茶马古道的繁盛发展则加速了这一过程。古代中国的礼乐文化兴发自西周，经春秋时期以孔子为代表的先秦儒家的创造性转化，礼乐被赋予丰富的文化精神，形成了人伦道德规范和宗法社会结合的制度化规则，涉及古代中国社会生活的方方面面，包含典章制度、行为举止、言语学识和衣食纹饰等。公元7—9世纪的唐蕃交往是青藏高原文明与内地文明之间发生的前所未有的大规模接触、碰撞和交流过程。《唐蕃会盟碑》描述唐朝"地极大海，日之所出，此王与蛮貊诸国迥异，教善德深，典籍丰闳，足以与吐蕃相颉颃"[2]。吐蕃对中原地区的"教善德深"心生向往和仰慕，使得吐蕃在与唐朝的交往中形成了强烈的内驱力，从而对内地礼乐文化进行了多方位的学习，西南茶马古道交通网络的发展推进了这种交往。

史籍记载，文成公主入藏给西藏带去众多汉文典籍，其后，吐蕃"遣酋豪子弟，请入国学以习《诗》《书》"，又"请中国识文之人典其表疏"[3]，一时间，吐蕃遣子弟学习汉文典籍成为贵族风尚，汉藏双方人员、使者互访频繁。在藏地遣子弟学习汉文献经典的过程中，主要经由青藏茶马古道往来，吐蕃酋豪子弟、使者自藏入汉，往往携带马匹等贡物，返回时则带回赐茶。如此一来，贡马易茶贸易在唐蕃密切交往间经由古道兴起，此种交易的过程与礼乐文化交流始终密不可分。

---

[1] 石硕：《昌都：茶马古道上的枢纽及其古代文化——兼论茶马古道的早期历史面貌》，《西藏大学学报》2003年第4期。
[2] 王尧编著：《吐蕃金石录》，文物出版社1982年版，第43页。
[3] 《旧唐书》卷196《吐蕃传》，中华书局1975年版，第5222页。

在西南茶马古道作为汉藏主要往来通道的时期,敦煌藏文写卷记载了藏人对汉地儒家经典的接受情况。如敦煌藏文写卷 P.T.987 和 P.T.988 都是直接与孔子相关的敦煌藏文写卷。孔子作为与传入藏地的《诗》《春秋》《礼记》《尚书》《春秋后语》等众多汉文典籍整理均相关的"圣人",在吐蕃人的眼中是汉文化的象征和代表。法国藏学家石泰安认为,这两个卷子"实际上是同一部著作的两种抄本,这是一卷汉地儒教智慧格言集"[1],是记述儒家伦理色彩的道德箴言。另外,敦煌藏文写卷 P.T.992、P.T.1284、S.T.724 均为汉地民间流传的《孔子项托相问书》的藏文译本。吐蕃还按照自己的思维方式将孔子与其热衷的内地占卜、风水、历算等特殊灵异能力联系起来,认为孔子是灵异之术的精通者,称孔子是"藏区五星算术四大哲士之一"[2]。

不仅吐蕃各部族于唐朝时通过青藏茶马古道更深入而广泛地接触并传播了汉地经典文献,宋代时期,朝廷与西南地区罗殿、自杞、大理诸国进行茶马贸易期间,南诏大理等国亦十分向往汉地典籍及相关礼乐文化。如与自杞互市输自南诏大理国的广马时期,"乾道九年,大理人李观音得等二十二人至横山砦求市马,知邕州姚恪盛陈金帛夸示之。其人大喜,出一文书,称'利贞二年十二月',约来年以马来。所求《文选》《五经》《国语》《三史》《初学记》及医、释等书,恪厚遗遣之,而不敢上闻也"[3]。这段记载记述了大理人到横山砦与执掌邕州的姚恪达成易马协议,他们所求的乃是五经、三史等汉文经、史、文学、医学和佛教典籍。如此这样,汉文化经典在南诏传播开去,使云南诸地礼乐文化日渐繁盛。如丽江这个茶马贸易重镇就发展成为了儒学兴盛之区,史称"懂诗书知礼义""文墨比中州"。再如,宋咸平六年(1003 年)六月,"知渭州曹玮言陇山西延家族首领秃逋等纳马立誓,乞随王师讨贼,以汉法治蕃部,且称其忠"[4]。即言蕃部在向汉地贡马、立誓追随宋廷的过程中,也以汉地律法治理蕃人部落,这是对汉地礼乐制度的接受和认同。

除了对汉地典籍文化、制度观念的学习,汉藏等民族间民众的衣食住行习俗同样彼此渗透。明清至民国时期,中央政府加强管理甘青川滇与藏地交界地

---

[1] 石泰安:《两卷敦煌藏文写本中的儒教格言》,耿昇译,载王尧、王启龙主编:《国外藏学研究译文集》(第 11 辑),西藏人民出版社 1984 年版,第 269 页。
[2] 智观巴·贡却乎丹巴绕吉:《安多政教史》,吴均、毛继祖、马世林译,甘肃民族出版社 1989 年版,第 218 页。
[3] 《宋史》卷 198《兵志十二》,中华书局 1985 年版,第 4956 页。
[4] 《宋史》卷 492《外国传八·吐蕃》,中华书局 1985 年版,第 14156 页。

区的茶马互市贸易，设交通站点于汉藏连接边缘地区，加强了对四川、云南边缘藏族聚居地区的控制。在这个过程中，藏族土司为向朝廷效忠和表达感戴，有些取了汉姓，渐就汉化。如清代《岷州乡土志》记载："岷旧汉番杂处，前明国初熟番沐浴皇化，日久与汉民无异，衣服、礼俗道一风同，几于无可区别。"[1]清代乾隆十七年（1752年），管辖打箭炉地区的明正土司曾率先"改归汉制之衣冠"[2]，"为父母建立坟茔，并延师课其子侄，习读汉书"，使"土民耳濡目染，日倾华风"[3]；在打箭炉城内的48家锅庄是汉藏茶马贸易的特殊中介，有的为土司经营，有的锅庄主为藏人。他们大多取汉姓汉名，生活方式和家庭观念等方面均遵从汉俗[4]，城内的藏人则多能说汉话。

与此同时，汉人和居于此地的多民族民众也有康化的趋势。政治的安定和政府的保护鼓励了更多内地汉族来此戍边、经商、垦荒、挖矿。民国时期的记述称，雅安、康定的汉人子女多有"习于穿蛮装的"，"在西康住家的汉人，多少都会一些'蛮话'。尤其是在这地方生长的小孩，差不多没有一个不会说蛮话、唱蛮歌的；其中有的一口蛮话，和康人没有分别"。还言道："在西康的汉人，吸收了一部分的藏字。同时康人也吸收了少数的汉字。"[5]特别是近数十年来，藏区康方言大有取代原有本土语言的趋势，靠近九龙北部居住的拍木依人同木雅人、北部里汝人可通用藏语康方言，各支族群的语言隔阂已消除；羌族北部方言区、南部普米语北方方言区与藏地毗邻，均不同程度地吸收了一些藏语宗教词汇。可见，缘因茶马互市凝聚于康区的汉藏等多民族的礼仪制度、生活方式、语言等方面，在互相交往交流的过程中逐渐交融。

2.农业、手工业、医术的传播与发展

吐蕃的游牧与农耕经济相结合，以游牧经济为主，很多地区农业种植技术相对落后，高度依赖自然气候，惯常于秋后丰收时节掠夺内地，唐朝曾专设边

---

[1] （清）佚名：光绪《岷州乡土志》，载《中国地方志集成·甘肃府县志辑》（第39辑），凤凰出版社2008年版。
[2] 曾昭抡曾于1940年踏访康定城郊榆林宫，亲见明正土司祖坟墓志铭刻有"乾隆十七年，改归汉制之衣冠"。曾昭抡：《西康日记（九九）》，《大公报（香港版）》1940年06月04日。
[3] （清）佚名：乾隆《打箭炉厅志》，载张羽新主编：《中国西藏及甘青川滇藏区方志汇编》（第40册），学苑出版社2003年版，第20页。
[4] 谭英华：《说"锅庄"》，载赵心愚、秦和平编：《清季民国康藏区藏族文献辑要》（上册），四川民族出版社2003年版，第648—650页。
[5] 董兆孚：《徼外旅痕》，《边政》1930年第4期；曾昭抡：《西康日记（八五）》，《大公报（香港版）》1940年5月8日。

境"防秋兵"防蕃兵入侵。唐高宗继位初年，吐蕃松赞致书汉官长孙曰："天子初即位，若臣下有不忠之心者，当勒兵以赴国除讨。"而后赞普经由青藏茶马古道入唐朝，"献金银珠宝十五种，请置太宗灵座之前"。高宗嘉之，进封赞普为賨王，举行汉式之大庆祝会。吐蕃借此机会"请蚕种及造酒、碾、硙、纸、墨之匠"①，高宗同意了吐蕃的请求，赐其蚕种，及造酒、作碾、硙、纸、墨的匠人进藏，酿酒、蚕桑纺织等农业技术随即传入藏地，藏人酿酒、织造水平发展起来。其后文成公主入藏时，也携带了各种谷物以及芫菁的种子，包括60种营造与工技著作，带给西藏先进的农业生产技术；还有100种治病药方，4种医学论著，5种诊断法，将汉地医学典籍和技术传播到吐蕃。

西南茶马古道上内地与藏地的人员、物资往来不断，人员中包含汉地各种技艺匠人，物资中含有铁器、铜器等生产生活用具，使彼此先进的农业技术互为传播。吐蕃在经西南茶马古道与汉地不断加深的交往中，学习了内地耕犁技术和种植禾黍的方法、薅草积肥等精耕细作技术，还学习了防旱、排涝等农田管理技术，建立了亲族邻里互相支援劳力的互助风尚。逐渐地，吐蕃一些地区开始实行双牛耦耕，呈现王建《凉州行》诗中所描述的场景："蕃人旧日不耕犁，相学如今种禾黍。"②除此之外，吐蕃的藏药也传入内地，对中国古代的医学发展影响深远。

3. 器物、纹饰文化的传播与发展

汉藏之间器物、纹饰文化的传播和交流，体现在内地向藏地传播和藏地向青藏高原以外传播两个方面。唐代时期，吐蕃的普通民众使用的器物仍旧比较原始，《旧唐书·吐蕃传》中记载，吐蕃人"接手饮酒，以毡为盘，捻铤为碗"，生活器皿多用弯木制成，皮革作底，毡垫做盘，炒面捏成碗，装上羹和奶酪连同碗一起吃掉，酒浆也用手捧饮。在汉藏茶马贸易开展的同时，汉地铁制、铜制等生活物品传入吐蕃，使普通蕃人的生活器具得以丰富起来，内地各地区流行的器物纹饰也为高原生活的人们所接受和喜爱。宋朝在以茶作为主要易马商品前，一度以绢易马，后因绢马贸易带给宋廷非常大的压力，"绢"逐渐被生产量更大、剩余产品数量更多的茶所替代。然而，绢、布等纺织品的传入，提升了蕃人的生活品质；内地的纺织品纹饰也广泛流传于蕃部各族。

---

① 《旧唐书》卷196《吐蕃传》，中华书局1975年版，第5222页。
② 王建著，尹占华校注：《王建诗集校注》卷1《乐府》，巴蜀书社2006年版，第1页。

另一方面，藏族先民在与东部民族开展的茶马贸易等密切交流的各项活动中，逐渐向东迁徙，卫藏地区的文化元素或符号也随族群的迁移而传播。如大鹏鸟是苯教独有的文化符号，嘉绒藏族土司的祖先记忆中，祖先出自"琼鸟"所生之卵。在今西藏的山南地区、林芝一带仍认为当地存留的碉楼是"琼"，即大鹏鸟的巢或是为使牛等牲畜免遭大鹏鸟捕杀而制服大鹏鸟的陷阱，所以至今当地民众称碉楼为"琼仓"①。西南茶马古道沿线诸民族和蕃部诸族群密切交往、不断整合，其文化元素彼此交融。在这个过程中，广泛留存于嘉绒藏族的大鹏鸟形象便向东传播至青藏高原东缘，在川西地区的藏彝走廊东部、东南部的各藏族支系以及滇西北纳西族群中广泛传播。

4. 体育、音乐等文化的传播与发展

基于西南茶马古道的连接，唐代汉藏交往中，青藏高原多彩丰富的体育文化传入内地，其中，马球文化在唐代社会的盛行即为受吐蕃体育文化东渐的影响。一说这项运动起源于波斯，谓波罗球戏，东传中国与印度等地，又称"击鞠"，是骑手骑在马上持棍击球的运动。唐代章怀太子墓中发现一幅《马球图》壁画，展现了唐代马球运动的精彩图景。

吐蕃人擅打马球，技艺高超。唐太宗曾言："闻西蕃人好为打球，比亦令习，曾一度观之。昨升仙楼有群胡（蕃人）街里打球，欲令朕见。此胡疑朕爱此，骋为之。"②这段记载非常形象地展示了蕃人在汉地进行马球运动的场景。唐代时期，汉人球艺系习自吐蕃，松赞干布还曾赠送唐王室缠绕金线的"金球"；唐朝宫廷举办过唐蕃的马球友好比赛，交流双方体育文化。如景龙三年（709年），吐蕃"遣其大臣尚赞吐等来迎女（金城公主），中宗宴之于苑内球场，命驸马都尉杨慎交与吐蕃使打球，中宗率侍臣观之"③。驸马都尉杨慎交等人受命与吐蕃迎接金城公主的臣使开展马球友谊赛，唐中宗率侍臣观赛。可见，马球比赛成为唐蕃双方交往的友好交流形式。唐玄宗也观看过汉人间的马球比赛，"开元、天宝中，玄宗数御楼观打球为事，能者左萦右拂，盘旋宛转，殊可观。然马或奔逸，时致伤毙"④。足见打球者技术高超，能"左萦右拂，盘旋宛转"。以

---

① 石硕、陈东：《有关青藏高原碉楼的传说与民俗事象》，《西北民族大学学报（哲学社会科学版）》2011年第4期。
② 赵注言：此处的"胡"，原作"蕃"，据秦本改。下"胡"字同。封演撰，赵贞信校注：《封氏闻见记》卷6《打球》，中华书局2005年版，第53页。
③ 《旧唐书》卷196《吐蕃传上》，中华书局1975年版，第5226页。
④ 封演撰，赵贞信校注：《封氏闻见记》卷6《打球》，中华书局2005年版，第53页。

上证明唐蕃时期体育文化交流频繁,从皇室贵族到民间百姓均尚好击球,马球运动在唐代社会十分盛行。这项运动一直流传,至北宋人孟元老《东京梦华录》中依旧对马球戏有所描述。

再者,通过西南茶马古道的连接,汉地音乐文化也影响了西南地区的民族音乐。滇藏茶马古道上活跃的贸易主体纳西族于14世纪起,结合道家法事音乐、儒家典礼音乐与其本土音乐,吸纳唐宋元的词、曲牌音乐的节奏和调韵特点,形成了独具风韵的纳西古乐。乐曲忧伤哀怨、缠绵悱恻、节奏缓慢、风格柔婉、旋律舒缓,是纳西族人民融合内地洞经音乐与地方音乐而创作出的艺术结晶。

5. 茶文化的交流与发展

我国西南地区巴蜀和滇地的各民族民众是世界上最早食用茶叶的人,西南地区多个民族至今仍流传有关发现茶、食用茶的传说和古谣。这些民族的古代社会生活中蕴含着有关茶的诸项仪式,形成了许多关于茶的成语、俚语。他们世世代代经由西南茶马古道交通网络以茶、土产与藏地民族进行着贸易往来。魏晋时期,巴蜀地区饮茶风尚已颇为盛行。晋人傅咸所著《司隶教》曰:"闻南市有蜀妪作茶粥卖之,廉事打破其器具,使无为。"① 这段记载说明晋代时,蜀地已有老妇以卖茶粥为业,从侧面反映出巴蜀地区以茶叶制成羹食的饮食习俗。关于这种习俗最早何时传入以及如何传入藏地,传世文献并无记载,当今许多学者从侧面入手展开了研究。从藏东石棺葬来看,唐以前不同历史时期,通过不同的河谷交通路线,西藏东部地区先后与川西、滇西北等周邻地区有接触与交往,不同民族间交流互动形成交通路线。② 这样一来,川滇藏地区民众在经济与文化互动中便很可能了解茶叶并逐步学会使用茶叶。此外,在考察、对比古藏语"茶"的发音演变与古汉语蜀地"茶"的记音的对应关系中,学者们论证了古藏语"茶"的读音 da 正是在藏族民众同蜀西南地区民众长期接触和往来中传播入藏的。③《汉藏史籍》则记载茶叶是由汉族工匠传到吐蕃的。④ 当然,接触

---

① 傅咸:《司隶教》,载王维撰,赵殿成笺注:《王右丞集笺注》卷6《古诗二十六首·赠吴官》,上海古籍出版社1961年版,第107页,"茗糜"赵注。
② 霍巍:《论横断山脉地带先秦两汉时期考古学文化的交流与互动》,《藏学学刊》2005年第2辑;杨曦:《从藏东石棺葬材料看西藏东部与川西、滇西北地区的文化通道》,载《茶马古道文化遗产保护论文集》,云南科技出版社2011年版,第280—286页。
③ 杨海潮:《茶文化初传地区的时间与空间之语言学考证》,《青海民族研究》2010年第3期。
④ 达仓宗巴·班觉桑布:《汉藏史籍》,陈庆英译,西藏人民出版社1986年版,第104—106页。

茶叶并不等于人们立即学会饮茶和吸纳茶文化，从接触、认识茶到使用茶，是一个渐进发展的过程。

吐蕃在与唐王朝来往中，贡献包括马匹等物品给唐朝，唐朝赏赐给吐蕃赞普和贵族的有茶叶、丝绸等物品。《汉藏史籍》则记载了藏人向汉人和尚学习烹茶之事："对于饮茶最为精通的是汉地的和尚，此后噶米王向和尚学会了烹茶，米扎贡布又向噶米王学会了烹茶，这以后便依次传了下来。"① 噶米王即吐蕃王朝赞普赤松德赞，他从汉地的和尚那里引进烹茶技艺，可以说是藏地对茶文化的引进。同时，唐朝禅宗僧人入藏传法也大抵对吐蕃饮茶风习起到推动作用。唐开元后，禅宗盛行坐禅者"不寐，又不夕食，皆许其饮茶。人自怀挟，到处煮饮，从此辗转相仿效，遂成风俗"②。常鲁公入藏同一年（781年），唐朝许吐蕃所请，沙门善讲者入藏传法，"僧良琇文素一人行，二岁一更之"③。入藏禅宗僧人会影响吐蕃僧人的饮食方式，助推吐蕃饮茶风习的形成。所以，藏地王室贵族、藏传佛教寺庙和僧侣团体较早地成为内地茶叶主要消费群体。9世纪初，热巴巾大力倡导佛教，施行"七户养一僧"的政策，朗达玛继任赞普之后行灭佛政策，寺院被毁、僧人还俗，饮茶之风随之传播到民间。至吐蕃王朝衰亡之后，饮茶风习已广泛流行于藏地民间。总体而言，在藏地民众饮食结构的需求、汉蕃之间佛教的传播与交流、汉藏茶马贸易规模的扩大等因素的推动下，茶叶在唐宋之际迅速在藏地传播开来。

明代时期，少数民族部族贡使有前往指定地点该赏食茶的例行之举。明廷会对贡使往还之取道、食茶之地点做出规定。如成化三年（1467年），明廷规定乌斯藏善赞、阐教、阐化、辅教四王和进贡番僧"皆由四川，不得径赴洮、岷"④，在碉门领取赏茶，贡使于是会前往明廷指定的地方。从贡使按旨食赏茶之举可见，赏赐茶叶是中原朝廷对少数民族首领封官、赐爵，从而确立松散隶属关系的仪式；而明廷所规定的食茶地点和前往路线亦为当时茶马贸易所取道的主要线路（川藏茶马古道）和主要互市地点（碉门），可知该赏食茶之举大抵亦为双方缔结贸易契约的仪式。

茶文化在藏地的传播经历了从点到面的发展历程。中唐时期，陆羽所著

---

① 达仓宗巴·班觉桑布：《汉藏史籍》，陈庆英译，西藏人民出版社1986年版，第145页。
② 封演撰，赵贞信校注：《封氏闻见记》卷6《饮茶》，中华书局2005年版，第51页。
③ 王钦若等编纂，周勋初等校订：《册府元龟》卷980《外臣部·通好》，中华书局2006年版，第11346页。
④ 《明史》卷330《西域二》，中华书局1974年版，第8543页。

《茶经》的问世使茶叶知识得到了系统整理，茶文化真正成型。在茶文化蔚然成风的背景下，茶叶销往周边地区带动了茶文化在西南茶马古道沿线地区的渗透。宋代时期，内地茶产量激增，茶文化长足发展，饮茶方式从煮茶法发展为更讲求色香味统一的点茶法和泡茶法，饮茶器具也更为简约，茶与相关艺术融为一体，品饮过程臻于化境。这种精致的饮茶风习以及把饮茶作为增进友谊与社会交际手段的茶文化，不同程度地传播、渗透到周边各民族的生活中。历代沿袭的茶马贸易保障了藏地茶源供给，推动了藏地社会饮茶习俗的发展，使吐蕃民众的饮食习惯已发展为不可一日无茶。藏地人常说"一日无茶则滞，三日无茶则痛""饭可一天不吃，茶却不能一顿不喝"。数百年来，藏地茶文化内涵已丰富多彩，如今的藏民煮沸茶、滤渣后，调入盐、酥油、鲜奶等，做成"酥油茶"；喝茶时，讲究长幼、主客之序，并为做法事的僧人备置专门茶具；茶具的质地、图案标识等级；藏民频繁的宗教事务中也不可缺少供茶活动。总而言之，藏地饮茶风习已发展地极富民族特色。

6. 古道沿线城镇的兴起

西南茶马古道上的贸易重镇，如青藏线今湟源、天水、临洮，川藏线今泸定、康定、理塘、巴塘、道孚、炉霍、昌都，滇藏线今丽江、田东，藏地今拉萨、山南市琼结县等市镇，在历史上都因茶马贸易而兴起、繁盛，逐步发展成为当地的政治、经济中心。

以川藏线为例，大渡河畔被称为西泸门户的泸定，在明末清初不过是区区"西番村落"，境属沈村、烹坝，为南路边茶入打箭炉的重要关卡。康熙四十五年（1706年）建铁桥之后，"凡使命之往来，邮传之络绎，军民贾商之车徒负载，咸得安驱疾驰，而不致病于跋涉"[①]。自此，各地商人云集于此经商，至宣统三年（1911年）设县，1930年已有商贾30余家，其中陕商8家，经营客栈，成为内地与康定货物转输之地。

康定的历史与茶马贸易和西南茶马古道交通的发展密不可分，任乃强考证打箭炉在宋以前"则荒谷耳"[②]，元明开始，从成都出发经临邛入雅安的飞越岭道，由民间商贾往来的一般通道发展成为内地进西藏的国道之一，自此，边茶贸易带来了打箭炉的发展与繁荣，使这里成为边茶贸易中心，形成了一个村落。雍

---

① 康熙：《御制泸定桥碑记》，载程国政注：《中国古代建筑文献集要》（清代·上），同济大学出版社2013年版，第79—81页。
② 任乃强著，西藏社会科学院整理：《西康图经》，西藏藏文古籍出版社2000年版，第677页。

正七年（1729年），清朝置打箭炉厅，设兵戍守其地，从此"汉不入番，番不入汉"的壁垒打破，商旅往来大增。大批藏商越宁静山进入康区，大批的陕商和川商亦涌入康区，内外汉番，俱集市茶，交相贸易，成为商业相当繁荣的闹市。嘉庆二十年（1815年），打箭炉关税达21868两。之后，其政治中心地位不断巩固，宣统三年（1911年），改打箭炉厅、置康定府，1913年改为康定县，1939年为西康省省会，汉藏民族人民共同居住，达1.57万人，为西陲一大都市。[①]

藏地也有许多因贸易而发展起来的城镇。如朗日伦赞时，吐蕃都城琼巴（西藏山南市琼结县）人口众多，客商云集，外地各族商人携带货物前来交易，为商品交易的集中地，渐渐便形成集市并发展为较大的城市。此外，藏地的商业活动往往围绕寺院所在地开展，寺院通常成为商业活动的场所。藏地的逻些（西藏拉萨）是吐蕃本土的贸易中心区，赤松德赞时期，便形成了以逻些的大昭寺、小昭寺为中心的绸布市场，担任赤松德赞翻译的迦湿弥罗商人阿难陀就曾在这里经商。甚至有的寺庙是根据商人的建议选址建立的，其地发展成贸易集市，也保障寺庙获得赖以维持的商业经济。

7. 多民族宗教文化的交流互动

因官营和私营茶马互市的兴盛，吐蕃及后来的藏族各部经西南茶马古道各主线、支线和附线与青藏高原东缘河湟洮岷、川西、滇西北地带的西南众多民族广泛交流与互动，并与从东部、北部来此贸易的汉商密切沟通，使汉藏等多民族的宗教文化彼此影响和传播。

一方面，以藏传佛教为核心的藏文化产生了向西南民族地区的辐射与影响。位于青藏高原北部的安多地区和东南缘的康巴地区是相对于卫藏中心地带的周边区域，为青藏线、川藏线、滇藏线茶马古道入藏的枢纽地带，也是藏传佛教信仰的辐射和传播中转站，故兼容性与多元共生性是青藏高原东缘地带宗教文化的显著特点。以康区为例，该地带的本土信仰是苯教，在当地法事等宗教活动中，苯教教派的宗教职业者始终保有主导地位，而藏传佛教各教派也在此地共生共存，无高下之别。

另一方面，汉地信仰随汉商在康区的聚集也有所扩布，甚至与当地宗教信仰相融合。明清时期，私营茶马贸易兴起，大大激发了汉商从事茶马贸易的积极性，他们从陕西、四川东部等多地迁入川西巴塘、理塘等气候相对优越的地

---

① 游时敏：《四川近代贸易史料》，四川大学出版社1990年版，第45页。

区，随之到来的是大量汉文化因素和信仰事物的传播和移植。关帝庙是集宗教信仰与举办公共活动为一体的场所，在汉藏文化互动中扮演着重要的社会角色。今四川巴塘县城存有1座始建于乾隆初年的关帝庙，虽仅存断垣残骸，但这座关帝庙成了康区汉商们凝聚汉人族群身份的标志。[①] 同时，关帝的形象和忠义的秉性在当地藏人的理解和传述中与格萨尔的形象、神性相整合，被树立为藏传佛教护法神。人们将苯教、藏传佛教的元素融入关帝庙，在庙内设置煨桑炉、嘛呢杆，并供奉藏式绿度母画像，还在庙中开展抽签算卦活动，抽签使用签筒、竹签、卜筊、签谱，方式与内地大致相仿，吸引了诸多藏民前来占卜，体现了汉藏宗教文化的交流。

由此可见，汉藏民族间宗教文化的交流，体现于以藏传佛教为核心的藏文化的东渐，汉地关帝等信仰文化的西传。与此同时，汉藏各民族还演进出捏合彼此历史故实与信仰因素，创设新的信仰偶像的融合模式。如，汉人将今康定的藏名"打折多"译为"打箭炉"，并将当地的山神"噶达"信仰转音诠释为"郭达"，并进一步演绎诸葛亮七擒孟获，退一箭之远，遣郭达造箭的传说。还把藏人的"噶达山神庙"衍变为受汉人崇拜的"郭达将军庙"，庙外观呈汉式橼斗建筑式样；庙内汉、藏文化因素混搭布局，建有戏台、惜字库，供奉观音菩萨、李老君、川主神像等汉式神祇，也供奉藏式山神像，置藏式转经筒[②]，在交流互动中出现"共享"宗教祭祀的现象。此外，汉人还将"帕姆山"音转为"跑马山"，在《康定情歌》中唱到"跑马溜溜的山"；将康定温泉折多塘叫作蜘蛛塘，附会为猪八戒被困的蜘蛛精洞府。[③] 文化互动中的各种折中转译策略适应了各方的心理需求，模糊了边界，减少了生疏。

（二）交流融通

1. 整合地域文化，塑造内地文明与藏地文明的交往模式

藏族等少数民族居住生活的青藏高原是亚洲东部腹地中连接华夏文明、北部游牧民族文明、西部的中亚和南亚地区的枢纽地域。历史上占据青藏高原的吐蕃王朝统辖地域一度辽阔，《旧唐书》载吐蕃曾"尽收羊同、党项诸羌之地，

---

① 石硕、邹立波：《汉藏互动与文化交融：清代至民国时期巴塘关帝庙内涵之变迁》，《西南民族大学学报（人文社会科学版）》2011年第6期。
② 石硕、邹立波：《"打箭炉"：汉藏交融下的地名、传说与信仰》，《思想战线》2019年第3期。
③ 冯明心：《康南纪游》，《康导月刊》1943年第5卷第7—8期合刊。

东与凉、松、茂、巂等州相接，南至婆罗门，西又攻陷龟兹、疏勒等四镇，北抵突厥，地方万余里"[1]，言吐蕃部族东与唐代"凉州""松州""茂州"相接，西抵龟兹，南境与当时的印度相接[2]，向北的统治主要延伸到青海地区，甚至到达敦煌[3]。广阔的地域和多渠道的交融使青藏高原文化面貌繁多而绚烂，形成了融合多元文化因素的复合文化系统。围绕青藏高原分布的西南茶马古道交通网络通往西藏和南亚，与通往东南亚的南方丝绸之路一起连接了内地通往西域、中亚的陆上丝绸之路和通往南海、印度洋沿岸的海上丝绸之路。这种道路系统的连接在历史上有迹可循，古代连接西亚、阿里、拉萨、昌都的"麝香之路"，衔接内地与南亚的"佛法上路"等商路、僧侣往来之路皆是西南茶马古道与陆上丝绸之路、海上丝绸之路的组合。西南茶马古道因此促进了面向海洋的东南部地区和面向亚洲大陆腹地的西北部地区两大历史地理板块的整合与彼此间文明的交流互鉴。

历代中央王朝均以和平共处为主要基调经营西南茶马古道，构建文化密切交流的沟通交融模式。在此过程中，西南茶马古道对沿线民族关系的发展有着多重的塑造效果。通过西南茶马古道的民族贸易来往和文化沟通，中央王朝加强了与川康地区和西藏的政治联系。以川藏茶马古道为例，明代以前，汉人在藏彝走廊的活动主要限于大渡河以东地区，这种局面在明、清时期开始发生转变。明中叶以后，政府十分重视从东向西穿越藏彝走廊的川藏茶马古道，视之为联结中央与西藏地方的重要交通要道，使川藏茶马古道成为明朝时期内地与西藏地区贸易、入贡和使臣往来的主要通道。清朝更于1720年和1727年两度向西藏进兵，在川藏茶马古道沿途及重要隘口设置塘汛和粮台，并派四川绿营汉兵驻守，加强了对西藏地区的管理。清末民初的1904年，英帝国主义侵略西

---

[1] 《旧唐书》卷196《吐蕃传上》，中华书局1975年版，第5224页。
[2] 据《白史》所言，在"墀松得赞"（松赞干布）政权极盛等时期，也曾将恒河北岸广阔区域纳入吐蕃统治，南极"婆罗门"国。"印度'底惹赫达'区，时属西藏，时而不属，约历数王之久。然彼处居民，自尊以为西藏领属，故后'卡罗''却杰贝'的旅行记中曾说：'次度恒河，翌日抵印度'，似以恒河北方非属印度也。又'黎宇'授记中，也有：'藏王之兵曾到'郭尝弥'国'等语。"说的是恒河北岸似曾隶属于西藏，在恒河北岸，藏人曾立铁质碑柱，谓其地以北，是西藏地界，虽铁柱后为"补鲁莎"兵所毁，但残存部分尚有火烧遗痕，亦传说该山谷中"播札塘古拉"族的城市，守护铁柱人之后裔尚居住于当地。根敦琼培：《白史》，法尊大师译，西北民族学院研究所1981年版，第21—22页。
[3] 故说青藏高原以北、俄罗斯以南的新疆地区（"黎宇"）亦曾归属西藏，然而"黎宇"距离藏区极远，此说难以置信，但于沙碛敦煌，发现了许多西藏式的废堡遗址和许多藏人用具，及征收赋税的许多大小木片、将官等互寄的信件等。根敦琼培：《白史》，法尊大师译，西北民族学院研究所1981年版，第14—15页。

藏，中央政府通过川藏茶马古道出兵西藏，反对英帝的侵略和西藏上层分裂势力，维护了民族团结。川藏茶马古道可谓是捍卫我国西藏主权领土完整的国防道路。

古道承载的茶马贸易塑造了西南地区各民族的融合模式。驻扎于川藏茶马古道沿线的汉人官兵与西南地区多个民族展开贸易活动，开店经商，垦荒耕种，并与藏民通婚。贸易的发展、汉兵的驻防又吸引了更多来自四面八方的汉商等纷纭而至，包括政府官员、商贾、背夫、垦民、矿工、杂役、各类工匠、采药夫及西方传教士等，他们呈点线状分布于川藏茶马古道沿途的城镇和海拔较低的河谷地带，在此安家落户，与当地藏民共同生活。

为加强川边治理，清朝政府派赵尔丰在川边地区改土归流，大力推行办学、屯垦、练兵、开矿与通商等新政措施。乾隆至嘉庆时期，川省人口膨胀，土地资源紧缺，相当数量的汉人进入康区垦殖与开矿。民国时期的1912年，尹昌衡率五千陆军西征，到1930年"大白事件"及之后刘文辉二十四军进驻康区，陆续调戍的汉人兵卒中很多人落籍当地。民国之初的十年间，进入川西藏区的汉人就已达七八万之多。[①] 抗战爆发后，汉藏以茶业贸易为主的商贸往来复苏，汉人迁居至此的浪潮再掀高潮。数万边军、商旅和各地垦民与藏族的通婚将汉人的文化因素带到了藏文化中；同时，为适应高原的独特生存环境，汉人更多地融入藏族生活方式中，"亦自不觉间，装、靴、带、剑、语言、皮肤，俱康化矣"[②]。在汉、藏杂糅的文化状态中，汉藏等多民族文化得以大幅度兼容。

2. 造就西南茶马古道和平友好之路

唐宋以来，西南茶马古道交通网络承载内地与藏地的往来贸易，汉地的茶叶、绢帛、布匹等大量输送至藏地；藏地的马匹、红缨、毡衫、米、布、椒、蜡等物产被送入内地。以"茶马"互市为代表的官营、私营商贸物品交换是汉藏间的重要经济联系，发展至明清、民国，延续千年。基于此，西南茶马古道发展成为中央王朝与藏地，甚至中国与南亚之间政治、经济、宗教、文化交往的桥梁，从而改变了整个亚欧大陆东部的文明格局。

茶马贸易等经济往来，使西南茶马古道交通网络沿线的多民族文化产生了密切的交流与广泛的融合，这种交流较为鲜明地体现于礼乐文化的传播与多民

---

① 陈重为：《西康问题》，中华书局1930年版，第90页。
② 曾言枢：《宣抚康南日记（续）》，《康导月刊》1943年第5卷第6期。

族康化、茶文化的发展、汉藏商业文化的塑造、多民族宗教文化的融通、古道沿线城镇的兴起，以及科技、体育、艺术等方面的文化交流中。汉藏等多民族文化的交流交融推动了藏文明的东进和汉文明的西迁，塑造了青藏高原的文明面貌，建构了内地文明与藏地文明的交往模式，使得西南茶马古道交通网络成为民族间的商贸之路、和平友好之路。

现如今，西南茶马古道被赋予了新的时代内涵。作为历史上流通千年的大通道，西南茶马古道悠久文明互鉴的过程是推动文化交流、文明进步和多元文化和谐共处的鲜活而生动的历史实践与珍贵典范；在当今"一带一路"广阔视野下，在中华民族多元一体的大叙事和人类命运共同体的大格局中，西南茶马古道的文化交往交流交融历史对加强地区发展、与沿线国家合作、形成协调机制等现实事务，仍有着重要的借鉴作用和现实意义。

（原载《跨文化传播研究》2023年第1期）

"茶马古道"概念在日本的接受与传播

宋时磊

（武汉大学）

  概念史是近年来学界研究的热点话题之一。它起源于德国的历史语义研究，最初主要用于跨文化交流中词语的翻译、移植、误读与语义变迁等，如中国概念史研究专家方维规曾针对"Intellectual""经济""夷""洋""西""外"等概念在历史语境中的理解和翻译做出了卓有成效的研究。当下，概念已经成为认知转型期整体历史的独特视角和方法[①]，从政治史、社会史、文化传播史等角度考镜概念源流往往能够有新的学术发凡。我国学者重点关注的领域有两个：即西方概念在中国的接受与传播[②]，林来梵认为"国体"这个概念，经历了从近代德国到日本、再从日本到中国的"跨国、交叉、往复的移植"的历程；以及中国本土概念的诞生、流变与文化转折时期的变迁[③]。在过往的研究中，往往强调"西学东渐"，而忽视了"东学西渐"[④]，其实中国学术概念和思想在国外传播的情况同样值得关注。特别是，从中国提出的人类命运共同体视域来看，概念的传播同文化交流一样，从来不是单向的，而是文明互鉴、相互取长补短、共享共建、高度互动的状态。因此，应该关注中国原创的学术概念在国外传播的情况。

[①] 黄兴涛：《概念史方法与中国近代史研究》，《史学月刊》2012年第9期，第11页。
[②] 林来梵：《国体概念史：跨国移植与演变》，《中国社会科学》2013年第3期。林来梵认为"国体"这个概念，经历了从近代德国到日本、再从日本到中国的"跨国、交叉、往复的移植"的历程。
[③] 讨论较多的是"华夏""天下""中华民族"等概念。参见梁治平：《"天下"的观念：从古代到现代》，《清华法学》2016年第5期；何一民、刘杨：《从"恢复中华"到"中华民族命运共同体"——百来"中华民族"概念内涵演变的历史审视》，《民族学刊》2019年第4期。
[④] 季羡林：《东学西渐与东化——为〈东方论坛〉"东学西渐"栏目而作》，《东方论坛：青岛大学学报》2004年第5期。

历史学者刘进宝曾专题研究"丝绸之路"概念的形成以及在中国的传播,得出了富有启发的结论,可惜这一概念是德国人李希霍芬在19世纪末提出的[①]。改革开放以来,中国本土学者的学术话语创造能力不断增强,已经提出了有国际影响力的学术概念,"茶马古道"便是其中一例。"茶马古道"已在西方英语世界以及东亚的日本、韩国等国家产生广泛影响和概念认同,特别是日本学界较为关注中国西南地区的自然和文化景观,故"茶马古道"概念在日本的接受和传播颇为深入。

一、传播的阶段和历程

茶马古道是20世纪90年代以后才被广泛认可并使用的概念,在此之前多使用"茶马互市""茶马贸易""边茶贸易"等来指称。[②]从宋代起,中国内地和边疆因茶叶、马匹等贸易衍生出了一整套严密的法律、制度和政策体系,成为中央政权羁縻少数民族的重要手段。日本学界对中国历史上这种由官方主导的茶马贸易怀有浓厚的研究兴趣,在20世纪上半叶即已着手此方面的资料整理、翻译与研究。1916年,稻叶君山在探讨中原王朝与蒙古等边疆民族关系史时,初步探讨了汉代绢、茶、五行思想向匈奴的传播以及茶马等商品的贸易往来。[③]1917年,松井等对宋代的茶马和茶马贸易做了较为细致的考证。[④]1937年,细谷清所著《蒙古贸易与日本砖茶》一书,在回顾中国砖茶贸易发展史时,征引《封氏闻见记》《宋史》等大量文献资料对茶马司制度在唐代的创设、宋代的发展和繁荣、明清时期的演变等做了较为全面的阐释,并分析了明代的茶马交换比率等。不仅如此,他的研究视野并未局限于西南、西北等地的茶马司,还探讨了明代、清代东北地区的茶马交换和贸易。[⑤]加藤繁考察了茶叶专卖制度下的宋代茶马贸易。[⑥]同时,茶马贸易资料的纂集工作已经展开,最富有成效的

[①] 刘进宝:《"丝绸之路"概念的形成及其在中国的传播》,《中国社会科学》2018年第11期。
[②] 宋时磊:《茶马古道的概念、研究瓶颈与开拓方向——历史学科的视角》,《农业考古》2021年第5期。
[③] 稲葉君山:「近世・支那十講」、東京:金尾文淵堂、1916年、第309—313頁。
[④] 松井等:「宋代の茶法茶馬」、『東亜経済研究』第2期、1917年、第26—56頁。
[⑤] 細谷清:『蒙古貿易と日本磚茶』、東京:満蒙社、1938年、第68—87頁。
[⑥] 加藤繁:「宋代の茶專賣と官鬻法」、池内博士還暦記念東洋史論叢刊行会編:『東洋史論叢:池内博士還暦記念』、東京:座右宝刊行会、1940年、第277—292頁。

成果是佐伯富编的《宋代茶法研究资料》，该书系统收集了宋代茶马司制度及沿革相关的历史文献，从《宋会要》《宋史》《文献通考》《舆地纪胜》等史籍中辑录了大量相关史料。① 佐伯富不仅从事文献资料的收集和整理，还对宋代四川茶马贸易做了比较详细的分析。② 日本学界对于中国西南茶马贸易研究的翻译工作也同步展开，在名古屋南山外语专门学校（南山大学的前身）工作的德国人Dominikus Schröder 翻译了任乃强的《西藏图经·民俗篇》，以专期的形式刊登在该校的《民俗研究》杂志上。③ 此时期日本对于中国茶马贸易制度的研究有两个侧重点：一是关注中国国家经济统制的特性，二是关注中国的边疆历史与经济地理。这显然与日本战时经济以及发动侵略战争的社会思潮有着千丝万缕的联系。

第二次世界大战后，日本关于茶马贸易的研究继续开拓，高木健夫的《北京繁盛记：花、女人与宝剑》（1962）是这一时期较早关注茶马制、茶引的著作，但该书是介绍性的普及类图书，研究并不深入。④ 佐久间重男的《明代的茶业与国家统制》（1963）一文继续从国家统制角度展开研究，分析这一方式对茶业发展的影响。⑤ 谷光隆聚焦明代茶马贸易中茶法和寇虏问题，连续撰写了3篇研究论文，是日本茶马贸易研究成果相对丰硕的学者。⑥ 此时期茶马贸易研究的重镇是京都大学，代表性学者有佐伯富、梅原郁等。在二战前研究的基础上，佐伯富继续推进宋代茶法研究，关注的问题较为细致，聚焦特定时期的茶法⑦ 或特定人物的茶法改革活动⑧。梅原郁关注宋代茶法，还重点分析北宋在四川与青唐羌的茶马贸易，将该领域的研究推向深入。⑨ 川藏茶马贸易也是日本学界研究

---

① 佐伯富编：『宋代茶法研究资料』、京都：东方文化研究所、1941年、第1—901页。
② 佐伯富：「宋代四川の茶法」、『東洋史研究』第2期、1936年、第2頁。
③ Jen Nai-ch'aing and Dominikus Schröder, "Die Fandse Ein Beitrag zur Volkskunde von Kham", *Folklore Studies*, Vol. 5, 1946, pp. I-IV, 1-190.
④ 高木健夫：『北京繁盛記：花と女と劍と』、東京：雪華社、1962年、第190—197頁。
⑤ 佐久間重男：「明代の茶業と国家統制」、『北海道大学人文科学論集』第1期、1962年、第1—44頁。
⑥ 谷光隆：「明代茶馬貿易の研究（上）：茶法を中心として」、『史林』第49卷5号、1966年、第83—101頁；谷光隆：「明代茶馬貿易の研究（下）：茶法を中心として」、『史林』第49卷6号、1966年、第41—59頁；谷光隆：「明代茶馬貿易の研究－虜寇を中心として－」、田村実造編：『田村博士頌寿東洋史論叢』、京都：田村博士退官記念事業会、1968年、第375—390頁。
⑦ 佐伯富：「宋初における茶の専売制度」、『京都大學文學部研究紀要』第4期、1956年、第493—518頁。
⑧ 佐伯富：「宋代林特の茶法改革について」、『東方學』第17号、1958年、第82—97頁。
⑨ 梅原郁：「青唐の馬と四川の茶－北宋時代四川茶法の展開」、『東方学報』総第45卷、1973年、第195—244頁。

的核心话题,河上光一、水野正明等人的成果较有代表性。[①] 就断代研究的分期而言,日本学者对宋代的茶马贸易最为关注,且明代和清代茶马贸易研究也有标志性成果,如岛贯谦次深入探讨明代茶马贸易中的金牌信符制度[②],而狩野直祯则聚焦官方茶马贸易的终结,重点剖析清代雍正朝茶法变迁的内在原因[③]。

日本学界对于宋代、明代和清代茶马贸易的研究成果,大多在20世纪60年代发表,并涌现了一些有影响力的核心学者,他们的成果也被中国学界所关注并翻译成中文,如加藤繁的两篇论文《宋代茶专卖和官鬻法》和《宋金贸易中的茶、钱和绢》1963年在中国出版。[④] 相对而言,20世纪70年代和20世纪80年代日本对于茶马贸易的研究有所减弱。20世纪80年代末期中国学者提出"茶马古道"概念并被各界广泛接受,该概念也同步传播到日本,产生了比较深远的影响,该领域研究发生了根本性的话语转向。

二、传播的途径和载体

在当今全球一体化的时代背景下,概念的传播比任何时代都要便捷,人员的高频往来、国民的充分互动、互联网的充分使用等,都会加速概念的传播。"茶马古道"概念在日本传播的途径和载体是多元化的,其中图书和期刊、摄影和影视作品是"茶马古道"概念沉淀和固化的重要载体,社会团体的各类活动、周边产品的开发与消费体验等又增强了"茶马古道"概念体验的场景感,故本文主要从这四个角度展开分析。

(一)图书和期刊

隋唐以降中日之间大规模文化交流以来,中国书籍一直是日本各界广泛搜

---

① 河上光一:「宋代四川に於ける榷茶法の開始」,『東方學』總第23卷、1962年、第65—79頁;河上光一:「宋代四川の榷茶法」,『史學雜誌』第11期、1962年、第1—26頁;水野正明:「南宋四川の茶法について」,布目潮渢博士記念論集刊行会編集委員會編:『東アジアの法と社会—布目潮渢博士古稀記念論集』、東京:汲古書院、1990年、第397—408頁。
② 島貫謙次:「明代茶馬貿易における金牌信符制度」,『集刊東洋学』總第19卷、1968年、第58—69頁。
③ 狩野直禎:「茶馬貿易の終末:雍正時代の茶法の實態をめぐって」,『東洋史研究』第3期、1963年、第319—339頁。
④ 加藤繁:《中国经济史考证》(第2册),吴杰译,商务印书馆1963年版,第139—147、247—256页。

罗的对象，也是传播中国文化的重要载体。日本幕府及各地大名设有众多收藏汉籍的机构，典藏丰富的有"内阁文库""红叶山文库""宫内厅书陵部""东洋文库""静嘉堂文库"等，这些文库多带有私家藏书性质，其对汉籍的收集和持有的多寡是其地位和文化实力的象征。明治维新以后，国会图书馆、各学校的附属图书馆和研究机构的资料室等大量收藏中国典籍，这些新兴的图书机构更强调公共属性，服务整个社会的知识生产，带动了旧式私家藏书机构的公共化转型。值得注意的是，日本的这些藏书机构不仅在收藏中国古籍方面卓有成效，对于中国近代以来出版的反映各个阶段经济、政治和文化等方面的图书也颇为重视。就中国茶马古道主题类的图书而言，日本的国会图书馆、国立民族学博物馆以及东京大学、京都大学等高校附属图书馆都购买、入库了有代表性的成果。如早期系统考察茶马古道的木霁弘、陈保亚、李旭、徐涌涛、王晓松、李林等人1992年合著的《滇藏川"大三角"文化探秘》，是阐释"茶马古道"概念的重要文献，该书在日本有12家机构收藏，相比之下，在中国高等教育文献保障系统（CALIS）的联合目录中，只有5家机构收藏。根据不完全统计，日本上百家机构收藏专论茶马古道的中文图书至少有三十多种（见表1）。

表1 收藏茶马古道图书的日本机构情况表[①]

著者	著作名称	出版社及出版时间	收藏机构数量	代表性收藏机构
木霁弘等	滇藏川"大三角"文化探秘	云南大学出版社1992年	12	东洋文库、东京大学、东京都立中央图书馆等
邓启耀	灵性高原：茶马古道寻访	浙江人民出版社1998年	3	京都大学、广岛市立大学等
李旭	藏客：茶马古道马帮生涯	云南大学出版社2000年	2	京都大学、大阪大学
木霁弘	茶马古道考察纪事	云南教育出版社2001年	1	新潟县立大学
杨惠铭、艾磊	沙溪寺登街：茶马古道上唯一幸存的古集市	云南民族出版社2002年	3	名古屋大学、西南大学等
魏明孔	西北民族贸易研究：以茶马互市为中心	中国藏学出版社2003年	13	大阪大学、立命馆大学、名古屋大学等
木霁弘、丁辉主编	茶马古道上的民族文化	云南民族出版社2003年	2	名古屋大学、学习院大学
《茶马古道》编辑部编著	茶马古道	陕西师范大学出版社2003年	1	名古屋大学

[①] 数据来源：日本国立情报学研究所CiNii书目数据库，网址：https://ci.nii.ac.jp/。

续表

著者	著作名称	出版社及出版时间	收藏机构数量	代表性收藏机构
李旭	九行茶马古道	作家出版社 2004 年	2	名古屋大学、大阪工业大学
王晓燕	官营茶马贸易研究	民族出版社 2004 年	8	东京大学、京都大学、大阪大学等
邓启耀	古道遗城：茶马古道滇藏线巍山古城考察	广西人民出版社 2004 年	4	国立民族学博物馆、西南大学等
夫巴主编	丽江与茶马古道	云南大学出版社 2004 年	2	名古屋大学、丽泽大学
孙炯	茶马古道上的西藏故事	云南民族出版社 2004 年	1	滋贺县立大学
赵大川、马晓俐编著	图说晚清民国茶马古道	中国农业出版社 2004 年	2	冈山大学、东京成德大学
亮炯·朗萨	恢宏千年茶马古道：川藏茶马古道寻幽探胜	中国旅游出版社 2004 年	1	京都大学
景宜	茶马古道	民族出版社 2005 年	2	京都大学、大阪工业大学
木仕华主编	活着的茶马古道重镇丽江大研古城：茶马古道与丽江古城历史文化研讨会论文集	民族出版社 2006 年	6	京都大学、法政大学、法政大学、大阪大学等
杨绍淮	川藏茶马古道	金城出版社 2006 年	2	东京成德大学、文教大学
南国嘉木编著	走出茶马古道的普洱茶	中国市场出版社 2006 年	1	文教大学
马存兆编著	茶马古道上远逝的铃声：云南马帮马锅头口述历史	云南大学出版社 2007 年	3	名古屋大学、奈良大学等
王忠强编著	千年茶马古道	吉林文史出版社 2010 年	1	神户大学
北茶马古道研究会主编	中国北茶马古道研究	世界知识出版社 2011 年	1	国立国会图书馆
云南省博物馆编	茶马古道：八省区文物特别展览	云南省博物馆 2016 年	1	关西大学
雅安市人民政府四川省文物管理局编	边茶藏马：茶马古道文化遗产保护（雅安）研讨会论文集	文物出版社 2012 年	2	法政大学、冈山大学
李旭	茶马古道：横断山脉、喜马拉雅文化带民族走廊研究	中国社会科学出版社 2012 年	2	东京外国语大学、丽泽大学
刘勇编著	茶马古道	黄山书社 2012 年	3	东京都立中央图书馆、埼玉大学、拓殖大学
王丽萍	滇藏茶马古道：文化遗产廊道视野下的考察	中国社会科学出版社 2012 年	2	立教大学、文教大学
杜韵红	物微补志：茶马古道的记忆与变迁	云南美术出版社 2014 年	1	国立民族学博物馆

续表

著者	著作名称	出版社及出版时间	收藏机构数量	代表性收藏机构
谢峰主编	大地蹄印：普洱茶马古道文物图集	云南科技出版社2015年	1	东京都立中央图书馆
李旭	茶马古道各民族商号及其互动关系	社会科学文献出版社2017年	1	九州岛大学
张承荣、蒲向明主编	陇蜀青泥古道与丝路茶马贸易研究	四川大学出版社2018年	1	国际日本文化研究中心
杨振生主编	茶马古道上的民族服饰	云南人民出版社2018年	1	东京都立中央图书馆

日本图书机构不仅收藏茶马古道的中文图书，还覆盖英语和韩语版的相关文献。英文文献方面，美国学者史乐民（Paul Jakov Smith）1991年出版的《征税于天府之国：1074年—1224年马匹、官僚和四川茶业的衰落》是哈佛燕京学社学术丛书系列的第32本，该书以财政社会学的视角，讨论了王安石新政时期创立的茶马司的功能以及在女真族征服华北后茶马司官僚体制转变所带来的财政负担等。该书被大阪大学附属图书馆等收藏，杉山正明等学者多次征引。日本图书机构还收藏了Michael Freeman和Selena Ahmed合著的《茶马古道：通往西藏的古老贸易之路》，该书重点呈现了滇藏茶马古道的历史变迁。[①]2009年6月16日到8月16日，韩国国立中央博物馆举办"茶马古道的生活和艺术：从云南到喜马拉雅"主题展，以马帮主人公的人生历程为陈列主线，以"顺应自然"的逻辑构架，设定了六个分专题，并将展览内容编辑成一本299页的美术画册《茶马古道上的人生与艺术：从云南到喜马拉雅》[②]，以实现成果的永久性保存，东京国立博物馆收藏了这一画册。柳在淑以中国茶马古道以及月亮故事为灵感而创作的韩语绘本《飞跃茶马古道》，也被日本国会图书馆等收藏。

期刊是"茶马古道"概念在日本普及的另一重要媒介。与篇幅较大、出版周期较长的图书著作相比，期刊所刊载的文章篇幅较短，出版周期较快，文字往往生动活泼，便于读者接受和阅读。《人民中国》和《茶道杂志》是"茶马古道"概念在日本传播的重要平台。《人民中国》是中国外文局旗下的一份综合性月刊杂志，从1953年起推出日文版，在日本市场有大量订户，是日本各界了解当代中国发展的重要平台。2006年《人民中国》记者冯进曾随团沿滇藏茶马古

[①] Michael Freeman, Selena Ahmed, *Tea Horse Road: China's Ancient Trade Road to Tibet*, Bangkok: River Books, 2011.

[②] 韩国国立中央博物馆编著：《茶马古道的生活与艺术》，韩国国立中央博物馆2009年版。

道采访1月余，其采访和摄影成果以"茶马古道之旅"为主题，从2007年第3期到2008年第12期分18次连载。该专题从《因茶马贸易而繁荣的古代之路》总论起篇，图文并茂地记录了从云南易武、大理古城、沙溪古镇、丽江一路到西藏5300多公里茶马古道沿途的自然风光、历史遗迹和风俗见闻。除了《人民中国》这类中国主导传播"茶马古道"概念的方式外，日本本土出版的杂志及相关学者也开始传播茶马古道的概念。《茶道杂志》创刊于1937年，是日本茶道表千家编辑的杂志，由河原书店发行，在日本茶道界有重要影响力。该杂志曾两次专门介绍茶马古道：2006年分3次连载艺道研究学者仓泽行洋、东君的《茶叶栽培的发祥地蒙顶山：蒙山茶与茶马古道》，主要呈现四川雅安茶与川藏茶马古道的变迁；[1] 2012年同样分3次连载日本茶道学者谷晃的《茶文化纪行：普洱茶与茶马古道》，主要呈现云南普洱茶与滇藏茶马古道的兴衰。[2]

（二）影视和摄影

与图书和期刊相比，影视作品是更为大众的传播媒介，这也是"茶马古道"概念在日本传播的重要载体。2005—2009年，韩国广播公司（KBS）曾发起"印象亚洲"（Insight Asia）的摄制项目，茶马古道成为KBS"印象亚洲"系列第二部选题对象，2006年起开始拍摄，是一部六集的超大型纪录片。鉴于该片的投资规模及市场目标，KBS公司联合日本放送协会（NHK）共同拍摄，日方导演为柴田昌平，于2009年推出了两集纪录片，其中第一集为《商队在前进》，第二集为《生命之旅祈祷之旅》。KBS和NKH两个版本的茶马古道纪录片名称相同，都是《茶马古道：另一条丝绸之路》，它们先后在日本各主流电视台播放并发售光盘，促进了"茶马古道"概念在日本国民大众中的传播。2020年，NHK推出"航旅中国"的系列纪录片，到2022年3月已经推出35期。[3]

---

[1] 倉澤行洋・東君：「茶栽培の発祥地 蒙頂山（1）蒙山茶と茶馬古道」、『茶道雑誌』第1期、2006年、第62—67頁；倉澤行洋・東君：「茶栽培の発祥地 蒙頂山（2）蒙山茶と茶馬古道」、『茶道雑誌』第4期、2006年、第43—49頁；倉澤行洋・東君：「茶栽培の発祥地 蒙頂山（3）蒙山茶と茶馬古道」、『茶道雑誌』第5期、2006年、第41—46頁。

[2] 谷晃：「茶文化紀行（18）プーアール茶と茶馬古道（1）」、『茶道雑誌』第10期、2012年、第114—121頁；谷晃：「茶文化紀行（19）プーアール茶と茶馬古道（2）」、『茶道雑誌』第11期、2012年、第108—116頁；谷晃：「茶文化紀行（20）プーアール茶と茶馬古道（3）」、『茶道雑誌』第12期、2012年、第164—171頁。

[3] 参见「空旅中国・過去のエピソード」，https://www.nhk.jp/p/ts/P1W3K19MV8/list/?pastOffset=40，访问日期：2023年1月10日。

第一期拍摄鉴真在中国走过的足迹，第二期便全景式呈现茶马古道，由此可见茶马古道在节目制作人心目中的地位以及对提高节目收视率的期待。不仅如此，2022年NHK再次推出两期以茶马古道为主题的纪录片，分别为《云南的茶叶之路》《茶马古道·去往西藏》，呈现了云南布朗族的古茶树、基诺族的饮茶法、白族的三道茶、西藏寺院中的酥油茶、茶马古道的重要集镇（如大理）等。

除了摄像之外，摄影是展现茶马古道的另一重要载体。日本韩裔摄影者朴宗祐在佳能公司的支持下，用五年时间拍摄了从中国云南省、四川省、西藏自治区到印度的贸易路线。2010年9月和10月，他在东京银座和名古屋的佳能画廊展出了其拍摄的茶马古道写真作品，吸引了对茶马古道感兴趣的众多日本观众。[①]日本摄影者加贺浅吉2005—2008年沿着滇藏茶马古道、普兰公路两个路线拍摄了7次，收获2万多张照片。2011年1—2月他以"中国古道的风景"为题，在东京新宿举办茶马古道川藏线的展览；还在东京都内和山形县村山市、千叶县市原市等地举行了展示会。他又将其影集出版，题为《茶马古道：云南——西藏砖茶之道》。[②]第三位从事茶马古道摄影且颇有建树的是竹田武史，他在2006—2008年期间前后历时7个月到中国西南拍摄，2010年4月在东京举办了茶马古道摄影展。值得注意的是，这3位摄影者的拍摄活动以及在日本国内的展出都得到了摄影器材公司的支持，朴宗祐的支持者是佳能公司、加贺浅吉的支持方是索尼公司，竹田武史的资助方是柯尼卡美能达公司，且时间都在2010年前后。这说明日本的摄影器材公司对茶马古道这一传统商道怀有浓厚的兴趣，期待这些精美的作品成果能提升本公司的社会美誉度和影响力。

（三）社会团体及讲座

社会团体是根据特定目的而由志趣相投的人员组成的组织，它是介于政府和个人之间的第三方平台，往往通过形式多样的活动聚拢人气，进而达成组织目标。"茶马古道"概念在日本传播过程中，云南恳话会是一个非常重要的组织，该组织的活动以我国云南省和西藏自治区为中心，辐射周边的四川省、青海省、新疆维吾尔自治区、内蒙古自治区等地区，以及老挝、缅甸、柬埔寨、越南、泰国、不丹、尼泊尔、印度、巴基斯坦、蒙古等国，关注这些地区的地

[①] 参见「朴宗祐（パクゾンウ）写真展：茶馬古道」，https://canon.jp/personal/experience/gallery/archive/pak-himalaya，访问日期：2023年1月10日。

[②] 加贺浅吉：『茶馬古道：雲南—チベット磚茶の道』，東京：日本カメラ社，2012年。

形、地质、气象、森林生态、动植物、少数民族的历史和文化。恳话会于2005年首次发起，每年举办3—4次活动，并组织1—2次实地考察，到2021年底共组织54次主题活动。截至2017年1月，该组织共有固定的登记注册会员427人，另有大量灵活参加人员。该恳话会得到社团法人京都大学学士山岳会（AACK）的支持，2016年第37次活动召开以后，京都大学喜马拉雅研究中心成为共同支持单位。云南恳话会所涉及的空间范围以中国西南为中心，茶马古道上的自然资源、历史、民族民俗、文化遗产等成为其热衷探讨的对象（见表2）。

除学者外，日本还有一批中国茶道的爱好者和社会人士也组织了社团。其中比较有影响力的是中国泡茶道篁峰会。该会会长棚桥篁峰与江西省社会科学院、中国茶国际茶文化研究会、湖南省农业科学院等有广泛交流，努力在日本普及中国茶文化。他经常在札幌、东京、静冈、京都、广岛、福冈、冲绳等地，举办中国茶文化各类讲座和品鉴活动。2022年1—3月，他在京都、大阪和东京举办了三场茶马古道的专场活动。[1] 2001年，日本"茶都"静冈县发起世界茶叶节，这是日本最早、最有影响力的综合性国际茶博会，每3年举办一次。2016年举办的第六届世界茶叶节秋之庆典，邀请了中国茶人林杰以及相关企业与日本饮食专家后藤加寿子、京都菊乃井村田吉弘氏，在会上专题介绍了中国的茶马古道及这条道路上的茶叶贸易历史。

表2 日本云南恳话会茶马古道相关主题演讲一览表[2]

会议回数、时间和地点	演讲题目	演讲专家	所属机构或身份
第5回，2007年4月21日，东京国际合作综合研究所（JICA）	寻访西双版纳、茶马古道、援蒋路线的战绩——第三次实地考察	秋畑进	泰国学究家
第6回，2007年6月30日，东京国际合作综合研究所（JICA）	茶马古道专访后记——从西双版纳到德钦的古道之旅	小林尚礼	AACK摄影家
第7回，2007年12月1日，东京国际合作综合研究所（JICA）	云南茶马古道——从西双版纳到德钦的古道之旅	小林尚礼	AACK摄影家

---

[1] 参见「2022年開催日程」，https://www.mercure.jp/seminar/，访问日期：2023年1月10日。
[2] 参见「雲南懇話会」，https://www.yunnan-k.jp/yunnan-k/，访问日期：2023年1月10日。

续表

会议回数、时间和地点	演讲题目	演讲专家	所属机构或身份
第9回，2008年6月28日，东京国立极地研究所	三江并流徒步穿越之旅——2008年5月寻访云南·横断山脉茶马古道和石楠花记录	小林尚礼	AACK摄影家
	泰国北部发酵食用茶"mian"——传统茶叶种植村的变迁与发酵茶文化的谱系	佐佐木绫子	京都大学大学院亚非地域研究研究科、日本学术振兴会特别研究员
	云南的雨林、橡胶园、茶园——西南山地民族生态史	尹绍亭	云南大学人类学博物馆
第11回，2009年4月18日，东京国际合作综合研究所（JICA）	西藏茶马古道之行	小林尚礼	AACK摄影家
第12回，2009年6月27日，东京国际合作综合研究所（JICA）	走访茶马古道——古道的起点"雅安—康定"和印度路线起点"拉萨—江孜"	小林尚礼	AACK摄影家
第17回，2011年2月9日，东京市谷·JICA研究所·大会议室	丝绸、茶、纸贸易的历史——中亚、印度、尼泊尔和云南	金子民雄	作家、历史学家
第21回，2012年4月14日，东京国际合作综合研究所（JICA）	茶叶——起源、历史等各种话题	左右田健次	京都大学名誉教授，AACK
第22回，2012年7月14日，一桥大学	2011云南野外工作报告：茶——超越茶文化交流	上原美奈子	煎茶道清泉幽茗流讲师（里千家助教授）
第24回，2013年3月30日，东京国际合作综合研究所（JICA）	越南北部的茶、米文化——以首都河内为中心	长坂康代	京都大学Global COE研究员
第25回，2013年6月22日，东京国际合作综合研究所（JICA）	史料所见泰国文化区对树木的使用——丝绸、茶、清酒、槟榔等	克里斯汀·丹尼尔	东京外国语大学亚非语言文化研究所教授
第35回，2015年12月19日，东京国际合作综合研究所（JICA）	云南是茶叶的原产地	松下智	茶文化振兴会、社团法人、丰茗会会长、爱知大学教授
第41回，2017年7月17日，东京国际合作综合研究所（JICA）	茶与云南——中日资料、医药书所见茶之样态	岩间真知子	人间文化研究机构共同研究员
第42回，明治大学骏河台校区	从云南到拉萨方向，重走茶马古道，2017年5—6月从滇藏公路（G214）到川藏南路（G318）	岩胁康一	京都大学学士山岳会
第45回，2018年7月7日，东京慈惠会医科大学	云南与宋代中国——以南宋时期横断山脉地带的茶叶流通为中心	森本创	明治大学文学研究科博士后
	在云南寻找茶和食的故乡	大森正司	大妻女子大学名誉教授
第50回，2019年12月22日，东京国际合作综合研究所（JICA）	云南汉人世界的扩张，不断迁徙的人群——以石屏县与普洱茶的历史为中心	西川和孝	早稻田大学兼职讲师
第54回，2021年12月18日，京都大学百周年时计台纪念馆	茶的培育中能看到什么——从云南省（德宏州）南见村到岛根县柿木村	上原美奈子	云南恳话会干事

（四）周边产品的开发与消费体验

作为一个在日本较有影响力的概念，茶马古道被餐饮业、零售业、旅游业和游戏产业等所开发，用以招徕日本顾客，通过这些商业途径又进一步扩大了"茶马古道"概念的传播。在餐饮领域，埼玉县行田市有名为"茶马古道"的店铺，主要提供红茶、咖啡和各式简餐。该店以此为名，主要是取譬茶马古道的意境，室内装饰中使用了茶、马的元素，主打的招牌套餐是"茶马古道印度咖喱"。该店因其差异化特色受到日本食客青睐，在日本知名博客和社交网站Ameba、社交餐厅评论服务平台Retty、商户点评网站精彩（エキテン）等平台人气颇高。日本购物网站及便利店，还经常出售标有"茶马古道"字样的茶具、普洱茶等，甚至云南省香格里拉市古城茶马古道石碑的拓片在日本都有售卖。在旅游领域，日本会社推出了"茶马古道之旅"的文化旅游路线，主要体验云南到西藏的茶马古道风景名胜和民族风情，日本游客在社交媒体上写下了大量游记并附上了拍摄的精美照片，这进一步扩大了"茶马古道"概念的传播。茶马古道商品的销售给日本消费者提供了一种虚拟的文化想象，而茶马古道文化旅游则又以"在场"的方式给他们以切身的真实感受。

日本还将茶马古道的元素融入游戏等文化创意领域，如有一款主打日系二次元风格的对战策略手游，名为御城收藏（御城プロジェクト：RE）。该手游在设计虚拟世界时，将茶马古道上的丽江古城设置成"城娘"的动画角色，赋予其能量和活力值，并安排了茶马古道的六个游戏通关环节，分别是"序、破、急、壹结、离、绝、绝贰"。

三、茶马古道探讨成果

2022年3月底笔者以"茶马古道"为检索词，在日本使用最广泛的搜索引擎日本雅虎中，共检索出119万个相关页面。可见，在日本"茶马古道"概念得到比较广泛地使用，已经融入日语语汇之中。就研究领域而言，不同学科领域的日本本土学者投身茶马古道研究，取得了令人瞩目的研究成果。值得注意的是，日本茶马古道研究者不仅利用文献资料进行多学科的交叉研究，还非常重视茶马古道遗址和现场的走访、调研和勘测。

（一）茶马古道的本体研究

茶马古道是商品运输的贸易通道，商品的生产、运输、销售以及贸易路线、设施、制度和"茶马古道"概念等都属于茶马古道的内部研究，即本体性研究。茶马古道上主要流通的商品是茶、马、丝、盐、铜、药材以及各种日用品。其中，国内学者较为关注的是茶叶、马匹等，日本学者关注了一些中国学者较少着力研究的商品，如木制品。西南地区森林资源丰富，各少数民族会利用木材制作碗、盆、酒杯等器具，在茶马古道沿途销售。丽泽大学的金丸良子研究了藏族、彝族、纳西族三个少数民族木制品的用途、销售、流通等内容。她认为，在茶马古道沿线交通便利的地方从事手工等木材制作的人，在木材生产技术上有很多共同点，其中一个特点是在制作过程中会使用手动的陶轮，这些特地生产的器具，在云南等地生产后通过茶马古道运输到拉萨出售。① 西南学院大学的金绳初美比较关注云南茶马古道上的马帮运输问题，她收集了中国学者对此问题的研究成果，撰写了系统性的研究综述。②

中部大学准教授宗婷婷重在探讨茶马古道与西南民族文化长廊之间的关系③，并以茶马古道重镇的纳西族为观察对象，分析贸易与纳西族的变迁。④

（二）古道遗址和现场的走访、调研和勘测

较早推动对茶马古道开展实地走访考察的是云南恳话会。2006年10—11月该组织派出龟田义宪、渡边裕之、秋畑进、泉谷洋光、本乡一雄、前田荣三6人前往西双版纳的茶马古道遗址考察，行程1700多公里，旨在了解西双版纳、古茶马古道、滇缅路的现状。其中，秋畑进在第五次云南恳话会上做了专门分享，其后文章经过大幅修改后刊出。⑤

2007年，小林尚礼对中国云南香格里拉至德钦的"茶马古道"进行了考察，他到过香格里拉、德钦以及尼西、幸福、上桥头、奔子栏、东竹林寺、溜

---

① 金丸良子:「茶馬古道沿いの木地製作」,『中国研究』総第18号、2010年、第1—25頁。
② 金縄初美:「中国雲南の「茶馬古道」と「馬幇」の役割」,『西南学院大学国際文化論集』第1期、2015年、第183—203頁。
③ 宗ティンティン:「西南シルクロード—「茶馬古道」に関する民族文化的研究（その1）麗江—民族文化の回廊」,『貿易風:中部大学国際関係学部論集』総第6巻、2011年、第22—27頁。
④ 宗ティンティン:「西南シルクロード:「茶馬古道」に関する民族文化研究（その2）茶馬重鎮「大研鎮」と納西族の変遷」,『貿易風:中部大学国際関係学部論集』総第7巻、2012年、第126—136頁。
⑤ 秋畑進:「シブソンバンナー、茶馬古道、援蒋ルートの戦跡を訪ねて」,『ヒマラヤ学誌』総第9巻、2008年、第209—220頁。

筒江等地，不仅走访了这些地方的茶马古道相关遗址，还重点采访曾经在茶马古道上从事贸易的老人，保存了他们对茶马古道及贸易的口述和记忆。他还参照历史资料对古道的今昔状况做了对比，用图片和文字结合的方式，将在古道上行走的见闻、人与自然的现状做了记录。小林尚礼认为茶马古道的亲身经历者大多已80多岁，相关的建筑物和桥梁也在老化，因此必须要抓紧实施调查。[1] 茶马古道上比较重要的古镇是日本学者热衷调查的对象。大研镇（丽江古城）地处青藏高原与云南高原相交的山区，是滇、川、藏三地茶马古道交通的重要枢纽，川野明正等对该地做了专门调查。[2]

茶马古道现场走访和调查，其中最具代表性的成果是摄影。日本摄影家不仅仅提供了直观生动的图片资料，而且对茶马古道有较为深入的思考，甚至是以民族志的方式记录了茶马古道当代变迁。镰泽久也是日本知名摄影家，他聚焦中国西南部云南省、贵州省、四川省、广西壮族自治区以及西藏自治区、新疆维吾尔自治区等地的少数民族，以衣、食、住为中心，拍摄他们的日常生活和节庆活动。2007年，镰泽久也在日本国立民族学博物馆主办的学术刊物《民族学季刊》发表了《探访当下茶马古道》一文，从日常的生活和习俗中看茶马古道的当代发展。[3] 这种类型的成果中，有一些雅俗共赏、趣味性较强，有利于"茶马古道"概念在更广大的群体中传播，如篠田香子"世界最先进城市建设探访"中专题介绍茶马古道[4]，山本聪、竹田武史等以游记的形式记录了茶马古道的见闻[5]。

（三）多学科领域的探讨

2005—2007年，京都嵯峨艺术大学藤木庸介和歌山大学北山阿古米等人4次对丽江古城至大理古城茶马古道沿途之间的16个城镇和村落建筑的整体构造、外墙、地基、屋顶、侧壁等做了全面勘测、绘图和整理分析，集中发表了3

---

[1] 小林尚礼：「東チベットの古道調査その1：香格里拉から徳欽までの茶馬古道」，『ヒマラヤ学誌』総第10巻、2009年、第150—160頁。
[2] 川野明正：「麗江古城大研鎮—茶馬古道上の古鎮」，『人文学報』第3期、2008年、第29—47頁。
[3] 鎌澤久也：「茶馬古道のいまをたずねて」，『民族学季刊』第1期、2007年、第81—101頁。
[4] 篠田香子：「世界の先進の街づくり探訪（39）中国・茶馬古道」，『レジャー産業資料』第1期、2014年、第68—71頁。"世界最先进城市建设探访"是篠田香子2010—2020年在《休闲产业资料》上开设的专栏，共推出115篇。
[5] 山本聡：「雲南「茶馬古道」遊記」，『山と渓谷』総767期、1996年、第119—122頁；竹田武史：「茶馬古道をゆく」，『緑茶通信』第27期、2010年、第38—42頁。

篇论文。他们发现不同地域之间的建筑有一定差异，但不同民族之间建筑差异要大于地域差异，旅游业又对建筑风格产生了影响。[①]

2008年，神山巍访问云南红河哈尼族彝族自治州、文山壮族苗族自治州的少数民族村落；2010年11月，访问云南楚雄彝族自治州、大理白族自治州、丽江市、迪庆藏族自治州等茶马古道沿线少数民族地区，重点关注彝、白、纳西、藏等民族的生活和文化生态。他发现在受访的少数民族中可以窥见独特的文化创造，从日本和这些少数民族的发展历史和空间区位看，两者与唐代都城长安的距离大致相当，从唐代开始都同受华夏文化的深刻影响，在宗教生活和文化方面有相似性，共同构成了照叶林文化圈（东亚半月弧）。[②]2016年，京都大学野生动物研究中心的平田聪走访了云南梅里雪山及其周边的茶马古道遗址，重点考察了马匹与人类的历史关系以及驯养综合征，指出了茶马古道上马匹的重要性，认为马匹的家畜化现象与社会智慧的进化有着密切的关系。[③]

影视方面，田壮壮拍摄的《德拉姆》2005年曾在NHK播出，并在日本国立民族学博物馆收藏。内村和嗣对纪录片中所呈现的制作技术进行了专题研究。[④]鲁永明从工艺美术品的视角，探讨了云南到拉萨沿途民族、民俗和美术之间的关系。[⑤]

---

① 藤木庸介・北山めぐみ・山村高淑：「茶馬古道沿いの民家に見る外観の意匠性に関する報告―中国雲南省・麗江旧市街地周辺から大理旧市街地周辺を事例に」，『日本建築学会技術報告集』第14期，2008年，第26—269頁。另外两篇论文是藤木庸介・北山めぐみ：「西古道沿いの伝統的建築物―中国雲南省・茶馬古道沿いの伝統的建築物に関する報告」，『京都嵯峨芸術大学紀要』総第31巻，2006年，第78—88頁；北山めぐみ・藤木庸介：「西古道沿いの伝統的建築物（その2）中国雲南省・茶馬古道沿いの伝統的建築物に関する報告」，『京都嵯峨芸術大学紀要』総第32巻，2007年，第47—53頁。
② 神山巍：「雲南南部山地の少数民族の村々を訪ねて」，『ヒマラヤ学誌』総第11巻，2010年，第270—277頁；神山巍：「雲南省西北部茶馬古道沿いの少数民族を訪ねて」，『ヒマラヤ学誌』総第13巻，2012年，第331—340頁。
③ 平田聡：「雲南と馬（特集1：ヒマラヤ研究ユニット）」，『ヒマラヤ学誌』総第18巻，2017年，第58—64頁。
④ 内村和嗣：「国際共同制作「天空への道―茶馬古道の人々」における制作技術」，『映画テレビ技術』総第623巻，2004年，第18—24頁。
⑤ 魯永明：「ラサへ通じる『茶馬古道』の工芸美術―雲南からラサへの街道沿いのチベット民俗美術」，『アジア遊学』総第42巻，2002年，第55—65頁。

四、传播的规律和特征

作为来自中国、跨文化语境中传播的学术概念，茶马古道在日本的传播呈现出鲜明的特征。主要表现在传播与接受的时间性和阶段性、研究话语的变迁、传播形式和样态以及传播主体等方面。

（一）茶马古道概念的大规模接受始于21世纪初，呈现方兴未艾的发展局面

在20世纪，日本主要从中国经济史的角度探讨茶马贸易问题，并取得了一些代表性的成果。中国学者在20世纪90年代初提出的"茶马古道"概念，最初在日本影响较为有限，主要是通过木霁弘等人的图书传播。随着中国不断开放、走向世界，中日之间的商贸和人员往来越来越频繁，到云南等地旅游的日本人了解到茶马古道的概念，并以游记的形式向本土介绍，在我们能够查阅到的文献资料中，最早的文章是1999年的《云南"茶马古道"游记》，属于中国边境旅游系列中的一篇。21世纪以来，田壮壮2004年导演的《德拉姆》、韩国KBS和日本NHK联合制作的《茶马古道：另一条丝绸之路》等影视作品在日本播出，以及普洱茶商业因素的推动，茶马古道上的自然风光、生态环境、历史往事、民族风情等引起了日本学者及各界人士的兴趣，他们开始从多个维度对茶马古道展开探讨。实际上，中国各界对茶马古道的大规模研究和探讨也肇始于21世纪初[1]，其中政府的倡导和推动是不可忽视的助力因素。与之相比，日本对"茶马古道"概念的接受和传播，更多是民间团体和个人在好奇心与求知欲驱动下的自发行为。到2021年，日本本土作者发表的茶马古道相关文章已经有数百篇，历史学、人类学、民族学、建筑学等领域的学者都有不同程度的论及。即便是2020年新冠病毒疫情影响了对茶马古道的现场探访，但日本的云南恳话会等社会团体仍旧在组织茶马古道研讨活动，NHK电视台的"空旅中国"也数次播放茶马古道专题纪录片。茶马古道这一词汇，已经被日本专业性的百科全书和词典吸纳，对茶马古道、茶马贸易等概念辟有词条，专门解析。[2]

---

[1] 杨海潮：《茶马古道学术研究发展报告》，载李炎、胡洪斌、胡皓明主编：《中国普洱茶产业发展报告（2019—2020）》，社会科学文献出版社2020年版，第145—170页；宋时磊：《茶马古道的概念、研究瓶颈与开拓方向——历史学科的视角》，《农业考古》2021年第5期。

[2] 工藤佳治主编：『2007年中国茶事典』、東京：勉誠出版、2007年、第15、344、346頁；松崎芳郎：『年表茶の世界史』、東京：八坂書房、2012年、第242、247頁；大森正司等編：『茶の事典』、東京：朝倉書店、2017年、第490頁。

（二）学术研究话语从茶马贸易向茶马古道变迁

中国学者以外，最热衷探讨茶马贸易问题的是日本学者，其中以佐伯富、宫崎市定、田村实造等为代表。佐伯富纂集的《宋代茶法研究资料》多达901页，取得了不逊于中国学者的研究成绩。京都大学博士光谷隆在佐伯富、宫崎市定、田村实造的前期研究基础上，将研究视野拓展到明代。第二次世界大战后的前二十年，是日本学界对茶马贸易探讨比较活跃的时期，但20世纪80年代以后关于茶马贸易有分量的研究十分稀见，仅有名古屋大学、明治大学等几位博士生从事相关研究，如森本创的《南宋初期的茶马贸易与吐蕃诸族》[1]和曹荣梅的《中国内蒙古的砖茶文化：茶马贸易下乳和茶的融合》[2]。"茶马古道"概念的出现及其在海外的传播，促进了日本学术研究话语从茶马贸易向茶马古道的变迁，一系列论著的出现促进茶马贸易在新的层面的探讨，进而该议题的研究在历史文献和经济制度史基础上，实现了与社会学、人类学、影视学、旅游学等多学科的融合，研究范式得以转型。以中国为参照，这种变迁与中国学术界的话语保持了同轨转向。

（三）传播形式多样态，注重学术性和普及性的统一

"茶马古道"概念在日本传播所借助的媒介种类比较丰富，不仅有传统的报纸、杂志、行业通讯以及图书等传播方式，影视纪录片、摄影作品、游戏产品等视听媒体途径，基于共同旨趣和爱好的社会团体举办的公众讲座，还有基于茶马古道开发的商品及文化旅游产品，而这些通过互联网和社交媒体等渠道又进一步拓展了传播的空间范围和生命周期。与茶马贸易等历史话语中的概念相比，"茶马古道"概念的学术溢出效应较为明显，涵纳了奇谲瑰丽的高山峡川自然风光、民众喜闻乐见的少数民族风俗、逐渐消逝的仪式和制度、不可复制的历史文化遗产、虔诚的宗教信仰等。因此，"茶马古道"概念在日本传播过程中，部分成果较为通俗，并向日常社会文化生活领域浸润，体现出学术、知识和趣味相结合的特征，普及性质较为明显。小林尚礼、竹田武史、加贺浅吉等人的摄影展和摄影集图文并茂、生动形象，故而在日本较受欢迎。日本著名历史作家陈舜臣著有散文集《茶事遍路》，他在该书中对中国的茶马贸易、茶盐做

---

[1] 森本創：「南宋初期の茶馬貿易と吐蕃諸族」、『駿台史學』總第154卷、2015年、第91—111頁。
[2] 曹荣梅：「中国内モンゴルにおける磚茶文化：茶馬交易が結んだ乳と茶」、名古屋大学博士学位論文甲、2015年、第10910号。

了通俗化的解读和分析。①陈舜臣是日本首位连获江户川乱步奖、直木奖、日本推理作家协会奖三大奖的小说家，《茶事遍路》曾获第40届读卖文学奖随笔纪行奖，作家本人和作品的影响力有助于相关概念的传播。在日本的儿童读物中，也有茶马古道题材的内容，如百田弥荣子的《中国格林童话：丝绸之路往事》中，讲述了茶马古道上发生的故事。②多种样态的传播形式，大大加速了"茶马古道"概念在日本各个社会阶层中的渗透和传播。

（四）传播的主体呈现多元化的趋势

在日本，"茶马古道"概念的传播者不仅有本土的学者以及茶文化界、产业界人士，还有中国、美国、韩国等国家的相关人士。美国华盛顿大学的常驻作家和《国家地理》杂志记者詹金斯·马克（Jenkins Mark）先后十余次到西藏、云南、四川等地拍摄了大量照片，并形成了众多文字记录。《国家地理》2010年5月刊登了詹金斯·马克撰文、Michael Yamashita 摄影的《遗忘的茶马古道》特集（The Forgotten Tea Horse Road）。该期杂志同步出版日本版，提供了23张高清的茶马古道照片，涉及四川雅安名山区采茶、云南易武农家摊晾茶叶、工厂制茶车间、寺院饮茶布施、藏族人饮用酥油茶、运输茶叶的马匹、民国时期茶马古道背夫、藏族茶馆等事物和场景，并对茶马古道历史与发展变迁、功能和作用以及贸易和劳作的艰辛等做了详细阐述。③《国家地理》日本版由美国国家地理协会与日本经济新闻社合资的日经国家地理社出版，在日本有大量的订户和阅读者。《国家地理》杂志不同于一般的读物，具有百科全书的特性，代表着科学、权威和准官方等，故茶马古道专集的推出，极大促进了日本各界人士对茶马古道的直观感受和概念认知。美国宾夕法尼亚大学著名汉学家梅维恒（Victor H. Mair）和瑞典考古学通讯记者郝也麟（Erling Hoh）合著的《茶的世界史》中，详细论述了茶马贸易和茶马古道所带来经济收益与和平力量，该著作被忠平美幸翻译为日文出版，客观上促进了日本读者对茶马古道的认知。④韩国茶马古道成果在日本的传播也产生了一定影响，电影方面有KBS所拍摄的《茶

---

① 陳舜臣：『茶事遍路』，東京：朝日新聞社、1988年、第134—146頁。
② 百田弥栄子：『中国のグリム童話：シルクロードをつなぐ昔話』、東京：三弥井書店、2015年。
③ マーク・ジェンキンス：「伝説の茶馬古道」、『日経ナショナル ジオグラフィック』第5期、2010年、第64—89頁。
④ ヴィクター・H・メア、アーリン・ホー：『お茶の歴史』、東京：河出書房新社、2010年。

马古道：另一条丝绸之路》，展览方面有韩国国立博物馆编的展览画册《茶马古道上的人生与艺术：从云南到喜马拉雅》，儿童绘本有柳在淑的《飞跃茶马古道》等，其中 KBS 的纪录片影响最为广泛。

日本还十分重视中国茶叶信息的搜集，设有"中国茶情报局"网站，第一时间关注中国动态，对茶马古道的相关信息给予特别关注。[①] 2011 年，雅安市设立茶马古道工作室；2014 年，贵阳召开第一届"中韩茶文化与茶产业国际化发展战略研讨会"推进茶马古道申请世界文化遗产；2019 年，在四川雅安召开"云贵川茶马古道保护与利用研讨会"等活动，"中国茶情报局"都及时关注并将其内容翻译成日文，供日本各界了解中国茶马古道的最新动态。

五、余论

从跨文化语境的角度来看，概念创造、传播与接受的过程是一个"旅行"的过程，类似于爱德华·赛义德所提出的"理论旅行"。在不同的历史和文化语境中，中国学者本土原创的"茶马古道"概念被不同程度地接受、传播，甚至有了进一步的概念增殖、吸收和再创造。进入 21 世纪以后，随着中国经济发展和中外文化交流的扩大，"茶马古道"概念在美国、英国、韩国、日本等国家都有了深入传播，这扩大了海外各国对这一历史悠久、影响深远并在当代又迸发出新生活力的中国文化线路遗产的认知，并融入了各国不同领域的话语体系和社会文化生活。在文化传播学领域，美国学者 J. 斯特劳哈尔（Joseph Straubhaar）曾提出"文化接近"，即人们倾向接受语言、风俗和背景等方面接近的文化，故"茶马古道"概念在日本和韩国等东亚国家接受较为深入。就接受后的转化和研究层面而言，日本的相关成果有五个方面的特征：一是注重资料的搜集和整理，在前期茶马贸易历史文献的基础上又广泛收集中国当代茶马古道研究的成果；二是持续不断地深入滇藏、川藏等茶马古道的遗址现场走访，以口述资料、摄影摄像、古建筑勘测等方式记录茶马古道的变迁，还绘制了众多茶马古道地图和走访茶马古道的行迹地图等；三是形成了以京都大学、明治大学、名古屋大学等高校为中心的、各个学科兼备的传播者和研究队伍，初步统计接近 200

---

① 中国茶情报局官网，https://cttea.info/，访问日期：2023 年 1 月 10 日。

人；四是有了茶马古道传播和研究的有效载体，多次召开"云南恳话会"展开主题研讨，《喜马拉雅学志》、国立民族学博物馆等是茶马古道成果的重要发表和展示平台；五是成果形式不仅有数量较为丰富的论文，有数部代表性的图书，还有纪录片、游戏等新型的成果类型。值得一提的是，"茶马古道"概念的传播不是单向的，而是多元互动传播，甚至有反向传播。如陈舜臣的《茶事遍路》、矶渊猛的《一杯红茶的世界史》都被译成中文再传播。日本和韩国联合摄制的《茶马古道：另一条丝绸之路》等影视作品促进了中国茶马古道热潮的发展。因此，以人类命运共同体的视域观之，茶马古道的概念旅行，是人类文明交流互鉴的一个典型样本，也是中国学术话语和文化输出能力不断增强的生动例证。

（原载《西藏研究》2023 年第 3 期）

茶马古道的概念、研究瓶颈与开拓方向
——历史学科的视角

宋时磊

（武汉大学）

"茶马古道"是由当代学者提出的概念。如果从 1990 年正式提出算起，该概念已经有三十余年的传播史。它最初是在文史学者范围内使用和流传的小众术语，随后地理学、民族学、人类学、文化遗产学等学科又跟进研究。在经济发展、社会需求和文化复兴的带动下，"茶马古道"又从学术界迅速"出圈"，受到经济、旅游、音乐、影视等领域的热捧，在世纪之交已经成为我国西南地区文化的符号性资源。从历时性的角度看，茶马古道经历了从抽象概念到西南交通网络的具象化、再演变为文化标签和符号的发展过程[①]。泛化拓展趋势固然扩大了茶马古道的传播力和影响力，但也导致其边界的模糊和不确定性问题，如大量的以"茶马古道上的……"一类命名的学术成果，去掉"茶马古道"一词似乎不影响其论证过程和研究结论。因此，本文从历史学科出发，回到其概念的"实指"，梳理茶马古道概念产生的历史背景，分析当前茶马古道研究存在的问题，并提出推进茶马古道研究走向深入的可能方向。

一、茶马古道：中国学界提出的原创概念

众所周知，茶马古道是当代学者提出的概念。在该概念出现之前，不同领

---

① 周重林、凌文锋：《茶马古道 20 年：从学术概念到文化符号》，《中国文化遗产》2010 年第 4 期。

域的学者其实已经有所涉及其指向的内容。就历史学科而言，主要有以下三个方面。

第一，汉藏关系史、交流史和交通史的角度。如王忠《新唐书吐蕃传笺证》、中央民族学院历史系民族教研室编印《新唐书吐蕃传笺证索引》等，运用敦煌少数民族语言文献，研究唐朝与吐蕃的交流关系。白滨《中国民族史研究》、尤中《中国西南民族史》等，则从民族交往的角度探讨了西南族群之间的互动。任乃强《民国川边游踪之西康札记》《康藏史地大纲》等，一方面记叙其在西南边疆的经历，另一方面对西南交通等问题做了深入研究。在这些著作中，不同程度地使用了与茶马古道相关的概念。

第二，汉藏贸易史的角度。肇始于唐代、正式形成于宋代的茶马贸易（或称"茶马互市"），是唐宋以来朝廷茶法的重要组成部分。民国时期，徐方幹《历代茶叶边贸史略》、李光璧《明代西茶易马考》等文章，考察了汉藏之间的茶马贸易。新中国成立后，黄纯艳关于茶法的一系列论文对宋代茶马贸易的来龙去脉有比较清晰的梳理。吕维新《宋代茶马贸易》《明代的茶马贸易》《清代的茶马贸易》等呈现了不同时代的发展脉络。茶马贸易研究的学术议题主要集中在茶马贸易与民族关系、茶马贸易的起始时间和衰落原因、"金牌信符"制问题、茶马交易的比率、封建朝廷经营茶马贸易的目的，以及茶马贸易的历史作用等问题[1]，却对茶马互市结束后的运输路线问题几乎没有涉及。在这些研究中，使用了"茶马互市""茶马市易""茶马贸道""茶马要地""边茶贸道"等概念。

第三，南方丝绸之路的角度。从秦汉时期开始，云贵川与青藏高原及境外的印度、缅甸、越南等之间初步形成了纵横交错的交通网络，在《史记》《汉书》等典籍中有"五尺道""蜀身毒道""蜀布之路""牦牛道""灵关道""滇越糜泠交趾道"等不同称谓。名称的复杂多样，客观上表明当时交通路线的复杂性。1904年汉学家伯希和已经关注到中国南部陆地上的对外交通路线，方国瑜《云南与印度缅甸之古代交通》、夏光南《中印缅道交通史》、季羡林《中国蚕丝输入印度问题的初步研究》、向达《蛮书校注》、桑秀云《蜀布邛竹杖传至大夏路径的蠡测》等陆续跟进探讨。这些论著主要是从中外交通和贸易史的角度对具体问题进行考证，并未阐发特定的路线概念。

1980年，受德国地理学家李希霍芬、法国汉学家沙畹、日本考古学家三杉

---

[1] 王晓燕、李宝刚：《20世纪茶马贸易研究综述》，《兰州大学学报（社会科学版）》2002年第6期。

隆敏等人"丝绸之路""海上丝绸之路"概念的影响，中国历史学者陈炎等，开始将中国西南内部以及其与境外的贸易路线统称为"西南丝绸之路""西南陆上丝绸之路"或"南方丝绸之路"。西南古商道的这种命名方式，带有很强的地域特征和区别意识，即与秦汉时期西北的"北方丝绸之路"、东南的"海上丝绸之路"并驾齐驱。1986年，四川大学成立了"古代南方丝绸之路综合考察课题组"，开始路线踏勘、遗址调查等方面的工作；1990年由伍加伦、江玉祥主编出版《古代西南丝绸之路》，收录了13篇论文，并配有一幅路线图；1995年，又出版第2辑，收录14篇论文。除此之外，蓝勇专著《南方丝绸之路》、段渝主编《南方丝绸之路论集》等，都深化和推进了西南丝绸之路的研究。

在文化复兴的整体背景之下，宏大历史话语、官方角度的叙事和强势的研究力量，让云南方面的学者感受到了学术研究的迫切性。他们注意到了西南地区长期活跃的马帮文化，决心通过田野调查、徒步走访等方式，从民间、地方和自我的视角，来寻找逝去的历史足迹。在新的立场选择和价值判断之下，1987年木霁弘、王可了解到云南存在从丽江、德钦沿澜沧江贩运茶叶进藏区的古道，将其名之为"茶马之道"；1988年底，木霁弘、王可在为中甸县志办辑校《中甸汉文历史资料汇编》的"序言"中，首次使用了"茶马之道"的称谓[1]。1990年，木霁弘、李旭等六人通过徒步考察和文化旅游的方式，历时100天走访了马帮的相关路线；次年，六人以笔名发表《超越——茶马古道考察记》，首次使用"茶马古道"一词[2]；1992年，六人又结合自己的行程和思考，写成《滇藏川"大三角"文化探秘》，绘制了滇藏、川藏两条茶马古道的路线图及其自身的行进图，将茶马古道视为滇、藏、川"大三角"的文化纽带。不仅如此，该书还对茶马古道的概念做了初步界定："茶马古道在唐代就形成了以滇、川、藏三角地带为核心，西出印度、尼泊尔，东抵四川盆地西缘，东南至桂林的网络。"[3]

茶马古道前期的论著多不是纯学术成果，如《滇藏川"大三角"文化探秘》是"一本可读性很强的游记式的书"[4]。为了弥补这种学理和考证方面的不足，木

---

[1] 木霁弘、王可：《中甸县志资料汇编》（一），中甸县志编纂委员会办公室1989年版。
[2] 格玛明珠：《超越——茶马古道考察记》，《云南大学报》1991年1月15日。
[3] 木霁弘等：《滇藏川"大三角"文化探秘》，云南大学出版社1992年版，第244页。
[4] 张文勋：《序言》，载木霁弘等：《滇藏川"大三角"文化探秘》，云南大学出版社1992年版。

霁弘等人在《"茶马古道"文化论》①一书中，提出茶马古道包括三条主干道，即从青海到西藏的唐蕃古道，从四川到西藏的茶马互市道，从云南到西藏的茶马之道，在这三条主干道之中，"真正的茶马古道"是滇藏道。李旭1993年的《茶马古道》一文，则认为除了主干线外，还有无数蛛网般的支线交通网络密布在川滇藏一带的各个角落；凌文锋2012年在其博士论文中，则进一步将这些商道形象地比喻为牵牛花结构，是一种带有生命力的"藤蔓网络"。无论是线状、网状，还是线网结合的方式，茶马古道的早期研究者几乎都反对使用"南方丝绸之路"的概念，认为这是一种文本考证意义上的路线，现实成分较少，不能概括西南特有的路途和商品载体，"茶马古道"方能符合西南商品贸易的历史与现实情况②。

将该概念放到历史背景中考察，其诞生有几个层面的问题值得关注。其一，在20世纪80年代，随着改革开放的持续推进，西方各种研究方法和范式、学说和主义、理论和思潮被广泛译介，这其中不仅有产生广泛影响的科学方法"老三论"（系统论、控制论、信息论）和"新三论"（耗散结构论、协同论、突变论），更有人道主义、存在主义、精神分析等。外来的文化思想资源，给中国当代社会发展和学术阐释提供了新的视野和话语平台。其二，从1985年开始，随着文学反思的不断推进，文学领域率先兴起了一场"文化寻根"热潮，代表性的人物有韩少功、阿城、郑义、郑万隆等，他们迫切寻找本土的精神文化资源，到民间、到乡村、到边陲、到少数群体寻找文化之根成为一种趋势。其三，在有了世界性眼光并掌握了基本的理论、话语之后，本土文化的自觉性受到重视，这为新的概念诞生提供了土壤。其四，随着经济的快速发展和崛起，国内旅游市场日益壮大，而云南、四川、西藏等地在自然风光和民族风情等方面有着丰富的资源，但缺少可供宣传的品牌和形象标识。而茶马古道的概念，既挖掘了西南特有的经济社会现象，又满足了各界对西南风光所寄予的好奇心理和异域想象，自然容易得到广泛接受和文化认同。

值得注意的是，概念的命名者木霁弘、陈保亚、李旭、徐涌涛、王晓松、李林等大多有文学背景，他们在1990年的滇、川、藏之旅，在一定程度是一场文化寻根之旅。命名的方式也非常文学化，充满了审美的想象空间："茶马"一

---

① 木霁弘：《"茶马古道"文化论》，载李子贤主编：《文化·历史·民俗》，云南大学出版社1993年版，第180—197页。

② 木霁弘：《茶马古道考察纪事》，云南教育出版社2001年版。

词带有马驮茶、人赶马的画面感,能给人以丰富的文学蕴含;"古道"一词带有远古的况味,是对消逝或即将消逝的美好事物的凭吊和缅怀,是对现代便捷交通方式和生活方式的一种疏离和反拨。特别是,从"茶马之道"到"茶马古道"称谓的变化,具有革命性意义:一方面有利于概念的推广与传播,利于社会各方面的普遍接受,从带有学术性质的概念,快速演变为旅游和文化发展的符号和标签;另一方面,与"丝绸之路"概念起源于国外不同,"茶马古道"不是从国外舶来的学术词汇,而是中国学者提出的原创性学术概念,体现了当代学人学术和文化的双重自觉。

二、历史研究者视域中"茶马古道"的研究瓶颈

就内部而言,目前茶马古道已经成为我国唐宋及其以后西南地区传统交通网络的代称;就外部而言,茶马古道还成为民族风情、异域想象的消费性文化符号。但如果从历史学科的视野观之,茶马古道还缺少系统化和总体性提升的研究,其内涵和外延仍充满变动性。这就导致西南茶马古道的疆域范围、历史分期等基本问题产生,仍议而未决,在很多方面还缺乏共识。

(一)茶马古道概念主要由文学、语言领域的学者提出,其研究还需要更加坚实的历史文献资料支撑

正如上文所言,20世纪80年代中期,文学界掀起了"文化寻根"的热潮,作家们开始致力于对传统意识、民族文化心理的深层次挖掘。茶马古道的最初考察,带有浓厚的"文化寻根"性质,目的是探寻云南民族文化宝藏,向全世界展示中华文化的异彩[1]。其核心成员木霁弘、李旭、陈保亚等,都来自中文系,其学科背景为中文专业。他们试图开展一场语言学、民族学、民俗学、地理学、文化人类学等等的多学科考察,但实际上获取的是对山川文物的录像摄影、民间音乐舞蹈的音响记录等多功能的美学考察。因此基于这次考察所出版的《滇藏川"大三角"文化探秘》一书的各篇目《超越的感悟》《英雄驰骋的净土——中甸》《噶丹松赞林——滇西北藏文化的明珠》《杜鹃的意蕴——哈巴

---

[1] 张文勋:《序言》,载木霁弘等:《滇藏川"大三角"文化探秘》,云南大学出版社1992年版。

雪山》《出世的神山——卡瓦格博》《田妥的新娘》《康定溜溜的城哟》等，无一不是旅游散记性质的文章；书中最后一篇《滇、藏、川"大三角茶马古道"的历史地位》带有一定的学理性，但属宏观性研究，更多侧重于意义和作用方面的呈现，茶马古道细部的微观研究付之阙如。或许意识到此问题，木霁弘等人在1993年的《"茶马古道"文化论》中尝试勾勒茶马古道的基本面貌，但论证时所使用的主体素材是传说故事、民族风俗、语言发音调查等，使用了小部分的文献资料。

语言学是茶马古道前期研究的重要方法。以北京大学中文系陈保亚为例，其研究基本是从词语的变迁角度展开的，由此产生了不少论文，如《论丝绸之路向茶马古道的转型——从词与物的传播说起》《茶马古道兴起的时间——从词与物的传播说起》《略论北方茶马古道与chaj的读音》《川黔桂茶马古道：西南入华南之第一通道——词与物的证据》《佛茶海路：茶马古道之海路延伸——词与物的传播证据》《从盐运古道到茶马古道——词与物的传播证据》《一条横贯欧亚大陆的北方茶马古道——chaj读音分布的语言地理学证据》《闽系茶山"远洋茶路的魂与源"词与物的证据》《环绕祁连山"从丝绸之路到茶马古道"词与物的证据》等。这些论文研究的地理范围虽有不同，但基本都是围绕着"茶"在不同族群的发音来看茶叶的流通和贸易。汪锋也基本按照同样理路展开研究，如《语义演变、语言接触与词汇传播——"茶"的起源与传播》《从汉藏语言比较看茶马古道的演化——以汉、白、彝语比较为基础》《从汉藏语言看酒文化圈与茶马古道》等文。语言是社会风俗变迁的活化石，能够承载民族发展记忆，从该角度展开研究有一定道理。在肯定这种研究范式的同时，我们也应看到单一视角的不足：语言与民族迁徙、分化等密切相关，从一维出发研究茶马古道，难免有立论不稳之嫌。

（二）研究带有较为明显的地域中心色彩，在一定程度上存在地域区隔的问题

最先提出茶马古道概念并着力研究的是云南方面的学者。他们对马帮用人力、畜力长途贩运货物的贸易，以及走街串寨的生活经历与社会记忆进行糅合加工，提出了茶马古道的概念。当时主流的研究对象是南方丝绸之路，蓝勇、段渝、伍加伦、江玉祥、王苗等一批历史学者的研究较为深入，影响颇大，并将南方丝绸之路的历史脉络一直梳理到明清时期，如江玉祥等主编《古代西南丝绸之路研究》辑刊、蓝勇《南方丝绸之路》。因此，茶马古道提法出现的最初十年，没有得到普遍认同，学界关注度很少，甚至在此期间公开出版的论著对茶马古道未置一词。十年之后，这一情形有所改观，主要是云南省希望将马帮文化打造成一种旅游景观，将其作为历史文化资源，不遗余力地推动和宣传。在学术和经济两股力量的推动之下，加上影视传媒等力量的介入，茶马古道在2000年以后变得炙手可热。茶马古道概念侧重的是交通的独特性、活动的民间性和茶叶的联结性三个特征，选择了民间、地方和自我的视角与观念，以对欧洲中心主义、印度中心主义、中原中心主义、汉文化中心主义这样的视角与观念构成挑战[1]。选择新的视角和观念，当然值得肯定，但问题是这些视角和观念是否只是理念上的，是否与历史的实际情形相符合？早期的茶马古道研究者们构建出了以川、滇、藏为中心的大三角，并以此为中心又陆续构建出了主干、外围区域，或者是向四面八方延伸的区域。在中国的历史文化语境中，川滇藏是否能够成为经济贸易网络的中心，这是值得再讨论的问题。对民间视角的重视，可以重新捡拾官方主流历史话语所遮蔽的领域。但问题是，在茶马古道的交易中，民间的交易是否颠覆了长期以来官方所主导的边茶贸易体制、进而成为主体，尚需进一步研究。

（三）基于地方中心的研究范式也导致了视域的偏颇问题

云南学者的茶马古道研究侧重于滇藏线，对其他地域的线路研究还有待于深入。另外，这也降低了其他地区学者的参与度或这些学者对茶马古道研究本来应有的贡献。如陕西一直被认为是茶马古道的边缘，不占有主要地位。但西北大学李刚等根据在陕西汉中考察结果认为，陕西茶马古道正史资料完整；茶马古道的开通标志不是单纯的马或者茶，而是政府茶马交易事务主管机构的设立，茶马古道的形成与宏观层面的国家行为密不可分[2]。这就导致茶马古道研究出现了一系列歧义性的学术话题，充满各种争论，如：名分之争，是"茶马古道"，还是"南方丝绸之路"；线路之争，是滇川藏为主，还是泛化的多省区、国际线路；茶马之争，是陕西、四川、青海等地的以茶贸马，还是云南的以马运茶[3]。

---

[1] 杨海潮：《茶马古道：地方性的民间视角》，《思想战线》2016年第6期。
[2] 李刚、李薇：《论历史上三条茶马古道的联系及历史地位》，《西北大学学报（哲学社会科学版）》2011年第4期。
[3] 杨杰宏：《反思与争论：现代化语境下的茶马古道文化研究》，《中国社会科学报》2010年10月12日。

茶马古道的有些关键性问题，因缺乏有效的文献支撑而尚未展开。如各茶马古道最终目的地多指向西藏，但西藏方面茶叶是如何转运、配给、使用和消费的？目前仅有赵国栋《茶叶与西藏：文化、历史与社会》等少数著作做出初步探讨。另外，宋代以后陕西等地设立榷茶场、开设茶马贸易，交易额颇大，这些茶叶在交易后如何运输，茶马贸易和茶马古道之间的关系如何等，未见系统梳理。

三、继续推进茶马古道的研究走向纵深

在中华文化促进会发布的《万里茶道全图》中，将云南的六大茶山等列为万里茶道的茶源地之一。该地图带有一定的"强制阐释"性质，但未见学界有不同声音。茶马古道是万里茶道的一部分吗，两者之间有什么区别和联系？这些都需要史料来说明，需要通过细致的资料辨析来支撑相关结论。

为了拓展茶马古道的研究走向纵深，从历史学科的角度，还有以下工作需要推进：

第一，回到茶马古道的初心，以交通和贸易研究为核心问题。茶马古道并不一定是以茶为主要商品，还可以有丝、棉等纺织品，盐、铜、锡等矿产品，药材、皮革和日常生活用品等。可以研究商品的生产、流通和消费，商品的数量、结构和货值；商品贸易的路线、基础设施，以及商品的交易、保险等贸易制度。从时间的维度，还可以纵向研究不同时代茶马古道方方面面的历史变迁。

第二，加大文献挖掘的力度。收集和整理关涉茶马古道沿线地区的传世文献（汉文文献如史书、政书、类书、实录、志书、文人笔记、诗文作品等，以及档案材料；藏文文献如藏文历史文献、文学文献等）、沿线地区的出土文献与考古资料（包括敦煌文书、碑铭、石刻等晚近以来新出资料和文献）、民间文献（如宗教文献、契约文书和族谱、说唱）等。特别是茶马古道沿线的传统商号的账本、近现代以来企业的档案等文献资料，还需下大力收集。

第三，西藏在茶马古道中的地位和作用需要特别凸显。茶马古道与万里茶道最大的不同在于，茶马古道是国内不同民族（主要是汉藏）之间的货物往来，而万里茶道是中国茶叶国际贸易的大通道。而在传统的茶马古道研究中，对西藏部分涉猎较少，无论是文献还是文化遗产都是如此。因此，今后茶马古道的

研究，应该在这方面加大力度开拓。其中，西藏寺庙茶叶采购和使用方面的相关文献，值得特别关注；官方档案在开放使用的条件下，应该加大查阅搜集和文献挖掘力度。

第四，开拓"新茶马古道"或"后茶马古道"的研究领域，即新中国成立以后茶马古道的新变化。此处的"新茶马古道"不是人类学或者社会学意义上的茶马古道的当代利用或"活化"[①]，而是指随着内地与西藏交通的改善和新路线的开辟，内地和西藏之间商品贸易的变化。以茶叶为例，笔者最近着手研究新中国成立以后西藏茶叶种植和加工业的发展以及汉藏之间茶叶技术交流，这无疑令茶马古道的发展变化产生了深刻影响。而这就是"新茶马古道"的研究内容之一。

第五，以全球史的视野和方法，研究茶马古道概念的"旅行"，即其在不同时空的变异和交融情况。茶马古道是中国当代学术界的原创性关键词，不仅在国内产生了较大影响，在国外也广为接受和传播。赛义德曾指出观念和术语的"旅行"经历了发轫环境、穿行距离、接纳或抵抗条件、新时空的接纳和改造等阶段，与之相适应概念的历史场域研究可以细化为初始、生成、延展和本土四个场域[②]。但概念的历史场域观察维度不应该是单向的，即从西方到东方的视角；也可以是双向或多维的互动，即东方之间、东方与西方之间"交叉"和"穿行"。因此，从历史学科而言，还可以研究茶马古道概念在韩国、日本、美国、英国等国家的历时性接受，以及概念使用的场域和语境。如韩国放送公社（KBS）推出的六集纪录片《茶马古道》，就曾产生广泛影响。影视领域的学者固然可以从话语体系、技术和美学等角度去研究，但历史学科则要挖掘韩国关注茶马古道的历史背景：KBS策划"洞察亚洲"（Insight Asia）纪录片项目，目的是将韩国的纪录片品质在五年内提高到世界水准[③]；在"世界化"这个历史基点上，我们要探究韩国是怎样利用媒体语言塑造中国茶马古道的形象的。

---

① G. Sigley, *China's Route Heritage: Mobility Narratives, Modernity and the Ancient Tea Horse Road*, Routledge, 2020.
② 胡亚敏：《"概念的旅行"与"历史场域"——〈概念的旅行——西方文论关键词与当代中国〉导言》，《湖北大学学报（哲学社会科学版）》，2015年第1期。
③ 朴仁圭：《KBS纪录片全球化项目〈洞察亚洲〉的意义与评价》，《韩国内容协会学报》2016年第11期。

四、结语

　　茶马古道概念已经历了三十余年诠释和被诠释的历史，多学科的茶马古道研究已经取得了长足进展，产出了在国内外有一定影响力的学术成果，这是我国当代人文社科领域学术研究的原创性成就之一。从历史学科的视角观察，我们可以看到当前茶马古道的研究还存在一定的瓶颈，仍有若干问题悬而未决、充满争论甚或是比较薄弱。为推进茶马古道研究在新时代走向深入，需要回归概念的"实指"，以西南地区的交通和贸易为核心议题，在文献挖掘、遗址考古、线路整理和不同线路比较等方面进一步深入到历史褶皱的细部，努力呈现茶马古道的历史风貌和时代变迁，进而为"一带一路"倡议提供发展的镜鉴。

（原载《农业考古》2021 年第 5 期）

茶马古道与万里茶道的文化融合和时代担当

冯晓光

(赤壁青砖茶研究院)

茶马古道是我国西南地区一条民间国际商贸通道，它以马帮为主要交通工具，将四川、云南等地的茶叶运销康藏，延伸西南相邻部分国家，成为西南民族间经济文化交融和对外交流的走廊。万里茶道也是一条堪与"丝绸之路"媲美，辉煌了近二百年的中俄茶叶贸易之路。它从中国福建、江西、湖北、湖南、安徽等多个茶区起步，途经河南、山西、河北、内蒙古，经库伦到达中俄边境的通商口岸恰克图，并在俄罗斯境内继续延伸，传入中亚、西亚和欧洲其他国家。

茶马古道与万里茶道这两条国际茶叶商道，既承载着中国茶叶贸易的辉煌与沧桑，又肩负着融入"一带一路"，与沿途国家开展"互联互通，合作共赢"的共同使命和时代担当。

茶马古道与万里茶道产生的背景皆因茶马互市

茶马古道源于古代西南边疆的茶马互市，兴于唐宋，盛于明清，二战中后期最为兴盛。"考川茶销藏之历史盛久，大抵在元明时最为旺盛。"[1] 茶马古道分陕甘、陕康藏、滇藏路，连接川滇藏及不丹、锡金、尼泊尔、印度等地，甚至延伸至西亚、西非红海海岸。中俄万里茶道虽然始于清代早期，但其产生的背

---

[1] 张俊德：《川藏茶业贸易之检讨》，蒙藏月报1926年版。

景，同样源于唐宋时期的茶马互市。万里茶道的重要源头之一的羊楼洞，在宋代就是"榷茶之地"。"宋朝景德年间（1004—1007年），官府就以羊楼洞的饼茶与蒙古地区进行茶马交易。"[1]

茶马古道与万里茶道有着诸多的融合。"砖茶"，是两条商道上的共同的文化符号，其运销的重要茶类都是砖茶。运销康藏之川茶种类很多，有砖茶、毛尖、金尖、金玉、金仓等，上等者为砖茶，其运销的砖茶主要为康砖茶和"红砖茶"[2]。万里茶道运销的砖茶主要为青砖茶，但也有红砖茶（米砖茶）。

茶马古道与万里茶道有部分重叠线路。茶马古道有一段陕甘路线，中俄万里茶道也有分支路线经陕甘到达蒙古或者新疆，然后延伸到恰克图或阿拉木图。

两条商道上从事茶叶生产和贸易的商家也有部分相同之处。万里茶道主要是由山陕商人开辟的，而茶马古道则主要是陕川商人。茶马古道"在茶叶之贸易中心打箭炉，如恒泰、义兴等号，均有百余年之历史，操此业者以陕西人为多，次为川人"[3]。有的甚至连商号也是同一家，比如，"义兴"商号，在茶马古道与万里茶道上皆有茶叶贸易方面的建树。

茶马古道与万里茶道的历史使命皆为以茶抚边

茶叶，在各朝各代一直是一种国家级战略资源。以茶叶交换蒙、藏、疆地区马匹，以充国用，所以"茶马互市"也可以影响到国运的盛衰。同时，茶叶也关乎边疆稳定，它是朝廷兼之用来"以茶抚边"和加强民族团结的重要政治手段。所以专供蒙、藏、疆等少数民族地区茶叶也称为"边茶"。

"宁可三日无粮，不可一日无茶。"茶是蒙藏边民不可缺少的重要食品。西北方高寒，多以肉食。"以其腥肉之食，非茶不消，青稞之热，非茶不解。"茶不仅可以有效地促进动物脂肪的分解，而且可以补充游牧民族所缺少的果蔬营养成分。以其独特的、不可替代的作用和功效，成为西北各族人民的生活必需品，被誉为茶马古道和万里茶道上的生命之茶。

"由川输入康藏之商品中，以茶最居首要，故其对川康藏之经济，均有重大

---

[1] 湖北省蒲圻市地方志编纂委员会：《蒲圻志》，海天出版社1986年版。
[2] 张俊德：《川藏茶业贸易之检讨》，蒙藏月报1926年版。
[3] 张俊德：《川藏茶业贸易之检讨》，蒙藏月报1926年版。

之关系。"① "茶与康藏人民生活既如此密切，其结果，由经济生活而影响政治生活。"② 茶叶在康藏地区是首要商品，与经济、政治影响至深。砖茶在蒙古草原的地位也是至高无上，"据蒙民之嗜茶已成为人人之必需品，食物缺乏尚可支撑，惟茶则不能一刻间断。所以在蒙民中砖茶就是普通的货币。"③

论及政治，茶叶在蒙藏都充当了重要的调节杠杆。当清末民初英国印度茶侵略式输入西藏的时候，政府"对四川之详细究竟，极应加以探讨"④。同样，当清代末年俄国人别有用心对我国蒙古和新疆地区"砖茶倒灌"的时候，朝廷必然地绷紧神经，迅速采取措施予以应对。

茶马古道与万里茶道皆有融入"一带一路"的时代担当

茶马古道与万里茶道几乎覆盖了大半个中国，聚集了世界上自然风光最壮观、文化最为神秘的旅游绝品，蕴藏着开发不尽的文化遗产，而且都与今天的"丝绸之路经济带"高度重合。

内地的茶叶，抓住了万里茶道和茶马古道的贸易机遇，产生了世界上"最大的茶经济流""最大的茶交易额""最大的茶幅员""最大的茶税收""最大的茶人口"，既承载着数个世纪以来丰厚的历史积淀与文化涵养，又肩负着继往开来、推陈出新，弘扬中华茶文化的时代使命，更是成为古茶道上共建互联、合作共赢的重要纽带。

2013年金秋，习近平主席提出共同建设丝绸之路经济带和21世纪海上丝绸之路的伟大倡议。"一带一路"国际合作发展传承和升华了古老的丝绸之路精神，充分体现了和平、交流、包容、合作、共赢的时代精神。

在新的时代，川茶、普洱茶、赤壁青砖茶等重要边茶，正努力作为、传承创新、开拓进取，积极融入茶马古道、万里茶道文化和经贸交流。目前，由国家文物局主导，湖北省文化和旅游局、武汉市政府牵头，正在将万里茶道申报

---

① 马裕恒：《川茶之概况及其对川康藏贸易之重大关系》，载傅德华、杨忠：《民国报刊中的蒙顶山茶》，复旦大学出版社2019年版。
② 张俊德：《川藏茶业贸易之检讨》，蒙藏月报1926年版。
③ 《中国对于蒙古与苏俄的茶叶贸易》，《兴华》第32卷1935年版。
④ 马裕恒：《川茶之概况及其对川康藏贸易之重大关系》，载傅德华、杨忠：《民国报刊中的蒙顶山茶》，复旦大学出版社2019年版。

为"世界文化遗产"。茶马古道沿线的四川、云南、西藏以及陕西、甘肃、青海省区也可以积极作为,以申遗为抓手,融入"一带一路",努力走好"一带一路",以茶为媒,积极推动沿线国家和世界人民和平发展、共同繁荣,为复兴中华茶文化、振兴中国茶产业、再创茶业强国辉煌做出应有贡献。

四川茶马古道历史地位和作用研究

陈书谦

（四川茶叶流通协会）

四川古称"蜀"，位于我国西南腹地，自古土地肥沃、物产丰富，有"天府之国"的美誉。北宋真宗咸平年间将川峡路分为益州路（后改为成都府路）、梓州路、利州路和夔州路，合称"川峡四路"，南宋总称"四川路"，四川因此得名。

蜀道是古代蜀地连接外界的通道。以成都为中心，往北翻越秦岭有陈仓道、褒斜道、傥骆道、子午道（元以前汉中属蜀）；有翻越大巴山的金牛道、米仓道、荔枝道（又称洋巴道），以及通往甘肃的阴平道；往西有连接青藏高原的蜀身毒道、青衣道、牦牛道、沈黎道、灵关道；往南有通往云南的五尺道、零关道、建昌道，以及后来被称为南方丝绸之路的川滇道；往东有沿长江而下，过三峡、往荆楚的黄金水道。

20世纪90年代前后，云南学者率先命名"茶马古道"，得到社会各界的高度认同。之后，中国北京、四川、西藏、重庆、台湾和日本等地知名专家、媒体多次开展茶马古道考察研究，在丰富的研究成果中，四川茶马古道毫无例外占有重要位置。究其原因，是四川茶马古道与蜀道、南方丝绸之路一脉相承，特有的地理位置、庞大的茶叶载体、重要的历史使命，千百年来在军事、政治、经济、文化、民生等领域发挥的重要作用，为国家统一、民族团结、社会经济发展做出了巨大贡献。

2011年8月，雅安市人民政府、四川省文物管理局联合举办"茶马古道文化遗产保护（雅安）研讨会"，时任国家文物局局长单霁翔先生[1]、台北"故宫博

---

[1] 单霁翔：2012年1月任故宫博物院院长；2019年5月任故宫博物院故宫学院院长。

物院"副院长冯明珠女士[①]、四川省文化厅郑晓幸厅长,以及北京大学、四川大学、西南大学、厦门大学等高校专家学者共聚一堂,对茶马古道、茶叶贸易等诸多课题展开研讨,共同发表了茶马古道雅安共识。

单霁翔局长强调,"保护茶马古道这种特殊的文化遗产刻不容缓";"申报世界遗产是保护茶马古道的重要途径"。四川省文物局王琼局长指出:"茶马古道作为世界上海拔最高的文明文化传播古道之一,是多民族珍贵的历史文化遗产。"[②]

笔者出生在"因道而盛、因道而衰"的古镇——宜东,从小在古道往来,对茶马古道别有情愫,对其重要的历史地位和作用做了一些研究探讨。

一、茶马古道的概念

茶马古道从学术概念的提出、文化符号的应用到遗产保护的申报,已经走过了30年历程,对于茶马古道的概念有不同的理解和表述:

1988到1991年间,木霁弘、陈保亚、李旭等六位学者对"亚洲大陆上庞大的、以茶叶为纽带的古道网络"进行实地考察,将其命名为"茶马古道"。

第一部研究茶马古道的专著说:"茶马古道以茶文化为其独特的个性,在亚洲文明的传播中起到了不可低估的作用。她扎根在亚洲板块最险峻的横断山脉;她维系着两个内聚力最强的文化集团:藏文化集团和汉文化集团;她分布在民族种类最多,最复杂的滇、川、藏及东南亚和印度文化圈上;她具有顽强的生命力,至今发挥着她的活力。我们认为,她是在亚洲板块上和北方丝绸之路、南方丝绸之路、北方唐蕃古道并列的一条古代文明传播要道。它在文明史上的意义不亚于其他任何一条。它对于解释汉藏语言联盟的起源,汉藏文化联盟的发生具有重要意义。"[③]

第一篇茶马古道论文发表在《思想战线》1992年第1期,认为茶马古道"是亚洲大陆上庞大的以茶叶为纽带的古道网络"[④]。

[①] 冯明珠:2012年9月任台北"故宫博物院"院长;2016年9月受聘北京故宫博物院顾问。
[②] 见《雅安日报》2012年3月23日系列报道。
[③] 木霁弘、陈保亚等:《滇藏川"大三角"文化探秘》,云南大学出版社1992年版,第252、263页。
[④] 陈保亚:《茶马古道的历史地位》,《思想战线》1992年第1期。

2001年,《茶马古道考察纪事》①将其定位为"文明文化传播古道、中外交流通道、民族迁徙走廊、宗教传播大道、民族和平之路"。

2002年6月,西藏昌都、四川甘孜、云南香格里拉联合举办"茶马古道学术考察研讨会",发表了"昌都倡议",提出:"茶马古道是唐宋以来汉藏等民族之间进行商贸往来的重要通道,它主要穿行于今藏、川、滇横断山脉地区和金沙江、澜沧江、怒江三江流域,以茶马互市为主要内容,以马帮为主要运输方式的一条古代商道。"②

2006年4月,中国国际茶文化研究会、西南大学联合举办"茶马古道文化国际学术研讨会",国内外知名专家进行了深入研讨。任新建研究员认为:"茶马古道就是历史上因'茶马互市'而开辟,随汉藏贸易发展而形成的商道";贾大泉先生指出:"(茶马古道)川藏线既是一条经济线,也是一条政治线、国防线。它把我国内地同西藏地区更加紧密的联结在一起。"阮逸明先生认为:"中国自秦汉以来就有通往西亚、中亚、南亚的古商道……中唐以后,茶马互市兴起,就逐渐转为茶叶商道。"杨凯、李晓梅认为:"茶马两字的连用,并不是源自于运输方式,而是来自于宋朝开始的'以茶易马'政策。由此产生的'茶马互市''茶马司'等概念已沿用将近1000年。"③

2011年8月,单霁翔局长指出:"茶马古道是唐宋以来汉、藏及其他少数民族之间进行商贸往来的重要商道。它以茶马互市为主要内容,以背夫、马帮为主要运输方式,是我国西南地区具有独特历史文化价值的重要线型文化遗产。"④

上述观点对"茶""茶马互市""古道"定位的认同度很高,对"马"则有限于运输工具的,以致后来有茶马"贾"道、茶船古道等说法,其意义已相去甚远。

笔者认为,茶马古道是中国古代因"茶马互市"、以茶易马而形成并发展起来,以茶马文化为主要载体,在不同历史时期担负不同使命、具有明显走向的庞大的道路网络。

茶马古道起于唐、兴于宋、盛于明、续于清,由于管理者长期、持续的主

---

① 木霁弘:《茶马古道考察纪事》,云南教育出版社2001年版。
② 木霁弘等:《滇藏川"大三角"文化探秘》,云南大学出版社2003年版,第280页。
③ 刘勤晋主编:《古道新风:2006茶马古道文化国际学术研讨会论文集》,西南师范大学出版社2006年版,第2、16、46、51页。
④ 《边茶藏马——茶马古道文化遗产保护(雅安)研讨会论文集》,文物出版社2012年版,第3页。

导和推动，茶马古道持续延伸发展，有的至今仍在发挥积极作用。

茶马古道主要有川青道、川藏道、滇藏道等主线，还有连通茶马产销地区的众多支线，连接川、滇、藏、陕、甘、青、黔、渝等省市自治区，通往南亚、西亚、中亚、欧洲各国。

四川茶马古道在我国茶马古道网络中具有最悠久的历史，最遥远复杂的道路，最早的茶叶种植加工创始，最艰苦卓绝的人文精神，最重要独特的历史地位。是沟通祖国内地和边疆，一直通往亚、欧各国的重要通道，是联结汉民族和边疆少数民族交流发展的重要桥梁，是维系中央和地方政权关系，维护祖国统一、民族团结的重要纽带。

二、茶马古道溯源

早在先秦时期，蜀地和古印度之间就已有贸易往来。《史记·大宛列传》载："骞曰：臣在大夏时，见邛竹杖、蜀布。问曰：安得此？大夏国人曰：吾贾人往市之身毒[①]……"说明张骞出使西域前，印度与大夏之间就已存在通商之道，这条通道与西藏相连。

汉武帝时开通了蜀地往南翻越大相岭、横渡大渡河，通往大小凉山、西昌平原当年被称作"牦牛道""零关道"的蜀道。《史记·司马相如列传》载："通零关道，桥孙水（今安宁河），以通邛都（今西昌东南）。"当时蜀郡商人就用内地茶叶与大渡河南的少数民族交换牦牛、马匹等物资，这是早期民间"茶马贸易"的雏形。

茶叶传入西藏历史久远，特别是伴随文成、金城公主下嫁，饮茶之习很快成为上层人士和寺院僧侣的时尚。[②]藏地茶饮兴起，茶叶源于内地，交通运输快速拓展。

唐睿宗景云二年（711年），吐蕃女政治家赤玛类倡议唐蕃茶丝换马贸易，712年唐蕃开创"茶马互市"先河。

"茶马互市"是中国古代由中央朝廷和地方政权倡导并作为主体进行交易的

---

① 先秦至隋唐时期对现代印度次大陆文明区域的称呼。
② 参见任新建：《论川藏茶马古道的形成与历史作用》。

政府行为，是历史上西南地区和西北地区、汉民族和边疆少数民族之间以茶易马为主的一种贸易形式，是历代封建王朝"以茶治边""以茶治夷""高额课税"的重要统治和财政手段，茶马贸易客观上推动了茶马古道的形成和发展。

《封氏闻见记》载："饮茶始自中地，流于塞外，往年回纥入朝，大驱名马，市茶而归"；《明史·茶法》："设茶马司于秦、洮、河、雅诸州，自碉门（今天全）、黎（今汉源）、雅（今雨城）抵朵甘、乌思藏（康、藏都司），行茶之地五千余里"，可谓盛况空前。

"茶马互市"的初衷是"唐蕃结好，物质交流"，后来成为朝廷实施"以茶治边""以茶治夷""绸缪边防""固番人心且以强中国"，甚至"高额课税"的统治手段。

《清史稿·食货志·茶法》载："明时茶法有三：曰官茶，储边易马；曰商茶，给引征课；曰贡茶，则上用也……皆纳课税。"明嘉靖年间，推行边引、腹引。黎（今汉源）、雅边引额由一万引增至三万引，占全州（甘孜）引额79%。"洪武初……诸产茶地设茶课司，定税额，陕西二万六千斤有奇，四川一百万斤。"所以，《钦定四库全书·续文献通考》记载："明代茶课惟川陕为最重。"

三、起源之道——川青道

川青道因"茶马互市"起源，以四川茶叶交换西北战马为使命，是川、陕、甘、青茶马古道的简称，是从西南往西北走向的茶马古道。

早在唐代睿宗时期吐蕃女政治家赤玛类佐政期间，就提出以益州（成都）四镇通市往来作为唐蕃联姻结好的条件。景云二年（711年），朝廷同意以赤岭、甘松岭（松潘）为互市地。开元十六年（728年），"吐蕃又请交马于赤岭，互市甘松岭……"[①]，川青道快速发展。

赤岭又名日月山，以土石皆赤得名，在今青海省境内。是青海农牧区分界线，进入青藏高原的必经之地；甘松岭，亦称甘松山，以产甘松得名，在今四川松潘县境，是川西北战略要冲，连通川陕甘青茶马古道的重要集市。

《松潘县志》大事记，唐肃宗至德二年（757年），回纥人开始进入松潘西

---

① 见《新唐书·吐蕃传》。

部草原和内地（灌县等），参与茶马互市，所以松潘至甘肃南部的古道又称"回纥道"。

"宋初，经理蜀茶，置互市于原（今宁夏固原）、渭（今甘肃平凉）、德顺（今甘肃静宁）三郡，以市蕃夷之马；熙宁间，又置场于熙（今甘肃临洮）河（今甘肃临夏）。"①

《宋史·食货志》载："自熙丰以来，始即熙、秦（今甘肃天水）、戎（今四川宜宾）、黎（今四川汉源）等州置场易马。"熙宁七年至元丰八年（1074—1085年），有茶场41个②。

《宋史·兵志》载："……国马专仰市于熙、河、秦、凤（今属陕西宝鸡）矣"。熙、河及甘东南秦（甘肃天水）、凤翔（陕西）先后成为以茶易马中心。

元丰四年（1081年）七月，宋神宗特诏："专以雅州名山茶易马"，徽宗建中靖国元年（1101年），又重申神宗特诏。大观二年（1108年）十月，再次重申诏令"熙、河、兰、湟路以名山茶易马，不得他用，恪遵神考之训"。孝宗时吏部郎阎苍舒回忆："祖宗（高宗赵构）时，陕西诸州岁市马二万匹，名山运茶二万驮（每驮110—120斤）。"

绍兴十三年（1143年），陕西失陷，大规模川茶北上易马结束，前后历时七十余年。其后民生所需茶叶交易仍在继续，"茶马贩通番捷路"③石碑是明代川茶运销甘肃、青海的见证。

"绍兴二十四年（1154年），复黎州及雅州、碉门、灵西寨（今宝兴灵关）易马场。乾道初川秦八场马额九千余匹，淳熙以来为额万二千九百九十匹，自后所市，未尝及焉。"

川青道的主要使命是"绸缪边防"，茶叶成为战备物资。所易战马主要用于宋代战争之需，川陕百姓为此付出了无以数计血汗与生命的代价。

宋代苏辙在《论蜀茶五害状》中也说："蜀道行于溪山之间，最号险恶。搬茶至陕西，人力最苦。元丰之初，始以成都府路厢军数百人贴铺搬运。不一二年，死亡略尽。茶官遂令州县和（合）雇人夫。和（合）雇不行，即差税户。其为骚扰，不可胜言……"

---

① 《宋史》卷184《食货下·六》，中华书局1985年版，第4511页。
② 《元丰九域志》载成都府路21个。
③ 2009年第三次全国文物普查时，在甘肃康县望关镇发现"茶马贩通番捷路"明代残碑。

四、网络庞大、运茶最多之道——川藏道

川藏道是从四川通往西藏、甘肃、青海等地,自东向西连通印度、尼泊尔、不丹等南亚、中亚各国庞大的道路网络。

川藏道与古蜀道、南方丝绸之路交错重叠,是亚洲大陆历史上最为庞大复杂的古代通道。它连接了亚洲板块最为险峻奇峭的高山峡谷,跨越了岷江、大渡河、雅砻江、金沙江、澜沧江、怒江、雅鲁藏布江几大水系,经由康定、昌都、林芝等地到达拉萨。长期维系并推动了沿途多民族政治、经济、文化、宗教的融合发展。对中华文明的传播、弘扬,发挥了不可估量的作用,具有极其重要的历史地位。

川藏道以四川盆地西缘蒙顶山茶区为起点,主线从东往西,直至拉萨。蒙顶山是世界上有文字记载人工种茶最早的地方。从雅安进康定有两条主线:一条"大路"又称"官道",从雅安、荥经翻大相岭、过黎州(今汉源清溪)、经宜东翻飞越岭下冷碛。泸定桥建成前横渡风高浪急的大渡河(古称沫水、泸水),经磨西翻雅加埂进康定。泸定桥建成后从咱里、冷竹关翻大岗山进康定。

泸定桥是连接川藏的重要军事要津,清康熙四十四年(1705年)御批皇银修建,次年建成,俗称"皇桥"。康熙皇帝亲笔赐名"泸定桥",横批"一统河山",反念为"山河统一",表现朝廷对疆土统一的强烈意愿。后来成为红军飞夺泸定桥英雄壮举的历史见证。

"小路"又称"碉门道""始阳道"等。从雅安出发,过始阳、碉门(今天全)、经两河口翻二郎山,到岚安(今属泸定)经鱼通进康定,运送的茶叶俗称"小路茶"。另有沿鱼通河北上经懋功(今小金)进入若尔盖,通往甘南地区的道路。

康定古称打箭炉,是川藏茶马古道的咽喉要冲,茶叶入藏最重要的集散地。再往西到东俄罗(今新都桥)分路经雅江、理塘、巴塘、江卡(芒康)、察雅至昌都,称"川藏官道"或进藏"南路";从东俄罗经道孚、甘孜、德格、白玉、江达至昌都,称"北路"。北路在甘孜县玛尼干戈又分两路,往西翻雀儿山(藏语"卓拉山")经德格到昌都;北上经石渠进入青海省玉树、结古。2010年4月玉树7.1级强烈地震,这条路成为抗震救灾的生命通道。

川藏道从唐宋到清末较长的历史时期内,主要担负以茶治边、羁縻赏番、改土归流等历史使命。大量茶叶入藏,促进了边疆民族地区的经济发展、市场

繁荣、民族团结和社会进步,巩固了西南边疆,维护了国家统一,特别是在治藏安康方面产生过不可替代的历史作用。川藏茶马古道源头的茶商们,为抵制印茶入藏,组织"藏茶"公司,谱写了光辉一页。还有悲壮的古道背夫、繁华的康定锅庄、消失的缝茶业等主要特点。

(一) 悲壮的古道背夫

雅安至康定茶马古道约550华里,人力背运是千百年来一道独特的人文奇观。究其原因:一是沿途山高路险、道窄坡陡、崎岖难行,很多地方仅能单人匹马通过;二是途中翻越数座2800米以上高山,积雪结冰季节长,骡马无法通行;三是沿途人烟稀少,准备马料困难;四是当地廉价劳力较多,人力成本低,背夫现象应运而生。

背夫不仅背茶,还背百货、背粮食,甚至背人,大多是当地农民农闲时背运,也有以背运为生的专业背夫,人称背夫子、背二哥。

背茶上路,一般结队而行。丁字拐、汗刮子、脚码子是必备工具,"上七下八十一平",行走数十步就要打杵歇气,人人茶包不离背,背架搁在丁字拐横杆上,双脚微叉,形成三角支撑,稳定后刮汗、歇气、小解。女背夫需自备笋壳随身携带,以备打拐歇息时小解导流。为生计所迫,白发苍苍的老人、十来岁"小老幺",甚至怀抱婴儿的妇女也去背茶,可谓艰苦卓绝、悲壮沧桑。

雅安背茶到康定15天左右才能到达,返回时无货可背,天寒衣薄,一路小跑三五天就可回雅安。每天往返古道的人数,以康熙四十九年（1710年）、雍正八年（1730年）、光绪三十三年（1907年）三年发运康定的茶叶数量计算,平均每天上路426人,15天共上路6400人,加上同等返回人数,平均每天有1.2万多人在古道上行走,络绎不绝,蔚为壮观!

茶马古道沿途山高路险,雨多雾多,很多悬岩深谷,一不小心就坠入深渊,惨不忍睹。清按察使牛树梅写有《过相岭见负茶包有感》:冰崖雪岭插云霄,骑马西来共说劳。多少贫民辛苦状,为从肩上数茶包。斑白老人十岁童,霡霂雨汗冷云中。若叫富贵说供养,也应开帘怕晓风。①

悲壮的古道背夫,用汗水、鲜血甚至生命的代价,维系汉藏交流、民族融合、国家统一的大业。直到川藏公路通车,蜿蜒穿行在茶马古道上的背夫身影

---

① 陈书谦主编:《雅安藏茶的传承与发展》,四川师范大学电子出版社2010年版,第98页。

才逐渐消失。他们忍辱负重、吃苦耐劳、团结互助、乐观向上等可歌可泣的背夫精神值得世代传承。

川甘茶马古道陇南段也有"背脚子""挑夫",至今还有西和秧歌曲《下四川》的歌谣在当地吟唱流传。

(二)繁华的康定锅庄

"锅庄"二字最早见于《打箭炉厅志略》:"明正土司丹增扎克巴,率旧附十三家锅庄投诚……"《雅州府志》有:"明正土司,所辖十三家锅庄,头人十三名,共四百六十五户。"那时候的"锅庄"是一种组织形式。

1696年康定开市贸易,并饬雅属五州县茶商"行打箭炉,蕃人市茶贸易"。明正土司移驻打箭炉,为方便下属头人前来听差侍贡,在康定修建了四幢建筑,将四户大管家迁到康定,这是最早的四家"康定锅庄"。

以后"锅庄"纷纷效仿,鼎盛时期康定有48家锅庄,尤其是最早的13家锅庄都与明正土司有隶属、姻亲、血缘等关系。最大的锅庄号称"八大锅庄",年代最久远的是瓦斯碉(包家)、甲绒色(木家)、铁门坎(李家,藏名叫亚巴措)等,后来慢慢演变成为集货栈、旅店、饭馆、翻译等多功能为一体的中介机构。

《甘孜藏族自治州概况》说:"这是解放前康区特有的一种贸易中间机构,专门接待来往客商,堆存货物,交洽生意。明及清初,'锅庄'也接待来往贡使。"

锅庄经营模式独具一格,住锅庄的藏商不收住宿费,还以藏族生活习俗款待;对汉商则由锅庄主陪同、翻译,从谈生意到收货款、账目结算,货物包装发运等都由锅庄包办。购销双方生意做成,按成交业务抽取中介费,称为"退头"(佣金),退头多少根据具体情况而定。有的锅庄只包客商住宿和货物贮存,佣金少一些。有一部分锅庄住宿客商不多,会接待一些驮脚娃,交易物品以酥油、奶饼、康盐、少数土产及青稞、糌粑等。佣金还可以是酥油、糌粑等物,锅庄内拴马也要收取一定费用。

康定锅庄的产生和演变是茶马互市、民贸交易的需要,如交易地点、货物储存、商人住宿、语言翻译等。锅庄成为汉藏双方生意往来的媒介,为贸易提供方便,使得以汉藏为主的多民族在经济、贸易上得以快速发展。

康定锅庄是康定独有、世界唯一的一种组织形式。20世纪50年代后,随着交通、运输、商贸网络的快速发展,康定锅庄成为历史,留下了"服务""诚信"等可贵的商业精神，值得研究挖掘，传承弘扬。

（三）消失的缝茶业

缝茶业曾经是川藏公路通车前茶马古道重镇康定城内一个独特的行业。估计产生于茶马互市从大渡河以东迁往打箭炉以后，原因是茶叶从雅安人力背到康定，再向西行进入高海拔地区，只能由牦牛、骡马驮运。驮运不能继续使用竹篾包装，必须用牛皮包裹，让其坚固耐磨，才能适应长途畜运的需要。于是把竹篾长条茶包一断为二，再用牛皮包裹成为方形茶包的缝茶业便应运而生。

缝茶工藏语称为"甲朱娃"。"甲"是茶的意思，"朱"是缝的意思，"甲朱娃"即缝茶包的人。缝茶业是一个松散行业，缝茶工主要以康区各县的藏族为主，也有少数从内地逃荒、避难来康定的汉族，康定城内的缝茶工最多时达到120余人。

缝茶工由大家公推的"梗巴""俄巴"为小头领。"梗巴""俄巴"外还有老板，手下有数量不等的徒弟即缝茶工，与老板是师徒关系。老板占有生产资料，如皮塘、牛皮等，业务由老板出面与锅庄衔接，徒弟听老板安排。一般情况下，每个老板都有相对固定的客户，专门为一家或几家锅庄里住的客商缝茶。

缝茶包的工具很简单，一把割牛皮用的刀，两根缝皮子用的钢针，全靠手工缝包。牛皮本是干的，缝茶包需要湿的，于是有了专门泡皮子的"皮塘"。康定城"皮塘"最多的时候有20余家，川藏公路通车前也还有10余家。

缝制的茶包分"花包"和"满包"。"花包"一般运到距康定较近的地方，"满包"用于运到甘孜、石渠、德格、巴塘乃至拉萨等远方。不论"花包"还是"满包"，两端皆要用三寸长的木签从两头插入，以便穿绳驮运。缝完的茶包还要在上面刻上藏商的印记或者房号，涂上颜色，以便识别。

随着川藏公路贯通，茶叶进藏不再需要人背牛驮，缝茶这一行业也就完成了历史使命，退出了历史的舞台。

五、连接云贵之道——川南古道

川南古道是从四川通往云贵高原，从北往南走向的道路网络。

公元前221年，秦灭六国，一统天下，设郡置吏，书同文，车同轨，修驰道。川滇之间,"栈道千里,无所不通",对边地的历史发展产生了重要影响。其中"五尺道"名气最大。

"五尺道"是先秦古蜀王国与西南夷交往的要道之一。秦时在云南设置郡县,续修此路,因路宽五尺,称"五尺道"。汉武帝时征调巴蜀民续修,称"僰道""西南夷道"。

794年,唐遣袁滋为使册封南诏,袁滋沿五尺道南行,曾在石门关刻石记行,留下了"唐袁滋题记摩崖",陈述中华民族融合历史,也记载了川南古道对祖国统一的贡献。

陈保亚教授把五尺道归为滇僰古道的一部分,认为:"滇僰古道从宜宾出发,过金沙江到水富,然后沿横江、关河上行,在盐津过豆沙关,再经过大关、鲁甸、昭阳、巧家、会泽、曲靖,最后到滇池一带,这是最可能的途径之一。还有一条途径可能从宜宾出发,沿着南广河上行,经过高县、珙县、筠连,到威信、镇雄,再经过赫章、威宁、宣威、沾益、曲靖,最后到滇池。这两条线路形成滇僰古道的西支和东支,现代公路大体上继承了这两条滇僰古道的主要线路。"①

宋熙宁八年(1075年),茶场、买马场合一。四川戎(今宜宾)、黎(今汉源)属于全国第二批买场之列,此时买马规模最大,四川北、南茶区并举。

绍兴时(1131—1162年)改为陕西诸州易马为主,四川继续运茶易马。并在川、贵增加买马场,如珍州(今贵州桐梓)、长宁(今属四川宜宾),恢复一度中断的碉门(今四川天全)买马场(《宋史·食货志》)。

《明史·食货四·茶法》记载:"碉门、永宁、筠连所产茶,名曰剪刀粗叶,唯西番用之。"川滇交界的四川筠连、云南盐津生产的"康砖茶",是销藏知名产品。

"五尺道"在川南境内有两条主线。一是从宜宾(叙府)南岸南行,沿符黑水逆水而上,经来复渡、石门子、过高县,经平寨(付家坝)、福寿桥,再从落木柔起经水冲坝至大雪山二斗坪、棉布埂出筠连境至云南(镇雄)入滇至毕节;二是从宜宾潼关,经高县石门关、黑石包进入筠连海瀛境内,经歌诗船、大车口入县城进入幸福街,过万寿桥到西河岸沿定水河西南上行至塘坝入云南行,

---

① 陈保亚:《论滇僰古道的形成及其文化传播地位——茶马古道早期形态研究》,《思想战线》2006年第2期。

经盐津至昆明。另有从筠连镇古楼柏杨坡上隐豹关（卡子），至巡司镇至武德乡经平安至蒿坝镇，经高坪出县至云南。

川南古道沿线多为传统茶产区，与川青道、川藏道一样，在茶马互市、以茶易马的历史过程中，为民族团结、社会发展做出了积极贡献。

六、四川茶马古道为中国茶业谱写光辉篇章

（一）成就四川成为中国黑茶的发源地

"黑茶"二字最早见于《明会典·茶课》，嘉靖三年（1524年）御史陈讲奏疏："以商茶低伪，征悉黑茶。地产有限，仍第为上中二品，印烙篦上，书商名而考之。每十斤蒸晒一篦，运至茶司，官商对分，官茶易马，商茶给卖。"（见《甘肃通志》）

"黑茶是六大茶类之一，也是我国特有的茶类"；"考诸历史，远在唐代，封建统治阶级利用边疆兄弟民族对茶叶的需要，就推行了'以茶易马'和'以茶治边'的残酷政策。回纥入朝，始驱马市茶，这是历史上'茶马交易'的开始。"

黑茶"起源于十一世纪前后，四川绿茶运销西北，交通不便，运输困难，必须压缩体积，蒸制为边销团块茶，便于长时远运。绿毛茶加工为团块茶的半成品，要经过20多天湿堆才能变黑。通过这样实践，有了变色的认识，就采取新的技术措施，发明了黑毛茶的制法"[①]。

四川是中国黑茶的发源地，"据《宋史·食货志》记载：南宋绍熙元年（1190年）四川茶叶产量达25万担，约占当时全国产量的50%左右……"以一省之力，占全国半壁江山，只有四川茶叶才有此辉煌！

2008年6月7日，国务院公布第二批国家级非物质文化遗产名录，四川"南路边茶制作技艺"成功入选，雅安市9家藏茶企业成为国家级"非遗"传统制作技艺保护单位。

2011年10月，文化部公布我国第一批国家级非物质文化遗产生产性保护示范基地，雅安市友谊茶叶有限公司上榜。全国茶叶仅四川南路边茶（藏茶）传统制作技艺、云南宁洱县困鹿山贡技茶场普洱茶传统制作技艺两家入选，意义

---

① 全国高等农业院校试用教材：《制茶学》，农业出版社1979年版，第6、224页。

非同一般。

(二) 川藏道上为国成名的"雅安藏茶"

"藏茶"二字最早见于《四川官报》1907年第九册第一页专件:"四川商办藏茶公司筹办处章程"(以下简称"章程")。"章程"开宗明义:"本处系奉盐茶劝业道宪札饬,详奉督宪批准,专为组织公司振兴茶务,保护利权而设。"办公地点在"雅州府城内,暂借雅安茶务公所为处所"。"本处奉委筹办茶业公司,为保全全川藏茶权利,关系甚大。"

"商办藏茶公司筹办处"于1907年经川滇边务大臣赵尔丰和四川劝业道共同主持在雅安挂牌成立。赵尔丰后来在一份批示中说:"炉茶(指以打箭炉为集散地的边茶)行销藏卫,为川省一大利源。而印茶以种植之繁,焙制之精,运输之便,又立一绝大公司(指英属东印度公司),论商智、团商力、以困我茶商,夺我茶利。若不设法抵制,势且骎骎东下,不独失我西藏之大销场,亦将摇我炉边之根据地。"[①]组织起来抵制印茶入藏,维护国家统一,伸张民族大义,"雅安藏茶"为国成名,是迄今为止古今中外唯一因国家命运、民族利益成名的茶叶名称,意义深远。

藏茶章程还规定:"公司集股先尽茶行商人入股。如茶商所认不足原定股本额数,无论绅商均准入股……惟不集非本国人股分。如有假冒影射入股,以及将股票转售非本国人抵押债券者,本处与公司概不承认为股东,并将股票作为废纸股银充公。"[②]反观近期个别外资参股企业出现问题,不得不说川人的国家、民族意识早已觉醒。

雅安藏茶源远流长,在不同的历史时期有不同的名称。

陆羽《茶经》:"扬执戟云:蜀西南人谓茶曰葭。"[③]"蜀西南"即今雅安、邛崃、眉山一带,当代统称蒙顶山茶区。

五代毛文锡《茶谱》:"又有火番饼,每饼重四十两,入西番、党项,重之。如中国名山者,其味甘苦。"

宋代把四川茶叶分为粗、细两类,粗茶用于易马,专门行销边地,故称

---

① 杜长煜等编著:《四川茶叶(修订本)》,四川科学技术出版社1989年版,第54页。
② 四川官报社编:《四川官报》(第九册),四川官报社1907年版,第3页。
③ 吴觉农:《茶经述评》第2页;指扬雄在《方言》中所说的话,因扬雄曾任"执戟郎",故称"扬执戟"。

"边茶"。

元代称西番茶，《饮膳正要》："西番茶，出本土，味苦涩，煎用酥油。"

明代称乌茶，《明史·茶法》有："诏天全六番司民，免其徭役，专令蒸乌茶易马。"

清代称四川边茶，其中成都出南门以远邛崃、名山、雅安、天全、荥经所产称"南路边茶"；出西门以远灌县（今都江堰）、北川等地所产称"西路边茶"。

中华人民共和国成立以后，把茶叶列为少数民族特需商品，统称边销茶。彻底废除"以茶治边""以茶治夷""高额课税"等控制、剥削民族同胞的政策，全面推行"保障边销""减免税费"等民族政策，促进少数民族地区发展。

进入 21 世纪，随着社会经济的快速发展和人民群众日益增长的生活需求，边销茶消食解腻、顺气和胃、抑制肥胖、降"三高"等特有的品质风味和有益功能成分，受到消费者广泛欢迎和追捧，2015 年全国黑茶产销量跃居六大茶类第二。

2007 年，百年前曾书写"抵外保内"光辉篇章为国成名的"雅安藏茶"，重新回归大众视野，由政府主导、行业牵头、企业参加，拉开了推动雅安藏茶重塑辉煌的大幕。

2008 年，中国茶叶流通协会授予雅安市"中国藏茶之乡"称号，发文指出："为缅怀与彰显雅安边茶在推动藏汉贸易发展、促进藏汉民族团结、维护边疆稳定等方面所起到的巨大作用；纪念和传承雅安边茶为中华民族保留的厚重历史内涵和丰富边茶文化，经慎重研究，决定授予雅安市'中国藏茶之乡'称号。"

2020 年，雅安市茶园面积达 100 万亩，茶叶鲜叶收入 44.8 亿元，干毛茶产量 10.5 万吨，其中雅安藏茶产量 3.6 万吨。"雅安藏茶"公用品牌评估价值达 19.90 亿元，多次被评为中国黑茶"最具资源力品牌"。

七、结论

四川茶马古道具有重要的历史地位，是沟通祖国内地和边疆，一直通往亚、欧各国的重要通道，是联结汉民族和边疆少数民族交流发展的重要桥梁，是维系中央和地方政权关系，维护祖国统一、民族团结的重要纽带。

　　四川茶马古道成就四川成为中国黑茶的发源地，诞生了古今中外唯一因国家命运、民族利益而成名的雅安藏茶；川青道在宋代的重要作用是"绸缪边防"，所易战马主要用于战争之需，川陕百姓为此付出了无以数计血汗与生命的代价；川藏道长期维系并推动了沿途多民族政治、经济、文化、宗教的融合发展。对中华文明的传播弘扬，发挥了不可估量的作用。为巩固西南边疆，维护国家统一做出了积极贡献；川南古道沿线多为传统茶区，在茶马互市、以茶易马的历史过程中，为民族团结、社会经济发展做出了积极贡献。

二、文化遗产

滇南茶碑调查研究

杨海潮　胡皓明

(西南林业大学；云南省茶马古道研究会)

一、研究综述

(一) 茶碑研究概述

金石材料作为实物，兼具文献和图像的优点，而且不容易被篡改，具有类似考古材料的性质，而中国史籍则常常在流传中被修改，学者因此常以金石补史籍之不足、与史籍互相印证，在方法论上，符合王国维提出的"二重证据法"："吾辈生于今日，幸于纸上之材料外，更得地下之新材料，由此种新材料，我辈固得据以补正纸上之材料，亦得证明古书之某部分全为实录，即百家不雅驯之言亦不无表示一面之事实。此二重证据法，惟在今日始得为之。"[①]

唐人周愿《牧守竟陵因游西塔著三感说》说自己与陆羽为旧交，并说"羽自传竟陵人"[②]，齐己(864—943)《过陆鸿渐旧居》自题"陆生自有传于井石"[③]，他们说的大概就是《陆文学自传》。欧阳修被称为"金石学的创始人"[④]，他较早

---

① 王国维：《古史新证——王国维最后的讲义》，清华大学出版社1994年版，第2页。按：陈寅恪将王国维的学术内容与学术方法总结为三条，即"取地下之实物与纸上之遗文互相释证""取异族之故书与吾国之旧籍互相补正""取外来之观念，与固有之材料互相参证"(陈寅恪：《王静安先生遗书序》，载《金明馆丛稿二编》，生活·读书·新知三联书店2001年版，第247页)，第一条即指"二重证据法"。
② 董诰等编：《全唐文》卷620，中华书局1983年版，第6257页。
③ 彭定求等编：《全唐诗》卷846，中华书局1960年版，第9569页。关于齐己与陆羽的生卒年，参见田道英：《齐己行年考述》，《天津大学学报》2001年第3期；邓新跃：《齐己生卒年考证》，《益阳师专学报》2000年第3期；胡大浚：《诗僧齐己生平诸问题之考释》，《兰州学刊》2017年第8期；阳勋：《陆羽生卒年考述》，《茶业通报》1986年第1期；殷玉娴：《陆羽卒年考述》，《农业考古》2007年第5期。
④ 施蛰存：《金石丛话》，《文史知识》1987年第2期。

研究了《陆文学自传》,《集古录》卷八系此碑于咸通十五年（874年）[1]，欧阳棐《集古录目》说"唐刘冥鸿书陆羽自叙也。刘虚白以羽《自传》并李阳《写真赞》又为后叙附。咸通十五年闰四月，刻石在复州"（《湖北金石志》卷七"陆文学传"条）[2]。值得注意的是，台北"故宫博物院"藏《集古录》纸本墨迹四种，应即《集古录》的文稿，其中的《唐陆文学传》否定《陆文学自传》为陆羽自传："右《陆文学传》，题云'自传'，而曰'名羽字鸿渐，或云名鸿渐字羽，未知孰是'，然则岂其自传也。"[3]不论如何，欧阳修研究过《陆文学自传》无疑，这是金石证史的一个好例子，《湖北金石志》卷七"陆文学传"条说"《新唐书·隐逸传》即据此文增入也"。

蔡襄《茶录》是另一块广受关注的茶碑，蔡襄在其"后序"中说："臣皇祐中修起居注，奏事仁宗皇帝，屡承天问以建安贡茶并所以试茶之状。臣谓论茶虽禁中语，无事于密，造《茶录》二篇上进。后知福州，为掌书记窃去藏稿，不复能记。知怀安县樊纪购得之，遂以刊勒，行于好事者。然多舛谬。臣追念先帝顾遇之恩，揽本流涕，辄加正定，书之（于石，以永其传）。"[4]可惜其原帖、石刻已先后亡佚（周亮工《闽小记》"闽茶"条、陈燨《红雨楼题跋》卷上"茶录"条、杨宾《铁函斋书跋》卷四"宋蔡襄茶录"条），仅有拓本流传至今。对《茶录》的研究多集中于其中的茶艺[5]，关注其书法者也比较多[6]。

茶碑研究中影响最大的案例，可能是顾炎武《唐韵正》卷四"茶"字条，他参考了魏了翁《邛州先茶记》、杨慎《丹铅余录》[7]，通过比较唐碑文字而推断"荼"字在中唐以后变为"茶"字[8]。因为汉代就已经有"茶"字[9]，此论似乎不够

---

[1] 欧阳修撰，邓宝剑等注释：《集古录跋尾》，人民美术出版社2010年版，第214页。
[2] 本文所引《集古录目》《湖北金石志》等传统文献，均抄录所见影印本原文，如非必要，不再一一注明其版本信息，也不对碑刻、摩崖、砖文以及金属器物铭文及其拓本等形式做出严格区分。
[3] 吴金娣：《有关赵明诚、李清照夫妇的一份珍贵资料》，《上海师范大学学报》1987年第2期；钱时霖：《欧阳修两篇〈陆文学传跋尾〉的历史意义》，《茶苑》2004年第2期。
[4] 朱自振、沈冬梅编著：《中国古代茶书集成》，上海文化出版社2010年版，第102页。
[5] 周宇：《历代书目对〈茶录〉的著录及其文献价值研究》，《池州学院学报》2017年第4期。
[6] 例如，水赉佑：《蔡襄〈茶录〉帖考》，《中国书法》2006年第4期。
[7] 汪启明、谢芳琳：《再说蜀语与古蜀语》，《文史杂志》2010年第2期。
[8] 顾炎武：《音学五书》，中华书局1982年版，第270页。
[9] 《中国文物报》1990年8月2日报道，浙江湖州一座东汉晚期墓中出土的一只青瓷贮茶罐肩部有"茶"字。（转引自沈冬梅：《茶与宋代社会生活》，中国社会科学出版社2007年版，"序论"第22—23页。）汉印中也有"茶"字，但不知是否指茶，见桂馥编：《缪篆分韵》，上海书店1985年版，第50页；袁日省编，谢景卿、孟昭鸿续编：《汉印分韵合编》，上海书店出版社1979年版，第49页；罗福颐编：《汉印文字征》，文物出版社1978年版，第18页。

确切①。从其论证方法而言，中前期唐碑中的"茶宴、茶药、茶椀"的"茶"字指茶，而后出的"荼毗"的"荼"字则与茶无关，"荼毗"是梵语 du bi duo 的记音汉字，或写作"阇鼻多"等，其本义为焚烧，特指火葬，尤其指僧人死后的火葬②。书法家在不影响理解的前提下为求美观而改动此字的写法，并不能证明指茶的"荼"字改为"茶"字，至少，唐宋僧人在读"荼毗"时大概不会把其中的"荼"字读为与指茶的"茶"字同音吧。

一般说来，历史上的名茶产地和重要茶区往往都会有茶碑遗存，浙江杭州、福建武夷山、四川雅安、湖南安化等地莫不如此。明清时期出现了很多茶书，当代学者所做的古代茶书编录、收集、整理、影印、出版等工作，收集资料更为全面③，可惜大都偏重于已刻印、出版的纸质文献。与此相反，各地的方志则因为需要广泛收集地方掌故，往往会抄录当地碑刻④。由于选择意味着判断，抄录或不抄录一块碑文，意味着方志修纂者对碑文价值的思考，所以方志抄录碑文就是对当地碑刻的一种（广义的）研究。

茶对于中国和世界都具有特别重要的意义⑤，中国史籍很少记录普通人、平常事⑥，茶碑则虽然所涉史实往往只是一时一地的人事，但保存了当地具体的历史文化和社会经济信息，是第一手材料，甚至可供研究当地融入世界政治与经

---

① 杨海潮：《茶文化在唐代的传播：时间、空间、社会》，载法门寺博物馆编：《法门寺博物馆论丛》第五辑，三秦出版社 2012 年版，第 465—493 页。

② 《佛学大辞典》："荼毗：术语。梵语，此云焚烧。旧译阇维，讹也，见《翻译名义集》。《正字通》曰：'梵言阇维，即荼毗。僧死而焚之也。'或作阇毗，亦作荼毘，译音字本无定。荼、茶古本一字，尤易混也。"（丁福保编纂：《佛学大辞典》，文物出版社 1984 年版，第 863 页。）

③ 例如，万国鼎：《茶书总目提要》，《农业遗产集刊》第二册，中华书局 1958 年版。（王思明等主编：《万国鼎文集》，中国农业科学出版社 2005 年版，第 331—360 页。）陈祖椝、朱自振编：《中国茶叶历史资料选辑》，农业出版社 1981 年版；吴觉农编：《中国地方志茶叶历史资料选辑》，农业出版社 1990 年版；朱自振、沈冬梅编著：《中国古代茶书集成》，上海文化出版社 2010 年版；方健编：《中国茶书全集校正》，中州古籍出版社 2015 年版；许嘉璐主编：《中国茶文献集成》，文物出版社 2016 年版。

④ 本文所列地方志的书名及其编著者，为方便称引而只写出纂修者之名（必要时在书名之后写出该书完成时间或刻印时间），不再注明著作性质"总纂""纂修"等差别，书名则加上纂修年代（如本文所谓《雍正云南通志》的原名其实是《云南通志》，"雍正"系其编纂时间），以便区分开同名而不同时代的志书。

⑤ 麦克法兰（Macfarlane, A. & Macfarlane, I.）：《绿色黄金》，杨淑玲等译，汕头大学出版社 2006 年版；杨海潮：《茶的属性与中国文化（汉文化）的形象》，载张玉欣主编：《2013 中华饮食文化国际学术研讨会论文集》，财团法人中华饮食文化基金会 2013 年版，第 269—289 页。

⑥ 伯希和（Pelliot, P.）："盖中国史家记载虽然明确丰赡，要为朝廷与贵人之历史。"（伯希和：《牟子考》，冯承钧译，《西域南海史地考证译丛》第五编，商务印书馆 1995 年版，第 160—183 页。）

济体系的全球化过程①。随着近年来的社会经济发展、物质生活水平提高，茶事越来越受到关注，过去名不见经传的一些茶碑逐渐被公布，它们引发的单篇文章以报道当地的茶碑为主，并略作阐发②，或比较相关茶史材料而有所拓展③；也有专书收集茶碑，甚至以茶碑为主题④。不过，从总体上看，"长期以来，学界对金石碑刻画像所见茶文化资料的收集、整理工作做得很不够，系统研究的成果几乎未见面世"⑤，直至目前，茶碑的收集、整理、研究工作仍然不够全面和深入。

（二）云南碑刻概述

云南比较著名的古代碑刻，按其发现时间排列，有《南诏德化碑》（766年）、《元世祖平云南碑》（1304年）、《王仁求碑》（698年）、《三十七部会盟碑》（971年）、《爨龙骧碑》（458年）、《爨宝子碑》（405年）、《孟孝琚碑》（157年）、《地藏寺经幢》（1118年？）等。这些碑刻或在当时就已经为人述及，或在发现之后被广泛研究，但对云南古代碑刻的着意研究，大致从明代才开始，明清两代的云南方志往往都会抄录一些碑文。专书则在清后期才出现，直至民国，有王昶《金石萃编》、阮福《滇南古金石录》、李根源《云南金石目略》、方国瑜《新纂云南通志·金石考》等，方国瑜在论《滇南古金石录》时有一个小结："又云南金石文字题跋，汇编成书者，王昶《金石萃编》中所收较备，阮

---

① 例如，青城山《贡茶定额碑记》（1805年）反映了当时的僧道、官府和贡茶承办人之间的复杂关系和互动，还显示出青城山僧道对自己的文化定位，让我们可以从中看到茶对于理解所谓"中国大历史"的关键意义。（王铭铭：《茶及其"他者"》，《读书》2005年第3期。）

② 例如，李玉昆：《泉州所见与茶有关的石刻》，《农业考古》1991年第4期；容华、良骅：《武夷山茶叶示禁碑》，《农业考古》1997年第2期；林更生：《福建建瓯摩崖碑碣茶文化》，《农业考古》2004年第2期；陈琪：《徽州茶事古碑刻》，《农业考古》2004年第2期；陈进：《龙井新发现古碑的调查与初步研究》，载《中国文物报》2005-11-2，《中国书画》2005年第12期；林更生：《福建南安莲花峰石刻茶文化》，《福建茶叶》2006年第2期；北茶马古道研究会编：《中国北茶马古道研究》，世界知识出版社2011年版；郑明道：《解读宁波〈贡茶碑记〉》，《中国茶叶》2014年第12期；黄本修：《"季"与山同高仰止——修水漫江佛坳岭古茶碑刻解读》，《农业考古》2015年第5期；刘秀萍：《武夷山茶事摩崖题刻》，《文物鉴定与鉴赏》2020年第15期。

③ 例如，陶德臣：《从碑刻资料看武夷山茶叶生产情况》，《农业考古》2010年第5期；陶德臣：《金石碑刻画像所见茶文化分析》，《浙江树人大学学报》2013年第2期。

④ 例如，姚国坤、姜堉发、陈佩珍编：《中国茶文化遗迹》，上海文化出版社2004年版；武夷山地方志编纂委员会编：《武夷山摩崖石刻》，大众文艺出版社2007年版；张梦新主编：《长兴茶文化碑刻集》，西泠印社出版社2008年版。

⑤ 陶德臣：《金石碑刻画像所见茶文化分析》，《浙江树人大学学报》2013年第2期。

福又作此书。近人则有袁树五所辑《孟孝琚碑题跋》，为《云南金石萃编》第一卷，惟未续作。由夒举之《定庵题跋》及李印泉先生之《景邃堂题跋》，多有关云南金石文字之作。张希鲁曾辑印有关《孟孝琚碑》及《昭通古物题跋》之作，瑜为《云南通志》编纂《金石考》凡二十卷，元代以前录文，明清仅录目，尚非完备也。"①

　　20世纪50年代以来，云南的民族调查报告中收录了一些碑刻，云南各级政协编印的地方文史资料中也常见到碑刻②。云南近年来出版了不少碑刻书籍，大致可以以主题分类③，或以地域分类④。这些材料收集、记录、整理了云南碑刻，其保存和传播之功毋庸置疑，尤其是一些重要碑刻在历史上早已亡佚，或碑石残破过甚、碑文漫漶难辨，或僻处山野而无人知晓，辑佚存亡的价值就更为明显。但当代的很多出版物在碑文的文字识读、断句上往往问题较多，不免以讹传讹，这在滇南茶碑的研究中尤其明显。

　　如以刻碑文字分类，云南历史上使用时间较长的文字有汉字及多种非汉文字，据统计，云南现存的非汉文字碑刻约有120种，其中彝文72种、白文11种、傣文15种，此外有少量的藏文、东巴文碑刻⑤，以及不少梵文碑刻⑥，但收录

---

① 方国瑜：《云南史料目录概说》，中华书局1984年版，第623页。
② 例如，云南省编辑组编：《白族社会历史调查》（四），云南人民出版社1991年版；王致康主编：《施甸碑铭录》，载政协施甸县文史资料委员会编：《施甸县文史资料》（第四辑），2013年版。
③ 例如，孙太初：《云南古代石刻丛考》，文物出版社1983年版；顾峰：《云南碑刻与书法》，云南人民出版社1984年版；李荣高编注：《云南林业文化碑刻》，德宏民族出版社2004年版；黄珺主编：《云南乡规民约大观》，云南美术出版社2010年版；萧霁虹主编：《云南道教碑刻辑录》，中国社会科学出版社2013年版；赵志宏编著：《云南水利碑刻集释》，民族出版社2019年版。
④ 例如，张树芳主编：《大理丛书·金石篇》，中国社会科学出版社1993年版；大理市文化丛书委员会编：《大理古碑存文录》，云南民族出版社1996年版；徐发苍主编：《曲靖石刻》，云南民族出版社1999年版；方龄贵、王云选录：《大理五华楼新出元碑选录并考释》，云南大学出版社2000年版；张了、张锡禄：《鹤庆碑刻辑录》，大理白族自治州南诏史研究会2001年版；徐鸿芹点校：《隆阳碑铭石刻》，云南美术出版社2005年版；张方玉主编：《楚雄历代碑刻》，云南民族出版社2005年版；邬振宇主编：《安宁温泉摩崖石刻古碑集》，云南民族出版社2008年版；周恩福主编：《宜良碑刻》，云南民族出版社2006年版；玉溪市档案局编：《玉溪碑刻选集》，云南人民出版社2009年版。
⑤ 沈峥：《云南少数民族文字碑刻文献存藏现状及保护研究》，《图书馆理论与实践》2018年第11期；华林：《云南少数民族文字历史石刻档案述评》，《西南民族学院学报》1997年第3期；杨玠：《云南少数民族文字碑刻概述》，《云南师范大学学报》1993年第4期。
⑥ W. Liebenthal, Sanskrit Inscription from Yunnan I (and the Dates of Foundation of the Main Pagodas in that Province), *Monumenta Serica*, VII (1947, repr.1970): 1-40; W. Liebenthal, Sanskrit Inscriptions from Yunnan II, *Sino-Indian Studies* V.1(1955): 46-68; W. Liebenthal, A Sanskrit Inscription from Yunnan, *Sino-Indian Studies* III (1947): 10-12; W. Liebenthal, An Early Buddha Statue from Yunnan, *Indian Historical Quarterly* 32 (1956): 354-355.

较多非汉文字碑刻的专书只见《彝文石刻译选》一种[①]。

（三）云南茶碑及有关研究

云南茶碑一直没有系统辑录之作，抄录和/或引用云南茶碑的著述则不少，目前所见，有如下几种：

1. 蒋铨《古"六大茶山"访问记》，政协西双版纳州文史委编《版纳文史资料选辑》第四辑，1988年，第21—42页。

2. 李光品《易武茶案碑》，政协西双版纳州文史委编《版纳文史资料选辑》第四辑，1988年，第72—75页。

3. 鲁杰《永安桥》，政协西双版纳州文史委编《版纳文史资料选辑》第五辑，1989年，第44—45页。

4. 鲁杰《圆功桥》，政协西双版纳州文史委编《版纳文史资料选辑》第五辑，1989年，第46页。

5. 邓时海《普洱茶》，（台北）壶中天地杂志社，1997年。

6. 杨德鋆主编《版纳的彩色角——勐腊的乡土文化》，云南人民出版社，1993年。

7. 勐腊县志编纂委员会《勐腊县志》，云南人民出版社，1994年。

8. 征篷、杨能胜《新编西双版纳风物志》，云南人民出版社，1999年。

9. 云南民族茶文化研究会、新境普洱茶文化传播机构编《普洱茶之一：经典文选》，云南美术出版社，2005年。

10. 高发昌《倚邦、易武的茶史地位》，政协勐腊县委员会编《勐腊文史资料》第二辑，2005年，第147—149页。

11. 詹英佩《中国普洱茶古六大茶山文物古迹》，张顺高主编《中国云南普洱茶古茶山茶文化研究：纪念孔明兴茶1780年暨中国云南普洱茶古茶山国际学术研讨会论文集》，云南科技出版社，2005年，第127—129页。

12. 张毅《古六大茶山纪实》，云南民族出版社，2006年。

13. 詹英佩《中国普洱茶古六大茶山》，云南美术出版社，2006年。

14. 沈培平主编《中国普洱茶文化》，云南美术出版社、晨光出版社，2006年。

---

① 朱琚元编：《彝文石刻译选》，云南人民出版社1998年版。

15. 詹英佩《普洱茶原产地西双版纳》，云南科技出版社，2007年。

16. 高发倡《古六大茶山史考》，云南美术出版社，2009年。

17. 李光品《官坟梁子的"告封碑"》，政协勐腊县委员会编《勐腊文史资料》第四辑，2011年，第216—218页。

18. 杨凯《号级普洱茶事典——普洱茶溯源与流变》，（台北）五行图书出版有限公司，2012年。

19. 李光品《镇越旧事》，政协勐腊县委员会编《勐腊文史资料》第五辑，2013年。

20. 雷平阳《易武倚邦记及其他》，《文学港》2015年第5期，第4—24页。

21. 邵宛芳、周红杰主编《普洱茶文化学》，云南人民出版社，2015年。

22. 王美霞、陈怀远、卢敏华《普洱茶录：易武的茶香岁月》，（台北）沐春行销创意，2017年。

23. 云南省茶文化博物馆《贡茶普洱的故事》，故宫出版社，2017年。

24. 李光品《易倚古茶山历史文物》，政协勐腊县委员会编《勐腊文史资料》第九辑，2018年。

25. 政协勐腊县委员会编《勐腊县文史资料》第一辑，2018年。

26. 西双版纳傣族自治州人民政府发展生物产业办公室编《西双版纳茶叶志》，云南人民出版社，2018年。

27. 杨凯、刘燕《从大清到中茶：最真实的普洱茶（增订版）》，晨光出版社，2019年。

28. 马哲峰、陈晓雷《普洱六山记》，中州古籍出版社，2020年。

以上是流传较广或引用较多的文献，作者或表明亲见这些茶碑，或未说明其材料来源。（转引这些文献的著述极多，不再一一列举。）

金石文字用作史料时的主要问题是误书误刻、原件残破、误读误解，上述文献在发现史料、传播信息方面有其功劳，但误读误解极多，录文、标点错误往往随处可见，只有詹英佩、杨凯、马哲峰等人的论著或者不抄出碑文（甚至几乎不直接引用碑文），或者只断句、不标点，错误相对较少。也有人甚至连碑文的基本含义也不明白，却发出故作高深的感叹，令人莫名其妙，例如，有台湾作者将《敕封曹当斋夫妇圣旨碑》（乾隆三十八年，1773年）称为"安人碑"，炫耀自己能够通读曼庄《新建关帝庙功德碑记》（乾隆六年，1741年），以为"大陆朋友"、当地人民不懂"繁体文的字义""繁体中文之美"[①]，非常荒唐和可笑。难怪有人曾经如此评论普洱茶出版物："昆明正在流传着一个笑话：前段时间政府部门的'扫黄打非'行动，抓到了好几本非法出版物，竟然全部是介绍普洱茶的！此话不论真假，普洱茶的火热，由此可见一斑。"[②] 虽然所谓"非法出版物"云云，未免言过其实，但问题则由此可见一斑。

也许正因为如此，称引这些茶碑的当代著述不少，但严肃研究极少。也许同样因为如此，邱宣冲等编著《云南文物古迹大全》所录西双版纳州文物中，未见任何茶碑[③]；赵成杰按内容把云南石刻分为"宗教、人物、碑记、文书、环境"五大类，"环境类"又分交通、桥梁、水利、环境、民生、杂刻[④]，没有单列茶碑；赵成杰《云南石刻文献目录辑存》是目前所见收集云南碑刻最多的目录学著作，也没有著录这些茶碑[⑤]。

而此前的称引者，仅见到一个例子：思茅商务分会于1913年请求减税的文件，提到易武《茶案碑》所涉史事："前清嘉庆间，思茅厅据商民张应兆等之要求，请之大府，始定为每担征收三钱五分。厥后各猛产茶渐多，而山茶有贡，于是倚邦等处商人遂借口不听思商揉制山茶，彼此争执。"[⑥] 由于这份文件并未直接提及易武《茶案碑》，而只是说了碑文讲述的事件，因此存在如下可能：思茅县商会引述的是易武《茶案碑》刻碑依据的判决文书（或此事件），而非易武《茶案碑》本身。

目前见到涉及茶事的云南非汉文字碑刻仅有两块，但需要存疑：

（1）德宏州潞西市《重修猛拱关帝庙傣文碑》[⑦]

由于当地在历史上也产茶，而且李京《云南志略·诸夷风俗》"金齿百夷"条说"交易五日一集，旦则夫人为市，日中男子为市，以毡、布、茶、盐互相贸易"[⑧]，说明当地的傣族早在元朝就已经有茶叶贸易，考虑到清代以来云南茶商

[①] 王美霞、陈怀远、卢敏华：《普洱茶录：易武的茶香岁月》，沐春行销创意2017年版，第72—74页。
[②] 吴琪：《普洱的"战国时代"》，《三联生活周刊》2006年第37期。
[③] 邱宣冲、张瑛华等编著：《云南文物古迹大全》，云南人民出版社1992年版。
[④] 赵成杰：《云南石刻的时空分布及其学术价值》，《贵州民族研究》2019年第7期。
[⑤] 赵成杰：《云南石刻文献目录辑存》（初辑），西南交通大学出版社2021年版。
[⑥] 杨凯：《号级古董茶事典——普洱茶溯源与流变》，台湾五行图书出版有限公司2012年版，第27页；杨凯、刘燕：《从大清到中茶：最真实的普洱茶（增订版）》，晨光出版社2019年版，第115页。（此处引文系从档案图片录文，谨此感谢杨凯先生分享此件档案的图片。）
[⑦] 肖黎煜、华林：《珍贵的西南少数民族文字石刻历史档案》，《档案学通讯》2007年第4期。
[⑧] 郭松年、李京撰，王叔武校注：《大理行记校注、云南志略辑校》，云南民族出版社1986年版，第93页。

与关帝庙之间的普遍关联，推测此碑也直接或间接涉及茶事，因为我们未见到碑文，列以待考。

（2）普洱市澜沧县"景迈山傣文功德碑"（1808年？）

此碑为红砂石质，碑面约三分之一已经剥蚀，碑上所刻内容，第一行为汉字楷书"功德碑计"，下面是几行老傣文，右刻一枚树叶，下部还有小字汉字楷书"春茶"二字（"茶"字缺下部的两点）。可辨认的傣文内容为："祖腊历1177年//有……大佛爷坝为首//信众们有//……大佛爷坝，时间为……"①

此碑汉字碑题"功德碑计"将"记"误作"计"、"茶"字（？）缺笔，我们怀疑它是新造之物，张孙民主编《普洱茶源》提供了此碑照片，并说了一段话，支持这一推测："如今在澜沧县景迈、芒景布朗山寨，人们为了纪念叭岩冷率部种茶、发展茶叶的功绩，刻下了'功德碑'，每年春茶开采之前，都要给最古老的一棵茶树披红挂绿，摆上贡品，举行隆重的祭祀活动，祭拜'茶神'叭岩冷。布朗族村民穿上新衣，敲响象脚鼓，跳起热烈欢快的舞蹈，祈祷新的一年茶业丰收。"②

二、田野调查

（一）调查范围

云南茶叶以西双版纳州、普洱市、临沧市出产最多，西双版纳州又以六大茶山所产为主，六大茶山指六片产茶区域，一片在勐海县，五片在勐腊县。勐腊为傣语地名，"勐"mɤŋ^{51}意为区域、地方、平坝（文献中或写作"猛"），"腊"la^{51}意为茶叶，"勐腊"mɤŋ^{51}la^{51}即产茶叶的地方。

目前我们找到的这些茶碑都是汉字碑刻，集中于西双版纳州勐腊县。西双版纳州在云南南部，勐腊县又在西双版纳州南部，本文因此称这些茶碑为"滇南茶碑"。

这些茶碑的落款几乎都注明了立碑时间，最早的为乾隆初期，最晚的为光

---

① 谨此感谢云南大学保明所教授帮助译文。（按：傣族的祖腊历以公元638年为纪年元年，祖腊历1177年即为公元1814年。）

② 张孙民主编：《普洱茶源》，云南人民出版社2005年版，第62—63页。

绪中期[1]。有两块碑的落款残缺，但也可以推断其时代。

这些茶碑的内容包括公文布告、会馆建设、路桥修筑等方面，显示出茶马古道上的地方社会的大量信息，具有重要的研究价值。由于这些茶碑所反映的会馆建设、路桥修筑等作为一般都与茶业有关，例如一些功德碑的捐款人就是当地茶农、茶商、督办贡茶的官员，所以我们也将其视为茶碑，列入调查研究对象。

（二）调查经过

2005年前后，中国出现普洱茶消费热潮，同时也出现了很多书写普洱茶历史文化的书刊，其中往往提到六大茶山的这些茶碑，从中可以看出这些茶碑往往涉及六大茶山的社会生活，具有比较民间的地方性、民间性，因此引起了我们的兴趣。可惜此后不得其便，一直未能深入了解。

如今这些茶碑大都被收集到了西双版纳州勐腊县的倚邦村和易武镇的博物馆，2022年8月以来，我们几次到倚邦村和易武镇去看这些茶碑，同时也寻访六大茶山其他地方的碑刻，并调查和研究有关的历史文化。

1. 根据研究文献收集茶碑的保存线索（保存地点、保存者等）。
2. 访问当地人士，收集当地碑刻的信息。
3. 到碑刻现场读碑，并为每一块碑文拍摄足够多的数码照片，以便后期识读碑文。
4. 雇请专业拓碑人拓印碑文。（我们聘请了专业拓碑人，但他几次都未能成行，于是此项工作至今未完成。）
5. 根据照片和拓片录出碑文，结合历史文献考订其漫漶文字，为碑文断句。
6. 对照原碑核对所录碑文。

这些茶碑往往碑石残破、文字漫漶，因此文字考订是非常重要的基础工作。对此，有时需要发现一些文献作帮助。例如，云贵总督鄂尔泰的奏疏、云南布政使陈宏谋的告示等官方文件常常与这些茶碑有关[2]，易武《兴修石乌龟一带县

---

[1] 我们附录了一块民国中期的茶碑，因其与此前茶碑的相关历史文化关联较大。
[2] 允禄、鄂尔泰等编：《朱批谕旨》，第19函，雍正帝批，乾隆三年内府活字朱墨套印本；陈宏谋：《培远堂偶存稿》（二），载《清代诗文集汇编》编纂委员会编：《清代诗文集汇编》，第281册，上海古籍出版社2010年版。

道功德碑记》（1938年）在《镇越县志》（1938年）中有录文[1]，足供参照。《民族问题五种丛书》中的《傣族社会历史调查》（西双版纳之三）收录了《清代中叶西双版纳军政机关的三个文告》，落款时间分别是乾隆五十一年（1786年）、乾隆五十四年（1789年）、咸丰二年（1852年）[2]。这是1954—1955年间收集的史料，对照文字，后两个文告分别与漫撒《允许寄户顶办赋役执照碑》和漫撒《减免漫秀至漫乃等寨赋役状榜碑》一致（文字略有差异，应该是漫撒《减免漫秀至漫乃等寨赋役状榜碑》抄写错误），因此是释读这两块碑文的重要对照材料。

（三）碑文提要

以下逐一简介这些茶碑，碑名前加原碑竖立地址或目前保存地址，碑名后的时间为立碑或刻碑时间。

1. 倚邦《照时价现银买茶碑》，乾隆三年（1738年）立，存倚邦贡茶文化博物馆。

云贵总督张允随（1693—1751）发文严禁茶山官弁贩卖私茶、兵役入山扰累、外来商人放贷盘剥茶农，倚邦土千总曹当斋（？—1773）率领茶山头目抄录有关内容立碑通告。

2. 曼庄《新建关帝庙功德碑记》，乾隆六年（1741年）立，存曼庄村民丰敬堂家。

翰林院检讨张汉（1680—1759）题额，山东学政罗凤彩（1695—1772）撰文（两人均为石屏人），讲述修建蛮庄关帝庙的缘起，附录捐款人276人姓名及其捐款数额。

3. 竜得《三寨争地判案碑》，乾隆二十四年（1759年）立，存易武茶文化博物馆。

宁洱知县何映柳覆查整董土弁霸占竜得界内水田、猛乌泥民强租山地两案，通告要求整董、竜得、猛乌三个村寨执行普洱府的判决，竜得土目你者率领竜批、竜得、半腊头目共同立碑。

4. 倚邦《敕封曹当斋夫妇圣旨碑》，乾隆三十八年（1773年）立，存倚邦

---

[1] 赵思治、单镜泉：《镇越县志》，台湾成文出版社有限公司1974年版，第112—113页。
[2] 《民族问题五种丛书》云南省编辑委员会编：《傣族社会历史调查》（西双版纳之三），云南民族出版社1983年版，第76—77页。

官坟梁子。

乾隆二年（1737年）颁发圣旨，敕封倚邦土千总曹当斋为昭信校尉，并封其妻叶氏为安人。

此碑立于曹氏墓地所在的官坟梁子，而不是曹氏官署（倚邦村中），说明立碑时间应该是在曹当斋去世之时，与其墓修筑时间一致，为乾隆三十八年（1773年）。

5. 倚邦《敕封曹秀夫妇圣旨碑》，乾隆四十四年（1779年）立，存倚邦大黑山三锅桩山。

乾隆四十二年（1777年）颁发圣旨，敕封倚邦土司曹秀为奋武郎，敕封曹当斋之妻陶氏为孺人。

断代与《敕封曹当斋夫妇圣旨碑》同理。

6. 漫撒《新建石屏会馆碑记》，乾隆五十四年（1789年）立，存易武茶文化博物馆。

蒙化厅教授卢錞（石屏人）撰文，叙述在六大茶山一带谋生的石屏人建造石屏会馆（即关帝庙）的原因和经过，文末附捐款人姓名及其捐款金额。

7. 曼拱《修路功德碑》，乾隆时期（？）立，存倚邦贡茶文化博物馆。

记录修筑曼拱寨通往村外道路之事，碑末附录捐款人、村寨及其捐款数额。

此碑纪年缺失，以碑额"永远遵守"之"永"字写作"二、水"字样来看，应该是乾隆时期所立，这批碑刻确定为乾隆时期的碑刻都符合这一特点，其他时期碑刻则否。

8. 弯弓《大庙功德碑》，乾隆时期（？）立，存易武茶文化博物馆。

记录150多个捐款人姓名及其捐款数额。

断代同曼拱《修路功德碑》。

9. 易武《永安桥碑记》，道光十六年（1836年）立，存易武茶文化博物馆。

思茅同知成斌撰文，叙述当地士绅捐款在倚邦至易武之间的磨者河上修建永安桥的经过，碑末附捐款人姓名及其捐款金额。

10. 易武《茶案碑》，道光十八年（1838年）立，存易武古茶博物馆。

易武村民张应兆等控告易武土弁伙党暴虐、额外科派，但思茅厅同知罗登举对判决不作为，张应兆等因此再向迤南道控告，迤南道将此案转给普洱府审理，张应兆与易武村民将此案经过及普洱府的判决刻石立碑。

11. 倚邦《按茶抽收税银碑》，道光二十八年（1848年）立，存倚邦贡茶文化博物馆。

倚邦因为火灾和瘟疫死亡人口太多，当地公议决定按茶抽收银两来承办贡茶和缴纳粮赋。思茅抚彝府同知吴开阳批示并公布，此法如果商民两便，准即永远遵行。

12. 易武《圆功桥碑记》，道光三十年（1850年）立，转录于张毅《古六大茶山纪实》和《勐腊县志》。

道光十六年建永安桥、道光二十五年由思茅修砌石路至茶山，但磨者河在雨水涨时仍难跋涉，因此当地土司及客商又修建了圆功桥，易武土司伍荣曾率领客商立碑。

13. 漫撒《允许寄户顶办赋役执照碑》，咸丰二年（1852年）立，存易武茶文化博物馆。

漫撒寨百姓由于中缅战争等原因逃亡，以致茶园荒废、贡茶缺额，易武土司因此要求寄住客户帮忙缴纳贡茶和赋役。乾隆五十四年（1789年），车里宣慰使刀士宛发给执照，准许漫撒、蛮别两寨的汉夷十户执行易武土司所定章程，并承诺将来如果执行得好，就向上级请求他们编入本地居民。

（与漫撒《减免漫秀至漫乃等寨赋役状榜碑》刻于同一碑上。）

14. 漫撒《减免漫秀至漫乃等寨赋役状榜碑》，咸丰二年（1852年）立，存易武茶文化博物馆。

漫秀至漫乃等寨首目耆民因为近年来地方疲敝、公私竭蹶，提出将茶担抽收银壹钱赏给民间等请求，易武土把总伍定成斟酌两便之法做出许可办法，并发给文件予以确认。

（与漫撒《允许寄户顶办赋役执照碑》刻于同一碑上。）

15. 倮德《建修五省大庙功德碑》，咸丰八年（1858年）立，存茨菇塘村后山。

竜得土司叶（名字待考）所立，叙述修建五省大庙的缘由，碑末附有捐款人姓名及其捐款数额。

16. 易武《茶税定额碑》，光绪三年与十一年（1885年）立，存易武茶文化博物馆。

光绪三年（1877年），茶商纪正宗等人向普洱府和迤南道控告当地乱收茶税，思茅厅同知刘毓珂审理后规定了茶业税额、收税时间，并准许刻碑公告审理结果。光绪十一年，茶商又再次将此内容刻石立碑。

17. 曼乃《散茶营运税银公示碑》，光绪十一年（1885年）立，存易武茶文化博物馆。

普洱府和迤南道根据茶商纪正宗等人的禀告批示了茶叶征税时间与方式，光绪三年（1877年），思茅同知据此批示立碑公示。光绪十一年，思茅同知根据易武合山茶商郑谷三等人的请求批示照章征税，不准征收其他不合理费用。

18. 倚邦《工价截止碑》，光绪十四年（1888年）立，存倚邦贡茶文化博物馆。

倚邦茶商联名请求，雇工死亡之后的工价按当地传统执行，以凶信报到该工家属之日截止，严禁雇工家属借词敲诈雇主的行为。倚邦土把总曹文彬批准了这一请求并发文公告，倚邦茶商联合将公告刻碑。

19. 易比《裁定易比易武赋役执照碑》，光绪十七年（1891年）立，存易武茶文化博物馆。

道光元年（1821年），因易武人口增加而侵占易比茶园，两寨协议合并为一寨，按户口均摊赋役。次年，易武土司发文确认了协议相关内容。又次年，两寨再次协议相关内容。

20. 易武《兴修石乌龟一带县道功德碑记》，民国二十七年（1938年）立，存易武茶文化博物馆。

镇越县长赵思治撰文，讲述兴修由易武南行的两条县道的始末，并列出捐款者姓名及其捐款数额。

三、初步研究

（一）石屏移民问题

如今易武镇和倚邦村有很多人家都自称祖先来自石屏，有些人家与石屏还保持着亲戚往来。他们还提出一个证据：当地的汉语方言与石屏口音非常像，明显区别于六大茶山其他地方的汉语方言。蒋铨在20世纪50年代调查时发现，六大茶山的一些人家说祖先从石屏迁来，到自己是六代、二代等[①]。

---

① 蒋铨：《古"六大茶山"访问记》，载政协西双版纳州文史委编：《版纳文史资料选辑》（第4辑），1988年版，第21—42页。

石屏人移居六大茶山的历史，在滇南茶碑中有一些线索。在漫撒《允许寄户顶办赋役执照碑》（乾隆五十四年，1789年）中，车里军民宣慰使司宣慰使刀士宛说："本司例查，汉民不许入境盘踞，但亲临查勘点问，土著实属稀少，不上十人，难以供办一切，情有可原，合就给委为此牌，仰漫撒、蛮别大小两寨寄户尚文辉等遵照，即使悉照伍弁前定章程，汉夷十户顶办贡茶、上纳钱粮、供应夫马、行差、徭役、防隘、充练等事，如果实力奉行，听公守法，毫无贻悞，再为造册，详请上宪附入版图，以招投向。"

这一历史也见于易武《茶案碑》（道光十八年，1838年）："张应兆、吕文彩等均系隶籍石屏州，于乾隆五十四年前宣宪招到文彩等父叔辈，栽培茶园，代易武赔纳贡典，给有招牌，已今多年无异。"然则"文彩等父叔辈"是今云南省红河州石屏县人，在乾隆五十四年被招募到易武。

在此之前，清朝已招募外地人到六大茶山种茶。高其倬《筹酌鲁魁善后疏》说："查得威远、普洱、九龙江等处，土田之美，大胜云省腹内之地，其山顶多水，其禾一年两熟。然犹抛荒甚多者，一以土夷人少，不能遍耕，再因野贼骚扰，岁无宁宇。若使土田尽开，不但军糈足资，更可化为乐土，其间尚有可开设州县之处。但目下人户稀少，江边烟瘴未消，未可骤言，应筹之以渐。臣已与抚臣杨名时令各地方官加意，劝诲本处夷民广行耕植，又令招徕别处愿垦诚实之民赴彼垦种。请照雍正元年定例，旱田十年升科，庶人烟渐盛，岚瘴自消，居民愈多则贼风愈息矣。"（《雍正云南通志》卷29）① 由此可见，雍正初年已经招募外地人到六大茶山一带垦荒，比"文彩等父叔辈"被招募到易武早出六十多年。此后于雍正六年（1728年）发生的"麻布朋事件"，是普洱府改土归流的导火索，此事件中有江西人到滇南买茶，也显示出当时的外地移民信息。倪蜕《滇云历年传》卷十二：雍正六年，"茶山莽芝夷人麻布朋等为变。总督鄂尔泰遣副将张应宗、参将邱名扬率兵讨之。（莽芝产茶，商贩践更收发，往往舍于茶户。有江西客淫麻布朋之妻，事露，麻布朋杀江西客，而割发辫传示诸商。于是诸商以被盗截杀闻，且言是橄榄坝舍目刀正彦指使。正彦素有富名，谓其由于盗也，故议并捕之。）"②

---

① 这份奏疏年代不详，方国瑜认为"作于雍正二三年间"；所谓"威远、普洱、九龙江等处"，"澜沧江自威远（景谷）入思茅境称整控江，南流称九龙江，又南出边界称湄公江［河］"。（方国瑜：《云南史料目录概说》，中华书局1984年版，第511、1097页。）

② 倪蜕集，李埏校点：《滇云历年传》，云南大学出版社1992年版，第595—596页。

石屏人移民六大茶山，还有时间更早的线索，见于袁嘉谷《石屏县志·杂志》（1936年）："袁荣之：家荣之先生名润明，廪生，佐那嵩，嵩亡，先生奔茶山，羽衣黄冠，归隐袁家山，不入城市。康熙十四年卒。永历入滇，滇人感动最深，节士遗老为天下冠，顾不多传，先生其一也。"《石屏县志·风土志》"商业"："石屏商业，当以思普一带为最大，元江、他郎、威远、缅宁、磨黑、通关、六顺、十三版纳、五大茶山，远及缅甸，如吴尚贤之茂隆银厂在班洪葫芦境，其最著也。"

　　何炳棣、李中清、方国瑜、葛剑雄等学者此前关于移民的研究，多注重省际移民，省内移民则着墨较少[1]，石屏人移民六大茶山的案例大概可以为此提供补充。六大茶山几乎都有石屏人的会馆，这些会馆也是关帝庙，曼庄《新建关帝庙功德碑记》（乾隆六年，1741年）等功德碑所列捐款人的汉式姓名与非汉式名字，在一定程度上显示出当时当地的汉族与少数民族人群之间的互动。将滇南茶碑中的捐款修建会馆等社会信息与六大茶山及孔明山之名来自诸葛亮等传说结合起来[2]，有助于对汉族移民与汉文化传播的具体过程作更细致的研究[3]。

（二）从茶马古道到"新茶路"

　　何炳棣在讨论明末美洲作物传入云南的路线时，认为传播路线是从缅甸进入滇西的保山—大理—昆明一线[4]，其实滇南的普洱市和西双版纳也与缅甸、老挝接壤，滇南与东南亚的交通、交流同样重要。

　　滇南与东南亚地域相连、关系紧密，不仅见于当地的南传佛教等文化事项，

---

[1] 何炳棣：《明初以降人口及相关问题：1638—1953》，葛剑雄译，生活·读书·新知三联书店2000年版；李中清：《中国西南边疆的社会经济：1250—1850》，林文勋、秦树才译，人民出版社2012年版；方国瑜：《中国西南历史地理考释》，中华书局1987年版；葛剑雄等：《中国移民史》，福建人民出版社1997年版。

[2] 见邹应龙修，李元阳纂：《万历云南通志》卷16"贡象道路"条，中国文联出版社2011年版；鄂尔泰：《雍正云南通志》卷26"古迹"条，云南人民出版社2007年版。

[3] 王明珂：《王崧的方志世界——明清时期云南方志的本文与情境》，载孙江主编：《新史学（第二卷）：概念·文本·方法》，中华书局2008年版，第97—118页；王明珂：《汉化的宏观与微观过程》，载林超民主编：《木芹教授从事学术活动五十五周年纪念文集》，云南人民出版社2012年版，第611—636页；王明珂：《民族与国民在边疆：以历史语言研究所早期民族考察为例的探讨》，《西北民族研究》2019年第2期。

[4] 何炳棣：《明初以降人口及相关问题：1638—1953》，葛剑雄译，生活·读书·新知三联书店2000年版；Ping-ti Ho, The Introduction of American Food Plants into China, American Anthropologist, 1955 (57): 191-201；何炳棣：《美洲作物的引进、传播及其对中国粮食生产的影响》，《世界农业》1979年第4期，第34—41页；第5期，第21—31页；第6期，第25—31页。

也见于这些茶碑。例如，乾隆中期的中缅战争对当地产生了非常重要的影响，漫撒《允许寄户顶办赋役执照碑》（咸丰二年，1852年）说："照得漫撒一寨，路当孔道，往来供应纷繁，前被猓缅等匪跳梁，百姓奔散逃亡，户口廖落……"这些信息，可以与漫撒《客户照亩均摊赋役执照》（乾隆五十一年，1786年）对照着看："照得漫撒、蛮别二寨，路当孔道，自三十年军兴以来，往来夫役络绎不绝……"[1]

六大茶山出产的茶叶，长期经过思茅—宁洱—景谷—镇沅—景东—南涧—巍山—弥渡一线运至大理，然后进入云南内地，或经过剑川、鹤庆、丽江运至维西、德钦（或从丽江转道康定）进入藏区，再沿着盐井—芒康—昌都一线进入拉萨等西藏腹地。但一连串的事件改变了这条传统的滇茶销藏路线，例如，（1）先是倚邦一带多次发生火灾，然后又遭瘟疫，人口死亡很多。倚邦《按茶抽收税银碑》（道光二十八年，1848年）："倚邦采办茶民屡遭回禄，前经具禀在案，继因瘟疫甚行，采丁三殁其二，是以二十五、六两年，土弁应征贡茶、钱粮无力早完。"普洱茶生产中心逐渐转至易武、勐海。（2）接着发生的云南杜文秀起义（1856—1872年），阻断了这条道路近二十年。起义军甚至曾经占领思茅城几年（《光绪思茅厅志》"历代纪事"）。（3）此后滇南茶业逐渐恢复，但思茅在1919—1931年发生严重的瘟疫，人口减少了三分之二，令人望而却步，甚至出现了"要下思茅坝，先把老婆嫁"的俗语。[2]

国内路线受阻，国外路线却变得方便起来，于是，连接滇缅印藏的茶叶贸易长途道路"新茶路"被开通[3]，将茶叶从西双版纳的勐海用马帮运至缅甸，然后接替使用轮船、火车、缆车运至喜马拉雅山南麓，再由马帮运进西藏："英国在征服缅甸、锡金之后，即修铁路进抵中国西南边疆。1879年英属印度修建了

---

[1] 《民族问题五种丛书》云南省编辑委员会编：《傣族社会历史调查》（西双版纳之三），云南民族出版社1983年版，第76—77页。

[2] 杨海潮：《云南俗语中的灾害记忆与历史解释》，即刊。

[3] 李拂一：《西藏与车里之茶叶贸易》，《新亚细亚》第2卷1931年第6期；李拂一：《佛海茶业状况》，《教育与科学》第1卷1939年第5期（郭红军：《云南近代茶史经眼录》，云南大学出版社2022年版，第320—326页）；范和钧：《考察印度茶业札记》，《茶声半月刊》1940年第22期；谭方之：《滇茶藏销》，《边政公论》第3卷1944年第11期；冯翔：《印茶侵藏？——基于中英档案与数据之研究》，《中国经济史研究》2020年第6期。按："新茶路"的开通时间，国内学者一般主张在1921年之后，希尔则暗示"新茶路"在19世纪末就已经开通，或者说这条线路及其相应的现代交通工具在那时候就已经被茶商利用起来了。参见希尔（Hill, A. M.）：《中国人对西双版纳茶叶贸易的控制——对一个地区内部的透视》，石茂明等译，《民族译丛》1993年第2期。

从大吉岭到春丕谷地以南日纳岭的公路。1881 年从东孟加拉铁路干线上西里古里至大吉岭铁路竣工。这样就把中国西藏边境与加尔各答贯通。在缅甸方向，1889 年，仰光至曼德勒铁路开通，1902 年曼德勒至腊戍的铁路支线完工。这样，从云南产茶区至西藏为现代交通路线相连，由腊戎（戍）乘火车，经曼德勒到仰光，搭海轮至加尔各答，乘火车至大吉岭或葛伦堡，从坡势较缓的喜马拉雅南麓进入西藏。"① "新茶路"上的茶叶贸易在 20 世纪 20 到 30 年代达到高峰，直至 1942 年日军侵入缅甸、占领仰光之后而被迫中断、终止。

在我们看来，"茶马古道研究的核心在于人与环境之间的互动关系，包括人们与当地的自然环境之间的互动关系、本地与远方之间的互动关系、当地对于历史文化资源的利用方式"②，"新茶路"各段在历史上早已被使用，但将其串联起来而贯通全线，却是较为晚近的事，而滇茶进藏路线的改变，与清末以来的国内和国际政治、经济、军事、科技发展有关，正显示出茶马古道沿线的民间社会应对环境变化的策略。③

（三）文字考订与标点

这批茶碑往往碑石残破、文字漫漶，因此文字考订是非常重要的基础工作。下面举几个例子，以见一斑。

1. "伍荣曾"

易武《茶案碑》（道光十八年，1838 年）中说"石屏州民人张应兆、吕文彩等先后上控易武土弁伍荣曾字识王从五陈继绍等"，其中的名字"伍荣曾字识"，应该断为"伍荣曾、字识"还是"伍荣、曾字识"？联系此碑下文说"条款内称土弁字识等折收贡茶系奉思茅厅谕"，那么第二个人的名字应该就是"字识"，因为这句话是引用官府判词，大概不至于对于因为欺压百姓而被告的土官只称其名而省略其姓。此碑判词共使用人名 27 次，只有 1 次可以肯定未写姓氏（作"文彩"）、1 次不确定未写姓氏（作"字识"），也可见碑文中"字识"即为此人的全名。字姓是相对少见的姓氏，但在云南则非罕见：明代云南即有几家土官姓字，他们都是彝族人；《光绪普洱府志·人物志》"列女"："陈氏女，许字周，祈年末于归，周出外，卒于茶山，女闻讣，过门守志，欲归夫骨，以贫

---

① 吕昭义：《清代滇茶销藏考》，《思想战线》1993 年第 3 期。
② 杨海潮：《茶马古道研究的历史价值与现实意义》，《青海民族大学学报》2022 年第 3 期。
③ 杨海潮：《滇缅印藏之间的"新茶路"》，即刊。

不遂。"如今云南省临沧市凤庆县一带彝族有不少姓字的人。

伍荣曾在嘉庆二十四年（1819年）至道光二十八年（1848年）任易武土把总，他的名字，王崧《道光云南志钞》卷七、李拂一《车里》、李拂一《十二版纳志》作"伍荣曾"[1]，而《道光云南通志》卷136引《案册》、方国瑜《新纂云南通志·土司考》、龚荫《明清云南土司通纂》则作"伍荣"[2]。《云南边情纪》（光绪二十七年，1901年）中抄录的"易武土把总亲供结"说："耀祖身故，以子伍荣曾顶袭。荣曾身故，以子伍定成于同治十年二月廿五日寅时身故，应以伍长春顶袭父职，适因地方初靖，道尚梗阻，未报未袭。"[3]李路据此推断此人之名应为"伍荣曾"，而非"伍荣"[4]，与我们根据易武《茶案碑》中的称谓方式做出的推断一致。有趣的是，倮德《三寨争地判案碑》（乾隆二十四年，1759年）中也有一个人名为"字识"，他的身份是整董土弁，但时间比易武《茶案碑》中的字识晚了80年，他们不可能是同一个人。

2. 圣旨原件？

据说西双版纳州景洪市的西双版纳民族博物馆藏有这道圣旨的原件，马哲峰等提供了其图片和录文："奉天承运皇帝制曰：国威覃布，尚勤鼙鼓之思，武备勤修，允重干城之选。尔云南普洱府属倚邦茶山土千总曹当斋，材勇著闻，韬钤娴习，戎行振饬，具知士伍无讳，军政修明，因见拊循有素，欣逢庆典，宜焕温纶。兹以覃恩，授尔为昭信校尉，锡之敕命，於戏，策府之勋名，之奉休命，荷天家之光宠，幕勿替威劳。对曰：策府疏勋，甄武臣之茂绩，寝门始业，阐贤助之徽音。尔云南普洱府属倚邦茶山土千总曹当斋之妻叶氏，毓质名闻，作嫔右族，撷苹采藻，凤彰宜室之风，说礼敦诗，具见同心之雅。兹以覃恩，封尔为安人。於戏，锡宠章于闺闱，惠问常流，荷嘉奖于丝纶，芳声永劭。

---

[1] 王崧：《道光云南志钞》卷7，"思茅厅易武把总"，云南省社会科学院文献研究所1995年版，第342页；李拂一：《车里》，商务印书馆1933年版，第131页；李拂一：《十二版纳志》，正中书局1955年版（李拂一：《十二版纳志》，云南人民出版社2020年版，第93—94页）。晚近的著述也有作"伍荣曾"者，见云南省档案馆编：《云南土司世系年表》，云南人民出版社2019年版，第162页。

[2] 《新纂云南通志》第94册，云南通志馆1949年版，第36页。（并见：《中国地方志集成·省志辑·云南三》，凤凰出版社2009年版，第142页。）龚荫：《明清云南土司通纂》，云南民族出版社1985年版，第193页。又：易武、倚邦土司的名字都未在《清史稿》中出现，无以为据。（汪锋教授和他的助手为我们检索了中华书局"中华经典古籍数据库"和爱如生"中国基本古籍库"，谨此致谢。）

[3] 美国国会图书馆藏《云南边情纪》手稿（电子本）。感谢李路先生分享"易武土把总亲供"图片。

[4] 李路：《易武伍氏土司家族若干问题考略》，https://m.sohu.com/a/648897158_121068110/。

敕命。乾隆二年三月初六日。"①

稍加比较，可知这件圣旨与倚邦《敕封曹当斋夫妇圣旨碑》（乾隆三十八年，1773年）文字大差：（1）"倚邦茶山土千总"，应如碑文作"茶山倚邦土千总"，因为当时的"茶山"是一个行政单位，为十三版纳之一，其范围远大于"倚邦茶山"；（2）"策府之勋名"，应如碑文作"策幕府之勋名"；（3）"之奉休命"的"之"，碑文作"祗"，意为恭敬，圣旨写作"之"，殊为不文；（4）"制"是皇帝敕命的专用术语，岂能作"对曰"？这件所谓圣旨的其他错误还有几处，碑文似乎足以否定其真实性。

3. "张焻"

易武《茶案碑》（道光十八年，1838年），立碑人张应兆在其"断案碑记小引"说"乃道光十七年，兆之二子张□、张煜幸同入庠"，其中缺字，此前的著述一般作"瑞"。可是此字原碑左边明显为"火"旁，就绝不可能是"瑞"字。同时，此字右边下部已蚀，但上部的"山"及其下的一横一撇也很分明，因此推测此字应该是"焻"。由于"焻"字义为火炽盛，而其弟名"煜"字，本义是照耀，引申为形容词，光耀的、明亮的，那么"焻"字和"煜"字的含义相配，符合古人取名行次惯例。将上述的字形、字义两方面合而观之，此字只能是"焻"。

张焻、张煜兄弟二人未见于其他史料，据我们所见，此前只有张毅《古六大茶山纪实》写对"张焻、张煜"②。张毅是易武人，从小生活在当地，在20世纪90年代开始即多次在六大茶山调查（包括拓碑），也许他见到的《茶案碑》上"焻"字尚无缺损吧。

（四）碑文的创作、书写与镌刻

这些茶碑的书法，有的刻得很工整，有的则刻得很拙劣。从立碑者的身份来分类，其间大致的规律是：官方（不论流官与土司）主导的碑刻，其书法比较好，文字也几乎没有错误。

例如，倮德《三寨争地判案碑》（乾隆二十四年，1759年）书写（或刻字）很丑，显然是出自文化水平较低的人。此外，此碑的格式不符合规范，特别是

---

① 马哲峰、陈晓雷：《普洱六山记》，中州古籍出版社2020年版，第43—44页。
② 张毅：《古六大茶山纪实》，云南民族出版社2006年版，第22、23页。

"贡典""贡茶"高出正文其他文字两格，但将"批饬""宪台""批查"也高出正文两格，与皇帝并列于同等地位，大犯违碍，却立碑流传至今，可见当时的官员应该并未见过此碑，否则岂可视若无睹。

这并非孤例，例如易武《茶案碑》（道光十八年，1838 年）的刻字之丑陋就更甚[1]。与此相反，易武《永安桥碑记》（道光十六年，1836 年）、倚邦《按茶抽收税银碑》（道光二十八年，1848 年）等碑刻的书法则要工整得多。

另一个值得注意的地方是，这些碑刻中有很多俗体的写法、在一块碑中同一个字却使用不同的写法（如"窃"与"窃"、"旧"与"旧"、"擔"与"担"等），与今天的简化字形式一致，大约也可以作为研究汉字变迁历史的一种材料。

四、后续的调查研究

（一）云南的其他茶碑

据詹英佩报告过六大茶山的 15 块古代碑刻，其中以下几块是我们未调查的，需要补充调查：

1. 革登老寨遗址，"兴建革登大庙功德碑"（乾隆二十六年，1761 年）：刻有 100 多位捐款人的名字，从碑上可看出乾隆初已有江西人、湖南人、湖北人在革登茶山一带种茶经商。

2. 莽枝大寨旧址，"重修关帝庙功德碑"（嘉庆二十一年，1816 年）：刻有 170 位捐款人的名字，从碑文可推断当时莽枝大寨很多茶农都比较富裕。

3. 莽枝牛滚塘川主庙遗址，"重修川主庙碑记"（道光六年，1826 年）：碑文大部分已不清楚，但可推知当时当地有许多回族居住。

4. 革登孔明山观音庙旧址，"重修观音庙功德碑"（光绪三十四年，1908 年）：共二块，记载捐款人的名字。[2]

我们有意收集云南所有的茶碑。云南产茶的地方不只滇南一带，而且滇南

---

[1] 杨凯说，"现存易武中国普洱茶古六大茶山博物馆的石碑是经过修补的"，他的意思似乎是指原碑文字被重刻过。（杨凯：《号级古董茶事典——普洱茶溯源与流变》，台湾五行图书出版有限公司 2012 年版，第 27—28 页。）

[2] 詹英佩：《中国普洱茶古六大茶山文物古迹》，载张顺高主编：《中国云南普洱茶古茶山茶文化研究：纪念孔明兴茶 1780 年暨中国云南普洱茶古茶山国际学术研讨会论文集》，云南科技出版社 2005 年版，第 127—129 页。

的所谓六大茶山也还有"古六大茶山"与"新六大茶山"之别，所以云南其他地方应该也有茶碑。例如，《康熙元江府志》（1714年）收录的《重修金鳌山大茶案碑记》、普洱市景谷县的"纪襄廷墓表"（1940年）、保山市腾冲县的《封佩藩墓志铭》（1948年）等，都涉及茶事，张孙民主编《普洱茶源》提供的几张碑刻照片似乎也与茶事有关[1]。

此外，据报道，普洱市翠云区思茅镇三家村一组村民王先文家存有一块石碑，光绪十七年刻，高115.5厘米、宽78.5厘米、厚10厘米，碑面顶书"为善最乐"，下记修建茶马古道时有关人士捐赠资金和劳力投入，有"谨将捐修思茅上普洱大路功德所有官绅商客士庶芳名及用费料入出银两目录"、捐款人数"一百九十八位，银陆百捌拾壹两陆钱"、投入"大工壹千肆百玖拾个"等文字。据说此碑原立在思茅至普洱茶马古道约2.5公里处一个名叫麻栗坡的山上，王先文于1976年拉回家保管至今。[2]《普洱茶马古道》一书多处提到普洱市范围内的碑刻（多为修桥功德碑）[3]，也需要考察它们是否与茶事有关。

（二）"石屏话"与石屏茶碑

易武镇和倚邦村的很多人都说自己的祖先来自石屏，所以自己所说的汉语方言的口音和石屏话一模一样。我们在田野调查中的直观感觉确实如此，而且滇南茶碑及相关文献的内容也支持石屏人移民六大茶山的历史。《道光普洱府志》卷九"语音"条可为此提供一个参照："平川居者，多新平、嶍峨、石屏、江楚籍贯，男女皆官语。山居夷人，语音各别。"

我们希望下一步可以使用语言学的音系调查来比较易武镇、倚邦村与石屏县的语音，并通过听辨实验来分析这三个地方所说的汉语之间的一致程度、认同程度。同时，一些历史线索表明清末民初有不少易武茶商和倚邦茶商与石屏来往较多，那么石屏或许也会有碑刻显示这样的历史关系。

---

[1] 张孙民主编：《普洱茶源》，云南人民出版社2005年版，第102、105、107页。
[2] "记载茶马古道的珍贵石碑在思茅面世"，https://www.lhecha.com/145761.html。
[3] 普洱市政协编著：《普洱茶马古道》，云南科技出版社2021年版。

传承保护和利用好茶马古道文化资源

明海英

（中国社会科学报）

7月1日，西南茶马古道文献资料整理与遗产保护研究学术研讨会在武汉大学举行。来自中国社会科学院、北京大学、四川大学、北京师范大学、河南大学、湖北大学等知名高校、科研机构、文化机构等专家学者与会，围绕西南茶马古道文献资料整理与遗产保护的路径展开深入研讨。

促进中华文明的交流与互鉴

武汉大学党委副书记赵雪梅在致辞中表示，西南茶马古道历史悠久，历经远古至秦汉的盐道、西南古丝绸之路，隋唐开设互市，宋榷茶马，元修驿路，明开碉门，清兴滇茶。在这条古道上，西南各族人民创造了辉煌的古道历史。习近平总书记强调，我们辽阔的疆域是各民族共同开拓的，我们悠久的历史是各民族共同书写的，我们灿烂的文化是各民族共同创造的，我们伟大的精神是各民族共同培育的。一部中国史，就是一部各民族交融汇聚成多元一体中华民族的历史，就是各民族共同缔造、发展、巩固统一的伟大祖国的历史。西南茶马古道的千年往事，印证了我国西南地区各民族共同开拓辽阔疆域、共同书写悠久历史、共同创造灿烂文化、共同培育伟大爱国精神的文明进程，堪称中华民族共同体意识的千年回响。

武汉大学原副校长、人文社科资深教授胡德坤在致辞中表示，西南茶马古道是我国历史上内地同西南边疆地区和周边邻国进行商贸、文化交流的重要通道，也是中国西南地区民族经济文化交流的走廊，对维护祖国统一、巩固国家边防安全，树牢"治国必治边、治边先稳藏"的意识，建设团结、富裕、文明、和谐、美丽的社会主义新边疆，促进中华文明的交流与互鉴具有深远的历史意义和现实意义。他说，这条以马帮为主要交通工具的国内与国际商贸通道，是域外交流的桥梁与纽带，它涉及茶、马、丝、盐、铜等大宗商品，沟通了汉、藏、羌、彝、蒙等几十个民族，汇集了汉传佛教、藏传佛教、道教、伊斯兰教、基督教等多种宗教文明，为中央政权对边疆地区的治理、中华民族多元一体格局的形成做出了巨大贡献。同时，西南茶马古道国际部分从西藏腹地的拉萨、山南、日喀则等地出发，穿越喜马拉雅山脉，通往尼泊尔、印度等南亚地区，在中华文化的对外交流与传播和中外交通史上拥有极其重要的地位。

武汉大学人文社会科学研究院副院长兼学术服务处处长陶军主持开幕式。

重视考古与文献资料的整合

主旨报告阶段，四川大学历史文化学院学术院长霍巍以"高原丝路与茶马古道"为题做报告。他提出，要拓展对茶马古道的研究视野，重视考古与文献资料的整合，要关注茶马古道、茶马贸易与其他古道及相关交流、交往之间的密切联系，在具体的茶、马贸易等方面，可拓展时、空观察，注意比较研究。

北京大学考古文博学院教授孙华以"再论茶马古道的若干问题"为主题，提出茶马古道是古代茶马贸易和文化交流的路线，对其的研究和保护需要明确范围，借鉴欧洲朝圣线路的思路，将其归入文化线路的范畴，形成系列的文化创意和文化旅游项目和产品。

北京师范大学地理科学学部教授席格伦提出，茶马古道是连接西南茶叶产区与消费区的文化遗产网络，具有重要的符号意义和现代性背景。

中国社会科学院中国历史研究院研究员沈冬梅以"茶文献与茶文化研究"作为汇报主题，为未来茶马古道文献搜集和整理的方向和路径提出了可资借鉴的经验。她认为，要兼顾社会史、经济史（商业史）、文化交流与民族文化，并从文献、田野、器物和海外文献中进行多方且全面的研究。

中国国际茶文化研究会副会长、雅安市原副市长孙前以"老材料，新视野——茶马古道辩证"为题分享自己的研究成果，就茶进入中亚、蜀羌区域贸易以及茶何时进入卫藏等问题，与大家交流了一些自己多年的研究成果。

武汉大学历史学院党委书记、长江文明考古研究院院长刘礼堂主持主旨报告。

已被赋予新的时代内涵

论文研讨环节，18位专家学者结合西南茶马古道和沿线遗产保护等问题，就深入推进课题研究展开热烈的交流与研讨。

中国社会科学院民族学与人类学研究所研究员木仕华表示，考古学家在西藏阿里的考古新发现中，茶叶的遗物最受瞩目。经过科技考古的方法，初步确认在阿里地区汉晋时代的墓葬中出土的遗物中有茶和茶具的遗存。一改此前声称茶叶于唐朝时期入藏说，大体可以肯定最早在中原汉晋时代甚至更早，已经有茶叶进入西藏高原。

西南林业大学教授杨海潮表示，茶对于中国和世界都具有特别重要的意义，中国史籍很少记录普通人、平常事，茶碑虽然所涉史实往往只是一时一地的人事，但是保存了当地具体的历史文化和社会经济信息，是第一手材料，甚至可供研究当地融入世界政治与经济体系的全球化过程。

河南大学文化产业与旅游管理学院副教授凌文锋表示，最近几年来，"一带一路"等关键词的突现，说明学界正在探索历史上的茶马互市对"一带一路"倡议的启发和借鉴意义，它的突现也正是茶马古道研究服务于国家战略、民族复兴和文化自信的具体体现。

武汉大学茶文化研究中心研究员陆晗昱表示，西南茶马古道被赋予了新的时代内涵。作为历史上流通千年的大通道，西南茶马古道悠久文明互鉴的过程是推动文化交流、文明进步和多元文化和谐共处的鲜活而生动的历史实践与珍贵典范；在当今"一带一路"广阔视野下，在中华民族多元一体的大叙事和人类命运共同体的大格局中，西南茶马古道的文化交往交流交融历史对加强地区发展、与沿线国家合作、形成协调机制等现实事务，仍有着重要的借鉴作用和现实意义。

武汉大学茶文化研究中心研究员宋时磊表示，改革开放以来，中国本土学者的学术话语创造能力不断增强，已经提出了有国际影响力的学术概念，其中"茶马古道"便是其中一例，已在西方英语世界以及东亚的日本、韩国等产生了广泛影响和概念认同。特别是日本，同中国在地理上接近、在文化上亲缘，且各界较为关注中国西南地区的自然和文化景观，茶马古道概念在日本的接受和传播颇为深入。

赤壁青砖茶文化研究院执行院长冯晓光表示，茶马古道与万里茶道这两条国际茶叶商道，既承载着中国茶叶贸易的辉煌与沧桑，又肩负着融入"一带一路"，与沿途国家开展"互联互通，合作共赢"的共同使命和时代担当。

重庆市国资委二级巡视员罗承勇探讨了西南茶马古道对重庆茶文化的广泛影响，详细介绍了西南茶马古道的历史意义、多样化的茶叶品种引进、与当地风俗的融合、茶文化旅游的发展以及与文学艺术的结合。他表示，西南茶马古道在塑造重庆茶文化方面起到了重要的作用，促进了经济增长、文化交流和城市发展。

川藏茶马古道茶马文化古遗址遗迹众多，可谓数不胜数，四川日报驻雅安办事处记者罗光德以川藏茶马古道起点雅安为例梳理了沿线遗存。他表示，雅安地处四川盆地与青藏高原的结合部，是西接西藏、南至云贵的咽喉地带，自古以来就有民族走廊之称。作为全国最重要的茶叶生产基地和川藏茶马古道的起点，雅安茶马古道历史文化遗存十分丰富。如何传承、保护和利用好这些珍贵的茶马古道文化资源，已经成为新时代赋予我们刻不容缓的一项重要任务。

据悉，会议由武汉大学主办，武汉大学长江文明考古研究院和武汉大学茶文化研究中心承办。该会是基于国家社会科学基金重大项目"一带一路"视野下的西南茶马古道文献资料整理与遗产保护研究的基础上开展的。自2020年立项以来，课题组就对西南茶马古道沿线及其省、自治区及市县博物馆、档案馆、图书馆等进行全面考察和多方探索，对沿线重要遗迹进行重点走访调查。

（原载中国社会科学网 https://www.cssn.cn/lsx/slcz/202307/t20230704_5665895.shtml）

重塑"壮游"
——研学旅游与中国西南茶马古道

席格伦（Gary Sigley） 著　李怡博 译
（北京师范大学；武汉大学）

"壮游"（The Grand Tour）是 17、18 世纪开始流行的一种文化、教育之旅，主要在欧洲上层阶级男士中流行。壮游被认为是青年教育的重要组成部分，尤其对英国贵族而言，壮游通常与完成正规教育彼此关联。典型的壮游路径包括穿越欧洲诸国（特别是法国和意大利）去探索艺术、建筑、文化和历史。壮游者会造访那个时代的所谓博物馆、美术馆、考古遗址，参加文化活动，通常在都市名胜停留较长时间。壮游的主要目的在于置身古典时代及文艺复兴时期文化中，提升个人文化修养，完善素质教育。壮游也被视为当时年轻贵族子弟的成年礼。19 和 20 世纪美国贵族也开始送儿女到欧洲大陆进行"寻根之旅"。后来各个西方国家的殖民帝国领土也成为"塑造自己"的大游学目的地。从意识形态的角度来看，总的目的是传播所谓"西方文明"，巩固统治者的政治地位和合理化西方帝国思想意识形态。随着教育方式和旅行取向的嬗变，壮游模式在 19 世纪渐失青睐。尽管如此，壮游仍是一个重要的历史概念，它凸显了过往时代中出门旅行、文化接触和个人发展的重要意义。旅游业在 19 世纪欧洲获得发展，并在 1945 年后演化为现代大众旅游，而壮游则是其先驱。

本文认为，在 21 世纪，随着世界重心从西方向东方转移，应通过开发以中华文明史和中国文化为重点的研学旅游产品，来重塑壮游。正如西方青年曾将探索希腊、罗马的古迹遗址和威尼斯、巴黎的文化瑰宝作为自我提升之途，本文认为，任何年龄与国籍的人都可以通过参与探索中国语言、历史、文化的教育之旅，为中华文化强劲复兴的 21 世纪做好准备。然而，与原初壮游不同的是，这种教育性的旅游体验并不局限于探索中国的过去。相反，它也试图帮助参与壮游的人们理解最近几十年中国在社会、文化和经济领域里发生的非凡转型的意义。简而言之，这种新的壮游旨在全面了解中国的过去、现在和未来，并赋予参与者们洞见，帮助他们更好地引领21世纪这个中国及其文化在世界舞台上扮演更为显著、更有影响力角色的时代。

当然，中国是一个幅员辽阔、拥有极其丰富的自然多样性和文化多样性的大国。因此，找到一个合适的焦点十分重要，这个焦点既要能掌握中华文明之要义，又能集中于特定区域。在这方面，我们认为以中国茶文化和茶运线路遗产为重点，是在全国和地方之间取得平衡的理想方式。也就是说，茶是一个"讲中国故事"的理想叙事工具。在此我们特别建议推广聚焦于中国西南茶马古道的教育旅游产品。这样做理由如下：

1. 茶是世界上仅次于水的最受欢迎的饮品。它是十几个国家的主要产业，有数百万人从事种植、加工、分配、营销和研究工作。中国是茶的故乡，且仍是世界上最大的茶叶生产国。

2. 茶是中国文化不可分割的一部分。通过探索"茶道"，我们可以理解中国人的宇宙观、哲学观和社交观的核心要素，是如何通过习俗性和社交化的茶饮消费得到体现的。换句话说，茶是了解中国核心文化和价值观的窗口。

3. 中国是一个多元文化的国家，有着令人难以置信的民族数量和文化多样性。这种多样性也在本土性和区域性的茶文化中得到很好的体现。因此，通过茶，我们不仅能理解作为一个整体的"中国"，还能理解由相互联系而又各具特色的区域文化组成的"中国"。

4. 中国西南部，尤其是云南省，这个壮游复兴之地，曾是人类最早开始有意识地主动与茶树共生的地方。通过聚焦云南，我们可以回溯茶的故事，直至人类与茶互动的最早时期；我们可以追踪其数千年的演变过程，直至茶产业仍然构成云南经济支柱之一的今天。普洱茶将成为关注重点，它是云南特有的茶叶品种，也是经茶马古道运输的主要茶叶。

5. 中国西南茶马古道位于中国地形和人文多样性最丰富的地区之一。云南是全国少数民族最多的省份，有26个少数民族。这些民族呈现出语言和文化的多样性。这种多样性也体现在地方茶文化中。尽管茶文化的表现方式不同，但茶叶和茶文化的交流与分享，是形成作为"中华民族"组成部分的集体区域认同的要素。因此，在考察通过茶马古道进行的茶叶和茶文化交流时，我们也将领会文化线路遗产的意义。

6. 中国西南地区也是"边疆地区"，与缅甸、老挝和越南接壤。因此，它是连接中国中部和东南亚大陆的重要通道，并且通过西藏与印度次大陆相连。我们将认识到，在当下，茶马古道也起着华中与华西南之间对话桥梁的作用，借此，我们能更加深入地理解中国这样一个广袤之国的复杂性。

以上这六个原因，构成了以茶文化和茶遗产线路为重点来重塑壮游的基础。然而，如上所述，这个聚焦于中国的壮游并不仅仅固守于"过去"。相反，通过考察云南地区几千年来人类与茶的物种间互动情况，这种旅行旨在利用茶来理解21世纪人类发展的以下关键问题：

1. 几千年来，茶在云南一直以农林复合模式来种植。人类与茶树的互动，在满足人类需求的同时，也保持了生态可持续性的和谐平衡。在当今全球环境危机和气候变化的时代背景下，关注茶林中物种间的互动纠葛，使参与壮游的人们能够将一个"超越人类"的必要向度纳入考量。它提供了一个契机，让人们认真思考如何以最佳方式重新构想人与自然的互动，包括将自然再度神圣化可能带来的益处。因此，就重新理解人类纪（Anthropocene）的"茶道"而言，茶成为一种载体，让人们通过审视当代茶的种植、加工、分配和消费，更加审慎地面对广阔世界及其带来的许多挑战。

2. 茶马古道是连接云南及其他地方茶叶产区与消费区的贸易路线，现已成为表达地域认同的主要载体。它也已被云南的普洱茶产业和旅游业所采用，从而变得商品化，并由我们称之为"旅游现代性"的概念重新包装。因此，在探索中国西南地区茶马古道时，我们还将考察现代性如何在中国得到表达，以及中国——这里泛指政府和政党、学者和遗产工作者、茶产业、旅游部门以及来自各行各业的普通人——是如何阐述"过去"与"现在"的关联的。

3. 由于这种旅行探索的是茶马古道的商队线路遗产，参与壮游的人们要借助中国当下高度现代化的交通基础设施。沿着茶马古道旅行，从云南西南部的茶山到东北部的高山森林，都要利用高速公路、高铁和航空。这使得过去与现在的交通形式构成了反差极大的并置。此外，人们还能观察到数字支付、社交媒体等科技手段如何深入中国日常生活的方方面面，包括与茶产业和旅游业相关的日常生活。这将进一步使参与壮游者能够通过关注茶而洞悉中国社会、文化和经济的重要趋势。

当这些元素组合在一起时，一种重新激活的"壮游"便应运而生。这种壮游是一种终身学习的方法，鼓励置身丰富感官环境中的个体，对深陷人与非人世界复杂纠葛的自我，形成一种反思性的理解。而茶和茶马古道正是获得这一学习成效的极佳途径。

茶马古道研究知识图谱分析

凌文锋　杨海潮　木霁弘

（河南大学；西南林业大学；云南大学）

1991年，木霁弘、陈保亚、李旭、徐涌涛、王晓松、李林等六人以"格玛明珠"为笔名发文提出的"茶马古道"概念[1]，如今已经成了西南地区乃至全国的一个重要文化符号[2]，学界对其概念、时空分布、物资贸易与商帮组织、文化交流、开发利用和保护等问题进行了探讨，也有学者对已有研究成果进行了概括总结[3]。这些研究多采用定性分析方法，受到作者研究兴趣与研究目的的限制，以及作者关于其文章的讨论范围、读者设定、发表报刊类型等问题的影响，难免有遗珠之憾。本文借助CiteSpace绘制了茶马古道研究领域的知识图谱，对其发展动态、研究热点、研究群体等进行可视化展示，整理和总结近30年茶马古道研究进展和发展态势，分析茶马古道知识演进的特征和规律，以期通过量化方法直观呈现茶马古道研究的发展历程，完整概括茶马古道研究的知识谱系。

一、研究方法与数据来源

（一）研究方法

知识图谱（knowledge graph）以知识域（knowledge domain）为对象，通

---

[1] 格玛明珠：《超越——茶马古道考察记》，《云南大学报》1991年第4期。
[2] 周重林、凌文锋：《茶马古道20年从学术概念到文化符号》，《中国文化遗产》2010年第4期。
[3] 凌文锋、罗招武、木霁弘：《茶马古道研究综述》，《云南社会科学》2018年第3期。杨海潮：《茶马古道学术研究发展报告》，载李炎等主编：《中国普洱茶产业发展报告（2019—2020）》，社会科学文献出版社2020年版，第145—170页。

过可视化的方式展现科学知识的研究框架、核心结构和发展历史等图景，以揭示科学知识的发展进程与结构关系。它具有"图"和"谱"的双重性质与特征：既是可视化的知识图形，又是序列化的知识谱系，可显示出知识单元或知识群之间网络、结构、互动、交叉、演化或衍生等诸多隐含的复杂关系。

本文绘制知识图谱的工具是 CiteSpace 5.8.R3。它是美国得雷塞尔大学陈超美博士研发的可视化分析软件，它主要通过分析该领域的关键词、作者、机构共现等网络图谱，将一个知识领域的来龙去脉、演进历程集中展现在一幅引文网络图谱上，并把图谱上作为知识基础的引文节点文献和共引聚类所表征的研究前沿自动标识出来[1]。本文研究过程中，除非特别说明，CiteSpace 时间切片设为1，关键词突现探测和关键词聚类分析采用 g-index 算法（k=25，LRF=3，LBY=5，e=1.0）。

在 CiteSpace 分析基础上，笔者还借助 Gephi 0.9.2 优化了部分知识图谱。

（二）数据来源

本文的数据源于中国知网（www.cnki.net）数据库和中国社会科学引文索引（Chinese Social Sciences Citation Index，CSSCI）数据库，采集时间均截止到 2022 年 1 月 10 日。其中，CNKI 数据库以"主题 or 关键词 or 篇名 = '茶马古道'"为检索条件，共检索到 2118 条记录；对此结果再整理，剔除其中的研究综述、述评、新闻报道、影评、书评、音乐评论、访谈、游记，以及信息不完整、文学色彩过浓、内容无关、一稿多投等文章，并合并作者笔名（如"镜湖"等）到其真实姓名，筛选出时间跨度为 1992—2021 的 1224 条数据信息。下文除非特别说明，分析结果主要源自这 1224 条数据信息。

二、茶马古道的研究主体

（一）学者与合作分析

基于 CiteSpace 分析的结果，笔者绘制了作者共现知识图谱（图 1）。图

---

[1] 陈悦、陈超美、刘则渊、胡志刚、王贤文：《CiteSpace 知识图谱的方法论功能》，《科学学研究》2015 年第 2 期。

谱中，字体越大表示作者成果越多，连线代表作者之间有过合作，连线节点大小代表合作关系的强弱。从图2可以看出，发文较多的学者主要是陈保亚（32篇）、李旭（14篇）、张刚（9篇）、王丽萍（8篇）、李贵平（7篇）、张璐（6篇）、刘小方（6篇）、杨福泉（6篇）等。根据普赖斯定律，发文数量 $N \approx 0.749 \times \sqrt{n_{max}}$ 的作者都可以视为该领域的核心作者，其中 n_{max} 指的是发文数量最多的学者所发表的论文数量。茶马古道研究领域中 $N \approx 4.24$，发文量超过4篇的学者都可以视为该领域的核心作者。

整体来看，虽然已经出现了以陈保亚—张刚—汪锋为代表的研究团队，但图谱中其他网络节点（N=572）和节点间的连线（E=232）都很少，网络密度（Density=0.0014）也比较小，说明研究茶马古道的学者之间很少合作，跨机构的团队合作更是少之又少，没有太多跨机构、跨专业的联系，更多是处于本领域内独立的研究状态。

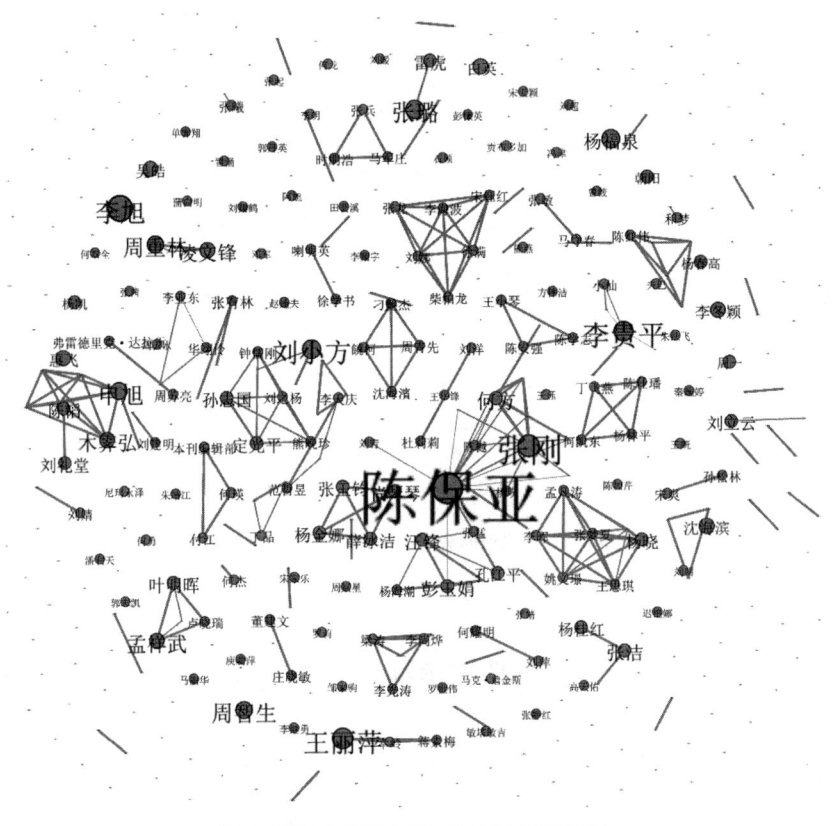

图1　茶马古道研究领域学者共现知识图谱

（二）作者共被引分析

根据 CSSCI 数据信息，笔者绘制了茶马古道研究者共被引知识图谱（图2），以节点表示被引作者，字号表示被引频次，节点连线代表共被引关系。结果共有 278 个学者以及 1059 条连线，被引频次比较高的是陈保亚（14 次）、木霁弘（13 次）、杨福泉（7 次）、李旭（5 次）、周智生（5 次）、申旭（5 次）等人。已知陈保亚、木霁弘、李旭三人是"茶马古道"概念的合作提出者，长期致力于茶马古道的研究，他们的共被引的频次也说明了他们在茶马古道研究的开拓者角色。而其他作者也大多源于西南地区，或者与西南地区有密切关联。

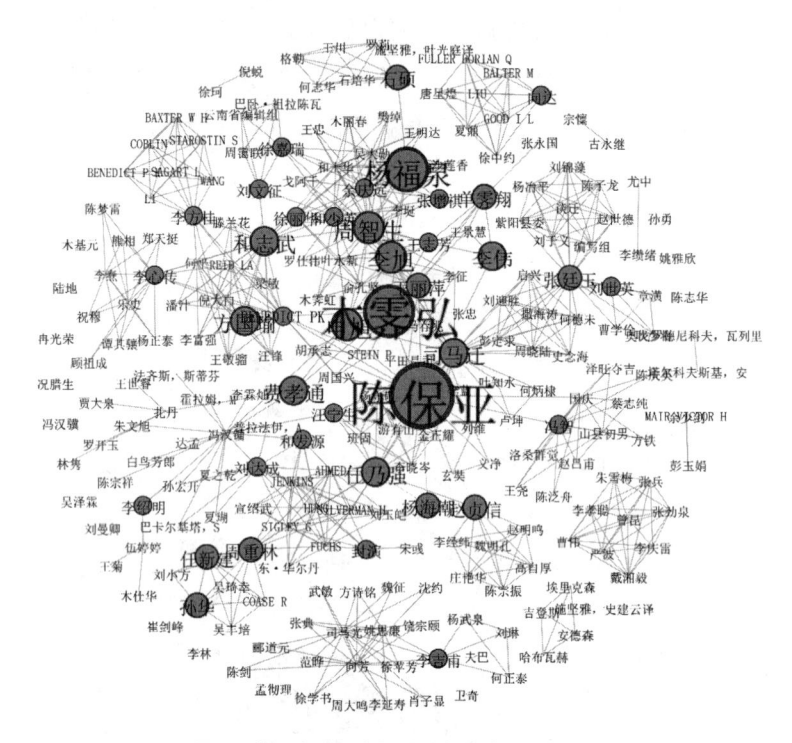

图 2 茶马古道研究领域学者共被引知识图谱

三、茶马古道研究发展历程

为进一步分析茶马古道研究的发展历程，绘制了茶马古道研究关键词时区（Time Zone）知识图谱（图3），以 2 年为一个时区，时间范围为 1992—2021 年。

从图中可以看出，研究最初十年中学者们关注更多的是"茶马古道"概念

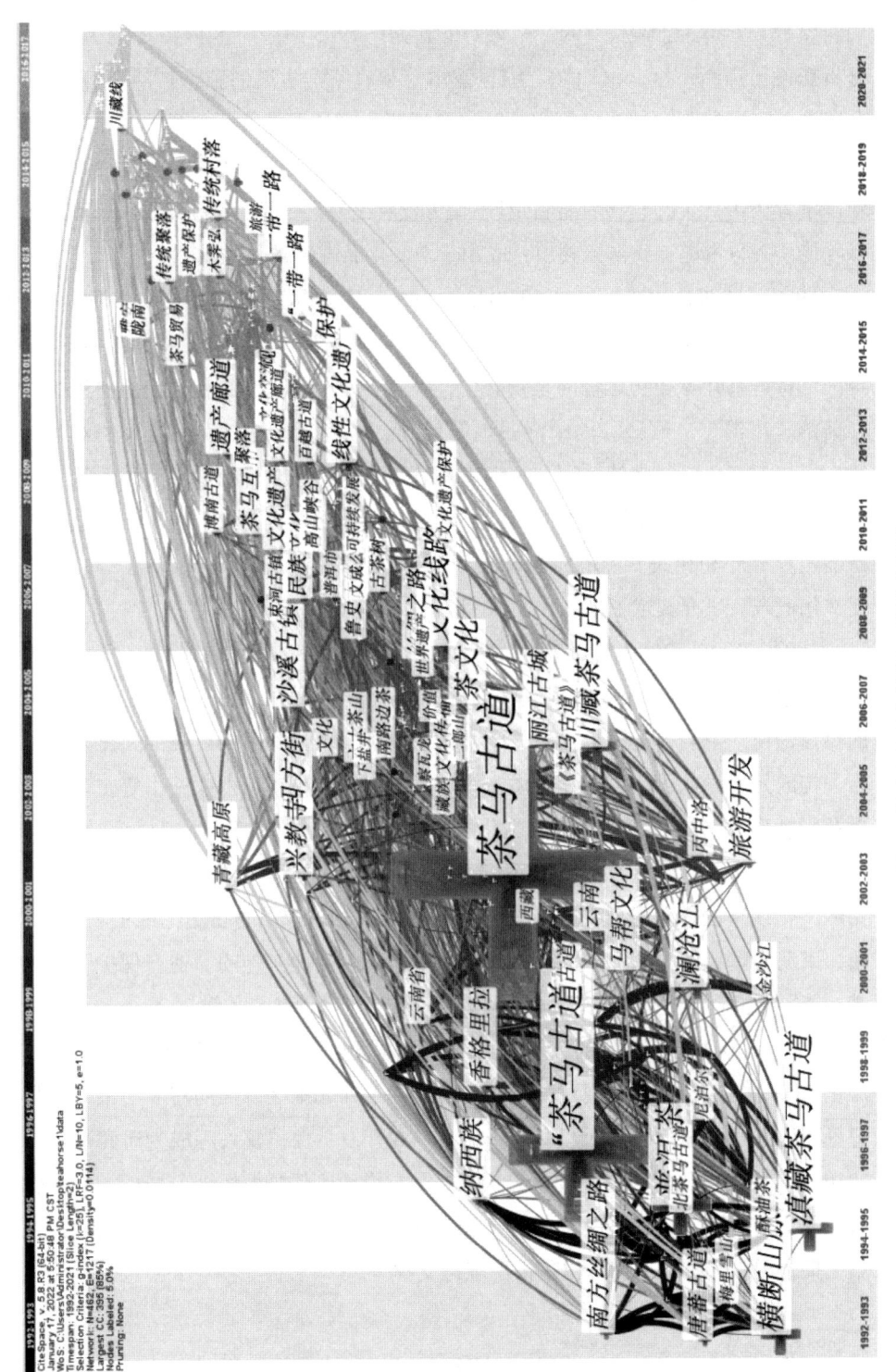

图 3 茶马古道研究关键词时区知识图谱

的科学性与合理性问题。1992—1993 和 1994—1995 两个时区内突现的关键词分析探讨了横断山区、滇西北、梅里雪山等孕育茶马古道的独特自然环境，以及普洱茶、酥油茶、纳西族等与茶叶生产消费和贸易运输紧密关联的文化生态，从自然和文化生态的角度论证了它的不可替代性和独特性。这两个时段的研究中，学者还辨析了它与"唐蕃古道""南方丝绸之路""滇藏茶马古道"等概念，最终使"茶马古道"获得了共识，成为一个文化品牌符号。

1998—1999、2000—2001 和 2002—2003 三个时区的研究关注更多的是茶马古道的具体线路分布和其中活跃的马帮，普洱茶主产区云南省澜沧江中下游地区、负责茶叶等货物运输的马帮文化，茶马古道跨越金沙江连通的香格里拉、打箭炉、尼泊尔、西藏、丙中洛等地等问题。这些研究逐渐引发了人们对滇、藏、川"大三角"地带的关注，推动着"茶马古道"概念得到学界的一致认可，成果数量上同"南方丝绸之路"相比也显得"后来居上"[①]。学者们此时也提出的茶马古道遗产和相关资源的旅游开发问题，也为茶马古道"文化线路"和"线性文化遗产"研究奠定了基础。

2004—2005、2006—2007 两个时区中，普洱茶市场的日趋火爆、"读图时代"下众多书刊的出版、电视剧《茶马古道》和纪录片《茶马古道·德拉姆》的热播，使"茶马古道"从抽象的学术概念逐步具象化为家喻户晓的文化符号。相关构成元素，如丽江古城、沙溪古镇、丙中洛等古村镇、六大茶山等古茶园，以及影视作品中的马帮文化、茶文化、民族文化等人文风情，不仅成为学术研究的重点，也开始成为旅游开发研究和实践的对象。接下来的研究中，学界开始从文化线路的视角重新审视茶马古道的文化内涵以及茶马古道沿线的鲁史古镇、束河古镇等古村镇遗产的保护与开发等问题。由此延伸的"遗产保护""一带一路""传统聚落"等研究也成为 2016—2017 时区的热点关键词。

2010—2011 时区开始的茶马互市研究既是茶马古道和茶文化研究的进一步深化，茶马古道的空间范围在此期间被拓展到了西北地区，推动着"一带一路"背景下的茶马古道互联互通、交流平台、产业开发、保护复兴等成为研究热点。2010 年"中国文化遗产保护普洱论坛·茶马古道遗产保护及培训"之后，"文化遗产""文化遗产保护""文物保护单位"研究也相继突现，为茶马古道被列入第七批全国重点文物保护单位提供了理论支撑。

---

① 凌文锋、罗招武、木霁弘：《茶马古道研究综述》，《云南社会科学》2018 年第 3 期。

2012—2013 时区中，茶马古道作为"线性文化遗产"和"遗产廊道"被确认，相关研究开始逐步与国际最新的遗产保护理念接轨，"文化遗产廊道""聚落"等得到了学界高度重视。2014—2015 时区中，"保护"被正式提出并受到高度关注，"一带一路"倡议也得到了呼应，相关研究也进一步影响到了 2016—2017 时区的"一带一路""传统聚落""传统村落""秦蜀古道""旅游"研究，以及 2018—2019 时区的"聚落景观""历史城镇""活化利用""文化内涵"研究。

2020—2021 时区中，新时代下的茶马古道内在价值，包括以茶为媒对人类命运共同体建设共赢策略的启示，茶马古道形成过程中文化认同的时代价值，以及乡村振兴背景下沿线传统村落的保护发展、文化旅游的开发等问题受到了更多关注。

四、茶马古道研究热点

（一）关键词共现分析

茶马古道研究的关键词共现图谱（图 4）中，"茶马古道"和"'茶马古道'"位于中心位置，出现频次和中心度均居于首位且明显高于其他关键词。其后

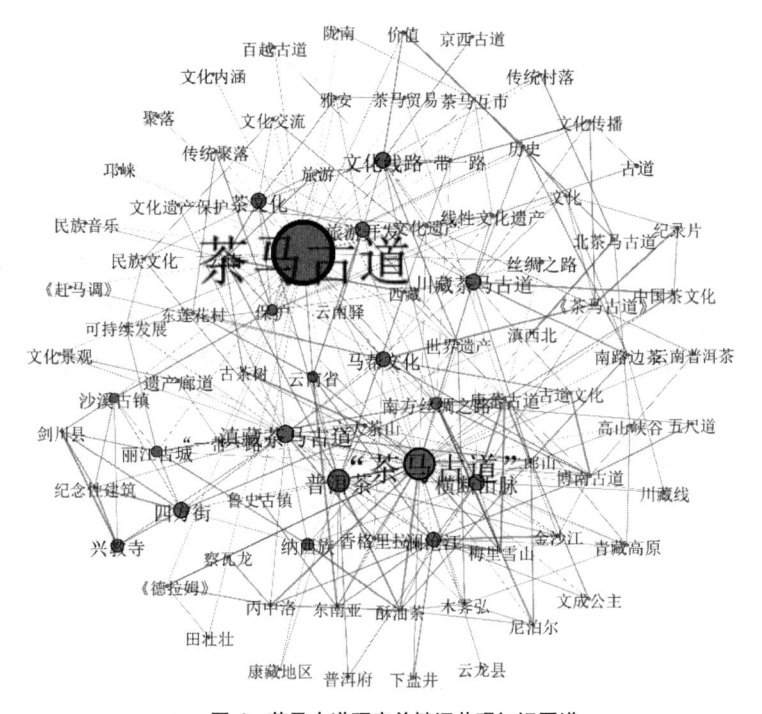

图 4 茶马古道研究关键词共现知识图谱

依次是"普洱茶""滇藏茶马古道""横断山脉""文化线路""茶文化""四方街""澜沧江""旅游开发""马帮文化"等。

根据齐普夫第二定律（T=$\frac{-1+\sqrt{2+8I_1}}{2}$），茶马古道研究领域高频词与低频词的分界频次 T=23，即频次高于 23 的关键词是茶马古道研究的高频关键词（表1）。

表1 茶马古道研究领域高频关键词

序号	关键词	被引频次	中心度
1	茶马古道	284	0.57
2	"茶马古道"	126	0.48
3	普洱茶	52	0.12
4	滇藏茶马古道	48	0.12
5	横断山脉	39	0.06
6	文化线路	33	0.03
7	川藏茶马古道	29	0.05
8	茶文化	27	0.02
9	四方街	25	0.01
10	澜沧江	24	0.05

结合部分文献解读，可以发现相关概念的界定和路线分布在茶马古道研究中占据比较重要的分量。尤其是研究早期，滇藏茶马古道和川藏茶马古道两条主要路线，以及"茶马古道"同"南方丝绸之路"等概念的概括性和科学性等问题，曾是研究中探讨较多的问题。相关研究以西南地区的茶文化传播、滇藏文化交流、文化遗产保护、旅游开发为背景，聚焦于茶马古道出现和延续至今的具体时空背景、具体线路分布、茶叶贸易引领下的物资与文化交流、线性文化遗产保护与开发、沿线代表性旅游资源的价值与开发保护等热点问题。

"普洱茶""茶文化""旅游开发"等关键词的出现，进一步说明西南地区经济社会发展的历史与现实为茶马古道研究赋予了顽强且旺盛的生命力，最终使研究成果数量在 2000 年之后迅速增长，并转变为中国西南地区的重要文化符号。

（二）关键词聚类分析

茶马古道关键词聚类知识图谱（图5）共自动识别出 14 个聚类，过滤掉关键词数量过少的聚类后得到 10 个聚类，其中高被引关键词聚类共有 8 个，聚类结构相对比较令人信服（Modularity Q=0.6252），聚类比较合理（Weighted Mean silhouette S=0.8786）。在此基础上，笔者结合10个子聚类的关键词，将其合并为茶马古道、"茶马古道"、普洱茶、文化线路四个类群，并绘制出表2，以便分析各类群包含的具体内容：

图 5　茶马古道研究关键词聚类知识图谱

第一类群，茶马古道。包含"茶马古道""川藏茶马古道""唐蕃古道"等子聚类。"茶马古道"概念提出伊始，"六君子"提出了从云南普洱和四川雅安出发的两条基本路线[1]，稍后又将其补充为三条，加上了从青海到西藏的"唐蕃古道"，并强调了滇、川、藏"大三角"的文化重要性[2]。随着研究逐步深入，越来越多的证据表明茶叶在唐蕃古道和丝绸之路上也扮演着重要角色，甚至激活了一度中断的丝绸之路并使之成为欧亚大陆的连接命脉[3]。该类群中"中华民

---

[1] 木霁弘、陈保亚等：《滇藏川"大三角"文化探秘》，云南大学出版社2003年版，第4页。
[2] 木霁弘、陈保亚等：《"茶马古道"文化论》，载李子贤主编：《文化·历史·民俗》，云南大学出版社1993年版，第180—197页。
[3] 陈保亚：《茶马古道与盐运古道、丝绸之路的关系——基于词与物的古道类型学研究》，《思想战线》2016年第6期。

族共同体"的出现，正是在国家"一带一路"倡议推进的背景下，学界开始探讨茶叶在其中扮演的角色，以及新形势下各地如何以茶马古道等为基础，融入"一带一路"话题的反映。此类群表明，30多年的国内茶马古道研究积累不仅揭示它的本质，而且已经形成了一定学术与文化自信。

第二类群，"'茶马古道'"。包含"'茶马古道'""四方街""纳西族""香格里拉""丙中洛"等子聚类。这一类群正是茶马古道作为区域文化符号[①]在学术研究中的体现，表现之一是丽江、香格里拉等沿线地区以"茶马古道"作为建构其旅游品牌形象的重要元素。尤其是2005年前后，电视连续剧《茶马古道》和纪录片《茶马古道·德拉姆》的热播，不仅唤起了人们对马帮所代表的传统生活的关注，使马帮等"遗留物"成了茶马古道的重要符号，引发了很多地方学者对马帮文化的探讨，而且激发了旅游者对丙中洛、察瓦龙等边缘藏区的强烈向往。

第三类群，"普洱茶"。茶叶是茶马古道上最具代表性的商品，正是饮茶习俗的传播和对茶叶的依赖性的增强，推动着人们不断进行长途贸易，使各地原属区域性的短途交通网络得以连通，形成了跨民族、跨地域的长途贸易网络[②]，推动了茶马古道从早期区域性交通网络转型为大型的远征古道系统[③]，在一个个族际交换圈域的扩散交错中整合成为多民族交换网络[④]，像牵牛花般在悄无声息中连接了西南地区及更广阔区域的众多族群[⑤]。对茶叶起源、传播以及今日西南地区茶叶品牌推广、营销的研究，也是茶马古道研究的重要内容。

第四类群，"文化线路"。概念提出伊始，"六君子"就将茶马古道定位为"世界上地势最高的文明文化传播古道之一"[⑥]，是"横跨世界屋脊的文化传播纽带"[⑦]，指出了它在中外文化交流史上的重要地位。随着众多古镇、古桥、古栈道等遗址遗迹相继进入研究视野，茶马古道被作为文化线路或遗产廊道观照，沿线传统聚落的开发和保护相继成为研究热点。其中，茶马古道的开发和保护必须置于人类文化遗产的高度，积极开展跨区域合作已经得到了学界公认。[⑧]

---

① 周重林、凌文锋：《茶马古道20年从学术概念到文化符号》，《中国文化遗产》2010年第4期。
② 申旭：《茶马古道与滇藏川印贸易》，《东南亚》1994年第3期。
③ 陈保亚：《论茶马古道的起源》，《思想战线》2004年第4期。
④ 周智生：《茶马古道上的纳西族"藏客"起源探析》，《西藏研究》2009年第5期。
⑤ 凌文锋：《茶马古道与"牵牛花"网络》，云南大学2012年博士学位论文。
⑥ 木霁弘、陈保亚等：《滇藏川"大三角"文化探秘》，云南大学出版社2003年版，第4页。
⑦ 陈保亚：《茶马古道：横跨世界屋脊的文化传播纽带——纪念茶马古道首次徒步考察和命名15周年》，《科学中国人》2005年第12期。
⑧ 凌文锋、罗招武、木霁弘：《茶马古道研究综述》，《云南社会科学》2018年第3期。

表2 茶马古道研究领域关键词聚类表

类群	编号	聚类名称	热点关键词
茶马古道	#0 #4 #8	茶马古道 川藏古道 唐蕃古道	茶马古道、传统文化、中华民族共同体、远征古道等 南路边茶、七子饼茶、易武茶山、传统聚落等 松赞干布、文成公主、四川康定、昌都地区、历史文化遗产等
"茶马古道"	#1 #5 #6 #7 #9	"茶马古道" 四方街 纳西族 香格里拉 丙中洛	旅游品牌、传承与开发、马帮文化、《茶马古道》等 滇藏茶马古道、沙溪古镇、三坊一照壁、石钟山石窟等 丽江古城、束河古镇、保护与开发、纳西文化、丽江模式等 旅游开发、旅游线路、类乌齐寺、历史地理 《德拉姆》、电影导演、民族风情、布达拉宫等
普洱茶	#2	普洱茶	六大茶山、横断山脉、普洱地区、热带雨林、生物多样性等
文化线路	#3	文化线路	文化遗产、田野调查、旅游开发、文化传播、保护策略等

（三）关键词突现分析

茶马古道研究关键词突现知识图谱（图6）呈现了研究热点的演变。从该图可见，"纳西族""四方街"两个关键词突现的时间最早，"普洱茶""澜沧江"紧随其后，接着依次是"茶马互市""线性文化遗产""滇藏茶马古道"和"川藏茶马古道"，"一带一路"突现虽晚但至今仍在延续。

Top 9 Keywords with the Strongest Citation Bursts

Keywords	Year	Strength	Begin	End	1992 - 2021
纳西族	1992	3.8	2003	2007	
四方街	1992	4.19	2004	2008	
普洱茶	1992	10.13	2006	2011	
澜沧江	1992	4.88	2007	2012	
茶马互市	1992	3.76	2011	2016	
线性文化遗产	1992	3.46	2011	2015	
滇藏茶马古道	1992	4.17	2012	2014	
川藏茶马古道	1992	4.16	2014	2016	
一带一路	1992	3.82	2018	2021	

图6 茶马古道研究关键词突现知识图谱

2003—2008年间，"纳西族""四方街"的相继突现，一方面源于丽江在历史上曾是茶马古道商品贸易的重要中转站，尤其是丽江商帮[①]和"房东伙伴"贸

---

① 李旭：《丽江——马帮踏出的古城》，《中华遗产》2005年第6期。

易形式[1]曾经是滇藏茶马古道上非常活跃的商业因素,是商品贸易顺利往来的重要保障,与此相关的相关田野调查和文献资料是"茶马古道"概念的重要支撑[2];另一方面,这两个关键词的突现,也与丽江等地旅游产业的迅猛发展引发的广泛关注有密切关联。

2006—2012年间,"普洱茶""澜沧江"的相继突现,尤其是二者10.13和4.88的强度,从一个侧面呈现了"茶马古道"由抽象学术概念变为一个"文化符号"的过程[3]。它们的背后是云南茶产业的逐步升温,尤其是2003年开始的普洱茶热销、2005年马帮进京的品牌炒作,使得保留有大量古茶树的澜沧江中下游地区逐渐进入了人们的视野,引起了学术界对古茶山的高度关注。

2011年开始,"茶马互市"和"线性文化遗产"同时突现,与人们对"茶马古道"概念认识的深化、研究成果得到广泛认可和研究视野向西北地区延伸紧密关联。随着学者们逐渐跳出囿于滇藏川地区的狭义"茶马古道",将其线路和范围做进一步的扩展[4],明确了茶马古道的辐射范围和线路走向[5],"茶马互市"制度也成了茶马古道研究重要的组成部分。与此同时,以何种理念来审视和保护相关文化遗产,也成了学术界探讨的热点。借鉴国际文化遗产保护领域的先进理念,在实地考察和地方志文献结合的基础上,对沿线文化遗产的历史与变迁进行系统考察[6]并提出相应保护策略,也成了研究热点。

最近几年来,"一带一路"等关键词的突现,说明学界正在探索历史上的茶马互市对"一带一路"倡议的启发和借鉴意义,它的突现也正是茶马古道研究服务于国家战略、民族复兴和文化自信的具体体现。茶叶贸易流通与人们的生产实践与消费背后的文化象征与认同紧密相关,饮茶活动是我国具有深厚文化

---

[1] 杨福泉:《略述丽江古城及茶马古道上的"房东伙伴"贸易》,《西南民族大学学报(人文社科版)》2015年第12期。

[2] 木霁弘:《茶马古道上的民族文化》,云南民族出版社2004年版。

[3] 周重林、凌文锋:《茶马古道20年从学术概念到文化符号》,《中国文化遗产》2010年第4期。

[4] 木霁弘:《茶马古道考察纪事》,云南教育出版社2001年版,第13—15页。木霁弘:《茶马古道上的民族文化》,云南民族出版社2004年版,第28—31页。

[5] 周重林、凌文锋、张娟:《茶马古道的范围与走向》,《中国文化遗产》2010年第04期。

[6] 郑国穆:《甘肃陇南地区有关茶马古道文化遗产的考察和研究——甘肃茶马古道文化线路遗产考察之一》,《丝绸之路》2011年第16期;郑国穆、韩华:《甘肃藏区茶马古道文化遗产考察研究——甘肃茶马古道文化线路遗产考察之二》,《鲁东大学学报(哲学社会科学版)》2014年第6期;郑国穆:《甘肃陇东地区茶马古道文化遗产考察研究——甘肃茶马古道文化线路遗产考察之三》,《天水师范学院学报》2015年第6期。

心理基础和健康生活实践的生活方式[①]。已有成果在探讨茶马古道作为内地同周边邻国进行商贸、文化交流的重要通道，拥有全人类共同的宝贵廊道遗产[②]的价值与意义的同时，也在探讨如何借助旅游开发等形式，激活沉寂已久的茶马古道，发挥它在"一带一路"战略中应有的重要功能。

五、总结与评价

（一）结论与探讨

基于 CNKI 和 CSCCI 数据库收录的文献信息，本文对茶马古道的研究进行了可视化分析，从整体上探讨了茶马古道研究的主体力量、发展历程、研究热点及其演变等方面的情况。结果表明：（1）研究主体方面，茶马古道研究虽有陈保亚、王丽萍、杨福泉、李旭等发文量较多的学者，且陈保亚、木霁弘、杨福泉和李旭等人的作品被引量相对比较多，但除陈保亚为首的研究团队之外，学者整体上仍呈相对独立状态，学术交流相对较少；（2）关键词时区分析表明，茶马古道的研究经历了概念界定与辨析、线路分布与马帮文化梳理、沿线古村镇遗产保护和旅游开发、茶马互市研究与空间范围拓展、线性文化遗产保护几个阶段后，逐渐转向了对人类命运共同体建设共赢策略的启示、形成过程中文化认同的时代价值、沿线传统村落的保护发展、文化旅游发展等问题；（3）关键词共现、聚类和突现分析表明，茶马古道研究的热点已经从相关概念辨析，转向了茶文化传播、节点城镇、茶叶贸易引领下的物资与文化交流、线性文化遗产保护与开发、沿线代表性旅游资源的价值与开发保护等问题。

需要说明的是，本文的分析对象包括 CNKI 和 CSSCI 中的部分茶马古道研究论文，但在这些成果之外，还有大量已出版的学术专著、科普读物、旅行笔记、纪实小说等著作，以及当代旅游者发布于旅游社区、旅游 OTA 平台、官方旅游网站等渠道的海量茶马古道旅游评论，这些也理应是当代茶马古道学术研究的重要组成部分，未来的量化研究需要完整地覆盖这些文献。

---

① 凌文锋：《茶马古道与"牵牛花"网络》，云南大学 2012 年博士学位论文。
② 刘礼堂、陈韬：《西南茶马古道：汉藏交融的千年大通道》，《光明日报》2021 年 1 月 26 日。

（二）定量分析与定性分析

知识图谱是一种揭示实体之间关系的语义网络，其节点代表实体（entity）或者概念（concept），边代表实体/概念之间的各种语义关系[①]。知识图谱分析以词汇和语义的频率为指标所做的量化分析，对分析样本的学术质量一视同仁，其研究结论也就无法显示实际的思想发展与学术贡献，这是一种对于形式的分析，而非对于实质的分析，因此其分析结果在何种意义上或何种程度上反映出真实的世界，是值得讨论的。

由于知识图谱的研究方法蕴含这一缺陷，其结论需要通过对单个文献本身的学术价值分析予以弥补或调整。例如，从刊文量居前20的期刊来看，《福建茶叶》发表的茶马古道文献数量共有49篇，占统计总量的4.79%，比重较大。但对这些文章的分析可见，它们大多只有1页篇幅，内容与其他文章重复较多而且往往未注明（或不知道）其来源，文章的学术价值非常有限。

此外，相关论著的定性分析发现，茶马古道研究中的思想理论贡献者大都不以此为其职业或专业，以其为职业或专业的学者的论著往往没有新意。学术理论创新的乏善可陈，学术争鸣与探讨的欠缺，或许是2018年之后研究成果数量持续下降的直接原因。这些现象似乎不能都以茶马古道研究只有30年的历史为托词。例如，发文较多的学者，如陈保亚（32篇）的主业为语言学研究而非茶马古道研究，李旭（14篇）的相关工作重在记录而非理论研究，而其他几人中，有的人甚至不从事学术研究，有人的论著中引用历史文献时讹误较多。更为突出的是，关注茶马古道所涉理论问题的研究极少，与其他领域、专业、问题进行深入而有效的对话的研究也较少，说明茶马古道研究还有很大提升空间。

[①] 徐增林、盛泳潘、贺丽荣、王雅芳：《知识图谱技术综述》，《电子科技大学学报》2016年第4期；杨萌、张云中：《知识地图、科学知识图谱和谷歌知识图谱的分歧和交互》，《情报理论与实践》2017年第5期。

川藏茶马古道文化遗存管窥
——以川藏茶马古道起点雅安为例

罗光德

（四川日报驻雅安办事处）

"宁可三日无粮，不可一日无茶。"过去在青藏高原上，藏族群众中间广泛流传着这样一句俗语。它说的是，青藏高原由于地理海拔较高，高原地区普遍缺少新鲜蔬菜，加上交通条件极不发达，人们日常饮食都需要通过饮用茶叶来分解消耗牛羊肉等高脂肪、高蛋白类食物，并从茶中摄取身体所需要的维生素。因此，四川地区盛产茶叶，上千年来一直皆为藏族人民生活所必需，区内边茶多由川藏茶马古道入藏，"秦蜀之茶，自碉门、黎、雅，抵朵甘、乌思藏，五千余里皆用之"[1]。

图1 川藏茶马古道（雅安茶厂供图）

---

[1] 见《明实录·明太祖实录》卷251。

一、从四川通向青藏高原的千年商道

公元前316年秦并巴蜀，置蜀郡后，区内始开青衣道（后称零关道、牦牛道、清溪道）。隋大业时期（605—613）开辟入藏茶马道，以雅州之茶，易藏族之马。各族人民交往，只靠步行、肩舆，物资进出全赖人背畜驮[1]。

"扬子江中水，蒙山顶上茶。"闻名遐迩的雅安茶叶，通过雅安至拉萨的著名川藏茶马古道，被源源不断运至世界屋脊青藏高原。

"采茶采茶再采茶，炉城一去远离家。姑嫂房中齐叹嗟，哥哥背茶未还家。"[2] 背茶的背夫从雅安出发，一条路负重翻越飞龙关、麂子岗，抵达荥经新添古镇，通过大相岭上的凰仪堡，来到汉源泥头驿、化林坪，翻越2850米高的飞越岭险关，到达泸定、康定；另一路，从雅安出发经多营坪至飞仙关，再到始阳、天全，经甘溪坡、紫石关，翻越海拔3000多米的二郎山后抵达泸定、康定，再随着康定锅庄里的马驮子，将茶叶最后运进高原藏区。

图2　川藏茶马古道（1936年，阿诺德·海姆摄）

---

[1]　见《雅安地区交通志》资料汇编第一章《古道·古驿道》。
[2]　见《雅州府志·艺文志》卷十六下，雅安地方志办整理2016年版。

相关资料记载，唐、宋以来国家对茶叶实行垄断，先后行"茶马互市""榷茶制""引岸制"等政策"以茶治边"。宋熙宁七年（1074年）在雅（今名山新店）设茶马司①，这是目前我国唯一有遗址可考的茶马司。之后，雅安茶叶源源不断地输入西藏。《宋会要·职官》载："蕃戎嗜名山茶，日不可缺……一百斤名茶，可换四尺四寸大马一匹。"

　　作为中国的茶叶之乡，雅安在历史上曾经云集了全国各地商人开设的茶号。比如清代雅安著名的天增公、孚和、义兴、裕兴、公兴等茶号，规模十分庞大，几乎整个藏区都有他们生产运来的茶叶。

图3　20世纪50年代的雅安孚和茶厂（雅安茶厂供图）

　　历史上，川藏茶马古道从雅安经汉源飞越岭至康定段俗称"大路"，由此道入康定的茶，称之为"大路茶"。明朝时期，黎（汉源）、雅（雅州）、碉门（天全）成为边茶的最大市场。除此之外，明洪武年间还因岩州设市，又开通了一条从天全通往泸定岚安的茶道，该道俗称"小路"，沿此道运往打箭炉康定的茶称"小路茶"。

　　清康熙年间，泸定铁索桥的建成后，茶马古道原路线亦稍有所改变。从康定至昌都的一段茶道俗称康北道，清初又开通了康南道（即从康定出发，经雅江、理塘、义敦、巴塘、芒康、察雅），至昌都与康北道合，此道开通后从康定入藏多取此道。

---

① 见《雅安县志》，1995年版。

图 4　茶背夫（1936 年，阿诺德·海姆摄）

据乾隆年间统计，通过川藏茶马古道，雅州名山、雅安、荥经、天全等县销往康定的边茶总引额数达十万零三百四十担，计约一千万斤以上[①]。民国时期，每年引票销售量均在十万张左右，其中最低额年份亦在六万九千多张。

据《天全县志》载：宋朝熙宁年间，天全茶马比价为一匹马换茶一驮。崇宁年间，一匹四尺四寸大马，换茶一百二十斤。到了明代，改为上等马一匹易茶百斤，中等马一匹易茶八十斤，下等马一匹易茶六十斤。自唐代开始，到清末时止，茶马互市最后消失。

《芦山县志·古道路》载：隋代汉茶入藏，由碉门分两路直通吐蕃：一由碉门经鱼通、长河西等地直达大渡；一由碉门东，经始阳、峡口坝，渡荥水，越相公岭，经黎州，会于大渡。据此考证，雅安地区入藏的古道有两条：第一条是始阳道，从名山、雅安经飞仙关入天全境，沿绿水河，过虎头峡，顺荥河，翻大相岭，经宜东至烹坝，过冷竹关到康定约 290 余公里，这条道路较宽，民

---

① 见《雅州府志·茶政》卷 5。

间称茶大路；第二条是和川道，从名山经雅安到天全，又经紫石关、大仁烟、两河口，越马鞍山至冷竹关，与第一条道路相会至康定。这条道路虽较短（约260余公里），但陡窄难行，民间称为茶小路。边茶运输抵达康定后，一路西行过金沙江入藏。

1954年12月25日，随着著名的川藏公路建成通车，逶迤盘亘在崇山峻岭间的川藏茶马古道上人背马驮的人力、畜力运输时代宣告结束。

二、川藏茶马古道起点雅安的丰富茶马文化遗存

雅安地处四川盆地与青藏高原的结合部，是西接西藏、南至云贵的咽喉地带，自古以来就有民族走廊之称。作为全国最重要的茶叶生产基地和川藏茶马古道的起点，雅安茶马古道历史文化遗存十分丰富，遗址点包括茶马司遗址、大石梯古道、蒙顶山古建筑群、南门坎（城门）遗址、仙关及南界牌坊、青龙关、清代边茶仓库、甘溪坡茶马古道驿站遗址、公兴茶号、新添驿站、重修大相岭路桥碑、清溪故城遗址、孚和茶号旧址等27个[①]。

在名山区新店镇长春村，**茶马司古遗址**始建于宋神宗熙宁七年（1074年），并"遣官以主之"，专司茶马互市事宜，是宋以来专管茶政机构所在地。清道光二十九年（1849年）重修，该茶马司遗址对于研究我国宋以来茶马互市、名山茶和我国"榷茶"制度具有很高的历史文化价值和科学价值。

在名山区马岭镇七星村，明代大石梯古道蜿蜒而来，古迹包括有**《重修天目路道碑记》、大石梯古道**。古道东南、西北走向。早在唐代时期，百丈县（唐时设，明洪武时废，今属名山区）早已是当时的重要产茶区。

1950年2月1日西康雅安解放之前，雅安城内天增公、孚和等茶号占据了城中大片的地盘，各茶号厂房、仓库和马店子等设施一应俱全，各路采办云集[②]。

在雨城区观化乡，清代**飞龙关古道遗址**依山而建，沿东南向西北延伸入荥经，沿线现仍保存有倒马坎摩崖造像、普慧寺遗址、飞龙关关口、古道、碑刻、拐子窝等。

---

① 《茶马古道雅安段文献索引掇珍》，巴蜀书社2018年版。
② 中国民族图书馆编：《民国时期西康资料汇编》，国家图书馆出版社2018年版。

在川藏"大路茶"的官道必经之地荥经县，当年从乐山洪雅迁居到此的姜氏茶人，创立了享誉康藏的"仁真杜吉"品牌边茶，生意盛极一时。在荥经县严道镇民主路，有一处清代茶号——**公兴茶号旧址**，公兴茶号过去的茶叶商标藏名叫"仁真杜吉"，茶号的建筑房屋是传统的木结构四合院，具有鲜明的川西民宅特色。四合院中的天井，就是过去加工晒茶的晒坝，天井四周房屋依次是遛茶、渥堆、炕茶、拣茶、舂包、编包（包装）的地方，成品堆放有专门仓库。

图5 公兴茶号（雅安博物馆供图）

在荥经县安靖乡箐口村，**箐口古驿站**为明时官办驿站。路左侧立有一四方碑，建于清道光二十二年，据传为背夫拴马歇脚之处。往左为一古小道，个别地方可见拐子窝。箐口村部分民居保存较为完整，有些民居在当年为客栈。

在荥经县六合乡富林村，唐代**石佛寺摩崖造像**是翻越大相岭至汉源清溪古道上重要的石窟。造像开凿于唐贞元十一年（795年），延续至明清，佛道两教共凿一处。

图6 石佛寺摩崖造像（雅安博物馆供图）

在荥经县新添乡新添村，唐宋茶马古道驿站之**新添古驿站**，由驿站和驿道两部分组成。该驿站始建于清代，新添站所处的新添古镇也是目前雅安茶马古道上保存最为完好的古镇之一，整体布局仍然保留原始风貌，现代建筑仅有一两处，川西古镇风貌尽显。

在荥经县安靖乡民建村，**大通桥**横跨在相岭河上，这处遗址是明代连接荥经至汉源清溪之要道，现仍为花滩至凰仪公路的重要桥梁。

在荥经县安靖乡崍麓村，清代**重修大相岭桥路碑**碑额上方书"重修大相岭桥路碑记"九字，字体为篆书，正文是隶书，碑文字迹非常清晰，落款：光绪丙午秋九月督蜀使者巴岳特锡良篆并书。该碑是研究雅安地区茶马互市非常难得的珍贵资料，具有较高的文物价值。

从荥经至汉源，新添站、箐口站和黄泥堡三个驿站沿着古道而去，即从荥经县城出发后沿荥河南岸至花滩，折而向西经石佛寺后进入安靖、凰仪，然后翻越著名的大相岭进入汉源清溪境内。

在汉源县清溪古镇东北端新黎，汉代**羊圈门古道**南北走向，南连王建城街尾，北接草鞋坪，光滑石块上还有背背子留下的拐钉歇脚印窝，大站口鸡茅店的断壁颓垣尚存。古道南北走向。

在汉源县北清溪镇，清代**清溪故城遗址**地处高山峡谷中一台地上，西南丝绸古道及茶马古道交汇于此。城址呈一长方块，高踞东、南、西三面高山河谷地带之上，天险自成。为研究西南古代历史、文化、生活等提供了有力的佐证，具有多方面的历史科学研究价值。

在汉源，宜东古镇和三交乡的幺店子（旅馆）里，经此路过的背夫和马帮天黑歇脚后，黎明又启程翻越化林坪去往泸定、康定。

在汉源县的宜东镇茂盛村，同样有一处清代茶号——**孚和茶号旧址**[①]。该旧址是雅安"孚和"茶号在汉源宜东开设的分号，是清代至近代雅安地区茶马古道上重要的茶叶、皮货等商品的集散驿站，主要是将雅安内地的茶集转藏区，同时将藏区的皮货、酥油茶等在此集转至内地。

图7 清代重修大相岭桥路碑（雅安博物馆供图）

在汉源县宜东乡天罡村，建国桥又称护国桥，该桥在解放前后一直是茶马古道的必经之路，大沟也为当时茶马古道的一小驿站，如今古道已成为天罡村中心村道，石拱桥下面的古河道石板台阶依稀可见。

飞越岭是最能体现茶马古道艰辛的一段路程，飞越岭古道从三交出发至泸定化林坪，到山顶耗时三个半小时，下山一个半小时，山路崎岖陡峭，路面全由当地所产的花岗岩铺成，拐子窝随处可见，最多的一块石头上分布十多个。

自始阳而至碉门、康定，在天全县境内，当年用于烘干茶叶的**石炕头**，把背夫身上受雨的茶叶烘干再行转运。"背夫前仆后继，戴月披星，古道蛇行大荒，商家不绝如缕……"在茶马古道的"小路茶"道上，芦山、天全一线同样古迹和遗存众多：

---

① 雅安市人民政府、四川省文物管理局编：《边茶藏马》，文物出版社2012年版。

在芦山县龙门乡，清代**青龙关关城**依龙门山之险峻而建，上接陡壁悬崖，下临龙门河，为秦汉时从临邛越镇西山进出芦山必经之地，是古青衣道之重要关隘。县志称此为"八步天险"，名八步关。

在芦山县芦阳镇黎明村，宋代马鞍腰摩崖石刻分上下两部分，上面刻有：千禧元年九月十五日□□佃户到□重修，张实 史谦 记；下刻：庆元元年……崇宁元年三月廿五日重修记。为芦山连接雅安上里的重要古道。

在天全县始阳镇**九十步村**，明代嘉靖九十步村古官道整体由红砂石砌成。相传该官道是由明代当地地主刘范氏出资修建，官道建成后，成为由鱼泉通往始阳的重要交通要道，石梯上清晰可见当年背夫们背煤炭、茶叶经过此处时留下的拐子窝。

在天全县始阳镇新中村，清代官方储藏**边茶仓库**始建于清康熙年间，由乡绅高炳举修建。高家在清朝前期经营茶叶生意，有长丰店、恒顺店、泰顺店、清顺店，为当时名号，历经几代由于经营不善，家道中落，到中晚期被朝廷收购，成为官方茶仓库。

天全县两路乡长河坝村。自唐代起，天全建立茶马互市以来，茶马古道便成为汉茶入藏的重要交通要道，长河坝村是茶马古道上的重要驿站。

在天全县红星村境内，唐代**甘溪坡茶马古道驿站遗址**[①]是当年背夫们背茶包到西藏的必经之路。房屋还保留有清末建筑风格，古道上背夫们当年背茶包歇脚时用拐子杵下的拐子窝仍清晰可见，还有当年照亮背夫行走夜路的灯杆窝子。至今，尚有昔日背夫们家中保留着当年用过的背夹子、拐子、油灯、草鞋耙等工具，以及当年开茶馆、旅馆遗留下的古老桌椅等遗存物件。

事实上，川藏茶马古道茶马文化古遗址遗迹众多，可谓数不胜数，不仅包括沿线保存下来的古城镇、古关隘、古渡口、古桥梁、古寺庙、古民居，茶马交易中曾经使用的贝币、珠币、铜币、官银、藏银、尼泊尔银币等，以及藏汉群众日常生活中使用的酥油茶桶、茶壶茶具、茶器等，不一而足。除此之外，国家及省市县各级档案馆保存茶马贸易古代文书档案、舆图、茶马古道歌谣等民俗文化资料众多，连同不同时期拍摄的各种珍贵图片、影像遗存，都见证着川藏茶古道文化曾经的辉煌与灿烂。如今，如何传承、保护和利用好这些珍贵的茶马古道文化资源，已经成为新时代赋予我们的一项刻不容缓的重要任务。

---

① 亮炯·萨朗：《恢弘千年茶马古道——川藏茶马古道寻幽探胜》，中国旅游出版社2014年版。

茶马古道的保护、提名与管理：文化线路概念的运用和探究

王少琛

（伦敦大学考古学院）

一、茶马古道和文化线路（Cultural Routes）

茶马古道是一条联通中国及南亚的重要文化与经济纽带，从古代到现代，科技、商品、理念等在此频繁交换。作为一条重要的文化线路，茶马古道在2013年由三省（云南、四川、贵州）联合申报，被国家文物局列入第七批国家重点文物保护单位。此外，在丝绸之路及大运河成功申遗之后，茶马古道也成为下一个省级政府及国家政府的申遗聚焦点。然而，针对茶马古道的系统性研究却一直很缺失：许多研究局限于考察其历史、旅游潜力，甚至现代民族志研究等，但是关于这条具有国际重要性的文化线路的价值、利益相关者及复杂的管理程序等却很少得到关注，更值得注意的是地区经济的发展及旅游业会对茶马古道的可持续性管理带来巨大的挑战。

而文化线路作为一个新兴的遗产概念，经过学术界一段时间的讨论与延伸，在2008年发布的《文化线路宪章》中[1]，对其的定义是：无论是陆地上、海上或其他形式的交流线路，只要是有明确界限，有自己独特的动态和历史功能，服务的目标特殊、确定，并且满足以下条件的可称为文化线路：A. 来自并反映人类的互动和跨越较长历史时期的民族、国家、地区或大陆间的多维、持续、互惠的货物、思想、知识和价值观的交流；B. 必须在时空上促进曾涉及的所有文

---

[1] ICOMOS, "ICOMOS Charter on Cultural Routes: Prepared by the International Scientific Committee on Cultural Routes (CIIC) of ICOMOS. Ratified by the 16th General Assembly of ICOMOS, Québec (Canada), on 4 October 2008," *International Journal of Cultural Property* 15.04 (2008), pp. 385-392.

化间的交流互惠，并反映在其物质和非物质遗产中；C. 必须曾将相关联的历史关系与文化遗产有机地融入一个动态系统中。[①]

可以说文化线路这一概念的出现到不断完善，为西南茶马古道的保护和管理提供了新的思路和方向，因为茶马古道从各个方面都契合了文化线路的概念和内涵。但是，文化线路这一概念无法一蹴而就地解决当今社会环境下茶马古道作为一个"文化线路"所面临的困境和问题，本文将结合实地案例考察，在梳理清晰现有的相关遗产及物质遗存的基础上，探讨在对西南茶马古道的保护和管理上，文化线路具体能提供哪些行之有效的思路和见解。

二、现存相关遗产保护管理理念

在探索茶马古道的具体案例之前，有必要对现存的相关遗产管理的理念和概念进行一个梳理，从而在现存理念的基础上，梳理出适合文化线路这一概念的遗产保护及管理方式和办法。

（一）文化景观

在联合国教科文组织 2009 年出版的《世界遗产文化景观保护管理指南》[②]中，对于文化景观的定义为：文化景观是指那些在长期的人类与自然系统的互动过程中形成的景观，这些互动不仅引起并引发了文化价值的发展。这一概念的提出可以追溯到 20 世纪 20 年代，在一直不断发展完善，成为遗产类型中重要的组成部分。不同于单一建筑遗产或者遗产建筑群的保护与管理强调对物质遗存本体的修复和保护，对于文化景观来说，如何可持续性地延续和维护人类活动和自然系统互动所留下的文化价值才是保护和管理的核心，因此，文化景观更强调"动态的保护"，而不是"静态的维护"。

（二）活态遗产

活态遗产是指至今仍保持着原初或历史过程中的使用功能的遗产[③]。作为文

[①] 宋奕：《文化线路遗产视角下的"万里茶道"申遗》，《华中师范大学学报（人文社会科学版）》2014年第 6 期。

[②] UNESCO, "World Heritage Cultural Landscape: A Handbook for Conservation and Management," 2009, p. 5.

[③] UNESCO, "Linking Universal and Local Values: Managing a Sustainable Future for World Heritage," 2003, p. 6.

化遗产内涵的延伸，活态遗产主要强调文化遗产和当地社区的互动和关系。活态遗产的概念和文化景观相辅相成，因为在文化景观的发展进程中，当地居民和社区都起着举足轻重的作用，也是文化景观中人为因素的主要承担者。此外，活态遗产更注重对于遗产的原有作用的延续和传承，并包括对相关遗产地物质与非物质遗产类型的保护与传承。

（三）价值主导的管理

以遗产价值为主导的管理理念主要体现为在对具体遗产地或区域进行价值评估和重要性评估后，针对遗产的不同类型的价值进行管理。这一管理体系也经过了不断完善和发展，从最初的只注重遗产的历史文化及审美价值，忽略或不重视其社会及经济价值到后期的强调协调和平衡遗产不同价值取向的关系，从而做到既保护了遗产本体的历史文化价值，又发挥其更多的附加价值的影响，使得遗产地得到可持续性的维护和发展。

（四）自上而下和自下而上的遗产管理

自上而下和自下而上的两种遗产保护理念主要是指以政府为主导的行政式保护和以当地居民社区及利益相关者为主导的自发式遗产保护。以政府为主导的文化遗产保护有很多显而易见的优势，包括执行力强，效率高，可调配的资源丰富等，但是只依靠各级政府部门和文旅单位对遗产的管理和保护是远远不够的，这时自下而上的管理理念就可以起到互补的作用，通过提高当地居民对文化遗产保护的意识和调动当地社区的积极性，这样才能更有效率地去保护和传承属于广大人民群众的文化遗产。

三、三种不同类型及代表案例

在总结了现有的相关遗产保护管理的概念后，本节将主要聚焦如何对茶马古道现存的相关物质遗产进行探讨和分类。在丝绸之路主题性研究报告中，Tim Williams 首次提出了将丝路遗产根据不同的功能进行分类整理[1]，从而可以更系

---

① Williams, T., *The Silk Roads: An ICOMOS Thematic Study*, 2014.

统地研究丝绸之路,本文借鉴了这一分类办法,将西南茶马古道在云南省境内的遗产点进行了分类,以茶马古道现存的交易商品普洱茶为核心划分出生产地、转移地和消费地。值得注意的是,普洱茶并不是茶马古道在历史上进行交易的唯一商品,但由于其相对于其他商品如盐、药材、布匹等不易保存和溯源的特点,其良好的延续性为今天探索茶马古道的具体遗存和走向提供了不可或缺的证据链条和走向提示。在文献研究和实地考察相结合的探索中,普洱茶成为今天的茶马古道作为文化线路一个重要且不可或缺的因素。

(一)生产地——景迈山

普洱茶的生产地主要集中在云南省西南地区,这里适宜的自然条件给茶叶的种植提供了得天独厚的条件,位于云南西南的景迈山是历史上著名的普洱茶产地,拥有独一无二的"万亩古茶林",除此之外,不同少数民族在此地长期居住的传统村落及传承至今的和普洱茶有关的习俗和习惯都使得景迈山成为一个典型的文化景观。2013年景迈山成功入选《中国世界文化遗产预备名单》,并将在2022年作为正式申请世界文化遗产项目。

在联合国教科文组织文化遗产中心的文件中[①],景迈山的原真性主要体现在作为文化景观的两个重要元素:古茶林和传统村落的历史风貌都保存完好,此外,文化景观的基础结构也保存完好,因此在物质、设计、技术和功能上都具有非常高的原真性。

就完整性而言,在规划的保护区域中,景观的元素和其体现的茶文化景观的演变都具有很好的完整性,规划的区域也将文化景观的两个要素都囊括在内,因此完整性得到了维护。

除此之外,对当地居民来说,景迈山茶园作为生活收入的主要来源,景迈山茶园在茶叶交易中也十分重要,当地政府为了保护古树普洱茶较高的经济价值也制定了一套严格的管理规定,其中一些规定是由当地居民为了保护茶林的完整性自发发起的。

(二)转移地——沙溪古镇

转移地是指在地理位置上具有重要作用的地点,通常是不同道路汇集和分

---

① https://whc.unesco.org/en/tentativelists/5810.

散的地区，值得注意的是，这种交汇点所交换的不只是商品，随着长时间的商品交易带来的是不同区域文化、宗教和习俗的交流与融合。虽然无法追溯具体的交流细节和地点，但是转移地丰富的物质遗存也从侧面证明和反映了不同文化的交流和融合。

剑川的沙溪古镇位于大理和丽江之间，自古以来是连接大理和丽江的交通要道。被称为"茶马古道上唯一幸存的古集市"的沙溪古镇，拥有数量众多保存完好的具有白族风格的古建筑和明清时期的白族民居，其中最有名的就是古镇中心寺登街上的四方街和古戏台。此外，在沙溪古镇十几公里外的石宝山上，也拥有丰富的宗教遗存，值得注意的是，石宝山内寺庙中的风格各异的雕塑和壁画也反映了当时白族和东南亚地区的文化交流。

虽然沙溪古镇在茶马古道日渐衰败后也逐渐淡出历史舞台，失去了曾经的繁忙和辉煌，但是曾经的辉煌和交流的证据都被刻意或者随机地保存了下来，变成了反映茶马古道这条文化线路的物质遗存和体现其价值的载体。因此，转移地的物质遗存对于茶马古道而言是非常重要的，特别是不同文化背景的交流和融合下出现的建筑风格和宗教壁画等。

（三）消费地——大理

消费地是指在茶马古道上大宗货物和商品进行交易和交换的大型城市，大理作为西南茶马古道上的重镇，拥有丰富的和茶马古道相关的物质遗存。作为普洱茶在途经产地后向藏区方向运输的第一个大型城市聚落，聚集了各种不同的马帮、商号和茶厂，以及曾经在茶马古道上的商人的宅院等。其中比较有代表性的包括大理古城、喜洲古镇、云南驿等。

大理古城内的天主教堂、基督教堂等融合了东西方元素的宗教建筑都体现了不同文化交流碰撞的结果。喜洲古镇作为一个典型的白族聚集地，保留了许多典型的白族民居，由于这些保留下来的民居和宅院大多属于曾经行走在茶马古道上富甲一方的商人，这些宅院和民居也同时融合了在当时时兴的南洋及东南沿海的建筑风格，有些时兴的建筑材料也是远渡重洋再经过茶马古道运送到喜洲古镇。云南驿作为滇西地区的交通要塞，也是大理的东大门，保留了明末清初的大量建筑遗存和石板路。作为进入大理城的必经之地，云南驿是马帮们选择在进城前进行休整的地方，因此催生出很多商铺和马店。

大理的大多数和古道相关的建筑遗存都已经失去了曾经的功能，但作为茶马古道的见证者，这些建筑遗存和其所代表的价值都对这条文化线路有很重要的意义。作为消费地的城市，还有许多相关的遗存和遗址亟待考察和研究。

四、三类地区的评估

通过上一节对三种不同类型遗产的三个案例的研究，不同类型的区域拥有不同的现状，它们的原真性、完整性和对旅游业的影响也都不尽相同。对于景迈山来说，作为申遗的后备军，它的原真性和完整性都得到了很好的保护，从不同政府部门到当地居民，都在积极主动的保护他们赖以生存的茶园和村落。旅游业的发展也为当地经济发展提供了新的思路，特别是在景迈山新机场建成通航后，解决了交通通达度低的缺点，为景迈山吸引了更多旅游资源。作为转移地的沙溪古镇，其原始的历史风貌和完整的古村落的保留主要得益于合理的开发和使用，旅游业的兴起也为沙溪古镇带来了新的活力，其保存完好的街区和景色也成为其旅游业最核心的竞争力。大理作为旅游开发非常成熟的景点，作为茶马古道上的重镇，原真性和完整性都得到了较好的维护，虽然最初的目的是提高旅游产业的核心竞争力，即保存完好的各类遗址和良好的历史风貌，但是不可否认的是旅游业的发展和游客的到来，从根本上解决了保护这些遗存所需的资金和资源问题。因此，三个案例作为茶马古道不同遗产类型的代表，其原真性和完整性都得到了保护，并且旅游开发带来的资源也能被有效地利用，从而更好地保护这些遗产的历史文化和审美价值。

五、结论

茶马古道上还有种类数量众多的遗产类型，虽然有些遗存类型无法直接划归到生产地、转移地或者消费地，但是这一分类方式对梳理复杂繁复的茶马古道遗存具有很大的优势。另外，这样分类后也能更好地探索不同类型遗存对于茶马古道的价值和意义。以本文的景迈山、沙溪古城和大理为例，从这三个案例出发，可以总结出：第一，茶马古道作为文化线路这一遗产类型，拥有着复杂且多样的遗产和遗存种类，包括并不限于文化景观、古遗址、传统村落、历史古城等。第二，由于遗产种类的多样性，茶马古道不同遗产地之间的发展和状态也千差万别，以景迈山为例，如果作为单一的文化景观进行申遗，将会在较短时间内取得一定的成绩和效果，但是如果将其纳入整个西南茶马古道这一体系进行保护和管理，在现阶段缺乏相应的政策及资金支持。第三，对于茶马古道的管理和保护，目前还处于初级阶段，在对现有的各类遗产地进行整合记录和评估后，才能进行下一步的规划和管理。第四，文化线路这一概念的运用，对于像茶马古道这一类复杂的、时空跨度范围大的遗产类型的申遗和长期可持续保护，起到了积极的、启发性的作用。如何运用文化线路这一新的概念，去更深层次地发掘西南茶马古道的价值和内涵也成为茶马古道今后发展所要面对的问题。第五，茶马古道的内涵和价值都在随着时间的推移产生着变化，作为历史上连接西南各地的商道，其功能早已被现代化的交通运输手段所取代，但是作为不同地区经济、文化交流融合的见证，茶马古道在今天也依然发挥着作用，成为西南地区促进民族团结、加速各地区共同富裕的重要纽带。

雅安茶马古道考古调查研究

兰犁 吴磊

(四川省雅安市博物馆)

茶马古道的概念是20世纪90年代由木霁弘、陈保亚、徐涌涛、王晓松、李林、李旭等提出。他们对川滇藏地区进行了实地考察,把该地区以茶叶为纽带的古道网络命名为"茶马古道"。

在茶马古道文化遗产保护(雅安)共识中将茶马古道总结为"中国西部地区以茶马贸易为主要内容的古老商贸通道,不仅是沿线各地经济交往的通道,也是各民族文化交流和感情沟通的纽带,千百年来的汉藏茶马互市,不仅让汉、藏、彝、羌等兄弟民族唇齿相依,茶马古道还成为一条连接汉民族和西南少数民族、内地和边疆、中国和海外的经济路、团结路和国际大通道"。茶马古道(雅安段)由于其特殊的地理位置和基本完整的保存状态,使其成为茶马古道各线路中最具特色的一条。

一、茶马古道(雅安段)概述

茶马古道(雅安段)由雅安引出,分为大路和小路。"大路"是从雅安经飞龙关进入荥经,翻越大相岭或蒲麦地在泸定交汇,这是官道。具体经过点位有雨城区的观化、飞龙岗关口,荥经县的新添古镇、严道镇、六合、花滩、箐口、大通桥、黄泥、小关、二台子、木根岩、大关(邛崃关)、板房、长老坪、溜马坡,到达草鞋坪,汉源县的二十四道拐、盘脚、王建城(羊圈门)、大相岭九折坡、清溪古城、清溪文庙、宜东古镇、三交、林口、飞越岭,而后到达泸定化林坪，再由盐水滴、冷碛到康定。"小路"指由雅安经天全翻越二郎山进入泸定与"大路"交汇。具体经过点位有芦山县的青龙关及宋代摩崖石刻、飞仙关镇下关、上关古道老街，天全县的始阳新中村清代官方储藏边茶仓库、始阳镇明代嘉庆九十步村古官道遗址、甘溪坡古道驿站、紫石关、长河坝老街、两路口，而后与"大路"交汇。

现阶段，茶马古道（雅安段）共有全国重点文物保护单位16处，省级文物保护单位62处，市县级文物保护单位3处，一般文物点8处。基本将茶马古道经过雅安的重要点位涵盖进入文物部门的保护范围之中。

二、茶马古道（雅安段）的特点

1. 古城、古镇、古村落保存较为完好，各具特色。汉源清溪古城是一座有着1300多年历史的县城，并有长达900多年州治所在地的辉煌历史，这里至今仍古貌依稀，南北走向的清溪古驿道穿城而过，如今还有多家保存完好的四合院。宽达10米、高达9米的北城门，依旧显示着它的古老和巍然。荥经县新添站是"官道""大路"上连接古代雅安和荥经的一个重要驿站，是目前雅安茶马古道上保存最为完好的古驿站，驿站古街长近1公里。天全长河坝是"小路"背夫们翻越马鞍山进入藏区的重要驿站，村落街道两侧木结构民居保存仍相当完好，为典型川西民居风格。

2. 古道遗迹清晰可循，部分路段至今依然发挥着重要作用。目前保存比较完整的茶马古道路段有名山明代大石梯古道、雨城飞龙关古道、汉源二十四道拐古道、羊圈门古道、芦山青龙关古道、天全九十步村古道等。这些古道主要采用当地石料（红砂石或花岗石）铺成，有砾石路、条石路或石阶梯，还修有排水沟，所有路段都留下了或深或浅、或大或小、或多或少的拐子窝。汉源羊圈门古道两旁至今还残留着当年为防止古道被破坏而筑砌的土埂，大石梯古道、九十步村古官道还设置了排水系统及休憩石台。一些保存完好的路段至今仍然是当地居民的生产生活用道。

3. 古道沿途古建筑众多，保存完好，别具匠心。古道沿途古建筑以清代或近代建筑为主，主要是驿站、茶号、文庙、边茶仓库、民居等，对于研究茶马古道历史和相关的茶商茶号文化、背夫文化很有价值。荥经新添驿站始建于清代，位于场街中部，坐东向西，占地面积约391平方米，四合院布局，由门厅、正厅及两厢房组成，穿斗式梁架，悬山顶小青瓦覆面，保存完好，对研究古代驿站很有价值。荥经姜家大院系清代公兴茶号遗址，坐南朝北，建筑占地面积1615平方米，三进院落，木结构，面阔五间，进深三间。整体建筑前半部分为明代晚期，后半部分为清代早期建筑，建筑整体呈长方形。门窗雕刻戏剧人物和故事，并在图案上覆盖金箔，雕刻工艺精致细腻，造型生动。四合院中的天井就是晒茶的晒坝，天井四周房屋依次是踏茶、沤堆、炕茶、拣茶、舂包、编包（包装）的地方，是雅安境内保存最好的茶号，是研究雅安茶商历史最主要的遗存。天全始阳的清代官方储藏边茶仓库占地面积约1500平方米，始建于清康熙年间，该建筑群有正房5栋、厢房5栋、天井五口、院坝一处，四周为防火墙组成四合院布局，青石铺地，均为悬山顶木结构穿斗式建筑。

4. 沿途石刻碑亭众多，碑记内容丰富，从不同年代不同角度记载了茶路茶史。所见碑以明、清时期居多。许多石碑文字清晰、内容翔实，对研究茶马古道的形成、演变具有非常重要的文史价值。位于荥经县安靖乡峡麓村的清朝重修大相岭桥路碑镶嵌于巨石之中，碑文字迹非常清晰，隶书体，共396字，每字5厘米见方，叙述了重新修建黄泥堡到清溪道路的过程，落款："光绪丙午秋九月督蜀使者巴岳特锡良纂并书"。该碑是研究雅安地区茶马互市非常难得的珍贵资料，具有较高的文物价值。名山县天目重修路道碑记，坐西向东，圆弧形顶。碑立于石亭中，亭已倒塌，碑正面记叙了修建天目寺道路的过程，"……贡茶官道……"和"大明正德十五年"等文字清晰可见。

5. 川藏茶马古道历史厚重，多路重叠，民族文化的多元性和包容性十分鲜明。雅安所处区域，在中华民族早期文明中处于半月状文化传播带的重要节点上，考古资料证明，从远古时期开始，便形成了一条由甘青经横断山区到云南、广西及东南亚的民族迁徙、文化交流的重要路线。汉武帝于元光五年（公元前130年）派司马相如通西南夷，开灵关道、牦牛道，随后以牦牛道为基础延伸形成川藏茶道，随着贸易的兴盛，逐渐在高山峡谷中发展成复杂的道路网络。

三、茶马古道（雅安段）的考古调查经过

本次调查以"大路"和"小路"两条线路为主。2020年4月，雅安市博物

馆组成了以馆长李炳中为队长,潘红兵、郭凤武、兰犁、吴磊、程琪、唐祥威、赵克统、文霞、肖磊、王力、宋朋为队员的茶马古道考古调查队,开始了考古调查工作。调查队根据调查任务、单位工作的实际情况和新冠疫情情况,分两个阶段进行,第一阶段 2020 年从 4 月 18 日开始,至 4 月 30 日结束,主要调查名山区和雨城区茶马古道遗迹情况;第二阶段从 2020 年 7 月 6 日开始,至 7 月 28 日结束,主要调查了荥经县、汉源县、天全县、芦山县和宝兴县的茶马古道遗迹情况。两次调查历时 34 天,途经全市六县二区,行程近 1000 公里,其中徒步 100 余公里。

在调查中,调查队本着有利于茶马古道及其周边区域的长期保护、有利于相关学术研究的开展、有利于"合理利用"与可持续发展的精神,统筹计划,分步实施,把考古工作纳入有计划、有步骤、科学规范的轨道中来,以大范围调查和详细钻探与局部试掘为总体思路统摄全面工作。调查队选取了荥经和芦山的 4 个位置进行了勘探,并对荥经周公桥和天全九十步村官道遗址进行了测绘。

局部试掘以荥经为例:

调查队在荥经新文村茶马古道选取了一个点进行了勘探,其地层堆积如下:

①耕土层,深 0—0.3 米,厚 0.3 米,浅灰色杂土,土质疏松,含植物根系及现代遗物,应为现代人耕作形成。

②浅黄色土,深 0.3—0.5 米,厚 0.2 米,土质较黏,含少量植物根系及灰土颗粒,出土零星明、清瓷片,应为明清层。

③黄色土,深 0.5—0.8 米,厚约 0.3 米,土质稍黏硬,含少量水锈,为自然形成。

④灰褐色土,土质稍黏硬,应为生土层。

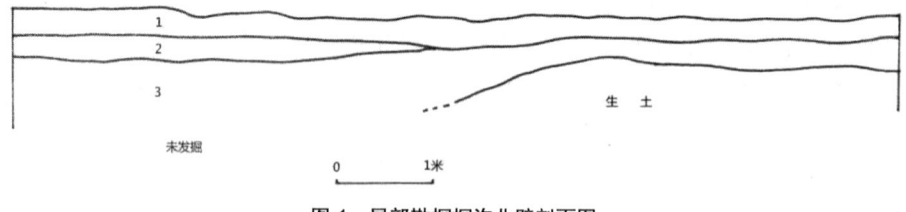

图 1 局部勘探探沟北壁剖面图

勘探表明,此处可能是以前道路,后因荒废,变为耕地。

因疫情影响，调查队只进行了部分勘探，没有进行详细的发掘和试掘工作。

调查队考察天全县九十步村官道遗址和荥经县周公桥进行了测绘。九十步村官道遗址是由明代当地地主刘范氏出资修建，是鱼泉通往始阳的重要交通要道，石梯由红砂石砌成，上面清晰可见当年背夫们留下的拐子窝，原长约2.5千米，现存76.8米，宽1.33米，石阶厚0.35米。调查队对官道起点进行了测绘，并绘制了平面图。

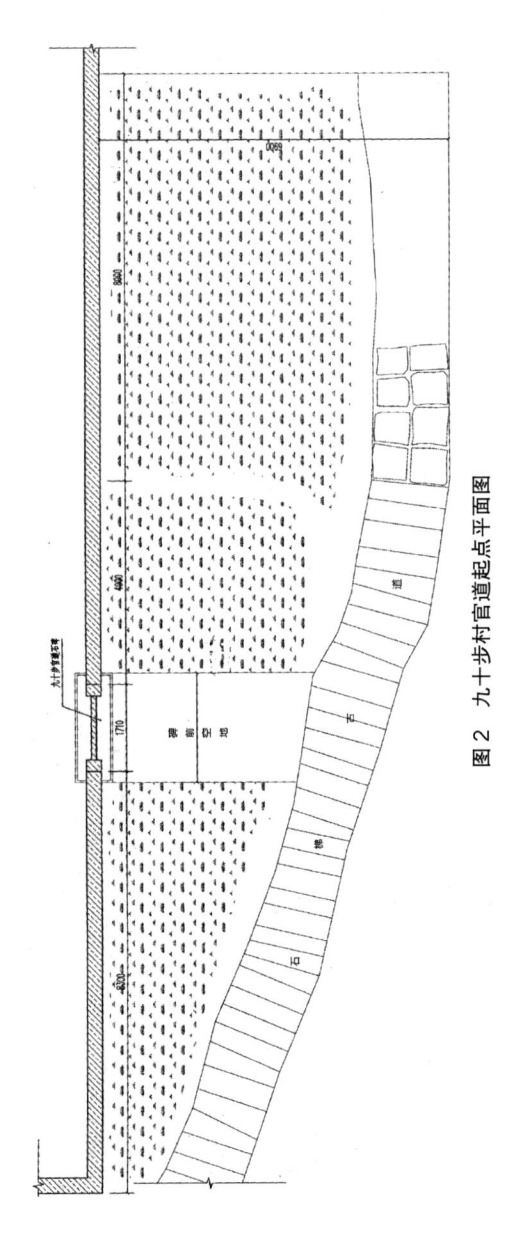

图 2　九十步村官道起点平面图

图 3 周公桥平面图

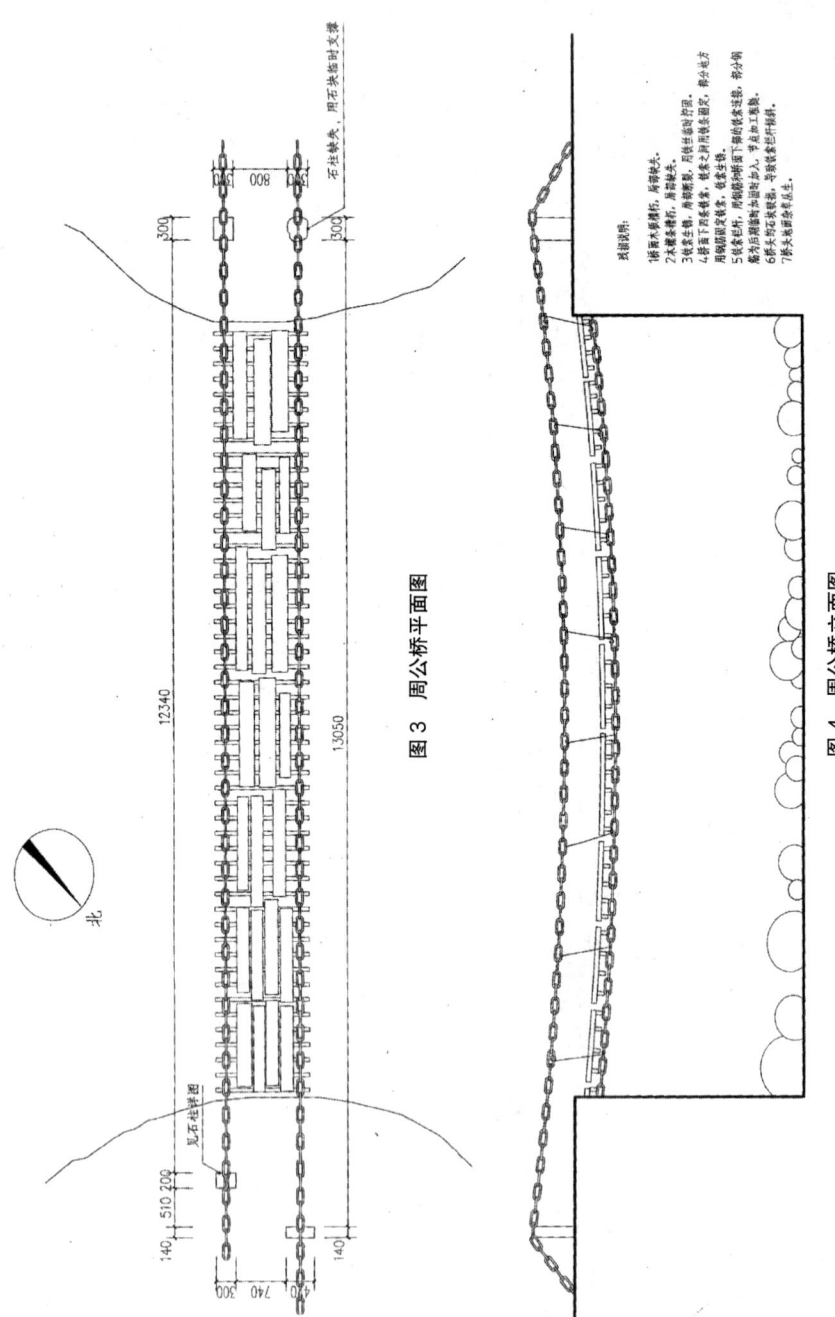

图 4 周公桥立面图

周公桥修建于清代，为铁索桥，采用铁、木、石三种材料建造而成，是茶马古道上的重要桥梁。长约13.27米，宽约1.1米，调查队对其进行了平面和立面的测绘。

在两个阶段调查中，调查队先考察了名山区和雨城区的相关点位，然后按相关史料所述之"大路"为重点，从雅安出发，经雨城观化，徒步翻越飞龙岗关口到荥经县，考察新添古镇，经荥经严道镇、六合、花滩、箐口、大通桥、黄泥、小关、二台子、木根岩、大关（邛崃关）、板房、长老坪、溜马坡，到达草鞋坪；出荥经到汉源，从二十四拐、盘脚、王建城（羊圈门），徒步攀登到达大相岭九折坡下的盘脚下，尔后考察了清溪古城、清溪文庙、"山横水远"、宜东古镇，经三交到林口，徒步翻越飞越岭，到达泸定化林坪，再由盐水滴到冷碛，沿着当年茶马古道"小路"返回，又相继考察了天全县的两路口、长河坝老街、紫石关、甘溪坡古道驿站、始阳镇明代嘉庆九十步村古官道遗址、始阳新中村清代官方储藏边茶仓库，芦山县飞仙关镇下关、上关古道老街，青龙关及宋代摩崖石刻，回到雅安。

调查队在34天的调查中，通过现场走访、座谈、拍摄图片、收集资料等形式，基本摸清了茶马古道（雅安段）遗存现状，为下一步茶马古道研究、开发准备了第一手资料。

四、茶马古道（雅安段）的考古调查收获

这次调查采取"徒步+车载"的方式，速度慢，机动性差，但收获颇丰。调查成果有古镇、古村、古道、茶园址、古桥、古建筑、城址等遗迹，包括全国重点文物保护单位16个，省级文物保护单位62个，市县级文物保护单位3个，一般文物点8个，新发现文物点1个，其他11个。

表1 茶马古道（雅安段）调查文物点类型统计表

	古镇	古村	古建筑	古遗址	城址	古道	古桥	驿站	石质文物	茶园址	商号	合计
雨城	1		3	1	1	2	4		4		4	20
名山			6		1	2			5	3		17
天全	1	2	4	1	1	2	1	1				13

续表

	古镇	古村	古建筑	古遗址	城址	古道	古桥	驿站	石质文物	茶园址	商号	合计
芦山			9	2	1	2	2		2			18
宝兴			1									1
荥经		4	4	1	2	3	4	1	1			20
汉源	2		1		2	3	1				2	12
合计	4	6	28	6	8	14	11	2	13	3	6	101

五、茶马古道（雅安段）的价值评估

从文化线路遗产保护的角度出发，茶马古道是理解中国西部开发历史的一把钥匙，它促进了不同族群的交往、文化经济的发展，也是研究分析区域、民族间文化交融过程的重要线索。

1. 历史价值。茶马古道遗存具有很高的历史价值，驿道、桥梁遗址年代上可追溯到唐，下至民国，是研究西南地区陆路交通发展变迁的重要实物证据；沿线的茶马司、关卡、税卡等是唐至明清政府"以茶治边"政策下"茶马贸易""茶马互市"的实物例证；土司衙署、土司墓等体现了不同时期中央政府对于西南地区的治理方式，是研究中央政府与边疆关系的重要切入点；沿线大量的摩崖题刻反映了各地驿道修建或贸易运输的历史；茶马古道沿线的聚落以及其中的民居、宗教建筑、会馆建筑等，包含了经济贸易发展、宗教文化传播和民族流动融合等重要历史信息。

2. 科学价值。茶马古道线路走向的形成、道路修筑的方式和材料的选择，都体现了古人在长期实践中对自然地理环境的认识与运用，是理解、认识中国西南地区开发的百科全书。茶马古道为中国西南地区的历史文化、茶文化、乡土聚落、建造技术及技艺等专题提供了更为广阔的研究视角。

3. 艺术价值。茶马古道沿线的碑刻、雕塑、壁画，技法精湛、线条流畅，具有强烈的地方特色和民间艺术特点，具有一定的艺术价值。

4. 文化价值。茶马古道构成了一条从茶叶的生产、加工、运输到消费的完整链条，是茶文化形成和传播的载体，并且在上千年的历史民展中诞生了各地区、民族不同的制茶工艺、茶俗、茶器等，丰富了中国茶文化。

茶马古道以茶文化为依托，在我国西南地区形成了一条民族交融和文化传播的通道，对汉、藏、彝等各民族之间以及游牧文明和农耕文明之间的物资、语言、音乐、宗教和习俗产生了重大影响。

5. 社会价值。茶马古道至今仍承担着较偏远地区村落间交通运输的功能，并且因为沿途壮丽的自然景观和丰富的民族人文资源，成为热门的户外徒步线路。茶马古道是中国西南地区重要的历史文化资源，茶马古道文化品牌对于提升地方知名度、打造地方形象、吸引旅游与投资起到举足轻重的作用。茶马古道遗存保护与合理利用，对于团结西部各民族、促进文化认同、协助西部扶贫脱贫工作都将发挥积极作用。

茶马古道是亚洲大陆重要的文化传播交流通道，历史上溯唐宋，延及明清，至民国而不绝，已近千年。茶马古道对中国西南地区发展具有深远影响，因茶马古道而兴起、发展、累积而成的历史文化是沿线众多民族、族群的智慧凝结，是中华传统文明的有机组成部分，有助于理解西部地区民族的形成与民族关系的变迁，以及人与环境的和谐共生关系。茶马古道的发展体现了中央与边疆之间政治、军事、经济、文化力量的演替，促进了国家对边疆领土的守卫，承担行政管理、物质交换、文化传播的功能。茶马古道促进了东亚、东南亚、南亚地区间文化的交流融合，在"一带一路"倡议指导下，通过茶马古道遗产保护利用与周边国家的协同合作，对维护边疆社会稳定、促进地区文化经济发展都具有重要影响和现实意义。

六、茶马古道（雅安段）存在问题及下一步建议

存在问题：（1）受限于时间、交通工具、考察方式、科技装备等条件，这次只对线路及周边进行了调查，范围还不够广，对线路旁上了年纪的人的采访也不深入。（2）文物保护意识明显加强，茶马古道的保护的力度也在加大。但有部分区县政府层面相关职能部门对茶马古道重视不够，保护意识不强。特别是"4.20芦山强烈地震"后，许多古镇、古街、古村被拆。主要原因：一是政府有灾后恢复重建任务；二是群众拆旧建新有补助，许多群众就把老房老屋都拆了，这对于古镇古村古街的古建筑破坏极大。

下一步建议：（1）对一些重要的遗迹点继续进行深入工作。比如试掘或发掘，准确确认遗迹的时代、分布范围及性质。（2）提高对茶马古道保护开发重

要性的认识。分成两个层次：初级层次，学术研究的升华和加大对外交流；行政层次，与当地的经济和社会的发展水平结合起来，进行科学的规划和开发。茶马古道将不同区域的自然、文化、经济、政治串联起来，保护开发要打破区域意识，要有整体规划和开发的意识。（3）利用文物优势，大力促进文旅融合。自习近平总书记提出要让文物"活"起来，我市也做了有益的尝试。特别是2018年文旅融合开局以来，雅安依托丰富的茶马古道文旅资源，加快建设重点文化旅游项目，丰富文化旅游产品有效供给，在文旅融合高质量发展上做出了有益探索。天全县对甘溪坡古村进行了恢复建设，推出了碉门—甘溪坡—紫石关—南坝子—两路口—长河坝茶马古道文化之旅游线路，以背夫文化为特色的二郎山茶马古道文化旅游走廊初步形成；清代公兴茶号与藏茶企业姜氏古茶合作，既保护了文物，又提升了企业形象；芦山国保平襄楼周围也整治一新，成了市民休闲的公园；雅安文旅集团加强蒙顶山旅游景区的文物保护和管理，利用景区内的国保和省保资源，努力创建5A级旅游景区；名山中峰万亩茶园所属的牛碾坪景区2020年被评为国家4A级旅游景区。汉源利用茶马古道打造王建城，修缮了古道，设置了相关设施设备，把羊圈门打造成了新的旅游热点。

雅安政府依托丰富的历史文化资源，积极探索文旅商融合发展的新业态、新产业、新模式，深入挖掘特色文化旅游内涵、提升完善公共设施、打造特色研学实践基地、举办各种品牌活动，以高品质文旅融合推动高质量产业发展。

西南茶马古道的重要分支——沐源川道

罗家祥

（四川省乐山市犍为历史文化研究会）

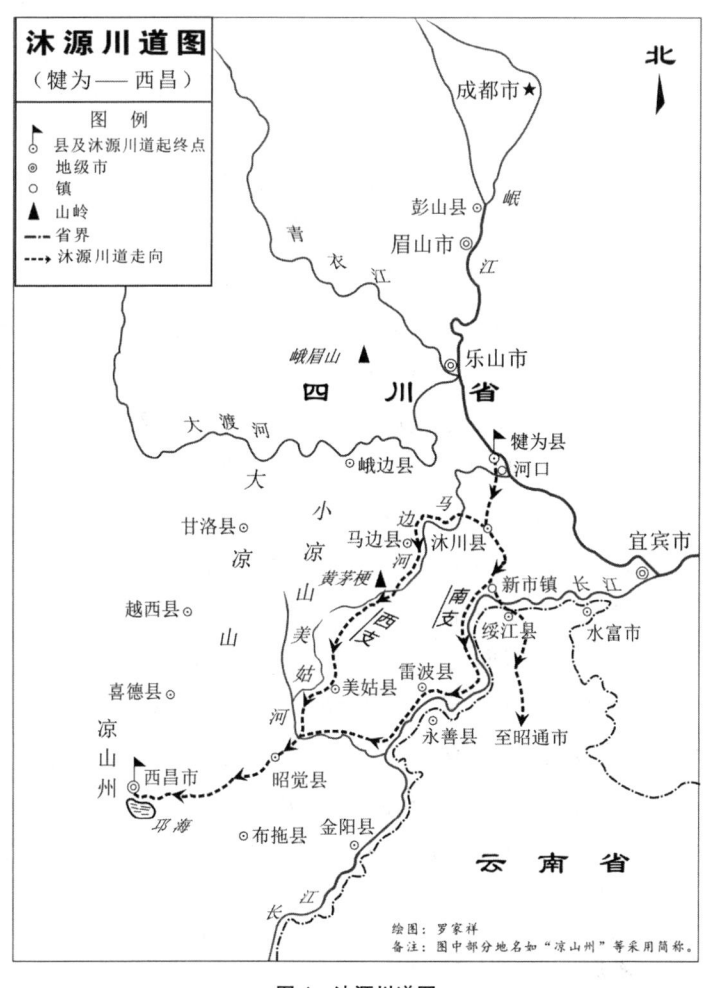

图 1 沐源川道图

"沐源川道",是指从犍为县城[①]出发,经马边县(西支)或屏山县(南支)到达越巂(今凉山州西昌市)的一条重要文化古道,亦称"木源川路""沐浴川""川边驿道""沐川之路"等。

这条文化古道,始源于两汉,是"西南丝绸之路"的一部分;正式开辟于唐懿宗咸通十年(869年);在宋代成为嘉州"茶马互市"的重要线路,故也可以视为西南"茶马古道"路网的一部分。

它自古以来沟通犍为县与附近西部、南部诸县的联系,是汉地的边地和彝族等少数民族地区经济贸易(包括茶叶、井盐、马匹等)和文化交流的重要孔道,其间诞生了客串彝汉的"马边担子"(实际上就是"马帮"),同时它也是一条军事要道,在整个四川省乃至整个中国历史上都具有不可忽视的影响和重要的地位。

蜀茶是最早的饮茶发源地。清朝的顾炎武曾经总结说:"自秦人取蜀而后,始有茗饮之事。"犍为郡的郡治武阳县(治今眉山市彭山区,曾经属于乐山市),有中国第一个有记载的、当然也是世界上第一个茶市(见西汉犍为郡资中县人王褒在其诙谐小品文《僮约》)。除了本地人饮用,茶也是外贸的重要商品,因为独特的地理优势(产茶、靠近雅安入彝入藏路,而且产盐),乐山其实是著名的"南方丝绸之路"重要枢纽和"茶马古道"的源头之一,如《续资治通鉴长编》卷259《神宗熙宁八年正月》记载:"知成都府蔡延庆言邛部川蛮主苴克等愿卖马,诏(蔡)延庆优加犒设,以招来之。议者谓成都府路可市马,故委延庆领其事。后延庆又言:'威、雅、嘉、泸、文、龙州,地接乌蛮、西羌,皆产大马,请委知州、寨主以锦彩、茶绢折买。'从之,仍委延庆提举。"宋代嘉州是边郡,犍为县包括沐川寨等"犍为五寨",经常面临夷人的入侵,所以军事行动繁多,对军马的需求量大,有养殖大马传统。因此宋神宗熙宁八年(1075年),经成都知府蔡延庆上书,朝廷同意在嘉州、泸州等地开展"茶马互市"。

过去这一文化古道,山险路窄,又要深入夷区,非常凶险,因而一直缺乏深入的研究。因为其固有的重大文化经贸、民族关系价值,加上现在又可以大力发展文化旅游,因而值得深入研究。现笔者不揣冒昧,在前贤时彦一些探索性的研究基础上,进一步进行研究,现求教于方家。

[①] "犍为县城",因历代犍为县城位置有所不同,主要有宋初的"沉犀"(即今县城玉津镇)和宋真宗大中祥符四年后所徙治的县城"惩非镇"(即今河口)之别,故实际起点小有区别,二者相距20里,但与必经的清溪镇距离相同。

一、何为"沐源川道"

"沐源川道",今天具体是指从犍为县城出发,南行经今清溪镇渡马边河(也叫"清水溪"),翻越九井乡峰门山,入沐川县城沐溪镇后,再分为西、南两支的古道(两干两支):

西支干线:自沐川县城沿马边河上溯到达马边彝族自治县(简称"马边县"),进而达凉山州西昌市(唐宋嶲州)等少数民族地区。主要支路有"大竹堡支线",是在马边县下溪镇分一支路,沿大竹堡河边的大竹堡乡往西北方向通往今峨边彝族自治县(简称"峨边县")的大堡镇(清代峨边厅治)。

南支干线:自沐川县城继续南行,翻越五指山,经四川省宜宾市屏山县中都镇到金沙江边的屏山县新市镇(部分与今天的213国道重合),进而沿蜀汉诸葛亮平叛进军的"安上道",经美姑县(或昭觉县)达西昌市。主要支路是从马边县城通往屏山县新市镇的明代"叙马驿道"(亦称"汪公路")。

与其他文化古道一样,"沐源川道"也是一个路网,并非一条独路,还有其他许多支路,限于篇幅,容以后再深入探讨。

"沐源川"即马边河(清水溪)。清初顾祖禹地理巨著《读史方舆纪要》卷72《四川七·嘉定州·犍为县》载:"沐源川:(犍为)县西南百里。自马湖府沐川长官司流入界,经县南入于大江。今县南有清水溪,源出马湖界,流入境,下流至孝女渡入江,曰'清溪口',即故沐源川矣。"

"沐源川"一作"沐川源"。本意指河名"清水溪、清溪"(即今马边河)。它是岷江中下游的主要支流之一,仅次于大渡河和青衣江的第三大支流,全长192千米,发源于马边县,流经沐川县和犍为县,在犍为县的孝女渡(古名"清溪口",今河口,在岷江西岸)汇入岷江。隋唐时,犍为县城在河口对岸的岷江东岸的老犍为糖厂处,即清溪驿,李白《峨眉山月歌》夜发"清溪"之处。

沐溪非"沐源川"。"沐源川"应该是今马边河。但过去也有把今天的沐溪河(经过今沐川县城沐溪镇)叫"沐源川"的。如同治《嘉定府志》卷4《方舆志·山川》载:"沐溪:即古沐源川也。(犍为)县南五十里。源出屏山县沐川长官司北夷都山,合夷都山左右二溪,东潴为孟密渊,至县合龙溪水入大江。(见《蜀水考》《省志》《方舆考略》)"谭其骧主编《中国历史地图集》(第五册《唐时期》)也标注为沐溪河。

但沐溪河发源于沐川县的正南部五指山东北的大坪头，仅57.3公里长，还没有出沐川县境，无法与宋代西部的"犍为五寨"里的赖因（今马边县城）、荣丁、利店、篷笼等寨，以及虚恨蛮夷区产生直接的联系。故相比较河流的长短、水量的大小和交通、军事的重要性，当以马边河为佳。

过去，由于不少研究者误把古"沐源川"误为今沐溪河，导致衍误。

二、"沐源川道"的诞生

"沐源川道"的历史，可以追溯到西汉，而正式诞生是在中晚唐。

（一）早期的小道

远古，马边和沐川一带属夷区。

秦灭古蜀国设蜀郡，在大小凉山一带设"严道"（"道"，特殊的县，《汉书·百官公卿表》："[县]有蛮夷曰'道'"），在乐山一带设南安县，马边和沐川属于此两县的交界地带。

汉武帝开"西南夷"，先置犍为郡（南部属新辟夜郎等"南夷"，北部为汉地），南安县由蜀郡改属犍为郡；之后又设立越巂郡（属"西夷"）。马边和沐川一带属于此二郡的交界地带。

西汉，大儒扬雄曾经在犍为县隐居，有载他也曾在沐川隐居。乾隆《屏山县志》卷5《人物志》也记载到："汉，扬雄，字子云，成都人。初隐居犍为之子云山，又筑室于邑之沐川。"（宋代沐川县地属犍为县，清朝时今沐川县地未设县，地属叙州府屏山县。）但此时之路，仅仅是羊肠小道，非大军可行。这就是后世"沐源川道"（南支）的滥觞。

三国时期仍然如此。诸葛亮南中平叛，主力走的是"岷江道"，这样最省力省时。此时，马边和沐川一带虽属夷区（属于夷区里比较接近汉境处），却非孟获等叛乱中心（在属今云南省东部的益州郡）。有说诸葛亮大军过了犍为县后，即沿南支走陆路到了安上县（今屏山县新市镇）[①]——当非。因为"沐源川道"有历史记载的城镇开发和线路营造当从600年后的唐代说起。

---

① 蓝勇：《四川古代交通线路史》，西南师范大学出版社1989年版，第151页。

（二）"沐源川道"（木源川路、沐浴川）的开辟

"沐源川道"的开发，始见于中唐。

据《南诏野史》（胡本）上卷"劝龙晟"条，唐宪宗"元和九年（814年），（劝龙）晟寇嘉定州（按：当为嘉州）……至嘉定之沐源川"。这是目前可考最早使用"沐源川道"者。

据北宋张君房《云笈七签》卷119《道教灵验记部三》载："（唐文宗）太和中（827—835年），相国杜元颖镇成都，疆场不修，关戍失守，为南诏侵轶。'木源川路'境上，夷人导诱，蛮蜑分三道而来，掩我不备，将取嘉州（今乐山市）。"这里的"木（沐）源川路"为最早取名者。"沐源川道"这里可以分为三路，则更加说明它是一个路网。此三路，当指先后见于史载的自巂州、自清溪关（属今汉源县）的经沐源川道西支而来的二路，和反"安上道"经南支北上一路者。它们于沐川寨汇合，再北上犍为县。

北宋王谠《唐语林》卷7亦载："诸葛武侯相蜀，制蛮蜑侵汉界。自吐蕃西至东，接夷陵境，七百余年不复侵轶。自（唐宣宗）大中（847—860年）蜀守任人不当，有喻士珍者，受朝廷高爵，而与蛮蜑习之，频为奸宄。使蛮用五千人，日开辟川路，由此致南诏扰攘西蜀——蜀于是凶荒穷困，人民相食——由'沐浴川'通蛮陬（角落）也。"这里提到的"沐浴川"即"沐源川"，当是指上述三路里的自巂州而到犍为县者。其意是沐源川道是习知附近地理的喻士珍唆使南诏开通的，而贪暴的巂州刺史喻士珍是于唐懿宗咸通六年（865年）五月辛丑降南诏的。那么，"沐源川道"的开发可以认为是自865年后才正式开通。

三、"沐源川道"的走向和组成

沐源川道的两端是：犍为—西昌（旧越巂郡邛都县、建昌卫、大理国建昌府，今凉山州西昌市）。其一头的起点在"西蜀门户"犍为县，这一点应无异议。著名历史地理学家严耕望在其《唐代交通图考》第4卷《山剑滇黔区》篇33《成都西南边区东西交通线》"（三）巂州东北通犍为戎州道"里言："沐源川道当由今越巂县东北经峨边南境，马边北境，取清水河流域东至犍为者。……（原注：今清水河上游称马边河）。"

图2 犍为县九井镇内的古驿道

其路径，自犍为县城出发往南的第一站是南20里的清溪镇（马边河北岸）。经九井翻越峰门山，山巅有功德碑，为当时的犍为、屏山或今沐川县（当时无沐川县，地属屏山县）两县的分界线。民国《犍为县志》卷2《建置志》载："屏山路：出西安门，由马路二十里，清溪镇场外大码头过河。又二十里九井乡［马路］，又二十里峰门山［石路］，山顶即屏山县界也。路长约六十里。"

第二站是全路的枢纽"沐川寨"（今沐川县城沐溪镇，沐溪河东岸）。然后就此分为往西和往南的两路交通干线：其西支沿马边河上溯到达马边县、凉山州等夷区，南支则继续南行经五指山到金沙江边的屏山县新市镇（安上县）、进而沿"安上道"经美姑县（或昭觉县）达越巂[1]，或自新市镇分路下云南。

早在武则天垂拱三年（687年），玉津令马元庆等杀马湖夷贼（马湖在马边南部的今凉山州的雷波县），此事在《宋会要辑稿·方域一八·沐川寨》中载："窃尝考今寨即唐之沐源川，自唐垂拱中遣峨眉镇曹兵以兵五千人逐去生獠，始平其地。"则之前此地属于马湖夷区，而非汉地；在马元庆平之后，则属于嘉州犍为县管辖，直至南宋末。马元庆纪功立碑于今沐川县金星乡（1992年并入县城沐溪镇）。《舆地纪胜》卷146《嘉定府》载："沐川古碑。［唐垂拱三年，玉津令马元庆等杀马湖夷贼纪功，今存。］"今已不存。这说明此路在沐川寨及其以北至犍为县城的一段已经可以用于军事了。

自沐川寨后分为西、南二路。《宋会要辑稿·方域一八·沐川寨》载："照

---

[1] 蓝勇在《四川古代交通线路史》里认为："这条沐源川古道是从越巂（西昌）越雪坡到犍为的一条古道"，又指"雪坡"指大凉山；其道是经乐山、犍为、清溪、沐川（古沐川源）、新市镇，西翻黄茅埂（唐雪坡，也即雷坡山），经昭觉等地到西昌——实际上，这只是"沐源川道"的南支，缺经马边县沿马边河的西支。其误，在于他倾向于认定"沐源川"河是今"沐川河"（沐溪河），忽视了宋代"犍为五寨"基本上都是沿马边河分布的，而且唐宋夷人入侵大部分是沿此进行的。

得本寨南与马湖、夷都两蛮部落对峙①，相距才七十余里，东接叙州之商州寨，亦与两蛮境界密迩，于东西两路利害相关。"这里提到经沐川寨后往西和往南的"东西两路"交通线（这是古人对方位误差所致，认为大江东流，此段实为东南流）。夷都蛮位于沐川寨之南70余里，在今屏山县中都镇（旧名"夷都"）及其南，有夷都山。元代，马湖府路有夷都长官司。今中都镇到沐川县城两地间直线距离约22.2公里（45里），加上旧路的曲折，大约正是70里。夷都蛮之西为马湖蛮，之东为董蛮，常常北寇犍为沐川寨。

《蜀鉴》卷10《西南夷本末下》载："沐源川，嘉州接蛮境，分两路，（沐源）川在东南路，清溪关在嶲州（治越嶲县，今四川西昌市）。"亦指一路陆路可以南下（可达越嶲），一路往西沿马边河也可达嶲州。

（一）西支干线："马边河道"（黄茅埂道）

路径是：自沐川寨走利店寨（今沐川县利店镇），沿着马边河入今马边县的旧荣丁寨（今荣丁镇）、赖因寨（今马边县城民建镇）等，再往西翻越黄茅埂入大凉山的凉山州美姑县，沿马边河谷与美姑河谷，最后与南支汇合经昭觉县到越嶲（今西昌市），结束。因其自利店后就是沿马边河走，故称"马边河道"，又因需翻越黄茅埂高峰，故又称"黄茅埂道"。

唐宋，沐川寨属于犍为县。沐源川道西支所临，西南有马湖蛮、西北偶有虚恨蛮入侵。南支所临，有正南的夷都蛮和东南董蛮；对此，《宋会要辑稿·蕃夷五·西南溪峒诸蛮（南蛮）》载："（南宋宁宗嘉泰）四年（1204年）六月十九日，臣僚言：'窃见蜀之边夷常为边患，而莅于提刑司者，在嘉定属邑，曰峨眉，则有虚恨蛮②；曰犍为，则有夷都蛮、董蛮。'"

南宋宁宗嘉定四年（1211年）元月，此干线上又发生夷都蛮、董蛮合攻陷利店寨的"利店之变"大事（详后），烧毁位于马边河南的利店旧寨，后来不得不在河北再建新的利店北寨。

此干线上的主要寨堡有沐溪河畔的沐川寨—利店寨（今沐川县利店镇，再

---

① "马湖"蛮部落，即"马湖蛮""马湖夷"，其有大小两个概念之别，本处"马湖、夷都两蛮部落对峙"，其指其小概念，与夷都蛮并列；大概念，是指包括夷都蛮、董蛮等在内的大的部落，即元马湖府路所辖者。

② "虚恨蛮"，据南宋李心传《建炎以来系年要录》卷124："虚恨乃乌蛮之别种，所居高山之后，夷人以高为虚，以后为恨，故名焉。其地东接马湖，南抵卭部川，北接中镇（寨），地方三百里，墟落数十。"

沿马边河）—荣丁寨（今马边县荣丁镇）—笼篷寨（今下溪镇）—赖因寨（今县城民建镇），此外还有一些小的寨子。其中这5个大的合称"犍为五寨[①]"。它们的共同特点是：都位于马边河边，即"沐源川道"的西支上，以防御西南马湖蛮夷，故元代重新划入"马湖蛮部总管府"。

关于马湖蛮主要是通过西支入侵嘉州犍为县，主要依据是南宋宁宗末年，叙州宣化县（治今宜宾县蕨溪镇宣化坝）主簿封寿元在《古戎边志》中所写："马湖之警在嘉而不在叙（州）。盖一军屯安边，一军守真溪、沙溪、商州寨之间［皆宣化县界］，则马湖之警不能遽踏吾境；惟赖因、中镇地平而近，且（马湖）蛮以索税为词，往来通行于汉、嘉之境，一不如意，则寇辄随之而来矣。"（《建炎以来朝野杂记》乙集卷20《辛未利店之变》，以下简称《朝野杂记》）如果是叙州蛮或董蛮北上，就不能称"马湖之警在嘉而不在叙"。

直到清末，夷患依然。民国《犍为县志》卷2《建置》附《邑人罗祥麟新修军器火药库记》［原注：清道光三十年。（节录）］载："己酉仲冬（道光二十九年，1849年），凉山裸夷倏由屏、马窜入县南，焚掠双溪口、九井场、清水溪各乡。"

很久以来，马帮运货者以"马边担子"闻名。马边县人李伏伽（1908—2004年）在其纪实性文章《边城旧梦》里写道："再一种是外来的小商贩和'挑儿客'。他们由犍为县清水溪贩运，或者帮人担运山里用的盐布酒锅，洋广杂货，一路上翻越鸳鸯二坡、安蔡二山、卡房坡、麻路冈、观音岩、分水岭等大山陡坡，用三五天时间，经过二百一十里，到达马边；然后，再由马边把山里出产的茶叶、笋干、五倍子、牛羊皮等山货担出去。要是他们身体结实，禀性精灵，善于积攒，又运气极好，如不生病，不遭匪抢，不为袍哥、地头蛇吃掉的话，那么搞个五七年，他们有一笔稍大一点的本钱，就可以在马边城里开个铺子，做坐庄生意，并且讨个老婆，成家立业，成为本地人了。"里面记录的就是这种人。

[①] "犍为五寨"，出自《元史》卷15《世祖本纪十二》："以沐川等五寨割隶嘉定者，还隶马湖蛮部总管府。"所谓"割隶"，是指原属马湖蛮夷，于唐宋时期由中原王朝占有的地域。

图3 民国二十六年（1937年）元旦聚盛和（马边商号）全体股东摄影

【附】西支支线：大竹堡支线

沐源川道是一个路网而非一条独路。其西支也有多条支路，最主要的第一条是"大竹堡支线"。

此线从在马边河边的下溪镇出发，沿大竹堡河，往西北方向，过大竹堡乡，可以通往今峨边县的大堡镇（清代曾经是峨边厅的治所）。

宋英宗治平年间（1064—1067年），因来自西北方的虚恨蛮沿"大竹堡支线"犯边，《宋会要辑稿·方域一八·沐川寨》载："治平中，虚恨犯边，蜀帅张景元遣龙游簿范师道率兵来戍，又增筑西寨。""龙游簿"，即龙游县的主簿，其时嘉州治龙游县。虚恨蛮在今大竹堡乡的西北方向的峨边县及峨眉山市西部一带，过去因距离峨眉县较近，故多侵峨眉县而少侵犍为县。

宋哲宗绍圣元年（1094年），远在黎州（今雅安市汉源县）的黎蛮从此路入侵："哲宗绍圣元年十二月十三日，枢密院言：'嘉州犍为县有黎蛮逼近寨下。诏令本路钤辖司体量事因以闻。'"（《宋会要辑稿·蕃夷五·保塞蛮》）这里所指的"黎蛮"，即南宋《建炎以来系年要录》卷194载"黎州虚恨部蛮"："是月（1161年十一月），四川黎州虚恨部蛮兵掠犍为之笼篷堡。"（可参下文"笼篷寨"）一般认为，"虚恨蛮"并非大的部落，而是一个比较小的，其地初在峨眉县的西南，后来稍微扩大一点到了峨边县、马边县。[①]

西支除此主要的支线之外，还有一些支线，如第二条是自清水溪沿马边河经黄丹到峨边沙坪通西昌的支线（宋代清溪到黄丹并没有陆路，此是后世所开），据宋希濂《鹰犬将军——宋希濂自述》第八章《西南的挣扎和溃灭》载："到达（宜宾县）高家场……当晚我们商定了第二次的行进路线为：高家场—清水溪—黄丹—慈竹坪—沙坪—金口河—富林—冕宁—西昌。"都是陆路。

（二）南支干线："川边驿道"（部分213国道）

路径是：自沐川县城走陆路继续南下（此路部分后来发展为今213国道），经80里翻五指山达中都（旧名"夷都"），再南下达金沙江北岸的今宜宾市屏山县新市镇（蜀汉为安上县治）。此后，此干线可以分为3途：

一是南下云南，是成都南入云贵高原最近便的道路。这已经不属于沐源川道的一部分了。二是往东沿金沙江下宜宾市往长江。三是自新市镇往左沿金沙江，沿旧有的陆路走陆路到越嶲（今西昌市）。此即"安上道"，这仍然是沐源川道的一部分。

其中最后一个，在蜀汉时，诸葛亮平叛进军，其主力具体历程是：自成都县—犍为郡南安县（今乐山市）—僰道县（今宜宾市，以上即岷江道）—左逆金沙江上安上县（今屏山县新市镇，以上均是水路，以下陆路）—越嶲郡卑水县（今美姑县或昭觉县）—越嶲郡治邛都县（今凉山州首府西昌市）。此陆路部分即"安上道"（诸葛亮进军道）。据《华阳国志》卷4《南中志》载诸葛亮平南中："高定元自牦牛、定笮、卑水多为垒守。（诸葛）亮欲俟（高）定元军众集合，并讨之，军卑水。"高定元主要布防地有三，第三是卑水县（在今四川美姑县西南，一说在今昭觉县北），属越嶲郡，防的是自东方沿金沙江方面来的蜀军。实际上，在三国时，"沐源川道"的西支和南支（指供大军使用者）都并不存在。

完整的沐源川道是犍为到西昌市（但前提是需要经过沐川寨）。自宜宾市—安上（新市镇）水路虽在蜀汉即有，这并没有经过宋沐川寨，故并非沐源

[①] 李宗放：《川西南彝族在唐宋时期的发展概略》，《西南民族学院学报（哲学社会科学版）》1996年第S1期。

川道。但自新市镇—西昌市段（安上道干线）则属于沐源川道，因沐源川道的南支自沐川寨南下可达新市镇，续走安上道干线，经昭觉县到西昌，才是完整的沐源川道南支。

《宋史》卷39《宁宗本纪三》载："（嘉定）四年春正月己丑，叙州蛮攻嘉定府利店寨，陷之。"这是在1211年，位于南方的叙州蛮（即董蛮，是与夷都蛮一起）利用此路的南支北上犍为县方向，攻陷了犍为县利店寨的案例。

清康熙十九年（1680年），清军总兵李芳述在犍为攻击吴世璠之胡国柱、王邦图部。据《清史稿》卷257《李芳述列传》载："贼来犯，（李）芳述壁城外真武、翠屏诸山，贼不得逞，潜退马湖，谋出木（沐）川、犍为袭成都。芳述诇知之，先率兵至犍为扼其冲，大破贼，蹑击至新增黄茅冈，斩杀过半。降其将夏升、罗应甲等，拔被掠民二千有奇。"犍为一直是自宜宾到成都的要冲，实际上就是"沐源川道"汇入"岷江道"（即沿岷江的水陆道路）的路口。"黄茅冈"，即今"黄茅埂"，通往大凉山之必经。1937年7月《四川月报》第11卷载："雷波及马边之黄茅埂、万石坪等山地，办理农垦及畜牧。"

吴周之军攻宜宾清军总兵李芳述不成，转而沿南支而北上，意欲攻沐川长官司和犍为县，但被李芳述抢先占了犍为县以扼其冲；夏升等兵败，只得往西支往越嶲方向逃跑，但在黄茅冈又遭到清军追击而大败，夏升等投降。这是少见的一次对"沐源川道"的南支和西支都同时用上了的战斗。

【附】南支支线："叙马驿道"（"汪公路"）

沐源川道南支也有多条支线。

第一条就是著名的"叙马驿道"（"汪公路"）。其实，此路在宋代即有。北宋，董蛮入寇赖因，就走此路。《宋史》卷496《蛮夷列传四·叙州三路蛮》载："董蛮在马湖江（金沙江）右……其地北近犍为之沐川、赖因寨。寨厄蛮险，蛮数寇抄。"

《辛未利店之变》载："（南宋孝宗）隆兴（1163—1164年）初，夷都蛮复寇赖因。"是从今屏山县中都镇到马边县民建镇，大约也是70里。

元、明、清时，沐川、马边归属马湖府。此前赖因通往叙州府之路，仅仅是弯弯曲曲、高低不平的羊肠小道，据尹廷俊《中宪高公平叙马险道记》载："山巘间怪石嶙峋，连如絃綖不可仰蹑。"

明万历十五年（1587年），凉山腻乃等诸夷叛，四川总兵李应祥领兵五万，分三路进攻：一自马湖，一自中镇，一自建昌卫（今凉山州西昌市）。次年五月，诸夷始降。为了加强统治，万历二十年时，马湖府（治屏山县）安边厅同知汪京修"叙（府）马（边）驿道"（即俗称的"汪公路"），用三个月多一点完成。《马边厅志略》卷2《古迹》载："汪公路：[治东十里。通屏邑，系明郡守汪京修成坦道，路旁石壁上有'汪公路'三大字，明万历年镌。]"汪京不愿归功于他自己，就写下了"永赖同功"四个大字，现存今马边县荍坝镇与屏山县中都镇交界的洪溪岩上。此岩刻是马边县级文物保护单位，县政府在此立有保护石碑。

"叙马驿道"从宜宾出发，陆路沿金沙江而上到达新市镇；再从新市镇沿中都河（金沙江北岸支流之一）而上到达野猫溪，经荞坝、石仗空、靛蓝坝，翻过烟遮山至安边同知（今马边县）。修路资金除国库调拨黄金100两、大米100石外，汪京还带头捐俸并组织募化得银100余两、谷50石。

其虽名"叙马驿道"，但实际所修的仅是屏山—马边段，这属于"沐源川道"的一条分支。《清高宗实录》卷1121载：乾隆四十五年十二月，"癸亥。礼部议准、四川总督文绶奏称：马边厅距屏山五百余里"。据1994年《马边彝族自治县志》，全程习惯里程为175公里（350里）。

南支除此主要的支线之外，还有一些支线，第二条是自今屏山县中都镇（夷都蛮）到达利店寨的支线，夷都蛮和董蛮曾经由此烧毁利店旧寨。《辛未利店之变》载："及是（嘉定四年，1211年）马湖蛮将入寇，而夷都土蛮先以书抵利店寨将言之，寨将以谓蛮人要索之常，不即省"，且临大年三十夜，无备，遂发生死者数百、被掠数百的惨剧。（注：夷都蛮与马湖蛮和宋朝的关系均时好时坏。此处，是夷都土蛮首先对宋朝通风报信。但他书记载是夷都蛮和董蛮一起进犯酿成利店惨剧的。）

总之，以上沐源川道从犍为县出发，在经过沐川后分为西支和南支，最后在凉山州昭觉县汇合，继续抵达终点西昌市。清代晚期，沐源川道演变成重要的"川边驿道"，成为四川盆地通往边区的交通要道。

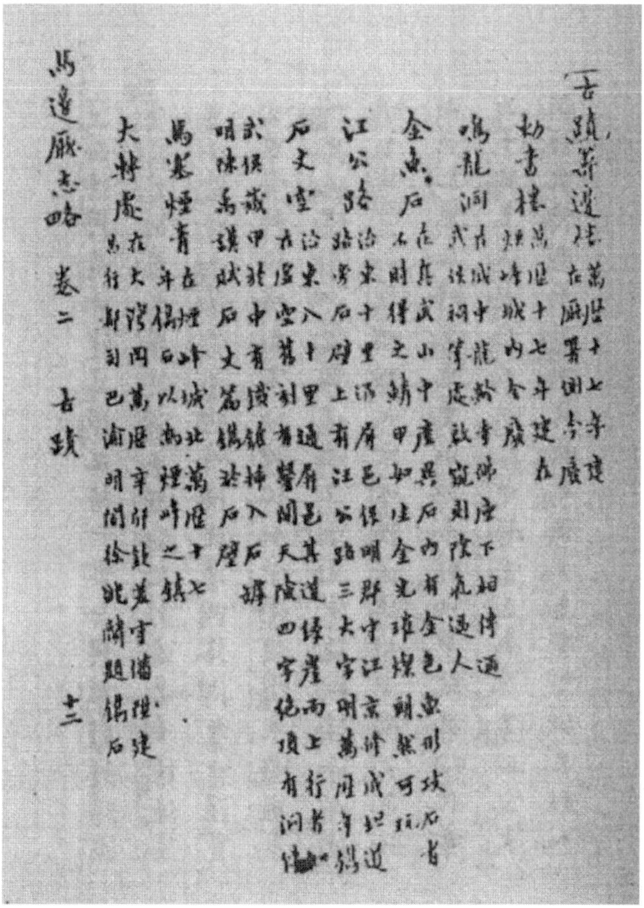

图 4　嘉庆《马边厅志略》"古迹"里的"汪公路"和"石丈空"等

四、"沐源川道"的重要节点

自犍为出发的"沐源川道"上，犍为县清溪镇和沐川县城沐溪镇、屏山县新市镇是重要的节点。

历史上就有记载的夷人入侵而言，对犍为县威胁最大的敌人，自西面而来的夷人，远远比自南方来的多得多。因此，"沐源川道"在沐川寨分路后的西支上，则堡寨众多，有"犍为五寨"。

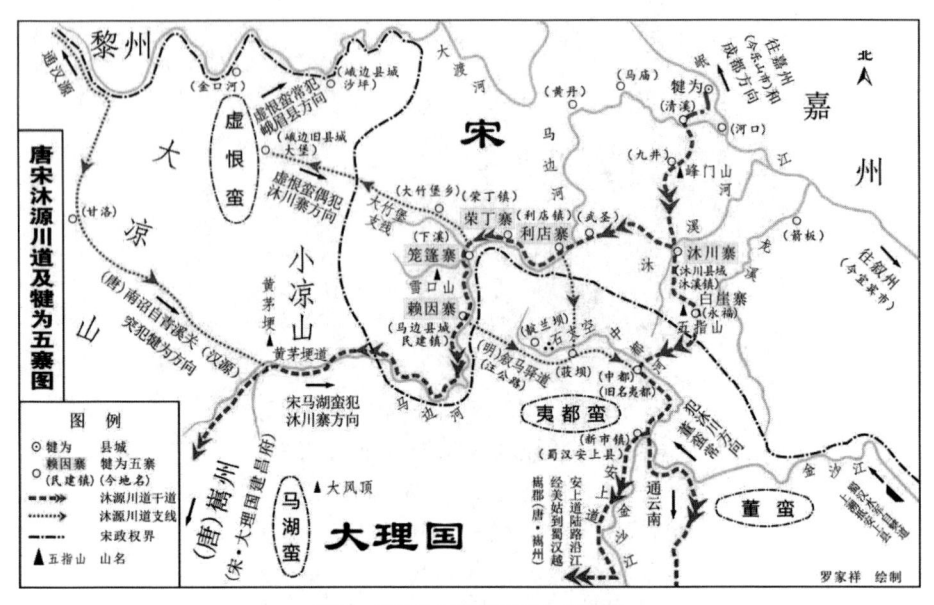

图 5　唐宋沐源川道及犍为五寨图

（一）清溪镇

清溪的历史可以追溯到唐宋。明太祖洪武九年（1376年），立清溪乡。犍为县城至清溪镇是20里，清乾隆《犍为县志》卷2《乡甲》："清溪乡：在县南二〔十〕里。"

清溪镇由于水陆均通，是县城之外最大的经贸集镇，长期繁荣。商贾云集，每天有二三百只船靠岸，每年这里的盐茶、煤铁等大量转运外地，有"挑不完的清水溪，塞不满的马边城"之说。1939年，在此成立"国立清溪农业职业学校"（简称"国职校"），陶玄任校长。1948年，雷马屏峨沐五县警备司令部驻扎于清溪镇，司令刘树成，可见其地位。

（二）沐川寨

沐川寨即今沐川县城沐溪镇，总控"沐源川道"的西支和南支，枢纽地位在整个古道里地位最重要。明嘉靖《马湖府志》卷3《提封上》："沐川长官司：……北至犍为清水溪二百里。……东北至犍为二百三十里。"民国《犍为县志》卷1《疆土志·位置》载："（犍为县城）西距沐川新城陆道计一百里。"则自清溪至沐川县城是80里。

南宋李心传《朝野杂记》乙集卷17《黎雅嘉定土丁廪给》所载犍为县辖12堡寨，自嘉定七年（1214年）后设置土丁人数"利店、荣丁、赖因、沐川四寨各百人"。所提到的四镇即"犍为五寨"之四个，均沿马边河。

由于沐川寨的沿革比较复杂，故后文单独作"（五）沐川县城的演变"。

（三）利店寨

唐代此处设有"利云"军镇，见后文（五）。宋代《朝野杂记》亦载。据1993年《沐川县志》第1篇《政区》载："距离县城53公里"，即106里。

南宋宁宗嘉定四年（1211年）元月，马湖地区的夷都蛮和董蛮一起入侵利店，发生了"利店之变"。《朝野杂记》乙集卷20《辛未利店之变》载："嘉定辛未（四年，1211年）正月己丑，马湖夷都蛮攻嘉定府犍为县之利店寨，陷之。"并详细记载了夷都蛮乘夜偷袭利店寨，被一个外出寻牛的村民发现，并发生激战的过程。知利店寨、保义郎段松首领率领70余人抵抗，因寡不敌众，而且被夷人占据了寨外高地，结果段松被俘、脔割而死，自投山水而死者达几百人，多达几百名老弱妇女被俘掠而去，利店旧寨（南寨）也被烧毁。

此事在双边关系上比较重大，被《中国历史大事编年》收录。《宋史》卷39《宁宗本纪三》载："（嘉定）四年春正月己丑，叙州蛮（应为'董蛮'）攻嘉定府利店寨，陷之。"据《续编两朝纲目备要》卷12《宋宁宗·嘉定四年》载该日事："马湖夷都蛮攻嘉定府犍为县之利店寨，陷之。……马湖之地……西接嘉定之赖因、沐川，犍为管下寨名。"

《续资治通鉴》卷159亦载此事："嘉定四年春正月乙酉朔，马湖蛮攻嘉定犍为之利店寨。马湖蛮者，西爨昆明之别种也，始欲寇中镇寨，寨有备，不可入。闻利店稍富实而寨丁少，乃攻利店。"峨眉县的中镇寨和犍为县的利店寨都是"茶马互市"的交换站，可见当时利店寨比中镇寨富裕，不料因此引来祸患。

清乾隆时，发现利店、茨黎、荣丁三处产铁。《清高宗（乾隆）实录》卷711载："（乾隆二十九年五月）戊寅。户部议准、四川总督阿尔泰奏称：'屏山县利店、茨黎、荣丁三处产铁。请开矿采取。'从之。"小农经济时代得"盐铁立国"，这进一步促进了"沐源川道"的繁荣。

利店寨，本在马边河之南。据《宋会要辑稿·蕃夷五·南蛮》载嘉定四年成都府路提刑李埴的上书："又契勘利店旧寨在婆笼江（马边河）之南，今春董蛮、夷都两族犯边，合力攻破焚荡，杀掠为虐甚惨，前来本司及嘉定府见得此寨已是残毁，不欲复于故地修筑，遂移建本寨于笼江之北。后来访问，乃知旧寨初在江南。"则可知：利店寨旧寨在马边河之南，经过嘉定四年的董蛮、夷都二夷入寇被毁，才复设寨于马边河之北。

（四）荣丁寨

荣丁寨即今马边县荣丁镇（原属沐川县，1955年划入马边县）。宋代《朝野杂记》已载。《宋史》卷496《蛮夷列传四·叙州三路蛮》载："董蛮在马湖江（金沙江）右……其酋董氏，宋初有董春惜者贡马，自称'马湖路三十七部落都王子'。其地北近犍为之沐川、赖因寨。寨厄蛮险，蛮数寇抄。熙宁、绍圣中，朝廷皆为徙赖因监押驻荣丁寨，而以县吏控截。（北宋徽宗）政和五年（1115年），始改差监押充知寨事，蛮寇掠如故。"这里的"徙赖因监押驻荣丁寨"说明荣丁寨在赖因寨之北（因董蛮是由南往北进攻），是退后（北退）了一步。

这里宋代董蛮由马湖江右（叙州府，今宜宾市）北上赖因寨，并迫使"徙赖因监押驻荣丁寨"之路，当是沿中都河而北上，即"叙马驿道"（"汪公路"）的前身。

（五）赖因寨

今马边县城民建镇。宋代《朝野杂记》乙集卷20《辛未利店之变》载其来历，是成都府路提点刑狱公事冯当可所筑："初，赖因本夷地。景德、天圣间，屡来寇掠。治平间，把截将王文拨始据险立寨，侵耕夷人山坝，名'赖因庄'。夷人诉之，事闻，有旨以其地归董蛮。既而寨民私赂之，以偿其侵地，岁为绸二百匹，幅广二尺、长二丈。于是蛮人每岁至赖因，谓之'索税'。其后税颇增，寨人亦厌苦之。绍兴末，虚恨蛮犯笼蓬寨；隆兴初，夷都蛮复寇赖因。诏用冯当可提点本路刑狱公事，以经制之。（冯）当可筑堡于笼蓬，而伐箐于赖因，以为战地多蓄储，备器械。蛮不复至。"这里本是夷地，因汉民租种，而被汉民侵占。夷人多次加租金，汉人不服，故多次发生战争。

明代万历时首任马湖府安边厅同知汪京确定治所，首选赖因。据马湖府知府尹廷俊《建新乡镇记》载："赖因为山川全胜地，脉自峨眉正西迤逦旋盘而至，环山面面皆拱秀，江水绕城如围带然，乃喟然叹曰：兹非天造地设，以待王公设险也欤？"

清顾祖禹《读史方舆纪要》卷73《四川八·马湖府·屏山县》载："新乡

镇：府北二百里沐川司境内，本名'赖因乡'。《志》云：镇东去犍为县二百里，西至建昌都司千二百里，南接大凉山五百里。万历十六年，于此建城垣，设安边同知驻焉。又于烟草峰设守备司，以资弹压。北有水池为后营，南有大河坝为前营；中有两河为中营，以成掎角之势，盖于诸蛮所出没扼其吭而守之也。其水池一带则界老鹰山，大河坝一带则界大凉山，雷坡、黄郎等处则界分水岭，为西陲障蔽。"宋代的赖因寨，到了清朝名"新乡镇"。

其里程，这里提到清代距离犍为县城200里，比其他的记载偏少。前述李伏伽《边城旧梦》记载犍为县城到马边县城（赖因寨）是210里，几同。据1994年《马边彝族自治县志》，马边县城（赖因寨）到沐川县城（沐川寨）的习惯里程是90公里（180里）；马边县城到犍为县城的习惯里程是120公里（240里）。

图6 民国以后的马边城

（六）笼篷寨

宋代犍为县有笼蓬堡，而马边河即名"笼蓬江"（笼篷江、笼蓬江、笼江），可知笼蓬堡位于马边河滨。

南宋高宗绍兴三十一年（1161年）十一月己卯，虚恨蛮犯嘉州犍为县笼蓬堡，官军大败，副将郑祥等为所杀。《宋史》卷32《高宗本纪九》有载。《建炎以来系年要录》卷194载："是月，四川黎州虚恨部蛮兵掠犍为之笼篷堡。武节郎、成都等路第一副将郑祥等四人为所杀。堡在赖因、铜山①之间，距县三百余里，自绍圣后，蛮不由此路入寇，民耕殖安土成聚。……至是，（头领）热具夜率千余人，由离弩山路犯笼篷堡。会乡民有入菁采蜜蜡者，蛮因迹而袭之，掳男女千余人，以长绳系缧，联贯数十，或使持负掳掠所得而去。其日己卯也。蛮分兵袭赖因寨，提点刑狱公事王濯命（郑）祥等引官军射士蹳之。……蛮乘高堕石飞楯中官军，官军多死。……蛮因其嚣溃，鼓噪蹙之，余众悉赴水死，祥与部将王忠、犍为尉、嘉眉巡检暨禁兵射士六百余人皆殁，蛮断其首。……制置使王刚中遣正将李毅发八州兵千余人来援，（李）毅至荣丁寨，遣二校以四百人觇。"这一段所载，说明了这样的地理关系：虚恨部入侵犍为县，首当其冲的是笼篷寨，距离犍为县城300多里，位于犍为县赖因寨和峨眉县铜山寨之间。后来成都府路提刑冯当可又筑堡于笼篷。

关于笼篷寨的具体位置，唐长寿认为是今马边县下溪镇②。可从。笼篷寨在此，就位于西支干线和大竹堡支线交汇处，后者往西北通虚恨蛮。

（七）白崖寨（白岩寨）

《宋史》卷434《儒林列传四·杨泰之传》载："白崖寨将王埙引蛮寇利店，刑狱使者置（王）埙于法，又冒绁余人当坐死。"摄通判嘉杨泰之访知：夷都蛮实际上离利店很近（夷都蛮至沐川寨也仅70里，二者距离差不多），其入寇不需引导，这是一个冤案，但不受听，于是辞官。民国《犍为县志》记录为南宋宁宗庆元元年（1195年），载："庆元元年，白岩将王壎引夷都蛮寇利店。刑狱使者诛（王）壎讨之。"犍为白岩寨守将王壎里通"夷都蛮"引狼入室，进犯的就是利店寨。

其地，唐长寿《乐山古代史话》认为是沐川县南边的永福镇双河村。暂从。

（八）新市镇（安上县）

安上县，蜀汉设。《三国志·蜀书十三·张嶷传》载："初，越巂郡自丞相

---

① "铜山"，李焘《续资治通鉴长编》卷267载："嘉州峨眉县西十里有铜山寨，与西南生蕃相接界，户不满千，俗呼为小道虚恨姓。"今即峨眉山市高桥镇。

② 唐长寿：《乐山古代史话》，新华出版社2017年版，第138页。

亮讨高定之后，叟夷数反，杀太守龚禄、焦璜，是后太守不敢之郡，只住安上县，去郡八百余里，其郡徒有名而已。"此说明安上县属越巂郡，距离郡城800多里。

查《四川省地图》，今西昌市到宜宾市屏山县新市镇的直线距离是360里，考虑到道路的曲折，实际距离800余里是合适的。

《华阳国志》卷4《南中志》又载："建兴三年春，（诸葛）亮南征，自安上由水路入越巂。"可见其位于金沙江边。综合考量，安上县的位置应在今四川省宜宾市屏山县新市镇。

"沐源川道"自沐川寨南下到新市镇（安上县），此处也是一个交通枢纽：它既金沙江通航之始，故可以东沿水路下宜宾；西可沿诸葛亮进军路线（"安上道"）达越巂；又可南下云南，北则达犍为（213国道被确定国道之前，曾称"五新公路"[五通桥—新市镇]，乐山市五通桥区新中国成立前属犍为县）。

五、沐川县城的演变

沐川之地，最早在汉代，是蜀郡南安县（汉武帝建元六年即前135年之后改属犍为郡）与越巂郡卑水县的交界处；唐为嘉州犍为县与夷区虚恨部的交界处。此前沐川寨一带属马湖夷人所辖的夷区，而非汉地；在武则天垂拱三年（687年）玉津令马元庆平之后，则属于犍为县管辖，直至南宋末。

今四川省乐山市沐川县城，位于县境东南部。它经历了唐·沐源镇—沐源川城—宋·沐川寨—元明·沐川长官司所在—民国·屏山县沐川分县—1942年·沐川县城的演变。它是整个"沐源川道"的枢纽城镇，西支、南支的交汇点，地位十分重要。

（一）沐源镇

唐代的嘉州（曾改最后一个"犍为郡"，后复嘉州）辖八县，据《新唐书》卷42《地理志六》载，设有二十二镇兵："嘉州犍为郡，中。本眉山郡，天宝元年更名。……县八：[有犍为、沐源、寺庄、牛径、铜山、曲滩、陁和、平戎、依名、利云、溶川、罗护、柘林、大池、鸡心、龙溪、赖泥、可阳、婆笼、马鞍、始犁、峨眉等二十二镇兵。]"其中，"沐源镇"就在今沐川县城，"利云镇"

在今沐川县利店（唐时的"镇"是军镇，源于北魏，用于军事，并非后世治民的行政镇）。①

如前所述，唐朝政府能够在此设沐源镇，必然是在武则天垂拱三年（687年）从夷区变为汉地之后的事情。

嘉庆《犍为县志》卷10《丛谈志》载："县西南沐源镇，接壤屏山。屏与马边邻。此镇旧为要地。"它点出了沐源镇的"要地"地位。

（二）沐源川城

《新唐书》卷222中《南蛮列传中·南诏下》：唐僖宗乾符元年（874年），高骈领西川节度使，"筑戎州马湖、沐源川、大渡河三城，列屯拒险，料壮卒为平夷军，南诏气夺。酋龙恚，发疽死"。此时的"沐源川"，也成了城镇之名和之始，即今"沐川"县城的前身，但此时规模较小。

《宋会要辑稿·方域一八·沐川寨》载："乾符元年，南诏再入寇，节度使高骈遣兵追击于大渡河，因筑城以为守。沐川有城，盖始于此。"

（三）沐川寨

宋代，沐源川城演变为"沐川寨"。其地势险要，扼守夷人东进之道，在周围各寨里最为重要（"尤为冲要"）。故《宋会要辑稿·方域一八·沐川寨》载："照对嘉定府峨眉、犍为两县控带夷蛮，列置寨堡，总十有九处……惟沐川一寨隶属犍为，视诸寨尤为冲要。……窃尝考今寨即唐之沐源川，自唐垂拱中遣峨眉镇曹兵以兵五千人逐去生獠，始平其地。"

北宋仁宗嘉祐五年（1060年），犍为县尉景思谊建议另外筑一西山寨，以加强防御，因为他认为沐川寨位于东边，而其外的西山高于寨本身，可以居高临下俯瞰寨中，可知虚实，这是兵家大忌。但这条建议并没有得到采纳。到了

---

① 《建炎以来朝野杂记》乙集卷17《黎雅嘉定土丁廪给》载："凡嘉定土丁之目……犍为县十二堡寨"：平戎新堡、平戎旧堡，利店、荣丁、赖因、沐川四寨，威宁寨、笼鸠堡、笼蓬堡、永开堡、白崖寨、三赖斫（注：本文仅引其地名，其余文字删）。"又创教场二十四……在犍为者十三"：平戎旧堡、新堡，荣丁、赖因、沐川、威宁寨场，利店、白崖寨、笼蓬、永开、笼鸠寨、利店北寨、三赖斫场。后者多一个"利店北寨"，属于"利店之变"后利店寨在马边河之北新建部分。与《新唐书》卷42《地理志六》所载对比，可知唐代嘉州22镇兵至少有8镇应在旧犍为县：犍为、沐源（今沐溪镇）、平戎、利云（今利店镇）、罗护（今竹根镇）、龙溪、赖泥（今赖因镇）、婆笼。嘉庆《犍为县志》卷2《方舆志》"寨堡"载此13个堡寨，但并没有说明里距。

宋英宗治平年间（1064—1067年），因来自西北方的虚恨蛮犯边，蜀地主帅张景元遣嘉州龙游县主簿范师道率兵到沐川寨守戍时，才增筑了西寨。但未几复废。

南宋宁宗嘉定四年十一月二十八日，因兵多寨小，门户利店寨又刚刚遭到灭顶之灾，前无可峙，直秘阁、成都府路提刑李埴于是奏请扩建沐川寨，把原沐川寨寨前后的两山都连接起来，包三山为一大城，"便如城郭之状，殆若天设之险"，该大城"周围总三百一十五丈，创造敌楼四座，增建护城舍及营舍"。这是沐川寨的一个飞跃。自此以后该片区的治所都设于此。

图7 沐川寨东寨门（唐长寿摄）

元明时期，这里是沐川长官司所在。

（四）沐溪镇

1916年改沐川镇。1924年屏山县城迁此，1926年迁回。1928年为屏山县沐川分县治所。1932年裁分县。1941年更名中城镇，为沐川设治局治所。

1942年设沐川县，为县城。1955年改城关镇，1958年与三新、永民两乡合并建立幸福人民公社。1963年复置城关镇。1981年更名沐溪镇。1992年史村、金星、五里3乡并入。2019年12月13日，将幸福乡和建和乡并入沐溪镇。

六、"沐源川道"的作用

"沐源川道"的正式开通，可以用于军事和商贸、文化之用。客观地说，旧日战时它对于内地是有一定伤害的；但从长远看，对于民族团结的作用却很大。这是一个问题的两个方面，是矛盾的统一体，但无疑是以积极作用为主。

（一）军事作用

"沐源川道"是因军事而开通的，《资治通鉴》卷251《唐懿宗·咸通十年（869年）》载："十一月，（南诏）蛮进寇嶲州，定边都头安再荣守清溪关，蛮攻之，（安）再荣退屯大渡河北，与之隔水相射九日八夜。蛮密分军伐木开道，逾'雪坡'（今雷坡山，即黄茅埂），奄至'沐源川'。（窦）滂遣兖海将黄卓帅（领）五百人拒之，举军覆没。十二月，丁酉，蛮衣（穿着）兖海之衣，诈为败卒，至江岸呼船，已济，众乃觉之，遂陷犍为，纵兵焚掠陵、荣二州之境。后数日，蛮军大集于陵（凌）云寺，与嘉州对岸。刺史杨忞与定边监军张允琼勒兵拒之。蛮潜遣奇兵自东津济，夹击官军，杀忠武都将颜庆师，余众皆溃，（杨）忞、（张）允琼脱身走。壬子，陷嘉州。"这次南诏走西支的进攻，对繁华的成都的破坏性是非常大的。

嶲州刺史喻士珍是于唐懿宗咸通六年（865年）五月辛丑降南诏的。他熟悉周边地理，此次咸通十年的"密引众伐木开道"，结合《唐语林》等其他史料可以判断，喻士珍就是可知最早开辟"沐源川道"的留名者，道路正式开发之年就是869年（喻士珍于咸通十一年尚曾为南诏攻成都设谋）。

南诏军自清溪关而走沐源川道，其实是走回头路，平日并不这么走。只是因为遭唐军定边都头安再荣死守大渡河而不得不走奇道，而且是临时性的路（如果平时通畅，自然不必"伐木开道"）。

《舆地纪胜》卷146《嘉定府》转北宋张无尽《沐川寨记》总结道："南蛮东北接境，常挟吐蕃以为中国患，盖其路一出大渡河，一出沐川源，一出马湖江等，其狭邪之径，曰'荣经'、曰'八面箐'、曰'黑水'、曰'中镇'（今峨边县沙坪镇）、曰'赖因'、曰'龙水'、曰'阴川'，而'沐川之路'常为啸集之地。"可见沐川源城和"沐源川道"的重要性了。

这里提到的"南蛮"，可指南诏蛮，也可指马湖蛮；而大渡河、沐川源、马湖江这3条道路，都是沿着较大的江河行进的——古路大多是沿着河谷走的，除了地势的原因，也是因为人马需要补充饮水。又提到"沐川之路"（即"沐源川道"）和"赖因"（今马边河畔的马边县城），则沐源川道的西支必经赖因寨（今马边县城）。这更加充分说明了唐代"沐源川道"只能是指马边河，而非今沐溪，因为后者才 57.3 公里长，仅仅发源于沐川县内五指山东北的大坪头，还没有出县境。

【辨析】"雪坡"是黄茅埂

《新唐书》卷 222 之中《南蛮列传中·南诏下》亦载南诏入寇之事："酋龙怨杀其使，（咸通）十年（869 年），乃入寇。以军缀（牵制）青溪关，密引众伐木开道，径雪坡，盛夏，卒冻死者二千人。出沐源，窥嘉州，破属蛮，遂次沐源。"过去有言"雪坡"是今沐川县五指山的，细考当非：

一是五指山的海拔仅为 2008.7 米，这种高度在四川盆地周围比比皆是，盛夏根本不足以冻死大量士卒。而位于四川省凉山州美姑、雷波二县和乐山市马边县交界的黄茅埂海拔却高达约 4000 米，方可盛夏致死（应多在晚间）。

二是，南诏入寇，是北上渡大渡河受阻后从青（清）溪关（在今雅安市汉源县，古黎州）来，而青溪关位于马边外西北，从军情和距离上说，只可能从青溪关东扑最近的沿沐源川道西支（马边河）的今沐源镇（宋沐川寨），而不必绕个大弯而走其南支经新市镇过五指山再往北奔犍为县。

故"雪坡"是马边县之西的黄茅埂。

黄茅埂称为"凉山山原"，是大、小凉山的分界线，其西是大凉山，其东是小凉山。

（二）商贸文化价值

据《宋史·游仲鸿传》载，南宋孝宗淳熙年间（1174—1189 年），"叙州董蛮犯犍为境，宪将合兵讨之，（游）仲鸿请行。诘其衅端，以州负马直（钱）也，乃使人谕蛮曰：'归俘则还马值，不然大兵至矣。'蛮听命，仲鸿受其降而归"。"马直"，即卖马应得的钱。因为唐宋时，"茶马互市"已经兴起，沐源川道位于汉境边境的犍为县（当时包括今沐川县和马边县）也经常有这种交易。虽然大部分是公平交易，但还是偶尔发生了宋方买马却不付买马钱的理亏事情。曾经造成了武装纠纷，幸得曾担任犍为县主簿、现已擢四川制置司干办公事的游仲鸿查明原因后，答应付款才解决。这个发生在南支上的故事，说明了沐源川道的重要商贸价值。

《建炎以来朝野杂记》乙集卷 20《辛未利店之变》载："（马湖蛮）太平兴国中始市马。其后，又以板来售，盖夷界多巨木，边民嗜利者赍粮深入，为之庸锯，官禁虽严而不能止也。板之大者，径六七尺、厚尺许，若为舟航楼观之用，则可长三数丈。"巨木，即楠木，造舟舰之良木，可长达几十米。因生长缓慢，而砍伐量大，数量急剧减少，至明清已被朝廷明令只能用于宫廷建筑，被称"皇木"，此多经过马边河利用水力运输。

清乾隆末，马边厅开采四川铜厂，这更加繁荣了"沐源川道"的经济。

七、沐源川道的地位

历来，人们对于"沐源川道"的重要性就有很强的认识，并给予较高的评价。

（一）"通行往来之路"

"沐源川道"的重要价值和地位，早被古人所认识。南宋吴昌裔《论湖北蜀西具备疏》中称："由虚恨可通峨嵋县中正寨，由夷都可通犍为县沐川寨。……此皆通行往来之路。"（此亦说明虚恨一般不直接进攻犍为县沐川寨。）

（二）"蛮入蜀之要道"

《蜀鉴》卷10《西南夷本末下》载：高骈"修复邛崃关、大渡河诸城栅；又筑城于戎州马湖镇，号'平夷军'；又筑城于沐源川：皆蛮入蜀之要道也。各置兵数千戍之，自是蛮不复入寇"。

（三）"当云南要路"

《续资治通鉴长编》卷67载：北宋真宗景德四年（1007年）十二月乙未，"犍为县民因伐木开道，与南蛮相杀伤。知益州任中正奏此县岩险，当云南要路，请置戍兵三百，命廷臣为驻泊监押。上以蜀都久安，不欲生事，乃诏谕（任）中正禁缘边居民伐木开道、与蛮交争"。这个"云南要路"正是主要指南支而言的；当然，走西支道路经嶲州仍然可以沿灵关道下云南。

（四）"实蛮夷入寇之要路"

《宋会要辑稿·方域一八·沐川寨》载："治平中，虚恨犯边，蜀帅张景元遣龙游簿范师道率兵来戍，又增筑西寨。未几复废，故址犹存。缘沐川一寨在嘉定境内，迫近成都，实蛮夷入寇之要路。"

总之,"沐源川道"沟通了"西南丝绸之路"的东支(岷江道、五尺道)和西支(灵关道、牦牛道),在历史上具有很高的地位。但由于种种原因,它并没有得到应有的重视,也缺乏深入的研究,需要大家进一步提高认识、深化研究,并转化为今天的文化旅游资源,这也是本文抛砖引玉的目的。

(文中部分图片据马边相关单位收藏)

(本文在撰写过程中,得到了马边县同仁陈远先生、沐川县张仲先生的指正和帮助,特致谢意)

茶马古道在藏北草原的形成与走向
——基于文献和实地的历史考察

赵书彬

（西藏日报社）

茶马古道被誉为世界上海拔最高的历史文化线路，是汉藏各民族交往交流交融的重要道路。近三十多年来，茶马古道的声望不断提高，相关研究不断深入，但相比于茶马古道初始地的四川、云南和青海，关于茶马古道另一端西藏自治区的研究和梳理却相对薄弱，这体现在藏北草原更是如此。尽管藏北草原在沟通青藏、康藏甚至新藏交通中的作用十分突出，但一些路线梳理仍更倾向于"南"，而有意无意忽略了"北"。正如"历史学研究通讯"在发布会务组1号通知"西南茶马古道文献资料收集与遗产保护学术研讨会会议通知"时的开篇配图一样，整个藏北草原成为茶马古道的线路空白，完全被忽视。

缘何如此？除了藏北草原海拔高、气候恶劣、外人难以进入外，一个最重要的原因就是文献挖掘整理不够、研究利用不足，致使茶马古道在藏北草原的历史几乎不为人知。

近年来，作者在工作之余专注于藏北草原历史资料的收集整理和藏北草原历史文化线路考察研究，初步形成了"藏北游历文献辑注"（正在出版）等资料，在此基础上可以发现，我们俗称的历史上形成的青藏道、川藏道，抑或滇藏道，在西藏境内的路线皆要穿越藏北草原进而连接卫藏，也就是说茶马古道的主要路线都要经过今那曲境内。其中川藏道和滇藏道进入昌都境内后，或进入北线的丁青、索县、那曲进入拉萨、日喀则以及阿里，或进入小北线的比如、嘉黎进入拉萨，或进入中路的洛隆、嘉黎、太昭进入拉萨。而今天的318国道西藏段，在历史上的作用其实并不如藏北草原这般凸显。同时，大北线、小北路、中路之间的道路功能在不同时期也有着内在的差别。

但这种误区已然形成，为了揭示茶马古道在藏北草原的基本样貌，这里在文献的基础上，做些历史考察。

一、藏北地理位置

藏北草原，整体高峻，平均海拔4500米，漫长的寒季长达9个月，位于昆仑山脉、唐古拉山脉和冈底斯山脉、念青唐古拉山脉之间的高寒草原地带，是地球上人类生活居住的最高地理单元。这片草原被称为"羌塘"，意为北方高原，也叫作藏北。按今天行政区划，其以那曲为主体，辐射周边牧业区域。泛指的藏北地区幅员辽阔，包括今西藏北部的整个草原地带。

今天，对恶劣生存环境的精确认知和过度感受，以及经济文化地理形成的地域等级关系，遮蔽了对藏北草原的全面理解，也常常让人望而却步。事实上，历史长河中的藏北一直具有重要的战略地位，其高亢不仅不是地理阻隔，反而是沟通高原及周边的通达之地。今天的那曲紧连巴音郭楞、和田、阿里、日喀则、拉萨、林芝、昌都、玉树、格尔木等周边各省区的地市，是西藏自治区毗邻地市最多的区域，今天的青藏公路、青藏铁路、国道317线等穿境而过，素有"西藏的北大门"之称。而历史上藏北的交通地位更胜今日。

具体来看，藏北草原，其北接新疆、青海，直通河西走廊；南接雅鲁藏布江流域，紧连卫藏核心区；东临三江流域，位于藏彝走廊源头区；西入阿里象雄故地，可通克什米尔。在象雄文明辐射北部草原、吐蕃政权东向发展、蒙古铁骑经略西藏等西藏高原纳入中原王朝的各个历史阶段，藏北草原都是连接高原与中原的重要交通廊道和高地，并形成了多条固定的官道、商道、巡边道以及打上旅游者鲜明印记的旅道。

苏联藏学家罗列赫1928年行抵藏北交通重镇那曲卡，曾梳理了五条当时进出藏常走的线路：第一条为大北线，蒙古利亚经柴达木至拉萨；第二条，西宁、那曲至拉萨；第三条，松潘厅经甲昆多（玉树结古镇）、那曲至拉萨；第四条，打箭炉（康定）经昌都、那曲至拉萨；第五条，拉达克经阿里、那仓、朗茹、那曲至拉萨。这些主要线路虽然不是全貌，但对当时主要路线的梳理，清晰地表明了藏北草原在青藏交通中具有十分重要的地位[1]。

经过藏北草原的这些道路肇始于文明之初，繁盛于近代，在历史上一直发挥着作用，是茶马古道的重要组成部分。

二、藏北古道的形成与发展

藏北古代道路的形成，大致可以从以下几个时期来把握：细石器文化时期、象雄时期、唐蕃时期、蒙元时期、明朝时期、清代时期、商道旅道交纵时期。

（一）细石器文化时期

位于申扎县错鄂湖畔、海拔4600米的尼阿木底遗址，是青藏高原腹地首次发现具有确切地层和年代学依据的旧石器时代考古遗址，其年代至少可达距今三万年。人类登上高原创造的藏北石器文化遗存几乎遍布唐古拉山南北、草原中西部，古人的迁徙扩张证明，早在青藏高原人类文明萌起之初，藏北便不因高山横亘、风雪险阻而区隔，与华北、西北有着文化源点上的紧密联系。

尽管这一时期的通道基本是自然状态，但已经是人类迁徙、文明传播的重要走廊。

（二）象雄时期

藏北具有确切通道意义的古道形成源于象雄崛起。象雄是雅砻部落统一各小邦国前，青藏高原上最大的一个邦国。所辖地域有里象雄、中象雄和外象雄之说，势力范围俨有从阿里至昌都、覆盖唐古拉山南北的整个游牧地带。[2] 正由于内部各区域中心的相互紧密联系，使横贯东西草原的自然通道具有了政治、文化、经济等交流功能，进而形成了相对固定的交通线路。这条路线西起象雄的穹窿银宗经当惹琼宗直至丁青协力加嘎，是象雄联盟内部各部落东来西往的重要交通干道。可以称之为象雄古道，也可以称之为草原大通道。

---

[1] George N. Roerich, *Trails to Inmost Asia: Five Years of Exploration With the Roerich Central Asian Expedition*, New Haven: Yale University Press, 1931, pp. 385-386.

[2] 格勒、刘一民、张建世、安才旦编著：《藏北牧民——西藏那曲地区社会历史调查》，中国藏学出版社2004年版，第9—10页。

这条通道既是维系象雄联盟政权一体性和文明整体性的交通动脉和政治象征，也是后来苏毗崛起与象雄争战拉锯的战道，今天在象雄苏毗通道交界的色尼、班戈、当雄地带还留有大量的墓葬群。后来随着苏毗、象雄先后被雅砻征服，草原政治中心向拉萨河、雅鲁藏布江流域集中和转移，该通道逐渐衰弱。

同时象雄—苏毗间的通道也具有开放性，与周边及更远地区保持政治、经济、文化等往来。这种外向性也不断地被文献和考古进一步印证。

（三）唐蕃时期

吐蕃统一高原东向发展，唐王朝和吐蕃建立了经常性的政治经济文化交流与往来，使原有的内部交通和高原至中原的交通线路得到空前发展、频繁使用，这条连接逻些（今拉萨）与长安以及中原主要城市的线路后世称为"唐蕃古道"或"唐蕃驿道"。唐蕃古道的开拓、发展、定型，让原连贯东西的藏北交通实现了纵横南北的战略跨越。从西藏高原内部来看，雅砻从南向北进踞草原，形成了象雄、苏毗、雅砻三者鼎立的局面，当雄、色尼一带成为高原的战略三角区；从高原外部来看，唐蕃古道的形成，使藏北成为吐蕃王朝前出西藏的战略基地，"军粮兵马，半出其中"[①] 便有其义。同时唐王朝来使入藏必经藏北，"鹘莽驿，唐使入蕃，公主每使人迎劳于此""突录济驿，唐使至，赞普每遣使慰劳于此"[②] 正为写照。

唐蕃时期，双方使臣往来200余次[③]，文成公主、金城公主两次入嫁西藏的历史事件，至今在藏北流传许多佳话。南北道路的畅通，高原与内地交通的开拓，既增进了藏北与藏南的经济联系，以盐粮交换为主要内容的农牧交换商业关系更加深入；又增进了藏北在西藏茶马古道交通中的纽带作用，以茶马为代表的商品、文化、科技、政治等交流往来不绝。

（四）蒙元时期

从约1240年蒙古将领多达奉凉州王阔端之命，帅军经藏北进入乌斯藏，到

---

① 《全唐文》卷405《奏苏毗王子悉诺逻降附状》，转引自《全唐文全唐诗吐蕃史料》，西藏人民出版社1988年版，147页。

② 《新唐书·地理志·鄯城》，转引自陈燮章、索文清、陈乃文编：《藏族史料集》，四川民族出版社1982年版，第324页。

③ 西藏自治区交通厅、西藏社会科学院：《西藏古近代交通史》，人民交通出版社2001年版，第77页。

1264年忽必烈派出官员自青海到萨迦建立驿站制度，藏北草原成为蒙古势力管辖西藏的重要通道和基地。

索、夏克、孜巴、夏颇、贡、官萨、甲哇[1]等大站均位于藏北，初由乌斯地方各个万户驻站支应，后元宰相桑哥入藏命令军士留驻藏北，对驿站进行直接管理。驿站设立后，各派高僧于此往来，影响最大、次数最多者当属八思巴。同时第三世嘎玛巴活佛、第四世嘎玛巴活佛入京拜见元朝皇帝，还留有藏北游历的只言片语。此时期，藏北东部的索县、巴青一带成为安多、卫藏、康区的重要分界，正如《萨迦世系史》中言："从上部阿里三围至索拉甲波以上为圣教法区；索拉甲波以下至黄河河曲以上为黑头人区；自黄河河曲以下至汉地白塔以上为良骥马区。"[2]

元代驿道在藏北的建立，为茶马古道在藏北的发展奠定了坚实基础。

（五）明朝时期

明朝，西藏向东发展的联系通道经历了两次重心转移，第一次是从北向南，第二次从南向北，这两次转移是明代进出藏通道变迁的标志性事件，也揭示出了西藏通道重心转移的历史动力问题。

重修元朝旧驿。明代施行"广行招谕""多封众建"的治藏政策，一方面西藏僧俗地方势力纷纷入京朝贡请封，一方面派员入藏招抚封赏。初期道路选择比较随意，经四川或过青海并无特殊规定，到了明成祖时期，为了方便往来使者止有馆舍、顿有供帐、饥渴有饮食，开始复至驿站，即修复元代设置的驿路[3]。而从唐至明初，西北及其临近的藏北、藏东、玉树甘孜等地一直是内地与西藏之间的交通干线带[4]。之所以说是"干线带"，原因在于交通干线或出西宁或出河州，尽管不同朝代有所变化，但都因循西北通道这一大的走向。

贡道正式南移。明代中期以后，以青藏道为汉藏主要通道的情况有所转变，川藏一线的入藏南道被规定为卫藏等地贡使入京之道，故称为"贡道"。川藏道作为进出藏的官道始于英宗正统年间，贡道正式南移按官方规定始于成化年间。

---

[1] 达仓宗巴·班觉桑布：《汉藏史籍》，陈庆英译，西藏人民出版社1986年版，第150页。
[2] 阿旺贡嘎索南：《萨迦世系史》，陈庆英、高禾福、周润年译注，西藏人民出版社1989年版，第103页。
[3] 赵毅：《明代内地与西藏的交通》，《中国藏学》1992年第2期。
[4] 刘立云、保罗：《从"唐蕃古道"到"茶马古道"：论西藏与丝绸之路的关系及其意义》，《西藏研究》2018年第6期。

宪宗成化三年（1467年）朝廷下令："诸自乌思藏来者皆由四川入，不得径赴洮、岷，遂著为例。"① 在官道中，川藏道成为入藏正驿有两个特点：一是有名无全实。明王朝做出了字面上的规定并通过有关措施努力保障川藏道的正驿地位，但因雅州至卫藏驿站交通路况不是很好以及卫藏僧人请求按旧例仍从洮州进贡，朝廷在朝贡路线上做了变通。同时主驿确定后驿站建设并不完善，也很难支撑其地位。二是转而未全转。因"隔绝蒙番"政策及北线抢劫频出、洮岷一带僧人冒名进贡骗取回赐等原因，明廷才下令改变和规定进贡路线，但在实际通行中川藏道并没有完全取代青藏道，交通重心转移处于转而未全转的状态。贡道南移，有学者认为这是自唐代以来朝廷在对藏交通上的一次重大转向，使内地与西藏的交通重心由西北移至西南②。但学者只是注意到了这一历史现象，遗憾的是没有展开讨论。

联系通道北移。明后期，明朝实力衰退导致蒙古势力南下，不断有蒙古不同部落势力进踞青海，从而在蒙藏间形成各种形态、层次的关系，其中影响大者先后有土默特、和硕特、准噶尔三股部落势力进入青藏地区，深刻影响了明末清初西部边疆地区的总体格局③。由此青藏一线成为蒙藏联系的重要交通纽带，进出藏通道的重心也随之向北转移。

进出藏通道的重心转移是一个重要历史现象，并受到北方游牧势力——蒙古的直接影响。因此，进出藏通道转移不能简单地在汉与藏的二元框架内阐释，而是有着更为复杂的历史过程，也折射出中华民族多元一体的互动融合。同时交通重心的转移更多的是政治联系重心的转移，作为经济重心的南线交往仍然如故。

（六）清代时期

进出藏的道路体系在清朝时期更加规范定型，以川藏官道和青藏官道为主体，藏北交通战略地位更加凸显。

清朝治理西藏之初，青藏北线为主要通道。固始汗进藏，五世达赖、六世

---

① 《明史·西域二·西番诸卫》，转引自西藏自治区交通厅、西藏社会科学院：《西藏古近代交通史》，人民交通出版社2001年版，第143页。
② 刘立云、保罗：《从"唐蕃古道"到"茶马古道"：论西藏与丝绸之路的关系及其意义》，《西藏研究》2018年第6期。
③ 罗布：《明末清初蒙藏关系发展史事述要》，载罗布：《藏史论隅》，西藏人民出版社2017年版，第85页。

班禅进京、驱逐准噶尔、七世达赖、福康安进藏，都选择北线或以北线为主，尤其是在驱逐准噶尔过程中，喀喇乌苏（那曲）之地连续发生多次战事，引起康熙的注意并提出"黑河考辨"议题，藏北之事进入庙堂之高。川藏一线地位的上升肇端于第二次驱逐准噶尔、定型于乾隆时期廓尔喀战役，随着完备驿站制度的建立，成为清代进出藏主要路线，也是驻藏大臣进出、各类官员往来、奏折文书上传下达的规定线路，故有"汉藏金桥"之称。清朝对西藏的治理始于通过青藏北线取代蒙古对西藏的统治，巩固于川藏南线建立起的完备政治经济联系，期间进出藏通道又完成了一次重心转移，使清朝对进出藏道路的使用逐渐由以西宁一路为主转向以成都一路为主，从而使藏彝走廊及其连接的四川逐渐转变为清朝治藏的依托和重心[①]。

当然，重心向南转移并不意味着北线的废弃，相反更有利于各类进出藏路线明晰定位和功能分流，进而形成多向辐射的交通网络。从藏北出发，清朝有三条主要线路穿境而过：经嘉黎的官道主要承担政治功能，由此嘉黎连接卫藏、喀喇乌苏、三十九族、康区、工布的交通地位迅速上升，并在清朝西藏治理的驿道体系中发挥重要的作用；经三十九族、昌都的茶路主要承担经济功能；经唐古拉山的青藏线则继续保持北向与蒙古各部落的联系，是进藏熬茶的首选线路。当然这种功能分化不是绝对的，各主要道路的交通功能也是多样化的。

（七）商道旅道交纵

随着茶马等商贸的快速发展、中西旅人不断游历，在以往道路的基础上，藏北形成了以清朝时期形成的青藏、川藏两条官道为经脉，以各个商道旅道为网络的多条多元交通面貌。

通过梳理文献，在清代民国时期，这些道路不仅承担着西藏与内地的政治、经济、文化等血脉联系，同时西方人也不断进入，像古伯察、普里热瓦尔斯基、邦瓦洛特、柔克义、崔比科夫、斯文赫定、寺本婉雅、罗列赫等西方旅人从周边各个方向的闯入游历，以藏北作为进入拉萨的旅行跳板，把藏北"青藏高原十字路口"的作用挖掘得尤为充分、体现得淋漓尽致，我们今天视为高寒缺氧、满天飞雪的藏北、羌塘无人区以及偏远的角落，几乎都留下了游历者的脚步和

---

① 石硕、王丽娜：《清朝"驱准保藏"行动中对由打箭炉入藏道路的开拓》，《中山大学学报（社会科学版）》2018年第3期。

文字记录。

对道路历史的简单梳理，清晰展现了藏北通达东西、连接南北的交通面貌，以及藏北地域在西藏历史发展中的重要地位。了解西藏茶马古道的历史，就不能忽视藏北这一区域。

三、茶马古道在藏北的走向与功能

"茶马古道"，因视角不同，定义上有所分歧和争论：一种是民间、地方视角，认为"茶马古道是古代中国西南及相关区域的民间利用人力、畜力长途贩运货物的交通网络"，交通的独特性、活动的民间性和茶叶的联结性是茶马古道的特征[①]。一种是官方、精英的视角，认为其"核心是古代中央政府用农区之茶换取牧区之马的茶马互市的道路"[②]。不管如何定义，人们现在普遍把"茶马古道"理解为西南地区古道路线网络的代称，尽管这一代称还有"丝绸之路""唐蕃古道""进藏官道"等的称谓和争论。

那么在"茶马古道"的视野下，其在藏北的走向如何？不同路线有何特点和差别？具体来看，茶马古道经藏北共有四川、青海、新疆、卫藏四个大的方向，但从直接地点来看，有昌都、玉树、西宁、柴达木、于田、阿里、日喀则、拉萨、林芝等具体线路。其中经昌都、玉树、西宁、柴达木等中转经藏北草原进藏的路线在文献上记载更多，也是茶叶等物流、官员等人流的主要选择。这里就根据文献对这些路线的走向和功能，按照从南向北的顺序做些梳理。

（一）川藏中路

此路在清代有"南路"之称，这里为了与经林芝的318线路、边坝经嘉黎尼屋乡"小南路"的线路有所区分，故称为"中路"，1951年解放军进藏之时也采用此说。

此路确切的文献记载始见于清初驱逐准噶尔战役。位于布达拉宫所在红山的东断崖上刻有"用昭万世"摩崖碑文，亦称《噶尔弼平定西藏碑记》，为康

[①] 杨海潮：《茶马古道：地方性的民间视角》，《思想战线》2016年第6期。
[②] 孙华：《"茶马古道"文化线路的几个问题》，《四川文物》2012年第1期。

熙五十九年十一月定西将军噶尔弼撰书，其中记载了当时进兵情况，"一由类伍齐、结□、结树冰噶、三达奔工为正兵，一由洛隆宗、硕般多、达隆宗、沙弓喇、弩弓喇为奇兵……降服准噶尔"①。有学者认为这次战役对川藏中路的开拓意义重大，"它不仅让清朝在原由西宁入藏道路外又发现并增加了一条更完全、更便捷的入藏道路，而且更重要的是，这条道路的开拓使清朝对进藏道路的使用逐渐由过去以西宁一路为主转向以南路为主，同时通过此道路的开拓与维护，加强了对川、滇等东部藏区即康区的控制，从而也使康区逐渐转变为清朝后期治藏的依托与重心"②。之后，在康雍乾三朝的经营下，此"奇兵"之路正式成为清代川藏官道主驿，设有粮台、驿站、塘铺和把总、外委等，派兵驻守，道路沿用至西藏和平解放初，后因 1954 年川藏 318 公路的建成而废弃。

该道路在藏北主要经嘉黎县，于乾隆十三年正式建立粮台。陈克绳《西域遗闻》载："向于乍丫设粮务，乾隆十三年复设台站，改设于拉里。"③拉里即为嘉黎，之前曾建立过临时性台站。因是驿站官道，经嘉黎的此条路线清代西藏方志多有记载，在今嘉黎县境内经鲁贡拉、察曲卡（位于鸽群乡）、嘉黎镇、奔达拉、阿扎、阿扎海子、山湾塘、卓喇山进入今工布江达县娘蒲乡。这些地名在今嘉黎县犹存，不难考证。

此路在清代的主要功能是官道性质，为驻藏大臣往来、藏汉官员及兵士进出、重要物资、官方公文等主要通道。曾担任过嘉黎粮务的官员马吉符在《条陈治藏八策》中言："查由炉达藏本有两路：一南路，即驿站官道，经过里塘、巴塘、察木多、拉里，以达前藏；一北路，即商贩所由之路，经过霍尔德格草地、伙尔、哈拉乌苏，以达前藏。"④这里，马吉符称其为"南路"，并与"北路"对比，指出了其功能主要是"驿站官道"，与"北路"的商路性质有所区别。

现在研究多认为此路为茶马古道入藏大道，似乎与历史情况有所不同。对这个问题不能笼统地认识，要从历史的变迁和物资流动的官民两种视角辨析、具体地看待，认识到不同道路在不同时期具有不同的功能定位和选择倾向。在清代，川藏中路主要的功能是驿站官道，物资的运输往来也主要是官方形式的，

---

① 参考实地碑文和西藏自治区文物管理委员会编：《拉萨文物志》，陕西咸阳印刷厂 1985 年版。
② 石硕、王丽娜：《清朝"驱准保藏"行动中对由打箭炉入藏道路的开拓》，《中山大学学报（社会科学版）》2018 年第 3 期。
③ 陈克绳：《西域遗闻·疆域》，禹贡学会 1936 年铅印本。
④ 马吉符：《藏牍劫余》，赵云田、黄维忠点校，黑龙江教育出版社 2015 年版，第 34 页。

尽管小宗的民间商贸也选择此路，但大宗的民间商贸运输主要不在此路。在民国时期，驿站官道废弛，旧有的路线选择在保持旧有习惯的同时，出现民间化倾向。解放军解放昌都后，十八军先遣侦察科对由昌都进藏道路进行了详细的调查，反映出了西藏和平解放前该路的情况，"这是一条大道，也是藏政府的官道。全程直穿横断山脉西半部和念青唐古拉山脉的崇山峻岭，山峦连绵，几乎每天都要翻一座山，沿途人烟相对多些，来往官民、商旅多走此道"[1]。

（二）川藏小北路

因处于中路和北路之间，故称小北路，清代文献记作"草地进藏路"或者"自察木多由类乌齐草地进藏路"，确切的文献记载也是始见于清初驱逐准噶尔战役，"用昭万世"摩崖碑记中所记载，是清代第二次驱逐准噶尔四川进军的"正兵"之路。青海方向入藏驱逐准噶尔部队进入拉萨后，亦从此路返回。因此，此条道路作为兵要道路，清代西藏地方资料也是多有记录。随着川藏官道的设立，此路在官方层面往来程度不及官道，因此记载比较简略，但作为第一次进兵西藏的重要道路和川藏官道的重要补充，小北路在清代西藏方志中一直占有一席之地。

《西藏志》《西藏见闻录》《卫藏图识》《卫藏通志》《西藏图考》《雅州府志》以及吴廷伟《定藏纪程》等对此路都有记载，其中具体站程记载有所区别，但是线路大致相同。这里依据成文较早的《西藏志》[2]记录，主要对今那曲境内的站程略作考证："自察木多五十里至恶洛藏分路，六十里至杓多，四十里至康平多，五十里至类乌齐，五十里至达塘，八十里至加木喇族，一百里至江青松多，八十里至三冈松多，八十里过四小山至塞耳松多，六十里至拉咱。"以上站程在今昌都、类乌齐、丁青县境内。"五十里至吉乐塘"，为今索县荣布镇。"七十里至察隆松多，即春奔色擦"，在今索县西昌乡境内。"七十里至江党桥"，此处为渡过怒江的桥梁，究竟是索县江达乡附近还是边坝县沙丁乡境内，尚需考证。"七十里至拉贡洞，六十里至汪族"，在今比如县白嘎乡境内。"八十里至结树边卡"，"结树"即比如县姐曲河流域，"边卡"即今比如县白嘎乡所在地。"五十里至三大遍关"，也写作"三达奔工"，即今比如县羊秀乡桑达寺，为苯教寺庙。"八十里至噶咱塘，七十里至葛现多"，在羊秀乡普宗沟，地名现存。"七十里

---

[1] 王贵、黄道群：《十八军先遣侦察科进藏纪实》，中国藏学出版社2001年版，第94页。
[2] 《西藏志》，西藏人民出版社1982年版，第53页。

至拉里堡",为一处山口。"从右手进山沟,六十里至拉里界,七十里过山至吉克卡,七十里至沙加勒,七十里至积华郎,七十里至哈噶错乍,六十里至胖树,六十里至仲纳三巴,六十里至约定同古,七十里至墨竹工卡,合进藏路。"在今嘉黎县桑前曲、嘉黎县夏玛乡、措多乡至墨竹工卡一线。

此路发生的历史大事件往往见于几次进兵之时,在驱逐准噶尔之外,因经过驻藏大臣所管辖的三十九族地区,清末川军进藏、十八军军直机关进藏也选择此路。同时,该路也是玉树、昌都至拉萨的重要商旅路线。十八军先遣侦察科了解到"小北路,也是不少商旅、骡帮常走的重要道路"[①],并言当时的调查对象在昌都的云南汉商铁宝鑫就多次走过。

(三)川藏北路

因称为北路的路线较多,这里把昌都、丁青、巴青、索县、那曲而至拉萨的路线称为"北路"。前文提及马吉符所记"北路,即商贩所由之路,经过霍尔德格草地、伙尔、哈拉乌苏,以达前藏"即为此路。该路线与今317国道西藏段相近。

从历史上看,该路在那曲境内与元代在藏北建立的驿站相符,亦与明代因循的前朝在藏北境内的路线一致。这里之所以写明在藏北境内,主要是因为该路经藏北进入昌都地界后,可分路向甘青和打箭炉,并且分路情况在元明时期有历史变迁,但在藏北境内路线基本不变。

到了清代,此条道路并未被官方采用,而成为一条名副其实的商路,往来大宗茶叶贸易基本依靠此路。西藏自治区档案馆编的《清代西藏地方档案文献选编》中收录的档案,提到在同治年间,先后在霍尔三十九族地区发生的两起阻断商路的纠纷事件。一件为昌都强巴林寺与三十九族的茶税纠纷[②],一件为德格土司属下货物被三十九族抢劫[③]。这两个事件揭示出,此路在清代是主要的商贸往来路线。

民国时期,此路的商贸地位仍然十分突出,康藏贸易公司的驮运之路即选择此路,"自拉萨北渡黑水,由所宗经三十九族牧地,东至类伍齐,入康境,循

---

① 王贵、黄道群:《十八军先遣侦察科进藏纪实》,中国藏学出版社2001年版,第95页。
② 参见《清代西藏地方档案文献选编》五,中国藏学出版社2018年版,第686页。
③ 参见《清代西藏地方档案文献选编》五,中国藏学出版社2018年版,第733页。

德格、甘孜等地,达康定。此线气候适中,四季通行,本公司运输即取此道"[1]。十八军先遣侦察科的调查言"这条路整体地势高,但相对较为平坦,翻越的山岭少一些。丁青以西大部分地方人烟稀少,但草场多,放马比较方便,所以许多驮帮、商旅愿走此道"[2]。

(四)川藏大北路

在北路以北还有一条那曲经聂荣或巴青至玉树结古镇而入打箭炉的路线,凌苏珊·芮哈特1898年曾在藏北游历,其在《与西藏人同居记》中记载那曲卡"经结古多、黑里巴与达尔等地而至打箭炉,名曰北路"[3],即指的是经那曲经聂荣至玉树结古镇而入打箭炉的路线,为了体现这条路线的方位,故称之为"大北线"。

民国时期康藏贸易公司的一份文件显示,"自拉萨北上高原,渡黑水至青海玉树,东入康境牧地,经石渠、德格、甘孜等地,至康定,此线牧民牲畜最多,以往边茶由康定入藏,多出此道,每年至多可发三十万驮,但牧民不以运输为业,且受时令影响,迁移无常,未能大量利用"[4]。可见该路也是一条重要的商业路线。

(五)青藏东路

川藏大北路如果在玉树分路走青海,也可称为"青藏东路"。不论是从川藏来看的大北路,还是从青藏来看的东路,其路线都是经那曲至玉树结古镇,这一走向也被认为是唐蕃古道的重要一段,也是甘青入藏的重要选择。

具体来看,那曲至结古镇也有两条路线。一条经聂荣的查吾拉,留有六世班禅、福康安、凌苏珊·芮哈特等历史人物的足迹。一条经巴青县巴青乡,留有民国时期朱绣的足迹。

此路有考证为唐蕃古道主驿者,如佐藤长、20世纪80年代青海组织的考察等。但由于文献记载过于久远、道路地名变迁、沿途文物证据缺乏、藏北地名

---

[1] 中国藏学研究中心、中国第二历史档案馆合编:《民国时期西藏及藏区经济开发建设档案选编》,中国藏学出版社2005年版,第324页。
[2] 王贵、黄道群:《十八军先遣侦察科进藏纪实》,中国藏学出版社2001年版,第94页。
[3] 芮哈特:《与西藏人同居记》,王绥译,商务印书馆1931年版,第130页。
[4] 中国藏学研究中心、中国第二历史档案馆合编:《民国时期西藏及藏区经济开发建设档案选编》,中国藏学出版社2005年版,第324页。

考证更为薄弱等,在藏北的具体走向上还并未取得足以令人信服的成果,故此这里对有争议的唐蕃古道主驿不做细致介绍。

(六) 青藏中路

青藏中路确切的文献记载始见于清代驱逐准噶尔,第一次、第二次从青海进军的主力部队都是从此路进入藏北,之后此路成为西宁入藏的官道,在设置上虽然不如川藏官道齐全,但有"喀喇乌苏赴西宁大道"之称。

此路在清代以来往来不绝。十八军独立支队亦从此路进藏,后随着1954年青藏公路的建成,此路废弃。这条路主要经过唐古拉山的康给拉山口,经聂荣、那曲、桑雄、古露、旁多、林周至拉萨。

清代西藏方志多有记载,路线基本一致,但站程有所不同。因记载多采用蒙语地名,考证不易,这里不进行介绍。

(七) 青藏西路

这条道路主要指从柴达木盆地经那曲进入拉萨的道路,今青藏公路即为此线路。历史上蒙古各部落进藏熬茶多走此线。

四、小结

美国传教士凌苏珊·芮哈特夫妇1898年旅行至那曲附近,所见"途中过极大之商人队伍,以牦牛自察木多运茶,而入西藏之内部"[①]。平均海拔4500米的藏北区域,不因其高峻而阻隔,也深深嵌入茶马古道网络中,呈现出沟通四域以至更广阔空间的流动开放图景。

藏北位于唐古拉山脉与念青唐古拉山脉之间,西为高原湖盆,东为怒江源域,上抵阿里,下达康区,显然是草原上天然的走廊型通道地带。同时南北两条山脉兼具有屏障和通衢双重性质,形成"跨唐古拉山区域",是连接卫藏文明核心区与西北走廊、北方草原的桥梁和纽带。正如格勒所指出的"被称为霍尔的藏族牧民几乎遍及整个藏北高原。它再一次告诉我们,广袤的藏北草原,西

---

① 芮哈特:《与西藏人同居记》,王绶译,商务印书馆1931年版,第120页。

起阿里，东到青海的果洛，从 7 世纪开始，就是藏南崛起的藏族与北方众多的胡系统的游牧民相互战争和融合的舞台"[1]那样，藏北与周边地域及更大范围有着较深的互动往来，并在历史上形成了多条道路交通网络，使藏北成为西藏高原与内地中原、蒙古草原互动往来的重要管道。

---

[1] 格勒：《藏族早期历史与文化》，商务印书馆 2006 年版，第 347 页。

古道上的旅行者
——古伯察、司徒·确吉加措和邢肃芝对川藏茶马古道的记述及价值探讨

公秋旦次
（西藏大学）

一、法国传教士古伯察对川藏茶马古道的记述及其价值

（一）古伯察的身份与出藏背景

法国天主教修会之一遣使会会士古伯察（Regis-Evariste Huc，1813—1860年）因受罗马教廷的入华传教任命，自1839年3月6日从巴黎出发，同年8月1日到达中国澳门。1841年2月20日从澳门进入中国内地。他先后经河北、北京、蒙古诸旗、鄂尔多斯、宁夏、甘肃、青海等地，于1846年1月29日终于进入西藏拉萨。古伯察一行是第一个进入拉萨的法国人。他们在拉萨进行的传教活动被当时的清朝驻藏大臣琦善（1786—1854）所阻止，并准备驱逐出藏。经上奏朝廷获准后，古伯察一行不得不离开拉萨，经川藏官道返回内地，最后于1846年10月离开中国内地。古伯察历时六年多完成了环中国式的长途旅行，由此他写下了著名游记《鞑靼西藏旅行记》。[①] 经川藏官道返回内地之时，记述了沿线的驿站、粮台、村落、寺院、汉式庙宇，以及沿线百姓生活、民风民俗、历史传说和山川河流等诸多见闻。

（二）古伯察出藏路线

拉萨、德庆、墨竹、江达、拉里、郎吉宗、边坝、硕般多、落隆、瓦合、

---

① 古伯察：《鞑靼西藏旅行记》，耿昇译，中国藏学出版社2006年版。

恩达、昌都、察雅、江卡、巴塘、理塘、雅江、打箭炉。

（三）法国传教士古伯察眼中的川藏茶马古道

古伯察一行到拉萨后不久，当时清朝驻藏大臣琦善奉清廷命令，将他们从西藏驱逐并组织人员解送至成都，1846年3月15日同李国安等清兵从拉萨出发。与此同时，古伯察一行也得到了由西藏摄政①派遣卫队的保送，并从拉萨陪同至打箭炉。一路可以享受诸多待遇，如食物、住宿、乌拉等都由沿途驿站、寺院等安排。因而此次旅行不像他在中国北方游走的艰难岁月，故古伯察自己也感叹道："我们觉得这种旅行方式实在是妙不可言。事实上，这与我们在沙漠中度过的那种艰难和清苦的生活形成了鲜明对照，沙漠中的每个停留站，对于我们来说仅仅是增加一些艰苦！不用被迫支帐篷和管理牲畜，更不为燃料和食物操心，这样的旅行就如同实现了一种光辉灿烂的理想。当大家下马时，便会找到一间温暖的客房和一壶酥油茶，这对于我们来说就是纯粹的'骄奢淫逸'。"②古伯察一行沿着川藏官道，享受着官道待遇而赶往成都，因此，在路上未遇到艰苦的探险问题。他所著《鞑靼西藏旅行记》中有关川藏茶马古道的记载是以官道驿站及乌拉制度的运行、沿线的村落和寺庙，以及风土人情、历史传说、山川河流等内容为主。根据古伯察的在华传教范围及传教经验，从整体来讲他对中国的社会历史文化并不陌生，但从他在西藏传教活动的时间以及书中描述的内容来看，面对西藏的社会历史文化，他仍然是旁观者或局外人。他用旁观者或局外人的眼光来记述川藏茶马古道的时候，往往对沿途的各种见闻充满着好奇，正是在这种好奇的触动下，他在游记中记录了本土人极少留意或司空见惯的一些文化现象。不管他记述的是人物还是村落、寺庙、山川等均较为细致而全面。下面笔者用分类法来大致概括古伯察在《鞑靼西藏旅行记》中所记述的有关川藏茶马古道的主要内容。

（1）驿站、粮台及村落：墨竹贡嘎、工布江达、郎吉宗（金岭）、硕般多、察木多（昌都）、巴塘等；

（2）乌拉问题：墨竹贡嘎、郎吉宗（金岭）、察雅等；

（3）风土人情：墨竹歌舞、察雅康巴男人的着装等；

---

① 当时西藏摄政为热振阿旺益西次成江参，执政时期：1845—1862年。
② 古伯察：《鞑靼西藏旅行记》，耿昇译，中国藏学出版社2006年版，第519页。

（4）寺院及汉式庙宇：拉里（嘉黎）关帝庙、丹达庙、硕督寺、昌都寺等；

（5）大山：拉里山、鲁贡拉山、丹达山（夏贡拉山）、瓦合山、昂地山等；

（6）其他传说和历史：阿咱的独角兽、丹达山神、瓦合山神、察雅两活佛内讧事件等。

古伯察在《鞑靼西藏旅行记》所记录的有关川藏茶马古道的内容当中，第一，他用选择性地记录了他所关注的一些沿线驿站、粮台、村落，通过这些描写，既能反映19世纪中叶川藏官道驿站制度的运行情况，在一定程度上，也能体现出19世纪川藏茶马古道沿线驿站、粮台、村落的分布格局，进而可以探寻川藏官道与沿线之间依赖而互惠的关系。第二，古伯察一行及李国安等在途中遇到了诸多轮换乌拉问题，他们遇到的乌拉问题当中，第一类是牲畜未能赶到驿站之地[1]，第二类是因山路被大雪封闭[2]，第三类为沿途百姓不遵循乌拉制度的规则等[3]。这三种乌拉问题都影响他们的正常旅行。究其原因，上述三类乌拉问题既有驿站制度本身缺陷的原因，也有受沿线自然地理和气候影响的原因。最后一类乌拉问题需要与当时沿线社会背景结合，古伯察一行途径昌都和察雅之时，正好是察雅两活佛内讧[4]时期，昌都、察雅因处在官道沿线，直接影响川藏官道的正常经营，从而我们可以进一步看出沿线与官道依赖而互动的紧密关系。第三，古伯察把沿线看到的一些风俗习惯——民间歌舞、沿线人的穿着等记录得十分细致而生动[5]。沿线的百姓作为历史和社会的边缘人，他们的历史很少被史家提及。因此古伯察的这一记述有助于发现古道沿线平民百姓的历史形态。第四，他在书中记述了川藏茶马古道沿线的一些汉式庙宇，譬如嘉黎关帝庙、边坝丹达庙、类乌齐瓦合山庙，关于这些藏区的汉式庙宇的内容在清代汉文文献当中也有不少记载，与此同时他也提到了沿线的一些藏传佛教寺院。古道沿线的这些汉式庙宇和佛寺，既是古道上历史变革和文化传播等多种因素的产物，也是汉藏多元文化融为一体的具体表现。第五，古伯察注意到了途中经过的若干大山，古伯察把途中翻越的若干大山与当时气候、人流等情况结合在一起记录。通过描述古道沿线的山川河流、天气与人流等现象，既能了解川藏官道的

---

[1] 古伯察：《鞑靼西藏旅行记》，耿昇译，中国藏学出版社2006年版，第521页。
[2] 古伯察：《鞑靼西藏旅行记》，耿昇译，中国藏学出版社2006年版，第540页。
[3] 古伯察：《鞑靼西藏旅行记》，耿昇译，中国藏学出版社2006年版，第562、566、567页。
[4] 察雅两活佛内讧事件：道光十五年（1835）至咸丰元年（1851），西藏昌都察雅大小两活佛之间发生内讧，直接威胁康区的安定以及川藏官道的运行。
[5] 古伯察：《鞑靼西藏旅行记》，耿昇译，中国藏学出版社2006年版，第522、561页。

基本路况，也能反映川藏历史地理与交通的若干历史。最后，古伯察充满好奇地记录了一些传说，比如独角兽和丹达山神、瓦合山神的来源；同时到达昌都之时，也注意到了当时征战不休的察雅两活佛内讧事件，虽然他的记载中有所错误，但有些内容也将成为此历史事件的稀有史料①。也有研究者表明，古伯察在《鞑靼西藏旅行记》中关于川藏交通的记载，"既为我们提供了一个从世界看近代康藏的视角，也意味着从19世纪中期起康藏地区就开始进入世界的视野和体系。同时，其康藏经历与记述也见证了中国少数民族地区东西方文化交流的历史与19世纪中期的汉藏关系"②。

二、司徒·确吉加措对川藏茶马古道的记述及其价值

（一）司徒·确吉加措的身份及其入藏背景

司徒·确吉加措（1880—1924）为著名宁玛派三大母寺之一噶陀寺③的第三世活佛，全名为班智达伍金确吉加措（si tu chos kyi rgya mtsho）。精通佛法显密宗，尤其对密宗具有非凡的修行。主持噶陀寺的同时周游藏区及丽江等地，培养了众多弟子，发掘大量伏藏古籍，著作颇多。他在藏历十五绕迥土马（1918）年7月至铁猴（1920）年4月期间从康区至卫藏进行了一次朝圣旅行。1918年藏历7月从康区噶陀寺出发，经昌都康巴寺、拉拓至类乌齐，进入川藏官道的昌都至拉萨段。同年藏历11月份抵达拉萨。在拉萨朝佛后前往山南、日喀则等地继续朝圣，1920年4月到拉萨后经北路返回康区。在历时20余月的朝圣旅行期间，他写下了著名的朝圣游记《司徒古迹志》（si tu dbus gtsng gnas yig）④。书中主要记述了沿线的神山圣水、寺院等宗教场所的情况，以及沿途的路桥状况、风俗习惯等。

（二）司徒·确吉加措入藏路线

噶陀寺、古色、波罗、康巴寺、拉拓、类乌齐、落隆、硕般多、拉孜、边

---

① 古伯察：《鞑靼西藏旅行记》，耿昇译，中国藏学出版社2006年版，第555—556页。
② 赵艾东：《古伯察〈鞑靼西藏旅行记〉中所载汉藏关系研究》，《国际汉学》2015年第3期。
③ 今四川省甘孜自治州白玉县内。
④ 司徒·确吉加措：《司徒古迹志》（藏文版），西藏藏文古籍出版社2018年版。

坝、郎吉宗、拉里、直孔寺、热振寺、达隆寺、楚普寺、拉萨。

（三）司徒·确吉加措记述的川藏茶马古道

司徒·确吉加措于藏历十五绕迥土马（1918）年 7 月从康区噶陀寺往拉萨方向出发，开启了历时 20 余月的朝圣旅行。司徒·确吉加措与上述古伯察大有不同：其一，他的旅行方向为康区至卫藏；其二，他在沿途未有与官道一般的待遇；其三，司徒·确吉加措为藏族社会历史文化的参与者与实践者，对藏区十分熟悉。那么，司徒·确吉加措在《司徒古迹志》中对川藏茶马古道又有怎样的记述呢？他作为一名藏传佛教宁玛派著名活佛，在旅行中以朝圣为主，书中主要记述其沿线朝拜的各教派寺院外部主体建筑和寺内的佛像、佛经、僧人数目以及相关寺庙的历史源流，也有不少佛塔、古籍等文物的记载，因而，此书堪称稀见的康区和卫藏佛教文物志[①]。下面笔者用图表方式来概括《司徒古迹志》中所记载的有关川藏茶马古道昌都至拉萨段沿线的寺院及其他名胜古迹：

表 1　昌都至拉萨段沿线的寺院及其他名胜古迹

序号	寺院、遗址	地址	序号	寺院、遗址	地址
1	Khams pa dgon	昌都卡若	2	Mdzo rdzi dgon	昌都卡若
3	Mtshan nyid dgon	昌都卡若	4	Gying thang dgon	昌都卡若
5	Pakshi'i gzims khang	昌都卡若	6	Karam lha steng	昌都卡若
7	Ngom gnas mdo dgon	昌都卡若	8	Ri bo che dgon	类乌齐
9	Karam dngos gruf gling	类乌齐	10	Shel bum mchod rten	类乌齐
11	Zhabs gyas zam pa	洛隆县	12	Gzhi gram dgon	洛隆县
13	Dzi tho dgon	洛隆县	14	Chos rub yams gling	洛隆县
15	Sho pa mdo dgon	洛隆县	16	Pugid dgon	洛隆县
17	Lha rtse dgon	边坝县	18	Dpal 'bar dgon	边坝县
19	Lcags ra dgon	边坝县	20	Ba gzhung dgon	边坝县
21	Brag dmar dgon	边坝县	22	Rngod rgya mtsho gling	边坝县
23	Rngod a rig dgon	边坝县	24	Lha ri dgon	嘉黎县
25	Abri gung dgon	墨竹工卡	26	Gter sgrom	墨竹工卡
27	Yang ri sgra	墨竹工卡	28	Zha lha khang	墨竹工卡
29	Mang ra dgon	墨竹工卡	30	Abri gung rdzong	墨竹工卡

---

① 《司徒古迹志出版说明》，载《司徒古迹志》（藏文版），西藏藏文古籍出版社 2018 年版，第 11 页。

续表

序号	寺院、遗址	地址	序号	寺院、遗址	地址
31	Khra ba kha	林周县	32	Rwa sgrenga dgon	林周县
33	Se gling rgod tshang	林周县	34	Stag lung dgon	林周县
35	Chu bzang dgon	堆龙县	36	Mtshur phu dgon	堆龙县
37	Pra phu dgon	堆龙县	38	Gzhong pa lha chu	拉萨

资料来源：《司徒古迹志》中所记载的川藏茶马古道沿线寺院为主的古迹依次编排制表。[1]

综上所述，司徒·确吉加措在《司徒古迹志》中记述的是20世纪初在川藏茶马古道上以宗教场所的各种寺庙为主的名胜古迹。那么我们对司徒·确吉加措走过的路线以及《司徒古迹志》价值与意义进行探讨，有何认识呢？其一，司徒·确吉加措行走的路线不完全是川藏茶马古道的干道，例如康区噶陀寺至类乌齐，以及拉里（嘉黎）至拉萨的路线为茶马古道的支线[2]。由此我们从中发现藏区茶马古道存在诸多线路，在这些支线的沿途并非一片人烟稀少的景象，支线沿线也存在着不少的寺庙以及人流、物流。[3] 其二，在《司徒古迹志》中有关川藏茶马古道的主要记载为沿线的各个寺院等宗教场所，虽然对各个寺院的描述也有所偏向和选择，但从整体来讲沿线所朝拜的各教派寺院均有所体现。在这个意义上，一方面处于相对边缘的没有历史记载的若干沿线寺庙也能够从《司徒古迹志》中找到其面貌，有利于发掘地方历史与文化的遗产遗迹[4]；另一方面，《司徒古迹志》在记述沿线寺院的同时，也反映出大量的佛像、唐卡、古籍、佛塔等贵重文物的数目、材料和外观，这一记述不仅为抢救和维修沿线文物的工作提供了珍贵的资料，而且对进一步发掘和研究茶马古道沿线历史文化遗产具有深远的价值和意义。其三，从古道的功能角度来审视其《司徒古迹志》所记载的川藏茶马古道路线和沿线状况，显而易见，司徒·确吉加措所走的路线中既有大量的寺院和扎仓，也有神山圣水等宗教文化的名胜古迹，因此，这一路线归为康藏朝圣之路是可以成立的。朝圣旅行显然是由内心信仰所驱动，把寺院和神山圣水作为朝拜对象而开辟的路线便是朝圣之路。

---

[1] 司徒·确吉加措：《司徒古迹志》（藏文版），西藏藏文古籍出版社2018年版，第1—85页。藏文原文的寺名等，笔者在此用拉丁文转写方式。
[2] 司徒·确吉加措：《司徒古迹志》（藏文版），西藏藏文古籍出版社2018年版，第1—18、33—86页。
[3] 司徒·确吉加措：《司徒古迹志》（藏文版），西藏藏文古籍出版社2018年版，第1—85页。
[4] 司徒·确吉加措：《司徒古迹志》（藏文版），西藏藏文古籍出版社2018年版，第1—85页。

三、汉僧格西拉然巴邢肃芝对川藏茶马古道的记述及其价值

(一)邢肃芝的身份与入藏背景

邢肃芝(1916—2006)为南京人,九岁皈依佛门,1934年春季进入四川重庆汉藏教理院学习藏文和藏传佛教,其间结拜了很多康藏活佛和格西。他于1936年从汉藏教理院毕业,次年独身赴藏求法,访求藏传佛教密宗,决心将藏传佛教密宗取回汉地弘扬。进藏途中先后在德格宗萨寺和更庆寺用时十个月潜心学习萨加派密宗,灌顶多种密宗教法。其后于1939年6月开始进入西藏境内。途中得到了国民政府考试院院长戴季陶、四川军阀刘文辉、昌都总管索康扎萨和粮官阿沛·阿旺晋美等的赞助。1939年8月抵达拉萨,随后进入哲蚌寺研修藏传佛教五部大论。经过长达7年的攻修及辩经,终于通过1945年在西藏摄政王面前举行的辩经考试,获得藏传佛教最高学位格西拉然巴。张健飞和杨念群二人于1998年开始对邢肃芝进行了二十多次的采访,经过多次挖掘、追忆和整理,于2003年出版了《雪域求法记——一个汉人喇嘛的口述史》一书。[①] 书中以邢肃芝个人的传记为线索,讲述了方方面面的内容,其中入藏期间的各种见闻可以作为川藏茶马古道研究的参考史料。

(二)邢肃芝入藏路线

成都、雅安、打箭炉、折多塘、泰宁、道孚、炉霍、甘孜、德格、江达、昌都、拉贡、恩达、麻利、落宗、硕般多、拉孜、边坝、郎吉宗、拉里、工布江达、墨竹、德庆、拉萨。

(三)邢肃芝记忆中的川藏茶马古道

邢肃芝于1937年从成都独身赴藏,访求藏传佛教密宗。在他口述的《雪域求法记——一个汉人喇嘛的口述史》一书中,关于川藏茶马古道的追忆内容十分丰富,且翔实有序。但此书毕竟是晚期回忆的内容,必定夹杂有不少的后天经验和知识,故在此对与川藏茶马古道有关的内容进行选择性探讨。古伯

---

① 邢肃芝口述,张健飞、杨念群笔述:《雪域求法记——一个汉人喇嘛的口述史》,生活·读书·新知三联书店2003年版。

察、司徒·确吉加措和邢肃芝三者相比较，邢老又有其特殊性。其一，他对西藏及藏传佛教并不陌生，他于1934年进入四川重庆汉藏教理院学习藏文和藏传佛教，其间结拜了很多康藏活佛和格西，对西藏较为了解，与古伯察形成了鲜明的对比。其二，他虽然对西藏及藏传佛教文化略有深造，但与司徒·确吉加措相比，对西藏仍有诸多未曾了解或陌生的地方。因此他在口述史中关于川藏茶马古道的记忆内容具有观察者和参与者双重身份的话语特点。另外，邢肃芝途经的路线为川藏官道，但与古伯察行走的官道路线并非完全一致，邢老在打箭炉至昌都段选择了北路，即经由打箭炉、折多塘、泰宁、道孚、炉霍、甘孜、德格、江达、昌都进入川藏官道的干线。邢老从打箭炉至甘孜与民国政府官员一同行进，从甘孜经德格至昌都一直与伙伴同行，并在途中得到汉藏官员的接待和护送（除了在入藏关卡受阻一阵子）。下面笔者用图表方式来呈现其自打箭炉至昌都的主要旅行经历：

表二　邢肃芝自打箭炉至昌都的主要旅行经历

经过的主要地方	遇到主要人物	备注
打箭炉（康定）	大刚法师、戴季陶、陈情、杜履谦等	打箭炉相识的这些主要人物提供了食宿乌拉等[1]
甘孜	孔萨女土司、甘孜喇嘛等	
德格	德格土司、宗萨钦哲活佛、更庆活佛、范县长等	土司和县长提供诸多便利，活佛传授密宗[2]
金沙江关卡	甲本占堆	提供乌拉[3]
江达	江达代本	代本怀疑汉僧，邢老一行被阻，后因收到昌都总管的公文，派兵护送至昌都[4]
昌都	昌都总管扎萨索康、索康汪钦、阿沛·阿旺晋美、王廷选等	得到昌都总管的盛情款待及其他友人的帮助[5]

资料来源：根据《雪域求法记——一个汉人喇嘛的口述史》编排制成。
1 邢肃芝口述，张健飞、杨念群笔述：《雪域求法记——一个汉人喇嘛的口述史》，生活·读书·新知三联书店2016年版，第76—86页。
2 《雪域求法记——一个汉人喇嘛的口述史》，第106—120页。
3 《雪域求法记——一个汉人喇嘛的口述史》，第124—128页。
4 《雪域求法记——一个汉人喇嘛的口述史》，第129—138页。
5 《雪域求法记——一个汉人喇嘛的口述史》，第138—147页。

从上述表格中不难看出邢肃芝在川藏沿途遇到的或与之发生关系的主要人物为汉藏官员、地方头人、贵族等上层人物，他对这些精英阶层人物的穿着、饮食等生活文化现象以及办理公务、为人处世等工作运行情形均记忆犹新，且描述得十分生动而精细，其内容完全可以成为川藏茶马古道的另一种史料。再者，他在晚期口述中对上述精英人物的形象以及与之交往交流的过程，印象比较深刻，因此这一内容也可以理解为邢老在穿越川藏茶马古道时的人物关系史。另外，《雪域求法记》中不仅有追忆下来的文字表述，还有邢老在途中亲自拍摄的大量照片[①]，例如途中的驿站和打尖地，德格土司、宗萨钦哲、德格更庆活佛等人物，以及大金寺事件的会场、昌都总管下发的马牌和亲笔信、昌都总管府官员的合影、鲁工拉和拉里的风景等，均是难能可贵的影像资料，为还原20世纪川藏茶马古道社会文化现象具有不可替代的作用，必将成为稀有的历史资料。

四、结语

综上所述，通过对法国传教士古伯察、噶陀寺司徒·确吉加措和汉僧邢肃芝在川藏茶马古道上旅行时所记载下来的有关内容进行比较考察，我们发现，三位旅行者的身份及其在川藏茶马古道上的旅行缘由、时间、方向和路线等均形成了较为鲜明的对照，进而他们对川藏茶马古道所记述的内容也各有其色。古伯察在《鞑靼西藏旅行记》中对川藏茶马古道的记述是通过亲自观察、感知以及途中接触的清兵、藏族等侣伴的介绍和讲述，古伯察经过川藏茶马古道之时具有旁观者和局外人的身份与角色。司徒·确吉加措在《司徒古迹志》中显示，他经过川藏茶马古道之时主要以寺院为主的沿线名胜古迹和文物等文化遗产作为记述对象，其本人也是西藏文化的参与者和实践者。邢肃芝在《雪域求法记》中对川藏茶马古道的记述具有晚期追忆和建构的成分，但从某种意义上讲，邢肃芝在很大程度上利用现代影视工具来记录与古道相关的若干现象，这些照片有助于口述者的回忆，也为我们展现了活生生的古道历史现象。另外，上述三位旅行者的"行"与"记"，既能提供以人物为中心的川藏茶马古道的历史文化形态，也能从宏观层面展现19世纪中叶至20世纪30年代川藏交通史的一角。一定程度上来说，旅行者在亲自出藏或入藏过程当中所记载的有关川藏茶马古道内容较为原始和可信，对研究茶马古道和古道沿线的历史文化具有重要的参考价值，学界值得进一步挖掘与研究上述游记类的史料价值。若将上述

---

① 关于川藏大道的共有25张照片。

三位旅行者记述的游记与类似的川藏游记、照片、实物等史料串联起来对川藏交通历史进行进一步考察，我们可以更清晰地了解到西藏与祖国内地各民族交流、交往、交融的历史进程。

西南茶马古道与马边南丝路古彝文化生态旅游走廊

陈 远

（四川省马边彝族自治县文体旅游局）

四川省马边彝族自治县地处四川西南部，是国家扶贫开发重点县，是中央纪委对口帮扶县，也是"茶马古道"与"南方丝绸之路"的重要节点县。2017年，马边县委、县政府提出建设"南丝路古彝文化生态走廊"发展战略，将马边融入国家"一带一路"倡议，为该地区开拓了一条将文化旅游融合发展的创新之路。

随着仁（寿）沐（川）新（市镇）高速马边连接线和乐（山）西（昌）高速公路的陆续建成通车，马边将成为成都通往西昌、攀枝花和昆明的重要交通枢纽，同时也将融入成都两小时经济圈和乐山一小时经济圈，马边将成为离成都最近的彝族聚居区，并成为成都及周边群众进入彝区旅游的首选地。

一、"南丝路古彝文化生态旅游走廊"建设的目的意义

贯彻国家"一带一路"发展倡议，落实《乐山市小凉山民族地区全域旅游发展实施方案》和马边县委"1267"发展战略，深挖南丝路小凉山地区独特的彝族历史、民俗风情、人文景观、生态旅游等资源，进一步提升马边旅游产业总体发展水平，结合扶贫开发和乡村振兴，也利用好茶马古道资源，全力建设马边南丝路古彝文化生态旅游走廊，促进马边经济全面健康发展。

二、马边"南丝路古彝文化生态旅游走廊"建设的内容

(一) 茶马古道、南方丝绸之路与马边的关系

茶马古道是我国历史上内地同西南边疆地区和周边邻国进行商贸、文化交流的重要通道，也是全人类共同拥有的宝贵廊道遗产。就国内部分而言，西南茶马古道分为青藏、川藏、滇藏三条主要线路和数量众多的支线，它们共同组成了一张复杂交错的道路网络。其中，青藏线起自陕南，途经甘肃南部和青海地区后进入西藏；川藏线东起雅安，经康定、理塘、巴塘等川边重镇入藏；滇藏线起自普洱，经南涧、大理、丽江、德钦等地入藏。无论始自何处，无论各节点间分出岔路几何，三条主线都通往拉萨、日喀则等藏区腹地。可以说，西南茶马古道跨越崇山峻岭，连通内地和藏区，在长达 1000 多年的时间里促进了西南地区的经贸发展、文化交流与民族融合，凝铸了汉藏之间的血脉联系。

南方丝绸之路泛指历史上不同时期四川、云南等中国南方地区对外连接的通道，包括历史上有名的蜀身毒道和茶马古道等。据英国人哈维的《缅甸史》、霍尔的《东南亚史》等著作记载，公元前 2 世纪以来，中国的丝绸从缅甸经印度到达阿富汗，远及欧洲。它和西北丝绸之路、海上丝绸之路同为中国古代对外交通贸易和文化交流的主要通道。南方丝绸之路总长有大约 2000 公里，是中国最古老的国际通道之一。它以成都为起点，西线（又称"灵关道"）经雅安、汉源、西昌、攀枝花到云南的楚雄、大理、保山、腾冲，进入缅甸、泰国，到达印度和中东；东线（又称"五尺道"）经乐山、宜宾到云南的昭通、曲靖、昆明、楚雄与西线汇合往西到缅甸、印度和中东。[1]

马边地处乐山南部，是乐山和宜宾的结合部，曾分别隶属于古嘉州（乐山）和古叙州（宜宾）管辖，是南方丝绸之路途经地之一，也是西南茶马古道向东的连接地之一。马边是《茶经》记载的古茶树发源地，产茶历史悠久，溯及两汉，从采摘野生茶到人工种植，已有 2000 余年的历史。还被人们称作"茶马边城"。马边茶在明清时期入贡皇室，被奉为珍品；1959 年作为十年国庆献礼，敬献党中央毛主席。马边经济自古也融入了茶马古道与南方丝绸之路的贸易之中。

---

[1] 段渝：《南方丝绸之路与中西文化交流》，《中国社会科学报》2014 年 9 月 1 日。

（二）马边古彝文化的内涵

马边自古就是汉族和南方夷族杂居的地区。马边明王寺中汉族佛像和彝族神像共存一寺，就是很好的证明。

马边古彝文化主要是以彝族祈福、祭祀、经诵为主的毕摩文化和以山歌、情歌、传说、民俗为主的大众文化。

马边彝族毕摩，传承了彝族的传统文化。在他们的祭祀活动中，散发着彝文化的神秘魅力，毕摩走刀山、蹚火海、下油锅、舔红铁的绝技让人叹为观止。祭祀活动中，毕摩用草编扎出"热布"，用泥捏出塑像"扎布"，它们不但是一种独特的小凉山彝族民间文化符号，更是彝族文化的活态记忆，是宝贵的非物质文化遗产。"热布"与"扎布"在小凉山传承上千年，却难有实物及图文记载。2011年，马边举办了一场"热布"文化研讨会，展示了彝族毕摩编扎手捏完成的近200个形态各异的"热布"和70个"扎布"。参加研讨会的20多位国际、国内彝学专家现场观察发现："热布"和"扎布"与三星堆出土文物比较，无论是在其造型，还是文字、图案等方面，都与"三星堆文明"有着近乎完美的相似。[①]

彝族民间流传着大量的神话和传说，其中最具代表性并有彝文记录的是从彝族史诗《勒俄特依》中反映出的神话。彝族音乐丰富多彩，歌曲、舞蹈、器乐优美动人，具有鲜明的民族艺术风格。彝族传统的舞蹈有：节日舞、婚礼舞、铃鼓舞、劳动舞、征战舞、对脚舞、手帕舞、手镯舞等。彝族的美术有绘画、雕刻、刺绣、银器工艺美术等。彝族习俗有：传统彝族饮食、房舍、婚俗、葬俗、年节、服饰等。马边彝族民俗"彝族年"、"阿依美格"、"毕摩经诵"、民歌《阿惹妞》、"彝族历法与民俗"已申报列入省级非物质文化遗产名录。"彝族十月太阳历"更是有几千年历史至今仍在使用的古老历法。[②]

（三）马边生态旅游建设的内容和重点

（1）加强旅游交通基础设施建设。以仁沐新高速马边连接线、乐西高速、国道348线、旅游专线为重点，加快建设成都至马边、乐山至马边、马边至西昌高速公路，县城至大风顶保护区、玛瑙苗寨景区、大王山林场等旅游线路；加快建设峨马路、马沐路等重点县际通道，消除小凉山民族地区交通瓶颈。

---

① 马边彝族自治县地方志编纂委员会：《马边彝族自治县志》，成都科技大学出版社1994年版。
② 沙马·曲比兴义：《山水彝乡 活态彝都——马边非物质文化遗产集成》，光明日报出版社2018年版。

（2）打造高品位旅游品牌。以马边"彝汉人文共融、景镇空间一体、山水环境相依"的民俗风情为特色，利用马边大风顶景区形成品牌效应，加快完成烟峰彝家新寨扩容提质及国家 4A 级旅游景区品牌创建工作，打造以烟峰镇为核心的环大风顶旅游品牌集群。

（3）实施旅游产品创优工程。围绕彝汉苗民俗文化和绿色生态资源，构筑马边"一心三线"旅游格局。"一心"即以马边县城为中心，建设民俗文化旅游组团。"三线"即以"永红—烟峰—梅子坝"为南线，建设大风顶国家级自然保护区科考观光组团；以"建设—民主—荍坝"为东线，建设国家级丹霞地质公园及三国古战场、苗寨旅游组团；以"大竹堡—雪口山—石梁"为北线，建设森林康养、温泉漂流及石梁大佛旅游组团。

（4）打造特色文化节庆活动。充分挖掘小凉山地域文化和独具特色的本地文化，重点利用好彝族、汉族、苗族非物质文化遗产，办好"中国·马边彝族风情狂欢节暨小凉山火把节""小凉山采茶节""小凉山苗族花山节""小凉山彝族年节"等节庆活动。

（四）文旅融合促进生态走廊建设

围绕建设南丝路古彝文化生态旅游走廊，挖掘马边风景、风情、风物、风味、风韵"五风"内涵，生成旅游资源，坚持"绿色打底、文化为魂、旅游为体"，抢抓扶贫巩固期和乡村振兴大局，借势发展、借力快行，全面实施"六大行动"，构建全域旅游发展格局。

（1）融入"一带一路"发展倡议。依托南方丝绸之路，可以建设一条纵贯西安—成都—昆明直至东南亚、南亚的南方丝绸之路经济大走廊，将其打造成为中国沟通内外的对外开放大走廊、纵贯南北的西部开发大走廊、促进民族团结进步的大走廊，既有历史的依据，有现实的基础，也有未来的需要。为切实推进这条经济大走廊建设，建议：将南方丝绸之路经济大走廊建设上升为国家战略，纳入"一带一路"发展倡议之中统一实施；加强顶层设计，实现经济走廊与"一带一路"倡议的对接融合；加强政策沟通和统筹协调，搭建南方丝绸之路及茶马古道经济大走廊相关省区合作平台，健全合作交流机制，统筹对外开放、西部开发和民族团结的关系，统筹陕西、四川、云南、西藏等相关省区的发展关系，提高资源配置的经济效益和社会效益，形成整体发展态势，激发整体活力；以道路联通、贸易畅通为抓手，加快推进西安—成都—昆明高速公路及高速铁路网络建设，推进川藏、滇藏及中尼铁路建设，搭建高效快捷的公路、铁路、航空综合运输体系，促进现代物流发展，形成跨区域大合作格局。

（2）古彝文化保护传承行动。坚定文化自信，推进文化强县，深入挖掘彝族文化内涵，重点挖掘诸葛亮南征途经马边的故事、彝族英雄阿树时惹大战诸葛亮的传说、马边河——彝语称"孟获拉达"（即孟获之河）的传说、大风顶与熊猫仙子的传说等，推出一批非物质文化遗产精品图书、一批非遗精品宣传片、一批古彝文化小说或故事集、一批古彝文化影视作品，同时建立非遗档案和数据库。通过实施以奖代补等形式，推广双语教学，加大彝语人才培养，使彝语人才成为整理、传授彝族文化的传承者；加强翻译、编撰彝族社会伦理、道德、哲学、历史等方面的典籍，深入挖掘古彝文化，十四五期间出版《马边民族文化系列丛书》，基本形成优秀彝族传统文化传承发展体系；依托县群众文化体育活动中心，建立民族文化成果展览馆、人才培训中心、民俗博物馆等场所，建成中国·小凉山彝族脱贫奔康展览馆；办好每年"十大工匠"评选，挖掘彝族工艺美术、非遗技艺等文化内涵，培植扶持文化产业，促进文化软实力转化为经济硬实力。

（3）建筑风貌规划引导行动。坚持"保护生态、发展民俗、传承文化"原则，聘请专业设计团队对彝区集中点住房风貌进行统一规划设计，以保存名镇名村古朴的自然风貌，富有地方特色的建筑为原则，对具备基本功能的村寨不搞大拆大建，保留富含民族文化的荞坝古镇、三河口场镇等传统村落"原生态"，留住乡愁；对实施彝家新寨建设、易地扶贫搬迁、破旧房新建改造、城乡建设用地增减挂钩住房建设，坚持尽量统一户型设计推进集中建房，避免城乡住房星罗棋布；积极融入四川省"百镇建设行动"，秉承"建筑为形、文化为魂"的理念，绿色本底、文化载入、特色引领、服务支撑，重点打造永乐光辉彝族风情小镇、雪口山河漂流旅游小镇等特色小镇。

（4）民俗风情展示推广行动。推进小凉山活态文化传习基地建设，聚力创作地方歌谣，启动《千年彝叹》等精品剧目，讲好马边故事，传播马边声音。以推出节庆品牌为载体，全力办好彝族风情狂欢节暨小凉山火把节、小凉山采茶节、苗族花山节、彝族年节等极富马边神韵的特色品牌节庆；重点推出彝族毕摩作毕、司祭、行医、占卜等活动和走刀山、蹚火海、下油锅、舔红铁等绝技，展示彝山彝水、彝生彝逝、彝文彝绣、彝餐彝药、彝舞彝乐、彝酒彝茶；整合青年歌手暨职工歌手大赛、有奖摄影大赛、"孟获达斯"彝族摔跤大赛等常年举办的单一赛事活动，融入节庆活动，实行集中联办；鼓励支持民间艺术团体创作推出马边本土歌舞节目，集中展示民族歌舞、服饰、祭祀、婚俗，力争实现边城年年有精彩、月月有主题；重点打造银饰、彝绣、苗绣、服饰、漆器等文创商品，集中展示小凉山民族风情，让游客有"玩点""看点"，推动文旅发展深度融合。

（5）绿色生态空间建设行动。坚持绿色打底，主动对接乐山"三区四带"发展格局，以大风顶自然保护区为生态旅游核心引擎，抢抓新一轮退耕还林、绿化全川行动机遇，选定并加快种植县树县花，大规模推进"绿化马边"行动，推进广场、主次干道、庭院小区的绿化改造，拓展生态绿色空间，到2020年森林覆盖率提高到60%。强力推进污染防治"四大战役"，加快高石头水源保护地建设，实现生活污水处理全覆盖，空气质量持续达到Ⅰ级标准，集中饮用水源地水质全面达标，创建为省级环保模范城市、生态文明建设示范县。

（6）精品旅游线路培育行动。结合马边国家重点功能生态区定位，充分利用独特的山水资源、民族风情、历史古迹、生态文化等，按照"造点成珠、串珠成环、环环相扣、全面开花"旅游发展路径，充实完善旅游发展规划体系，打造"古驿道茶旅文化体验区""小凉山民族风情展示区""大风顶秘境生态旅游区""雷马屏山水康养门户区"。完善旅游基础设施配套，推出"大明月照""烟雨高峰""世外梅林""云上苗岭"等主题乡村旅游，打造"3+N"精品旅游线路，即在全面推出以"永红—烟峰—梅子坝"为南线、"建设—民主—荍坝"为东线、"大竹堡—雪口山—石梁"为北线的三条精品旅游线路，大力实施"新寨+"战略，对新寨周边、通村公路沿线因村制宜配套茶叶、核桃、青梅、猕猴桃等观光生态农业，突出新寨文化体验，个性化配套文化长廊、碉楼等景观，打造依山傍水、山寨合一、浑然天成的盛景，构建"县城—新寨"N条精品小旅游线路。

三、抓好"南丝路古彝文化生态旅游走廊"建设与文旅融合发展

（一）将文化旅游和生态产业列入扶贫开发及公共文化发展项目

利用中央纪委对口帮扶马边、中国文联将马边确定为"文艺扶贫示范县"和文化部、财政部将乐山列入"公共文化示范区"的大好机遇，将"南丝路古

彝文化生态旅游走廊"建设纳入扶贫开发和公共文化示范区规划，做好"旅游扶贫示范区""公共文化示范区""文艺扶贫示范县""民间艺术之乡"创建工作，并将文化旅游开发生成若干个扶贫开发项目、公共文化项目、旅游开发项目，融入脱贫攻坚和文化建设的各项工作中，积极争取上级的扶贫项目和文化项目的支持。

（二）形成多元投入格局

打造彝乡生态文化旅游产业走廊，可采取政府投入、企业投入和个人投入相结合的方式进行。县财政应该设立文化旅游产业发展资金，支持马边文化旅游产业发展。政府投入文化旅游产业，以办活动、抓宣传、引导奖励、贷款贴息、扶贫投入等形式，以小带大，用小杠杆，撬动大经济。要加快马边文化产业的发展，就要努力建立起文化产业发展的有效机制，加速培育全县文化产业市场，并为文化产业的发展创造良好的内外部环境，使之健康有序的发展，逐步建立起彝乡集民族、生态、文化、旅游产业为一体的多种经济成分并存的文化产业体系，形成规模，做大做强。

支持壮大国有或国有控股文化企业，鼓励和引导非公有制文化企业健康发展，在国家政策和法律法规许可范围内，引导社会资本投资文化产业，参与重大文化产业项目实施和文化产业园区建设。对非公有制文化企业在投资核准、信用贷款、土地使用、税收优惠和申请专项资金补贴等方面给予支持，营造公平竞争的良好环境。在乡村旅游开发中，政府可以通过旅游扶贫资金的投入，以贫困人口入股的形式投资，让贫困人口在旅游开发中得到实惠。

（三）出台支持文化旅游产业的相关政策

在产业用地、行政审批、引导奖励、贷款贴息、税收优惠、旅游扶贫投入等方面对大中型文化产业给予扶持，让文化产业迅速成长起来。

（四）加大招商引资力度，多渠道引入资金投资文旅产业

采取政府招商和企业招商、以商招商和以人招商相结合的方法，多渠道、多层面地开展文化产业招商活动，将马边的文化旅游产业做大、做强。

匾意今古

周安勇

（四川省雅安市荥经县花滩镇人民政府）

在迢迢千里川藏茶马古道上，有一栋古老的大宅院，承载着历史的沧桑，静静地矗落在荥经老城区。它建于明朝，居住着从清朝就开始繁荣的姜氏家族，人们称其为"姜院子"，门额匾书"裕兴茶店"。在这里，诞生了藏茶中最著名的品牌"仁真杜吉"。

进入裕兴茶店，三口天井相连，一直连通到最里屋。作为文物保护单位，在"4·20"芦山地震后得到修葺，整洁而典雅、古朴又庄重。门窗上的雕花，檐石上的图案，显示出过去姜家的富贵。制茶的痕迹杳无，但从悬挂的匾额，仍能感知到它厚重的底蕴，仍然飘逸出藏茶的恒久浓香。

一

在《孙明经西康手记》中有一幅图片，下注"裕兴茶店（姜寓）入户匾额"。这是一道古风依存，立意不朽的匾额。

匾额能反映置匾时期社会的政治、经济、文化、艺术、民俗民风，故"以匾研史，可当佐证"。这道匾额所反映的就是荥经姜氏家族的兴衰，并折射出近代中国社会的变迁。

1937年，日本帝国主义发动了全面侵华战争，我国东部广大地区全部落入敌手，"税源"成为抗战的大课题。

在中国历朝历代政府的财政中，最稳定的收入即为盐税、茶税、铁税和金银开采。其中，肇启自西汉，在汉藏民族的共同培育中发展了两千多年的茶马互市，成了"茶税救国"论的焦点。于是，各种名目的"川康考察"应运而生，金陵大学教授孙明经所率的川康考察团就是其中之一。

1939年，孙明经手握相机和摄影机，行程万里，对西康进行了系统的考察。作为一个摄影家，孙明经有细心观察的习惯。他发现荥经的文化遗存太丰富，简直超出了他的想象，这深深地吸引了他。他到了古城上看荥经黑砂烧制，到石桥上看人成铁厂"围木成炉"的冶铁技术。他到了太湖寺、东方公园、荥经中学、国民党荥经县党部。他走进了荥经的大街小巷，看到了家家户户门前的匾额："德为福基""名第南宫""春暖太和""居卜德邻""女史留芳"等，丰富的匾额内容，彰显出德文化、科举文化、酒肆文化、行业文化。古城荥经，是多元文化的共生共荣之地。

因为时值盛夏，各家大门前均有凉棚挡雨遮阴，无法拍摄，孙明经兴奋地沿街抄写，他一连走了60多家，记录了50多幅匾额的题词和落款。他给荥经留下几十幅珍贵图画，数千字的文献资料，让我们有幸，能目睹那时的荥经。

在这本书中，还有一幅图片，下注："雅安姜记'裕兴茶厂'1939年已改为康藏茶叶公司第一茶厂。"细看精读，这张照片的信息量就大了。门匾"裕兴茶店"漆面脱落，匾木龟裂，字迹颇废。虽古意犹存，但生气不足。左边的门枋上隐约用粉笔写有"姜寓"二字，不仔细不易看出。这一匾一字，与右边新挂的"康藏茶业股份有限公司第一制造厂"的招牌形成强烈对比。

门的两边各放着一背茶包，均为九条，地上也都放着一条。左边一个背夫，正在整理着茶包。背茶过程中，茶包一旦上背，除了食宿，中途不会再放下肩来。累了，打上拐子，嘘一声口哨，松一下筋骨，又继续前行。估计他们领出的是10包茶，两百斤，若再加上副捎，这分量，能承担吗？如果他是短脚，要背到宜东，如果他是长脚，要背到康定。山横水远，量力而行吧。

姜家于清朝嘉庆时期，以华兴号始办边茶生产，因产品注重质量，配料独特，工艺考究，所生产的砖茶很合藏地群众胃口，其品牌"仁真杜吉"在藏区很受欢迎，这让姜家富甲一方。鼎盛时期，姜家几乎过上了各取所需的"共产主义"生活方式，每家每户按人口分米、油、菜金，在街面的所有商店，都分发有姜家的账本，姜家人只需签字消费，不需要付钱，到月底时，凭姜家人的签字，由管家结账。这种不言各尽所能，只行各取所需的敞放式管理，为家道衰落埋下了伏笔。

自古开门七件事，柴、米、油、盐、酱、醋、茶，可见茶在我们生活中的重要性。对于藏胞来说，那就更重要了，"腥肉之食，非茶不消；青稞之热，非茶不解"，"宁可三日无粮，不可一日无茶；一日无茶则滞，三日无茶则病"。

有消费则有市场，有市场必有竞争，竞争往往又是综合能力的较量。让姜家最终衰落下来的，有同城间的行业竞争，有国际上的不平等竞争，有国内官商之争。当英国殖民主义者于1890年与清政府签订不平等的《中英藏印条约》后，印茶开始进入藏区，川茶垄断康藏茶叶市场的状况不再，姜氏茶业渐微。1939年，西康省成立，面对捉襟见肘的财政，主席刘文辉首先想到的就是控制边茶贸易，他成立了西康最大的"康藏茶叶股份有限公司"，将所有茶商统一到康藏茶叶公司旗下，不允许私自卖茶入藏，"裕兴茶店"只是康藏茶业公司的一个生产车间。背夫从裕兴茶店出来，背的，已不再是姜家的茶。

作为全国重点文物保护单位，姜家大院得到了很好的修葺。正门两侧挂着"裕国原从商贾富，兴家惟望子孙贤"的祖训楹联，"裕兴茶店"即取其上下联首字而名。门额老匾已是旧文新漆，这是光绪元年（1875年）仲秋，荥经县知事彭祖寿，为裕兴茶店题写的。光绪二年（1876年），彭祖寿为姜氏题写的"庆有福"匾额则原貌依在。

姜氏十一世祖姜先兆，字瑞廷，生于1832年，卒于1909年，《荥经县志（1928）》录其事，称其少有天性，善事父母，初学儒术，后操弓矢得为武博士。蓝大顺拢窜荥经，他带团防堵，县得以安宁，朝廷授其尽先都司，赏戴蓝翎。但他不愿为官，退而经商，专营茶业，屡起屡踬，居积雄财。他生平急人急，饥无食者，寒无衣者，丧而不能葬者，辄济之助之，且书法雄秀，不类武人。这样的人当然是受人尊重的，也是应当受到尊重的，故洪芝厚尊称其为姜老夫子。光绪丁丑年（1877年）八月，荥经县正堂"即补"洪芝厚，取上下联首词，书"裕国兴家"四个大字，由姜先兆一众门生制作为匾，为裕兴茶店"华建志喜"。

从光绪元年到光绪三年，有两任县大老爷三次为姜氏题写匾额，足见当时姜氏在社会上的地位尊崇。毕竟偌大产业，对于政府税收、民生就业，都是有大作为的。就如孙明经《开发西康之意义及途径》中所说："茶由雅安等地运往康定，年役于运茶者已有四万余人。"如若算计上种茶、制茶及关联产业所需要的人力，那一片绿叶，给多少家庭带来生计，给国家创造多少税收，由此也思及边茶在国家统一，民族团结中的重要作用。

以此方式，彰显自己亲商重商施政方略，激励企业发展，于己于他，都是政事。况大家都是明理人，要裕国，才能兴家，民不富，国不振。"裕国兴家"这一匾意，反映了荥经地方官吏与民族资本家的家国情怀，承载着家国一体的操守，这正是茶马古道的文化精髓。

二

《姜氏族谱》记载，姜氏七世祖圻润生于康熙庚子年（1720年）四月，于乾隆中期携三子姜琦及孙姜荣华，由洪雅县止戈街莲花坝来荥经，始以铸银为业，因守诚信，善经营，资本渐有积累，在嘉庆时期即请引经营茶叶。

姜氏"始以铸银为业"，与当时的国家政治经济形势有着极大的关系，那就是清政府在与瞻对、大小金川战役中投放了大量白银。

康定前身为打箭炉，是川藏咽喉，入藏茶叶汇集于此，官、商、兵、民往来其间，构成清政府治理西藏的命门之所。

瞻对是四川西部的一块藏族聚居地，其居民甚勇悍，常抢劫骚扰地方、行旅，甚至公然劫掠清政府驻防台站，威胁到了打箭炉及藏路安全。为了稳固藏路，保障川藏贸易线的畅通，乾隆十年（1745年）二月，清政府决定进剿瞻对，并预拨白银一万两，在雅安、荥经、清溪三县购买米粮13000石，运储打箭炉。

战争，无论过去和现在，也不分中国或外国，都是牵涉面甚广，消耗巨大的事情。进剿瞻对，从出兵之日到乾隆十一年（1746年）三月的九个月时间里，清政府共花费白银一百万余两。

乾隆十二年（1747年）四月，大金川土司攻明正土司所属之鲁密、章谷，威胁到了打箭炉的安全。为了安定西藏，保护打箭炉和川藏茶道，清政府在乾隆十二年九月发动大金川战役。这次战役用时三年，花费白银二千万两以上。

乾隆三十年至四十一年，清政府发动了大小金川战役。

这场战役历时五年，花费甚是巨大。通往大小金川的军事供给线，先后形成五条线路。成都至桃关为西路，成都经荥经、汉源县至打箭炉为南路，成都至杂谷脑为北路，成都经雅安县城至木坪为中路，成都至桃关，经桃关出口，分路至杂谷脑，经杂谷脑出口新路，称为新西路。南路、中路都过雅安境。

在这些军事供给线上，一般按照三十里设置一个台站，也有短至十五里、长至九十里不等的情况，荥经的鹿角坝是南路的重要粮台之一。台站建设及以军米为主的海量物资的采购、运输均用白银支付。根据陈志刚先生《明清川南茶道的市场与社会》书中统计，南路、中路仅军粮运送脚价的白银投放量，就达4839321两以上。可以想象，海量的货物，靠人背马驮，在雅安至打箭炉，雅安至木坪的遥遥山路上，望不到头的队伍，如蚂蚁搬家，踽踽而行。当然，这些踽行之人，也挣回了白花花的银子。

白银的投放量如此之大，流通在市场中的白银，需要分割、重铸，这就直接刺激了雅安、荥经银铺的发展，银匠大多来自下游地区的洪雅县，姜氏则是其中的代表。

《荥经县志》(1928)记载了二则故事。有一次，姜荣华与顾客喝酒，顾客趁其酒醉之时"寄存银一封"，姜荣华酒醒后，发现这封白银是假的，为了银铺信誉，他只得用真银兑还给顾客，以维护自己的商业信誉。道光十年（1830年），知县陈松龄所写《何节母传》记载，何元祯去世之时，有一孙姓商人跑来哭诉，"前日曾寄银百两在铺，未存有账"，现在何元祯去世了，孙姓商人担心何家人不承认寄存白银之事。何的妻子廖氏（何母）承认确有此事，把白银还给了孙姓商人。何氏经营的"铺"就是银铺，其开设的时间约在乾隆年间。这二则故事透露出，大小金川战役带动了荥经的银铺生意；守信也是当时商贾的普遍理念。

三

虽然姜家在嘉庆时期即请引经营茶叶，但留下的史料来分析，影响不大，不见经传，真正让姜氏在茶界中突起的，是姜氏十一世祖姜先兆。

清政府的历次用兵，带动了川藏茶叶贸易的发展，发展起来的川藏茶叶贸易又为清政府统治西藏提供了坚实的经济基础。

在乾隆五十六年（1791年）前，荥经经营茶叶以陕商为主，领引额占63.7%。之后，荥经本地茶商实力增加，有龚、陈、洪三姓实力最强。咸同之乱后，姜氏成为荥经新兴的边茶商人。

咸同之乱时，川藏茶叶贸易走向低谷。荥经茶商因为积压货物、拖欠引税，或破产、或逃亡、或改行，辉煌不再。低迷的行情意味着新的商机孕育，但能否抓住这种机遇，却是需要胆识和智慧的。

咸丰十一年（1861年），姜先兆三十岁，掌管银铺家政，其时正值蓝大顺、李永忠农民起义军和石达开太平天国军相继进入雅州，荥经县的富户大多亡路而去。有胆识的姜先兆选择了坚守，带领团练防卫地方。事后，荥经知县向朝廷上报，为其申请了"尽先都司并赏戴蓝翎"的奖赏。从名的角度说，这是很高层次的荣誉了。从利的角度来看，姜先兆很清楚，这只是一个虚名。这时，他做了一个重要决定，专营输藏茶叶贸易。

专营茶业，并非易举之事。同治初年，川藏茶叶市场供需波动大，茶路也不算畅通，行情时好时坏，生意时起时落。姜先兆充任荥经县茶商首领，既欠官方的茶引税课，又负西藏商人的债务，在如此大的压力下，旁人都担心他的茶叶生意能否继续。他却镇静处理，组织子侄们分工合作，或负责从嘉定府采买茶叶，或负责在荥经县加工茶叶和转运茶包，或负责在打箭炉出售茶包，辛苦经营，数年之间，华兴茶店就成为"南州冠冕"的富商大贾。

"好酒靠勾兑，好茶靠拼配。"茶，就那么一片树叶，能成为国人生活中不可或缺的东西，除了它自身的内含物外，能在激烈的市场竞争中站住脚，能发展并走向巅峰，关键的还是营销与工艺。姜氏边茶能为藏族同胞所厚爱，终成"南州冠冕"，是姜氏深入藏区，广泛同藏胞交朋友，了解他们的生活习俗、饮食特征，在不断的实践中，研制出最适合西藏人饮用的藏茶配方的结果。姜家生产的一些极品砖茶受到西藏高僧贵族的喜爱，西藏布达拉宫、扎什伦布寺、哲蚌寺，年年购姜家的砖茶，并共同颁制了"仁真杜吉"（意为"佛坐莲花台"）铜版相赠。从此，"仁真杜吉"享誉康藏。

生意兴隆、财源广进的姜家也不断置业，扩大生产，先是姜汝嵩时买下"徐土司"大院作架房。同治末年，姜先兆按生产需求，对大院进行改造，于光绪元年秋天完工，形成了前明后清的风格，并将华兴号更名"裕兴茶店"。县长彭祖寿亲自为其题写匾额，这就是"裕兴茶店"匾额的由来。可以说，同治初年，姜先兆看准商机，勇于接续川藏茶叶贸，是成功转型的商人。

到了民国四年，裕兴茶店更名公兴茶店，并相继有又兴、蔚新生、鸿兴、全安隆、全安成、全安同等茶号经营茶业。

自乾隆中期姜家进入荥经立业至今，已近300年。

四

现在的姜家大院内又新添了一道"姜家藏茶"匾额，乃是四川省博物院魏学峰先生所书，匾中的"藏茶"，就是我们过去所说的边茶，汉时叫药茶，隋、唐时叫蕃茶，元时叫西番茶，明时叫乌茶、黑茶。之所以称藏茶，是因为历史上雅安所产的茶叶主要供应藏区，产销直接，以"藏茶"谓之，很是了然。由雅安出发，经打箭炉（康定）而达拉萨的运茶路线，被定义为川藏茶道，又因原本在唐、宋、明时期主要是以茶易马，故也叫着川藏茶马古道。

300年的悠悠时光，只是历史长河中的一瞬，但于姜氏而言，却是中国商道与文化传承的一部厚重的大书。今天，谁能重振家业，续写新篇章？

茶马古道普洱茶业转型与社会结构变迁研究
——以墨江县景星朱氏家族为例

张宸溪　孙博文

（西南民族大学；巴基斯坦旁遮普大学）

普洱市墨江县，位于滇南地区，北接玉溪、昆明，南连普洱市、西双版纳傣族自治州，其自身系普洱茶产区的普洱茶区。自古以来为内地通往普洱、西双版纳及诸如缅甸等东南亚国家的边疆交通要道，是茶马古道上的重要驿站。因其贸易及人流、物流往来频繁，墨江县志记载，清朝乾隆年间，这条茶马古道已铺满了石板路[1]。同时，作为普洱茶产区之一的普洱茶区区域内的墨江县，学界虽有诸多不同说法，但根据笔者田野调查资料和县志记载相核对后，可确定自清朝已有大量茶叶种植[2]。作为早期墨江普洱茶核心产地的墨江县景星镇[3]，在参与历史过程的茶业发展中，出现了一批世代参与茶叶贸易的家族。

民国至今，该区域的茶业发生了三次转型。每一次转型都与重要的历史事件的息息相关。产业转型的同时，也推动了社会结构的变迁，尤其是以茶业为生的家族，社会结构变迁尤为巨大。经过产业的转型和历史过程的形塑，墨江普洱茶现已成为了当地的文化符号之一[4]，以"凤凰窝""须立贡茶""迷帝茶"三种茶品最为声名远扬。墨江的茶业是如何经历历史过程形塑而呈现为今日的地方文化符号？微观的地方精英如何在产业中适应结构的形塑并回应结构传承

---

[1] 墨江哈尼族自治县志编纂委员会：《墨江哈尼族自治县志》，云南人民出版社2002年版。

[2] 《他郎厅志》，清朝咸丰本。

[3] 景星镇位于云南省墨江县县境西部，地处东经101°16′—101°29′、北纬23°22′—23°37′，海拔在747—2111米之间，面积411平方千米。清代属他郎（墨江旧称）定南里，民国二十一年（1932）属墨江县第四区，民国二十八年（1939）扩大乡镇时设回龙乡立景星镇。系墨江茶业的重要发源地。

[4] 除此之外还有北回归线、国际双胞节等。

茶业？墨江拥有大量茶业世家，地方精英的文化实践如何通过叙事营造地方感？由此，本文以墨江四代人[①]均从事茶业营生的朱氏家族为微观案例，结合自民国至2015年的地方茶业转型的历史过程，探索地方精英如何在国家在场语境下通过文化实践适应与回应结构变化，并在结构形塑的结果中塑造地方感。

墨江县作为茶马古道的一部分，承载着茶马互市的历史更替，见证了地方茶产业的发展，对于墨江县普洱茶业与社会结构变迁的研究亦可成为当今学术界对于茶马古道研究的独特视角。纵观近年来有关茶马古道的研究，在概念逐步明晰的同时，已经涉及了时空分布、商贸往来、文化交流、开发利用和保护等方面，历史文献、考古发现、田野调查等方面的资料均得到了广泛应用[②]。在黔北茶区凤冈的"老茶人与新茶业"的研究中，于20世纪70年代开始发展茶业的田坝村提供了一种当代地方茶产业发展的经典案例，茶叶发展带头人陈仕友克服困难带头发展，取得了当地村民的信任亦引起了政府的关注，加之后续其他人的投入，从而使得田坝村成为中国西部茶海第一村，个人不仅实现了身份的转变，地方茶产业也实现了从无到有的变迁，也使地方饮茶文化习俗得以发扬，促进了茶产业贸易的发展[③]；黄华青在《茶村生计：一个福建茶村的空间与社会变迁》中，对武夷山桐木村进行田野调查，探讨茶村厂宅在茶产业进行发展的同时，其空间与社会变迁问题，引入了乡土建筑与空间志等概念，但能够发现，黄华青所研究的问题更具有茶与"社会结构"的味道，从地方社会结构层面出发，探讨茶农"身份"认知变化给当代家庭关系造成的变化，以及对家庭空间结构的重构[④]；在1973年人工发酵技术出现后，普洱茶的"生"与"熟"的问题也受到了关注——张静红在关于普洱茶本真性多元化视角的探讨中通过对不同地域的品茶爱好者进行访谈和交流，发现不同地域的人因为地域的差异和习惯对普洱茶的"本真性"有着不一样的理解，发现"生产地和消费地之间的相互影响由来已久，但之前从未像现在这样为了确定普洱茶的身份问题而倍受重视，这是中国消费革命的背景之下，像云南这样欠发达的地区力图提升自我形象的一种表现"[⑤]，虽将视野聚焦于

[①] 报道人的说法为六代，但因笔者最终收集资料仅仅存在四代可考，因此，此处取用四代的说法。
[②] 凌文锋、罗招武、木霁弘：《茶马古道研究综述》，《云南社会科学》2018年第3期。
[③] 肖坤冰：《人类学观茶》，民族出版社2020年版，第218—231页。
[④] 肖坤冰：《乡归何处——读〈茶村生计：一个福建茶村的空间与社会变迁〉》，《自然与文化遗产研究》2020年第2期。
[⑤] 张静红、桂慕梅、黄隽瑾：《本真性的多元化视角：普洱茶在云南和其他地方的消费研究（上）》，《内蒙古大学艺术学院学报》2013年第1期；张静红、桂慕梅、黄隽瑾：《本真性的多元化视角：普洱茶在云南和其他地方的消费研究（下）》，《内蒙古大学艺术学院学报》2013年第3期。

具体的"物"与"消费",但对本真性的阐释侧面反映了茶产业的变迁,即,普洱茶"生"与"熟"的发展体现了普洱茶产业随着历史的演变所进行的消费变迁,亦反映了社会消费文化的变动。上述研究属于从不同角度探讨茶与社会变迁、文化消费的关系;并且在从更深层次上将茶叶等商品消费与其社会文化属性结合起来,以及由此引发的资源分配和思想文化交流[1]。窦存芳关于藏族茶商次仁顿典的生命史书写提供了一个典型案例,通过记录次仁顿典的制茶人生,展现了茶对于个人生产经营以及家庭结构的影响[2],在有关茶研究的方法论上提供了可行性借鉴,即个案研究通过个人传记法得以呈现,一个人可以是一个小社会,或者更确切地说,是一个局部的社会总体[3]。而本研究不同之处在于,将视角立足于地方精英的文化实践,以茶产业发展为线索,通过其个人阶段生命历史的书写与家庭结构的变化,探讨社会结构的变迁。

在以往对地方精英文化实践的部分研究案例中,似乎呈现两种极端,一方面是文化理性的纯粹理想型,塑造地方精英的卡里斯马(charisma)[4];而另一方面则是工具理性的极端实践型,着重于分析地方精英的工具理性。在这样的研究之中,无疑造成了人的工具性与文化性的分裂。社会学家安东尼·吉登斯则认为结构并非二重对立,而是具有二重性,个人的社会行动及其能动性与社会结构之间的关系从来不是割裂二分的,更不是形而上的,社会结构不仅对人的行动具有制约作用,而且也是行动得以进行的前提和中介,它使行动成为可能;行动者的行动既维持着结构,又改变着结构[5],尤其人作为行动者,总是处于实践型和理想型中间摇摆。而当地方精英作为文化实践的行动者,在结构形塑的结果中,与空间形成意义的链接时,空间就形成了地方。当地方被赋予人地之间的文化属性时,地方感得以形成。

地方感作为一个学术概念,始于20世纪70年代,当时的欧美人文地理学者在城镇化达到较高阶段时,面对全球化带来的地方特征丧失、地方身份模糊等问题时,逐步提出"地方感"(Sense of Place)的概念[6],其核心内涵为段义孚

---

[1] 凌文锋、罗招武、木霁弘:《茶马古道研究综述》,《云南社会科学》2018年第3期。
[2] 窦存芳:《次仁顿典:藏族茶商的制茶人生》,《中国民族报》2017年第3版。
[3] 赵丙祥:《将生命还给社会:传记法作为一种总体叙事方式》,《社会》2009年第39期。
[4] 马克思·韦伯:《韦伯作品集Ⅱ:经济与历史;支配的类型》,康乐等译,广西师范大学出版社2004年,第353页。
[5] 安东尼·吉登斯:《社会的构成》,李康、李猛译,生活·读书·新知三联书店2012年版,第161—171页。
[6] 郑昌辉:《在城镇化背景下重新认识地方感——概念与研究进展综述》,《城市发展研究》2020年第5期。

所提出的：人类以独特的感官感知与经验学习来体验与适应环境，并在这个过程中形成了地方感[1]。在此则包含了两层含义，一方面为人对环境的适应，而另一方面则为人对环境的感知，环境分为自然环境和社会环境，本文所述偏重社会环境。由此，聚焦于社会转型中地方精英的文化实践，对于理解地方社会的转型是非常有必要的。同时，将微观案例作为线索，关照作为转型结果所形塑的地方感，而不是仅仅作为对微观案例的阐释和典型的塑造，对于理解地方社会的转型，能够提供较大的价值，尤其以边疆社会中地方精英的文化实践为例，也能够提供一个生动的案例。

一、茶缘的初兴：祖先、马帮与茶商

墨江普洱茶种植，据《他郎厅志》记载，始于清道光四年。境内坝溜杨八寨的哈尼人从绿春（当今红河州绿春县）引进种植[2]。清宣统二年（1910年），墨江县在景星镇的新华、大平掌等地，出现了200亩的茶地。自此，拉开了墨江大规模种植普洱茶大叶种的序幕[3]。关于清朝时期的追溯，存在一个民间传说，传说内容为"因当地产出一种茶深受清朝皇帝喜爱，因此获赐匾'岁俸京师'"，但民间记忆中该匾毁于20世纪70年代，现已无从可考[4]。1922年，该地已种植茶树3.8万株，其产品包括泗水、阳春、白茅、毛尖等茶类[5]。

墨江县景星镇朱氏家族，据家族集体记忆与家谱记载，于明朝洪武年间由南京迁入景星，自此世代定居此地。据朱呈宏（化名）[6]的口述，从先祖到自己

---

[1] 段义孚：《恋地情节》，志丞、刘苏译，商务印书馆2019年版，第173页。
[2] 详细内容参见《他郎厅志》，清朝咸丰本。
[3] 敏塔敏吉：《中国墨江茶文化》，云南美术出版社2018年版，第128—137页。
[4] 民间传说清朝道光年间（具体时间不一定如传说所述，具体年代有待讨论，此处采用多数人的说法），景星当地茶商赵氏生产的一款茶叶（具体茶品大多数当地人口述为"迷帝茶"，但因缺乏相关史料，此处称为茶叶），经云南巡抚上贡，深受道光皇帝喜爱，因此皇帝赐予赵氏"岁俸京师"的牌匾，表达对此茶的喜爱，并希望赵氏年年上贡此茶。后因1970年"破四旧"运动，牌匾被毁，只留下了相关的一些历史记忆。
[5] 参见《墨江县志》，民国本。
[6] 本文关键报道人，涉及学术伦理及报道人个人意愿，此处采用化名朱呈宏。朱呈宏，普洱市墨江县景星镇人，1964年出生，六岁开始与父母学习做茶，曾为墨江供销社职工，后任墨江日杂土产公司副经理、墨江回归大酒店经理，2004年企业改制后从国企离职创业，现为HG普洱茶茶厂厂长。

已有六代人从事茶产业[1]，朱氏的太爷爷[2]于民国年间跟随马帮托运货物，往返于昆明、大理与墨江之间，多为运送一些茶叶、盐巴等物资补贴家用，太奶奶[3]则在家务农种茶。1922年以前，自清朝当地哈尼人引进茶叶种植后，景星已有茶业的根基，出现了如上文所提到的地方茶商赵氏家族，茶叶的主要贸易方式为茶商与地方居民结合，通过马帮运输、茶商代销的方式售卖茶叶，而茶商则赚取中间利益[4]。当地人主要的生计方式来自于种植茶园、生产农副产品（家禽、蔬菜等）与马帮贸易三种方式的结合。每个家族都存在生计的分工，比如朱氏家族这一时期的生计模式：有经验的老人带着年轻的男人走马帮，女人们在家中务农，种植茶叶和一些农产品，饲养家禽。有劳动能力的孩童们则帮女人们做一些例如喂猪、喂鸡等力所能及的杂务[5]。

滇军的将领蔡锷、唐继尧等人在1911年10月30日武昌起义胜利后，在昆明举行了"重九起义"。起义成功后即成立云南都督府，宣布云南独立，蔡锷任都督。参与此次起义的重要将领，便有墨江县碧溪人庾恩旸[6]。

1912年，中华民国正式成立。自此开始，大量实业救国的思想逐渐传入了云南，地方精英们业纷纷开始了实业救国的实践[7]。昆明的富滇银行、云南纺织厂、个旧锡业、宣威的"大有恒"罐头公司等顺应实业救国"云南热潮"的企业一个接一个出现。作为一个具有家乡情结的军人，在民国四年（1915年），经庾恩旸提议，通过县长与乡绅集体协商，过去的他郎县（墨江旧称）正式改名为墨江县[8]。看到"实业救国"思想在云南实践的风生水起，庾恩旸也出现了在家乡创立实业的想法，可因民国七年（1918年）在贵阳被刺杀，想法难以实

---

[1] 据笔者田野调查资料显示，朱家四代确实均为茶业从业者，但涉及学术伦理及考虑报道人意愿，此处采用报道人说法。

[2] 爷爷的父亲，即曾祖父，当地人称"太爷爷"。

[3] 爷爷的母亲，即曾祖母，当地人称"太奶奶"。

[4] 资料来源为ZM、LMZ等当地老人对历史记忆的口述。ZM，曾任景星片区区长；LMZ，景星镇居民，世居景星。

[5] 资料来源为对报道人朱呈宏的访谈，2019年7月13日。

[6] 庾恩旸，云南墨江人，民国陆军中将，滇军将领。早年留学日本陆军士官学校中华队第六期。1911年武昌起义爆发，八月二十五日，中国同盟会会员庾恩旸、唐继尧、刘存厚、殷成献、沈汪度、张子贞、黄毓成等举行秘密会议，策划响应武昌起义，经过反复磋商于九月初九，举行了云南重九起义。1918年2月18日在贵州遇刺身亡。

[7] 袁野：《发端于辛亥革命的云南实业》，《西部时报》2012年第11期。

[8] 墨江县，旧称他郎，据县志记载，雍正十年（1732年）设"他郎厅"，民国二年（1913年）废厅设县，称他郎县，民国四年在庾恩旸提议与乡绅表决后，正式更名为墨江县。

现。想法的实现，则是通过其弟弟庾恩锡①。民国十年（1921年），亚细亚烟草公司由庾恩锡在昆明创立②。看到昆明等地实业得到了较好的发展，而家乡墨江缺少产业，根据自小的生活经验，庾恩锡想到了茶业，但因自身分身乏术，一直难以施展。因此，庾恩锡一直在等待一个契机。直到云南著名实业家"敬昌号"商号的马同恭③和墨江地方实业精英李子忠④的出现，以及1937年的契机。

1937年，标志着墨江茶业第一次转型的开始。全面抗战于此年正式爆发，随着东北、华北、东南诸地纷纷沦陷，西南成为民族复兴之地。民国时期抗战军兴，茶叶成了政府维护国家安全和换取外汇的重要输出产品⑤。云南的茶叶生产无论是作为边销茶还是作为国统区的供应，都变得尤为重要。1937年，全省产茶19.6万担，是民国时期最高年产量，出口9224公担，价值国币31.63万元。与此同时，通过庾恩锡，马同恭与李子忠获知了省政府或将于下一年成立云南中国茶叶贸易股份有限公司的消息⑥，于是决定顺应潮流，创办景星兴华茶厂。最终在庾恩锡的倡导与二人的努力下，于此年7月，三人集资，建立了景星兴华茶厂，李子忠任经理。兴华茶厂的创立，使得景星当地茶业发生了转型。兴华茶厂创立之前，当地茶叶无论是制作工艺还是产销模式，都遵循着过去的个体生产、马帮驮运、茶商收售茶叶赚取差价的模式。在兴华茶厂成立后，当地茶业生产走向了集约化、工业化、规模化的模式。茶厂设立了种植部、制茶部，为了使茶叶生产品质更高，李子忠专门从浙江请来师傅，结合日本的制茶技术，教授当地茶人"玉露"与"寿眉"等茶叶制作技术，并仿制"龙井"等当时畅销的茶类，通过施行统购统销，将当地茶农的鲜叶统一收购加工。另一

---

① 庾恩锡，云南墨江人，字晋侯，号空谷散人，出生于墨江县碧溪镇。他早年曾留学日本攻读园艺，1920年出任云南水利局长，1929年至1930年，出任昆明市长。云南著名实业家，曾创办亚细亚烟草公司，后成为红云红河烟草集团。最为成功的知名产品为"大重九"牌香烟。
② 邵海燕、张云辉：《庾恩锡与"华商亚细亚烟草公司"》，《云南档案》2020年第4期。
③ 马同恭，云南墨江人，云南省著名实业家。
④ 李子忠（1904—1951），又名李尽臣，云南墨江人，中国共产党党员，20世纪30年代先后任过墨江县建设局局长，云南省民政厅边疆行政设计委员会委员等职，并被选任墨江普益社社长。创办景星兴华茶厂，后国共战争时期组织人民群众参与反蒋斗争，因特殊年代身份未经证实，被误杀，后查实身份平反。
⑤ 马国君、聂雨欣：《抗战时期贵州茶政及其影响研究》，《古今农业》2021年第1期。
⑥ 1938年，民国政府经济部所属中国茶业公司与云南全省经济委员会合资，创建云南中国茶叶贸易股份有限公司（云南茶叶进出口公司的前身），于12月16日正式成立。办公地址设在昆明威远街208号。缪云台为董事长，郑鹤春为经理。

方面，当地茶农也可通过传统的方式自行加工，将茶叶售卖给路过收茶的马帮。因此，在这一个阶段，当地家族参与生产的方式也发生了改变，男人不再走马帮，而是进入茶厂成为工人，家中女人也选择进入茶厂。同时，无论男人女人，也参与自家茶园的种植，并自己制茶售卖补贴家用。此外，茶业的集约化、工业化下，人员的生产技术也逐渐专业化。

朱呈宏的爷爷（朱 LX）与奶奶（李 XZ）在此时加入了茶厂，成为工人，一方面是基于当地大量茶农都进入了茶厂务工，可以补贴家用的现实考量；另一方面则是因过去生产技术难以迎合市场需求，自家仅能生产品质较差的毛茶，因此，想要进入茶厂学习技术，提升自家茶叶品质。通过与浙江师父们的学习，朱 LX 和李 XZ 掌握了多项制茶技术。茶厂生产之余，通过景星朱氏宗族联合的方式，经营自家茶叶，将其卖给路过的马帮，或进入县城售卖，从仅仅种茶的茶农，成为小茶商[①]，经营自家茶叶。此时，朱 LX 家族内部三兄弟施行了分工（具体分工见表 1）。

表 1 朱氏家族茶叶分工

朱 LX 家	朱 LN（朱 LX 的大哥）	朱 LZ（朱 LX 的弟弟）
制茶	售茶	售茶
种茶	种茶	种茶

这一阶段，朱氏家族从过去的马帮与务农结合的生计方式逐渐转变成了既拥有茶地这一生产资料，进行茶叶种植，又参与茶业生产过程，同时自家还进行茶业销售的"特殊商人"，与此同时，如朱 LX 等部分朱家人也是茶厂工人。虽然此时朱家还没有品牌意识，并无自家的品牌，但已呈现家族经营式的茶业形态。生产茶叶的知识体系也逐渐专业化，从过去毛茶炒制转为生产"玉露""寿眉"等精细化茶品制作。自小受此影响，朱呈宏的父亲（朱 MS）从小便学习了新型制茶手艺，为朱家后来经营茶业奠定了技术的基础。

然而这样的局面并未长期持续，由于 1945 年双十会议后，国共内战的爆发，作为中共地下党员的李子忠发动人民群众参与反蒋革命斗争，疏于对茶厂的管理，1945—1948 年受战争影响，加之国民党的恶性经济政策导致通货膨胀，

---

① 资料来源为对报道人朱呈宏的访谈，2019 年 7 月 13 日。

社会动荡，茶园逐渐荒废，茶农茶商们也纷纷转行。此时的朱家，茶叶没有销路，茶厂也发不出工资，因此家道中落，过去的宗族茶也经营分工土崩瓦解，由宗族式的茶叶经营，转为了小家庭式的谋生。朱 LX 为了补贴家用，回归了走马帮的生活，而奶奶则是带着子女在家务农、经营小生意等，但凡能够补贴家用的营生，都尽量参与。这一时期，当地最为极端的例子则是朱呈宏的奶奶李 XZ 的妹妹一家。由于家中子女人口较多，之前全家都一直传承自清朝以来做茶的传统[1]，现因茶业的衰败，难以维持生计，只得迫于生计跟随马帮辗转于西双版纳，寻求新的希望，留下了自家的茶地给朱 LX 家[2]。

第一次转型中，茶业的变迁，对当地从事茶业人群的社会结构产生了较大改变。从过去走马帮加种植茶业等农作物的生计模式转变为较为复杂的"工人"身份，一方面，继续从事家族式茶叶种植，另一方面又参与茶厂茶叶的生产过程。产业的萧条，使景星朱氏从宗族式生产销售的模式成为小家庭生产。可以看到，茶业的转型，受到了重要历史事件的影响，然而较为特殊的是，此时的历史事件的影响是通过地方精英而得到的具体实现。地方精英掌握了例如信息、资金等权威性资源，而作为地方的人群则掌握了配置性资源，通过地方精英创立茶厂，对配置性资源与权威性资源进行了统合[3]，相互接洽后，通过茶业推动了这一时期特殊的地方社会结构的转型，乃至影响了地方社会中的家庭模式。

二、破旧立新：从茶商到工人

1949 年，中华人民共和国正式成立，墨江茶业迎来了第二次转型。茶业由地方精英主导的私有化生产模式，转变为国有企业，通过集体经济，集中生产。

之后四年时间，虽然景星镇茶园还存在 1000 余亩茶地，可由于缺乏管理，茶园长期荒废，年产量仅仅 60 担[4]。此时的兴华茶厂，也因李子忠被误杀彻底萧条。随着李子忠的死亡，本就风雨飘摇的兴华茶厂，彻底走向衰落，也因此，

---

[1] 李 XZ 的丈夫家则为上文中提到的民间传说里皇帝赐匾的赵家人，赵家在清朝以来一直以茶业为生，因 1945—1948 年间动荡，茶业难以维系生存，最终南下西双版纳做生意。
[2] 资料来源为对报道人朱呈宏的访谈，2019 年 7 月 14 日，上午 10：00。
[3] 安东尼·吉登斯：《社会的构成》，李康、李猛译，生活·读书·新知三联书店 2012 年版，第 378—379 页。
[4] 墨江县县志办：《墨江哈尼族自治县志》，云南人民出版社 2002 年。

作为参与兴华茶厂生产并掌握专业技术的朱 LX 家彻底与过去从事的茶叶产业中断了三年，三年中参与的茶叶生产仅仅是少量的自产自销。直至 1952 年，这样的情况在政府干预下才得到改善。经过土地改革，茶园被国家统一回收。

1952 年，县委县政府决定复垦茶园。1953 年，接续过去兴华茶厂的产业，县委县政府正式成立了景星茶厂。茶厂成立后，大量召集过去兴华茶厂的旧工人，采取统一生产的方式，通过加工以后统一销售。自幼跟随长辈做茶叶的朱 MS 夫妇[1]，为了生计，作为专业技术人员，也于 1954 年进入景星国营茶厂中。茶厂成立第一年，茶园便从 1000 亩扩大到了 1800 亩，产量也提升了 80 担。因茶厂设立在景星镇大平掌乡，自朱呈宏父母成立家庭后，一直在此生活，并参与茶厂生产。1964 年，朱呈宏作为家里老大出生。自记事起就在茶厂与家之间不断徘徊，直至上小学，才来到景星镇。在朱呈宏就读小学期间，茶厂集体搬迁至了景星镇，作为茶厂员工子女的朱呈宏，自然而然跟随父母来到了镇上就读小学。随着年龄的增长，逐渐理解父母每天做茶的辛苦。由于实行工分制，完成的工分越多，则家庭收入越高，朱家五兄妹，人口较多，且朱呈宏的弟弟妹妹尚且年幼。自小在茶厂学习的朱呈宏，每天除了上学做饭，还跑到茶厂中帮父母做茶。因此，朱呈宏十岁时就已经可以制作工艺难度较高的"云针茶"和"玉露茶"。闲余时间，通过自身努力换取一些食品与粮票，为家庭减轻负担。进入 20 世纪 70 年代，弟弟妹妹逐渐上了小学。朱呈宏从景星镇到墨江县上中学。家中的事务开始由其长大了的弟弟妹妹帮忙操持，他自身通过收购茶叶卖给供销社赚差价、帮忙装车赚取生活费等方式为家庭减轻负担[2]。这一阶段，无法进行私营经济，朱氏全家（此处指朱 LX 一脉，即朱呈宏爷爷一脉）都成为公有制经济的一分子。掌握制茶技术的朱 MS（朱呈宏父亲），则进入茶厂成为工人；精于种茶树的朱 MR（朱呈宏叔叔），则成为茶园里的农户；有知识文化的朱 MX（朱呈宏大伯），则进入了如供销社等单位。

1973 年，熟茶发酵技术在昆明诞生[3]。墨江景星茶厂派人到昆明学习。自此开始，茶叶精加工成茶品的部分销往内地，制作为诸如"云针茶"等高端茶类，

---

[1] 朱呈宏父母。
[2] 资料来源为对报道人朱呈宏的访谈，2019 年 7 月 14 日。
[3] 张静红、桂慕梅、黄隽瑾：《本真性的多元化视角：普洱茶在云南和其他地方的消费研究（上）》，《内蒙古大学艺术学院学报》2013 年第 1 期；张静红、桂慕梅、黄隽瑾：《本真性的多元化视角：普洱茶在云南和其他地方的消费研究（下）》，《内蒙古大学艺术学院学报》2013 年第 3 期。

而边角料和碎料，一部分在本地渥堆发酵，另一部分则送到大理下关茶厂行渥堆发酵，制作熟普洱，成为边销茶，销售至新疆西藏等地①。同时，朱呈宏在父母辈教授的手艺基础上掌握了这门新的技术，为日后创业做出第一款知名产品打下了基础。生活压力所迫，在物质匮乏的年代里，养活一家八口人仅靠父母的工资并不够，虽然成绩较好，但经过家庭商讨和朱呈宏个人选择，最终决定初中毕业参加工作。朱呈宏于1979年正式参加工作，起初的选择是作为知识青年下乡，但因知识青年下乡的政策在该地已结束，在家人的思考和个人意志的抉择下，通过考试分配到了当地供销社。

供销社的工作，在当地人意识中是管粮食的，有吃有喝，因此朱呈宏选择进入粮食管理部门，但因身材较为矮小，且一张娃娃脸，被领导担心不能胜任工作，考虑其茶厂子女身份和自身具有的手艺，又因当地茶厂属于供销系统，最终还是留在了供销社。

第二次的转型，接续了过去兴华茶厂的传统，但却不再以地方经营主导化的私人经营进行生产，而是采取了通过国家回收，建立国有企业，集中生产的方式进行茶业的发展。此时的朱家，发生了两个转变：其一为亲属关系的转变，经过1945—1949年的社会动荡，传统宗族从事生产的模式得到了转变，分家后，家庭模式由过去乡土式的宗族，转变为小家庭的模式。其二为身份的转变，由家族式的小茶商，在社会动荡这一阈限阶段转换为较为复杂的复合身份，既是马帮从业者，又是小商人、农户。一直持续到国营景星茶厂的建立，才全部转变为工人。通过这一阶段，事实上我们可以看出，微观社会之中，人们对于生产与生活的抉择，首先基于现实的考量，其次，在这一结构转变的过程中，发挥能动性的人可以通过实践适应结构。

---

① 大理下关茶厂，前身为康藏茶厂（民国），主要制作边销茶，销售往藏区和新疆，民国时期与复兴茶厂（昆明茶厂旧城）同属于云南中国茶叶贸易股份有限公司。后下关茶厂成立下关沱茶集团，而复兴茶厂转型成为昆明茶厂后，隶属于云南中茶贸易公司。新中国成立后的墨江景星茶厂也是云南中茶贸易公司旗下的子公司，但因墨江民国以来相比西双版纳和普洱其他地区，本身是小茶区，因此，多数情况下都跟随着大茶厂的潮流走，云南中茶贸易公司则更多为一个管理职能的部门。下关茶厂继承了前身康藏茶厂制作边销茶的传统，主要制作边销茶，边销茶的制作原料主要是茶叶角料，因此，当时墨江景星茶厂的边角料一般发酵或粗加工后送往大理，而精细化生产的成品茶则通过云南中茶贸易公司进行统一分配售卖。

三、家业的再传承：改革开放后的抉择

1978年，十一届三中全会后，中国开始实施一系列的经济改革措施。但并非所有类别的生产都已放开，例如这则政策的发布："1983年1月2日，中共中央印发《当前农村经济的若干问题》，其中指出'对于关系国计民生的少数重要农产品，继续施行统购统派'。"[1]

此时，茶叶仍然属于重要农产品，被要求实施统购统派。因此，供销系统收购的茶叶，精细化的部分要上交国家，私人则可以收购边角料。在这样的背景下，存在一些不违规的空间可操作，朱呈宏则在供销社工作期间，也私自收购一些边角料，进行粗加工后送到大理，经下关茶厂深加工，作为边销茶销往涉藏州县及新疆。此时，朱呈宏继续作为供销社成员往返于各个乡镇。这一时期也是当地马帮最后的兴旺，因交通不便，多数收购产品例如橄榄、茶叶及其他一些农产品等均为马帮驮运到墨江，装车后运往昆明。在昆明统一收购后，朱呈宏与供销社工作人员又购买一批生活物资，到墨江转经马帮运到各个寨子内供销社分社销售。这种状态持续了十年。

在此期间，经过景星茶厂改制为国营墨江茶厂30年的经营，通过不断改进生产技术手段，墨江茶厂打造出了能够代表自身品牌的茶叶产品。墨江茶厂所生产的"云针茶"，其前身制作工艺为浙江师傅民国时期所传入的"玉露茶"工艺，后经1970—1979年朱呈宏父母对其杀青和发酵工艺的改造，在云南茶界获得了较高的评价。1979年，正式将其改名为"云针茶"。自1979年来，连续三年获云南省地区优质产品的奖章，1984正式被云南省茶叶公司列为云南省六大名茶之一。自此，墨江的地方品牌逐步被打响，提起"云针茶"[2]，也成为当地人值得骄傲的谈资。朱呈宏独立做茶的想法便是缘起于此，见墨江茶产业有了起色，加之自己从小生活所接触茶而产生的情感纽带，做茶的想法逐渐在朱呈宏心中产生。此时，除朱呈宏外，家里其他兄弟姐妹基本以工人、供销社成员、政府职员为自身的职业选择。自此开始与家族传统职业中的茶叶生产渐行渐远，但家族对于饮茶作为日常的习惯依然保留于生活中，其兄弟姐妹虽转向其他行

---

[1] 参见《我国商品流通体制改革大事记（1978—2001年）》与《走进新世纪的中国商业》(《中国商业经济学会》2002年第75期)。
[2] 云针茶，其前身为玉露茶，民间传说为浙江师傅通过引进日本制茶技术后改良出的新款茶品，到墨江教授当地人制茶，后经朱MS夫妇（朱呈宏父母）的改良，于1979年改名为"云针茶"。

业，但因自小作为茶厂子女，在祖辈与茶相关的生活方式形塑下，除最小的弟弟外，其余均传承了父母制茶的手艺。虽有想法，但因市场经济此时未完全放开，对于朱呈宏而言，存在一些风险和不确定性，因此，他选择了继续工作观望市场[1]。

20世纪90年代，随着市场经济的发展，当地道路交通逐渐便利，马帮退出了历史舞台。朱呈宏成为当地新成立的日杂土产公司的副经理。随着市场经济的大规模开展，加之其自身观察到当时公司旗下的商城几乎无人光顾，改造或许能够成为商机。1997年，朱呈宏带领公司十余人对商场进行改造，将其改为回归大酒店。因墨江地处213国道，为昆明去西双版纳必经之路，当时的交通条件决定了从昆明到版纳的旅途，旅客大多数会选择在墨江度过一夜，抓住了这个商机，回归大酒店取得了极大的成功。朱呈宏也因其工作多年的积累有了一些自己的积蓄。看到了市场经济及道路便利带来的经济效益，朱呈宏越发笃定了自己想继续做茶的想法。

朱呈宏做茶业想法的实现，在2004年。恰逢企业改制，朱呈宏辞去了自己回归大酒店的经理职位，决心创业做茶。这一阶段，顺应普洱茶涨价的热潮[2]，当地许多人放弃了先前所从事的行业，转而从事茶业，据曾经的国营茶厂厂长提供的统计数据，人数最多的时候，从事茶叶生产相关的大小公司（包括个体户）达到了2000家[3]。在包产到户的全面落实、市场经济的全面开放和茶价的上升三重背景下，国营茶厂不再如计划经济时期，每年有任务指标，需要将收购的茶叶上交给云南茶叶总公司，主要职能转变为落实国家政策，提供技术支持和统购统销，帮助各乡镇茶叶发展[4]。在市场的冲击下，国营茶厂的收购价低于市场私企的价格，导致了茶农不愿意把茶叶卖给国营茶厂，就此，国营茶厂逐渐衰落。较为有投资意识的茶人深入到各乡租用土地，形成连片的产区，逐渐做成了小产业，而没有加入，倾向保持传统的茶农，则以较低的价格将茶叶卖给国营茶厂。茶叶市场也出现了过去国营茶厂的老员工所认为的诸多"乱象"，包括价格的炒作哄抬、过度的宣传等。

一次偶然回乡，朱呈宏看到此时家族中的亲戚对过去国营茶厂鼎盛时期思

---

① 资料来源为对报道人朱呈宏的访谈，2019年7月14日。
② 谭同学：《社会区分、强力并接与资本亲和——人类学视角下的小青柑茶》，《思想战线》2019年第45期。
③ 该部分数据由墨江县国营茶厂老厂长杨Z提供，由于特殊原因，报道人不愿提供完整报告，仅仅提供了数据。
④ 墨江国营茶厂2004年内部报告。

维的固守,加之赵家①留给朱家的茶地还在,朱呈宏有感于祖辈制茶传承和家里亲戚日子太苦,茶叶没有销路,且看到茶叶市场乱象,觉得自己具备做茶的能力,于是决定创办茶厂。

在第二次茶业转型到第三次茶业转型开始的过程中,重要的历史事件对于微观地方精英的实践抉择尤其重要,我们可以从材料中得知,自改革开放起,朱呈宏就已对创业制茶有所想法。当市场经济全面放开时,看到了国家政策改变对于地方带来的红利后,便做出了选择。某种程度上,这可以让我们关注到,当社会系统不断调适过后,调试所带来的结果对于微观地方的人群而言,总是基于行动者自身实践经验所进行理解结构的选择,正如朱呈宏的亲戚,并没有顺应市场经济所带来的热潮。而朱呈宏,选择跟随产业在此发展的热潮。此时的茶业对于社会结构的形塑似乎会导致一种微观人群选择上的困境,这种困境的来源是对于变迁之前结构经验的适应,关于生产和生活的知识体系还停留在变迁前。

四、叙事:历史与现实"链接"的地方感

"1993 年 11 月,党中央召开的十四届三中全会,审议并通过了《中共中央关于建立社会主义市场经济体制若干问题的决定》,勾画了社会主义市场经济体制的基本框架,规定了国有企业改革的基本方向。"②

市场经济的逐步放开,带来的是墨江国营茶厂的逐渐衰败,也标志了墨江茶业第三次转型的开始。全面发展市场经济后,茶叶不再作为农副产品统购统销,可以通过私人买卖进入市场。当地出现了众多茶人加入到市场经济的热潮之中,地方小企业和个体户如雨后春笋般涌现。

2004 年,看到市场经济红利的朱呈宏决定创业,将家业再传承下去,经过家族会议,朱呈宏得到了亲人们的支持。募集资金后,便到大理下关茶厂购买了许多小型的制茶机器和模具。当时老家表弟的茶园就是墨江最著名的茶叶产地"凤凰窝"。③于是朱呈宏和表弟商量,让表弟建立初制所,自己做深加工和

---

① 上文提到的李 XZ 妹妹家。
② 参见人民网报道。
③ 资料来源为对报道人朱呈宏的访谈,2019 年 7 月 14 日。

销售，最初一年，仅仅是利用家中老宅子进行小批量生产，见市场收益较好，便正式扩大生产，成立茶厂。

2005—2006年期间，普洱茶茶价大涨，受市场对产量的需求和当时地方政策的导向，此时的各大普洱茶区都出现一个现象，即矮化茶树，方便采摘，提高产量，大量的台地茶在各大茶区开始进行生产。墨江也不例外，朱呈宏的亲戚们也受到周边人的影响，想要将茶树进行矮化。表弟的初制所为了方便采摘茶叶，矮化了一部分茶树，但在朱呈宏的劝说下，保留了部分古树。回乡到茶地传授生产技术时，朱呈宏发现在表弟的茶地旁边还有一片茶地，无人管理，茶树茂密，自由生长，决定要把这一片茶地茶叶都收起来，统一种植管理。

数年经营，普洱茶产业已得到了发展，自1997年来，各大普洱茶区茶叶价格急速上涨，墨江普洱茶也从20世纪90年代的35元一坨七子饼（竹叶包的七饼茶），上涨到了200—300元一坨。2006年茶价最高时，上涨到了700—800元一坨，也有民间说法称墨江茶价最高时，达到了400元一饼茶。普洱市政府为了推广茶叶，构筑普洱茶文化，采取了大量的宣传手段，叙事的并接便起源于此。2007年，思茅市（普洱市旧称）为了塑造当地普洱茶生产在文化属性上的合法性，经过普洱市政府的引导和当地众多茶商的倡导，考虑到符合当地各族人民的要求，国家正式同意思茅市更名为普洱市。在此基础上，当地举办了一场声势浩大的仪式。2007年年初，顺应第八届普洱茶节，普洱市政府与北京故宫博物院联合，将存于故宫的两份光绪年间的贡茶请回普洱进行展览，开展了一场"百年普洱回故里"的活动。

活动内容中较为重要的是要把故宫请回来的普洱茶绕普洱市各县一圈，终点为思茅区（旧称翠云区，普洱市主城区）。进入墨江县展览时，有一场接茶仪式，要从护送车辆上接下贡茶，并送到展览区。接茶的两位参与者之一，便是朱呈宏的母亲，原墨江茶厂的老技术人员。参与接茶背后的隐喻实为对普洱茶文化属性的接纳，表示墨江属于这一文化范畴之内。在经历接茶仪式后，便进入了"上贡"仪式，这一部分主要由当地所有大小茶商参与。其内容为挑选一把最好的茶壶，接上当地优质的山泉水，走到贡茶面前倒掉并祭拜贡茶。其内涵则在于对于"贡茶"文化的传承。此间，还有各类当地民族例如哈尼族等展演祭拜茶神的仪式。茶商们也借此机会斗茶、开会、交流商业经验。借着普洱市改名塑造地方文化符号的热潮，墨江县政府响应普洱市号召，跟随塑造墨江地方文化符号为"迷帝茶源、双胞之乡、太阳转身的地方"这一热点，朱呈宏公司生产的凤凰熟茶参与第三届中国墨江国际双胞节斗茶比赛并获金奖,第一次塑造了公司的品牌。

随后,2008年金融危机导致江浙、广东制造业出现困难后,部分老板挟巨资转行进入普洱茶市场[1]。它制造出的热点是普洱古树茶,其古老、稀少、天然和大叶等特征,被当作了宣传重点。朱呈宏表弟保留下的部分古茶树,顺应了市场的需求。顺应古树热,朱呈宏公司生产的"凤凰金砖"普洱熟茶在2015年的第十届云南普洱茶国际博览会中,获得"云杯奖"优秀奖。也是此时,聘请了原大理州茶叶公司经理赵SM为技术顾问,与澜沧景迈召腊茶叶农民专业合作社联营,扩大生产,做出了一系列产品,形成了品牌效应。

这一阶段的墨江县政府,自2007年起,在普洱市构筑其"普洱茶"文化品牌的推动下,塑造墨江地方文化符号为"迷帝茶源、双胞之乡、太阳转身的地方",打造"墨江国际双胞节"及其系列活动。因茶叶贸易与"国际双胞胎节"等系列活动的营销成功,加之高速公路直通西双版纳的便利,茶作为地方文化符号逐渐成型。顺应着普洱茶古树茶市场的火热,当地特色的"凤凰窝"因产量小和独特的"马汗香"得到了市场认可。诸多的地方学者也与茶商结合,通过诸多民间传说与史书记载为普洱茶营造文化上的合法性,结合历史过程和社会事实,在普洱市进入当下文化意义上的茶马古道体系背景下,通过叙事与现实的并接,形成了文化意义上的产物[2],赋予了墨江这一区域空间文化属性,形成了地方感(并接结构如表2)。

表2 叙事与并接现实产物所形成的结果

叙事	现实产物	并接结果
《他郎茶》	须立茶	墨江的须立贡茶
"迷帝之源"碑	迷帝茶	墨江的迷帝贡茶
"凤凰山上凤凰飞"	凤凰茶	墨江优美的环境成就了凤凰茶
"岁俸京师"匾	想象的"古茶商"	墨江拥有悠久的制茶历史
茶马古道	《他郎厅志》	墨江是茶马古道必经的驿站

---

[1] 谭同学:《社会区分、强力并接与资本亲和——人类学视角下的小青柑茶》,《思想战线》2019年第45期。

[2] 既有茶产品,也有文化叙事的产品,因此在此统称现实产物。

诸多文本的叙事都离不开四个核心,即"茶马古道""须立贡茶""迷帝茶"与"岁俸京师"匾。茶马古道方面的叙事,主要来自于通过例如《他郎厅志》的各类文献和寻找走过马帮的人,将曾经往返于昆明与版纳之间,经过墨江的部分叙事进行再塑造,并通过对于碧朔古镇的修缮、景星镇茶马古道的整理和保护,将其作为旅游点进行开发。同时也通过多方面渠道请来许多地方文人墨客,为其立传,多数是以文本的塑造和地景的再造,使其拥有文化属性[①]。

而关于"须立贡茶"的传说,主要来源于一个当地人视野下"内地"所流传的民间故事《他郎茶》,其当地县志也有所记载,较为当地认可的文本如下:

传说在他郎抚夷厅碧朔镇的须立山有一种茶,能使人精神、有力气、长寿,须立茶的名声在他郎抚彝厅传开后,他郎抚彝厅通判献茶给府尹,府尹又献茶给巡抚,巡抚又将此茶送进京城,正赶上皇亲国戚举行盛宴。皇帝亲自品尝后称赞:"朕尝了一盅你(巡抚)从云南普洱府弄来的茶,真乃世间稀罕也。你想得周全,办得很好,以后每年送些这样的好茶来。"他郎抚彝厅的碧溪须立茶,就这样成了朝廷的贡品茶。[②]

在当地地方学者所撰写的文本之中,则将此故事讲的更为生动,诸如"治好了老臣的高血压""治好了老将军的眼疾""文武百官闻见味道纷纷围绕茶香而来"[③]。显然可见不同人群对同一则文本的建构有许多耐人寻味的地方。除此之外,对于迷帝茶的塑造,则是根据迷帝茶地中有一块石碑,篆刻有"迷帝之源"。立碑具体时间无从考证,但围绕石碑,也形成了一套与上述须立贡茶相似的"贡茶"叙事,此处不再赘述。而"岁俸京师"匾的传说,则是上文注释中所提到的清朝某位皇帝赐匾给朱呈宏的二姨奶家,其叙事内容也与上述故事情节类似。只是依据传说,匾毁于20世纪70年代,具体内容已无从可考,当地参与叙事的人则通过此得出了"墨江具有悠久的茶商传统"这一结论。

茶商们也十分积极地参与了这一系列"历史"事实的建构,大量生产了诸多"须立贡茶"与"迷帝茶"系列产品,同时也大量生产"凤凰窝"系列产品,对于缺少故事的凤凰窝,则被形塑成神话传说,大概内容如"这片茶园曾经是

---

① 涉及学术伦理,此处不做列举。
② 参见敏塔敏吉:《中国墨江茶文化》,云南美术出版社2018年版,第4—10页。此处为笔者通过文本与几个报道人的民间叙事所整合形成的版本。
③ 《墨江文史资料》,政协墨江哈尼族自治县委员会整理。

凤凰歇脚的地方",也有说法认为"这座山有孔雀曾经居住"。①

朱呈宏的茶厂也加入了这一叙事体系中,迷帝茶、凤凰窝和须立贡茶为朱呈宏家的主要产品,茶叶的包装等都记录着这些叙事。当地其他茶厂亦是如此。经过叙事文本化,茶作为农产品的同时,在地方精英的文化实践下,使其具有了文化属性,通过茶赋予了墨江这一空间文化意义,塑造了地方感。通过墨江的茶叶,形成对于地方的认同,通过茶叶身份的构建,形成对茶的文化属性合法性以及茶商的认同。同时,也通过地方感的形成,为作为地方经营的茶商积累了文化资本。同时,将这样的叙事纳入茶马古道的流动中,其本身就是一种对于地方感的超越,一方面,传说内容由上而下,从国家叙事之中,塑造了故事本身,另一方面,传说的塑造由下而上,从销售产品的文化属性及销售带有文化属性产品意义传播的过程中也传递着对于茶叶故事的传说,在传播过程中,将其纳入了中央王朝茶马古道的叙事之中。

当笔者问朱呈宏,个人抉择方面更倾向于把茶作为生意经营还是把茶作为文化经营时,朱呈宏给出的回答是:"生意要做,人是要吃饭的,但是茶更多是一种文化,我们做茶就是做文化,祖宗传下来的,我们要把其传承下去。生意方面,我现在也让我的儿子去尝试做一些建筑等方面的活计,包括他喜欢的开酒吧等,但是我也教他做茶,我希望他把这个茶传承下去,这个是我们的根,我家几代人都在墨江以茶为生,茶是我们在这里生活的老祖宗留下来的根基。"②

第三次转型,通过地方重要事件以及国家政策调试了地方的产业结构,形塑了作为地方的空间,使其具有了文化属性,最终使得地方的精英通过叙事的营造形成了地方感。可以看出,这一过程是地方政府的在场与地方精英二者的调试,使其形成了地方感这一结果。同时,对于地方结构的调试是多方面的事件以及人的参与而形成的。

五、结语

从案例之中,我们不难看出,地方社会的转型与多项重要历史事件息息相

---

① 根据朱呈宏、杨 Z 等报道人的说法整合形成。
② 资料来源为对报道人朱呈宏的访谈,2019 年 7 月 14 日。

关，重要历史事件在影响产业转型的同时，也影响了参与产业的家族及地方精英。一方面，这些地方精英通过自身的转型，不断适应着变迁所带来的连锁效应；另一方面，地方精英则并非机械地随着结构的转变进行转变，在结构转变的过程之中，地方精英通过自身作为行动者的文化实践，不断适应结构并对结构有所回应。这种实践是基于文化理性与工具理性二者所结合形成的，既有情怀的因素，也有对于现实的考量。三次茶业转型过程之中，我们可以看出，从马帮—混融—工人—商人逐步转型这一过程，背后实际上具有结构的二重性，既有历史事件导致变迁的影响，同时又具有地方精英作为行动者自身的抉择，而其中，最重要的则是以地方精英的文化实践作为纽带，将其链接起来。同时，也对参与茶业的地方家族结构有所调试，从宗族—家庭使得传统宗族式生产土崩瓦解，身份的转型也使家庭结构发生了转变（参见表3）。

表 3 历史事件与转型的影响

历史事件	转型	茶业	从业模式	朱氏家族从业结构
"重九起义"后的云南实业热潮	第一次转型	集约化，规模化私人企业	从马帮—"茶商"（既是茶叶种植者，又是茶叶生产过程参与者，同时为家族制商人）	宗族制
1949年新中国的成立，改造私有制经济	第二次转型	集约化，规模化的国有企业，集体经济	从茶商，经历混融的状态进入工人阶级，成为国有企业工人	家庭式
改革开放与市场经济的发展	第三次转型	从国有企业转换为市场主导的私人企业为主体	从工人转换为私企商人	个人从业

从转型的背景中我们也可以窥见一个地方产业发展的过程对于社会结构的影响与调试。这种调试不只存在于纯粹的经济理性中。行动者在社会环境下，通过自身对处境性策略与存在性策略二者的统合[①]，将历史中的传说作为产业发展的手段纳入产业之中，使其原本作为自然属性的农副产品拥有文化属性，而这种文化属性的特殊性恰好在于其根基为作为地方的一个空间，因此塑造了基于产品的文化符号所形成的地方感。尤其是当我们关注从茶园改造为国有企业—私人企业为主体这一过程中，我们不可忽视的是，市场经济全面放开后国营茶厂的没落与私人企业的兴起。这段时期，正值普洱茶大热，其市场潜力显

---

① 刘苏：《〈恋地情节〉理念论思想探析》，《人文地理》2017年第155期。

而易见。为了使市场潜力得到极大的释放，同时建构产品作为地方文化符合的文化属性，使地方得到更大的曝光度，在普洱市改名这一历史事件发生后，大量的叙事赋予墨江茶文化属性，并使其进入普洱、进入茶马古道中。

事实上，这是一种历史与现实的并接，也是结构所形塑的结果。在这种并接的过程中，作为空间的地方被赋予了意义，地方感得以塑造。之所以需要这种地方感，究其背景，或是因为普洱茶营销的成功，使得当地意识到了塑造普洱茶的文化属性能够更大地提升地方包括经济、文化等多层效益，这种效益是超越地方这一空间概念本身，并能够进入更宏大叙事体系中的。同时，当地行动者们也意识到了茶马古道及其相关内容在历史中的存在，基于现实的普洱茶产业发展与地方综合效益的提升，需要地方感的塑造。在塑造地方感的实践过程中，我们能够看到，行动者们通过叙事将地方的茶与茶叶流通的世界、将边疆的农产品与历史中国家的中心链接起来，将历史叙事与现实链接起来，将边疆的传说形塑为"内地广为流传"的叙事。同时，通过仪式从现实中具有中心象征意味的地方再次请回了具有叙事隐喻的贡茶，并举行仪式。通过这样的方式，当地的叙事与更为宏大的叙事结合，成为宏大叙事中的部分，最终链接现实，形成地方感。

地方与世界体系链接、叙事与现实的链接过程，在墨江形成地方感的同时，实际上已经超越墨江这一地方作为空间的本身，因此墨江的地方感本身，也形成了一种对于墨江作为地方的超越。这既是转型形成的结构形塑地方这一空间，使其具有文化属性所形成的结果，也是地方精英文化实践的结果。

保护利用茶马古道的普洱实践

张国华

（云南省普洱市思茅区北部行政中心）

2008年，时任国家副主席的习近平同志在踏访宁洱县那柯里茶马古道时指出，茶马古道是一篇大文章，要认真做好茶马古道的保护、开发和合理利用工作，加快发展旅游业，增加群众收入。要抓住茶马古道、老马店这条线，把握机遇，把握未来，发展旅游业。保护茶马古道遗址，开发和合理利用茶马古道资源，是贯彻落实习近平总书记重要指示的具体措施，是切实做好茶马古道这篇大文章的具体行动。

一、普洱茶马古道及其特点

普洱在世界茶树演化发展史上是一个独一无二的存在，境内保存着从茶树始祖的宽叶木兰、中华木兰化石、野生茶树王、过渡型古茶树，到栽培型古茶树"五世同堂"的完整链条[1]，还实现了茶、城、道三者的完美结合，"茶源道始"是它特殊的身份密码。普洱茶起源于"茶之源"的普洱，是原产地、加工地、集散地。茶马古道起源于"道之始"的普洱，普洱茶马古道从这里走向西北边疆、中原大地，从这里通向南亚、东南亚各国。可谓是"茶以城名、城以茶兴"，道也因茶而名。2006年4月，云南省文化厅、交通厅、省茶马古道研究会在思茅市宁洱县建立了"茶马古道零公里"碑，明确了茶马古道的起

---

[1] 普洱市政协编著：《普洱古树茶》，云南科技出版社2019年版，第2页。

点。[1] 2013 年 5 月，国际茶叶委员会授予普洱市"世界茶源"称号。2021 年，历时 10 余年的景迈山古茶林申报世界文化遗产进入最后冲刺阶段。2021 年 6 月 10 至 11 日，在云南省委、省政府召开的普洱现场办公会上，省委书记阮成发指出："从普洱起源向国内外辐射的 5 条茶马古道，与著名的'丝绸之路'一样声名远扬"，确认普洱市是普洱茶马古道的源头。

（一）普洱茶马古道及其五条主道

普洱茶马古道特指起源于古普洱府城（今宁洱县城），不断向外延伸拓展，连接内地和边疆、连通中国与世界，以"普洱"命名的茶马古道，包括五条主道及其他若干通道，滇藏茶马古道是普洱茶马古道的重要组成部分和重要干道之一。普洱茶马古道最初源于古代民族迁徙和各民族生产生活、交流交往形成的通道，兴于唐宋，盛于明清，与"南方丝绸之路"齐名。它历经千年风雨，见证历史兴衰。经过漫长的历史演变发展，最终形成了以 5 条主道为主，其他若干道路为辅，相互连通、纵横交错的网络体系。

从普洱起源的五条茶马古道分别是：东北向的前路官马大道，基本走向是从宁洱出发，沿墨江、元江、峨山、玉溪、昆明、曲靖、昭通到成都，再经陕西、山西、河北，最终到达北京；西北向的滇藏茶马大道（又称滇西后路茶马商道），基本走向为宁洱、镇沅（景谷）、景东、大理、丽江、中甸（香格里拉）、德钦、西藏。另外，西北向的茶马古道在大理与古代南方丝绸之路永昌道相接，向西经保山、腾冲，出境至缅甸、印度等国；东南向茶马道（宁江莱茶马大道），基本走向为宁洱、江城，经李仙江（水路）出境到越南莱州、河内、海防，再到香港；南向的普洱易武茶马道，基本走向为宁洱、思茅、易武，出境至老挝琅勃拉邦、万象；西南向茶马道（又称旱季茶马大道），基本走向为宁洱、思茅、澜沧、孟连，出境到缅甸孟波、景栋、大其力等。[2]

（二）普洱市茶马古道遗址遗迹状况

云南省普洱市辖思茅、宁洱、墨江、景东、景谷、镇沅、江城、孟连、澜沧和西盟 10 个县区，从初步调查看，普洱 10 个县区都有茶马古道分布，除上述

---

[1] 王枫云、韦梅：《"茶马古道"概念的形成及其传播》，《广西民族研究》2020 年第 6 期。
[2] 普洱市地方志编纂委员会编：《普洱市志（1978—2007）》，方志出版社 2019 年版，第 756—757 页。

5条主道之外，普洱境内还有若干条茶马古道，是茶马古道线路最多、最长，分布最密集的州市，这些古道共同组成普洱茶马古道纵横交错、互联互通的完整路网体系。作为普洱茶马古道源头的宁洱（普洱），其境内目前有5条（段）保存较好的茶马古道遗址，这是普洱茶马古道5条主道的源头部分。其中，茶庵堂、孔雀坪、那柯里段茶马古道为全国重点文物保护单位，保存较好的古镇有宁洱镇、磨黑镇，古驿站有那柯里、石膏井、茶庵塘、孔雀坪，还有1个会馆、1座古桥等。普洱茶马古道的5条主道由宁洱县分别向东北、西北、东南、西南、正南五个方向向外延伸。茶马古道向南经过思茅区，其境内保存较好的茶马古道遗址有5条（段），其中，茶马古道斑鸠坡、南门山段是全国重点文物保护单位，南门山段有50余公里保存较好的茶马古道，另外有1条古街道、1个古驿站、1个会馆和1处古庙保存较好；茶马古道向东北经过墨江县，其境内有12条（段）保存较好的茶马古道遗址，还有17座古桥、14个渡口遗址、20余处庙宇遗址、7个古镇（古驿站）保存较好，其中碧溪古镇最为有名；茶马古道向西北经过镇沅、景谷、景东等县，镇沅县境内有32条（段）保存较好的茶马古道遗址，其中广恩桥遗址、哀牢山茶马古道（半边崖古道、金山丫口古道）、小水井梁子通行关卡石刻是全国重点文物保护单位。另外，有5个古镇（古驿站）、4座古桥、2处古庙保存较好；景东县境内有10条（段）保存较好的茶马古道遗址，还有1个古镇、8座古桥、10个渡口保存较好；景谷县境内有5条（段）保存较好的茶马古道遗址，还有6座古桥、1个古镇保存较好；茶马古道向东南经过江城县，其境内有1段保存较好的茶马古道遗址，还有2个古镇（古驿站）、1个古渡口、1处古庙保存较好；茶马古道向西南经过澜沧县、孟连县、西盟县，澜沧县境内有1段保存较好的茶马古道遗址，还有1个古驿站、3个古渡口保存较好，保存最为完整的是景迈山万亩古茶林；孟连、西盟两县都是"旱季茶马古道"的必经之地，目前已经找不到保存较好的茶马古道遗址，孟连有1个古镇、1个古渡口保存较好，西盟县有保存较完整的古驿道马蹄印。[①]

（三）普洱茶马古道的主要特点

普洱茶马古道与其他茶马古道相比，有以下主要特点：

一是普洱茶马古道主干道呈放射状分布。川藏、青藏茶马古道始终沿藏族

---

① 数据来源：笔者根据调研统计。

聚居地区方向延伸，主要是双向内部循环交流为主。普洱茶马古道以宁洱（普洱）为起始点和核心区域，5条主道呈放射状分布，由内而外向四周辐射，向外延伸发展，是一个开放的形态，也是一个极具动感的结构，经济文化活动除了内部交流交往之外，还具有了对外开放的最初形式和内容，这是普洱茶马古道最重要的特征之一。

二是普洱茶马古道直接连通古茶山、古茶园。普洱是世界茶树起源地的中心地带，普洱茶的原产地、加工地和集散地，茶树类型齐全，构建了从野生、过渡到人工栽培的人类发现、利用和驯化茶树完整的文明序列。[①] 域内具有从3540万年前的茶树始祖景谷宽叶木兰化石，到镇沅千家寨2700年野生型古茶树、澜沧邦崴1700余年过渡型古茶树，再到18.2万亩的栽培型古茶树、165万亩现代茶园的完整发展链条。[②] 目前，普洱市境内有不同时期的古茶山、古茶园100余座，遍布普洱10个县区。同属于普洱茶主产区的西双版纳和临沧两州市也有不少茶马古道。茶马古道直接连通古茶山、古茶园，宁洱至易武茶马古道就是连通古茶山、古茶园的重要通道。马帮经普洱茶马古道将普洱茶驮运到西藏、内地乃至京城，驮运到东南亚、南亚各国，甚至更遥远的西方。

三是普洱茶马古道连通边疆内地、国内国外。滇藏茶马古道、川藏茶马古道主要以川、滇、藏三角地带为核心，范围主要在西南地区，普洱茶马古道覆盖中国西南、西北、华北等地和东南亚、南亚地区，远远超出西南地区范围。普洱地处祖国西南边疆，与越南、老挝、缅甸三国接壤，澜沧江—湄公河由北向南穿境而过，有"一市连三国、一江通五邻"的特殊区位。历史上，普洱府鼎盛时期区域包括今普洱和西双版纳全境，临沧、玉溪、红河等州市部分地区，还包括今老挝、缅甸部分地区。普洱5条茶马古道主道中，东北向的官马大道连通边疆与内地，其他四条主道都从不同方向通向国外，连通中国与世界。其中，滇藏茶马古道在到达西藏后，继续向前延伸到尼泊尔、印度，另一路，滇藏茶马古道在大理与永昌古道交汇，并沿永昌古道向西，经缅甸到达印度，再由印度进入西藏。东南向的茶马古道经江城出境，水路进入越南莱州，经河内、海防到达香港，或者东南亚、南亚国家；向南、向西南的茶马古道分别进入老挝、缅甸、泰国、印度，并经印度、尼泊尔进入中国西藏。[③]

---

① 普洱市政协编著：《普洱古树茶》，云南科技出版社2019年版，第4页。
② 普洱市政协编著：《普洱古树茶》，云南科技出版社2019年版，第2页。
③ 普洱市地方志编纂委员会编：《普洱市志（1978—2007）》，方志出版社2019年版，第756—757页。

四是普洱茶马古道沿线遗址遗迹众多，文化遗存丰富。与"南方丝绸之路"齐名的普洱茶马古道，历经唐、宋、元、明、清，直至现代，跨越千年时光，跨过千山万水，在茶马古道经过的地方，以时光和岁月刻下了众多文化印记，形成了丰富的文化积淀，留下了不胜枚举的珍贵历史文化遗迹。2013年3月，包括普洱市境内11段茶马古道在内的川滇茶马古道被列为第七批全国重点文物保护单位[①]，凸显了普洱茶马古道的重要价值。从初步调研看，普洱境内现存的具有一定规模、保存较为完好的茶马古道71条（段），茶马古道沿线的古镇12个，古驿站14个，会馆2个，古桥36座，古渡口29个，古庙16处，古茶山、古茶园100余座（个）[②]，这组数字说明普洱茶马古道遗迹遗址的丰富性、多样性，特别是普洱一个市就有11段茶马古道被列为全国重点文物保护单位，说明普洱茶马古道具有的重要文物价值、文化价值。

五是普洱茶马古道呈现多元文化特征。普洱茶马古道跨越西南、西北、华北等区域，并通向东南亚、南亚多国，连接不同地域、不同文明，中原文化、边地文化、民族文化、宗教文化、茶文化、生态文化等都在普洱茶马古道沿线得到一一呈现，沿茶马古道得到交流、传播、互鉴。作为茶马古道源头的普洱，民族众多、文化多彩是一个重要的特点，26个民族、14个世居民族和睦相处、相互交往、共同发展，形成了多彩的民族文化；普洱"一市连三国、一江通五邻"的特殊区位形成了丰富的边地文化。普洱丰富的动植物资源和良好生态，与各少数民族崇尚自然、敬畏自然的习俗有机结合，构成了特有的生态文化；普洱古茶园、普洱古府、普洱茶马古道三位一体的"世界茶源"积淀了厚重的普洱茶文化。这些文化总体上可以成为普洱茶马古道文化的重要组成部分和构成要素，成为普洱茶马古道鲜明的特征。

二、普洱重视茶马古道的保护和利用

自20世纪90年代以来特别是近年来，普洱市采取一系列措施加大保护普洱茶马古道的力度，并结合实际适度开发利用，做到了在保护的前提下开发利

---

① 《国务院核定公布第七批全国重点文物保护单位》，中华人民共和国人民政府官网，2013年5月3日，http://www.gov.cn/gzdt/2013-05/03/content_2395234.htm。

② 数据来源：笔者根据调研统计。

用，在开发利用中更好地保护。

（一）对茶马古道进行了初步调查踏勘

20世纪90年代以来，结合文物普查以及旅游规划等工作，普洱市先后对茶马古道进行了调查踏勘，取得了一些调查踏勘成果，收集整理了普洱茶马古道遗址遗迹和相关资源状况的资料，出版了《普洱市不可移动文物名录》。1995年，景东县对古驿道进行普查，基本弄清了茶马古道情况。1998年以来，思茅区每年都对茶马古道开展调查，先后有多条茶马古道被发现。2012年、2021年，镇沅县先后两次组织开展对茶马古道及其沿线文物的调查工作，取得了较为详细的调查资料，制作了茶马古道遗址分布图和茶马古道路线图。其他县也结合第三次全国文物普查，对茶马古道进行了相应调查。2020—2021年，结合编纂《普洱茶马古道》一书，由普洱市政协牵头，文化旅游部门和各县区政协配合，组织对普洱境内茶马古道遗址，以及沿线相关文物再次进行调查踏勘，制作了各县区茶马古道路线图和茶马古道遗址分布图，掌握了境内普洱茶马古道遗址遗迹的一些新资料。

（二）茶马古道部分路段及沿线文物得到修复保护

2005年，普洱（宁洱）被列为全省县域文化建设试点县后，先后对茶马古道那柯里段、茶庵塘段、孔雀屏段进行了保护性修复，并公布为县级文物保护单位，划定了保护范围和建设控制地带，竖立标志牌进行保护。2016年11月至12月，宁洱县对境内同心那柯里路段遗址、磨黑孔雀屏路段遗址、茶庵塘段遗址、德化石丫坡路段遗址、同心石膏井段遗址进行全面清理；思茅区先后投入资金200多万元，对茶马古道斑鸠坡段进行了保护性修复，建立了各种保护标志，并列为区文物保护单位；墨江县先后对碧溪古镇、通关古镇部分古建筑进行修复保护；镇沅县广恩桥遗址、哀牢山茶马古道（半边崖古道、金山丫口古道）、小水井梁子通行关卡石刻申报获批为全国重点文物保护单位，难搭桥申报获批为市级文物保护单位，镇沅县还对石大富村等重要的茶马驿站进行修复保护。目前，全市有11段茶马古道被列为全国重点文物保护单位、1段茶马古道被列为市级、5段茶马古道被列为县级文物保护单位[①]，一些茶马古道上的古镇、

---

① 数据来源：普洱市文化和旅游局。

古村落、古民居、古桥,以及相关的文物古迹也以不同方式得到初步保护。

(三) 茶马古道资源得到初步开发利用

宁洱县结合新农村建设和发展乡村旅游,依托茶马古道那柯里段建设了那柯里小镇,茶马古道遗址遗迹得到有效保护和合理利用。思茅区引入湄公河集团,依托茶马古道斑鸠坡段建立了普洱茶马古城景区,将茶马古道保护和发展旅游有机结合,实现了文物保护和旅游开发融合发展。思茅太阳河自然保护区将茶马古道作为护林防火通道和巡逻路,拓展了茶马古道的功能,也使该段茶马古道在合理利用中得到有效保护。澜沧县结合脱贫攻坚和乡村振兴战略,建设大歇场特色村寨,将昔日马帮驿站建设成为美丽新村庄,还建立了茶马古道博物馆。普洱市境内的其他茶马古道路段及其沿线小镇、驿站也在不同程度地发挥着原有的道路功能和小镇驿站作用。

(四) 开展茶马古道历史文化的挖掘整理

近年来,普洱市积极推进普洱茶马古道历史文化研究,发表了一批研究茶马古道的专著、文章,创作了一批反映茶马古道历史的文学作品,推出了一批反映马帮生活的歌曲,拍摄了一批反映茶马古道的影视作品,产生了一批反映茶马古道沿线风土人情的绘画作品,挖掘了一批再现马帮生活的马帮菜品。尤其是普洱市政协一直致力于地方文史资料的收集整理、出版和研究工作,并以开展调查研究、提交提案的方式,助推普洱茶马古道保护、开发和利用工作。近年来,市政协将收集整理茶马古道文化史料列入年度重点工作计划,组织编写了由《普洱古树茶》《普洱府史料》《普洱茶马古道》组成的普洱茶文化三部曲系列、《普洱纪事》系列丛书(已经编辑出版8辑)。组织开展了课题调研,其中"关于加强普洱茶马古道保护和利用工作"的调研,得到普洱市委主要领导高度重视,提交的调研报告被列为市委理论中心组学习内容。提交了《关于建立普洱茶马古道遗址博物馆的建议》《关于制定普洱茶马古道保护条例的建议》的政协提案,并被列为重点提案和重要提案由市政协领导牵头督办,助推普洱茶马古道保护、开发和利用工作。

三、多措并举，努力推进普洱茶马古道保护和利用工作

下一步，普洱市将认真贯彻落实好习近平总书记关于认真做好茶马古道保护、开发和合理利用工作的重要指示精神和有关文物保护的重要指示、批示精神，落实好《关于保护茶马古道文化遗产的普洱共识》，遵循"保护优先，合理利用"的原则，多措并举，在严格保护的前提下，合理开发利用，让茶马古道在新时代焕发出新活力。

（一）开展深入调查踏勘，制定保护利用规划

一是开展全面深入调查踏勘。组织相关部门对普洱茶马古道分布、走向及沿线相关遗址、遗迹等资源状况进行全面调查、勘查工作，准确掌握茶马古道分布、线路走向、现存遗迹遗址以及相关文物资源状况，建立名录清单，摸清辖区内茶马古道遗址遗产家底，真正做到心中有数。二是制定总体规划。制定普洱茶马古道保护、开发和利用总体规划，明确规划范围、保护原则、保护重点。编制全市茶马古道走向、分布示意图，茶马古道重要遗址分布图，制定切实可行的保护措施。

（二）进行抢救性修复和分类保护

一是进行抢救性修复。结合制定出台《普洱市茶马古道保护条例》，对因自然损毁、各种原因遭到破坏的茶马古道遗迹和茶马古道沿线文物进行抢救性修复，使茶马古道及其沿线古镇、古村落、古民居、古建筑、古道、古桥、碑刻题记和其他文物遗迹得到及时修缮恢复和保护。二是进行分类保护。根据价值高低，按照轻重缓急，对茶马古道遗址以及沿线文物进行分类保护，严格落实国家级、省级文物保护单位的保护措施，重点做好全国重点文物、省级文物的保护，优先做好城市建设、重点工程建设区域内文物的迁建保护工作，统筹做好其他路段以及沿线其他文物的保护工作。积极做好全国重点文物保护单位、省级文物保护单位的申报工作，加快做好市级文物、县级文物的组织认定工作，确保各级各类文物得到有效保护。

（三）适度合理开发利用

坚持"保护优先、合理利用"的原则，寻找严格保护和合理利用的结合点，

探索有效保护和合理利用有机结合的形式和途径，在开发利用过程中，实现更好的保护。总结成功经验，推进普洱茶马古道保护利用与普洱文化旅游产业发展深度融合，充分挖掘茶马古道的经济价值、社会价值、文物价值、文化价值和民族文化旅游资源，发展文化旅游产业，再现茶马古道历史文化景观，增加沿线各族群众收入，促进沿线经济社会发展。

（四）建立普洱茶马古道遗址博物馆

2020年，普洱市政协委员提出建立普洱茶马古道遗址博物馆的建议，普洱市委、市政府高度重视，及时列入工作计划推进实施。普洱茶马古道遗址博物馆以"世界茶源"为核心理念来定位，围绕普洱古茶山（古茶园）、普洱茶马古道、普洱府城构成的三位一体的"世界茶源"立体结构进行布局，集文物保护、历史传统教育、科普宣传、情景展示体验为一体，通过历史与现实交融、传统与现代兼顾、实景实物与现代技术结合方式全景呈现和展示。普洱茶马古道遗址博物馆突出普洱茶马古道源头的唯一性、独特性，突出普洱茶原产地、加工地、集散地三者统一的特点，突出茶马古道的文化价值、文物价值、科普价值。普洱茶马古道遗址博物馆建设与茶马古道国保单位保护要求相适应，与百里普洱茶道建设相衔接，与申报世界文化遗产相结合，与茶马古道的利用相统一。普洱茶马古道遗址博物馆建设本着有利于茶马古道保护利用，有利于茶马古道文化传承弘扬，有利于普洱形象提升的原则，引进国内外有名的设计单位，高起点规划、高标准建设，力求将普洱茶马古道遗址博物馆建成普洱的地标性建筑，成为代表普洱形象的城市名片。

（五）制定出台《普洱市茶马古道保护条例》

普洱市认真贯彻落实习近平总书记重要指示精神，结合省委、省政府提出建设"普洱茶文化之源""擦亮普洱茶金字招牌"的要求，从制度法规建设的高度谋划普洱茶马古道的保护和利用工作。2021年，市委常委会专题研究制定《普洱市茶马古道保护条例》事项[①]，目前正在有序开展立法的前期工作，计划在"十四五"期间制定完成并颁布《普洱市茶马古道保护条例》。

---

① 《中共普洱市第四届委员会第167次常委（扩大）会议纪要》，2021年3月15日。

（六）继续办好中国普洱茶马古道节

2010年10月，在宁洱县成功举办了"首届中国普洱茶马古道节"。节会由云南省文化厅、云南省旅游局、普洱市人民政府、云南省普洱茶协会、云南省茶马古道研究会主办，宁洱县委、县政府承办，主要内容有茶马古道保护万人签名、千人竞走茶马古道、普洱茶·贡茶制作技艺展示、《普洱秋集图》画展、万盏手工灯展和经贸洽谈等活动，以"茶马古道"为主题主线，通过自然资源、文化资源的展示，招商引资推介、经贸洽谈等系列活动，展示了丰富多彩的普洱茶马古道文化。普洱市将继续办好中国普洱茶马古道节，结合茶马古道保护和利用，充分挖掘茶马古道的文化内涵和经济价值，不断丰富内容、创新形式、突出特色，着力提升办节水平，把"中国普洱茶马古道节"办成在省内外、国内外具有影响力、特色鲜明的节会品牌。

（七）推进理论研究

一是开展普洱茶马古道沿线文物考古工作，形成一批考古研究成果。二是组织开展考察、采风活动，组织开展文学创作活动，形成一批考察采风成果和一批文学作品。三是成立市级普洱茶马古道研究会，整合相关研究资源和力量，制定研究规划，确定研究选题，组织开展理论研究，形成一批研究成果。四是建立普洱茶马古道论坛，搭建交流合作平台，开展交流活动，借助外脑助推普洱茶马古道理论研究向纵深发展。

（八）探索建立普洱茶马古道国家公园

引入国家公园概念，以普洱为主要地理区域，以茶马古道为核心资源，突出全国重点文物保护单位重点，整合茶马古道沿线各类文化文物资源，依托普洱国家绿色经济示范区，联动百里普洱茶道建设，文旅结合、茶旅结合，申报建立普洱茶马古道国家公园，探索系统保护普洱茶马古道以及沿线文化遗存、自然生态的新模式、新机制，为同类文化遗产和文物保护提供新样本。

四、推动普洱茶马古道开发、保护和利用的建议

普洱茶马古道线路多、里程长，遗迹类型多、分布广，全面推进普洱茶马

古道保护、开发和利用困难多、难度大。困难和问题主要是：一是对普洱茶马古道的关注度不够，尤其是对普洱茶马古道国外区域极少有人关注研究。同时，普洱茶马古道的价值被严重低估，经济价值、社会价值、文化价值尚未充分得到挖掘。二是普洱茶马古道的具体分布、主要线路走向、重要节点，以及沿线相关遗址、遗迹等基本情况还需要进一步深入调查。三是个别地方对普洱茶马古道的保护力度不够，自然损毁、人为损坏严重，沿线文物得不到及时修复，物质和非物质的遗产都在悄然消失。四是普洱茶马古道没有得到有效开发利用，茶马古道沿线的自然风光、民族风情和文化遗产未能完全展现出来，沿线丰富的民族文化旅游资源没有得到充分开发利用。五是还没有专门的保护利用法规和政策措施，文物保护部门难以依法开展保护工作，还缺乏全面系统的开发利用规划。为此提出如下建议：

一是高位推动，多省联动。由国家有关部门统筹成立普洱茶马古道保护利用机构，高位谋划推动普洱茶马古道保护利用工作，协调有关省市自治区行动。普洱茶马古道沿线省市自治区成立协调推进领导小组，协调保护利用工作，成立普洱茶马古道保护联盟，从省级层面有效推进普洱茶马古道的保护和利用。

二是开展专项普查，制定全面保护利用规划。文物部门成立专门机构，对普洱茶马古道进行全面深入的普查调查，全面摸清普洱茶马古道基本状况。以此为基础，定制普洱茶马古道保护利用规划，时机成熟时，出台高层级高规格的《普洱茶马古道保护条例》，使普洱茶马古道保护、开发和利用依规而行，有序推进。

三是加大保护力度。全面落实《关于保护茶马古道文化遗产的普洱共识》，开展茶马古道保护行动，将茶马古道相关遗址遗迹全面纳入文物保护范围，分级给予保护。加大申报全国重点文物保护单位、省级文物保护单位力度，使更多文化遗产得到更好保护。

四是加大资金和人才技术支持。积极争取国家对普洱茶马古道保护利用的资金支持，加大省级资金投入普洱茶马古道保护利用的力度。强化人才培养，培养一批茶马古道保护、开发和利用方面的专业技术人才。加大技术支持力度，提高普洱茶马古道保护的技术含量。

五是适度开发利用。认真落实习近平总书记的指示精神，根据不同省市自治区，不同茶马古道的特点，在全面保护的前提下，做好适度开发利用工作，努力做好茶马古道这篇"大文章"，让茶马古道为巩固拓展全面脱贫攻坚成果、全面推进乡村振兴发挥作用。

六是加强理论研究。发挥中国茶马古道研究会牵头和统筹协调作用,整合研究力量,联动普洱茶马古道沿线各省市自治区开展联合研究攻关,推出一批有影响力的研究成果。加强普洱茶马古道研究国际合作,推动茶马古道研究与"一带一路"研究有机结合,促进人文相通不断深入,助力"一带一路"在周边国家落地落实。

茶马古道之黔西南古道

崔利军

（贵州省黔西南州文化广电旅游局）

第七批全国重点文物保护单位——"茶马古道"，是明清时期云贵川三省贡茶、马匹输送的重要通道，由北线"贡茶古道"和东线"市马古道"两部分组成。前者形成于秦汉，并随茶马互市的繁荣日益兴盛，至清中叶达到顶峰，包括川黔滇驿道、滇黔驿道、楚黔驿道三条通京大道；后者由贵阳经水西（今黔西）至毕节之"龙场九驿"、川黔驿道及汉初西南边贸和南宋以来"茶马榷场"制度形成的贩马及牧马线等民间商道构成。

"茶马古道"重要组成部分之一的黔西南古道，集中在滇黔驿道中段、南段，是"茶马古道"东进西出、北下南上的节点，在古道中具有不可忽略的地位。

一、"茶马古道"黔西南段之"贡茶古道"

"贡茶古道"组成部分之黔西南古驿道，地处滇黔驿道中段结合部，包括普安古驿道和晴隆古驿道，分新、旧两条驿路。"旧驿路自永宁（今贵州关岭永宁）、安南（今晴隆）交界铁索桥之盘江驿，西经安南县之安南驿，又西经江西坡驿，又西经普安县之新兴驿，又西出郡境经软桥入滇；新驿路自安南、郎岱交界之毛口驿，又西经那当、列当两废驿，又西经安南之阿都田驿，又西经普安之白沙驿，又西经舍基场、罐子窑二废驿，又西经普安厅（今贵州六盘水盘州）之上寨驿（今属普安县窝沿乡）、刘官屯驿、亦资孔驿而入滇。"[1]

---

① 张锳：《兴义府志·经制志·驿站》卷30，贵阳文通书局宣统元年铅印本，第1页。

(一) 普安古驿道

普安驿道东接晴隆，西连盘县。旧路由县城西行 70 里鹦哥嘴至盘县，东 10 里至江西坡芭蕉关，过泥纳、江西坡，至蜡茄入晴隆，全长 135 里；新路始于雍正六年（1728 年），由县城西行 20 里至烂板桥，又 30 里至罐子窑松岜，经窝沿上寨至茶凉铺入盘县境，东 40 里经白沙老鹰岩至大田黄厂入晴隆境，全长 120 里。古驿道风光旖旎，《滇游草·普安道中》这样描述道："五更喔喔乱村鸡，催客林鸦又晓啼。山静钟声来古寺，月斜屋角暗前溪。桥因霜压留泥印，犬为人稀逐马蹄。一路风光描不尽，普安城与白云齐。"

图 1　普安驿道白沙段

普安驿道现残存老鹰岩至罐子窑段，约 20 里，毛石铺墁，宽 2.5 米，附近烽火台、松岜寺使古道生色不少。

图 2　烽火台遗址

烽火台在罐子窑镇、白沙乡和窝沿乡古驿道旁，雍正六年（1728年）以后，安义镇驻军设汛、塘、关、卡、渡、隘于此，先后在老鹰岩、卡子、铁厂、罐窑、上寨、芭蕉关、小山顶、泥纳铺、营盘山、马鞍山、大山顶等处筑烽火台，现存6处。除白沙老鹰岩烽火台外，余皆筑于咸同年间，仅存遗址。

老鹰岩烽火台平面呈方形，高4.5米，长、宽各3.5米，青石砌筑。西面有石级直达顶部，上置一石灶，有烟囱（已坍塌，余烟道口）；南面10米处有高0.5米、长宽各1米之小灶三座，小灶间距2米，俗称"烟堆"。该烽火台始建年代不详，按《普安直隶厅志·地理》卷之四："乾隆十七年，始开老鹰岩新驿"，当不早于乾隆十七年（1752年）。

松岿寺在普安县西北30里罐子窑镇松岿寺村谭家湾松岿山顶，始建于明万历年间，因山形得名"五龙观"。清顺治中叶，云游僧善权主持增修寺院，更名"松岿寺"。又经僧仁源、僧果佩、易辅仁、耿天瑞等人先后多次培修，始成规模。

图 3 松岿寺

寺院坐北向南,"前有凉亭,过楼左、右有古柏两株;后有樟树数株"[1],毁于咸同农民起义。原有占地面积约 2.4 万平方米、建筑面积 752 平方米。由前、后两殿,左、右两厢组成四合院,中为天井。前殿单檐硬山顶穿斗式木结构,山门前列 15 级踏步,中辟鱼池,檐下有护门石雕双狮,承驮前殿明间鼓形檐柱。面阔五间,檐前悬"松岿古刹"匾额。明间正中镂雕五龙抱柱神龛,供祀木雕佛像 21 尊;左梢间悬 260 公斤铁钟一口,右梢间存皮鼓一面,均毁。两厢为穿斗式木结构,撑拱精雕独角怪兽。前殿因年久失修,20 世纪 80 年代初倒塌,仅存两厢及牌楼大门。后殿为"大雄宝殿",一楼一底两层。面阔五间,通面阔 24.8 米;进深三间,通进深 11.8 米。抬梁式单檐歇山顶,托峰上为浅浮雕花卉图案,青瓦屋面格扇门窗,明间神龛祀关圣像,龛前有楹联二。寺内二梁存"民国十一年陆军上校易辅仁,普安县北区区长易辅猷暨谭、胡、李三姓乡民增修"字迹,系 1922 年易辅仁等重修寺院所留。

山门前路东侧,竖康熙二十七年(1688 年)"善权和尚塔铭碑"一通,碑

---

[1] 刘显世、杨恩元:《民国贵州通志·古迹志三》卷 130,贵阳文通书局 1948 年铅印本,第 32 页。

高174厘米、宽79厘米。碑文楷书阴刻,记述僧善权生平及主持修寺经过。

松岿寺"楼阁参差,梵呗钟声与谡谡松涛相和答,雅有诗情画意,为新路名胜"①。

雍正年间,云贵总督高其倬题诗赞美松岿风光:"溪色澄无滓,岚光翠欲流。几盘松外径,一牖竹间楼。钟放依岩殿,云停为客留。髯僧同一笑,踪迹愧藏舟。"②

(二)晴隆古驿道

晴隆驿道旧路辟于明初,西接蜡茄,经沙子岭、乌鸣塘、鸦关、尾洒驿(安南驿)、哈马关(一作"海马关""下马关")、保甸、灵官箐、燕窝寨、半坡塘、盘江驿至永宁新铺(今贵州关岭新铺乡),全长约100里。横跨北盘江,地处关岭、晴隆两县交界之盘江桥,是旧驿道入滇要津。

盘江桥初为木桥,始建于明万历十年(1582年),贵州巡抚严清、舒应龙,巡按傅顺孙、毛在先后协谋,"上覆以屋,未及十年而坏,仍用舟渡"。③崇祯元年(1628年),时任安普副使的朱家民以该处"两山夹行,水势湍驶,不利操舟,亦难架石"④,遂捐银倡建铁索桥。用三十六道铁索横贯东西两岸岩石中,上铺木板两重,"厚仅八寸,阔八尺余"⑤,"然践之屹然不动,日过牛马千百群,皆负重而趋者"⑥。索桥两岸立高1.3米镇水石狮一对,桥栏铁链贯穿狮口;东西各跨巨枋,并增城置所,历时三年乃成。桥成之日,朱家民提笔作诗曰:"牂牁形势向云盘,山插层霄万叠寒。地险难容江立柱,神工只许铁为栏。人从蜃市楼中现,我在金鳌背上看。三载胼胝今底定,伏波铜柱照巉岏。"⑦盘江之险要及历经艰辛、索桥告竣的欣喜之情跃然纸上。明人王锡衮亦盛赞其功:"奚止商家之舟楫祗今南北去住无望洋,直令万禩怀明德。"⑧此后,从顺治十七年(1660年)至康熙五十年(1711年)的五十一年中,索桥旋圮旋修凡六次。

---

① 咸丰《兴义府志·祠祀志·寺观》卷33,贵阳文通书局铅印本,第7页。
② 咸丰《兴义府志·祠祀志·寺观》卷33,贵阳文通书局铅印本,第7页。
③ 王耒、许一德:万历《贵州通志·安南卫》卷8,万历二十五年刻本,第16页。
④ 《贵州通志·古迹志三》卷130,第28—29页。
⑤ 徐宏祖:《徐霞客游记·西南游九·贵州》卷5,清康熙抄本,第33页。
⑥ 徐宏祖:《徐霞客游记·西南游九·贵州》卷5,清康熙抄本,第33页。
⑦ 王粤龄:《普安州志·艺文》卷26,贵州省图书馆1964年油印本,第22页。
⑧ 王粤龄:《普安州志·艺文》卷26,贵州省图书馆1964年油印本,第23页。

图 4　铁梁吊桥

康熙五十年（1711年），贵州巡抚刘荫枢更建索桥，置长28丈、285扣之过江铁索十九条，上穿铁枋55块；桥栏铁索八条，上系铁枋97块、细铁索194条；并在东西两岸建置堞楼，以备防守。民国二十九年（1940年），桥被日本侵略者飞机炸毁，旋在原桥址下游20米另建长50米、宽4米、净跨约30米的铁梁吊桥一座。

图 5　盘江桥石刻群

残存的铁索桥旧址桥基共两层：底层桥基在枯水期出水面20米左右，第二层两侧均砌有高5米、宽4米的排洪拱桥。桥头西岸尚存凿于崇祯三年（1630年）的朱家民摩崖造像一尊（像作端坐状，头部受损）；刻于崇祯元年（1628年）至同治十三年（1874年）的"朱氏鼎钟""在德""一线缝空""铁锁盘江""一派别景"摩崖石刻五处。东岸存同治十三年"力挽长河""盘江飞渡""天堑飞虹""飞虹卧龙""云里金鳌""峻岭不飞天外雁，惊涛常起地中雷"和民国二十年（1931）吴用宾题"桥横银汉"摩崖石刻共7处，另有清顺治十七年（1660年），贵州巡抚卞三元题《重修盘江铁索桥碑记》一通，是为盘江桥石刻群。

图6　盘江桥石刻

盘江铁索桥及石刻群为晴隆北盘江古道平添不少生机，成为后世文人墨客吟咏对象之一。

清人程封《盘江》诗："盘江中断铁桥开，乍见心惊首欲回。谁遣鬼工排鸟道，直教天堑走龙媒。如云戍卒防秋去，尽地金钱转饷来。闻说波流通禹甸，河源万里令人哀。"[1] 描述盘江桥之雄伟、险要。

清人田雯《铁索桥》亦留下"粘天拔地山槎枒，下有黝潭龙所家。捷獶飞鸟不敢渡，庄蹻瞠目空咨嗟。巧镕长絙三十六，东西穿鼻贯石腹。蟏蛛屹立体横陈，直使天堑作平陆"[2] 之诗句。

残存之半坡塘驿路与矗立在驿路上的"连云城"遗址交相辉映，见证着驿道的过去、今生。

---

[1]　王粤龄：《普安州志·艺文》卷26，贵州省图书馆1964年油印本，第23页。
[2]　王粤龄：《普安州志·艺文》卷26，贵州省图书馆1964年油印本，第23页。

图 7　旧驿道及城墙遗址

半坡塘驿路在凉水营乡东方红村，青石砌筑，残长250余米、宽3米左右，闻名滇、黔、桂三地的"连云城"就建在此处。

"连云城"是天启、崇祯年间任安普监军副使的朱家民与参将许成名讨平盘江阿野、鲁颇等人叛乱，"相度要害"[①]，所筑十一城之一，又名"盘江城"。其余诸城分别为："有嘉"（江西坡）、"靖氛"（板桥）、"恬波"（海子）、"奏肤"（马场）、"龙新"（兴仁）、"资孔"（亦资孔）、"鼎新"（顶站）、"定边"（定头）、"维藩"（晴隆）、"石基"（阿基）城。是城依山垒石砌筑，平面无规则，周长约1500米。今残存城墙长约70米。

晴隆驿道新路建于雍正年间，以旧路"险且迂"，改由郎岱打铁关、毛口、那当，经西陵渡（河塘）、五里牌、阿都田驿（都田）、大田黄厂、安黑、花贡、母洒（纳屯）至白沙老鹰岩，全长约120里。

现存五里牌至花贡段驿路约4里，纳屯经白沙老鹰岩至十八岗段长2里，宽1.7米左右，均以毛石铺墁而成。

"贡茶古道"黔西南段驿路及附属文物点组成滇黔古道中段一道靓丽风景线。

---

① 冉晟：民国《兴仁县志·建置·沿革》卷1，贵州省图书馆1965年油印本，第9页。

二、"茶马古道"黔西南段之"市马古道"

"市马古道"黔西南段，作为"市马古道"组成部分之一，是当时西南地区马市贸易中不可或缺的重要一环。肇始于秦汉之际，发展于北宋哲宗元符三年（1100年），爨氏部族之于矢"些莫徒"人建立的自杞国前后，形成于南宋，兴盛于明清时期。

秦汉之际，巴蜀商贾与包有今黔西南地区的夜郎等西南夷贸易，常取其"筰马、僰僮、牦牛"致富，民间牧马、贩马商道渐现雏形。递于东汉安帝刘祜永初六年（112年），置汉平苑于犍为郡（今遵义）、万岁苑于益州郡（云南晋宁）后，黔西南在内的西南夷地区马市贸易日益频繁，市马商道不断拓展。两宋之际，宋廷与北方辽、西夏、金等少数民族政权战事频繁，军马需求极大。北宋神宗时，王安石推行"保甲、保马"之法，正是当时历史背景的反映。宋室南渡后，北方半壁江山沦陷于金人之手，从此失去北方战马来源。为确保军需，南宋偏安政权不得不转向盛产马匹的云贵地区求购战马，并设马市于广西邕州（南宁）、宜州（宜州市）、横山（田东县）等地。其时，云贵一带属化外之地，云南处于大理国控制下，贵州大部则在由三国、魏晋时的彝族爨部势力演变形成的罗甸国和自杞国掌控中。而当时经贵州的市马道计有三条：一由邕州横山寨（今广西田东），经泗城州（今广西凌云）、红水河、自杞国（今云南泸西）、石城郡（今云南曲靖）至大理国（今云南大理）；一由横山寨北行至罗甸国（今贵州安顺）；一由自杞国经罗甸国，过西南五姓蕃（今贵州惠水）、荔波入广西南丹达宜州（今广西宜山）[1]，涉及今黔西南兴义、贞丰等地。又因地处黔西南的自杞国特磨道西接大理善阐（昆明），东出邕州属地，不必经其他番国异道，即可将战马输往南宋边境，居市马商道要冲，故大规模马匹贸易活动十分频繁，其市马数量亦占横山寨马市的四分之三，多至1500余匹，在市马贸易中独占鳌头，"雄于诸蛮"[2]，"以是国益富……岁有数千人至横山市马"[3]。秦汉以来至南宋"茶马榷场"制度形成发展的贩马及牧马线等民间商道遂由此延伸开来。

---

[1] 周去非：《岭外代答·西南夷》卷3，乾隆三十八年知不足斋刻本，第9—10页。
[2] 《岭外代答·宜州买马》卷5，第6页（下）。
[3] 《岭外代答·宜州买马》卷5，第7页（上）。

"市马古道"黔西南段主要由兴义古驿道、贞丰古驿道和安谷驿道组成。

图 8　兴义古驿道

（一）兴义古驿道

兴义古道西起白碗窑镇甲马石村，东至万屯镇佐舍村一线，途经乌沙、白碗窑、坪东、黄草、桔山、马岭、顶效、郑屯、鲁屯、万屯等乡镇（街道办事处），自西向东贯穿兴义全境，残存约120里。古道多建于裸露山石上，少部分铺以石料，宽0.5—1.2米不等，是明清时期广西泗城府至云南曲靖府的交通要道。在该段古道中，"木桥"扮演了十分重要的角色。

"木桥"，原名"纳必"桥，后改称"纳福"桥，在兴义城东北25里处的马岭河（一称"马别河"）中游，是清代兴义"县城至府（安龙）之捷径"[①]。始建于康熙时期，后坍，唯存石基。道光中，兴义县知县汪自珍捐建续修，易名纳福桥，俗称"木桥"。咸丰三年（1853年），知县胡霖澍、客商车旭华等筹银

[①] 张锳：咸丰《兴义府志·桥梁》卷13，咸丰四年刻本，第3页（下）。

七百余两，改建为单孔双洞石拱桥[①]，后再毁。光绪十九年（1893年），邑绅刘显世倡议复修是桥，民间仍称"木桥"，并沿袭至今。

图9 "木桥"

"木桥"是当时兴义县六条主要驿道中最重要的桥梁驿道，为县城通往贵阳、兴义二府的必经之地。据《兴义古道考》，由兴义县城抵贵阳共720里，需经纳福桥（木桥）、顶效塘（今顶效镇）、万屯、新城（今兴仁）、关岭、镇宁、安顺、平坝、清镇九处驿站，"木桥"为第一站；由县城向东抵兴义府（今安龙）共195里，经过幺塘、纳福桥、顶效塘、郑屯和龙广，"木桥"为第二站。

在清代乃至民国，作为联系滇、黔、桂三省主要驿道之一的"木桥"，对沟通三省经济、文化交流及物资运输起着不可替代的作用。

"兴义古道"上另一条重要驿道踞马岭河下游踩水渡两岸，由1700余级石梯勾连形成的栈道蜿蜒于马岭河峡谷峭壁间，仅供单人匹马通行，有"绝壁天梯""天心走廊"之称，是为"踩水渡驿道"。

驿道始建年代不详。案《修桥碑记》：车旭华捐建"木桥"前，曾"没踩

[①] 兴义市文物管理所：咸丰《修桥碑记》拓片，1988年拓制。

水为义渡，置田社产，募渡夫操舟以利行，已十余年矣"，后因"河流汹涌，覆舟沉溺"事故时有发生，方议复"木桥"。故"踩水渡"驿道当不晚于康熙年间"木桥"初建时。

道光二十六年（1846年），兴义县知县廖大闻、左营游击张殿奎曾率所属部众十余人督工复修，镌"锦亿万年"石碑一方于渡口西岸。碑高1.6米、宽68米，迄今犹存。

（二）贞丰古驿道

古道分花江、百层古驿道两部分。

"花江古驿道"处北盘江中上游之花江段，与关岭县"普利古驿道"（一称"五尺道"）相接，为"南行经兴义出滇之道"[①]。道宽1.8米，以青石砌筑。始建于洪武十五年（1382年），清嘉庆六年（1801年）、光绪十九年（1893年）曾经两次维修。自贞丰城北90里之花江铁索桥至平街乡营盘垭口，全长32里。

图10 贞丰古驿道花江段

---

① （民国）《贵州通志·舆地志》卷4，第36页。

"百层古驿道"建于嘉庆二十四年（1819年），青石砌筑，宽1.8米，上起珉谷镇盘龙村白岩关，下迄百层镇毛安村北之白层渡，全长24里，残存12里，是清代由贞丰沿北盘江南下桂粤市马之新路。

"贞丰古道"花江沿岸驿路上分布有大量摩崖石刻、造像、岩画，此即有名的"花江摩崖石刻群"。

石刻群形成于清光绪二十六年（1900年）至1953年，多集中在安义镇总兵蒋宗汉与"同济公盐号"于光绪二十一年（1895年）筹资捐建的贞丰县第一批省级文物保护单位——花江铁索桥南端。南桥头共有摩崖、碑记36方，其中：摩崖29方、碑记7方[1]。内容以记述建桥始末、吟咏铁索桥周边风光、颂扬建桥功德居多。字体真、草、篆、隶、古宋、甲骨皆备，大者如"屹然大观"，每字1米见方，小者3厘米，镌工粗糙精细不等。距摩崖群200米处有石碑7口，碑记参与建桥单位名单，今已残破。北桥头亦立有《重修铁索桥碑记》石碑，镌刻于民国三十五年（1946年），杨森主政贵州之际。1986年修桥时，石碑被移作桥头踏步石，现仅存3块。

此外，南桥头尚有凿于光绪二十六年（1900年）的"蒋炳堂行乐图"摩崖石窟和"普陀真境"摩崖造像各一处，均在花江铁索桥西古驿道旁崖壁上。"蒋炳堂行乐图"摩崖石窟离地2米，龛高1.48米，宽1.16米，深1.03米。内塑蒋宗汉石像，高1.3米，宽0.93米，作正襟危坐状。龛额篆书阴刻"蒋炳堂行乐图"六字，每字0.03米见方。洞下崖壁刻"万缘桥"三字；"普陀真境"摩崖造像3尊，分别为观音、山神和龙王。观音离地1.2米，高1.2米，宽0.8米，作坐状；山神离地1.2米，高1.2米，宽0.8米，作站立状；龙王离地2.2米，高0.8米，宽0.4米，作站立状。其地原建有神祠，后毁。

在距铁索桥5000米处古驿道花江岩上，还有1米见方岩画一幅，描绘七匹负鞍马呈"二二三"队形西行之情状。马长5厘米、宽3厘米，均以黑线白描，技法古拙。其题材、技法与关岭"马马岩"岩画类似。岩画以写实手法再现了古驿道繁忙的运输场景。

---

[1] 贞丰县文物管理委员会：《贞丰县志·文物名胜志稿》，1986年10月油印本，第10页。

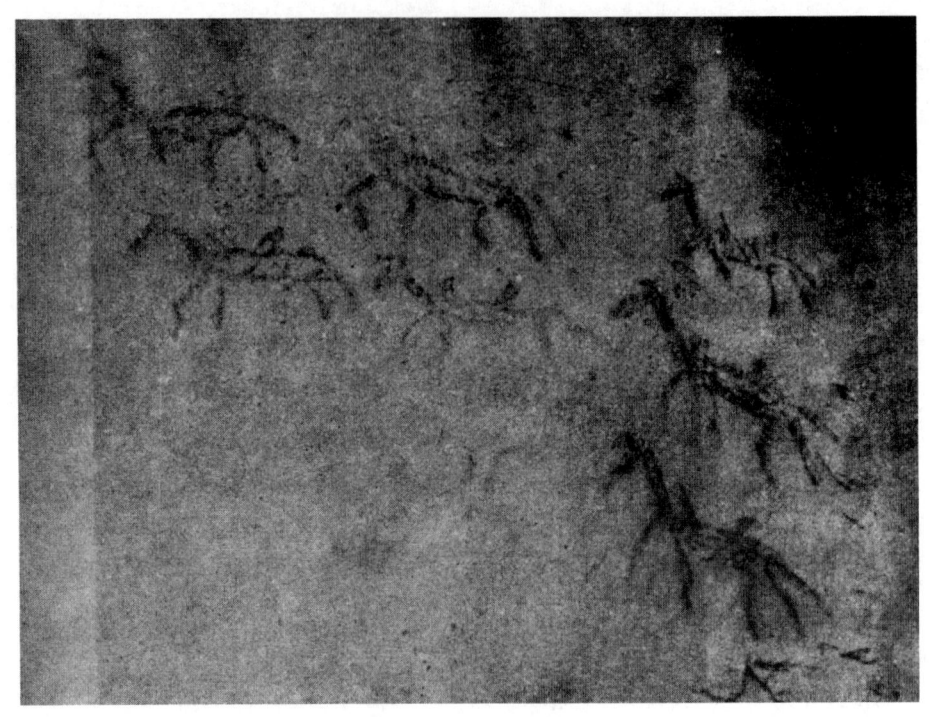

图 11 "七马图"岩画

（三）安谷古驿道

驿道以毛石铺墁，宽 2.5 米，东起晴隆县城南 50 公里的安谷乡，西出沙子岭与晴隆贡茶驿道旧路连接。残存于古驿道上的砖牌坊矗立在安谷村头，默默记忆着驿道昔日的繁华景象。

牌坊亦称"陈氏贞洁坊"，建于清道光六年（1826 年），为旌表当地一陈姓寡妇三十年来恪守贞节所建。

坊东西向，硬山式屋脊、吻塑鳌鱼翘尾，正脊瓜形宝顶，檐下以青砖砌筑，呈仿木斗拱形；四柱三楼三间，高 7.6 米、宽 6 米，束腰须弥座石底座。四柱以青砖骑缝垒砌于座上，柱前后有护耳；明间两柱，正面题楹联，左柱已毁，右柱屋脊以青砖砌筑，两排十字形镂空花纹交错排列。明间居中，以青砖作拱门，门面由下至上分六层。拱门上一层塑二龙戏水图、左右嵌牌；第三层镶嵌正方形石牌四块，每块一字，题刻行书"彤宫扬辉"；第六层以瓷碗叠砌图案排列五行，居中一排最大，中竖匾额一块。两次间砌墙，墙前横存石狮一尊。

安谷砖牌坊工艺精湛，在黔西南乃至全省现存牌坊中别具一格。

图 12　安谷砖牌坊

"茶马古道"黔西南段，保存了包括驿道、桥梁、寺院、牌坊、城墙、碉楼、烽燧遗址、碑刻、造像、岩画等丰富的物质文化遗产，弥补了地方文献记述之不足，是研究秦汉以来，尤其是宋元以降，明清时期乃至民国初期黔西南与周边地区社会生产、生活、经济发展不可多得的实物佐证。

浅析西南茶马古道对重庆及其流域内茶文化的传播及影响

刘青沺　罗承勇

（四川美术学院；重庆市国资委）

西南茶马古道是中国历史上一条重要的贸易通道，这条古老的贸易路线连接了中国西南部和西藏，促进了商品、文化和思想的交流。在运输的各种商品中，茶叶成为一种重要且有影响力的产品。这条古道在历史上不仅起到了贸易交流的作用，还对中国重庆及其流域内的茶文化传播和发展产生了深远的影响。

西南茶马古道起始于云南、四川等地，经过贵州、重庆，最终通往西藏沿边长江流域等地区。在西南茶马古道上，商人们徒步或用骡马运送茶叶、药材、马匹和其他商品，穿越崇山峻岭、翻越险要山口，跋涉千里，历时几个月甚至更长时间。西南茶马古道不仅是商品贸易的通道，也是边疆及内地的经济交流通道，也是文化交流的桥梁，促进了西南地区的茶文化的传播和发展。

茶叶是古代贸易中的重要商品之一，西南茶马古道的开辟使得茶叶贸易得到了进一步发展，也使得重庆的茶文化在历史的进程中得以交融传播。

有史料记载，巴渝自古以来，便是茶文化的发祥地之一。

巴渝是指我国春秋战国时期西南的巴国和今日的重庆地区。[1]据晋常璩所著《华阳国志·巴志》载："武王既克殷，以其宗姬封于巴，爵之以……古者远国虽大，爵不过子，故吴、楚及巴皆曰子。""其地东至鱼复（奉节），西至僰道（宜宾），北接汉中，南及黔涪。""土植五谷，牲具六畜。桑、蚕、麻、苎、鱼、盐、铜、铁、丹、漆、茶……皆纳贡之。其果实之珍者：树有荔枝，蔓有辛蒟，园有芳蒻，香茗。"这些文字是与我国茶叶使用和种植历史有关的最早也是唯一

---

[1] 参考范代忠、邓祖玲、王伟明编著：《巴渝茶叶纵横》，重庆出版社2009年版。

的史料。这也说明了重庆早在商末周初时便已经开始种茶，并将茶叶作为贡品产出，更是为之后的茶马互市提供了有利的支撑。

在漫漫历史长河中，许多文人墨客都曾留下对茶文化的记载。其中最著名的是唐代文学家陆羽的《茶经》。陆羽是茶文化的奠基人，他的《茶经》对茶叶的种植、采摘、制作和品饮方法进行了详细的论述，成为茶文化的重要经典之一。同时，陆羽《茶经》云：茶者，南方之嘉木也，一尺、二尺乃至数十尺。其巴山峡川，有两人合抱者，伐而掇之。说明在川东鄂西一带，在唐时已有两人合抱的大茶树，因此在中国古茶树的起源上，就有了主张川东和鄂西者应为古茶树原产地的说法。对西南茶马古道上的茶叶贸易和茶文化的传播起到了重要的推动作用。作为西南茶马古道重要地域之一，历史上不少名人与古时重庆的茶饮结下不解之缘。

公元 1099 年，黄庭坚第一次被贬至涪州（现重庆市彭水县）任别驾，到了彭水后潜心学习，巴蜀文人跟随他讲学的人数以千计，为彭水的文化事业做出了伟大贡献。黄庭坚一生酷好饮茶。他对黔州的都濡高枝情有独钟。他写了一篇煎茶赋，详细描述了巴蜀名茶分调制方法。他的诗词也多次提到都濡高枝（乌郁两江流域的野生大茶树）。与黄庭坚一样嗜茶如命的，还有大诗人白居易，一生写下了三千多首诗，为唐代诗人之冠，其中涉及茶叶的诗词有六十余首，占全唐诗的十分之一。元和十年，白居易因直言上书被当政者所恶，贬为江州司马。元和十三年（818 年）移忠州刺史。他未到忠州之前就知道忠州出好茶。忠州的多陵茶是当时的珍品之一，因汤色碧绿，令人望而生津，又名临江玉津茶。① 在他的影响下，对忠州的农业种植，特别是对果树和茶树种植起到了一定的推动作用。

除了重庆彭水和忠县的茗茶，南北朝时期的"巴东真香茗"和唐朝的"夔州香山茶"，之所以能名冠全国，成为我国最早的名茶之一，与古代名人在夔州的活动也有很大的关系。

陆游是南宋有名的爱国诗人，在孝宗乾道五年（1169 年）被召用为夔州通判，主管夔州学事，兼为劝农使，发布《夔州劝农文》，对发展奉节的香山贡茶起了很大的推动作用。陆游曾在《三峡歌并序》中写道："锦绣楼前看卖花，嘲香山下摘新茶。长安卿相多忧畏，老向夔州不用嗟。"大意说：在涪陵的锦绣楼

---

① 参考范代忠、邓祖玲、王伟明编著：《巴渝茶叶纵横》，重庆出版社 2009 年版。

前可以看卖花的，在麝香山下可以去摘新茶。长安城里的大官们的忧虑和恐惧太多了，只要多来几次夔州就不用叹息了。①

南宋诗人范成大曾吟《夔州竹枝歌》："白头老妪簪红花，黑头女娘三髻丫，背上儿眠上山去，采桑已闲当采茶。"② 他用巴渝地区流行的竹枝歌形式生动地描述了茶农采摘香山贡茶的生活气息。

夔州，即如今的重庆奉节，是中国最古老的茶区，也是西南茶马古道的必经之地，茶文化历史悠久，最早可上溯至周朝，曾以"巴蜀土贡"入朝。我国最早的地方志《华阳国志·巴志》记载："其地东自鱼复（奉节），西至僰道（宜宾），北接汉中，南及黔涪，土植五谷，牲具六畜。桑、蚕、麻、苎、鱼、盐、铜、铁、丹、漆、茶……皆纳贡之。"文中所说鱼复即为今奉节古城址，也是夔州"香山贡茶"的原产地。张揖《广雅》载："荆巴间采茶作饼。"这些记载说明，魏晋六朝时期，奉节已盛产茶叶，而且品质优异。唐陆羽《茶经·八之出》开列唐朝四十三州产茶，其中就有夔州，并将夔州划入山南茶区。据陈椽教授《茶业通史》考证，茶叶传播分两条路线，其中一条就是自泸州一直往东到夔州再顺江而下传播。这说明，在唐代奉节已成为茶叶生产传播中心。在北宋时，夔州茶叶实行"榷茶"，只规定"夔茶不许贩入潼州府路"，到宋绍兴十七年夔茶也实行"榷禁"。宋真宗时期，朝廷在夔州设立茶马交易场，并设有专门的骡马店，四川茶叶分四路，其中夔州路包括夔州、忠州、达州、涪州等地，这便说明夔州茶叶在四川茶叶生产中占有相当重要的地位。至明代时，奉节是茶叶贸易的重要口岸，由陕西巡茶御史管理，大多调运销往藏区。到了清代，奉节是四川 41 个产茶县之一。嘉庆年间，奉节茶叶种植面积 450 公顷，年产 125 吨。由此可见，历史上的夔州在茶产业里可谓是风生水起，来往互通的茶商给予了丰富的经验及商机。

西南茶马古道的存在不仅仅是商品贸易的通道，更是文化的交流和传播的桥梁。古道上，来自不同地区、不同背景的商人、旅行者和马帮等相互交流、交易。他们带着自己的文化和习俗，与当地人进行交流互换。这种多元文化的交融促进了茶文化与西南地区的各族群文化相互融合，形成了重庆地区独特的文化风貌。

---

① 参考范代忠、邓祖玲、王伟明编著：《巴渝茶叶纵横》，重庆出版社 2009 年版。
② 参考范代忠、邓祖玲、王伟明编著：《巴渝茶叶纵横》，重庆出版社 2009 年版。

穿梭于商旅往来间，面对艰险和困难，马帮和商人们往往需要互相帮助和合作。他们经过山川峻岭、风雪峡谷，穿越草地和河谷，以马代步，将茶叶从云南、贵州、重庆等地运往西藏地区，为西藏人民带去了生活必需的茶叶。这种互相帮助和合作的精神形成了茶马古道上特有的人情味和友善氛围。客商们在古道上互相交流、互相扶持，茶文化也因此强调了人与人之间的情感交流和互助精神。这对重庆长江流域的茶文化发展起到了至关重要的作用。

茶叶的传播和贸易活动带动了茶文化的传播与交流，西南茶马古道上的驿站和茶楼成了商旅休憩、交流的场所，茶香四溢、丝路商贾云集，西南茶马古道因此也成了文化交汇的重要场所。正是因为如此，重庆延续至今的江湖气息以及码头文化均少不了茶的韵味，也使得茶叶成了重庆及其周边地区人们日常生活中必不可少的一部分。

就拿无人不知、无人不晓的重庆火锅来说，热辣滚烫的火锅底料中必须添加茶的成分进去，不仅有降火清热的功效，还能增加火锅的香味，这也是西南地区的人们经常吃火锅却不上火的原因之一。除此之外，火锅桌上除了啤酒，那一定会有一壶茶，在重庆人眼里，这是一种习惯，也是一种礼节。

除了火锅，重庆到处可见的茶馆一代又一代人传承下来。

重庆区域是三江汇聚的水陆码头，很多区县都在江边，南来北往的客流较多。重庆也是饮茶文化的发源地之一。自古以来，饮茶之风盛行，大街小巷都遍布茶馆。据1947年3月《新民报》统计多达2659家。清末年间，仅云阳小河口一带，就有茶馆十多家。古夔州四门处均有不少茶馆。[1] 特别是沿长江的依斗门码头，茶馆林立，游人如织，当为小城独特风景。曾经大街小巷上满是吆喝声的茶楼，如今在高楼林立下尤显清幽。重庆人爱上了茶，欣赏有关茶文化里苦后必有回甘的深层次含义，这也形成了重庆人豪爽不拘一格的性情。

在中国的历史长河中，西南茶马古道扮演着重要的角色，它不仅是一条连接着中国和重庆及其流域内的茶文化之路，更是一条传递着历史、文化和贸易的重要纽带。西南茶马古道的存在和发展，为重庆及其周边地区的茶文化传播和影响带来了独特的机遇与挑战。

西南茶马古道的开辟和茶叶贸易的繁荣，为重庆及其流域内茶文化的发展提供了丰富的资源和机遇。作为茶叶贸易的重要通道，将不同地区的茶叶带到

---

[1] 参考范代忠、邓祖玲、王伟明编著：《巴渝茶叶纵横》，重庆出版社2009年版。

了重庆,丰富了当地茶文化的品种和特色。重庆及其周边地区的茶叶种植业得以迅速发展,各种茶叶品种纷纷争奇斗艳。其中,以永川秀芽、香山贡茶、巴南银针、龙缸白毫等为代表的重庆茶叶品牌,以其独特的风味和品质赢得了广泛的赞誉。

重庆地区的茶文化在西南茶马古道的影响下逐渐形成了独特的茶文化氛围。重庆在历史上商品或贩卖剑南、川滇、藏巴之地,而且处于西南通江口,长江上游的中心,历史上城门多、寺庙多、茶馆多,现在主城就有11万家茶楼,主要分布在江北、渝北、沙坪坝、渝中等主城九区,已经形成了独特的茶馆文化。并且具有江域魅力茶馆文化,已经成了重庆传统文化中最靓丽最重要的风景线,并形成了"吃饭无茶馆等于没吃"的现代时尚习俗。在重庆主城现已有规模较大的5个茶叶市场,茶叶贸易的兴盛带来了商旅往来,茶馆和茶楼成了茶叶交易和社交的重要场所。[①] 茶马古道上商旅的互助精神和茶文化的交流促进了当地人民的团结和友善,形成了独特的茶文化氛围。人们在品味茶叶的同时,也交流着茶文化的智慧和美学,共同欣赏茶文化的博大精深。

西南茶马古道不仅仅是茶叶贸易的通道,它还是文化交流和传播的桥梁。茶叶贸易带来了来自西南地区的商人和旅行者,他们将自己的文化和习俗带到重庆,同时也将重庆的文化传播到其他地方。这种文化的交流和融合促进了茶文化的多样性和丰富性。

在重庆的渝东南地区,土家族在婚嫁习俗中就有"喜茶钱"这一说。土家族青年结婚要闹房三天,在新婚第二天早晨,新娘要端着茶盘,由新郎引着向前来贺喜的亲友及长辈敬茶。此时,受茶的长辈要赠送"喜茶钱"。而在开县地区也保留着一些婚嫁习俗。男方在提亲时,女方父母会让待嫁女儿端茶敬客。在娶亲这一天,男方的迎亲队伍来到女方家时,女方家要请吃"茶叶蛋",结婚当晚,新郎新娘双方要互敬一杯茶,此为"交杯茶"。[②]

重庆及其流域内的茶文化是西南茶马古道的瑰宝,它将茶叶贸易、文化交流和艺术表达融为一体,形成了独具特色的茶文化传统。西南茶马古道的传播和影响让重庆茶文化焕发出独特的魅力,为茶文化的传承和发展注入了源源不断的活力。

---

① 参考范代忠、邓祖玲、王伟明编著:《巴渝茶叶纵横》,重庆出版社2009年版。
② 参考范代忠、邓祖玲、王伟明编著:《巴渝茶叶纵横》,重庆出版社2009年版。

西南茶马古道对重庆茶文化的传播与影响不仅仅体现在茶叶贸易和茶文化的传承上，更在于其对人们生活方式和思维方式的影响。茶文化强调内省、平和、共享的生活态度，追求人与自然的和谐共生。西南茶马古道的交流与茶文化的传播，使重庆及其流域内的人们逐渐领悟到茶文化的智慧，感悟到生活的真谛。茶文化的影响超越了茶叶本身，它渗透到人们的日常生活中，影响着人们的思维方式、行为习惯和社会关系，推动着社会的进步和发展。

西南茶马古道对于重庆茶文化的传播和影响不仅仅体现在贸易和文化交流上，还体现在茶文化的艺术和礼仪方面。在西南茶马古道沿线的各个茶楼和茶馆，茶艺师们展示了精湛的茶艺技巧，将茶叶的魅力发挥到极致。茶艺表演和茶道礼仪成为西南茶马古道上一道独特的风景线，吸引了许多游客和茶文化爱好者。茶道的精髓和独特的礼仪也得以在重庆流域内传承和发展，成为当地茶文化的重要组成部分。

历史的经验沿着长江流传下来，融合了五湖四海的文化与智慧，重庆的茶艺有其独特的风貌。重庆知名茶叶品牌永川秀芽在茶艺上形成了自己的风格。此为永川秀芽茶艺表演的解说词：

  摆盏净杯喜迎客（备具）。
  虚竹二枝配秀芽（插竹）。
  窈宪佳人初相识（赏茶）。
  沸泉未出先洁具（洁具）。
  泉入龙潭候佳人（注水）。
  秀芽融泉化仙汤（投茶）。
  一汪春水汇碧潭（倾茶）。
  纤纤秀芽展风姿。
  茶韵春色均分享（分茶）。
  奉上香茗与君赏（奉茶）。
  茶仓归一谢宾客，愿君长忆秀芽情（收具）。[1]

西南茶马古道对于重庆及其流域内茶文化的传播和影响是一段绵延千年的

---

[1] 参考范代忠、邓祖玲、王伟明编著：《巴渝茶叶纵横》，重庆出版社2009年版。

故事。从茶叶贸易的兴盛到文化交流的融合，从茶艺的展示到茶道的礼仪，西南茶马古道以其独特的历史价值和文化魅力，将重庆茶文化带入了更广阔的世界。茶文化在重庆及其流域内得到了传承和创新，茶叶产业蓬勃发展，茶道艺术精湛独特，茶文化成为人们生活中不可或缺的一部分。

茶文化旅游的兴起和茶产业的发展为当地经济注入了新的动力和活力，同时也需要加强对茶文化的保护和传承。保护和传承茶文化需要加强茶叶种植技术的研发和传承、茶艺师资培养、茶叶品质的提升等方面的努力。同时，茶文化的传播还需要注重创新与传统的结合，注重文化的内涵和精神的传递，以适应时代的需求和人们的审美追求。在新时代，茶文化进一步展现了它的魅力和价值。随着全球化的进程和文化交流的加深，茶文化也在更广泛的范围内传播开来。重庆作为西南茶马古道的重要组成部分，也吸引了越来越多的国际友人前来感受和探索。

西南茶马古道对于重庆的影响是多方面的，不仅体现在经济和商业层面，还涉及文化、艺术和社会交流等多个领域。它为重庆茶文化注入了新的活力和内涵，丰富了人们的生活和精神追求。

作为茶文化历史源头的中心之一，重庆有责任和使命推动茶文化的传播和创新。茶文化的传播不仅仅是向外传递，也需要向内发展。通过举办茶文化活动、建设茶文化交流平台、推广优质茶叶品牌，可以将重庆茶文化推向更广泛的舞台，让更多人了解和喜爱茶文化。同时，还可以加强茶文化的教育和传承，将茶文化融入学校教育和社区文化建设，培养更多茶文化的传承者和爱好者。如今的重庆，正以蓬勃之力向前发展，我们应该提升茶叶的品质和竞争力，推动本地茶产业的发展，使重庆的茶叶走向世界，展示茶文化的魅力。

古人言"茶为涤烦，饮者怡神"，在传承和推动茶文化的发展中，我们可以汲取历史智慧和经验。在西南茶马古道的历史长河中，重庆作为茶文化的重要节点承载着丰富的历史记忆和文化情怀。西南茶马古道的传播与茶文化的融合，让重庆成为茶文化的发源地和繁荣之地。茶文化通过重庆及其流域内的西南茶马古道与周边地区进行交流和互动，不仅丰富了当地茶叶的品种和特色，更传承了茶道的精髓和茶文化的智慧。

总而言之，西南茶马古道对重庆及其流域内茶文化的影响是一段历史传奇，也是一段文化传承。西南茶马古道的存在与茶文化的传播相互依存、相互促进，共同构建了一个独特而美好的茶文化世界。重庆通过西南茶马古道的交流与融合，吸收了多元的文化元素，形成了独特而丰富的茶文化特色。茶文化的传播与西南茶马古道的发展不仅丰富了重庆茶叶的品种和特色，也影响了人们的生活方式、思维方式和社会关系。茶文化在重庆及其流域内的传播与影响既是历史的见证，也是当代社会的现实。

从印刷术看明代茶书的刊行与传播

陆晗昱

（武汉大学）

流传至今的明代茶书数量相对较多、内容丰富，据学者们考证，有50余种[1]。然而，明代历史上茶书著作云蒸霞蔚，可谓成一时之潮流，流传至今的只是其中的一小部分。根据万国鼎[2]、布目潮渢[3]、阮浩耕[4]、丁以寿[5]、张如安[6]、郑培凯、朱自振[7]、郭孟良[8]、方健[9]、蔡定益[10]等学者对明代茶书成书年代的考证，在传世的54种明代茶书中，50种产生于嘉靖、万历年间[11]，占传世明代茶书总量的

---

[1] 胡山源《古今茶事》收明代茶书12种（上海书店1985年版）；万国鼎《茶书总目提要》收明代茶书55种（载《农业遗产研究集刊》[第二辑]，中华书局1958年版，第205—239页）；陈祖槼、朱自振《中国茶叶历史资料选辑》收明代茶书32种（农业出版社1981年版）；布目潮渢《中国茶书全集》收明代茶书共20种（汲古书院1987年版）；阮浩耕等《中国古代茶叶全书》收录明代茶书33种（浙江摄影出版社1999年版）；郑培凯、朱自振《中国历代茶书汇编校注本》收明代茶书54种（商务印书馆2014年版），朱自振、沈冬梅、增勤编著《中国古代茶书集成》与前者相同（上海文化出版社2010年版）；章传政《明代茶书科技、贸易、文化研究》统计明代茶书79种（南京农业大学2007年博士学位论文）。本文采用朱自振等《中国古代茶书集成》、亦即郑培凯等《中国历代茶书汇编校注本》所收明代茶书种数。

[2] 万国鼎：《茶书总目提要》，载《农业遗产研究集刊》（第二辑），中华书局1958年版，第205—239页。

[3] 布目潮渢：《中国茶书全集》，汲古书院1987年版。

[4] 阮浩耕等点校：《中国古代茶叶全书》，浙江摄影出版社1999年版。

[5] 丁以寿：《明代五种茶书成书年代补正》，《农业考古》2007年第5期；丁以寿：《周庆叔〈岕茶别论〉成书年代考》，《农业考古》2008年第2期；丁以寿：《明代几种茶书成书年代再补》，《农业考古》2009年第5期等。

[6] 张如安：《〈明代五种茶书成书年代补正〉商兑》，《农业考古》2009年第2期。

[7] 郑培凯、朱自振主编：《中国历代茶书汇编校注本》，商务印书馆2014年版。朱自振、沈冬梅、增勤编著：《中国古代茶书集成》，上海文化出版社2010年版。

[8] 郭孟良：《晚明茶书的出版传播考察》，《浙江树人大学学报》2011年第1期。

[9] 方健：《中国茶书全集校证》，中州古籍出版社2015年版。

[10] 蔡定益：《香茗流芳——明代茶书研究》，中国社会科学出版社2017年版。

[11] 本文所称明代晚期指嘉靖至崇祯时期。

93%，可见这一时期是茶书创作与编纂颇为繁荣的阶段。同时，这一时期也是中国古代印刷术最为发达的历史阶段。茶书创作的潮流与印刷技术发展、书籍刊刻鼎盛之间是否存在某种内在关联呢？关于这个问题，布目潮渢在《许次纾的〈茶疏〉——明代杭州的茶书》中探讨了许次纾《茶疏》等明代著名茶书的特点，以及明代茶书对茶文化的传播情况[①]；章传政《明代茶书科技、贸易、文化研究》[②]《略论明清茶书的研究》[③]《明清的茶书及其历史价值》[④]等撰著，分析了明后期、清前期茶书和茶学迅猛发展的原因和条件，以及明清茶书在茶树繁殖、茶园管理、制茶技术、品茶、品水、茶具、茶馆等方面理论发展的历史价值；郭孟良《晚明茶书的出版传播考察》着眼晚明茶书的编撰体式、茶书作者、出版者、出版地域和读者群体等方面，考察分析了晚明茶书的编撰与出版情况[⑤]；蔡定益《香茗流芳——明代茶书研究》论及明代社会需求与出版印刷的发展对茶书创作的促动[⑥]；邓爱红[⑦]、王河[⑧]等学者对熊明遇《罗岕茶疏》、卢之颐《茗谱》等明代茶书个体文本的刊刻等相关问题做了考证和探讨；王河还辑考部分散佚的明代茶书[⑨]，对明代茶学著作进行了述评[⑩]，等等。在前贤探讨、研究的基础上，就中国古代印刷术的发展、图书刊刻能力的提升与明代茶书撰著间的交互关系作进一步研究，将有利于厘清明代茶书刊刻与传播的特点，深入挖掘和阐释明代茶文化的发展状况。

一、明代印刷术的进步与书籍刊刻的发展

（一）明代以前书籍刊刻的发展

在中国古代出版历史上，雕版印刷和册页装时代是继简策和卷轴装时代、

---

① 布目潮渢：《许次纾的〈茶疏〉——明代杭州的茶书》，载王家扬主编：《茶的历史与文化：'90 杭州国际茶文化研讨会论文选集》，浙江摄影出版社 1991 年版，第 171—177 页。
② 章传政：《明代茶书科技、贸易、文化研究》，南京农业大学博士学位论文，2007 年。
③ 章传政等：《略论明清茶书的研究》，《茶业通报》2006 年第 4 期。
④ 章传政等：《明清的茶书及其历史价值》，《古今农业》2006 年第 3 期。
⑤ 郭孟良：《晚明茶书的出版传播考察》，《浙江树人大学学报》2011 年第 1 期。
⑥ 蔡定益：《香茗流芳——明代茶书研究》，中国社会科学出版社 2017 年版，第 67 页。
⑦ 邓爱红：《试论明代熊明遇的〈罗岕茶疏〉》，《农业考古》2009 年第 2 期。
⑧ 王河：《明代卢之颐和他的〈茗谱〉》，《农业考古》2009 年第 2 期。
⑨ 王河、王晓丹：《明代部分散佚茶书辑考与题录》，《农业考古》2008 年第 2 期。
⑩ 王河：《明代茶学著作述评》，《农业考古》2002 年第 4 期。

帛书时代、纸写本时代之后的第四个里程碑。雕版印刷的书籍刊刻牵涉技术工艺甚为广泛，包括造纸、笔制作、制墨、雕版、反阳文刻印章、印染、拓印等技术和字体发展等诸多工艺。其中最为关键的技术就是雕版印刷术，这项技术水平的进步是推动图书生产、制作与阅读——即文明信息交流方式变革的最重要因素；其技术条件的成熟推动了书籍刊刻事业的大发展和大变革。

隋唐时代交通广为开拓，书业中心遍布长安、洛阳、敦煌、成都、扬州、绍兴等交通中心城市，扬州、绍兴等地书市一度成为文人、藏书爱好者的云集之地，图书制作已开始从抄写时代向雕版印刷时代过渡。但从当时购书交换物的不唯一：以钱购书、以酒换书、以茶叶换书，可看出书籍在当时乃稀缺之物。图书的印刷出版无法满足著者渴望发表、立说和读者希望购书的需求。

宋代庆历年间，活字和印刷机掀起了一场出版革命。毕昇的泥活字逐渐演进为木活字、铜活字、锡活字等材质的活字，印刷材料、制字方法、油墨和印刷机等印刷条件都有了较大改进；汴梁、临安、建阳、成都等地成为书业中心。国子监、崇文馆、秘书监、印经院等官方刻书单位和民间坊刻云集，主要刻制经书、医书、农书、诗集等。随着雕版印刷技术的普及，宋元时期的图书阅读发展至成熟时期，不仅官方举办皇帝和高级官员集体读书的经筵，从中央到地方还增加了许多学校和书院，图书数量与读者群体都大为增加。

元代活字印刷持续发展，有学者考证"最早的锡活字不会晚于元初"[①]，北方的平阳和南方的建安为元代最兴盛的商业性印书中心，仅建安一地即有48家书肆刊行书籍。元代印制的书籍门类选题更加多样，这样的趋向使书籍创作主题和阅读受众都向细分化发展。

活字印刷虽发明于宋庆历年间，但直到明代中期才普及，这与中国古代的发明创造从发明到普及一般历经300—500年周期大致吻合。有明一代，印刷水平逐步发展，图书刊刻、出版和阅读风尚日渐盛行。明代中前期民间社会中流通的图书并不足以满足普通读者的阅读需求，如明初开国文臣宋濂在《送东阳马生序》中道："余幼时即嗜学。家贫，无从致书以观，每假借于藏书之家，手自笔录，计日以还。……今诸生学于太学，……坐大厦之下而诵诗书，无奔走之劳矣。"[②]可见明初时贫苦百姓仍购书不易，读书人以抄书为主，当时的最

[①] 曹之：《中国印刷术的起源》，武汉大学出版社1994年版，第481页。
[②] 宋濂：《送东阳马生序》，载徐中玉主编：《中国古典文学精品普及读本·元明清诗词文》，广东人民出版社2019年版，第403页。

高学府国子学的藏书却是颇为丰富的。到了印刷技术有了较大发展的晚明时期，很多书籍也仍然以钞本的形式传世，如高元濬所作《茶乘》即被学者推断"编定在前，刻印较迟"，即编成后一段时期内以"少量钞本传世"[①]，后续才刊刻传播。

（二）明代印刷术的进步与书籍刊刻的盛行

明代嘉靖、万历两朝，铜活字、锡活字等活字印刷技术更为成熟，新的印刷技术得到了更广泛的运用，图书出版行业出现了一个发展高峰：刻书总量占其余15朝的70%以上[②]，印制技术、印书题材和艺术性等方面超越前代。当时江南成为全国的重要刊刻中心，江南无锡、毗陵等地使用金属活字印刷技术较为成熟，书业中心在建阳（今福建南平）、苏州、金陵（今江苏南京）、杭州、北京等地；公元1500年以来，浙江湖州和安徽歙县也成为印书业重要中心，这些地区文化底蕴浓厚，书坊荟萃。各出版中心的铜活字出版家云集，优势集聚，印书已蔚然成风，刊刻技术也经历了精益求精的发展过程。陆深《金台纪闻》中谈道："近日毗陵人用铜铅为活字，视板印尤巧便，而布置间讹谬尤易。"[③]毗陵指今江苏常州，当时用金属活字印刷，技术已较为成熟，但也有容易出现刊刻错误的弊端。出版家们改进技术、解决刊刻错误，提升印刷水平。如无锡华理、华燧、华坚、华镜一家四代发展活字印刷，技术传承不衰且不断创新改造。徽州新安（今皖南歙县、休宁、绩溪、黟县、祁门、屯溪以及江西婺源的古称）黄氏刻工28世以前的280位刻工都生活在明代，刻坊规模较大，刻书众多，持续发展刻印技术。各地刻印世家世代传承、持续而深入地实践并改造刻印技术，造就了晚明时期图书刊刻行业的兴盛发展。

与此同时，明代图书发行家、藏书点都围绕刊刻中心发展起来。见于史料笔记的明代图书发行家多为江南地区人士，如杭州人黄徽、龙游人童佩、歙县人郑作、息县人程诰等。书院藏书的地点主要为今江西庐山的白鹿洞书院、今江苏常熟的虞山书院和共和书院等；私人藏书家多分布于今江苏、江西、浙江、福建等地，仅常熟这一藏书重镇就有明代藏书家近20人[④]。此外分布于各地的明

---

① 朱自振、沈冬梅、增勤编著：《中国古代茶书集成》，上海文化出版社2010年版，第270页。
② 郭孟良：《明代中原民间出版简论》，《中国出版》2010年第6期。
③ 陆深：《金台纪闻》，载王云五主编：《丛书集成初编》，商务印书馆1936年版，第7页。
④ 曹之：《中国古代图书史》，武汉大学出版社2015年版，第305页。

代藩王常以皇帝所赐之书为底本刻印图书，并尚好藏书、著书，据学者统计藩王室名（含堂名、楼名、书院名）共82个[①]，现知藩王中不下43府从事写作，并曾开雕书籍，所印行的书可以考证的约500种[②]。

（三）明代社会的阅读风尚

书籍刊刻数量的增加带动了明代印书题材的拓展，除传统经、史、子、集和释道等内容外，明代刊刻的书籍还囊括杂剧、通俗小说、工艺技术、音乐和域外科学等题材，覆盖民众精神生活的方方面面，为明代图书受众的阅读奠定了物质基础，也为阅读需求与图书撰著、刊刻之间的互动性发展提供了条件。

明代官方重视图书阅读，中央经筵活动一如宋元之旧；当时的学制系统也较为完善，有中央政府管辖的宗学、国子学（国子监）、太学和地方政府管辖的各类地方儒学学校，以及中央和地方分别管辖的武学、医学、阴阳学等各类专科学校。图书数量的增多和教育体系的健全使明代阅读人数达到了中国古代社会的顶峰。杨维桢、宋濂、王世贞、李贽、焦竑、胡应麟等著名人物是明代图书阅读的代表者，他们大力提倡通俗文学、志趣小品文等书籍，引领了相关书籍创作和阅读的时代风尚。明代晚期，不断革新的印刷技术推动下的文明信息交互已蔓延至社会各个层面，撰著者、阅读者和刊刻者之间呈现出前所未有的交流与互动频度、广度和深度，彼此激发和影响，使中国古代文化在信息传播的变革中增强了反思与总结。基于阅读受众的广泛喜爱，杂剧、小说等通俗文学体裁的书籍创作数量急剧增长，文学水平高，可读性强，展现出繁盛的发展面貌；茶书、商书等实用性书籍也呈现出了集聚性骤增的发展态势。

二、明代茶书蔚兴的社会基础

印刷技术提升、书籍刊刻发展和书业中心在茶文化较为发达的江南地区的集中分布等条件，为茶书在明代晚期出现创作高峰奠定了物质基础。茶文化的发展则为茶书的撰著提供了社会基础和精神养分。茶叶自被食用以来，愈来愈

---

① 曹之：《中国古代图书史》，武汉大学出版社2015年版，第352页。
② 郭孟良：《明代中原藩府刻书考论》，《学习论坛》2008年第6期。

融入中国古代社会生活，至明代时期，制茶技艺、饮茶方式、茶具艺术等各方面都已有深厚积淀并有所突破，茶叶在社会生活中担当了饮食、礼俗媒介、性灵生活载体等多元社会角色。在这种情况下，总结与升发时代茶文化已成为一种精神需要，并牵引着社会阅读倾向，促动了明代中后期江南地区茶书的蔚然勃兴。

（一）明代社会生活的茶事活动

唐宋时期，茶叶被制为茶饼，名茶、好茶多为贡品，居于贵族名士"琴棋书画诗酒茶"高雅风尚之列；普通民众则较少饮用到茶之上品、名品，这在一定程度上限制了民众对茶文化的探索和志趣。发展到明代，制茶技术从蒸青为主发展为炒青为主，茶叶也更多地被制为散茶，明太祖罢贡团茶饼、推行散茶后，更极大地推动了优质茶叶品种的培育、生产和销售，使散茶既为贡品，又售卖于民间。名茶、好茶遂入了寻常百姓家，列入百姓"茶饭酒浆酱醋"的日常生活之中。吕坤在《四礼翼·职业》中归纳了明代社会女子学习的各项家务："帝王生女尚弄之瓦，则纺织女功，第一要务也，八岁学作小履，十岁以上即令纺绵、饲蚕、缫丝。十二以上习茶饭酒浆酱醋，十四以上学衣裳、织布、染蘸。凡门内之事无所不精。"[①]他将治理茶事活动列为明代女子需掌握的门内"要务"，既说明茶事是明代社会的重要家庭活动，又说明普通民众参与茶事活动的普遍情形。在此基础上，明代社会饮茶活动还朝礼乐化、精致化方向发展，时人将茶叶视为承载交往情谊的风雅之物，品饮时讲求茶叶品质、冲泡技术和品饮体验，许多明代儒士都精于茶事，因茶而聚。如黄龙德言道："若夫明兴，骚人词客，贤士大夫，莫不以此（茶）相为玄赏。"[②]即言文人骚客、士大夫间以茶互赠相交往。茶人名士还常常构建收藏茶叶、烹制茶叶、款待茶友的茶屋、茶寮，用以独饮悟道或聚会品茶。如贝琼所言："凡茶之产于名山，若吴之阳羡，越之日铸，闽之武夷者，收而贮之屋中，客至辄汲泉烹以奉。"[③]高元濬亦道："小斋之外，别构一寮，两椽萧疏，取明爽高燥而已。中置茶炉，傍列茶器。"[④]这类茶

---

① 吕坤：《四礼翼》，陕西学务公所石印，1907年版，第12页。
② 朱自振、沈冬梅、增勤编著：《中国古代茶书集成》，上海文化出版社2010年版，第415页。
③ 贝琼：《清江贝先生文集》，上海涵芬楼借乌程许氏藏明初刊本《四部丛刊集部》景印1967年版，第6页。
④ 朱自振、沈冬梅、增勤编著：《中国古代茶书集成》，上海文化出版社2010年版，第297页。

屋、茶寮往往成为茶人名士们习授、论道、创作的空间。

明代时期，茶之物、茶之道成为社会物质生活和精神生活的重要组成部分，还体现在茶在民间吉凶礼俗的媒介功能上。首先，茶与婚聘之礼关系紧密。《二刻拍案惊奇》中道："你姑夫在时，已许了人家。姻缘不偶，未过门就断了。而今还是个没吃茶的女儿。"[①] 文中"吃茶"又称"受茶"，指"女子受聘"，因"茶不移本，植必子生"[②]。以茶树种植下子、移植不生的植物属性喻指女子接受婚聘即不再受旁人之聘之意，喻指吃茶即女子许配人家。是以"未订婚"，称"没吃茶"。许次纾考曰："古人结婚，必以茶为礼，取其不移植子之意也。今人犹名其礼曰下茶。南中夷人定亲，必不可无，但有多寡。"[③] 可见，茶礼是订婚中的必需品，还发展为聘礼的雅称。除了婚俗，明代社会诸多吉事都有送茶的习俗，如走亲访友、搬迁新居等，都以茶为交往媒介。其次，中国古代凶事礼俗活动也离不开茶。在中国古代丧葬事务中，茶是祭奠死者的礼敬之物，如通俗小说中道："我也在爷娘坟上烧钱裂纸、浇茶奠酒，泪珠儿至今不曾干。"[④] 可见在死者坟前浇茶祭奠是民间的祭祀习俗，民众往往以茶享祀祖先魂灵。

明代社会还十分重视茶的医药价值，许多医书都将茶列于其中，如《秘传眼科龙木论》中多处记载"以茶服药"，如"每服一丸，多用荆芥点茶腊，细嚼下"[⑤]。可见把茶当作一种药引。明代时，茶馆还是市民生活的公共空间，市民阶层逐渐发展起在茶馆饮茶的休闲习惯，街巷上有着茶食店、茶社、名茶发客等招牌，市民在饮茶的同时沟通信息，追逐生活的丰富性和满足感。明代文人间、茶爱好者间、僧侣间等群体还举办"会苶"等饮茶议事的集体性茶事活动。如此一来，茶与明代民众生活紧密相连，普通民众学习茶事规范、茶叶品鉴、茶器赏玩、制茶工艺、茶业知识等茶文化知识的热情和需求不断提升，涵蕴了总结和探讨上述事项的茶书的民间阅读市场。

（二）遍布江南的嘉茶名泉

明代时期，散茶的普及推动了名品优品茶叶的培育和生产，各地名茶辈

---

① 凌濛初：《二刻拍案惊奇》，章培恒整理，王古鲁注释，上海古籍出版社1983年版，第57页。
② 朱自振、沈冬梅、增勤编著：《中国古代茶书集成》，上海文化出版社2010年版，第263页。
③ 朱自振、沈冬梅、增勤编著：《中国古代茶书集成》，上海文化出版社2010年版，第263页。
④ 抱瓮老人：《今古奇观》，北方文艺出版社2016年版，第113页。
⑤ 葆光道人：《秘传眼科龙木论》，人民卫生出版社1958年版，第69页。

出。长江流域及以南地区多地产茶，名茶品有蒙顶茶、北苑茶、武夷茶，虎丘茶、罗岕茶、天池茶、顾渚茶、松罗茶、龙井茶、阳羡茶、雁荡茶、灵山茶、大盘茶、金华茶、日铸茶、朱溪茶、空青茶、云雾茶、天目茶、径山茶、昌化茶、茗山茶、后山茶、宝云茶、香林茶、白云茶、安乐山茶、径山茶、货有茶、白云茶、松萝茶，等等。许多名茶都有着悠久的历史，如北苑茶在宋代始享有盛名，人称御茶；湖州顾渚茶，唐代时即为贡焙，后因金沙泉枯竭，"寥寂三百载"[1]，元初金沙泉复治，遂恢复顾渚茶贡焙，并在湖州、常州等处设置茶园都提举司，领贡焙之纲，"采摘茶芽，以贡内府"[2]；毗陵阳羡茶、浙东日铸茶和范殿帅茶等都为贡茶，湖州府长兴县岕茶在明代也备受推崇，明末清初，专论岕茶的茶书就有熊明遇《罗茶记》、冯可宾《茶笺》、周高起《洞山岕茶系》、冒襄《茶汇钞》以及亡佚的周庆叔《茶别论》等至少5种著作[3]。

品茶必先试水，江南名泉好水分布密集，是茶人试茶品茗的聚集点。如"白乳泉，在摄山栖霞寺千佛岭下。……石壁上刻隶书六大字曰：白乳泉试茶亭"[4]。再如"钟山一勺泉、嘉善寺梅花水、永宁庵雨花泉，水中之清品，地僻不可常致"[5]。即言煮茗泡茶之水的品第。此外，南直隶瓜州中泠泉、扬州大明寺井、江都蜀井、盱眙玻璃泉、南通乳泉、靖江长安井、仪征慧日泉、阳湖高氏父子泉、无锡陆子泉、宜兴珍珠泉和於潜泉、长洲茶坡泉、元和石井泉、浙江钱塘参寥泉、嘉善幽澜泉、镇海玉泉、杭州六一泉、涌泉、莲花泉、烹茗井、昌化神泉、平湖玉泉池、海宁赤壁泉、白水泉、灵泉井、武康毛公醴泉井、上虞葛仙翁井泉、石门潭、嘉定松岩潭、瑞安珠权池、江夏除夕泉[6]等泉水、井水都是历史上留下名来的著名水源。

明代文人雅士尚好品茶尝水，如《茶疏》作者许次纾有"嗜茶之癖，每茶期，必命驾造余（吴兴姚绍宪）斋头，汲金沙、玉窦二泉，细啜而探讨品骘

---

[1] 牟巘：《吴信之茶提举序》，载曾枣庄、刘琳主编：《全宋文》（第355册），上海辞书出版社2006年版，第260页。
[2] 宋濂、王祎等：《元史》，中华书局1976年版，第2206页。
[3] 朱自振、沈冬梅、增勤编著：《中国古代茶书集成》，上海文化出版社2010年版，第317页。
[4] 马光祖、周应合纂修：《重刊景定建康志》，载吴觉农：《中国地方志茶叶历史资料选辑》，农业出版社1990年版，第20页。
[5] 《金陵琐志》，载吴觉农：《中国地方志茶叶历史资料选辑》，农业出版社1990年版，第21页。
[6] 举例之水，为吴觉农《中国地方志茶叶历史资料选辑》中所辑苏、浙、皖、闽、鄂、湘、川等地方志中记述的各地名泉、名井、名水（吴觉农：《中国地方志茶叶历史资料选辑》，农业出版社1990年版）。

之"①。许次纾每年皆"不远百里",从杭州赴吴兴茶期,汲泉品骘顾渚茶,足见茶人对佳茶名水的执着及对茶叶品饮体验的不懈追求。这说明当时的茶文化精神内涵十分丰富,引领了茶人的价值观念。这种推崇点泡茶叶、品饮茶汤的品质与体验的精神追求依托江南地区辈出的名茶、遍布的名泉得以升发,相应的,名茶名泉从客观上推动了明代茶人对茶文化的深入体悟、阐发和探讨。以传世明代茶书的 50 位作者为例,统计茶书作者的籍贯分布,其中"南直隶(今江苏、安徽)18—21 人次,浙江 12—15 人次,江西 6 人次,福建 4 人次,四川 2 人次,湖广(今湖北、湖南)1 人次,山东 1 人次,北直隶(今河北)1 人次"②,可见大部分茶书作者们集中地分布于今江苏、安徽和浙江一带,而这些地方正是名茶、名泉广为分布的地域。

(三) 明代茶人集团的发展

中国古代社会中,民众自行结合的一些民间团体,通常称为结社,类似今日之社团。其间同道沟通志趣、交往游历、递相授受,这种社会现象在晚明尤为活跃,特别是在商品经济较为发达、名士燕集的江南地区更是频繁。结社交往的风格不尽相同,有的宴酗剧饮,有的崇尚清疏雅淡。以文学、雅趣为主要性质的结社有很多以茶为媒,行道义之交,无论自适风流的仕宦抑或文采卓然的布衣彼此诗文唱和赠答,抒发性灵和对世道人心的体悟,他们深通茶艺,清谈把卷、汲泉煮茗,在茶寮、泉水间共商雅事,追求饮茶性灵生活,以此安顿浮生心灵,升华生活内涵和休闲品质,提升才艺茶趣。文人间经常以茶为媒介相赠往来,共同品鉴彼此诗文、书画和茶事,这中间嗜茶、著茶书的茶艺名家不断涌现,推动了时代生活文化浪潮。明代也有诸文人以酒为媒结社吟诗作文,或酒韵之觥筹与品茗之清雅共存的结社景象,不过到了晚明时期,则更多以茶结社,他们多叙茶话,以茶之清、韵、疏、阔浸润和涤荡心胸,践行性灵理念。

茶人们在地域上比较集中地分布在江南六府,"而以苏州一府为冠冕",其与常州、松江、嘉兴、湖州、杭州等府往来,走茶运水,闽越、湖广茶人集团则"稍显散漫而不延续"③。各地结社茶人开展茶会,举办夏日松下茶会、惠山

---

① 朱自振、沈冬梅、增勤编著:《中国古代茶书集成》,上海文化出版社 2010 年版,第 258 页。
② 据蔡定益对明代茶书作者籍贯的统计(蔡定益:《香茗流芳——明代茶书研究》,中国社会科学出版社 2017 年版,第 59 页)。
③ 吴智和:《明代的茶人集团》,《传统文化与现代化》1993 年第 6 期。

茶会等，清谈中品诗文茗茶；或在各自的茶寮接待同好，秘谈授受，探研茶事，习诵著录，等等。因而，"明代众多茶书的作者，都是著名于世的典型茶人"[①]，他们为彼此创作的茶书述评，多记录于茶书卷前。如万邦宁所辑《茗史》卷前，留有点茶僧圆后、仑海董大晟、社弟李德述、全天骏、友弟蔡起白、社弟李桐封等诸位茶友、社友的评述题辞[②]，呈现了茶社品茶、谈茶的研习景象。茶社涵育了茶人集团，推动了茶人间的沟通交流，激发了茶人总结和发展茶文化。

三、书籍刊刻的盛行与明代茶书的勃兴

印刷技术的提升奠定了茶书刊刻与传播的物质基础，明代茶文化的长足发展又为茶书撰著提供了充足的精神养分，故而在茶叶多元化参与社会礼乐生活，明代社会追求"性灵"观念等多方面条件的促动下，茶书撰著在明代晚期呈现出勃兴的局面。在茶书撰著的过程中，书籍刊刻出版还与茶书体例、茶书内容、茶书的传播及阅读接受等方面产生了深层次的文化互动。

（一）促进茶书的撰著

首先，明代许多藏书家或刊刻家皆为嗜茶之人，他们与茶书作者相交游、与茶人结社，刊刻茶人撰著。许次纾著《茶疏》并将之托于结社好友许世奇付梓，后者面对许氏九泉之下的托付，"因授剞劂以谢然明"，并提及许次纾所撰"《小品室》《荡栉斋》集，友人若贞父诸君方谋锓之"[③]。可知，许世奇应为《茶疏》刊刻者，他还与刊刻行业友人谋划出版许氏其他作品。两位许氏曾为结社之友，共游饮茶，志趣相投，故许世奇践行茶书著者许次纾所托刊刻出版之事。再如，"漳南七子"之张燮、"后四子"之黄以升和进士王志道、陈正学、章载道等名士、刻书家，皆品题于高元濬所辑《茶乘》卷前，认为《茶乘》"使人涤尽尘土肠胃"[④]。高氏与诸文人名士、刊刻家交游，以茶会友，品题彼此茶书撰

---

① 吴智和：《明代茶人集团的社会组织——以茶会类型为例》，《明史研究》（第3辑），黄山书社1993年，第119页。
② 朱自振、沈冬梅、增勤编著：《中国古代茶书集成》，上海文化出版社2010年版，第431—432页。
③ 朱自振、沈冬梅、增勤编著：《中国古代茶书集成》，上海文化出版社2010年版，第258页。
④ 朱自振、沈冬梅、增勤编著：《中国古代茶书集成》，上海文化出版社2010年版，第270页。

作，以之为脱俗乐事。

不少茶书作者自身就是刊刻家，他们或自行撰著，或付梓刊刻友人撰著的茶书，并与之互相品题。如连缀诸茶书序言可知，编纂《蔡端明别纪·茶癖》和《茗谭》作者徐𤊹、《茶疏》作者许次纾、《茶笺》作者闻龙、《茗笈》作者屠本畯、《茶解》作者罗廪和编刊《茶书》作者喻政皆相友善，互为品题与序言，并为彼此付梓刊刻。又如在罗廪《茶解》叙中，屠本畯即道"予友闻隐鳞，性通茶灵，早有季疵之癖，晚悟禅机，……持此示之，隐鳞印可"①。可见闻龙不仅自己撰著茶书《茶笺》，而且刻印了罗廪所著的茶书《茶解》。大量的刊刻家与茶人在茶书撰著过程中的互动往来说明，一方面，刊刻家与茶书作者们往往品味相投，情谊甚笃，愿为友人付梓；另一方面，刊刻家们对阅读市场的风向通常有着敏锐的意识，对潜在市场阅读需求有一定的信息来源渠道和共享意识②，他们与茶书作者等文人间有密切的联系，通过各种方式搜集迎合阅读市场需求的稿源，出版茶书射利。

其次，部分藏书家亲自纂辑和刊刻茶书。很多藏书家既是品茶、嗜茶之人，又是刊刻坊主，他们以志趣或射利为动因，参与或亲自纂辑茶书并刊刻出版。如明代长洲（今江苏苏州）藏书家顾元庆，择已流行于市的茶书善本刊刻，删校重梓《茶谱》。又如万历期间知名的文士兼贾胡文焕也编撰出版了很多茶书，他在《茶集》序中道："余既梓《茶经》《茶谱》《茶具图赞》诸书，兹复于啜茶之余，凡古今名士之记、赋、歌、诗有涉于茶者，拔其尤而集之，印命名曰《茶集》。"③胡氏认为茶是"至清至美物"，自道"味茶成癖"，采集名茶，且"藉茶为药石"，其纂辑茶诗文、出版茶书，既有射利市场之动因，亦体现了志趣情怀。再如撰著《茗谭》、纂《蔡端明别纪·茶癖》的徐𤊹，辑《茶董》的夏树芳，撰《茶谱》的曹学佺等都既为藏书家、刻书家又是著名茶人。刻书家、藏书家参与茶书撰著和刊刻，不断总结茶事活动的体悟和经验，推动了茶书的撰写和传播。

---

① 朱自振、沈冬梅、增勤编著：《中国古代茶书集成》，上海文化出版社2010年版，第320页。
② 清康熙七年苏州城北利三图汪家坟建设有崇德书院，为苏州书业同行会合集议之所，此为有记载的中国最早的书业同行集团，明代时期，特别是晚明书籍刊刻发达的江南地区，应已有此类书业同行汇聚集议的雏形制度和场所。
③ 朱自振、沈冬梅、增勤编著：《中国古代茶书集成》，上海文化出版社2010年版，第249页。

（二）革新茶书的体例

首先，明代大量出现的茶书革新了重刻《茶经》和纂辑类茶书的传统体例。如明代嘉靖壬寅年间（1542年），青阳人柯双华刻印了陆羽的《茶经》，该版本被称为柯刻竟陵本《茶经》，分为2册。第1册为《茶经》正文，分为上、中、下三卷；第2册分《茶经本传》《茶经外集》《茶经序》和《后序》，内容上包含《新唐书·陆羽传》、童承叙《陆羽赞》、僧真清所辑《水辨》《茶经外集》、陈师道《茶经序》、皮日休《茶中杂咏序》、童内方与梦野《论茶经书》、吴旦《后识》和汪可立《茶经后序》等文①，主要为《茶经》之后的学者、文人、校对诸人对陆羽、《茶经》的杂咏和诗文唱作作品。如《茶经外集》是明代僧人真清辑录②、最早附刻于嘉靖壬寅柯刻本陆羽《茶经》之后的诗集，内容是唐、宋、明各朝代与陆羽和《茶经》有关的诗文作品的合集。这种以传、序和诗文唱咏合在一起构成另册、附于正文之后的做法，在此之前的传世茶书中少见，如左圭《百川学海》本等均没有在《茶经》后另附其他文献。③ 而《茶经》后连缀诗文的体例自此一开，明代后期再重刻的《茶经》和部分纂辑类的茶书撰著便基本依此体例。

其次，开创文献汇编类茶书的体例。如屠本畯所著《茗笈》是疏解《茶经》之作，他采取分门别类辑录，正文、传注和作者个人评赞依次排列的体例，即"本陆羽之文为经，采诸家之说为传，又自为评赞以美之"④。屠氏阐释道："大都以《茶经》为经，自《茶谱》迄《茶笈》列为传，人各为政，不相沿袭。彼创一义，而此释之，甲送一难，而乙驳之，奇奇正正，靡所不有。……是非予夺，豁心胸而快志意，间有所评。"⑤ 屠氏将《茶经》按采制之宜、收藏之法、饮啜之方、鉴别品第等类别分列章节，汇集诸家解释《茶经》的相关内容，对《茶经》逐条释义，间杂作者评赞之语，这种茶书可谓是集解《茶经》之作。此后，纂辑类的茶书多依此例编纂。

---

① 朱自振、沈冬梅、增勤编著：《中国古代茶书集成》，上海文化出版社2010年版，第193页。
② 阮浩耕等点校：《中国古代茶叶全书》认为嘉靖壬寅本《茶经外集》为吴旦所辑；然据朱自振、沈冬梅、增勤编著：《中国古代茶书集成》所录明人鲁彭《刻茶经叙》、吴旦《茶经跋》二文可知，该本为明代僧人真清所辑，本文采用该观点（朱自振、沈冬梅、增勤编著：《中国古代茶书集成》，上海文化出版社2010年版，第191—193页）。
③ 朱自振、沈冬梅、增勤编著：《中国古代茶书集成》，上海文化出版社2010年版，第223页。
④ 朱自振、沈冬梅、增勤编著：《中国古代茶书集成》，上海文化出版社2010年版，第333页。
⑤ 朱自振、沈冬梅、增勤编著：《中国古代茶书集成》，上海文化出版社2010年版，第333页。

（三）丰富茶书的内容

明代晚期，茶书刊刻的数量逐渐增多，推动了茶文化信息的交流更为便捷和频仍。民众探讨茶叶品鉴、烹试方法等茶技艺与茶文化诸事的风气日盛。爱茶之人往往著文嘱意，与茶人同道相辩、相生。如田艺蘅《煮泉小品》除品评唐宋诸人品茶鉴水的言论与作法外，还与当世之人相探讨："近云间徐伯臣氏作《水品》，茶复略矣。"[①] 田氏批评徐献忠《水品》的得失，专论煮泉择水的重要性与做法，丰富了关于煮茶之水品的理论。又如张谦德谈及对茶书的综合考辨而撰《茶经》时道："今世不尔，故烹试之法，不能尽与时合。乃于暇日，折衷诸书，附益新意，勒成三篇。"[②] 张氏认为因制茶、茶叶品饮风尚的发展，此前茶书所记述的烹茶之法，不能与当世行茶之法完全相合，所以他综合诸茶书的观点并阐发己意，加深对烹制茶叶之法的探讨。还有的茶书作者不断整理茶书文献，择精而集之，形成茶书文献类的集成之作。如罗廪撰《茶解》曰："予得《茶经》《茶谱》《茶疏》《泉品》等书，今于《茶解》而合璧之。"[③] 晚明时期，茶书刊刻数量的增加鼓舞了茶人抒发和讨论茶叶品鉴事项的热情，推动了茶文化的兴发与总结，使得制茶、烹茶、品茶、用水等茶事活动的理论内容愈来愈丰富。

此外，明代茶书内涵的外延不断扩大，茶书类别和形式更加细分，出现了专论茶器、地域性茶叶等内容的专著。如周高起撰著《阳羡茗壶系》为第一本专门系统考述自紫砂壶杰出制壶大师供春之后，宜兴陶土、陶艺发展情况的茶书；又如前面所提到的专论罗岕茶的诸茶书，等等。

（四）利于茶书的传存

首先，茶书刊刻的兴起对茶书的流传发展有较大的影响。如同类茶书被反复整理和多次刊刻，时间更为晚近的版本就有替代早先刊刻版本和内容相近茶书的可能，这种图书替代流传的现象在书籍传播历史上是较为常见的。明代印刷版刻技术变革性的提升、图书刊刻制造能力的增强和图书贸易的繁荣使这一过程节奏加快，使茶书在明代晚期阶段即不断更新迭代。如明代长洲人钱椿年，人称"友兰翁"，曾汇辑《茶谱》一书。后来，赵之履为该书作了续编《茶谱续

[①] 朱自振、沈冬梅、增勤编著：《中国古代茶书集成》，上海文化出版社2010年版，第198页。
[②] 朱自振、沈冬梅、增勤编著：《中国古代茶书集成》，上海文化出版社2010年版，第254页。
[③] 朱自振、沈冬梅、增勤编著：《中国古代茶书集成》，上海文化出版社2010年版，第320页。

后》，谈及《茶谱》为"一时好事之传，为当世之所共赏者……"①可见，在钱氏《茶谱》成书的嘉靖前后②时期，该书是社会上广受欢迎的茶书。然而，后来的藏书家顾元庆"见友兰翁所集《茶谱》"，认为其"收采古今篇什太繁，甚失谱意"。于是删校之，并"重梓于大石山房"③。万历之后，世所流行的"《茶谱》"则皆为顾氏的删校版《茶谱》，钱氏《茶谱》和赵氏之《续后》已慢慢失传，而仅存名目于钱谦益《绛云楼书目》等个别书目中。同样情况的茶书还有不少，如孙大绶《茶经外集》一出，此前僧人真清所辑《茶经外集》则渐渐淡出，二者名同实异，却常为混同。不过，并非所有同名后出者皆能代替前者，只有更便宜阅读、更广泛流传等满足图书印制、销售等多方面条件的茶书，才会发生替代。

其次，茶书刊刻的兴起有利于茶书的传存。有的刊刻者纂辑茶书，务在搜求珍本，使多部茶书得以流传。如喻政辑《茶集》《茶书》，于是多部茶书赖之流传至今；再如程百二为明万历时刻书家，其刻印《品茶要录补》中收入此前未被前人注意的宋代黄儒《品茶要录》珍本，其《程氏丛刻》中还收入反映明代茶叶种植、制造和品赏实际情况的黄德龙《茶说》，使二书得以传存。不过总的来说，明代茶书数量非常大，传世者是少数，更多的茶书因无法刊刻或刊刻后流传不广等多方面复杂原因未传存于世。

（五）涵育与回应茶书的阅读需求

茶书刊刻的兴起培养了茶书阅读受众的增加，后者也反作用、影响着茶书的撰著和刊刻。明代中期以后，王阳明"心学"和阳明禅思想对明代中晚期图书阅读有重要的引导作用。主张简朴、自然、休闲、优雅的茶事活动是性灵生活的外在体现，撰著及阅读茶书是集通俗性和悟禅悟道的性灵追求于一体的，契合了中晚明文人儒士的心理共识，所以与之相对应的茶文化发展为晚明性灵观念的组成部分，饮茶和茶事生活成为一时之风气。故而，茶书在明代有着广泛的阅读受众，儒士、文人常常将茶书置放案头，"日奉斯编，用为指南"④。这番广泛的传播及与阅读受众深入的思想交流推进和影响着茶书的撰著与刊刻。

---

① 朱自振、沈冬梅、增勤编著：《中国古代茶书集成》，上海文化出版社2010年版，第189页。
② 朱自振、沈冬梅、增勤编著：《中国古代茶书集成》，上海文化出版社2010年版，第185页。
③ 朱自振、沈冬梅、增勤编著：《中国古代茶书集成》，上海文化出版社2010年版，第186页。
④ 朱自振、沈冬梅、增勤编著：《中国古代茶书集成》，上海文化出版社2010年版，第368页。

如孙大绶曾辑关于《茶经》的诗文，附于其所梓陆羽《茶经》之后，本不独立成书；然而这部分内容为当时阅读受众所普遍喜爱，竟逐渐从《茶经》附录中析出，以独立茶书《茶谱外籍》传示于世了。

此外藏书家的搜购也推动了茶书的撰著和刊刻。明代官方、书院、寺观和私人藏书的数量规模都超过以往朝代，特别是江浙一带，私人藏书家济济、藏书楼林立。如宋濂记述吴郡著名医者倪维德，"性尤嗜聚书，预置金于书市，有新刻者辄购入之，积至五千余卷，构重屋以藏"[①]。倪氏为明代前期著名医学家，并非以藏书名世，他平时却预备好钱财放置在书市，只要有新刻的书就购买，足可见其藏书的热情和实力。晚明藏书家数量剧增，他们搜求的图书题材广泛，《澹生堂书目》《八千卷楼书目》《红雨楼书目》等传世书目即收集了相当数目的茶书[②]，故而，明代藏书事业的发展在一定程度上刺激了茶书的撰著和刊行。

（六）推动茶文化的发展

明代茶书的撰著、刊行、传存和传播对中华茶文化的发展有着诸多方面的推动作用。

其一，继承和发展了唐宋以来积淀的茶文化理论。唐、宋、元时期风雅人士常常品鉴茶事，对于采茶、制茶、品茗等多方面茶事都有着丰富的观点和感悟。如宋末元初时牟巘记载："信之尝为公言茶之香味、性情，地之阴阳、向背，与其采摘之宜、先后之际，曲尽物理，得所未闻。"[③] 说的是元初茶提举吴信擅长品鉴茶，了解茶种植和制造等茶事内容。虽然唐、宋、元时期流传下来的茶书数量相对较少，但诸朝代的茶人对种茶、采茶、制茶、茶之性状、品质，甚至是精神层面对茶的悟思都已有所关照，对多个层面和维度的茶事活动展开了文化诠释，茶文化审美观点趋于成熟，还产生了大量茶叶诗文。明代茶书有多种前代茶书及茶文化相关内容的纂辑，内容上主要继承、总结和升发前代品鉴茶叶的论述，时而辨正之；同时拓展对茶事实践活动的记述，总结和梳理茶

[①] 宋濂：《宋学士文集》，浙江古籍出版社2014年版，第1527页。

[②] 明代祁承爜《澹生堂读书记 澹生堂藏书目》下《子部一·小说家·闲适》记载了该楼所藏茶书，包括茶书全集18种30卷和单行的16种茶书（与全集有重复情况）。见祁承爜撰，郑诚整理，吴格审定：《澹生堂读书记 澹生堂藏书目》下《子部一·小说家·闲适》，上海古籍出版社2015年版，第475—476页。

[③] 牟巘：《吴信之茶提举序》，载曾枣庄、刘琳主编：《全宋文》（第355册），上海辞书出版社2006年版，第260页。

文化理论，创新茶书体例，使茶叶品鉴的审美观点走向成熟并演化出具有时代特色的蕴旨。此外，明代茶书还呈现了茶叶种植、制作和品鉴文化的发展和转变，如明代早期朱权的《茶谱》中记述茶灶、茶磨、茶碾、茶罗等唐宋以来末茶法茶艺的器具[①]，而明中晚期茶书中已少见或不见这些器具，体现了明代末茶法茶艺式微，而散茶法愈渐替代之的发展状况。

其二，明代茶书关涉茶文化的内容十分广泛。诸茶书评判茶品，探讨煎茶择水、择薪、择果、择器，陈述养水、洗茶、候汤、涤器、熁盏等茶事步骤，从茶品、艺茶、采茶、藏（贮）茶到煎茶、点茶、尝茶，再到茶候（宜）、茶侣、茶器等各个方面都有深入论述。于择水、茶器、地域性茶叶等方面产生了不少前所未有的专门论著，如僧清真所辑《水辨》、徐献忠《水品》、田艺蘅撰《煮泉小品》、周高起《阳羡茗壶系》《洞山岕茶系》等；还言及茶效，即茶之药用价值和养生功效。明代茶书广泛的茶文化内容系统地呈现了中国古代茶文化内涵丰厚的发展面貌，同时有助于茶叶种植、生产、贮存等方面优良方法与经验的推广。

其三，明代茶书蕴含了茶叶品鉴的时代性审美观点。佛教本土化、庄老化的产物——禅宗发展至宋元时期已越来越大众化、泛普化，明代佛学入于儒士间，王阳明集之大成，继而阳明禅泛滥[②]。"物我两忘的精神境界和随缘任运的生活态度，严重地浸渍了知识阶层"[③]，向本心寻净土的禅学智慧也发展为当时普适化的文化理念，明儒追寻着生命的诗意光辉和与自然圆融自洽的生活格调。在这样的时代精神背景下，茶以其真、清雅与禅家之随顺自然、物我两忘精神相吻相合，"茶性之真，不无为之穿凿矣"[④]，被明人视为"谏友"[⑤]。明代人认为"茶类隐"[⑥]，将品茗、研习茶事与独善、无欲、归隐、明心见性等禅意紧密相连起来。如茶书中反对过往一些使茶失其真香、真味的做法："微以龙脑和膏，欲助其香，反失其真。……点杂枣、橘、葱、姜，夺其真味者尤甚。……因命湘君设司检束，而前之所忌乱真味者，不敢窥其门矣。"[⑦]可见茶人主张还原茶之清雅口味，求真尚雅。再如，"过于文，则水性柔，柔则水为茶降；过于武，则火性

[①] 朱自振、沈冬梅、增勤编著：《中国古代茶书集成》，上海文化出版社2010年版，第183页。
[②] 麻天祥：《中国禅宗思想发展史》，湖南教育出版社1997年版，第336页。
[③] 麻天祥：《反观人生的玄览之路：近现代中国佛学研究》，贵州人民出版社1994年版，第6页。
[④] 朱自振、沈冬梅、增勤编著：《中国古代茶书集成》，上海文化出版社2010年版，第415页。
[⑤] 朱自振、沈冬梅、增勤编著：《中国古代茶书集成》，上海文化出版社2010年版，第270页。
[⑥] 朱自振、沈冬梅、增勤编著：《中国古代茶书集成》，上海文化出版社2010年版，第347页。
[⑦] 朱自振、沈冬梅、增勤编著：《中国古代茶书集成》，上海文化出版社2010年版，第188页。

烈，烈则茶为水制。皆不足于中和，非茶家要旨也"[1]。此番关于水之柔、烈程度的火候控制观点蕴含着对中和、中正精神的追求。再如顾大典评价《茶录》撰著者张源曰："汲泉煮茗，以自愉快"，然"无间寒暑，历三十年，疲精殚思，不究茶之指归不已"[2]，可谓道尽明人饮茶、事茶、研茶的生活面貌。明代茶人讲究茶之"优劣定乎始锅，清浊系乎末火"[3]，贮藏茶则"将花笋箬及纸数重扎坛口，上以火煨砖冷定压之，置茶育中"[4]。这些对火候、步骤近乎苛刻、烦冗的讲求，字里行间渗透着生活雅趣和明人观物、用物、论物不厌精细[5]的特点，体现了明人对礼乐生活艺术化、审美化的追求，展现了当时民众对茶与人之间和谐共生关系的深入体悟和志趣取向。特别于晚明时期，茶文化似一股清流，贯穿于物欲横流、纸醉金迷的社会流俗间，以择茶、择水、择侣、择器等诸观点倡导自我清修、自我升华，体悟物我相忘的境界。

其四，明代传世的许多茶书都短小精悍，为爱茶之人品饮实践的经验性总结之作，其行文大多韵律和谐、用语典雅，且多体现思辨意识，许多茶书即为明代文学小品文中的佳品，因此而提升了茶文化的典雅格调。

四、结语

总而言之，有明一代，茶在社会生活中具有基本饮食物资、礼俗文化与结社活动媒介及承载性灵观念、礼乐文化追求的多元化功能。唐宋以来茶事品鉴文化趋向成熟，因而明代江南地区尤为显现的印刷术技术的发展、图书刊刻能力的大幅度提升、嘉木名泉的集约化分布、茶人集团的密切交游促动了茶书的创作勃兴；茶书刊刻增进了明代茶书的撰著，推动了茶书体例的创新、茶书内容的丰富、茶书的传存以及茶文化的发展，促使明代茶书呈现出时代茶文化的特色与多样面貌。

（原载《汕头大学学报（人文社会科学版）》2023 年第 4 期）

---

[1] 朱自振、沈冬梅、增勤编著：《中国古代茶书集成》，上海文化出版社 2010 年版，第 246 页。
[2] 朱自振、沈冬梅、增勤编著：《中国古代茶书集成》，上海文化出版社 2010 年版，第 245 页。
[3] 朱自振、沈冬梅、增勤编著：《中国古代茶书集成》，上海文化出版社 2010 年版，第 246 页。
[4] 朱自振、沈冬梅、增勤编著：《中国古代茶书集成》，上海文化出版社 2010 年版，第 246 页。
[5] 毛文芳：《物·性别·观看：明末清初文化书写新探》，台湾学生书局 2001 年版，第 27 页。

西南茶马古道文化遗产地理信息系统的设计与构建

彭 蛟

（武汉大学）

一、研究现状

近年来不断完善的地理信息系统（GIS）技术具有强大的数据存储、集成分析、图形制作与空间研究能力，国内外基于地理信息系统的研究不断增多，主要涉及数据库建设、空间分析、三维可视化等多个方面。具体到文化遗产领域，则以文献、文物、考古信息的数字化，文化资源管理以及相关空间分析研究为主。各类平台不断涌现，综合性、地域性平台有中国历史地理信息系统（CHGIS）、台湾历史文化地图系统（THCTS）、中国历史文化地图（CCTS）、北京 HGIS、上海历史人文地理信息系统等。专题性平台如华夏家谱 GIS、殷周青铜器地理信息系统、中国历代人物传记数据库、中国人口地理信息系统、长城军事聚落 HGIS、中国历史方言 GIS 等。GIS 与人文社会学科的融合正在走向深入，而基于 GIS 的相关研究更是层出不穷，如考古学领域就涉及文明形成之初的人地关系、遗址环境特征、聚落层级与分布、社会复杂化等一系列重要课题。[1]

空间属性是线性文化遗产区别于其他类型文化遗产的主要特征，线性文化遗产也成为地理信息系统应用的重要领域。国外较早有学者关注这一点，如 Bell 等利用 1994—1998 年对意大利 Abruzzo 地区 Sangro 峡谷的调查资料，基于 GIS

---

[1] 见刘建国：《GIS 支持的聚落考古研究》，中国地质大学（北京）2007 年博士学位论文；滕铭予：《GIS 支持下的赤峰地区环境考古研究》，科学出版社 2009 年版；张海：《Arc View 地理信息系统在中原地区聚落考古研究中的应用》，《华夏考古》2004 年第 1 期；乔玉：《伊洛地区裴李岗至二里头文化时期复杂社会的演变——地理信息系统基础上的人口和农业可耕地分析》，《考古学报》2010 年第 4 期等。

技术重建了古代聚落点间的交流路线，颇有新意。[①]Wernke对南部秘鲁Andean山高地前西班牙晚期和殖民时代早期聚落进行了空间网络分析，模拟了步行交通模式。[②]国内较有代表性的案例包括京杭运河分析与监测，丝绸之路历史地理信息平台。[③]尤其是丝绸之路历史地理信息开放平台（SRHGIS）的建设，"针对丝绸之路沿线的环境、民族、经济、交通、文化等要素进行空间定位，利用空间数据库资源实现多学科、多角度解读丝绸之路空间走廊的发生与发展史"[④]。丝绸之路平台7个子课题分别为丝路沿线土地利用、生态环境、交通商贸、民族宗教、聚落城市、文化传播和考古遗址。整合数据包括文献、考古、地图、遥感以及树木年轮、实验室数据等各种类型，形成综合各历史时期的生态、环境、交通、商贸、民族、宗教、聚落、城市、文化、考古遗址信息的开放平台。

西南茶马古道相关领域也有一些探索，如近代西南边疆游记数据库、蜀道历史地理信息系统。近代西南边疆游记数据库分文献目录数据库、游记资料数据库和历史地图数据库三个子数据库[⑤]；蜀道历史地理信息系统则分为蜀道自然资源模块、蜀道历史文化资源模块、蜀道研究成果资源模块[⑥]，茶马古道文化遗产保护角度也有运用GIS技术的相关尝试[⑦]。

二、系统构建意义

茶与瓷、丝一样是中国对世界物质文明的重要贡献，茶改变了人们的生活

[①] Bell, T., Wilson, A., Wickham, A., Tracking the Samnites: Landscape and Communications Routes in the Sangro Valley, Italy, *American Journal of Archaeology*, 2002, 106(2): 169-186.

[②] Wernke, Steven A., Spatial Network Analysis of a Terminal Prehispanic and Early Colonial Settlement in Highland Peru, *Journal of Archaeological Science*, 2012, 39(39): 1111-1122.

[③] 见毛锋、周文生、黄健熙：《空间信息技术在京杭大运河文化遗产保护中的应用》，科学出版社2011年版；张萍：《丝绸之路历史地理信息平台：设计、理念与应用》，《云南大学学报（社会科学版）》2017年第4期。

[④] 张萍：《丝绸之路历史地理信息系统建设的构想及其价值与意义》，《陕西师范大学学报（哲学社会科学版）》2016年第1期。

[⑤] 霍仁龙、姚勇：《基于地理信息系统的历史数据库建设——以近代西南边疆游记数据库为例》，《西南民族大学学报（人文社科版）》2018年第12期。

[⑥] 李小燕、邢海虹、邵华等：《蜀道历史地理信息系统研究价值及构建模式》，《陕西理工大学学报（社会科学版）》2018年第6期。

[⑦] 冯子木：《川藏"茶马古道"文化线路遗产保护框架与GIS技术应用研究》，重庆大学2016年硕士学位论文。

方式，提升了人们的生活品质，也在不同历史时期深刻影响了世界经济和文化格局。由茶而产生并串联起来的历史和文化遗产，打破山河的屏障、族群的壁垒，成为人类与自然共同造就的杰出文化遗产。西南茶马古道作为沿线各民族长时段的伟大创造，具有很高的学术研究、历史文化和社会经济价值。茶马古道北接丝绸之路，南通海上丝绸之路，长江上游四川、云南、青海等地是其重要区域，也是长江流域与西藏、南亚、东南亚等地文化交流的重要通道。建立西南茶马古道文化遗产历史地理信息系统具有以下几个方面突出意义。

一是资料整理的迫切需要。一方面，茶马古道相关资料类型丰富、覆盖面广、数量庞大，从唐宋茶马古道发展兴盛至20世纪前半叶漫长的历史阶段，留下了各种语言的文献资料、各种类型的考古发现、各种形式物质非物质的遗存。需要借助综合性的信息系统归纳整理和呈现。另一方面，茶马古道相关区域自然生态和文化生态极为脆弱，整体处于欠发达水平，随着经济社会快速发展，大量的相关遗存迅速消失，急需进行抢救性资料整理。

二是科学研究的迫切需要。茶马古道本身就是时间与空间的结合，某种程度上可以说时空特性是其本质特性。而面对如此巨大的时间跨度、广阔的空间范围以及庞杂的资料体系，要科学而深入的研究，必然需要借助历史地理信息系统的整合、分析功能。完整的遗产地理信息系统将整合各类资料，为相关研究提供清晰的空间参考，实现精准量化的空间分析并进行直观的时空展示，也能让研究视角深入茶马古道内部；系统将帮助茶马古道相关研究更好地实现研究方法的六个结合，即定量研究和定性研究结合、科学技术方法和经验知识结合、宏观研究和微观研究结合、文献与田野调查资料结合、借鉴理论与结合实际结合，文字描述与图表展示结合。

三是文化遗产保护与传承的迫切需要。当前的茶马古道文化遗产保护面临着诸多问题，如相关基础工作相对薄弱，遗产资源家底不清，对文化遗产内涵的认识、对保护对象和范围的认知等方面均存在较大差异，保护水平有待提高，国内外联动机制不健全等。如何在推进经济社会发展的背景下对茶马古道文化遗产进行全面考察研究，并提出明确的保护措施，构建科学有效的茶马古道文化遗产保护体系，已成为一项重要而紧迫的工作。而借助茶马古道文化遗产地理信息系统将对相关的物质非物质遗产进行系统梳理，对各类历史文化信息进行汇聚关联，将为文化遗产保护体系构建、遗产价值阐释与传播奠定坚实的基础。

三、系统数据库设计构想

茶马古道文化遗产地理信息系统空间数据属性主要通过空间数据库的方式进行存储、关联、共享发布，因此数据库是系统的核心内容，而从内容和需求多方面分析，该系统又应该有自身的独特性。

（一）时空框架是基础

西南茶马古道分布地域广阔，涉及区域地质地貌多样、自然条件复杂，这本身也是茶马古道形成的背景，也是具有重要的文化内涵。古道及相关文化遗产的时空线性分布则是该项遗产集合体的核心特征。因此，建立完整的时空框架，梳理路网体系是基础。

一方面，系统将以长江流域四川、云南、青海三省和西藏自治区为主要区域（辐射周边省市以及印度、缅甸等周边国家），基于 GIS 平台建立系统时空框架。具体包括区域内历史时期和现行省、市、县各级行政区划、各级治所信息，现代各级交通路网等信息。另一方面，基于 DEM（数字地面模型）地形框架[1]，融入河流水系、地质地貌等自然要素，相对完整和宏观地呈现该区域整体环境特点，也为相关文化遗产研究提供环境和历史背景。

实现文化遗产、历史信息与现代地理空间链接的关键是历史地图，因此要对该区域大量历史地图进行梳理，随着近代西南地区考察的兴起，西南地区产生了大量历史地图，如民族史学家任乃强所言，"余所收藏康藏地图，精粗巨细共凡 1000 余种"[2]，要对部分重要历史地图进行矢量化，并吸纳 CHGIS 等平台的已有成果，建立历史地理信息数据库。

在以上时空地理环境基础上，综合文献记载和已有研究成果，再对各时期相关古道线路进行数字化，考证相关重要节点，包括唐蕃古道、川藏道、川青道、滇藏官道、安南通天竺道、南诏（银生）三海道、广西买马道、滇川道、川陕道、五尺道、滇缅道、滇越道、滇桂道、迤东线、迤西线、迤南线等相关线路，建立古道线路数据库。

---

[1] DEM 数据选择 GDEMV2 数字高程数据，该数据产品基于"先进星载热发射和反辐射计（ASTER）"数据计算生成，是目前唯一一覆盖全球地表的高程影像数据，其 V2 版则采用了一种先进的算法对 V1 版影像进行了改进，提高了数据的空间分辨率精度和高程精度。

[2] 任乃强：《康藏标准地图提要》，载《任乃强藏学文集》，中国藏学出版社 2009 年版，第 455 页。

（二）遗产数据是核心

系统的重要目的是整理汇总古道遗产相关空间和属性信息，为遗产价值认识、遗产保护提供支撑。因此，遗产数据是系统的核心。目前，在国内存在多个遗产保护体系并存的情况，包括世界文化遗产保护体系、文保单位保护体系、非物质文化遗产保护体系以及历史文化名城、街区、名镇、名村体系。西南茶马古道是集自然与文化、物质与非物质遗产于一体的复合型文化遗产。其范围内包含以上多种保护体系，集合了从点到线再到面的多个层次。该系统具有包容性，遗产数据应包括各类遗产信息，通过系统整合，将串联区域、整合资源、再现历史上经济文化交流、促进地区生态文明发展。

系统梳理茶马古道文化遗产资源，完善遗产要素认定标准和分类框架，可

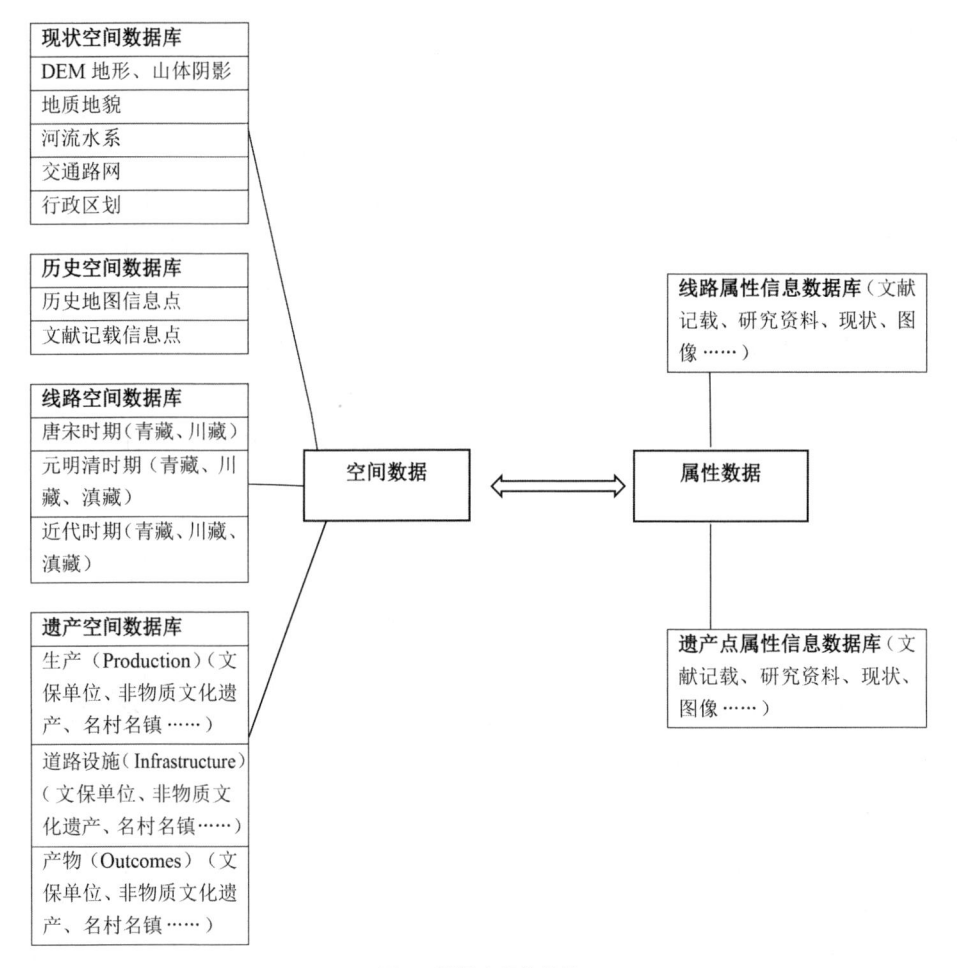

图 1　数据库架构设计

以基于历史文化要素、民族文化要素、宗教文化要素以及功能性要素等角度，对古茶园（树）、古茶号、老茶厂、古城镇、驿站和集市、古道路、古桥梁、古寺院、古遗址、水井、摩崖石刻等各类物质遗存和相关非物质遗产进行辨识和空间定位、数字化，整合遗产点本体信息以及调查和研究资料。而基于文化线路本身的特点，系统可按生产（Production）、道路设施（Infrastructure）、产物（Outcomes）的总体框架进行分类。

（三）历史文献是支撑

真实性、完整性是文化遗产的基本要求。茶马古道概念的提出乃至相关研究还缺乏坚实的历史文献资料支撑，也直接影响到相关遗产要素构成的认识、遗产价值的认定。古道相关文献资料丰富，包括史书、政书、类书、实录、志书、诗文、笔记、档案等传世文献，宗教文献、契约文书和族谱等民间文献，以及出土文献与考古资料。以近代考察游记为例，近代以来，随着边疆危机和战争局势的变化，西南地区成为焦点，大量中外人士游历西南，开展了大量的研究考察。据统计，自19世纪40年代中期至1951年间，到过康区活动的外国人就达到687人，分别来自24个国家[1]。大量的游记资料反映了近代西南边疆的社会、经济、文化、民族等各种信息，是多个学科西南研究的重要学术资源。

系统将借鉴西南茶马古道相关文献整理的成果，搜集和汇总遗产点相关的各类文献资料，以遗产点、遗产组群等为单位，进行相关文献的挖掘、整理、考证。为遗产构成的判定、遗产相互关系的梳理、遗产价值的认定提供坚实的支撑。

四、系统功能设计构想与难点

系统预计将承担资料整理、科学研究、文化遗产保护与传承等多项功能，因此该系统将不仅能实现遗产信息的汇集、浏览、查询、分析，提供多元化的信息服务，也将服务于遗产构成研究、价值分析，为跨区域、跨部门的合作保护提供平台。目前，较多的历史地理信息系统采用B/S（浏览器—服务器）架

---

[1] 向玉成、肖萍：《近代入康活动外国人基本情况统计及其阶段特点分析》，《西南民族大学学报（人文社会科学版）》2014年第5期。

构,一般分数据层、管理层、服务层、应用层。该系统也将面向专业人员和管理人员,相关数据将持续更新完善,因此也将结合C/S(客户端—服务器)架构。在技术上将结合数据库技术、GIS技术、三维虚拟可视化技术等,整合各类数据。

数据层建设是系统建设的基础,将通过标准化对不同来源、不同性质的数据进行处理,推进统一存储与管理。数据层一般采用ArcGIS GeoDatabase组织和管理空间数据,以Access组织和管理属性数据,通过连接空间数据和属性数据,构建时空数据库。管理层主要功能是实现服务层与数据库之间的链接与控制,对数据层数据进行定义、访问、维护和修改,满足服务层的各种数据请求。服务层和应用层主要面向用户,实现系统设定功能。可以采用GIS服务器ArcGIS Server提供GIS服务,将空间数据设置成可通过网络访问的服务资源。具体而言,面向管理人员和部分专业人员,通过西南茶马古道文化遗产地理信息系统可以进行数据更新和编辑、查询检索、导入导出。面向用户功能包括展示、分析和输出三部分。展示功能是对现有数据的分层分类或关联、叠加显示、浏览;分析功能包括数据的统计、量算,相关遗产的空间分析、表面分析、三维分析、拓扑关系分析等内容;输出功能主要指对显示内容、分析结果的多形式输出,包括表格、图片、地图等形式。

西南茶马古道文化遗产地理信息系统构建还面临一些难点需要突破。首先,茶马古道概念与内涵需要进一步厘清。茶马古道内涵丰富,又与南亚廊道、蜀道等交叉关联,不同学者对其概念认识差异较大,近年来多地区多形式的宣传与推广也使其内涵不断泛化。是严格界定为以茶易马,还是扩大为茶马、茶土贸易,甚至直接泛化指代这一区域官方、民间贸易网络,需要一个相对合理的界定。概念的界定,不仅直接决定着相关线路的梳理,也直接影响着遗产要素体系的构建和遗产点的认定。正是因为基本概念上尚未达成一致,导致目前公布的相关遗产点还存在一定争议。其次,相关文献类型多样而分散,又因地处民族区域和边地,民族文献、外文文献较多,现有科学系统的文献整理缺乏,为检索和汇集相关资料带来了较大困难。最后,遗产相关空间和属性信息离不开现场调查,而广阔的地域空间、复杂的遗产类型和地形地貌,使全面的调查耗时耗力。而地域的分隔、合作机制的缺乏、资料标准的缺失、文物调查资料相关保密要求,又使得资料共享与整合存在巨大障碍。

文化线路视野下茶马古道的动态性与遗产价值

池心怡

（武汉大学）

一、文化线路的概念演变与动态性问题

文化线路遗产的概念在 1994 年提出之始，文化线路被定义为（Cultural Routes or cultural itinerary）"一系列能反映某一社会或人群的重大历史进程中的非物质特征的物质遗存"[1]。文化线路保护的实践即来自于当今对重大历史进程的关注与反思。在具体线路的研究与保护实践中，逐渐将"动态性"一词提出以精炼概括文化线路的定义。2005 年，在圣地亚哥·德·孔波斯特拉朝圣之路、乳香之路等多条文化线路成功列入世界文化遗产后，《世界遗产公约操作指南》增加了遗产路线项目（Heritage Routes）的指导，将遗产路线阐释为"线性遗产由一系列物质遗存构成文化意义展现跨国家或区域的交换与多元对话，展现了空间与时间上沿线路移动产生的互动，建立在动态迁移和思想交流的基础之上，在时间和空间上均具有连续性"，并强调"国家与地区间的交换与互动"，并从历史动态性的角度意识到"线性遗产是多维度的，其发展方向是多元的，动因可能来自于宗教、商业、行政或者其他"[2]。

对"动态性"（Dynamics）的关注一方面起源于社会科学界与考古界对结构问题静态性与历时性的反思、行动中内在结构的发展演化等理论问题的探讨，特别是后过程考古学强调将静态的考古材料作为一种文本去解读动态的人类社会历

---

[1] ICOMOS International Scientific Committee on Cultural Routes: "Routes as Part of Our Cultural Heritage: Report on the Meeting of Experts" 会议，1994 年，马德里。参见 UNESCO 文件 WHC-94/CONF.003/INF.13。
[2] UNESCO, *Operational Guidelines for the Implementation of the World Heritage*, 2005, pp. 88-89.

史,关注人类社会不断积极演化与改变的内在结构,动态性即人类日常生活实践中的一种内生的、连续性的改变,不同的个人与群体之间相互协商,共同推动历史变化。在考古领域,研究社会的"动态性"成为考古学家新的目标[1]。

另一方面,在文化线路领域,动态性的重视来源于近几年联合国教科文世界遗产项目关于"今古"文化线路的提名问题,当今的公路遗产、铁路遗产是否属于文化线路,动态性即为回应文化线路的概念争议与由此延伸的优先保护问题。2008年,ICOMOS第16届大会通过了《国际古迹遗址理事会关于文化线路的宪章》(以下简称《文化线路宪章》),在文化线路的定义中加入了三个必须:"必须来自并反映人类的互动,和跨越较长历史时期的民族、国家、地区或大陆间的多维、持续、互惠的货物、思想、知识和价值观的交流;必须在时空上促进涉及的所有文化间的交流互惠,并反映在其物质和非物质遗产中;必须将相关联的历史关系与文化遗产有机融入一个动态系统中。"[2] 该宪章强调文化线路不是简单的交流与交通通道,而是能反映特殊历史现象的文化遗存,这类历史现象往往是各人类社会因素集体干预或为了共同目标而长期演化的结果。因此,该宪章将动态特征(Dynamic Character)作为文化线路的重点理解要素之一。根据文化线路宪章对反映人类历史动态性的要求,意大利与瑞士联合申遗的利西亚阿尔卑斯山铁路在2008年列入世界遗产名录时以文化景观的方式列入,尽管其在价值方面亦强调铁路是20世纪山区社会经济持续发展的结果,但ICOMOS建议采用的概念是廊道而非文化线路[3]。

从长时期的历史演化过程中识别线路的动态特征成为理解文化线路普遍突出价值的重要手段。研究动态特征的基本方法即通过历史史料、田野考察去还原文化线路涉及的地理区域在特定历史时段中的社会发展轨迹,对长期的贸易交换、社会演变趋势、施行的管理制度、人类精神与信仰等文化现象的演进趋势加以概括。对动态特征的识别将有助于在遗产保护实践中选取遗产点,以实现文化线路的整体价值。

---

[1] Ian Hodder, "Postprocessual Archaeology," *Advances in Archaeological Method and Theory*, 1985 no.8, pp. 1-26.
[2] ICOMOS, *The ICOMOS Charter on Cultural Routes*, 2008.
[3] ICOMOS, *Rhaetian Railway (Switzerland/Italy) Advisory Body Evaluation*, 2008. https://whc.unesco.org/document/152235.

二、茶马古道文化线路的研究现状

茶马古道概念在提出之始，即来源于对滇川藏地区的人类学考察。1987年，云南学术界的木霁弘、徐涌涛首先提出西南地区以"茶马之道"为主要贸易形式的构想。1990年7月开始，木霁弘、陈保亚、李旭等学者对滇、川、藏三省进行了长达100多天的考察，合著成书《滇藏川"大三角"文化探秘》，讲述商帮故事与马锅头传说[①]，并在其后的几十年间，对茶马古道的起源、历史地位、历史演变、多元文化的传播等问题等做出了细致研究[②]。对茶马古道历史价值研究最详细的学者是李旭，他将茶马古道的动态特征概括为经济互动、商业文化互动、手工艺及技术互动、人口及婚姻互动、习俗互动、宗教互动、其他文化及观念互动[③]。

然而，茶马古道概念在诞生后，所涉时空范围的界定仍然存在一定的争议。广义的茶马古道还包括内地的茶马古道，例如现已单独命名并列入中国世界遗产预备名录的中蒙俄万里茶道，以前亦称茶马古道。狭义的指西南茶马古道，且仅指明清至民国时期滇川藏马帮贸易商道。但实际上，唐宋时期，西北地区也实行茶马政策，唐蕃古道也在茶马贸易中发挥主要作用，也应算作茶马古道的早期路线。2013年，国家文物局公布的第七批全国重点文物保护单位对茶马古道的定义是："茶马古道是唐宋以来汉、藏及其他少数民族之间进行商贸往来的重要商道。它以茶马互市为主要内容，以马帮为主要运输方式，是我国西南地区具有独特历史文化价值的重要线性遗产。茶马古道主要分布在云南、四川、贵州、西藏、青海和甘肃等省区。"因此，较为规范的茶马古道概念时间范围是唐至民国，所涉及的地域范围主要是西南与青藏。另外，茶马古道与藏彝走廊、南方丝绸之路、丝绸之路南亚廊道等概念多有混淆。北京大学孙华教授通过分

---

① 木霁弘、陈保亚、李旭、徐涌涛、李林、王晓松：《滇藏川"大三角"文化探秘》，云南大学出版社1992年版。

② 陈保亚：《茶马古道的历史地位》，《思想战线》1992年第1期；《论茶马古道的起源》，《思想战线》2004年第4期；《论滇僰古道的形成及其文化传播地位——茶马古道早期形态研究》，《思想战线》2006年第2期；《陆路佛教传播路线西南转向与茶马古道的兴起》，《云南民族大学学报（哲学社会科学版）》2007年第1期。木霁弘：《茶马古道考察纪事》，云南教育出版社2001年版。

③ 李旭：《藏客——茶马古道马帮生涯》，云南大学出版社2000年版；《西南古道的民间性及其经济、文化双重价值》，《中华文化论坛》2008年第S2期；《茶马古道各民族商号及其互动关系》，社会科学文献出版社2017年版。

析传统历史文献研究茶马互市商品贸易的动态性,将茶马古道分为开端、兴盛、蜕变三个阶段,即唐与吐蕃之间的买马贸易之道、北宋到清初的茶马互市之道、清代到近代的茶土贸易之道,并以此回应茶马古道概念的争议,认为茶马古道反映的特殊历史进程不同于南方丝绸之路、丝绸之路南亚廊道、藏彝走廊等文化线路[①]。这一研究即通过识别文化线路自身的动态特征,对同区域其他不同时段和内涵的文化线路加以区别,以明确文化线路申请世界遗产项目的方向,施行有针对性的保护政策。

借助于动态体系的研究思路,可更准确地提炼出茶马古道这样庞大复杂的跨时空区域体系的文化价值。目前,动态特征的识别主要依靠于传统文献的梳理、人类学田野调查、遗址考古调查等方式进行。茶马古道的历史跨度大,涉及的区域山高谷深、地势险要,周边地缘政治复杂,区域内民族文化与语言多元,增加了对动态特征研究的难度。

三、茶马古道的动态特征

文化线路以区域文化为核心,既一脉相承,又随社会条件改变不断演进更替,在人群交往与物质交换中不断增加新的内容,文化长期演变的整体趋势即构成了区域的动态性。因此,文化线路的动态特征即文化发生、发展的过程趋势,涉及体系内生的运行机制、整体性跨区域文化体系的形成。识别动态特征,即具体研究区域经济发展、政治制度演变、族群文化融合方面呈现的独特区域文化特征。

(一)青藏高原与周边地区之间的流动性

根据文化线路的定义,从空间上的动态性来看,区域间的流动性是线路遗产最主要的动态特征,即沿路线产生的人群国家与地区间的交换与互动。茶马古道体现出来的流动性首先是人群的游牧、迁徙、贸易、出使、劫掠等交流与互动行为。而人群间的贸易则是商路的核心功能,即茶、马、盐为代表的物质在青藏高原与中原间流动、交换并再分配,其间,不同人群产生的文化、知识

---

① 孙华:《"茶马古道"文化线路的几个问题》,《四川文物》2012 年第 1 期。

技术、思想观念与精神信仰也得以传播与交流，逐渐形成紧密的文化联结，并维系这一动态体系。

（二）青藏高原与周边区域的整体演进

从时间的维度来看区域整体的演变历程，青藏高原与周边区域在交流与互动的基础上呈现出一体发展的整合性。从中国的历史发展来看，茶马古道作为道路体系，体现了交通路线的网状扩展与交通技术、管理方式的发展；从经济发展来看，西南地区的茶马贸易由原始的以物易物、茶马互市形式向中央王朝的朝贡贸易转型，并在明中期开始向近现代商业贸易体制演进；在文化融合上，茶马政策在促进各族交流融合中起到了重要作用，体现了统一的多民族国家意识形成；在政治制度演变方面，中央对边疆的治理体系不断发展，支持变革茶马制度以支持西南地区的经济发展。正是道路基础设施的维持、商贸制度与文化观念的演进，使茶马古道具有时间上的延续性，随历史的发展不断发展、延伸，并影响周边更多的国家与地区。

四、茶马古道的遗产价值要素

（一）汉与西南少数民族之间的人群迁移与互动

首先，茶马古道反映的是汉族、藏族以及西南地区其他民族之间的人群迁移与互动。这种互动是西部游牧者与中原人群在生存扩张中所引发的迁徙，在连通高原与中原河谷之间开辟出的"藏彝走廊""藏羌走廊"等交流互动廊道。

西汉时期，汉武帝开西南夷，打通川藏之间的"牦牛道"，促进了甘孜地区的发展。羌氐地区的游牧民族在甘青的河湟、四川的广汉等地游牧，建立了"松茂古道"。自东汉末期的气候变化与战乱开始，汉与羌、藏、彝等少数民族为生存空间、贸易、政治统治而产生的人群迁移与文化互动愈加频繁。目前考古发现西藏最早的茶叶遗存，即距今1800年的阿里地区故如甲木墓地遗址，发现了存在于铜壶底部的茶叶残渣，将西藏贵族饮茶历史推至汉末[1]。少数民族入主中原的同时，促进了中原与西域之间的商贸发展和文化传播。魏晋南北朝时

---

[1] 霍巍：《西藏西部考古新发现的茶叶与茶具》，《西藏大学学报（社会科学版）》2016年第1期。

期，吐谷浑所在的秦州与河州地区"其地与益州邻，常通商贾，民慕利，多往从之"[1]。唐代，中原与高原的吐蕃之间结成舅甥之好，云南的南诏政权崛起后，先与唐王朝结盟后又转向吐蕃，沿金沙江、澜沧江河谷开辟了滇藏之间的交流道路。

明代，丽江纳西族木氏土司自明代天顺六年开始，向川滇藏毗邻的地区扩张，屯垦河谷，纳西族在与藏族交往之中，带去了先进的农耕方式。清代，随着汉藏贸易的增加，四川的汉族商人在打箭炉地区定居并与藏族通婚。在赵尔丰改土归流时期，驻守川边的苗裔绿营兵以及湖广籍、四川籍汉人亦纷纷来此屯垦驻守，繁衍生息[2]。陕西商人在远赴川边、青海、云南等地贩卖茶叶时，与藏族、纳西族、白族杂居。民国《康定概况》曾记载康区汉藏通婚："汉人皆属客籍，而以川、陕、云南之人为最多。康人则皆土著，亦有汉人娶康人之女为妻，或入赘之家所生之混合血族，为数亦至多。"[3]云南西双版纳地区，沿茶马古道分布了多个少数民族，主要分布有傣族、佤族、景颇族、基诺族、布朗族、哈尼族，他们共享茶文化，却和而不同，拥有各自的饮茶习俗与生活仪式。云南沙溪古镇中，明清时期云集了纳西族的马锅头与赶马人、白族手艺人、汉族背夫、山陕商人、藏族高僧、彝族盐商，成为多民族杂居共存、友好往来的例证。

（二）西南地区不同海拔地域之间的物质流动

不同海拔之间的物质交流是茶马古道不断发展的原生动力之一。青藏高原与中原之间的茶马贸易是核心，但也包括产盐区与非产盐区之间的交换，青藏高原内部山区与坝区之间皮毛、肉食、药材交换粮食。生存所需的基本物质与当地生业模式的局限性决定了山区贸易的延续与发展，即使民国期间，山区的物质交换仍然通过山间的羊肠小道维系，藏区的商号通过横断山脉去印度、缅甸采购重要的抗战物资[4]。

茶、马的交流是茶马古道物质流动的代表。从唐代开始，茶叶在藏区的需求逐渐增加。茶文化在藏区由汉藏王公贵族之间的交往逐渐普及到普通人民。《唐国史补》载："常鲁公使西蕃，烹茶帐中。赞普问曰：'此为何物？'鲁公

---

[1] 姚思廉：《梁书·列传第四十八·诸夷·西北诸戎》卷54，武英殿本。
[2] 段绶滋纂修：《中甸县志稿》上卷《人口》，1939年稿本。
[3] 王业鸿：《康定概况》，《新西康》1938年第1期。
[4] 李旭：《茶马古道各民族商号及其互动关系》，社会科学文献出版社2017年版。

曰：'涤烦疗渴所谓茶也。'赞普曰：'我此亦有。'遂命出之。"[1]安史之乱后，唐王朝陷入了战事之中，对马匹的需求逐渐增加，天宝年间"茶马互市"已经出现。《封氏闻见记》载唐天宝年间"回鹘入朝，大驱名马，市茶而归，亦足怪焉"[2]。宋与明初则是中原对马需求的两个高峰期。宋代的战马以西北的宕昌、峰贴峡、文州所产马著名[3]。宋代的买马场与卖茶场多分布于西北、川藏沿线城市或军事堡寨，由此构成了茶、马这一商贸网络。

表1 北宋雍熙、端拱间（984—989年）买马场[4]

买马地区（路）	买马场（州县或军府关隘）	数量（处）
河东路	麟州、府州、丰州、岚州、岢岚军、火山军、唐龙镇、浊轮砦	8
陕西路	秦州、渭州、泾州、原州、仪州、延州、环州、庆州、阶州、镇戎军、保安军、制胜关、浩亹府	13
河西路	灵州、绥州、银州、夏州	4
川峡路	益州、文州、黎州、雅州、成州、茂州、夔州、永康军	8
京东路	登州	1

表2 北宋川青陕甘等地卖茶场[5]

州域	卖茶场	设置时间	数量（处）
秦州	秦州城、清水县、陇城县、百家镇、铁冶镇、伏羌城、甘谷城、三阳寨、安宁寨、弓门寨、鸡川寨、陇城寨、永宁寨	熙宁八年闰四月	13
泾州	泾州城、灵台县、良原县、百里镇	熙宁九年十二月	4
熙州	熙州城、宁河寨、庆平堡、渭源堡	熙宁八年六月	4
陇州	陇州城、汧阳县	熙宁九年十二月	2
岷州	岷州城、长道县、大潭县、盐官镇、宕昌寨、闾川寨、长川寨、荔川寨、谷藏堡	熙宁八年闰四月	9
渭州（渭川）	渭州城、潘原县、安化县、瓦亭寨	宋初以及熙宁九年十月	4

---

[1] 李肇：《唐国史补》卷之下，明津逮秘书本，第28—29页。
[2] 封演：《封氏闻见记·饮茶》卷6，四库全书本。
[3] 脱脱：《宋史·兵志第一百五十一·兵十二·马政》卷198，武英殿本。
[4] 见《宋史·兵志第一百五十一·兵十二·马政》。
[5] （清）徐松辑，刘琳、刁忠民、舒大刚等校点：《宋会要辑稿·食货二九·茶法一·卖茶场》，上海古籍出版社2014年版，第6646—6647页。

续表

州域	卖茶场	设置时间	数量（处）
原州（原川）	原州城	宋初以及熙宁九年十月	1
阶州	阶州城、将利县、西故城镇、峰贴峡寨	熙宁八年八月	4
镇戎军	镇戎城	熙宁九年十一月	1
德顺军	德顺城、静边寨、治平寨	宋初以及熙宁九年十月	3
通远军	通远城、熟羊寨、盐川寨	熙宁八年七月	3

明代，青藏高原与蒙古草原上的游牧民族对茶叶的需求不断增加，刺激了更多产茶地生产少数民族喜爱的黑茶。《明史·食货志·茶法》载："番人嗜乳酪，不得茶，则困以病。"[①] 同时，茶的需求增长使茶产地不断扩展。明初，产茶地仍延续宋代的茶马传统，以陕西、四川为主。明中期，湖南安化、湖北羊楼洞等地也开始冒挂汉中、雅安茶输向藏区。清初，雍正定云南茶法后，云南成为藏区最主要的茶源地，并形成了著名的六大茶山。清代《滇海虞衡志》载茶客云集于普洱茶山收茶、买茶的盛景："普茶，名重于天下，此滇之为产而资利赖者也。出普洱所属六茶山，一曰攸乐，二曰革登，三曰倚邦，四曰莽枝，五曰蛮嵩，六曰慢撒，周八百里，入山作茶者数十万人，茶客收买，运于各处，每盈路，可谓大钱粮矣。"[②]

清初以降，马不再作为王朝主要的需求，而是运输工具，马帮在移动的过程中，携带棉花、皮革、药材、井盐、粮食、沙金、硼砂等货物，在山谷之间的村落交换。藏区，转山的朝圣者也通过与沿线村庄进行药材、食盐、茶、粮食、毛皮交换维持生命所需的物质。茶马古道上流动的物质种类与数量不断增加，维系着高原上各村庄聚落的生存与发展。

（三）西南各民族之间的文化传播与交流融合

茶马古道上活跃的人群交流与互动为文化传播与融合提供了条件。

藏汉之间的佛教交流对文化交融与技术传播起到了重要作用。茶文化在青藏高原及周边传播就借助于汉藏之间佛教的交流与互动。唐代，汉地佛教中的

---

① 万斯同等修，张廷玉等撰：《明史·食货四·茶法》卷80，清钞本。
② 檀萃撰，宋文熙、李东平校注：《滇海虞衡志校注》，云南人民出版社1990年版，第269页。

禅茶文化即通过宗教交流进入了藏文化圈。敦煌文书中的《茶酒论》藏文文书记载了公元九世纪，浮梁、歙州、蜀山蒙顶、太湖、余杭等地的茶传入吐蕃一事[①]。文成公主进藏时，带去了茶叶、丝绸等中原特产，也将中原的茶文化、丝绸文化、佛教理念带入西藏。明代，茶文化又随藏传佛教传入了蒙古地区，从佛教高僧影响至王公大族与普通牧民，蒙古从明中期也开始买进长江流域生产的茶叶[②]。茶马古道同时促进了汉藏之间丝绸织绣技艺的互动。明代宣德、永乐时期，明廷敕封的法王与高僧入贡后，将缂丝、刺绣佛像带回藏区，扎什伦布寺所藏双龙金丝织锦、缂丝《鸾凤牡丹图》即为明廷所赐。同时，汉地艺术被藏区的唐卡吸收，例如布达拉宫藏明代缂丝作品《胜乐金刚》中的祥云即脱胎于内地织锦中的朵云纹[③]。西藏托林寺壁画佛像服饰上的大量纹饰来源于内地丝绸纹样[④]。在建筑艺术上，西藏的佛寺也不断吸收中原古建筑的特点，如康定的塔公寺建于18世纪，大殿上部为汉式歇山屋顶，下部为藏式石砌墙体。

茶马古道沿线民族受到藏传佛教影响的同时，也将各自先进的技术、知识传入藏区，改善了藏区的物质生活条件。丽江的纳西族以冶铜技术出名，"乌铜走银"工艺品深受藏区人民喜爱，远销至大理、昆明、拉萨、昌都、康定、木里等地，藏区喇嘛寺里的铜佛像、酥油灯、熬茶铜锅、铜水缸等多为丽江纳西族工人制造。大理剑川的白族则以木器与漆器工艺著名，其产品行销川藏[⑤]。

西南地区文化、技术、知识、信仰的传播与交融牵系起各民族间的情感纽带，正是这些共享的物质文化、精神文化为中华民族多元一体格局的形成奠定了认同基础。

（四）茶马古道交通路网的发展与交通方式的更新

茶马古道是指连通青藏高原与内陆地区的交通路网。这一路网随着人群迁移、商业贸易发展、产茶地增加不断扩展。唐宋时期，以汉中和雅安为主要的产茶地，由此延伸出青藏、川藏两条茶马古道。大昭寺《唐蕃会盟碑》记载开

---

① 郑学檬：《唐代吐蕃饮茶和汉藏茶马古道的蛛丝马迹》，载《边茶藏马：茶马古道文化遗产保护（雅安）研讨会论文集》，文物出版社2012年版，第97—102页。
② 陈霜、周立刚：《万里茶道与中蒙文化记忆》，《中外文化交流》2021年第1期。
③ 吴明娣、高燕宏：《明代佛教织绣与汉藏艺术交流》，《中国藏学》2017年第4期。
④ 吴明娣：《明代丝绸对藏区的输入及其影响》，《中国藏学》2007年第1期。
⑤ 李旭：《茶马古道各民族商号及其互动关系》，社会科学文献出版社2017年版。

通青海西宁与秦州清水县之间的唐蕃古道①。摩崖石刻遗存如甘肃省徽县的《新修白水路记》摩崖石刻、甘肃成县《世功保蜀忠德之碑》。川藏线以雅安为中心,唐宋时期古道、驿站、关隘等遗存丰富,有羊圈门古道、汉源县二十四道拐古道、荥经县新添站驿站、天全县甘溪坡驿站、清溪关、百丈县故城、宋代茶马司遗址等②。明清时期,随着普洱地区茶叶卖至藏区,茶马古道不断向川滇藏边区扩展。清朝早期,川藏一带形成了由雅安、天全越马鞍山、泸定到康定的"小路茶道"和由雅安、荥经越大相岭、飞越岭、泸定至康定的"大路茶道",滇藏则由普洱易武段连通临沧、大理剑川沙溪镇、丽江古城、昆明再到迪庆藏区,通过香格里拉的梅里古道连通藏区的德钦、察隅、左贡,一直到拉萨、亚东、日喀则、帕里山口③。晚清民国,茶马古道一直延伸至域外的印度、缅甸、越南、不丹、尼泊尔。云南学者凌文锋将茶马古道比喻为牵牛花式的网络结构,描述其不断延伸支线的复杂性④。

茶马古道的交通方式以马帮为主要特征,一直延续至20世纪80年代才日渐消失。俄国学者顾彼得就曾赞颂抗日战争时期"马帮运输"(Caravan Traffic)的意义:"它非常令人信服地向世界表明:即使所有的家庭运输手段被某种灾难毁坏,这可怜的马,人类的老朋友,随时准备好在分散的人民和国家间形成新的纽带。"⑤除马帮以外,茶马古道艰险崎岖,在川西高峻的大山中,只能靠背夫背茶,一个背夫每趟可背20—25包,足有300—400斤重。背茶的时候会带上一根镶了铁杵的拐棍,因此背夫中的领头者通常又称"掌拐师"或"拐子师"⑥。

茶马古道的道路交通设施在明清民国时期得以提升,特别是铁索桥的出现,使高山深谷之中有了更便捷的通行方式,也使茶马古道得以深入川滇的高山深谷之中。云南保山市澜沧江上的霓虹桥是茶马古道上最古老的铁索桥,桥上曾设有税所。元代,此处已有木桥,明代成化十一年(1475年)改建为铁索桥,康熙年间重修。著名的泸定铁索桥修建于康熙四十四年(1705年),使大渡河

---

① 《唐蕃会盟碑》载:"今社稷叶同如一,为此大和。然舅甥相好之义,善谊每须通传,彼此驿骑一往一来,悉遵曩昔旧路,蕃汉并于将军谷交马,其绥戎栅已东,大唐祇应,清水县已西,大蕃供应。"王尧:《唐蕃会盟碑疏释》,《历史研究》1980年第4期。
② 李炳中、潘红兵:《茶马古道(雅安段)文物撷珍》,《四川文物》2010年第3期。
③ 杨秀芸:《浅谈迪庆茶马古道及其相关的地名文化遗存》,《文物鉴定与鉴赏》2020年2月下期。
④ 凌文锋:《茶马古道与"牵牛花"网络——茶叶与滇藏川的文脉化研究》,云南大学2012年博士学位论文。
⑤ 顾彼得:《被遗忘的王国》,李茂春译,云南人民出版社2007年版,第140—142页。
⑥ 刘勇:《茶马古道》,黄山书社2012年版,第33—37页。

阻隔的康定和雅安地区得以连通，官茶茶道与商茶茶道从而交汇于康定。晚清时期，英、俄、法等西方列强进入中国西南，赵尔丰为阻止外国势力进一步蚕食西藏利权，在改土归流后管理川藏城镇，提出修建川滇藏公路的设想，但只修建了部分路段，其主政建设的雅砻江上中渡钢丝吊桥由比利时工程师设计、上海华法公司承建，便利了川藏之间的交通运输[1]。

抗战时期修建的滇缅公路以及驼峰航线与深山中的马帮古道一起构成战争胜利的一线希望，源源不断地将军火、药品、航空配件、汽油等补给运输内地，并帮助棉花、茶叶、烟草等物资出口。茶马古道这一路网在不断拓展之中使西南地区的战略重要性日益提升。

（五）贸易形式从以物易物向近代商业的演进

茶马古道以茶马贸易为主要特征，但贸易的形式不只"茶马互市"一种方式，实则随经济条件与国家政策发展不断演进。

"茶马互市"的官营模式在中晚唐时期已经出现。《新唐书》载唐德宗贞元年间（785—805年），"时回纥入朝，始驱马市茶"[2]。唐德宗建中三年（782年）开始实行"榷茶制"，任命"榷茶使"管理茶税，禁止私茶贩卖[3]。宋代延续了"以茶易马"的模式，有其特殊的历史背景。太平兴国四年（979年）以铜钱买马，因担心蕃人将铜钱铸为兵器，八年（983年）才改为以布帛、茶他物为主。嘉祐七年（1062年），秦州蕃民与汉民每月募得两马200匹，京师给綵、绢、银碗、腰带、锦袄子[4]。宋神宗时期，茶马司的设置稳固了"以茶易马"这项经济政策。元丰四年（1081年），群牧判官郭茂恂言："承诏议专以茶市马，以物帛市谷，而并茶马为一司。臣闻顷时以茶易马，兼用金帛，亦听其便，岁事局既分专用银绢钱钞，非蕃部所欲，且茶马二者，事实相须。"至此，茶马并为一司，由都大提举茶马司总管运茶博马[5]。然而，以茶易马政策作为一种以物易物的模式，有其局限性。宣和六年（1124年），成都转运判官赵开条陈榷茶买马五

---

[1] 周智生：《晚清民国时期川滇藏毗连地区的治理开发》，社会科学文献出版社2014年版。
[2] 欧阳修：《新唐书·列传第一百二十一·隐逸》卷196，武英殿本。
[3] 刘昫：《旧唐书·本纪第十七下·文宗下》卷17下，武英殿本，载："王涯献榷茶之利，乃以涯为榷茶使，茶之有榷税自涯始也。"
[4] 脱脱：《宋史·兵志第一百五十一·兵十二·马政》卷198，武英殿本。
[5] 《宋史·职官志第一百二十·职官七》卷167，武英殿本，载："都大提举茶马司，掌榷茶之利，以佐邦用。凡市马于四夷，率以茶易之。产茶及市马之处，官属许自辟置，视其数之登耗，以诏赏罚。"

害，指出茶马司人员开支大、发给夷人空券恐引边患、承平时期茶叶积压滞销问题、官茶使茶户破产等问题①。

因此，宋代为弥补官茶卖、运弊端，同时实行茶引法，即给予纳钱买引茶商特许经销权。茶引制由于不用官府承担卖茶的路途，实施起来更为便利，成为元明清时期商茶的主要形式。元代至元十三年（1276年），定长引短引法，以三分取一长引，每引计茶一百二十斤，收钞五钱四分二厘八毫，短引计茶九十斤，收钞四钱二分八毫，实行长短引当年征得一千二百余锭②。至元二十四年（1287年），置印造盐茶等引局大使一员、副使一员，专理茶、盐引的印造，以防伪造③。1294年，又置榷茶批验所，由榷茶提举司首领④。明代的商茶"凡中茶有引由，出茶地方有税，驻放有茶仓，巡茶有御史，分理有茶马司，茶课司验茶有批验所"⑤。明代，茶引制与盐法开中类似，弘治时期、嘉靖时期都曾召茶商纳粮赈济饥荒⑥。

明中叶以降，中国进入了以白银为主要货币的商业时代，私茶益滥，茶马制度日渐衰微。弘治十六年（1503年），朝廷命杨一清整理茶马之事，他意识到放开商人购买茶叶反而能提高茶课征收，开始允许招商买茶。"如欲官民两便，必须招商买运，给价相应。……令其自出资本，前去收买，自行运送各茶司交收明白，听给价银。"⑦清代，茶叶以折银征收为主，较少征收茶叶。雍正十三年（1735年），由于茶叶积压问题，正式停止甘肃中马⑧。雍正十年（1732年），为促进川藏地区的茶叶贸易，尽量满足藏地少数民族的茶叶需求，清廷在四川实行预颁引制。"请于额颁之外，预颁茶引五钱张，收驻巡抚衙门，俟有请引州县，一面题报，一面即将部引发下。"⑨在清廷支持商茶政策之下，大量山陕商人来到滇藏川边区，建立商业会馆，进行茶叶的收购与运输，在康定形成了陕西街。

晚清民国时期，山陕商帮、纳西马锅头、白族商号、藏族喇嘛纷纷建立起

---

① 《宋史·列传第一百三十三·赵开》卷374，武英殿本。
② 《元史·食货志第四十三·食货二·茶法》卷94，武英殿本。
③ 《元史·百官志第三十五·百官一》卷85。
④ 《元史·本纪第二十四·仁宗一》卷24。
⑤ 申时行等修，赵用贤等纂：《大明会典·课程六·茶课》卷37，明万历内府刻本。
⑥ 万斯同等修，张廷玉等撰：《明史·食货四·茶法》卷80，清钞本。
⑦ 杨一清：《关中奏议》卷3，四库全书本。
⑧ 《清史稿·食货志五·茶法》。
⑨ 《清朝文献通考·卷三十·征榷五》（第一册），商务印书馆1936年版，第5128页。

近代商业资本经营模式,通过在沿线节点设立商号与会馆,形成自己的商业网络。例如康定陕西街的"德泰合"主要经营药材与羊毛,从嘉庆时期至民国历经百余年,最盛时资金18万两,在甘孜、雅安、炉霍、成都、重庆、武汉、上海皆有分号。其经营方式历经"东西制"、"记名开股"、"委托制"、股份所有制,在康区购货、运货、销货都采用资本投入,即"万金账"①。

茶马古道经济贸易模式和管理政策的革新,促进了沿线商业市镇的发展,易武、普洱、康定、亚东等城镇正是由于明清川滇藏贸易的快速发展而崛起。

(六)"汉藏一体"的国家边疆治理政策演进

"茶马互市"从唐代至民国,一直作为治理边疆、稳定少数民族的重要政策。

汉唐之际,中原与周边少数民族之间处于和战之间的复杂状态,采用羁縻政策,以赐贡怀柔远人,常以联姻巩固结盟。如大昭寺的《唐蕃会盟碑》以汉藏双语记载文成、金城公主入藏形成舅甥之好②。宋朝开始,"茶马互市"政策成为了治边治藏的重要羁縻政策。《宋史》载:"市马分而为二:其一曰战马,生于西邮,良健可备行阵,今宕昌、峰贴峡、文州所产是也;其二曰羁縻马,产西南诸蛮,短小不及格,今黎、叙等五州所产是也。"③元代作为游牧民族政权,由于自身掌握西北良马,同样注重边茶互市在稳定吐蕃、羌人中的作用。元首先在雅州碉门等处设立安抚司,又设吐蕃宣慰使司,宣慰余思聪、王德贵等土司,在碉门百户所设立茶课司,并在边疆稳定以后听其自市④。

明代洪武时期,朱元璋提出"以茶驭边"的政策,对秦蜀私茶出境与以茶易马数额实行了严苛的管控措施。洪武二十年(1387年),朱元璋命高惟善招抚天全六蕃,即碉门、鱼通、黎、雅、长河西、宁远六安抚司。次年,太祖允许高惟善实行蠲免徭役、以茶易马等六条招安政策。然而,建昌酋月鲁帖木儿叛,长河西诸部落不来朝贡。太祖怒,令礼官发文,威胁若不来朝觐则发兵三十万征讨。诸部落惧怕,遣使来贡谢罪。此后,朱元璋设置长河西鱼通宁远

---

① 任乃强:《西康札记》,中国藏学出版社2009年版,第117页。
② 王尧:《唐蕃会盟碑疏释》,《历史研究》1980年第4期。
③ 《宋史·兵志第一百五十一·兵十二·马政》卷198,武英殿本。
④ 曹学佺:《蜀中广记·边防记第五·上川南道·雅州》卷45,四库全书珍本初集,载:"四夷考云:碉门等处安抚司,元时设在雅州,寻改吐蕃宣慰使司。国初宣慰余思聪、王德贵归附降司为州。又碉门百户所设近天全六番之界,所有茶课司,以平互市之官也。"

宣慰司，由土官治理[①]。洪武三十年开始严控私茶，设巡茶御史，命官军各关口外巡禁私茶出境者，半年以内遣二十四员往来巡茶，私茶出境贩卖连同关隘不责罚私茶者都论死罪，并实行金牌差马制度，将朝贡作为少数民族需承担的义务，并对获得茶叶进行限制，从而控制少数民族[②]。

清初，以蒙古和西藏之间"联合共治、互为牵制"为基本策略，扶持格鲁派藏传佛教，多次命高僧进贡中央。入贡喇嘛除贡赐的茶叶外，多私购茶叶带回藏区。康熙时期，藏蒙地区情势紧张，清政府开始直接管理西藏，在甘孜地区打箭炉（康定）、河口（雅江）、理塘、巴塘等茶马古道节点设置塘站、粮台，派军镇守。雍正时期，国家开始强化对边疆地区的控制。雍正元年（1723年）开始，首先对丽江、中甸等地进行"改土归流"，乾隆时期，不惜投入大量武力与明正土司和番僧开战，通过大小金川两役夺回川边政治控制权。晚清，英法俄屡次挑衅西藏，清政府于光绪二十二年（1896年）提出"保川图藏"的战略思想，先后派鹿传霖、凤全主政川边，收回瞻对。直到1905年，赵尔丰才攻下巴塘，强力推行改土归流，设两道、五府二十一州县，以流官进行统治，限制僧侣数量，改变政教合一的传统政治体制[③]。

茶马古道的发展既是中央王朝治理边疆政策的基本政策也是取得的重要成果。从唐至晚清，茶叶作为团结沿线藏、羌等少数民族的重要纽带，具有特殊的政治意义。随着贸易的发展与国家政治形势的变化，政治一统格局的维系还需交通的发展、国家对基层信息与人事的掌握，茶马古道的政治意义日渐上升，维持商道、粮道的畅通成为西南地区稳定发展的前提。

五、茶马古道遗产原真性与完整性保护的策略

茶马古道动态特征的提炼为理解文化线路的价值意义和保护遗产的原真性与完整性提供了具体思路。

根据上述的动态特征来看，茶马古道在选取遗产点时，既要考虑道路、驿

[①] 万斯同等修，张廷玉等撰：《明史·列传第二百一十九·西域三·长河西鱼通宁远宣慰司》卷331，清钞本。

[②] 龙文彬：《明会要·兵五·茶马》卷62，清光绪十三年永怀堂刻本。

[③] 周智生：《晚清民国时期川滇藏毗连地区的治理开发》，社会科学文献出版社2014年版。

站等基础设施类，也要保存商贸类与文化交流类的遗产点。茶马古道的基础设施类遗产点包括道路、桥梁以及沿线驿站、粮台等道路管理机构；商贸类注重体现物质流动与贸易形式，如从事茶叶生产与包装的茶庄、进行茶叶经营的商号与会馆，还有茶马司、卖茶场、近代海关这类官方商贸机构；文化交流类则体现茶马古道沿线的宗教信仰、文化习俗交融，如喇嘛寺、关帝庙、商帮祠堂等。同时具有三类遗产点的往往是重要的节点市镇，这些沿线社区汇聚了不同时期、不同路段的遗产点与非物质文化遗产。例如沙溪古镇既有寺登街马帮走过的道路印迹，也有进行茶马交易的四方街，还有茶号商帮的住宅以及反映文化交流的古戏台和兴教寺，这些不同的文化遗产共同构成了茶马古道的价值体系。因此，在保护茶马古道真实性与完整性时，需要考虑将不同文化遗产类型作为一个整体框架进行保护与展示，使公众更好地理解茶马古道的历史演进体系与价值意义。

川藏茶马古道文化遗产保护、传承、利用的若干思考

陈　娜

（武汉大学）

川藏茶马古道东起雅安市，西至不丹、尼泊尔，全程超过四千公里，是交通网络运输的重要组成部分，其沿线存在极为丰富的物质与非物质文化遗存，这些遗存不仅反映了独特的历史背景，更承载了各民族间的文化交流与融合，千年来，为西南地区的经济发展和民族交流做出了卓越的贡献。深入研究这些文化遗产，可以揭示出不同民族如何在自然环境和历史变迁中相互影响，从而形成了独特的社会习俗和生活方式。此外，这些文化遗存在现代社会中的保护与传承，也出现了新的挑战与机遇，值得进一步探讨与实践。

一、川藏茶马古道文化遗产的构成与现状

川藏茶马古道沿线文化遗产蕴含着中华民族茶马文化特有的精神价值、思维方式和想象力，是中华民族智慧的结晶，也是全人类文明的瑰宝。川藏线沿线的文化遗产形成了川藏茶马文化聚集带，展现了川藏茶马古道所包含的历史文化价值。梳理沿线的文化遗产，可以更好地建立川藏线文化遗产保护策略与机制，保护民族文化的传承。

（一）物质文化遗产

2011年，时任国家文物局局长单霁翔在茶马古道文化遗产保护（雅安）研讨会上界定了茶马古道文化遗产的范围，认为茶马古道文化遗产是古茶园

(树)、古茶号、老茶厂，古城镇、驿站和集市，古道路、古桥梁，古寺院、古遗址，水井、摩崖石刻等的总称[①]。以上提到的物质文化遗产即"有形文化遗产"，是川藏茶马古道沿线以茶马为核心内容的历史文化遗存。

古茶园（树）、古茶号、老茶厂。川藏线茶马古道沿线茶园依山而建，集中分布在雅安市名山区，沿线古茶号、老茶厂是集茶叶生产、交易于一体的历史文化遗址，对于研究川藏茶马古道茶叶生产、贸易、社会经济发展等具有重要意义。具体包括：皇茶园、蒙顶山千年茶树王、邦仓达大院、昌义号、永昌茶号、义兴茶号等。

古城镇、驿站和集市。随着川藏茶马古道贸易的兴盛，沿线城镇成为商贾的聚集地，由于川茶主要依靠人力运输，茶马古道沿线设立了许多驿站供人们休憩。主要包括：清溪古镇、上里古镇、望鱼古镇、芒康盐井、荥经县花滩老街、荥经县箐口驿站、荥经县新添驿站、天全县紫石驿站、荥经县凰仪堡、汉源县汉源街、汉源县宜东镇旧址、石棉县木耳堡子等。

古道路、古桥梁。千百年来，无数背夫和马帮用生命铺就了一条逶迤于世界屋脊之上的古道，而古驿道是其中最重要也是最具价值的一部分，它是背夫们勇敢、坚毅、智慧的载体。随着时代的发展，许多古道路由于城市建设而铺成了水泥路，千年的古道因此永远沉睡在历史的长河中。有一部分古道路和古桥梁保存相对完好，例如：清溪古道、泸定化林坪古道、天全县九十步村古官道、威懋驿道、太昭古城段古道、名山六合桥、泸定桥、安澜桥、加玉桥等。

古寺院、古遗址。在川藏茶马古道的沿线，古寺院和古遗址不仅是历史的见证，更是文化交融的载体。随着茶马互市的繁荣，沿线地区的宗教信仰逐渐交织，形成了独特的宗教文化现象。例如，藏传佛教与汉传佛教在这一地区的互动，促使了信仰形式的多样化，信徒之间的交流也使得宗教仪式和习俗相互渗透，展现出融合的美丽。除了宗教建筑的艺术价值，这些古寺院和遗址还承载着丰富的历史故事，成为研究历史的重要依据。主要遗址包括：蒙顶山天盖寺、蒙顶山茶祖殿、西藏帕巴寺、德格印经院、查杰玛大殿、千佛寺、白居寺、强巴林寺、丹达庙、蒙顶山古建筑群、甘露石室、甘露井、名山县茶马司遗址、芦山县青龙关遗址、雨城区飞龙关遗址、天全县禁门关遗址、荥经严道城遗址、紫石关遗址、玉垒关遗址、飞沙关遗址、雁门关遗址、卡萨遗址、地曲遗址等。

---

① 单霁翔：《保护千年古道，传承中华文明》，《四川文物》2012年第1期。

石刻、石碑。川藏茶马古道沿线的石刻、石碑是古道路线发展的重要历史见证，它们承载着丰富的历史信息，记录着古代商贸往来的繁荣景象以及沿线民族的生活方式和信仰习俗，对确定茶马古道交通路线网络具有重要的意义。主要包括：阴阳石麒麟牌坊、名山甘露灵泉院石牌坊、蒙顶山盘龙石刻、荥经县石佛寺摩崖造像、何君尊楗阁刻石、雅安市高颐墓阙石刻、芦山县樊敏阙石刻、汉源县九襄石牌坊、鹦哥嘴石刻、玉垒山藏传佛教碑、甲义扎噶汉文题词、荥经县重修大相岭桥路碑、跛邛崃福康桥功德碑等。

其他可移动的文化遗存。除了不可移动的历史文化古迹，川藏茶马古道沿线流传至今的与茶马文化相关的遗存，例如：茶引、票据、茶具、背夫的工具等。这些文化遗存与史书互相印证，为研究茶马贸易提供了珍贵的线索。

（二）非物质文化遗产

川藏茶马古道沿线同时存在十分丰富的非物质文化遗产，即"无形文化遗产"，是汉藏人民代代相传，并与日常生活相关的传统文化表现形式，例如传统技艺、传统音乐、习俗等。川藏茶马古道沿线的非物质文化遗产向人们述说着汉藏民族千百年来茶马文化的悠久历史，传递着川藏大地纯朴的民风、民情，展示着中华民族丰厚的文化底蕴。主要包括：雅安藏茶（南路边茶）制作技艺、蒙顶黄芽传统制作技艺、背夫文化，以及与茶相关的民乐、诗歌等。

二、川藏茶马古道文化遗产保护面临的困境

党的十八大以来，党中央高度重视中华优秀传统文化的传承发展，始终从中华民族最深沉精神追求的角度看待优秀传统文化，从国家战略资源的高度继承优秀传统文化，从推动中华民族现代化进程的深度创新发展优秀传统文化。文化遗产保护是中华优秀传统文化得以传承和发展的重要环节，而川藏茶马古道独特的地理位置和恶劣的自然环境，给保护工作带来了诸多挑战。

（一）茶马古道文化遗产缺乏系统性的保护体系

2005年12月《国务院关于加强文化遗产保护的通知》的发布，加快了我国

从"文物保护"走向"文化遗产保护"的发展进程，呈现出新的发展趋势[1]。川藏地区积极响应国家的号召，构建了涵盖省、市州及区县的科学的非物质文化遗产保护机构体系。然而，文化遗产的保护工作依然任重道远，仅依靠非物质文化遗产保护机构的建立显然不够。目前，川藏茶马古道沿线的文化遗产尚未进行系统的统计与汇编，而川藏线崎岖的地理环境为这一统计工作带来了诸多挑战。此外，受损的物质文化遗产需要通过实地勘查，结合考古与文献资料进行鉴别。对于非物质文化遗产的统计更是面临诸多困难，许多非遗项目已然失传，亟需深入当地村落进行调研。川藏茶马古道沿线文化遗产资料的匮乏，严重制约了系统性保护工作的开展，如何突破地域与环境的限制，成为文物保护工作者亟待解决的主要难题之一。

（二）茶马古道文化遗产缺乏规范性的保护体系

杨福泉在《茶马古道研究和文化保护的几个问题》一文中指出目前茶马古道的文化遗产保护存在五点不足：其一，文物遗址众多，沿途历史文物欠缺规范和有效的保护；其二，对沿线的文化遗产应进行符合文化遗产修复原则的规范性保护；其三，沿线的重要历史遗址和文化圣迹景观鲜有标识和介绍；其四，茶马古道的影像实录资料很少；其五，民俗旧器不断流失[2]。总而言之，茶马古道文化遗产保护并未形成规范性的保护体系，而这一问题，在川藏茶马古道文化遗产保护上亦有体现。

首先，川藏茶马古道沿线的历史文化遗产，因自然灾害的频繁发生以及风霜雨雪的侵蚀，遭受了持续的、不可抗力的破坏；其次，民俗传统器物由于缺乏系统性的保护措施，许多已流散于民间，甚至面临损毁与失传的危险；最后，鉴于非物质文化遗产在表现形式及传承方式上的特殊性，其失传的风险尤为显著。目前，针对上述几类典型文化遗产，尚未建立起规范化的保护体系与针对性的保护措施。

---

[1] 单霁翔：《试论新时期文化遗产事业的发展趋势》，《南方文物》2009年第1期。
[2] 杨福泉：《茶马古道研究和文化保护的几个问题中》，《云南社会科学》2011年第4期。

三、川藏茶马古道文化遗产保护策略

川藏茶马古道文化遗产的保护、传承与利用应当作为未来川藏地区文化遗产保护工作的一项重要课题。这条古道不仅是历史上重要的商贸通道，更是不同文化交融的重要纽带，为了有效保护这一文化遗产，必须从多方面入手，采取综合措施，确保其可持续发展。根据川藏茶马古道文化遗产保护现状，笔者提出以下保护策略。

（一）构建茶马古道文化遗产体系

当前，川藏茶马古道文化遗产保护工作面临的主要挑战在于缺乏系统性和规范性的保护机制。通过实地调研，梳理沿线文化遗产，以构建川藏茶马古道文化遗产体系，并提出相应的保护和管理策略。

首先，应加强对川藏茶马古道文化遗产的全面评估，建立起动态的文化遗产档案。通过对沿线历史文化、自然景观及民俗传统等进行系统性梳理，形成对茶马古道的整体认知。这一过程不仅需要专业人士的参加，也应鼓励当地居民的积极参与，充分挖掘和记录他们的生活经验和文化记忆，从而增强居民对文化遗产的认同感与保护意识。

其次，建议制定针对性的法律法规，以规范茶马古道沿线的文化遗产保护工作。这些法规应涵盖文化遗产的认定、保护、管理和利用等方面，确保各项措施有法可依。同时，建立健全文化遗产保护的监督机制，鼓励社会各界参与监督，形成保护合力。

最后，建立规范化的保护体系。比如针对自然灾害引起的文化遗产损毁，强化防震减灾保护技术，修复受损的文化遗产；对于可移动文化遗产，应由管理部门统一收集并保存在博物馆中，以防止其丢失或损毁；而在非物质文化遗产方面，应积极培养传承人，以防止相关文化的失传。同时，充分调动川藏茶马古道沿线省、自治区博物馆、档案馆、科研机构等，协同推进川藏茶马古道文化遗产保护工作。

（二）构建文化遗产数字化保护平台

随着数字化和 5G 时代的到来，数字科技与文化遗产的融合日益加深。近年来，中国致力于建立国家文物资源大数据库，推动文物的数字化保护、业务管理、公众服务和展览展示等。然而，川藏茶马古道沿线的文化遗产在损坏与修复中反复轮回，由于修复技术的限制，许多遗产无法完全恢复，面临消失的威胁。因此，在这一背景下，如何有效利用数字技术对川藏茶马古道沿线的文化遗产进行保护与传承，成为亟待解决的重要课题。通过数字化手段，我们不仅可以对这些文化遗产进行详细的记录和分析，还能够在虚拟环境中重现其历史场景，使得不可逆的损害得以弥补。数字化的成果可以通过3D建模、虚拟现实（VR）、增强现实（AR）等技术，使人们在沉浸式体验中重新认识这一古老的文化遗产。

充分利用数字技术进行文化遗产保护。首先，要落实古道上文化遗产的数字化工作。基于大数据技术的分析手段，可以对川藏茶马古道的历史沿革、文化特征以及现存遗产进行深入研究。通过对历史文献、考古发现和民间传说的整合，结合传统的保护与修复工作，运用三维激光扫描、点云数据处理和三维模型制作等技术，采集古道的物质与非物质文化遗产数字资料，建立一个全面的数据库，为后续的保护和传承提供坚实的理论基础。此外，利用人工智能技术，对遗产的损坏情况进行智能监测与评估，能够及时发现潜在的风险，从而制定更为科学的保护方案。

其次，需完善博物馆的信息化系统建设。"信息化"是指通过技术手段对人类社会和自然界所产生的各类有用符号（资源）进行收集、整理、加工、保存、传播、利用，着眼点在于信息本身，可以通过计算机技术来实现资源和服务的充分交互[①]。通过完善藏品数据库、三维立体展示数据库、全息影像数据库，同时不断更新升级各类智能系统，例如票务系统、照明系统、环境监测系统等，将科学技术手段应用于文物保护、观众服务、展览传播中[②]。

最后，要落实古道文化遗产的线上展示工作。"中国历代绘画大系"项目就是将文物数字化的成功典范，该项目多年来一直受到高度重视、持续关注，是一项国家级重大文化工程[③]。古道文化遗产也可以采取数字化线上展示的方式走进大众视野，综合运用虚拟现实（VR）、增强现实（AR）、3D打印等数字科技手段，对茶马古道文化遗产进行数字化建模，1∶1立体化重现，同时运用多媒体虚

---

① 张小朋：《博物馆信息化建设的初步探讨》，《智能建筑与城市信息》2004年第9期。
② 张小朋、董志红：《论博物馆的信息化建设管理》，《中国博物馆》2021年第2期。
③ 王阿玲、王云娜：《数字化赋能中国茶文化传播与茶产业发展初探》，《福建茶叶》2023年第11期。

拟互动体验，让专业研究者和广大群众沉浸式体验来自不同时空的文化与艺术。

（三）茶马古道旅行线路开发

党的二十大报告指出："坚持以文塑旅、以旅彰文，推进文化和旅游深度融合发展。"川藏茶马古道沿线蕴含着丰富的历史文化资源，具有源远流长的发展历史，保护好、利用好、传承好文化遗产，对于延续历史文脉、坚定文化自信、建设文化强国具有重要意义。加快推进川藏地区文旅产业建设，推动川藏茶马古道成为国内热门旅游目的地，利用其得天独厚的历史人文资源，打造国内茶马古道旅游名片，带动国内旅游体系化建设。我们要将文旅产业作为区域经济发展的先导产业[①]，积极探索文旅融合路径，充分发挥文旅产业的带动效应，坚持以文化引领旅游发展，以旅游促进文化繁荣，提升文旅经济的知名度及影响力，带动区域经济正向发展。

首先，要明确川藏茶马古道旅游线路开发所面临的挑战。川藏茶马古道地处山地与河流交汇之地，地形复杂、道路崎岖，交通条件较为不便，且自然灾害频发、基础设施建设滞后，导致沿线旅游景点难以成为游客的优选目的地。其次，要梳理川藏茶马古道旅游线路开发的优势。川藏茶马古道拥有原生态的峡谷风光，沿途景观壮丽，且承载着深厚的历史文化及丰富的边茶文化。近年来，国家对文化与旅游产业的大力支持，也为川藏地区旅游业的发展提供了坚实的保障。最后，因地制宜，转危为机。加强古道旅游基础设施建设，提升安全保障，是应对川藏旅游线路固有劣势的有效策略。同时，加大宣传力度，推动对外开放，制作高质量的宣传片，丰富入境旅游产品，以吸引更多国内外游客。此外，积极探索茶马古道上的文旅融合，依托茶马古道文化遗产和品牌资源，塑造世界茶文化IP，打造川藏茶马古道风景专线IP，促进文化与旅游的深度融合，推动区域经济的增长和文化的传播。

（四）"一带一路"视阈下的茶马古道申遗的相关思考

成功申报世界遗产将大幅度提升遗产的国际知名度，并能整体规范和完善相关保护管理工作，进而获得鼓励支持，使之得到良性互动与发展[②]。茶马古道

[①] 解洪：《共筑世纪新天路　共启川藏文旅新征程》，《中国科技产业》2022年第9期。
[②] 木基元：《茶马古道与线性文化遗产的保护》，《民族文化与文化创意产业研究论丛》（第三辑），云南人民出版社2011年版，第266—275页。

的申遗还将推动沿线地区的经济发展，促进文化交流与旅游产业的繁荣。通过整合地方资源，强化历史文化的传播，可以进一步提升地方居民的文化自信与认同感，从而实现可持续发展与文化传承的双重目标。目前，茶马古道的申遗之路尽管正在稳步推进，但前路依然漫长且充满挑战。基于这样的背景，笔者对茶马古道的申遗工作提出以下建议。

首先，必须加强对茶马古道沿线遗产的全面调查与评估。通过科学的考古发掘、文献研究和口述历史的收集，全面了解茶马古道的历史文化、生态环境及其遗产价值。这一过程不仅有助于全面认识该遗产的多维度特征，也为制定科学合理的保护和管理方案提供了基础数据。此外，建立完整的遗产数据库，将促进信息的共享与传播，为后续的保护措施提供坚实的支撑。

其次，推动跨区域、跨国的合作与交流至关重要。茶马古道横跨多个省份，甚至连接中国与南亚及东南亚国家，文化的交融与碰撞在此地有着深厚的历史。各沿线地区应加强联动，建立跨区域的合作机制，通过定期的学术交流、文化活动等，增强各地对茶马古道的共同认知与责任感。同时，积极与相关国家和地区的文化机构、学术组织合作，借鉴国际上成功的申遗经验，提升申遗工作的专业性和国际化水平。

再次，公众的参与和意识提升是申遗工作的关键。提高公众对茶马古道文化遗产的认知，增强保护意识，可以通过开展多样化的宣传活动，如文化节、展览、讲座等，吸引各年龄层的参与。教育机构也应将茶马古道的历史文化纳入课程，通过课堂教学、实践活动，让学生在学习中了解和认同这一文化遗产。同时，鼓励当地社区参与到遗产保护中，形成全民参与的良好氛围，增强文化自信与归属感。此外，完善法律法规和政策支持是确保茶马古道申遗成功的必要保障。国家应制定针对茶马古道的专项保护法规，明确各方责任，规范遗产的开发与利用，确保经济发展与文化保护的平衡。同时，加大对遗产保护的财政投入，为遗产的日常维护、研究和宣传提供资金支持，确保保护措施的有效实施。

最后，在申遗过程中，注重可持续发展观念的融入，确保茶马古道的保护与地方经济发展相辅相成。通过合理开发旅游资源，促进当地居民的就业与收入，形成保护与发展双赢的局面。茶马古道的申遗工作是一项系统而复杂的工程，涉及历史、文化、经济、法律等多个领域的协调与合作。只有通过综合施策、协同推进，才能确保这一珍贵的文化遗产得到有效的保护与利用，让其在新时代焕发出新的活力与魅力。我们有理由相信，在各方的共同努力下，茶马古道的申遗工作将会取得积极进展，成为连接历史与未来的文化纽带。

四、结语

川藏茶马古道不仅是一条商贸通道，更是一条文化之脉，它承载着丰富的历史、文化和民族交融的记忆。沿途的风土人情、民俗传统以及各民族的信仰与习俗，构成了这条古道独特的文化景观。川藏茶马古道是一条连接历史与现代、交流与合作的文化之路。我们有责任和义务去传承与弘扬这条古道所承载的丰厚文化，让它在未来继续发挥其独特的价值，成为文化交流的重要纽带，促进各民族之间的和谐与共生。在延续千年的时空中，多维度的商品、知识、思想、文化持续不断地交往交流与互惠滋养，孕育出茶马古道沿线丰富的文化遗产。保护文化遗产不仅是对历史的尊重，更是对未来的责任，我们要积极探索将传统与现代相结合的方式，以创新的视角重新诠释川藏茶马古道的文化内涵，使其在当代社会中焕发新的生命力，成为促进地方发展的重要资源。

从文物看西南茶马古道影响下的多民族文化交流

邹 尧

（陕西历史博物馆）

一、蒙藏民族流行的茶文化与茶具

茶叶经西南茶马古道运输到甘肃、青海、西藏等地区后，极大地改变了当地的饮食习惯，饮茶逐渐成为当地人民日常生活中不可或缺的一部分。甘肃、青海、西藏等地区蒙藏民族饮茶的方式多样，大致可分为清茶、奶茶、酥油茶、面茶、油茶等几种[1]，其中以奶茶和酥油茶最为普遍。酥油茶与奶茶是游牧民族将汉地的茶叶与当地的奶资源有机结合的创造性发明，深受蒙藏民族的欢迎，成为每日必需的饮品。在这种特殊饮茶方式的影响下，蒙藏民族流行的茶具也颇为独特，比较有代表性的器具主要有两种，一种是各种材质制作而成的碗，以木质的茶碗最具特色；另一种是造型独特的茶桶，又称作多穆壶。

（一）木碗

木碗是游牧民族饮茶使用最为普遍的碗，在藏民中木碗的地位尤为重要，不仅出门会随身携带，还能从不同的木碗体现出使用者的身份地位。[2] 藏区使用木碗的历史十分悠久，至少可追溯到吐蕃王朝时期。[3] 木碗的原料、造型与花纹

---

[1] 杨嘉铭、琪梅旺姆：《藏族茶文化概论》，《中国藏学》1995年第4期；韩官却加：《青海蒙古族食俗琐谈》，《青海民族研究》1990年第4期。
[2] 张宗显：《揣碗》，《中国西藏》2004年第1期。
[3] 罗桑开珠：《论藏族饮茶习俗的形成及其特点》，《中央民族大学学报（哲学社会科学版）》2011年第3期。

也十分丰富,有人甚至能从僧侣手中的木碗辨别出他来自哪座寺院,[1]一件名贵材料制成的木碗价值可达十头牦牛,以山南地区错那生产的"察牙"木碗和阿里地区生产的"堆旭"木碗最负盛名[2]。清代,西藏地区名为"拉古里""扎卜扎雅"(也作"扎布扎雅")的木碗常被当作方物进贡到宫廷,尤以扎卜扎雅木碗最为珍贵。[3]据学者研究,"扎卜扎雅"是一种木料的名称,可能是指藏北扎布耶盐湖生长的一种植物的根瘤。[4]

(二)多穆壶

多穆壶早在元代就已经成为游牧民族流行的茶器,北京元代贵族铁可墓就出土有景德镇生产的瓷质多穆壶。[5] "多穆"一词的发音应来自蒙语,多穆壶在蒙语中是指盛装奶茶的桶,而在藏语中是指拌、盛酥油茶的器皿。[6] 藏族使用的酥油桶是一种细长形的桶状,造型独特,与元代以来蒙古族流行的上窄下宽的多穆壶在造型和使用方式上稍有区别。清代,随着多民族文化交流的频繁,宫廷受到蒙藏民族奶茶文化的影响也使用多穆壶(亦称作"茶桶")来盛装奶茶,并从实际使用功能和皇家品位的角度考量,在蒙藏地区多穆壶的基础上对造型与纹饰加以改造,使之成为符合宫廷审美趣味的器具。

二、以蒙藏茶文化为媒介的清代多民族文化交流

早在明末,满洲贵族入主中原之前,蒙古与西藏上层就已经直接与满族政权取得了联系,因此满族的许多文化习俗也深受蒙古、西藏的影响。清代,满洲贵族入关后保留了诸多从关外流传下来的习俗,饮用奶茶就是其中之一。

清代宫廷饮用奶茶与饮用清茶所使用的茶碗截然不同,饮奶茶使用的是一种造型为敞口、浅腹、宽底的浅碗,多为木、瓷、玉等材质制作而成,以木碗

---

[1] 赵国栋:《传统茶文化符号中藏传佛教的世俗生活》,《西藏研究》2013年第5期。
[2] 张宗显:《揣碗》,《中国西藏》2004年第1期。
[3] 林欢:《乾隆宫廷的藏式木碗》,《明清论丛》(第19辑),故宫出版社2020年版,第458页。
[4] 林欢:《故宫所藏的四件扎卜扎雅木器》,《文物》2015年第4期。
[5] 北京市文物研究所:《元铁可父子墓和张弘纲墓》,《考古学报》1986年第1期。
[6] 于颖、李理:《多穆壶文化说略》,《北京民俗论丛》2013年第1期;满泽阳:《多穆壶定义考略》,《文物鉴定与鉴赏》2015年第12期。

最为独特。故宫收藏有一件来自西藏地区的扎卜扎雅木碗，根据木碗底部乾隆皇帝的御题诗，这件木碗是乾隆年幼时祖父康熙皇帝御赐给他的珍贵器物[1]，可知这种木碗最迟在康熙时期就已经从西藏进入了北京的宫廷。那么，这种西南地区所特有的木碗是以何种方式进入宫廷的呢？

通过查阅清代养心殿造办处的档案，可以发现在清代经常有此类产自西南地区木碗的进贡，目前笔者发现最早的确切记录为雍正二年。为进一步分析进贡者的身份，从而更好地了解其中所隐含的历史信息，下面列出数则来自清代内务府造办处的原始档案：

> 雍正二年六月二十四日……交拉古里木碗四件，系贝子康济鼐进；
> 雍正二年六月二十五日……交扎卜扎雅木碗一件，系学士鄂赖进；
> 雍正二年十月二十七日……交拉古里木碗二件，扎卜扎雅木小碗二件，系巡抚绰奇进；
> 雍正二年十一月十七日……交扎卜扎雅木碗一件，系贝子康济鼐进；
> 雍正三年十二月二十七日……交奔色木碗一件，扎卜扎雅木碗一件，系副都统达鼐进，拉古里木碗二件，系副都统达鼐进；
> 雍正七年六月初七……交拉古里木碗大小五个，系达赖喇嘛进。[2]

这些进贡人的身份多为西藏、青海上层贵族，也有中央派驻地方的大员。贝子康济鼐，康熙末年以功封为贝子。雍正初期，成为西藏首席噶伦，是西藏地方政府的首领[3]；学士鄂赖，雍正元年三月从理藩院郎中擢升为内阁学士兼礼部侍郎，作为钦差被派往西藏办事[4]；巡抚绰奇，康熙晚期始任甘肃巡抚，一直任职到雍正时期；副都统达鼐，蒙古族人，自幼长自内廷，在平定青海罗布藏丹津的叛乱中立下汗马功劳，升为副都统。雍正二年，年羹尧在奏陈《青海善

---

[1] 林欢：《乾隆宫廷的藏式木碗》，《明清论丛》（第19辑），故宫出版社2020年版，第464—465页。
[2] 中国第一历史档案馆、香港中文大学文物馆合编：《清宫内务府造办处档案汇总》（第1册），人民出版社2005年版，第286、299、302、512页；中国第一历史档案馆、香港中文大学文物馆合编：《清宫内务府造办处档案汇总》（第2册），人民出版社2005年版，第582页。因当年抄写档案的内务府人员汉文化水平有限，加之名称多音译而来，诸多人名、物名多有错字，如："扎卜扎雅"有时写作"查布查牙""查布查雅"；"贝子康济鼐"写作"贝子康计鼐""贝子康吉鼐"等。在此引用中均已按今日通用译名改正。
[3] 中国第一历史档案馆：《雍正朝满文朱批奏折全译》（下册），黄山书社1993年版，第1254页。
[4] 《清实录》（第1册），《世宗实录》卷5，台湾华文书局1964年版，第95页。

后事宜十三条》中建议将达鼐暂留西宁办理青海蒙古事务。①随后，雍正三年，他被正式派到西宁以副都统衔管理青海蒙古事物，成为首任西宁办事大臣，深受雍正皇帝的信任，任此要职长达七年之久②；达赖喇嘛是藏传佛教地位最高的两位活佛之一，是西藏地区的宗教领袖。鄂赖作为钦差，是中央派往西藏的大臣中职务最高之人，他将在西藏办事期间所得的扎卜扎雅木碗作为土仪进献，应是认为此种木碗珍贵且颇能体现西藏文化。清代甘肃巡抚所辖地域包括西宁在内的青海部分地区，与青海、西藏联系紧密，巡抚绰奇将并非产自其辖区内的扎卜扎雅木碗进贡说明此种材质的木碗在当时就已经声名远扬，颇为珍罕。而康济鼐、达赖喇嘛将西藏特有的拉古里、扎卜扎雅木碗当作方物进贡，更加能够说明木碗本身的珍贵性（乾隆皇帝认为是"彼中贡品最珍物也"），其中所蕴涵的政治意味也颇为深刻，是大一统多民族国家的文化纽带。

此外，这种特殊木质的奶茶碗频频进贡，从侧面证明了清宫对此类木碗的喜爱，乾隆皇帝还曾命景德镇御窑厂按此种木碗仿烧瓷器，形制与纹饰均惟妙惟肖。③从中也可了解到当时宫廷对蒙藏奶茶文化的接受度非常高，在以奶茶文化为媒介的多民族文化交流过程中，奶茶器所发挥的积极作用不容忽视。

此类木碗通过进贡的渠道进入宫廷后，多成为御用的奶茶碗，与多穆壶配套使用。在故宫博物院收藏的乾隆十四年郎世宁所绘《乾隆皇帝围猎聚餐图轴》中，一位侍从手持金质多穆壶，另两位打开装有木碗的精致碗套④，非常准确地还原出当时此类木碗和多穆壶在宫廷中的使用方式。清代宫廷除了在日常生活中饮用奶茶，在国家的重大庆典及宴请蒙古各部王公、外国使臣等场合中也均有皇帝赐进奶茶的仪式。⑤乾隆二十六年宫廷画师姚文瀚所绘《紫光阁赐宴图》中，描绘了乾隆二十六年正月，皇帝在紫光阁设庆功宴的宏大场景。画中紫光阁右侧的树荫下绘有制备奶茶的画面，其中较高的几案上置有多件多穆壶，再现了当年宫中大宴时赐进奶茶的盛况。这些均充分表明了蒙藏民族流行的奶茶

---

① 《清实录》（第1册），《世宗实录》卷20，台湾华文书局1964年版，第316页。
② 参见王德胜：《清朝首任西宁办事大臣达鼐及其家族考》，《内蒙古大学学报（人文社会科学版）》1997年第4期，第11—17页；达力扎布：《西宁办事大臣达鼐事迹考》，《西北民族大学学报（哲学社会科学版）》2012年第2期，第82—88页。
③ 廖宝秀：《人间相约事春茶——历代茶事巡礼》，《历代茶器与茶事》，故宫出版社2017年版，第47页。
④ 这类镂空的碗套也是自西藏传入，乾隆朝对木碗的碗套多有改制，颇为奢华。两岸故宫均收藏有此类碗套。参见林欢：《乾隆宫廷的藏式木碗》，《明清论丛》（第19辑），故宫出版社2020年版，第471页。
⑤ 刘宝建：《国不可一日无君，君不可一日无茶——清宫的茶库、茶房与宫廷饮茶文化》，《紫禁城》2008年第7期。

文化向东传播后，已经深深地植根于满族文化之中，成为其文化习俗中不可或缺的一部分。

从西南进贡的奶茶具与宫廷的图像资料中，可以清晰地窥见以奶茶文化为媒介的多民族文化交流。在茶马古道影响下产生的蒙藏奶茶文化通过多民族文化的交流传向北京宫廷，并以国家礼仪的方式推动了满、蒙、藏、汉等多民族间文化的交流与融合，成为清代特殊的国家记忆，亦是大一统国家文化功业的见证。

三、交流与互动——宫廷对西藏的回赐

材质特殊的木碗与造型独特的多穆壶传入宫廷后，清代宫廷并非仅仅按照原样直接采用。从实物与文献来看，宫廷对蒙藏地区传入的奶茶具多有根据皇家审美及实际功用进行再创造的情况。例如，清宫以扎卜扎雅木碗、拉古里木碗的造型或纹饰为参照，采用瓷、玉、铜、银、匏等多种材质来制作奶茶碗。[①]其中瓷器除前文提到的仿木纹釉，还有仅参照西藏木碗的造型，添加宫廷流行的釉、彩装饰，实现了多重文化元素的有机融合。此外，清宫对于蒙藏民族传入的多穆壶也结合宫廷流行的艺术风格对其造型与纹饰加以改造，在直筒形壶身侧上方的流上创造性地融合龙首、凤首的造型，将不固定的链式提手改造为固定的、纹样精致的兽形把手，再于壶身饰以缠枝花卉、佛教吉祥八宝的图案。多穆壶的材质也纷繁复杂，有金、银、铜等金属材质，还有在金属材质上装饰昂贵的各式宝石，也有漆质、木质、瓷质等。

这种融合了多重文化因素、带有浓厚宫廷风格的奶茶器又通过中央对地方的赏赐传回蒙藏地区，给蒙藏地区带来新的艺术活力，实现了多民族文化间的互动。雍正五年的一则档案可以为此提供证明：

<blockquote>
三月初五日，……交来青花白地梵书靶碗二件、霁红靶碗二件、红地蓝花珐琅碗十六件、红地黄花珐琅碗八件。传旨：着配匣盛装。再传与特古特知，将此靶碗每样赏达赖喇嘛一件，赏班禅额尔德尼一件，其余珐琅
</blockquote>

---

① 林欢：《乾隆宫廷的藏式木碗》，《明清论丛》（第19辑），故宫出版社2020年版，第474—475页。

碗俱均分赏给，钦此。[1]

"靶碗"即高足碗，青花和霁红釉的靶碗从明永乐时期开始就被作为赏赐西藏活佛的器物，在西藏常用来饮酥油茶，也可当作佛前的供具。至今布达拉宫仍收藏有永乐皇帝御赐的这种青花白地梵书碗。而档案中所提到的"红地蓝花珐琅碗""红地黄花珐琅碗"，应是台北"故宫博物院"收藏的一类红地花卉纹珐琅彩瓷碗，碗以红色为地，分别装饰有四朵蓝色和黄色的花卉纹饰，造型与扎卜扎雅木碗较为一致。台北"故宫博物院"收藏的几对此类红地花卉纹珐琅彩碗在乾隆时期就配置楠木匣装好，集中收藏在乾清宫的端凝殿中[2]，楠木匣匣外刻有"雍正年制瓷胎画珐琅五色西番花红地茶碗一对"的字样[3]，也可证明此类浅碗在当时确实是饮奶茶所用。

雍正对画珐琅极为重视，严格管控技术的拥有和产品的流通，仅少量赏赐给封疆大臣，以及蒙古、西藏、藩属国和西洋的统治者。[4] 雍正皇帝从造型、功用繁多的珐琅器中选择奶茶碗作为赏赐应是经过仔细考量，将能表现共同文化习俗的奶茶碗赏赐达赖与班禅是出于传达皇帝恩宠、加强双方文化认同的心态，亦是增进中央与地方沟通与交流的重要手段。

档案中也常有将多穆壶（茶桶）赏赐西藏宗教领袖的记载。乾隆二十一年十二月，为贺次年七世达赖喇嘛五十寿辰而赏赐的礼品中有珐琅多穆壶两件；乾隆二十二年四月，在年初七世达赖重疾圆寂的情况下，为安定西藏人心，稳定局势，赏赐班禅额尔德尼物品，其中就有银多穆壶一件；乾隆四十五年三月，在班禅额尔德尼为乾隆七十寿辰来京朝觐的途中，赏赐物品中有镀金银茶桶一件；乾隆四十六年二月，在上一年冬班禅因感染天花在京骤然圆寂的情况下，赏赐达赖喇嘛的物品中也有镀金银茶桶一件。[5] 除金银、珐琅等材质的多穆壶外，西藏布达拉宫也收藏有乾隆、嘉庆等朝御赐的景德镇官窑粉彩缠枝花卉纹多穆

---

[1] 中国第一历史档案馆、香港中文大学文物馆合编：《清宫内务府造办处档案汇总》（第2册），人民出版社2005年版，第446—447页。其中提到的特古忒为理藩院尚书。

[2] 朱家溍：《清代画珐琅器制造考》，《故宫博物院院刊》1982年第3期。

[3] 廖宝秀：《也可以清心——茶器、茶事、茶画》，台北"故宫博物院"2002年版，第130页。

[4] 施静菲：《日月光华：清宫画珐琅》，台北"故宫博物院"2012年版，第158页。

[5] 中国第一历史档案馆、香港中文大学文物馆合编：《清宫内务府造办处档案汇总》（第22册），人民出版社2005年版，第279、280、593页；中国第一历史档案馆、香港中文大学文物馆合编：《清宫内务府造办处档案汇总》（第44册），人民出版社2005年版，第121、548页。

壶。这些资料均能说明以奶茶器为载体的奶茶文化在中央与西藏的交流中所起到的重要作用。清代宫廷通过吸收蒙藏民族文化、融合多重文化元素所生产的奶茶器是地方文化与宫廷文化的完美结合。将这种既能加强文化认同，又能展现宫廷精湛艺术文化的器物作为赏赐，实现了宫廷主导下的多民族文化交流与互动，成为联系中央与地方的重要文化纽带。

四、结语

在西南茶马古道的直接影响下，孕育出了蒙藏民族独特的奶茶文化。这种文化习俗向东传入内地后，迅速成为满族文化习俗中不可或缺的一部分，并随着满族入主中原后以国家礼仪的形式成为整个国家的文化记忆。以奶茶器为载体的独特茶文化成为多民族文化交流的重要纽带。一方面，西藏、青海贵族将以扎卜扎雅木碗为代表的珍贵奶茶器作为礼物贡入宫廷，推动了多民族文化的交流与融合；另一方面，宫廷对以木碗、多穆壶为核心的蒙藏民族奶茶器结合宫廷文化进行再创作，通过中央对地方的赏赐将其传回西藏、青海、蒙古等地区，以茶文化为纽带的多民族的交流与互动得以实现。在这一过程中，增强了大一统多民族国家的文化认同，使中央与地方的联系更为紧密。

三、茶马贸易

蜀布、庸赁与边茶：岷江道上的贸易变迁与边徼治理

段 渝 龚 伟

（四川师范大学；西南大学）

　　岷江道连通岷江上游与成都平原，自古就是一条多民族聚居、迁徙的文化通道。距今 6000 年前，甘青地区的马家窑文化就抵达岷江上游的营盘山遗址，以"波西—营盘山—沙乌都"为文化序列的岷江上游古文化，继续沿着岷江道南抵成都平原，如什邡桂圆桥遗址和大邑高山遗址皆可证明。岷江上游古人的文化对于成都平原的宝墩文化有着较为直接的影响，推动着古蜀的文明演进历史。这与古蜀蚕丛氏部落自岷江上游南迁至成都平原的史迹相为暗合。西周至战国秦汉时期，岷江上游诸多石棺葬遗址也印证着与成都平原古蜀文明的文化交流互动。史籍还记载，在战国早期，来自河湟地区的古羌人部落南下，进入岷江上游，塑造了这一地区"六夷""七羌""九氐"各有部落"大杂居、小聚居"的民族分布格局。秦汉以前，古代族群自由往来的岷江道，不仅发挥着文化交流的作用，随着许多重要贵重物品丝绸、青铜器、绿松石、金器的出土，还表明它有不可忽视的商业贸易功能。降及秦汉时期，随着巴蜀进一步融入中原王朝，郡县制开始在西南夷地区不断推进。具体到岷江上游地区，原氐羌系民族聚居的地方，被逐步设置郡、县（道），岷江道日益上成为中央政权控制下的边徼地区。成为边徼地区的岷江道，其政治和军事地位日益凸显，其文化交流形式也随之转为中原文化的强势输入为主。与之相应的是，作为汉、番接触的前沿地带，其固有的商业贸易活动在区域政治格局变迁与博弈的背景下，历经多次变迁。直到唐宋时期，川茶贸易的政治、商业属性得到空前的重视，岷江道作为川藏茶马古道北线的重要贸易通道，它的经济贸易功能再次得到发展，是为明清"以茶治边"基本政策的重要支撑。

目前学界，对于岷江道上的文化交流、民族迁徙乃至丝绸之路河南道、茶马古道等专题的研究颇丰。其中，亦有涉及岷江道贸易功能和历史时期边徼治理等方面问题。但是，从长时段角度开展岷江道贸易变迁及其对边徼治理的历史作用研究的成果，甚为少见。经济对于区域社会的发展、治理无疑有着显著作用，纵观岷江道的边徼治理，亦可发现它的经济贸易功能在此方面的重要作用。下文拟从先秦、秦汉、唐宋以降三个时段的贸易变迁来论述这一问题。

一、蜀布与"蜀—身毒道"：岷江上游与成都平原的早期贸易与文化交流

《史记·大宛列传》记载张骞在大夏曾见到"蜀布""邛竹杖"，关于"蜀布"任乃强先生认为就是指蜀地生产的麻布[①]，实际上"布"并非全指绵或麻织品，扬雄在《蜀都赋》中说："其布则细绨弱折，绵茧成衽，阿丽纤靡，避晏与阴。蜘蛛作丝，不可见风，筒中黄润，一端数金。"左思《蜀都赋》也说："贝锦斐成，濯色江波。黄润比筒，籯金所过。"这些"布"都是描述汉代蜀地所产的丝绸制品——蜀锦。徐中舒先生在1941年就"蜀锦"作专题文章，提出早在汉代蜀地就是中国古代的丝绸织造中心[②]。

蜀地成为中国古代的丝绸织造中心，与古蜀文明的演进发展关系密切。而古蜀文明的演进又与岷江上游的早期文化有密切渊源。这里可以从古蜀蚕丛氏史传与相关考古资料的合证方面进行说明。

古代的"蜀"国（族）是一个以驯化家蚕并发展出高超的丝绸技术的文明。最新的三星堆3、4、6、8号坑及之前1、2号坑的青铜器表均发现有丝绸遗物和痕迹，学者指出三星堆丝绸显示出平纹绢、提花的绮及四经绞罗纹，足以证明商代古蜀文明的丝绸织造技术已经非常发达[③]。从古文字角度说，《说文解字》说"蜀"为"葵中蚕"，其字所从"罒"就是家蚕的象形和音符。也就是说中原人对古蜀（族）的认识就和他们驯化家蚕和盛产丝绸技艺有关。

既然古蜀有着驯化家蚕和发达的丝绸技艺，那么追索古蜀人的丝绸技艺

---

① 任乃强：《华阳国志校补图注》，上海古籍出版社1987年版，第326页。
② 徐中舒：《蜀锦：缎为蜀中原产六朝时由蜀输入江南》，《说文月刊》1942年第3卷第7期。
③ 周旸：《三星堆遗址祭祀坑中丝绸的发现及其意义》，《文史知识》2021年第12期。

渊源，就不能不从西陵氏与蜀山氏关系来说。先谈西陵氏，先秦古书如《荀子·赋篇·蚕》及《淮南子》引古书《蚕经》记载黄帝时代西陵氏嫘祖始蚕。

西陵所在历来有多种说法[①]，从地望位置和古地名相近关系看，今天四川的盐亭和茂县叠溪（蚕陵）最符合东陵之西的古西陵地望。二者之间具体是何关系呢？

茂县叠溪自古就是蚕陵，在蚕陵之前，包括茂县在内的岷江上游还有一个更古的地名——蜀山，就是今天的岷山。上古蜀山氏就是以今茂县为范围，而叠溪自然也属于古蜀山氏范围，它与上古西陵氏是相邻而居的两个部落。

西陵氏的"嫘祖始蚕"与蜀山氏有着悠久的历史联系，在上古流传下来的不同古史系统记载中原的《帝系姓》（《大戴礼记》）和南方的《海内经》（《山海经》）均记载黄帝娶西陵氏嫘祖，生有昌意，昌意降居若水，昌意娶蜀山氏女。也就是说，古史史传的记载提示驯蚕和丝绸的技术，由西陵氏的嫘祖一支带到蜀山氏。其历史痕迹还表现在，原蜀山氏核心地区开始出现"叠""蚕陵"的新地名，"叠"字在金文中作"㬎"，孙诒让认为是"嫘祖"二字合文。"蚕陵"则是嫘祖至蜀山后，将"始蚕"的技艺传入，并在蜀山进一步完善了家蚕饲养和丝绸织造技艺。作为见证这一历史性转变的证据，还可举自西陵氏嫘祖入蜀山氏后，发扬了家蚕饲养和丝绸技艺，使得原来的蜀山氏名称就不再见称于世，而是被西陵氏与蜀山氏联姻的后裔蚕丛氏取代[②]。

蜀山氏与蚕丛氏发源的地区，即是今天的茂县岷山地区，在这一地区已发现新石器时代至战国西汉时期的考古文化遗址，如营盘山遗址、别立石棺葬遗址、勒石石棺葬遗址和牟托石棺墓地。它们皆与古蜀文明有着密切的文化交流互动，如营盘山遗址的部分陶器南下进入宝墩文化，牟托石棺墓中出土三星堆

---

① 从地名产生时代看，湖北宜昌在三国时期以前是夷山非西陵。湖北黄冈是战国楚、秦所置县名，后来三国吴时期沿用黄冈的西陵地名在湖北浠水置西陵郡，不过黄冈、浠水均在古"东陵"（古"荆州"九江即洞庭湖一带）之东，与西陵在东陵之西的相对位置不合。古代四川也有"西陵"地名：一在今四川茂县叠溪，《水经注·江水注》引梁李膺《益州记》称"西陵县"，不过更早的《汉书·地理志》记此地名为"蚕陵"，这说明叠溪是古蚕陵之地。二在今四川盐亭，汉时无置县，不过当地民间流传甚久今盐亭是古西陵氏所在。如唐开元年间《嫘祖圣地》碑，已载盐亭是嫘祖故里西陵之国。《四川通志》中也记载"潼川府盐亭县"有"蚕丝山"，另南宋王象之《舆地纪胜》引《元丰九域志》记载："梓木童有蚕丝山，每上春七日，远近士女多游于此，以祈蚕丝。"据此段渝先生提出盐亭古与西陵桑蚕相关。参见段渝：《嫘祖与中国丝绸的早期起源》，氏著《走出盆地：巴蜀文化与欧亚古文明》，人民出版社 2019 年版，第 311—315 页。

② 段渝：《嫘祖与中国丝绸的早期起源》，氏著《走出盆地：巴蜀文化与欧亚古文明》，人民出版社 2019 年版，第 316、324—328 页。

文化的青铜礼器（罍）和青铜兵器等。这些文化交流现象，足以证明古代茂县叠溪地区与古蜀蚕丛氏存在着深厚的历史联系。

蚕丛氏从岷山南迁进入成都平原，以其先进的饲养家蚕和丝绸织造技艺为基础，很快在成都平原站稳脚跟，并不断发展壮大成为古蜀第一代"蜀王"。蚕丛氏对古蜀的影响还体现在"蜀"的称谓上，段渝先生认为中原所认知的"蜀"是"葵中蚕"，《尔雅》释"蜀"为"桑中蚕"，都表明此时古蜀已经完全掌握饲养家蚕的技术。这些都应导源于嫘祖入蜀山，传播种桑养蚕，改造丝绸织造技艺，并与"蜀山氏"变为"蚕丛氏"相印证。

蚕丛氏南迁途经地区所留下的史迹斑斑可见，如蚕丛氏由岷江南迁抵近成都平原的地方，就留下"蚕崖关""蚕崖石""蚕崖市"等古地名。1980 年在成都交通巷出土一件西周早期的蜀式无胡戈上刻有身作屈曲蠕动状的家蚕，其周围分布一圈小圆点，象征蚕沙或桑叶，左侧横一桑树[①]。这些材料俱已表明，蚕丛氏入蜀后，其教民养蚕活动直接推动了古蜀形成成熟和兴旺的蚕桑业，并促使成都成为古代中国发达的丝绸织造中心[②]。

作为重要商品的蜀锦丝绸，深受古蜀周边文化的喜爱，其商品价值也十分可观。考古证据还表明，商周时期古蜀就是丝绸的重要产地，而且古蜀丝绸的技艺冠绝当世，成为显赫的商品。前举扬雄和左思所言"筒中黄润，一端数金""黄润比筒，籯金所过"皆可作参照。蜀布向西南夷地区乃至身毒（古印度）输出，成为古代中外文化交流的重要见证。张骞在西域大夏所见"蜀布"当为蜀地的丝绸制品，而张骞所提到的"蜀—身毒道"，即是蜀布等古蜀重要商品输往域外的贸易通道。在张骞的建言下，汉武帝派四使间出四道求通"蜀—身毒道"，分别是"出冉""出駹""出徙""出邛、僰"[③]。其中"冉""駹"所在正是今茂县、黑水、理县一带，由"冉、駹"向西行一二千里被氐、笮所闭，说明"冉、駹"正是自蜀向岷江道行商的必经关隘之处，也是蜀与西夷中的强势族群笮人的边徼地带。

从古蜀丝绸技艺的溯源、发展及丝绸制品的对外贸易情况来看，早在商周

---

① 石湍：《记成都交通巷出土的一件"蚕纹"铜戈》，《考古与文物》1980 年第 2 期。
② 段渝：《嫘祖与中国丝绸的早期起源》，氏著《走出盆地：巴蜀文化与欧亚古文明》，人民出版社 2019 年版，第 326 页。
③ 龚伟：《〈史记〉〈汉书〉所载"西夷西"道覆议——兼论汉代南方丝绸之路的求通》，《四川师范大学学报（社会科学版）》2018 年第 2 期。

至战国时期，岷江道便成为西夷与古蜀的贸易与文化交流通道。《史记》所记张骞在大夏闻见的"蜀—身毒道"中的"出冉、駹"是其直接反映。岷江道以丝绸技艺传播和蜀布等重要商品为纽带，古蜀与西夷的关系较为融洽。这也为后来秦汉政权在这一地区设置郡县打下基础。

二、庸赁、蜀商与官营：秦汉时期岷江道的贸易变迁与边徼治理

进入秦汉时期，岷江道开始成为中央王朝治理西夷的重要路线，自成都向北，沿岷江道陆续设置一些初郡县。虽然政治控制因素进一步加强，但尚未完全改变其商业贸易通道的底色。如《华阳国志·蜀志》记载："汶山郡，本蜀郡北部冉駹都尉，孝武元鼎六年置。……而多冰寒，盛夏凝冻不释。故夷人冬则避寒入蜀，庸赁自食，夏则避暑反落，岁以为常。"[①] 这里提到的冉駹夷人冬季入蜀"庸赁"的活动，刘琳先生引《蜀典》："按今其俗犹然，男则负枣、核桃、椒䕮于市，女为人家供薪汲，呼为'播罗子'，亦呼'二姐子'也。"[②] 由此可知，秦汉时期冉駹夷与蜀存在较为普遍性的经济劳务输出，这类活动也与《史记》所载"僰僮"意涵相当。

冉駹夷入蜀"庸赁"也是早期岷江道贸易活动的一种延续，即便是在秦灭蜀以后，岷江道仍然发挥着沟通西夷与蜀地的经济贸易功能。这样的民间经济劳务活动本质上是自由的，它不太受政治变迁的影响。如《史记·西南夷列传》记载汉兴以后，虽然西南夷皆闭蜀故徼，但"巴蜀民或窃出商贾，取其筰马、僰僮、髦牛，以此巴蜀殷富"，这也间接证明，西汉以前西南夷与蜀之间的经济贸易活动是自由方式。

在秦统治巴蜀地区时，较多的因袭了西南夷与蜀之间自由贸易的形式，从而使得战国晚期至西汉早期，岷江道的贸易活动进一步发展。这一时期的考古墓葬中也出土过秦的半两钱，如四川青川郝家坪 M50 出有秦国发行的"半两"钱 7 枚，根据墓葬所出木牍的纪年信息，可以推知其年代约在公元前 306 年前后[③]。

[①] 刘琳校注：《华阳国志校注》，巴蜀书社 1984 年版，第 294—295 页。
[②] 刘琳校注：《华阳国志校注》，巴蜀书社 1984 年版，第 299 页。
[③] 四川省博物馆、青川县文化馆：《青川县出土秦更修田律木牍——四川青川县战国墓发掘简报》，《文物》1982 年第 1 期。

又，岷江上游地区的茂县城关石棺葬墓群中也发现有秦半两钱[1]。秦半两钱在岷江道及其支线上出现，表明秦时蜀与西夷的商业贸易活动得到官方的默许和支持。

这与秦对巴蜀商业利益的认知有密切关系。如《史记·货殖列传》载："及秦文、缪居雍，隙陇蜀之货物而多贾。……巴蜀亦沃野，地饶卮、姜、丹砂、石、铜、铁、竹、木之器。"[2]《战国策·秦策》也载司马错之言："取其地，足以广国也；得其财，足以富民；缮兵不伤众，而彼已服矣。"[3]秦灭蜀以后，更是徙山东豪民于蜀，对蜀地的商业活动又有新的刺激效应。如《华阳国志·蜀志》记载："秦惠文、始皇克定六国，辄徙其豪侠于蜀，资我丰土，家有盐铜之利，户专山川之材，居给人足，以富相尚，故工商致结驷连骑，豪族服王侯美衣。"[4]与此同时，秦在蜀还适时推行官营盐、铁和手工业商品的制度，近来在成都市字库街遗址发掘出土秦木牍上有"蜀西工师"[5]，说明秦昭襄王时期曾在成都按照中原先进的官营手工业管理机制来规划、制作和管理蜀地手工业商品的生产、销售体系，从而将蜀地制造的手工业品带到全国市场上进行销售，这无疑进一步提高了蜀地商业在全国的地位。当然，蜀地商品在全国市场上广为接受，并不全是官营的功劳，蜀商在其中也做出重要贡献。

汉兴以后，全国推行更加严厉的盐铁官营政策，禁止对蛮夷输送盐、铁及部分商品。如《汉书·南粤传》记载汉高后"毋予蛮夷外粤金铁田器；马牛羊即予，予牡，毋与牝"[6]。及《汉书·平准书》："元狩四年……愿募民自给费，因官器作煮盐，官与牢盆……敢私铸铁器煮盐者，釱左趾，没入其器物。郡不出铁者，置小铁官，便属在所县。"[7]

不过，官方律令并不能完全杜绝商人与边夷的贸易活动。考古资料显示秦、西汉时期，岷江上游石棺葬开始少量出现川西平原铁制手工具，如锸、削、镰、环首刀；与此相应的是在川西平原与川西高原接壤地带也出现了少量的铜首铁刀。这说明战国晚期至西汉，川西北与川西平原两地的铁制品发生了交流，主要

---

[1] 四川省文管会、茂汶县文化馆：《四川茂汶羌族自治县石棺葬发掘报告》，《文物资料丛刊》第7辑，文物出版社1983年版，第34页。
[2] 司马迁：《史记·货殖列传》，中华书局1959年版，第3261页。
[3] 刘向集录：《战国策》，上海古籍出版社1985年版，第117页。
[4] 任乃强：《华阳国志校补图注》，上海古籍出版社1987年版，第148页。
[5] 参见《战国晚期秦代蜀郡西工或在今日成都西华门街附近》，"成都考古"（微信公众号），2022年12月14日。
[6] 《汉书·南粤传》。
[7] 《汉书·平准书》。

表现是川西北部分吸收川西平原的铁制品风格①。川西平原的农业铁器能够进入岷江上游是由于蜀商的走私贸易，余英时先生曾系统论述过汉代边境地区的走私猖獗，向蛮夷出口被汉代法律所禁止出口的商品，如武器、铁器、马牛羊等②。

由此可见，在汉初的官营政策下，蜀商在西南夷地区的贸易活动，基本转为民间走私的贸易形式。为了进一步打击蜀商的贸易走私活动，汉武帝时期，又在全国推行针对商人的算缗、占租政策，使得商人群体地位急转直下。

2014 年成都天回老官山汉墓出土汉武帝时期的木牍文书，其中直接反映汉政权对蜀商的打击政策。相关材料如下：

（4）……陇西左右内史一道……/……赐者众**算令**曰诸……（M1：118）

（5）……欲以取利而**不租者**及……/……及**贷钱**斥物若赊……/……上者令出率万钱出……（M1：158）

（6）……勿治令诸郡国贾……/……皆益加朱十钱以均之……/……贾皆没以所**不占**县……（M1：158）

（7）……者**宜重租之不自占占不以演**/……买物直万钱者而非**平者**不/……（M1：158）

简文"陇西"为郡名，秦汉时期郡治在狄道，即今临洮，辖氐道（今礼县）、首阳（今渭源县）、矛道（今岷县西南）、羌道（今宕昌县西南）等。这些地区多为氐羌民族聚居区，由"临洮—首阳—矛道—羌道"南下，可直接进入岷江上游松潘。可见，老官山汉墓木牍所记文书，直接反映秦对岷江道上商业活动的治理。（4）中"算令"，原报告整理者认为是"缴纳算赋的法令"③，索德浩、谢涛认为是"算缗令"，指汉武帝针对商人发布的资产税收令④。（5）木牍

---

① 段渝、龚伟：《考古所见古代西南地区贵重物品的贸易传统》，《西南民族大学学报（人文社会科学版）》2022 年第 9 期。
② 余英时：《汉代的贸易与扩张》，邬文玲译，上海古籍出版社 2005 年版，第 128—133 页。
③ 成都文物考古研究所、荆州文物保护中心：《成都市天回镇老官山汉墓》，《考古》2014 年第 7 期，第 62 页。
④ 索德浩、谢涛：《老官山 M1 木牍与西汉蜀商》，《南方民族考古》第十二辑，科学出版社 2016 年版，第 65—66 页。

虽残缺，但关键信息如索、谢文章中指出的那样，与商人的租税、借贷有关[①]，它与（6）木牍中的"占（租）"密切相关，均是对商贾征收的一种财产税。（7）中"重租""不自占"与《史记·平准书》记载"算缗令"中的"匿不自占，占不悉"意涵一致[②]。

由老官山汉墓木牍可知，西汉武帝时对往来岷江道上的蜀商，实行了"算缗令"（资产税）、"占租"（财产税），甚至还要求蜀商严格履行"平贾"制度。这些律令，表明汉武帝对于商人的贸易活动进行全方位的管控，很大程度上损害了蜀商的商业利益。

西汉政权对蜀商及其商业贸易活动的禁锢政策，不仅造成蜀商群体的衰落，还使得岷江道原有的贸易功能大大减弱，这一系列政策导致岷江道上边徼地区的政治关系较为紧张。如《史记》记载：

邛、筰、冉、駹者近蜀，道亦易通，秦时尝通为郡县，至汉兴而罢。（《史记·司马相如传》）

秦时常頞略通五尺道，诸此国颇置吏焉。十余岁，秦灭。及汉兴，皆弃此国而开（閉）[③]蜀故徼。（《史记·西南夷列传》）

两则史料表明秦时西南夷对秦政权态度较为亲近，在接受秦置初郡县的制度上，保持旧有商道的畅通。西汉武帝时期，西南夷君长与汉政权一度隔绝（"汉兴而罢""皆弃此国"），原来畅通的商道关口也被西南夷君长主动关闭。这就说明，随着西汉对岷江道旧有商业贸易活动的过分干预，使得原来畅通的贸易关市、关口走向衰落。

伴随着岷江道商业活动的管控加强，汉武帝还在这一地区大力推进郡县制度，如司马相如出使时冉、駹臣服于汉，初设县。但旋即罢诸县，直到汉武帝元鼎六年复设汶山郡，自北而南分有：湔氐道（今松潘境）、蚕陵（今汶川境）、汶江（今汶川境）、绵虒（今汶川县）、兴乐（今镇江关），及广柔（今理县

---

① 索德浩、谢涛：《老官山 M1 木牍与西汉蜀商》，《南方民族考古》第十二辑，科学出版社 2016 年版，第 67 页。

② 索德浩、谢涛：《老官山 M1 木牍与西汉蜀商》，《南方民族考古》第十二辑，科学出版社 2016 年版，第 67 页。

③ 段渝：《五尺道的开通及相关问题》，《四川师范大学学报（社会科学版）》2013 年第 4 期。

境)、平康(今黑水县)、都安(今都江堰·灌口)①。

需要注意的是,失去商业贸易活动的纽带,单纯建立在政治强力上的郡县体系也并不牢靠。在西汉宣帝地节三年(前67年),武都白马羌反,直接影响到汶山郡的安危。《华阳国志·蜀志》记载汶山郡吏说:"一岁再度,更赋至重,边人贫苦,无以供给,求省郡。"②表明西汉官营制度和一系列打击蜀商的律令,使得原来繁荣的岷江道上的贸易活动大大衰退,而岷江上游本就不宜耕谷,在郡县体系下难以支撑赋役,致使边地日益贫苦,留下动乱的隐患。

三、边茶与边徼:唐宋以降岷江道上的"以茶治边"

自汉以降,岷江上游地区成为历来中央王朝治理下的边徼之地。特别是随着吐蕃势力的崛起,松潘一带沦为吐蕃控制边地,实际成为汉蕃的边徼地区。边徼地区的社会动乱,成为岷江道治理的长期难题。据唐代《盖巨源墓志》载:"大中初,冉駹故俗首率归降时,节度使扶风公虑扣关之精诚,恐蕃情之多诈,将为侦逻,慎选全才。公去,乃单车深逾雪岭,斥候边徼,具审戎心。"③又明代《陈敏墓志》载:"永乐十九年,升知成都府茂州事。然茂州古荒服,羌戎素号难治。""先是吐蕃梗化弗庭,公所治之民亦叛。……公乃率土民直捣贼巢,一鼓而破黑虎等寨。"④这里的"吐蕃"主要指的是茂州北松潘一带的番民,松潘至茂县北一带为番民聚居地,自唐至明吐蕃番民稍有异动便影响茂县北一带的番民发生叛乱,所以松茂一带实际上已经成为汉番边徼前沿地区。

在边徼治理的过程中,茶叶贸易的功能开始被逐步重视。唐宋时期的四川地区与吐蕃邻近,吐蕃及其所属番夷乃高寒山地族群,不产茶。但自东汉开始茶叶传入藏地,早已成为当地王室和贵族享用的奢侈品,并随着饮茶风气的兴盛,早期茶叶以民间贸易的方式流入藏地,导致吐蕃贵族对茶叶的需求逐渐增大,并通过政治关系在唐、吐蕃的边境上开通茶叶互市的市场。随着茶叶输入藏区体量的增大,足以促进整个藏区上层贵族和下层民间兴起饮茶之风,则贵

---

① 刘琳校注:《华阳国志校注》,成都时代出版社2007年版,第301—303页。
② 刘琳校注:《华阳国志校注》,成都时代出版社2007年版,第300页。
③ 《阿坝州文库》编委会编:《历代碑刻契文族谱》,四川民族出版社2013年版,第3页。
④ 《阿坝州文库》编委会编:《历代碑刻契文族谱》,四川民族出版社2013年版,第4页。

重物品茶叶逐渐转变为大宗的贸易商品[①]。

嘉庆《四川通志》茶法记载："茶盛于唐，榷茶亦始于唐，借以广民食，助经费。"[②]又《蜀故》记载："唐德宗税天下茶、漆、竹、木，十取一以为平常本钱，茶之有税自此始。"[③]这两条记载表明唐时开始对茶进行征税，实行的是两税法，所取"什一"乃是正常的税额。也就是说，唐时饮茶风气大兴，种茶所产可以由茶农自行买卖，产生一定的经济价值。又因为茶农土地不适宜种植五谷，故而仿照当时正常的土地税（两税制）对茶农进行征税。不过，因为藏地民众对茶叶的需求，诚如史书常载"茶乃番人之命""番人或不可无茶"。川茶贸易市场的形成和吐蕃对茶叶的必要性需求，导致川茶在唐时不仅仅是漆、竹、木一类的经济作物，而成为具有政治性质的大宗贸易品。

唐穆宗时期，进一步加强对川茶的管控，《新唐书》记载："穆宗即位，两镇用兵，帑藏空虚，禁中起百尺楼，费不可胜计。盐铁使王播图宠以自幸，乃增天下茶税，率百钱增五十……两川以户部领之。"[④]这则史料明确表示川茶的税额直接归属户部，其时对茶的征税早已超过"什一"之额。而川茶的税银能够超出原来的一般经济作物，其背景正是吐蕃番人对川茶的经济需求大增，进一步抬高了茶的商品价值。此外，《旧唐书·穆宗纪》记载："加茶榷，旧额百文，更加五十文，从王播奏。"王播曾在顺宗元和十三年（818年），任户部尚书、成都尹、剑南西川节度使，对于川茶的商品价值十分熟悉，故《蜀故》称"王播始榷川茶"[⑤]，这些记载表明唐穆宗时不仅增加了川茶的税额，甚至还对川茶叶的贸易进行官营管理，其目的就是进一步提高茶叶的税额，以资助军费。

唐代川茶的官营管理，已经初步体现了"川茶治边"的意蕴。为了更好发挥"以茶治边"的作用，北宋神宗年间，川茶的官营经营进一步发展。熙宁七年，李巴在蜀地诸州设置官场，禁民间榷茶，蒲宗闵奏议川陕路民茶税十之三，尽卖于官场，严私交之令。建炎二年，成都路运判赵开对川陕茶法进行改革，引入茶引制。《宋史·食货志》载："建炎元年，成都转运判官赵开言榷茶、买马五害，请用'嘉祐故事尽罢榷茶，而令漕司买马。或未能然，亦当减额以

[①] 段渝、龚伟：《考古所见古代西南地区贵重物品的贸易传统》，《西南民族大学学报（人文社会科学版）》2022年第9期。
[②] 常明等修、杨芳灿、谭光祜等纂：《四川通志》卷69《茶法》，清嘉庆二十一年木刻本。
[③] 彭遵泗撰，刘兴亮等整理：《蜀故》，国家图书馆出版社2017年版。
[④] 欧阳修、宋祁等：《新唐书·食货志》，中华书局1975年版，第1382页。
[⑤] 彭遵泗撰，刘兴亮等整理：《蜀故》，国家图书馆出版社2017年版。

苏园户，轻贾以惠行商，如此则私贩衰而盗贼息'。遂以开同主管川、秦茶马。二年，开至成都，大更茶法，仿蔡京都茶场法，以引给茶商，即园户市茶，百斤为一大引，除其十勿算。置合同场以讥其出入，重私商之禁，为茶市以通交易。"[1] 相较于此前的官场榷茶，茶引制以官府发给茶商茶引、茶商以引市茶的方式开展整个茶叶的贸易活动。明代成化年间，茶引制下的川茶民间贸易得到进一步发展，巡度御史刘大谟在《行茶法道议六条》中说："近年以来，法弛人玩，朝廷虽禁之，而权要私主之。致令商旅满关隘。"[2]

在茶引制的推行下，茶引主要分为：边引和腹引。边引主要是售往番人地区，以万历《四川总志》、嘉庆《四川通志》的记载可以明显看出明清时期川茶的边引数量变化，亦可知边引在川茶贸易中的地位越来越重要。如：明嘉靖时期限定黎州天全发卖茶引 10000 张每年，另松潘 2000 张每年。后又增加黎雅 10000 张、松潘 2000 张。隆庆时期，又在 24000 边引基础上增加 6000 引，边引共 30000 张每年，而腹引由原 26000 减至 8000 张每年。明末清初，时局变乱对川茶的贸易有较大影响。在清雍正八年定川茶税例时，边、腹引共 15344 张；乾隆年间川茶的种植和贸易大大增加，乾隆三十八年共计茶引 139354 张。其中边引分三部分：雅安、名山、荥经发卖至打箭炉 53004 张，邛州发卖至打箭炉 20300 张，各州县发卖至松潘 16346 张。

就松潘的边茶贸易增长情况看，自明嘉靖时的 2000 张逐步增至 4000 张，经过明末清初的短暂回落，至乾隆六年松潘边引已增至 13670 张，再到乾隆三十八年已增至 16346 张。按照每引一百斤计，届时通过松潘销往番地的茶每年已达到 163.46 吨。当然，松潘本身并不产茶，主要是由成都周边及川东地区所产的茶销行。民国《松潘县志》引《通志》记载乾隆三十六年时，"将各府州县地方边引配正附茶觔，运至松潘发卖，引张暨课税银两数备载于左"[3]。今略作统计表如下：

表1 松潘的边茶贸易情况

各府州县	销往松潘的边引
成都县	2860

---

[1] 脱脱：《宋史·食货志》，中华书局 1977 年版，第 4510 页。
[2] 刘大谟：《行茶法道议六条》，《四川通志》卷 69《茶法》，清嘉庆二十一年木刻本。
[3] 张典等修，徐湘等纂：《松潘县志》卷 2《茶法》，民国十三年刻本。

续表

各府州县	销往松潘的边引
华阳	1290
崇宁	590
灌县	4469
彭县	2530
新津	60
什邡	99
江津	100
广元	50
平武	3
石泉（北川）	416
丹棱	100
大邑	1800
合江	200
安县	1784
绵竹	246
茂州	791
汶川	1506
	18894（合计）

（数据采于民国《松潘县志》卷二"茶法"）

其中，《通志》明确规定边引内各州县行松潘引16346张，余下都是各州县代销行松潘引数，实际为2603张，而登记造册的只有1677张[①]。以上所列各州府县的边引在销往松潘途中，主要有南线和东线两路。南线为岷江道：（1）灌县—汶川—茂州—松潘。东线两路：（2）安县—北川【禹里—小坝—片口—白羊】—松潘；（3）安县—江油—平武【小河乡】—松潘。另外，东线也有小道接南线入松潘，其走向为：（4）平武【墩上—坝底—白石—青片—和尚头】—茂县【校场坝·叠溪】—松潘。

按照上表统计，南线的年贸易茶引达到6776张，其中还不包括由成都县、华阳、彭县、新津、什邡等地的茶引也多由灌县北上进入松潘。东线的茶引共

---

① 张典等修，徐湘等纂：《松潘县志》卷2《茶法》，民国十三年刻本。

计 2203 张，其中还有部分东线茶引由平武、茂县进入松潘，实际上东线的贸易茶引要少于 2203 张。据此可知，川藏茶马古道北线中南路的岷江道贸易量至少是东路的 3 倍左右。也就是说，岷江道是川藏茶马古道北线的主要贸易通道。

岷江道对于川藏茶马古道的重要意义不言而喻，但是岷江道周边一直是土著番民的聚居区，这给官方治理岷江道带来不少困难。《华阳国志·蜀志》记载："汶山郡……有六夷、羌胡、羌虏、白兰峒、九种之戎。"[①] 可见，汉时汶山郡多为氐羌民族聚居区，汉以后这一地区的番夷叛乱无常，大致呈现出治则设郡县，乱则羁以夷道。如《明罗司寇厚德碑》所载："松潘，古荒服地，皆吐蕃羌保之俦，髽骨毳裳，鸟语垢面。历代有国者惟羁縻之，使无为边患而已。"[②]

松茂作为历史时期的边徼之地，其治乱多变不仅影响中央王朝对这一地区的治理，还影响到岷江道上往来的商旅活动。对此，明清时期的碑刻文献多有明证：

（1）"马故望族，以商旅雄松、灌间……先是，海宇承平久，边备寝驰，松潘僻在西陲，物力丰纫，番族垂涎，突变攻城，马君率众御寇，创甚，嘱节妇以子女逃……逾年，城陷，节妇赖其兄力间关挈子女出。寇平，乃收夫骨而改葬焉。"（《马节妇墓碑》）[③]

（2）"我松地处边徼，万番环绕。自咸丰十一年兵燹后，番性顽梗，掳掠频仍，商旅往来，常怀戒心，民生日蹙，几无乐趣。"（《何远庆德政碑》）[④]

（3）"盖番人之种类不一，负山据险，力农业者少，务剽掠者多，向来不无陆梁间作之虞。我城中老稚不遑安居者，匪伊朝□□□□□方稍有所警，而贩粜米粮之客商裹足不前。"（《张元佐德惠碑》）[⑤]

（4）"诸父老踏曰：'……以县孤悬一隅，诸夷实逼此处，而歧茵跳梁为最，往往伏戎掳我人畜，阻我刍荛。议抚而屡以叛，议剿而艰于饷。数十年间，目为畏途。'"（《朱公开设南堡德政碑》）[⑥]

[①] 刘琳校注：《华阳国志校注》，成都时代出版社 2007 年版，第 299 页。
[②] 《阿坝州文库》编委会编：《历代碑刻契文族谱》，四川民族出版社 2013 年版，第 26 页。
[③] 《阿坝州文库》编委会编：《历代碑刻契文族谱》，四川民族出版社 2013 年版，第 6—7 页。
[④] 《阿坝州文库》编委会编：《历代碑刻契文族谱》，四川民族出版社 2013 年版，第 27 页。
[⑤] 《阿坝州文库》编委会编：《历代碑刻契文族谱》，四川民族出版社 2013 年版，第 28—29 页。
[⑥] 《阿坝州文库》编委会编：《历代碑刻契文族谱》，四川民族出版社 2013 年版，第 31—32 页。

总的来说，唐宋以降川茶的贸易活动，主要是在"以茶治边"的政策下进行的。起初，仅是提高茶税来补充军费，后来，随着茶叶贸易地位的不断提升，已渐成治理边徼地区的重要纽带。川茶贸易兴起以后，虽然岷江道上的番夷时有动乱，但多属滋扰掠夺性质，并未影响中央政权对岷江道边徼地区的实际控制。

在"以茶治边"的整体策略下，治理的核心目的是维护岷江道上茶引贸易的通畅，并防止私商夹带。首先，中央政权以加强政治干预的方式，在沿途增设一些关口来稽查。如民国《松潘县志》载："各州县运茶至松，汶川茶关、兴文坪，茂州石榴关，松属平番关、东门关，均设官稽查。"[1] 其次，谨防番夷对沿途商旅的侵扰，最大程度上保持岷江道商业贸易活动的稳定。为此，历代政权多会在重要关隘处设置卫、屯、堡等军事组织。如明代《保县志》记载的《朱公鼎建南堡记》碑文曰："乃仿赵充国屯田故事，筑城以守。……建堡一，建墩十，又于山左辟一坦道，以防歧蛮出没不测。其制墩、卫、堡，堡、墩仍交相卫，烟火相联，首动尾应，延袤二十里许，鸡犬相闻，城中从来无人涧壑，殆已另开一世界矣。"[2]

总之，唐宋以降对岷江道的治理中，川茶贸易发挥了重要作用。概括起来，至少有两点重要意义：（1）边茶贸易的发展，很大程度上改变了汉代禁锢岷江道上的商业贸易活动，使岷江道继续发挥其固有的经济功能，促进了这一地区多民族的融合发展。（2）当茶引制作为一项固定的政策长期推行开来后，对于宋以降岷江道上的多民族聚居区的治理起到稳固作用。一方面，岷江道抵近番民，川茶作为番民必需的大宗商品成为汉番文化交流的重要纽带，最大程度上避免了汉番之间的严重冲突；另一方面，历代中央王朝为了维持川茶贸易活动，会持续加强对沿途内徼边关的管理，这也为茶叶贸易以外的其他商业贸易活动也提供了保障。

四、结语

从岷江道的贸易变迁与边徼治理关系看，贸易经济活动是历史赐予岷江道

---

[1] 张典等修，徐湘等纂：《松潘县志》卷2《茶法》，民国十三年刻本。
[2] 《阿坝州文库》编委会编：《历代碑刻契文族谱》，四川民族出版社2013年版，第31页。

的底色，它是维持历史时期边徼地区稳固的黏合剂。先秦时期的岷江道依靠天然的通道条件，在古代民族迁徙交往的背后，逐步形成了发达的自由贸易体系，古蜀的丝绸技艺、丝绸品及北方文化的诸多贵重物品都在岷江道的商业贸易活动中占据重要位置。依据贸易活动的纽带作用，岷江上游诸部落与古蜀的族群发生着深刻的文化经济联系，从而为青铜时代古蜀国家控制西夷诸部落奠定基础。秦汉时代的岷江道逐步被中央政权纳入郡县治理体系下，岷江道开始转型为汉夷交界的边徼地带。秦统治巴蜀时期，十分重视岷江道所发挥的商业贸易功能，较为高明地保留蜀商在岷江道上的往来活动，从而取得对岷江道较为稳固的治理效果。西汉时期，中央政权在巴蜀西南夷地区强力推行郡县制度，并对蜀商的商业活动进行一系列的打击政策，使得岷江道原有的商业贸易功能趋于瓦解。失去商业贸易活动的岷江道，并没有因为政治控制的强化而趋于稳定，反而使得岷江道的边徼治理隐患重重，甚至使岷江道退化为荒蛮之地。唐宋时期，伴随着区域政治格局的变化，岷江道成为汉番接触的边徼前沿地带，其战略地位得到重视。为了维持边地的稳定，茶叶作为番民必需的大宗贸易品，被中央政权空前重视，并开始了茶马互市的经济性活动。南宋以降，在"以茶治边"的政策下，广泛推行的茶引制度强化了岷江道的商业贸易功能。作为川藏茶马互市的重要通道，明清以来的岷江道治理是以经济活动为主，辅以相应的边关、卫堡的管理体系，促进了多民族交流交融式发展。

从自发行为到政府行为：近代中国的茶叶出口检验实践

何　强　何施怡

（湖北大学）

茶叶出口检验是挽救近代中国茶叶出口日渐衰减困境，促进茶业改良的重要举措。迄今为止，关于近代中国茶叶出口检验的研究多集中在史实的梳理上，对茶叶出口检验运作实态的关注明显不够。[①] 本文拟在学界已有研究的基础上，根据散见于"中央研究院"近代史研究所档案馆藏"实业部档案"中的茶叶出口检验档案、民国报刊、专著以及沪、汉两商品检验局的业务报告等，从制度、技术变迁的角度，来考察近代中国的茶叶出口检验实践及其成效。

一、清末民初的茶叶出口质量管理实践

茶叶是近代中国参与国际贸易的大宗商品。五口通商以后，华茶出口渐旺。至1886年，茶叶出口总量达221.72万担，为历史最高峰。此后，中国的茶叶出口开始衰减，出口量在总体上也呈下降趋势（详见图1）。

从图1我们可以看出，至1900年，华茶的出口量首次跌破150万担，仅输出138.4324万担，自此开始，中国茶叶的出口量长期徘徊在150万担左右。1917年，为缓解第一次世界大战引起的物资短缺、物价上涨，英国粮食部决定

[①] 尹在继：《中国出口茶叶检验史实》，《中国茶叶》1987年第3—6期；李丽英、孙淑松：《近代我国茶叶检验史略》，《中国茶叶》2008年第4—5期；樊汇川：《以检促改——近代商品检验制度与茶业革新》，《学术界》2022年第3期；高忠芳：《上海商品检验局研究（1929—1937）》，苏州大学2007年硕士学位论文；樊艳美：《二十世纪二三十年代挽救华茶的制度变迁》，苏州大学2011年硕士学位论文。

对干乳酪、肉品、奶油、茶叶等主要消费品施行统制,规定茶叶只能从印度、锡兰等属地购买,禁止进口华茶和爪哇茶。① 同年11月7日(俄历10月25日),俄国爆发十月革命,随之而来的是苏俄连年不断的内外战争。受此影响,中苏之间的茶叶贸易基本中断。如此一来,华茶的出口量从1917年开始断崖式下跌。至1920年,华茶出口量仅30.5906万担。此后,随着英国茶叶统制政策的结束,以及中苏关系的恢复,中国茶叶出口开始缓慢回升。可从市场占有率来看,这一时期中国茶叶的国际市场占有率是日趋萎缩的。② 从出口优势指数来看,这一时期中国茶叶的出口优势指数在总体上是下降的。③ 凡此种种,使业茶者无利可图,茶商希图通过"粗制滥造、摹仿假冒、搀伪作杂等方法,谋图蝇头微利,以为弥补,而其结果则反致弄巧成拙。本来成本虽较高,尚能依仗品质之优良,博得不少顾客之惠顾,但自从商人施行'自杀'政策后,成本并不十分减轻,而顾客对于华茶之印象,则日渐变坏,以致整个华茶信誉大受打击"。④ 这不但影响了华茶的出口,更使其陷入"出口衰减—业茶者无利可图—制造假冒伪劣茶叶—华茶荣誉受损—出口衰减"的恶性循环之中。

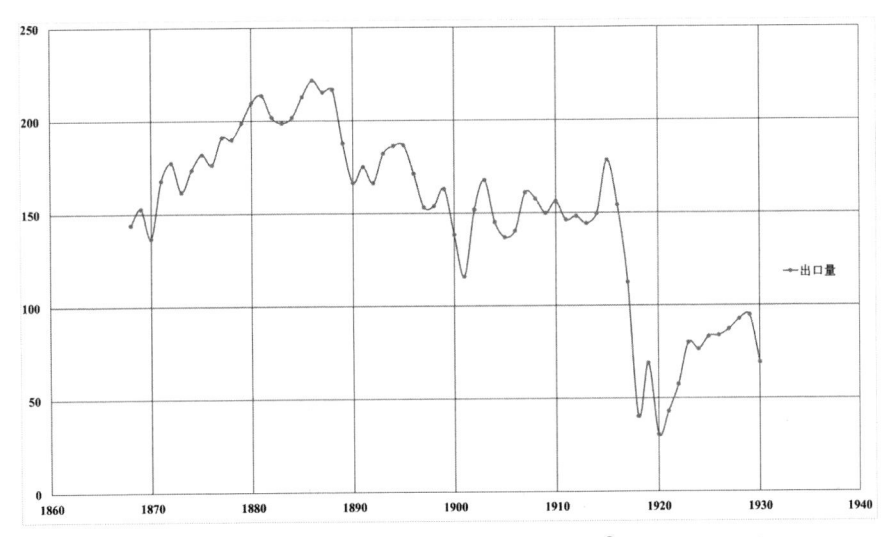

图1 近代中国茶叶出口量统计表(1868—1927)⑤ (单位:万担)

---

① 劳伊德:《英国战时经济统制》,孟广厚编译,正中书局1937年版,第59页;威廉·乌克斯:《茶叶全书》(下册),费鸿年等译,中国茶叶研究社1949年版,第69—70页。
② 陶德臣:《民国时期的茶叶对外贸易》,《湖北大学学报(哲学社会科学版)》2022年第2期。
③ 袁欣:《1868—1936年中国茶叶贸易衰弱的数量分析》,《中国社会经济史研究》2005年第1期。
④ 吴觉农、范和钧:《中国茶业问题》(下册),商务印书馆1937年版,第258页。
⑤ 杨端六、侯厚培等:《六十五年来中国国际贸易统计》,中央研究院社会科学研究所1931年版,第35页。

事实上，清末已有茶商注意到制贩劣茶、假茶是导致华茶出口衰减的重要原因。"装箱之时，其残败之叶不能捡去，致与茶叶同有污染之味，并茶末太多，又有他项之叶搀杂其内"，"照原看之茶样订购及订妥，而后来到手之茶与原式悬殊。是茶叶之逊前如此"。①有见及此，汉口、上海、福州、宁波等地颁布章程或告示，禁止制贩假茶、劣茶。在汉口，为解决样茶与批量货物之间不相符的问题，江汉关道发布各帮茶商公议章程，禁止先发样箱，要求各茶商将茶叶全部运到汉口，再从供货中随意挑选样茶对样，然后落簿、交价过磅。②在上海，江海关要求各洋商在沪购运绿茶时，"秉公抽提，各该号茶商均以化学实验，如再验有滑石、白蜡等粉渲染、欺伪各弊，即将该号箱茶全数充公严罚"。③在福州，南台税厘总局发布告示，严禁商民采摘各种木叶、萌芽制作假茶，掺杂渔利。一经发现，依《大清律例》处罚，"凡造作假茶五百斤以上者，本商及转卖之人俱发充军；店户窝顿千斤以上者，亦问发遣"。④在宁波，奉化县发布布告，禁止制贩着色茶、回笼茶。⑤可问题在于，对清政府来说，利用茶税、茶厘来增加财政收入才是它关注中国茶叶出口的真正原因，对假茶、劣茶问题并未给予足够的重视，上述章程或告示多是应茶商请求，为扩大华茶出口，减少或避免中外商务纠纷的应景之举。

民国初年，一些关心中国茶业发展的有识之士为挽救日渐衰减的华茶国际贸易，曾尝试建立茶叶检验机构，推行茶叶出口检验。1914年，为严禁作伪掺杂茶叶，时任北京国民政府农商部部长张謇拟在汉口、上海、福州等地设立茶叶检查所，推行茶叶出口检验，"凡行销外国之茶叶，均应接受茶叶检查所之检查"。茶叶检查所计划检查的项目有四项：色泽、香气、质味、重量。凡混用株柳等相似物，用粘质物制造，搀入铁屑等杂质，用靛青及各种颜料着色，以及灰末超标的茶叶，一律定为不合格，禁止买卖。其他茶叶定为合格，然后再分为四个等级：色、香、味俱佳者，为一等；色、香、味有其二可取者，为二等；色、香、味有其一可取者，为三等；色、香、味均次者，为四等。但由于人事、

---

① 《访察茶叶情形文件》，海关总税务司署造册处1889年版，第6—7页。
② 《布政使衔湖北汉黄德道监督江汉关李示》，《申报》1876年6月13日第2版。
③ 罗振玉辑：《整饬皖茶文牍》，载陈祖槼、朱自振编：《中国茶叶历史资料选辑》，农业出版社1981年版，第200页。
④ 《维持茶务》，《申报》1899年7月25日第2版。
⑤ 王力：《清末茶叶对外贸易衰退后的挽救措施》，《中国经济史研究》2005年第4期。

经费等原因，张謇的提议并未付诸实践。①

1915年，因"瓯茶到沪，发现搀杂伪质，茶商损失非轻"，时任永嘉统捐局局长钟云龙会同商董，邀集茶商筹议取缔假茶、劣茶，"附设茶叶检查处于商会，所需经费由各茶商担认，举定茶业会董王宝书为茶叶检查处处长"。同年4月1日，永嘉茶叶检查处正式成立，并在永嘉小南门地方设立检查分处，"派员检查，按照简章办理。检获伪茶，请县公署派警监视，当众烧毁"，茶市一过，即行裁撤。②1926年，检查处改由瓯江茶业公会办理，次年该会改组，检验工作陷入停顿，恰逢当时平阳至上海航线开通，原本必须由瓯江出口的茶叶，大多改从鳌江出口，于是温州假茶又死灰复燃，成为积重难返的风气。③

永嘉茶叶检查处是近代中国第一个官督商办的茶叶出口检验机构，可谓我国茶叶出口检验实践的滥觞，然而它只是一个地方性的茶叶出口检验机关，仅适用于温州局部地区，整体效果有限。

二、南京国民政府初期的茶叶出口检验实践

1928年，南京国民政府在形式上统一了中国，工商部④从发展对外贸易，必须增进输出商品的信誉这一观点出发，提倡对各种重要出口商品实施检验，这就为茶叶出口检验实践提供了契机和可能性。

（一）建立专业的茶叶检验机构

在第二次北伐战争期间，南京国民政府工商部部长孔祥熙就已提出励行商品出口检验，谋求对外贸易充分发展的主张。⑤1928年12月31日，南京国民政府工商部公布《商品出口检验暂行规则》（以下简称《暂行规则》）。《暂行规则》规定：在商品集中的地方设置商品出口检验局，对生丝、棉麻、茶叶、米

---

① 赵宁渌主编：《中华民国商业档案资料汇编（1912—1928）》（第1卷·上册），商业出版社1991年版，第343—347页。
② 《浙省设立茶叶检查处》，《时事新报》1917年5月25日第5版。
③ 陈椽：《茶叶检验》，新农出版社1951年版，第5页。
④ 1930年12月，工商部与农矿部合并，成立实业部，参见《实业部成立后部令发表一批秘书》，《益世报》1930年12月17日第3版。
⑤ 《孔部长对工商行政的宣言》，《中央日报》1928年4月22日第5版。

麦及杂粮、油、豆、牲畜毛革及附属品、其他贸易商品等八类商品进行出口检验。这八类商品出口时，应在报验关税前将名称、产地、品质、数量、起运期限、运往处所填具详单，在当地或距离最近的检验局进行检验。凡检验合格的商品，由检验局发给证书。无证书者，不得报关缴税，贩运出口。① 同日，南京国民政府工商部依据《暂行规则》第二条商品出口检验局"组织法另定之"的规定，颁布《商品出口检验局暂行章程》(以下简称《暂行章程》)。《暂行章程》对商品出口检验局的名称、职掌、组织结构、人事构成等进行了规定。②

《暂行规则》和《暂行章程》的颁布和实施，为南京国民政府初期商品检验机构和检验制度的建立提供了法律保障。近代中国的茶叶检验机构和茶叶检验制度正是以此为依据逐步建立起来的。1929年2月，根据《暂行规则》第一、二款和《暂行章程》第一、二款的规定，上海商品检验局成立。它的职责是检验有搀伪作弊、有毒害危险可能、须鉴定品质等级的进出口商品，茶叶被列为应行检验的商品，但当时上海每年进出口商品为数众多，应行检验的商品为类甚广，"唯商品检验，在吾国尚属创行，以商品种类之复杂繁多，既不能同时并举，而人才、经济之未能充裕，尤未能一蹴而就"。因此，上海商品检验局成立时，仅举办具有检验历史的棉花检验、牲畜正副产品检验、生丝检验，包括茶叶在内的其他应行检验商品，则先物色相关专业人才，次第筹备。③

1929年12月，上海商品检验局呈准南京国民政府工商部，委任茶学家吴觉农为该局茶叶检验筹备员，计划1930年春新茶上市时开始推行茶叶检验。④ 因吴觉农未能及时就任，茶叶检验工作暂缓举办。但相关筹备工作仍在积极进行，如上海商品检验局"曾分函各国商会，询问推广华茶之意见，如德国柏林商会及不来梅商会等，对于华茶，如装箱之过轻，品质之不良，搀合灰土、杂物等成分之弊窦等，均有极中肯之批评，曾经披露报端，使茶商咸知警惕。一面又分函美国农业部、日本茶业合作社中央会、台湾总督府殖产局及印度、锡兰等各主管官厅，索取各项章则，妥慎翻译，以供参考。其他如撰著茶业宣传文字，派员调查各处产销情形等，均在积极进行中"。⑤ 1930年终，吴觉农到局就职。

---

① 《商品出口检验暂行规则》，《工商公报》第1卷1929年第8期。
② 《商品出口检验局暂行章程》，《工商公报》第1卷1929年第8期。
③ 《实业部上海商品检验局业务报告（民国十八年一月至二十年三月）》，载王强主编：《民国质检史料汇编》（第9册），凤凰出版社2014年影印本，第79—87、107页。
④ 孔祥熙：《工商部令：公字第3888号》，《工商公报》1930年第20期。
⑤ 《实业部上海商品检验局业务报告（民国十八年一月至二十年三月）》，载王强主编：《民国质检史料汇编》（第9册），凤凰出版社2014年影印本，第272—273页。

次年1月，上海商品检验局在农作物检验处设置茶叶检验课，派吴觉农主持工作。吴氏当即着手草拟茶叶检验计划、规程及细则，购置各种仪器设备，对配备的人员进行技术训练。1931年7月，上海商品检验局正式开始茶叶出口检验工作。①

除上海商品检验局外，汉口商品检验局也设有专业的茶叶检验机构。1929年5月，汉口商品检验局成立。1931年7月，该局奉令办理茶叶检验，当即开始筹备茶检相关事宜，"物色是项专门人才暨调查汉市茶叶情形，俾便早日开验，并于7月17日着手进行。一面购置应用仪器、物品，拟定细则草案"。②旋因武汉水灾，筹备工作受阻，直到11月20日茶叶检验处方告成立，茶检工作正式开始。③

（二）制定统一的茶叶检验标准

专业的茶叶检验机构建立后，上海商品检验局联合汉口商品检验局组成茶叶标准审查委员会，制定茶叶出口检验标准，研究茶叶检验方法，逐步建立起一套相对完善的茶叶出口检验制度。

茶叶出口检验标准是检验和衡量计划出口茶叶是否合格的依据。1931年6月20日，南京国民政府实业部公布《实业部商品检验局茶叶检验规程》（以下简称《茶叶检验规程》）。《茶叶检验规程》第七条规定：标准茶应召集有茶叶学识经验之人员商拟，呈由实业部核定公布，并将按年改定，逐次提高。④据此，上海商品检验局制定《实业部上海商品检验局茶叶标准审查委员会简章》，建立一个由茶叶专家及有相当茶叶学识经验者组成的茶叶标准审查委员会，审查每年出口标准茶叶。该委员会由11至15位委员组成，每位委员的任期为1年。⑤1931年的茶叶标准审查委员会共有15人，具体名单如下（详见表1）：

---

① 《实业部上海商品检验局业务报告（民国十八年一月至二十年三月）》，载王强主编：《民国质检史料汇编》第9册，凤凰出版社2014年影印本，第105、110、273页；蔡无忌：《解放前的上海商品检验局工作概略》，载寿充一等编：《文史资料选辑》第88辑，文史资料出版社1983年版，第128页。
② 《实业部汉口商品检验局业务报告》，实业部汉口商品检验局1932年版，第42页。
③ 实业部商业司第二科编：《第二次全国商品检验会议汇编》，载张研、孙燕京主编：《民国史料丛刊》第655册，大象出版社2009年影印本，第329、331页。
④ 《实业部商品检验局茶叶检验规程》，《行政院公报》1931年第265期。
⑤ 《实业部上海商品检验局茶叶标准审查委员会简章》，实业部档案17-23-00-044，台湾"中央研究院"近代史研究所档案馆藏实业部档案藏1931年6月29日。

表1　1931年茶叶标准审查委员会委员一览表

姓名	职务	备注
徐善祥	实业部技监，茶叶标准审查委员会主任	美国哥伦比亚大学化学工程博士
徐廷瑚	农业部农业司司长	法国巴黎大学理科硕士，专攻农艺化学及分析化学
吴恒如	上海市社会局第二科科长兼技正	东京帝国大学农学院毕业
王兆澄	上海维乙公司经理兼技师	东京帝国大学农学士
张伟如	上海商品检验局技术官兼化验处主任	美国斯坦福大学理学士
卢世振	上海商品检验局化验处油类检验课技术官	英国曼彻斯特大学化学硕士
张康泽	上海商品检验局化验处杂品化验课技术官	德国明星大学化学硕士
叶元鼎	上海商品检验局技术官兼农作物检验处主任	美国乔治亚大学植棉科学硕士
吴觉农	上海商品检验局农作物检验处茶叶检验科筹备员	留日研究农业经济及茶叶四年
唐季珊	华茶公司经理	
陈翔周	忠信昌茶栈经理	
洪孟盘	洪源永茶栈经理	
朱葆元	震和茶栈经理	
Mikhireff, A. V.	苏联协助会茶师	
King, W. S.	英国锦隆洋行经理	

资料来源：《标准茶叶审查委员会名单》，1931年6月29日，实业部档案17-23-00-044，台湾"中央研究院"近代史研究所档案馆藏；《上海商品检验局讨论出口茶标准》，《新闻报》1931年6月28日，第16版；《农届人名录》，《农业周报》1931年第1卷第1期；《实业部上海商品检验局业务报告（民国十八年一月至二十年三月）》，王强主编：《民国质检史料汇编》，凤凰出版社2014年影印本，第9册，第394、396、404—405页；桥川时雄：《中国文化界人物总鉴》，中华法令编印馆1940年版，第28页。

从表1可以看出，1931年的茶叶标准审查委员会主要由具有留学背景的政府专家、中外茶商代表组成。1931年6月29日，该委员会在上海商品检验局召开第一次茶叶标准会议，制定出近代中国第一个茶叶出口检验标准——1931年《茶叶检验标准》（以下简称1931年标准）。1931年标准内容相对简单，仅涉及品质标准、水分标准、灰分标准三项指标。[1]但从此形成惯例，每年由茶叶标准审查委员会主任召集各委员，并函请汉口商品检验局派员，于当年4月前在上海商品检验局召开茶叶标准会议，共同审定本年度茶叶出口检验标准，然后呈准实业部公布施行。1931—1937年，实业部先后7次颁布茶叶出口检验标准，

---

[1] 《茶叶检验标准》，《实业公报》1931年第29期。

在茶检实践中根据现实情况不断修正上述三项指标，具体如下（详见表2）：

表2 1931—1937年茶叶出口检验标准一览表

年份	茶类	品质标准	水分标准	灰分标准
1931	绿茶	以平水二茶八号珠茶为标准茶	不得超过8.5%	不得超过7%
	红茶	以湖南次红为标准茶	不得超过8.5%	不得超过7%
	其他	色泽相当、味香可口	不得超过8.5%	不得超过7%
1932	绿茶	以平水二茶八号珠茶为标准茶	以9%为合格	最高以7.5%为合格
	红茶	以湖南次红为标准茶	以11%为合格	最高以7.5%为合格
	其他	色泽相当、味香可口	以12%为合格	暂不限制
1933	绿茶	以平水二茶七号珠茶为标准茶	以9%为合格	最高以7.5%为合格
	红茶	以湖南次红为标准茶	以11%为合格	最高以7.5%为合格
	其他	色泽相当、味香可口	以12%为合格	暂不限制
1934	绿茶	以平水二茶七号珠茶为标准茶	以8.5%为标准	最高以7%为标准
	红茶	以湖南次红为标准茶	以10.5%为合格	最高以7%为标准
	其他	色泽相当、味香可口	以12%为合格	暂不限制
1935	绿茶	以平水二茶七号珠茶为标准茶	以8.5%为标准	最高以7%为标准
	红茶	以湖南次红为标准茶	以10.5%为合格	最高以7%为标准
	其他	色泽相当、味香可口	以12%为合格	暂不限制
1936	绿茶	以平水二茶七号珠茶为标准茶	以8.5%为标准	不得超过7%
	红茶	以湖南次红为标准茶	以10.5%为合格	不得超过7%
	其他	色泽相当、味香可口	以12%为合格	不得超过7%
1937	绿茶	以平水二茶七号珠茶为标准茶	以8.5%为标准	不得超过7%
	红茶	红茶分祁红、宁红、湖红三种标准。温红以湖红为标准，宜红以宁红为标准	以10%为合格（含红砖茶）	不得超过7%（含红砖茶）
	其他	有掺入杂叶或假叶者，有霉蒸、烟臭或腐败品者，不得出口	以11%为合格	以9.5%为合格

资料来源：《茶叶检验标准及着色取缔办法》，1931年6月至1936年5月，实业部档案17-23-00-044，台湾"中央研究院"近代史研究所档案馆藏实业部档案藏；《实业部商品检验局茶叶检验施行细则》，《法令周刊》1935年第250期；《二十六年度茶叶检验标准着色及茶箱取缔办法》，《实业部公报》1937年第324期。

除品质、水分、灰分三项标准外，上海、汉口两商品检验局在茶叶出口检验实践中又先后加入着色标准和茶箱包装标准。

其一，着色标准。茶叶着色，创始于我国外销绿茶。最初的目的是使用蜡质及色料，预防长途运输时茶叶品质劣变，同时又可使茶叶外形美观，迎合顾客的需要。但部分茶商唯利是图，不顾着色是否合理，故意增加色料，甚至着有毒色料，失去了着色的本意，败坏了华茶的声誉。1933年起，茶叶出口检验开始加入着色标准，以着色标准样茶为检验标准，进行对照评定。若茶叶着色过浓，或与标准茶相同或更重者，以及着有毒色料者，均禁止出口。1933年以后，每年制定标准茶时，逐年降低着色浓度，力图达到逐渐禁绝着色茶的目的。①

其二，茶箱包装标准。茶箱包装可以起到方便运输，保护品质等作用。茶箱包装不良，已经影响到华茶的外销。据调查，华茶运到伦敦市场时，10%的茶箱已经破损，以致茶叶品质变坏，重量减少，买卖双方常起争执。1935年，美国茶商协会因茶箱包装不良问题，正式致函南京国民政府，要求采取有效措施，设法改良。②是以实业部于1936年公布茶箱取缔办法，对茶箱的制作标准作了详细规定：一是箱内加钉木条12根，用以增加茶箱的支持力；二是铅箔内壁须裱糊坚洁纸张，使茶叶与铅箔完全隔绝；三是箱外须注明茶类、商标、件数、毛重及净重、采制时期、制茶庄号及地点。其不合格者，须改装后方准出口。③

（三）设置规范的茶叶检验程序

根据《茶叶检验规程》的规定，南京国民政府初期的茶叶出口检验有报请检验、扦样、施行检验、签发证书四个环节。④各环节之手续及检验方法如下：

1. 报请检验。凡向国外输出茶叶，不问种类，不计多寡，均须在装运前填写茶叶检验请求单，报请商品检验局检验。茶叶检验请求单填写内容如下：茶叶堆存地点、种类、品名、产地、价格、包件号码、商标、件数、重量、出口日期、载运船名、受货地点以及报验人信息、报验日期等。报验单填写完成后，送至商品检验局会计课缴清检验费，转至报验处领取报验收据。若报验茶类系着色茶，还需填写着色茶申请书，注明运往地、所着色料名称。⑤

2. 扦样。商品检验局收到茶叶检验请求单后，派员前往茶叶堆存地扦样。扦样以件为准，每一百件或不满一百件者，开样四件；百件以上，每五十件加

---

① 《茶叶检验标准及着色取缔办法》，实业部档案 17-23-00-044，台湾"中央研究院"近代史研究所档案馆藏实业部档案藏 1931 年 6 月至 1936 年 5 月。
② 吴觉农、范和钧：《中国茶业问题》，商务印书馆 1937 年版，第 190 页。
③ 《二十五年度茶叶检验标准及着色茶取缔办法》，《申报》1936 年 4 月 1 日第 13 版。
④ 《实业部商品检验局茶叶检验规程》，《行政院公报》1931 年第 265 期。
⑤ 庄晚芳：《茶叶检验》，福建省政府建设厅茶业管理局 1939 年版，第 42 页。

开一件；不及五十件，作五十件计。扦样员根据开样件数酌量情形，从大堆中自由提取，报验人不得指定或有所限制。各件提出，一律揭开，用扦样筒插入扦取，以均匀为主，每件一斤（砖茶以块计），然后将扦取的样本混合在一起，从中取一斤，分装两筒，一筒交与报验人收存，一筒提回检验，剩余的茶叶当场发还。同时，由扦样员填写扦样凭单，交与报验人。①

3. 施行检验。商品检验局收到样品后，依报验顺序从事检验，检验手续限两日内施行完竣。检验项目计有三项：品质检验、水分检验和灰分检验。

品质检验是对茶叶形状、色泽、液色、香气、滋味等五个项目进行评定。其中，形状和色泽的检验采用干法：从样品中取至少半斤茶叶放置审茶盘中，然后进行评定。形状评定要点如下：长短、粗细、松紧、整碎、轻重、是否整齐、拣别是否洁净、有无夹杂物或掺假物等。色泽评定要点如下：深浅、枯润、鲜暗、是否着色、曾否劣变、是否调和等。水色、香气和滋味的检验采用湿法：从审茶盘中取样茶2.5克，放入审茶杯或审茶罐中，分二次加入20毫升沸水，5分钟后用铜丝瓢捞出泡开的茶叶，迅速嗅其香气，然后用匙取杯中或罐中茶液入口尝其滋味，后再审查液色。香气评定要点如下：高低、清浊、锐钝、纯正与否、有无青焦烟等不良气息。滋味评定要点如下：甜和、浓淡、清浊、是否苦涩、火候如何、有无刺激性及劣变酸腐气味等。液色评定要点如下：浓淡、清浊、鲜暗、液中有无漂浮物、水底有无沉淀物等。②

水分检验，又称干燥检验，专门检测茶叶水分含量的多寡。检验茶叶水分含量的方法甚多，常用的有两种：烘箱称重法（又称电气烘验法）和水分容量检验法。烘箱称重法是早期使用的检验方法。具体操作如下：称茶样10公分（即10克），放入已称过重量的金属杯内，待烘箱温度到达130摄氏度时，置入箱烘内进行烘烤。烘烤1小时后，即盛入一干燥器内，以防吸收空中的湿气。冷却十分钟后，取出称重。用原来的重量减去复秤的重量除以10，再乘以100%，即为茶叶水分百分率。③

然而，烘箱称重法通常需要72小时以上才能得到恒量，在检验实践上时间过长，对检验行政多有不便。因此，上海、汉口两商品检验局于1934年决定弃

---

① 《实业部上海商品检验局业务报告（民国二十年四月至二十三年三月）》，载王强主编：《民国质检史料汇编》（第10册），凤凰出版社2014年影印本，第15—16页。
② 庄晚芳：《茶叶检验》，福建省政府建设厅茶业管理局1939年版，第39—40页。
③ 《实业部上海商品检验局业务报告（民国二十年四月至二十三年三月）》，载王强主编：《民国质检史料汇编》（第10册），凤凰出版社2014年影印本，第21页。

用烘箱称重法，改用水分容量检验法。具体方法如下：称取样茶10公分，置于容积为250毫升的蒸馏瓶（即依氏烧瓶）中，加入10毫升甲苯、50毫升松节油，充分混合。开始徐缓加热，温度升至80摄氏度左右，即渐起气泡而沸腾。达到100摄氏度左右，蒸馏瓶中的水分与甲苯共同蒸出，并凝聚于刻度接受器中，同时温度仍在上升，至一百二三十摄氏度，水分及甲苯已全部蒸出，松节油则渐起沸化，至150摄氏度左右保持一二分钟，让松节油完全蒸馏到刻度接受器中，然后将刻度接收器不时振荡，使水分和油层分离而下沉。迨油层透明，即可读取刻度接受器细管底部的水分容量，所得水分容量乘以室温下水分密度，即为水分重量。用水分重量除以样品重量，再乘以100%，即为茶叶水分百分率。[1] 此检验法装置如下（详见图2）：

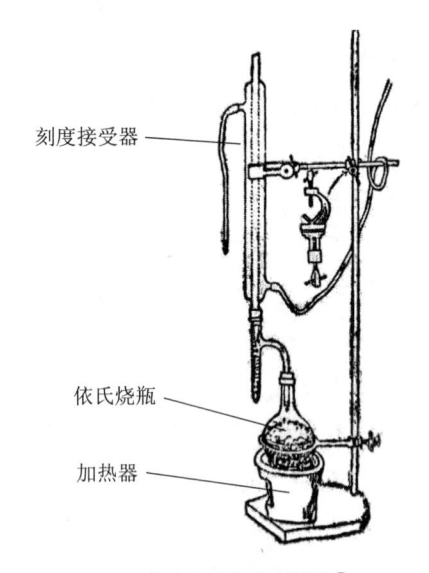

图2 水分容量检验法装置[2]

灰分检验是检测茶叶中无机物质含量的一种检验，它是评定茶叶品质高低的重要方法之一。具体方法如下：称样茶10克，用粉碎器磨成粉末状，从其中称取2克，装入瓷制烧杯中用微火焙炙，使炭质去尽，再用高热渐渐烧灼，使其充分灰化，直至呈现白色或灰色灰分为止。再移入干燥器中冷却十分钟，然后称其重量。之后进行二次烧灼，至重量不变为止，所得者为纯粹灰分。将灰

---

[1] 吴觉农、范和钧：《中国茶业问题》，商务印书馆1937年版，第277—278页。
[2] 陈椽：《茶叶检验》，新农出版社1951年版，第48页。

分重量除以样茶重量再乘以 100%，即为茶叶灰分百分率。①

以上三项检验为一般茶类的正常检验项目。若报请检验茶类为着色茶，则需要附加着色检验。着色检验方法颇多，常用者有以下三种：

第一，显微镜检验法。具体方法如下：将着色茶置于显微镜下观察，必呈黑暗不透明状，但只能辨认部分着色物的性状。或将着色茶用水泡之，使颜色或粉饰物与茶叶分离，一部分浮游于水面，用玻璃棒将其引至显微镜下观察，大部分粉着色物可从中检测出来。②

第二，立特氏检验法。该检验法由美国人立特氏（E. A. Read）推荐，故名立特氏检验法。凡报验着色茶须鉴别其使用的色料与所填报各物是否相符，以及有无其他色料混入，需使用立特氏检验法进行检验。具体方法如下：先将样品磨成粉末状，用一方寸八十网眼细丝筛子筛出细末，然后将细末分别摊放于白色和黑色拷板纸上，再用指头或竹篦子往复按摩若干次。至按摩适度，轻轻拂去茶末，使用扩大镜观察纸面残留的色彩痕迹。若在白色拷板纸上所见颜色为蓝绿，遇到盐酸等酸类，颜色褪去，则可判定色料为群青；遇到稍浓硝酸褪色，苛性加里（又称氢氧化钾）液不褪色，则可判定色料为蓝靛；遇到稀薄苛性加里液褪色，稀硫酸不褪色，则可判定色料为绀青。若在黑色拷板纸上见有颜色，则色料必为滑石、石膏、陶土等。

第三，化学检验法。群青、蓝靛、绀青以外的其他色料无法用立特氏检验法检测出来，只能借用化学检验法来检验。具体方法如下：取着色茶一大罐（约二三百克），置于竹筛上，用罐盖在茶叶上往复摩擦，或用洁手捻搓，使着色物与茶叶脱离，与尘土、粉末等杂质混合，然后用筛子筛下约有五至十克细末，放入瓷皿中缓缓烧灼成灰。冷却后加入 5 毫升盐酸、3 毫升硝酸煮渍，及干涸放入 100 摄氏度烘箱中烘约一小时。取出冷却后再加入 5 毫升硝酸，煮沸使其溶解，加入 5 毫升水过滤，并用 5 毫升热水冲洗。取此滤液，根据铅、铜、镉、铬、锌、钡等金属的特性，利用相应化学药剂试验，检测色料含有何种金属。③

4. 签发证书。检验完毕，由负责检验人员在检验单上签字，商品检验局通知报验人持扦样凭单赴局换领茶叶合格证书，以便报关出口，茶叶出口检验

---

① 《实业部上海商品检验局业务报告（民国二十年四月至二十三年三月）》，载王强主编：《民国质检史料汇编》（第 10 册），凤凰出版社 2014 年影印本，第 21 页。
② 庄晚芳：《茶叶检验》，福建省政府建设厅茶业管理局 1939 年版，第 48 页。
③ 吴觉农、范和钧：《中国茶业问题》，商务印书馆 1937 年版，第 287—292 页。

手续至此告终。需要注意的是，茶叶合格证书有效期为1年。检验合格的茶叶，商品检验局应在其包装上逐件加盖标识。茶叶检验给证后如需变更包装，应报请商品检验局核准，派员监视改装，并重加标识。①

总之，在南京国民政府初期，国家积极介入茶叶出口质量管理，励行茶叶出口检验。为此，实业部设立了专业的茶叶检验机构，制定了统一的茶叶检验标准，设置了规范的茶叶检验程序，采用科学的检验方法来实施茶叶出口检验。

三、南京国民政府初期茶叶出口检验的成效与不足

随着上海、汉口两地茶叶检验机构的设立，以及一系列茶叶出口检验制度的实践与推行，对当时处于困境中的中国茶业产生了一定积极作用。

首先，茶叶出口检验成绩显著。1931年7月，上海商品检验局开始推行茶叶出口检验，至同年12月底，共检验茶叶264884.04担。②1931年11月，汉口商品检验局开始推行茶叶检验，"因茶市已过，且各地水灾、兵匪关系，存货不多，计检验以来，迄12月31日止"，仅检验茶叶8735.3担。③但从1932年开始，上海、汉口两商品检验局检验的茶叶数量迅速增加，在外销茶总数中所占比重不断上升。1935至1936年，沪、汉两局检验的茶叶总数甚至超过了同年外销茶的总数，这正是当时茶叶出口检验成绩显著的表现，具体如下（详见表3）：

表3 1932—1936年检验茶叶数量及所占外销茶总数比重表

年份	检验茶叶数量			外销茶总数（担）	比重（%）
	沪局（担）	汉局（担）	总计（担）		
1932	302091.90	253131.80	555223.70	653556	84.95
1933	326782.92	285332.68	612115.60	693757	95.67
1934	424727.50	349405.72	774133.22	778194	99.48
1935	377653.58	299620.50	677274.08	630842	107.36
1936	416548.32	239553.84	656102.16	616682	106.39

资料来源：沈国瑾：《我国商品检验的史实》，南京：实业部商业研究室，1934年，第97、110

---

① 《实业部商品检验局茶叶检验施行细则》，《法令周刊》1935年第250期。
② 沈国瑾：《我国商品检验的史实》，实业部商业研究室1934年版，第97页。
③ 《实业部汉口商品检验局业务报告》，实业部汉口商品检验局1932年版，第91—92页。

页;《民国二十三年上半年检验外销茶叶数量统计表》,《检验统计》1935 年第 1 期;《民国二十三年下半年检验外销茶叶数量统计表》,《检验统计》1935 年第 1 期;《民国二十五年下半年检验外销茶叶月别数量统计表》,《检验统计》1937 年第 3 期;《出口茶叶检验合格数量国别统计》,《国际贸易导报》1936 年第 8 卷第 2 号;《出口茶叶检验合格数量类别统计》,《国际贸易导报》1937 年第 9 卷第 2 号;陶德臣:《民国时期的茶叶对外贸易》,《湖北大学学报(哲学社会科学版)》2022 年第 2 期;茅家琦等主编:《中国旧海关史料》,京华出版社 2001 年版,第 116 册,第 403 页;茅家琦等主编:《中国旧海关史料》,第 119 册,第 424—433 页;茅家琦等主编:《中国旧海关史料》,第 123 册,第 300—309 页。

其次,茶叶出口检验在一定程度上改善了茶类品质,挽回了华茶在国际市场上的声誉。改善茶类品质是南京国民政府推行茶叶出口检验的目的之一。自 1931 年实施茶叶出口检验以来,外销茶的合格率不断提高。据不完全统计,1931 年 7 至 12 月,上海商品检验局检验的红茶合格率为 24.17%,绿茶为 91.88%,其他茶类为 0.25%,平均合格率为 63.41%。[1] 至 1936 年底,报请检验的茶叶合格率已接近 100%,这正是茶叶品质改善的直接表现。[2]

更为重要的是,部分茶叶消费国对华茶的印象有所改观。在实施茶叶出口检验前,华茶运至消费国时,通常需要接受进口检验,这不但需要茶商支付一笔额外的检验费用,他们还必须承担茶叶被禁售的风险。茶叶出口检验实施后,部分国家开始对华茶入口实施免检政策。以新西兰为例,"纽丝纶(新西兰旧称——引者按)茶市,昔为我国所独占,乃近十数年来因纽政府严定律例,限定华茶入口,须经卫生局检验。受检验者,多认为不合标准,除罚缴检验费外,并令商人具结,限将该茶售于华侨,不得卖与外人饮用。此例实行以来,不独我国茶业在纽市场为印、锡茶夺尽,且令华茶声誉含垢蒙羞"。茶叶出口检验实施后,中国驻惠灵顿领事馆认为,经检验合格、准予出口的中国茶叶品质优良,实在没有再行检验的必要。因此,该馆多次与新西兰政府交涉,要求华茶入口免检,取消销售限制。1936 年 9 月,新西兰政府正式函复中国驻惠灵顿领事馆:嗣后华茶入口,凡经中国政府检验合格者,概予免检,并不限售华人。[3]

综上可见,茶叶出口检验的实施,对改善茶类品质,挽回华茶声誉发挥了积极作用。遗憾的是,1931 年以后,华茶外销总数仍长期徘徊在 70 万担上下,

---

[1] 《上海商品检验局茶叶水分检验结果统计表(自民国二十年七月八日至十二月底)》,实业部档案 17-23-00-044,台湾"中央研究院"近代史研究所档案馆藏实业部档案藏 1932 年 4 月 29 日。
[2] 《出口茶叶检验合格数量类别统计》,《国际贸易导报》第 9 卷第 2 号,1937 年。
[3] 《华茶入口之限制取消》,《外部周刊》1936 年第 131 期;樊汇川:《以检促改——近代商品检验制度与茶业革新》,《学术界》2022 年第 3 期。

在总体上也呈下降趋势。[①]其中虽有战争以及印度、锡兰、爪哇、日本茶叶竞争等客观因素的存在，可是当时的茶叶出口检验制度的确存在诸多不足，其振兴华茶出口的效果必然大打折扣，这可以从两个方面得到印证。

其一，检验标准执行不严。以取缔着色茶为例，着色茶品质低劣，甚至含有毒成分，它的输出对华茶在国际市场上的声誉造成诸多不良影响。1933年，南京国民政府实业部颁布《着色茶取缔办法》。该办法第三条规定："凡着有黄色铬酸铅（俗名淡黄、三鱼黄、义记黄等）、绿色亚砒酸铜、氢氧化铜（俗名砂绿等）及其他有毒色料者，禁止出口。"[②]颁布取缔办法的目的在于主动自禁，以免华茶市场被他国茶商攘夺。当时着色茶主要销往非洲地区，茶商运往非洲的茶叶大多数都含有铬酸铅，按照前述办法，着色茶理应禁止出口。1933年5月，上海商品检验局通告各茶商：《着色茶取缔办法》于1933年6月22日施行。然而，茶商认为该办法操之过急，要求变通处理。他们的理由有三：一是着色茶均系内地商人所为，当年到上海的茶叶已难禁止有毒色料；二是茶栈及洋行均无化学知识及化学设备，无法辨别所买茶叶是否含有取缔办法规定的各种有毒色料；三是法国政府虽然禁止着色茶运销其非洲属地，但并未切实执行，着色茶仍可运非，中国何必禁止？多方征求意见后，上海商品检验局认为上海"出口茶叶，绿茶占十之八，而着色茶又占十之七"，茶叶着色积习为时久远，若操之过急，可能导致"茶叶对外贸易骤告停顿，同时且影响及于各级金融"。有鉴于此，上海商品检验局呈准实业部，将1933年运非茶叶中与《着色茶取缔办法》第三条规定稍有不符者，暂准通融出口。[③]

其二，茶叶出口检验制度并未全面普及。近代中国通商口岸众多，上海、汉口、九江、天津、福州、厦门、广州等商埠都有茶叶出口。可是在南京国民政府初期，仅上海、汉口两处设有茶叶检验机构，推行茶叶出口检验，其他口岸均没有茶叶检验机构的设立，更不用说举办茶叶出口检验。这给部分茶商提供了可乘之机，"经由上海、汉口出口之茶，皆有证书。而不合格者，往往向未设检验机关之商埠出口，因此不特不能绝禁劣质茶叶之输出，抑且使外人有同一华茶，而

---

① 陶德臣：《民国时期的茶叶对外贸易》，《湖北大学学报（哲学社会科学版）》2022年第2期。
② 《呈送茶叶检验标准及着色茶取缔办法》，《国际贸易导报》1933年第5卷第5号。
③ 《为着色茶取缔办法执行困难，可否量予通融事》，实业部档案17-23-00-044，台湾"中央研究院"近代史研究所档案馆藏1933年8月9日。

生证书有无之感"。① 为弥补这一缺陷，南京国民政府于 1936 年 7 月 1 日起，分别在祁红茶区的祁门、浮梁、至德三地以及屯绿茶区的屯溪镇及周边地区试行茶叶产地检验。② 产地检验的试行，在一定程度上弥补了上述缺陷，因为产地检验"可就近指导茶农、茶厂之采制，俾质量得以提高、包装得以改良、着色得以取缔，粗制滥造、掺杂、掺伪之风得以除灭"。因此，南京国民政府实业部于 1937 年设立茶叶产地检验监理处，专门负责办理各地茶叶产地检验事宜。③

可是好景不长，随着抗日战争的全面爆发，上海、汉口两商品检验局办理的茶叶出口检验工作相继停止，茶叶产地检验监理处亦宣告结束，茶叶出口检验和产地检验工作皆交由各省产业区设立的茶叶检验机关负责。但由于战争的原因，抗战时期茶叶出口困难，茶叶出口检验与产地检验皆收效甚微。④

四、余论

清末民初，面对茶叶出口日渐衰减的困境，茶商在市场竞争的压力下尝试对茶叶出口进行质量管理，清政府和北京国民政府则无所作为，在茶叶出口质量管理方面明显缺位。实际上，无论是晚清时期禁止假茶、劣茶的章程或告示，还是 1915 年设立的永嘉茶叶检查处，它们都是市场作用下的茶叶出口质量管理措施。虽有政府参与其中，但从严格意义上来说，它们大多是被动型自发行为，市场机制是茶商实施茶叶出口质量管理的主要动因。南京国民政府初期，政府积极介入茶叶出口质量管理，励行茶叶出口检验，这是一种典型的政府行为。

茶叶出口检验是南京国民政府进行茶业改良的措施之一。推行茶叶出口检验的目的，"消极方面在于取缔搀伪作假，禁止劣质茶之输出，借以提高品质，增进信誉；积极方面在于促进生产、运销上之改良"。⑤ 实践证明，南京国民政府初期的茶叶出口检验在改善茶类品质，挽回华茶在国际市场上的声誉等方面的确取得了一定的成效。正如庄晚芳所说，茶叶出口检验"进行至今，仅

---

① 吴觉农、范和钧：《中国茶业问题》（下册），商务印书馆 1937 年版，第 296—297 页。
② 樊汇川：《以检促改——近代商品检验制度与茶业革新》，《学术界》2022 年第 3 期。
③ 《实业部茶叶产地检验监理处办理各地茶叶检验》，《时事新报》1937 年 4 月 8 日第 9 版。
④ 陈椽：《茶叶检验》，新农出版社 1951 年版，第 6—7 页。
⑤ 吴觉农、范和钧：《中国茶业问题》（下册），商务印书馆 1937 年版，第 261—262 页。

有五六年之历史，期间虽然短促，但每年标准逐渐提高，检验方法亦随之改进，已经渐到完善之境。几年来出口茶叶质量之改善既有显著的效果，在国际贸易上已不似早期之骤于衰落，还可以保持有相当的销路"。[①] 可惜的是，这一实践因抗日战争全面爆发而中断，加之存在检验标准执行不严、普及范围有限等缺陷，它最终没能解决近代中国茶叶出口日渐衰减的困境。

但从长时段来看，近代中国的茶叶出口检验实践，为新中国茶叶检验制度的建立积累了经验，奠定了基础。比对建国初期的茶叶检验标准、茶叶检验设备、茶叶检验方法、茶叶检验程序，我们可以看到南京国民政府初期茶叶出口检验的种种痕迹，这也是近代中国茶叶出口检验实践的贡献所在。[②]

---

① 庄晚芳：《茶叶检验》，福建省政府建设厅茶业管理局1939年版，第3页。
② 对外贸易部商品检验总局：《茶叶检验手册》，财政经济出版社1957年版。

四、古道风情

彼岸的目光
——外国人眼中的蒙顶山茶和川藏茶马古道

高富华

（四川省雅安市融媒体中心）

19世纪末至20世纪初，有不少外国人进入四川至西藏的茶马古道考察，在不经意间，"藏茶"和茶马古道进入他们的视野，在他们的考察报告中，出现了背夫、茶、古道等内容。

一、"另议专条"为印茶入藏打开了方便之门

19世纪中叶，鸦片战争打开了中国国门，茶马古道和南方丝绸之路交汇之地的雅安，西方人的脚步也开始踏上了这片土地。在1876年《中英烟台条约》签订以前，外国人进入西藏遭到抵制，外国人取道雅安等地进入西藏拉萨的，几乎都是以失败告终，成功者寥寥。

最早对雅安有较为完整记载的是法国传教士古伯察。

古伯察是法国入华遣使会会士，他乔装打扮，从内蒙古秘密进入西藏，1846年1月29日到达西藏首府拉萨。

他在拉萨居住近两个月之后，驻藏大臣琦善奉清廷的命令予以驱逐，被"礼送"出藏。1846年6月，古伯察被"礼送"出境时路过了雅安。

在他的《中华帝国行》[①]一书中，第一章写的就是他从打箭炉到雅安的旅程：

[①] 古伯察：《中华帝国纪行》，张子清、王雪飞译，南京出版社2012年版。

尽管山路很难行走，危险重重，但旅行者常常在这里行走，因为没有其他的道路通向打箭炉，这是中国内地与西藏之间进行贸易的地方。在这些狭窄的山路上，你随时遇到一长队一长队的脚夫，背着在雅州的茶砖，送往西藏各地。

这种茶经过压制，粗粗地压紧成一包包，再用皮带捆紧，背在脚夫的背上。他们个个背着大捆大捆的茶砖，你甚至在他们当中看到有老翁、妇女和小孩，他们一个跟着一个地爬山。他们挂着棍尖包铁皮的棍子，眼睛看着地面，默默地迈开脚步缓慢前行。带队的人不时地用铁尖棍敲击山岩，发出短暂休息的信号，跟在后面的人依次敲击山岩，发出信号。不一会儿整个队伍就停下来了，每个人都把棍子撑在自己的身后，减轻一点儿重量，竖起脑袋，发出一声长长的嘘声，仿佛是一声痛苦的叹息。他们用这样的办法努力恢复体力，使他们枯竭的肺获得一点儿空气。但经过一两分钟休息，沉重的分量又压在他们的背上和颈子上了，身体又弯向地面，运输队再次向前移动。

当我们无论什么时候遇到这些不幸的运输茶砖的苦力时，他们总得停下来，背靠着山石，以便让我们通行。

茶砖是中国内地与西藏之间贸易的大宗货物，很难相信这么大宗的货物每年从四川运出来。这些肯定不是生活必需品，但是它们与藏民生活习惯和需求联系得如此紧密，以至于他们现在到了如果没有茶砖就不行的地步。

清溪的风特大，每天傍晚狂风大作，摇撼房屋，发出啸声，仿佛一切要化为碎片。离开清溪县之后，我们在雅州府停留，雅州是一个二等的漂亮城市，有着令人陶醉的清新。我们住的客栈，有一个漂亮的大院子，供旅客住的房间环绕着大院子。

古伯察在书中预言：

中国的国门必将被打开。

在他的笔下，有较多的篇幅说到了茶和背夫，为我们勾勒了100多年前雅安到康定的茶马古道的大致"轮廓"。

《中英烟台条约》签订后，经雅安进入康藏的外国人猛然增多，其原因是《中英烟台条约》中"另议专条"规定：英国从1877年起有可派员由中国内地入藏至印度或由印度入藏"探路"的权利，护照由总理衙门"察酌情形，妥为办给"，由此英国人获得了由川滇入藏的"合法"权利。此后，西方"列强"纷纷效仿。"另议专条"的背后，也与雅安藏茶有关。

1858年，英法俄与中国签订《天津条约》，外国人可以到中国内地游历。从19世纪下半叶开始，英国人、法国人的身影出现在这里。库珀就是藏印商路的最早探路者。

19世纪下半叶，英国商界迫切要求打开中国的西南门户。英印政府把目光放在了西藏巨大的茶叶消费市场上，企图将印度的茶叶打入藏区消费市场，直至取而代之，进而形成战略扩张，扩大在华经济利益。

然而，对英印政府和商界来说，藏茶究竟在哪里生产？生产工艺怎样？茶叶如何运输？路程有多远？西藏地区的茶叶市场到底有多大？利润能达到多少……这一连串的问题，弄得他们一头雾水。

于是，一个又一个英国人被派到四川雅安至巴塘、云南丽江至巴塘一带的康藏、滇藏茶马古道上进行考察。他们从各个角度搜集、整理中国西南边疆的茶业经营情报信息。他们的考察，不仅收集了雅安茶叶生产、加工、运输、销售、收入等重要情报，还从英印政商两界在中国的整体经济利益层面来分析、判断、设计印茶入藏的战略。有人甚至提出，追求经济利益并不能作为印茶入藏的最终目标，最终目标应该是实现英国商业在这一地区乃至更大范围的扩张，包括在华势力范围。他们断言：

> 如果对茶叶贸易垄断被打破，那么中国（政府）对西藏的重要影响也会消失。

近代（1840—1949）有多少外国人在康区游历考察活动？他们考察的是什么内容？在历史上产生了什么影响……

曾在甘孜工作过的四川旅游学院教授向玉成研究成果表明，包括了今四川的甘孜、阿坝、凉山、雅安，也包括云南的丽江、迪庆，西藏的昌都和青海的玉树在内的"康区"。近代进入"康区"游历考察的外国人来自世界24个国家，人数多达600多人；外国人进入康区的目的主要有三：一是传教；二是政治经济贸易的考察；三是科学考察。

外国人是从哪里进入康区的？外国人入康路线主要是青康、川康和滇康等路，其中经雅州（今雅安）入康的人数占了一多半，而大相岭正是外国人进入康区的必经之地。进入康区的外国人首先关注的就是作为藏区最大宗商品贸易的康藏茶叶贸易。

1867 年，英国人库珀在上海接受一欧洲商人团体的委托，寻找一条在中国和印度之间更短更直接的茶叶贸易通道。

于是，库珀从上海出发，经重庆、成都、雅州越大相岭，经打箭炉前往巴塘，千方百计伺机前往西藏察隅和印度阿萨姆，受到抵制后按原路返回，经打箭炉、雅州、嘉定、宜宾，11 月到汉口。

1869 年 5 月，库珀获加尔各答英国商会的支持和英印政府的协助，打算从印度阿萨姆至中国巴塘考察。被藏军阻止，考察失败。虽然探路未果，但他看到了巨大的商机。他写了《拓商先锋中国行——近代世界对华印象》[①]一书，并于 1871 年出版。这是西方人在中国藏印之间沿茶马古道探路游记的先驱之作，比英国人戴维斯于 1911 年出版的另一著名探路游记《云南：连接印度和扬子江的锁链》，整整早了 40 年。

库珀两次进入藏区，最大的收获就是发现了"茶叶市场"。在《拓商先锋中国行——近代世界对华印象》一书中，库珀对茶马古道沿途汉区、藏区的商贸与民族风俗都有记载和描写，可以折射出古代商路的贸易情形。汉人经打箭炉向西藏运销砖茶等货物，以换取藏民的羊、鹿、大黄、毛皮、麝香与各类药材，他估计每年西藏要消费川茶约 600 万磅（1 斤 = 1.33 磅 = 1 坨；1 驮茶叶 = 25 公斤）。在库珀的笔下，对茶叶入藏自然有着十分形象的记述：

> 在进入通往打箭炉的峡口处，我们超过了一队将近 200 人的从雅州运茶到打箭炉的队伍。在路上我已经发现过有着数百人的长长的运输茶叶的背夫队伍……
> 政府官员许诺他们的日工资，由半日的一百文涨到二百文。在陡峭的二郎山山峰脚下的大渡河岸边的羊肠小道上，长长的运输队伍的侧影看上去犹如一道风景线，每个男子平均背负八包茶叶，即 72 公斤，但其中也有背十二包的，大约 109 公斤。

---

① T. T. 库珀：《拓商先锋中国行——近代世界对华印象》，魏孝稷译，中国文史出版社 2019 年版。

库珀考察的路线，正是古已有之的川藏茶叶大道（今称川藏茶马古道）。清同治年间，从雅安入藏的茶叶数量达 110000 引（1 引 = 100 斤）。这上千万斤的茶叶入藏，全靠人力背运至康定后，再由马驮入藏。

库珀的考察，他得知打箭炉有 48 家锅庄，来自雅安、名山、荥经、天全、邛崃的南路边茶，源源不断地运到打箭炉后，在锅庄交易后再转运到西藏、青海等地。

茶叶是藏族人不可缺少的东西，因而也是川藏贸易最重要的商品。中国人出于边茶贸易垄断的需要，对雅安生产砖茶的制作过程完全保密，库珀设法从客栈老板那里打听到了砖茶的制作过程和工艺，他分不同等级的茶叶产地、采摘时间、制作工序、单价、销售区域分别做了详尽的描写，为印茶按雅安边茶的生产工艺和标准提供了较为准确的参考依据。

库珀认为，在印度阿萨姆邦布拉马普特拉河谷的坡地上种植的茶叶，就能够取代中国内地的茶叶而占领西藏的市场。他回到印度后，立即向英属印度政府提出建议：中国一旦准许印度茶叶入藏，印度茶叶在与雅安茶叶的竞争中可轻易获胜。英印政府所获效益将弥补鸦片贸易利润随时可遭到的损失（他已认识到鸦片贸易不可能长久）。如果能用印度茶叶替代中国茶叶，这将是一个有着巨大价值的市场。

> 茶叶是打通西藏线的有力武器，印茶若能取代川茶，英国将获巨利。

英国政府对库珀的建议十分重视。8 年后，即 1876 年，《中英烟台条约》签订，"另议专条"，为印茶入藏打开了方便之门。

1888 年（清光绪十四年）3 月 20 日，英国出兵数百人，向隆吐山发起进攻，发动第一次侵藏战争，藏军奋起抵御。1890 年，英国迫使中国签订《中英印藏条约》，1893 年《中英会议藏印条款》规定，印茶五年后可入藏销售。1904 年，英国再次发动侵藏战争。英国侵略西藏并动用武力是与印茶入藏的目的紧密相连的。

英国对于清政府从川茶销藏贸易中获利颇丰垂涎已久，一直企图用印度所产茶叶取而代之。1865 年开始仿制雅安康砖茶，企图打入西藏市场。英属印度茶叶不仅在国际市场上夺我茶利，在 19 世纪末期，随着英俄帝国主义侵略西藏步伐的加剧，印茶"暗度陈仓"，潜运入藏。英国为使印茶销藏合法化，极尽威胁利诱之能事，企图迫使清廷订约通商，明订茶叶入藏章程。侵藏战争结束后，印茶乘虚而入，接着是一场没有硝烟的"茶叶战争"，以致后来印茶不仅越过了喜马拉雅山到了拉萨，还长驱直入，曾一度卖到了打箭炉。

继库珀之后，考察川藏茶马古道的外国人日益增多，1872 年，德国地理学家、"丝绸之路"的命名者李希霍芬①也到了雅安考察神秘的贸易大道"南方丝绸之路"。

> 雅安是座大城，因为经水、陆可达，所以它便成了一个尤为广大、尽管并非人口众多的贸易枢纽，西藏和西昌是经过这里供给物资的主要地区。

在李希霍芬眼里，雅安就像德国的巴登（德国著名旅游胜地）：

> 在这里溜达，进戏院，逛商店，似乎在尽情地享受生命赐予的最好东西。

走在从名山到荥经的路上，他看到了有很多茶树。

> 名山县因为大量生产茶叶以供应西藏所需而惹人注目。这里的茶树高大且长着深色的叶子。这里的人不怎么讲究地用大叶子泡茶。据说茶叶被运往打箭炉进行加工，成了砖茶。荥经县生产大量的茶叶，周围的山谷都在红砂岩上种茶。茶农现在正把茶用大口袋装着背到荥经去卖，都是些带着枝子的老叶，晾了一下，都还没卷在一起。到了荥经它会烘干和炒一下，然后打包运到打箭炉。这里的人会让茶树长到 10 米高，许多山坡都种满了茶树。

二、"专程"考察，偷窥雅安藏茶生产技术

除了古伯察、库珀、李希霍芬之外，但凡在这里考察的外国人，他们大多说到了茶，但只是"捎带"。其中也有外国人到这一带专门考察雅安藏茶的。最

---

① 李希霍芬：《李希霍芬中国旅行日记》，李岩、王彦会译，商务印书馆 2019 年版。

为著名的是英国的罗森。

1891年，罗森[①]从重庆出发，考察路线为乐山—洪雅—雅州—荥经—清溪—泸定—打箭炉—天全—芦山—雅州—名山—邛崃—崇州—成都。写了 *On the Tea Cultivation in Western Ssuch'uan and the Tea Trade with Tibet Via Tachienlu*（《四川西部的茶树种植以及经由打箭炉与西藏的茶叶贸易》）一书。

> 中国内陆和西藏间的茶叶贸易存在于边境小镇打箭炉，而且从很早的时候就已经吸引了很多外国旅客的注意。如果某人恰好正在打箭炉城之外的非藏区地区漫游，当他看到无穷无尽的牦牛商队群背着叫作"砖头"的细长包裹，行走在无法用语言表述的崎岖道路上，或看到数不尽的搬运工背着沉重的货物，跟跟跄跄地行走在陡峭的山脉之间时，他绝对会感到震惊。
>
> 茶叶贸易开展于如此艰难的环境之中，而且明显也取得了巨大的成功，尽管它很不可思议，但人们最近几年对于茶叶的研究并没有仅仅局限于其商业领域和政治领域。已故的巴伯尔先生是一位十分精明的观察家，也是一位相当和蔼的作家，他最喜欢的主题也是茶叶研究，他曾说到，西藏作为一个茶叶消费量庞大的地区，就临近性来说，应该主要从阿萨姆或是从印度来进口茶叶。西藏人认为，印度的茶不适合西藏的茶叶市场，或至少不像中国的茶类产品一样适应西藏市场，这也是因为印度茶喝起来更涩，茶的兴奋效果也更强。
>
> 1891年，当我经天全从打箭炉到雅州的时候，我有机会观察到了茶叶贸易的外在和表面上的特征。后来，在我继续深入到茶叶研究的时候，我又收集到了一些各式各样的且迄今不被众人所知的细节和统计资料。虽然人们并不是特别想要得到这些细节和资料，但是它们至少是真实的，而且完全值得信赖。
>
> 我在开始我的旅途之前就在想一个问题，即茶叶是否会长在四川西部的野外地区，在一个土壤和气候都非常适合茶叶生长的地方，所以如果人们对茶树放任不管，让它们自由生长的话，我认为茶树很有可能会存活下来。

[①] A. De Rosthorn（罗森）, *On the Tea Cultivation in Western Ssuch'uan and the Tea Trade with Tibet Via Tachienlu*, Isha Books, 2013.

关于四川当地的茶树，种子的培育以及种植的技术，是名山、雅安的秘密，是他们独有的技艺，因此我们也可认为这两个地区是茶叶种植的起始之地。在名山县内或甚至在四川西部地区内，所生产出的最好的茶生长于蒙顶山上。蒙顶山顶部有一座寺庙，那里的僧人要照料神像，而且还要守护一个据说只有七株茶树的小型种植园。人们传统上认为，这些茶树是在汉朝后期，由一个叫吴理真的人种出来的。这个茶园所种出来的茶叶叫作仙茶，虽然每年只有几磅重，但会被地方官员作为贡品上贡给北京。

有一种流行的说法是，为了喝到一流的茶，必须"取蒙顶山的茶叶，扬子（Yangzte）的水"。四川人对于蒙山茶叶的地位无可争议。

在四川地区，茶叶的种植十分广泛，而且似乎除了四川与西藏交界的山区没有种植茶叶之外，四川的北部、南部、东部和西部都种植有茶叶。无疑，四川的茶叶种植能够如此兴盛，这归功于其所拥有多小山的地理构造，优质的土壤和温和的气候，而这些条件对于茶树种植园的发展则相当有利，四川能够在众多资源的供给上实现独立自主和自给自足，而茶叶就是其中一种。

原茶被送到工厂之中加工制作成藏茶。人们先把老梗和野梗切碎并再次晒干，随后把老梗和野梗按照一定的比例混合，再放入一个大的木桶里面蒸。人们会在木桶底部铺一层干净的垫子，然后再把切碎的老梗和野梗放进去，等到茶叶表面蒸得非常干的时候，人们会倒入大量的米汤来让茶叶变得黏稠，并随后开始搅拌茶叶。等到茶叶得以完全搅拌之后，现在的"茶"就可以包起来了。茶叶的包装是按照这样的方式来做的。首先人们会用红纸把茶叶装成许多包，每包含4盎司较好的茶；同时，人们也要准备好长宽适中的竹编薄片，并在竹编薄片的内部粘上普通的白纸；随后人们会把用红纸包起来的茶放入竹编薄片内部，把竹编卷成一个圆柱的形状。红纸包起来的茶在放入竹编薄片时只放两个，而且要按照一头朝里一头朝外的方式紧密放置。当人们把茶包这样放好，且把竹编卷成了圆柱体形状时，人们就会把开口处缝起来。

制作出来的所有茶叶都是卖往打箭炉的。这种茶常常被叫作茶砖。从雅州府到打箭炉的路有两条，主路是从雅安到荥经，然后穿过大相岭到清溪，再过飞越岭到达华林坪，北行至泸定桥，最终走到打箭炉。

较短的路是从雅安出发至天全，穿过两座不是特别高，但是特别陡峭的山脉，最后在泸定桥10里处与主路汇合。尽管这条小路比大路要短一些，但是对于背着重物的背夫来说，其实走两条路所花费的时间几乎是一样多的。背夫运输之前要预先支付一半的运费，而剩下的则在到达后付清。

罗森在书中最后写道：

> 开放藏印边茶贸易，将使中国失去这一大贸易，而这是迟早的事。

这是近代西方人少有的、专门论述雅安茶的康藏茶叶贸易的著作。

印茶入藏的大门打开了，尽管印茶较雅安藏茶低廉，但印茶并不受西藏人民欢迎。印茶入藏，除了受到清政府抵制外，印茶在"口感"上也不被西藏人所接受。总觉得"缺了什么味"。库珀考察的价值在于向官方提供了有关雅安边茶入藏的详细情况和相关数据。但在生产加工上，还缺乏"技术"支撑。英印政府开始组织专门人员研究印茶入藏的"生产加工"问题。

从1870年后，英印政府接连不断地派出间谍、领事官员在雅安、打箭炉一带考察。如基申·辛格、霍西等人，他们利用各种关系和各种手段，试图破解雅安砖茶的"谜团"。考察川茶种植和边茶贸易，所收集的情报为印茶入藏做了充分的技术和商业准备。

1905年，又一个英国人的身影出现在雅安街头，他叫哈奇森，他从茶树的栽培到茶叶的加工，从茶叶的运输到销售，都进行了详细的秘密考察。

他以雅安为中心，考察茶山（蒙顶山）、茶路（经荥的"大路"和经天全的"小路"）、茶城（雅安、打箭炉）、茶人（吴理真）、茶事（莲花山会）等。在他们的笔下，蒙顶山茶产区的概况和历史、管理和税收、生产和加工、运输和销售等内容全部囊括，他们还考证了吴理真的生平和皇茶园七株茶树的来历，哈奇森称吴理真是"雅州茶行业的守护神"。

哈奇森写出了《供应西藏的印度砖茶：四川任务报告》等考察报告，为印茶入藏提供了茶树栽培及砖茶生产加工技术依据。

尽管英印政府处心积虑，但在生产加工技术上不得要领。印茶在西藏市场，直接受到藏族人民"消费抵制"。

1908年夏天，一个英国人来到了打箭炉（康定），他站在通往折多山的路上观察，他发现每天都有200多头驮马从康定出来，向遥远的西藏走去。

7月、8月加起来共计60天，由于气候炎热，无论是牦牛还是高原居民都忍受不了酷热，很少有人从打箭炉驮货物到西藏。把这种情况考虑进去，每驮平均120斤，那么每天达24000斤。如果我们接受这种24000斤茶叶用牦牛和骡子由此驮运去给西藏人一年消费300天的看法，那么我们发现有7200000斤茶叶通过这条茶叶大道……把从其他渠道入藏区消费的茶叶加起来，应不少于21332500斤。

如果我们接着考虑以每人消费3斤茶叶来计算，就可以得出西藏共有人口7111166人。当然，像这样估计人口数量过于简单，但是，我相信这种调查研究会证实每年有多少茶叶运入西藏。并且，虽然西藏人饮茶极多，但是他们十分节约，直到把每个单宁酸都熬出来，而且他们还用一只家用茶壶来煮，所以一磅茶叶就特别耐用。如果我们把男人、妇女和儿童都考虑进去，同时也考虑到西藏是一个寒冷的地区，那么我相信，每人平均每年消费3斤并不太少。

此人是英国皇家地理学会会员、前陆军中尉布鲁克[①]。正如他所说，这种估计过于简单，事实证明，他不仅夸大了西藏人口数量，也夸大了茶叶入藏的数量。

不过，有一点是肯定的，入藏的茶叶，的确大多是通过康定转运的。而经康定转运的茶叶，又是从哪里来的呢？

布鲁克经川西北高原回到成都后，他从嘉定府（今乐山）到宁远府（今西昌），特意到了雅安，他执意要看一看雅安这座"茶城"。雅安没有让他失望，他看到了一座"茶城"和背茶包的背夫。

雅州是一座繁忙的繁荣小镇，它是雅砻江（应为青衣江）边的一颗明珠，它三面环山。

雅州又是西藏茶叶加工的大中心。茶叶就生长在附近的山上，脚夫把它带进雅州城。在这里被烘干、揉制，然后包装在竹筐里，运到西藏市场上去。

上山的路上，我们超过了成百的背夫。这些背夫背着大背的茶叶缓慢地往上爬。一背一般有14包，每包重14到18斤。如果每包平均重16斤，

---

① W. W. 福格森：《青康藏区的冒险生涯》，张文武译，张皓校，西藏人民出版社2003年版。

就可以发现每一背将有 224 斤重（或者 298 磅）。有些背 18 包，那就是重 348 磅。看到 14 到 18 岁的男孩——也有女孩——背负着 150 磅的货物吃力地往山上爬，是很平常的事情。这些东西是一直要背往打箭炉去的。

雅安正是"南路边茶"的生产地。

雅安"茶城"的规模有多大？2016 年 9 月 18 日，由四川、云南、西藏、青海、甘肃、陕西、内蒙古、广西博物院（馆）联合主办的"茶马古道展"在四川博物院开幕，给出了答案：

两百茶号聚雅州。

清朝，藏茶生产规模越来越大，雅州一带成为藏茶制造中心，经营藏茶的各地茶商纷纷汇聚雅州，最兴盛时，所聚集茶号高达 200 多家，主要由陕西和四川的茶商开办。称为陕帮和川帮。各茶号在藏茶市场竞争中取得优势，均在商标和用料、用工、茶包质量上下功夫，都有自己特殊的图形和品牌标识，以便藏人识别。

据清代《雅州府志》记载："雍正八年（1730 年），南路边茶销藏茶 104424 引。"

按每引配茶 100 斤计算，雅安每年销售到藏区的茶叶达 1044.24 万斤。

打箭炉 48 家锅庄，正在等待着茶叶的到来。

"炉城四十八锅庄，故事而今半渺茫。门内标杆非旧主，木家有女字秋娘。"在这段民国时期任理塘县长的贺觉非所写的感叹锅庄的诗句中，隐藏着藏茶与锅庄一段鲜为人知的历史。

打箭炉锅庄，在藏茶交易中扮演着特殊的重要角色。驻藏大臣松筠在《卫藏通志》中记载：康熙三十九年（1700 年），营官昌侧集烈叛乱，杀害明正土司，占据打箭炉。清廷派兵平乱之后，明正土司势力得以扩大，藏茶交易逐渐兴旺，促进了打箭炉锅庄从 13 家发展到 48 家。在川藏茶马古道上，打箭炉锅庄作为川藏咽喉要道上的客商驿站，深藏在汉、藏、回等民族商人的记忆中。

1939 年 8 月 23 日中国著名摄影家孙明经跟随川康科学考察团来到康定，在这里他们受到一位锅庄女主人的热情款待。跑马山是康定的制高点，孙明经站在跑马山俯瞰这座小城。折多河从街道中间流过，把城市一分为二。透过孙明经的镜头，我们能清楚地看到一些大大小小的院子，这就是"锅庄"——康定特有的一种建筑。

从明朝开始，康定一直都是汉藏交易的重镇，藏商和汉商经常来往康定经营商业。他们赶着驮载土特产品的牛群到达康定之后，就用三个石头支锅熬茶。这三块石头被称为安家立灶的锅桩。后来康定城里的藏民在这些熬茶的地方修建起房屋，为远道而来的商人提供食宿，这些大大小小的旅店便称为"锅庄"。锅庄与北京的四合院相似，小锅庄只有一个院子，大锅庄有两三个院子。鼎盛时期的康定城共有 48 家锅庄，其中最大的便是位于折多河和雅拉河交汇处的包家锅庄。

孙明经拍摄下了康定 48 家锅庄的珍贵影像。现在这些照片已经定格成了永恒的记忆，康定最后残存的锅庄在 20 世纪 80 年代都被拆除。

三、一百多年过去了，考察结果依然在利用

从地理位置上讲，雅安位于中国第一阶梯向第二阶梯的过渡地带，地理和文化的多元丰富，过渡地带山川变化、民族文化交融产生的"差异美"，历来让人着迷。外国人在雅安考察的"故事"，可谓跌宕起伏；那些由外国人实地考察写出的考察报告，至今依然发人深省。与此同时，由于康藏地处边陲，同一时期的中国学者几乎很少涉足这一区域，几乎没有留下相关学术成果。

印茶入藏的科考成果作为百年前的第一手田野调查资料，在今天看来，更显得弥足珍贵。它不仅记录了康藏地区茶业状况，还涉及这一地区的大量风情奇趣，在客观上填补了有关我国民族学、经济学、社会学、政治文化等方面资料的不足。

对于川藏"茶叶战争"的研究，台北"故宫博物院"的院长冯明珠也情有独钟。台北"故宫博物院"存有完整的清朝奏折，里面有好多关于川藏茶马古道的内容。冯明珠长期致力于"中英西藏交涉与川藏边情"的研究，曾多次深入川、青、藏进行实地考察，先后撰写了《川青藏边域实地考察》《中英西藏交涉与川藏边情》等著述，文中多次写到川茶与印茶的"交锋"。

川藏茶马古道的源头雅安、重镇康定一带，自然也是冯明珠关注的地方。近年来，她多次到康定、雅安考察，2011 年 4 月，她应邀到雅安参加川藏茶马

古道论坛，还在论坛上做了精彩的发言。

英国对于清政府从川茶销藏贸易中获利颇丰垂涎已久，一直企图用印度所产茶叶取而代之。英属印度茶叶不仅在国际市场上夺我茶利，在十九世纪末期，随着英俄帝国主义侵略西藏步伐的加剧，印茶暗度陈仓，潜运入藏。

英国为使印茶销藏合法化，极尽其威胁利诱之能事，企图迫使清廷签约茶叶入藏章程。印茶强行入藏一事，在清廷引起激烈的反响，朝野出现"印茶亡边，抵制印茶"的声音。

随后，清政府在发展川茶、抵制印茶方面做了若干努力，如创设九局，九局之一就是设置茶盐局，下设官运茶局，目的就是降低运输成本，抵制印茶。同时整修道路，拓宽川藏茶马古道，在雅安筹建官督商办的藏茶（边茶）贸易公司，同时加快康区改土归流步伐，加大中央政府对康藏地区的统治。这一系列重大举措，在一定程度上阻止了印茶侵入西藏的步伐。

《重修大相岭桥路碑记》和"功德碑"，说的就是整修道路，拓宽"茶马古道"。大相岭桥路的整修，在当时也算得上是"浩大工程"。光绪三十二年（1906年），四川总督锡良到此"检查指导"，看到整修后的茶叶商道，他欣然写下《重修大相岭桥路碑记》。而直接受益的荥经、清溪两县老百姓，交往更加方便了，如此"惠民"工程，自然也要感谢一下县官"为民做好事"，也刻了一通"功德碑"谢恩。"桥路碑"和"功德碑"隐藏着中印"茶叶战争"的往事，有着重要的历史价值。

时至今日，印度茶业依然重视当年文献资料的价值，2013年，印度一出版社还重印了罗森的著作 *On the Tea Cultivation in Western Ssuch'uan and the Tea Trade with Tibet Via Tachienlu*（《四川西部的茶树种植以及经由打箭炉与西藏的茶叶贸易》）一书，并公开发行。而反观我们，长期以来，我们注意到了蒙顶山茶对中国茶文化的贡献，但基本上忽视了西方国家对蒙顶山茶、雅安藏茶的认识和利用。

"扬子江心水，蒙山顶上茶。"蒙顶山茶文化源远流长。从古至今，留下了许多大师歌颂蒙顶山茶的诗词歌赋，但有着1300多年历史的雅安藏茶，除了少量的文献资料外，几乎没有相关的诗文流传，在库珀考察之前，也没有一本详细记载雅安藏茶的图书。雅安藏茶还"藏"在川藏的崇山峻岭中。

　　他山之石，可以攻玉。乘"一带一路"国家战略倡议，在史海中打捞碎片，洋为中用，古为今用，为我们打开了一道"认识自己"的独特窗口。这对于我们今天用茶文化、茶科技、茶产业"三茶统筹"促进茶产业的发展，及至生态文化旅游融合发展等，无疑都有着巨大的作用。

宜宾茶俗文化对茶产业发展的历史贡献

张瑞英 郑启友

（四川省宜宾市古镇名村历史文化研究会）

茶俗文化，实际上就是我国从古到今流传下来的与茶有关的物质的或非物质的文化传统，包括种植、生产、使用、茶艺等多方面的习俗。数千年的历史积淀令宜宾茶俗丰富多彩，历代文人对宜宾茶俗文化的偏爱及宜宾深厚的茶俗文化资源，为今天宜宾茶叶产业及旅游等相关产业的开发留下了宝贵的财富。

一、宜宾茶俗文化表现的形式

四川人饮茶渊源自古。早在西汉资中人王褒著的《僮约》里就记载了在蜀中一个叫杨惠的寡妇家里烹茶的情况："舍中有客，提壶行酤。烹茶尽具，已而盖藏。"这是四川人饮茶最早、最明确的文献记载，这篇文章中还规定奴隶有为奴隶主"牵犬贩鹅，武都买茶"的义务，这说明了当时川西一带至少已有经营茶叶生意的茶市出现。到西晋时，张载登成都白菟楼，写诗赞叹成都茶的高贵："芳茶冠六清。"所谓"六清"是指古代人所用的包括水、浆、醴、醇、医、酏等六种饮料，就是《周礼·天官·膳夫》说的："饮六清。"这说明早在西晋时，成都的茶就已经超过了"六清"，居于各饮料的首位，可见饮茶品茗在巴蜀地区很早就已经成为受人们欢迎和重视的习俗。

（一）茶馆文化

宜宾茶文化，不能不提茶馆。茶馆是民间的沙龙，朋友相邀于茶馆，品茗听书、饮茶看戏，谈天论地，好不自在。

据史载，在唐代，宜宾只有茶水摊，路人渴即饮之，多出自士人义工的善举。宋代"茶马互市"在宜宾兴起后，有了专门售茶冲饮的"幺师"和迎送的"堂倌"，茶厅里有鲜花和名人字画作装饰。清代曲艺进入茶馆，柜台上方挂有艺人曲目牌，供茶客在雅间点唱。

宜宾茶馆兴于清代而盛于民国，流行于当代。三次移民入川后，小小的宜宾城里有茶馆二三百家，其中有名气的大茶馆也达数十家，如火神楼茶馆等，有帮会茶馆和行业茶馆之分，也有高级茶馆和市井茶馆之别。

茶馆里，老虎灶和盖碗茶具必不可少。所谓老虎灶，即是一个大灶台上有多个灶眼，许多烧水壶便坐其上面。各灶眼内之火大小不同，壶中水沸也就时段不同。那时，高级茶馆，装饰考究，设有八仙桌、太师椅等；而一般茶馆，即为大众茶室，有竹木方桌和长案，以及长短木凳子、竹靠椅。

茶馆里一坐，一折纸扇，上下五千年任由评说；二三好友邀邀约约，品茗听书饮茶看戏……

从20世纪初起，宜宾男女共进茶馆已很平常。在城区各个茶园，夏日饮茶乘凉者络绎不绝。茶棚内和室外树荫下，长案横列，方桌任意挪动，花生、瓜子等干果之类茶碟，任你选用。那时，民间艺人在茶馆卖艺，叫作"漂叶子""钻阁子"。如曾在宜宾红极一时的曲艺名角曾剑秋、何东秀、何玉凤等，就是从茶馆里走出来的。

宜宾自古就有"搬不完的昭通，填不满的叙府"一说。由于产茶历史悠久，茶叶在清末民初由"马帮"和"背帮"运来宜宾转销，药材、山货的大量发展，使宜宾沿江码头一带生意兴隆，闲时，客商、马帮、背帮、搬运等都喜欢坐茶馆，经济实惠，利于洽谈业务，所以宜宾茶馆生意兴隆。

据民国三十七年（1948年）商会统计，宜宾老城区有茶户181户，设立有宜宾市茶水业公会，行业负责人会长苏范卿（家住北正街），会址设在东街，茶馆分布在宜宾市大街小巷及水陆码头。宜宾民国较大的茶馆有：火神楼茶馆，虽然是自由组合的市场，不但有买有卖，而且成交后，要钱有钱，要运能运。要保险有保险公司，一切俱全，可以说在火神楼做成生意，样样事情都能一齐办好。吃闲茶也可交流信息，又能观察全国及本地市场动态，特别是上海、重庆等地的准确信息。因此宜宾各商业都来火神楼茶园，二十多张桌子座无虚席。下午就到专业茶社。南街茶社是花纱帮。栈房街钟三和茶社是药帮和皮毛帮。

忠恕恒茶社是干菜帮。日日新茶社是生漆帮。东街的商余茶社是粮油帮。尚志茶园是粮盐帮。其余还有：杨泗楼茶园、北园茶园（负责人苏范卿）、松柏茶园、大同茶园、笃怙茶园、百乐门茶园、爽园茶园（下江北）、刘园茶园、忠信茶园、顺风茶园（负责人林正发）、同长久茶园、商余茶园。

特别是明清以来，码头文化与四川地方上的袍哥文化相融合，还形成了一整套完整的行为规则，就连现在，在宜宾人的日常生活用语中，也含有码头文化的特征，如"拜码头""跑滩"等。

宜宾的茶文化具有大众化和世俗性的特点。客来敬茶，过年过节先摆茶，种田栽秧要吃茶，结亲送礼要下聘茶，赶场遇见熟人要进茶馆喝茶，简直是无茶不成礼，无茶不办事，宜宾人热情好客淳朴的美德通过喝茶体现了出来。

宜宾人喝茶喜欢进茶馆，人上一百，五颜六色。在茶馆里歇脚解渴的有；扯把子摆龙门阵的有；做生意谈交易的有；看曲艺听评书的有；借茶馆论公道、调节邻里纠纷的有；把茶馆作为民间帮会联络场所的有……宜宾茶馆成为一个社会的缩影。

今日宜宾茶馆，以休闲娱乐为主，多称茶楼、茶坊、茶苑，在装潢和服务上都各具特色，满足了不同爱茶人的消费需要，有豪华高品位的景盛大茶坊、碧水苑茶楼、紫薇茶楼……也有老协茶馆、麻将茶座、城市农家乐……茶馆文化日趋产业化、市场化，不变的是宜宾人对茶的喜爱，宜宾人总能从茶中品味到生活的滋味，享受到茶带给他们的清闲和自在。

（二）茶歌文化

由于宜宾茶叶种植和生产技术的广泛传播，茶叶生产和茶饮在神州迅速普及，各种茶事和茶叶美学内涵也引起了当时文学家的注意，于是在他们的作品中得到了不少的反映。历史及传说宜宾茶俗现象丰富多样，生动有趣，宜宾民间文学中的古蜀神话、各种传说、故事以及民间歌谣、谚语、《竹枝词》、方言、歇后语的洋洋大观，是人民民众口头创作并世代流传的语言艺术结晶。宜宾人在其农耕劳动、生产生活、衣食住行、人生礼俗、日常交往的社会活动中，产生、流行了为人们沿袭和传承的民俗。

旧时，茶树漫山遍野，新芽初绽，采茶女们背着背篼像蜜蜂似地一边在茶园里穿梭忙碌着，一边用清亮的嗓子唱着各种鲜活的采茶歌。她们自编自唱，歌词淳朴，曲调优美，如：手采茶叶口唱歌，一箩茶叶一箩歌；妹儿山上采春芽，阿哥炒茶等妹喝……

茶歌，流于口传，行于民间。宜宾现存有100多首（个）茶歌、茶谚、茶传说，是宜宾茶文化得以保存的民间文学形式，曾在各区县农村流行，多为即兴演唱。文人载于茶诗，市井见于茶歌、茶谚和茶的传说。

宜宾茶歌有《妹妹采春茶》《茶有吃来花有探》《月亮出来茶籽生》《古人采茶》《采茶采得口儿干》《采五更茶》《寡妇采茶点兵》《采姐妹茶》《采增广茶》等，内容有如宜宾县石城山的薅秧歌出场："幺姑提篮去讨茶，碰见情哥心发花。不想采茶回家下，何时才能会到他？"又如屏山的儿歌："侧儿根满坡生，我是家婆的亲外孙。我从家婆门前过，家婆喊我屋头坐。倒碗茶，冷冰冰；端盘菜，几根根……"等等。宜宾茶谚、茶对联有："香分花上露，水吸石中泉"；"客至心常热，人走茶不凉"；"为名忙，为利忙，忙里偷闲，且喝一杯茶去；劳心苦，劳力苦，苦中作乐，再倒一碗酒来"等等。

宜宾还有一些与茶相关的传说故事。如筠连县联合苗族乡的《茶小伙与盐姑娘》的故事，反映了青年男女对自由恋爱的向往；珙县孝儿双田村的《玉香茶》传说，反映了人们对恶徒的憎恨；还有江安县《酽茶解毒》的故事以及屏山县《药王的传说》等等。这些扎根于民间的茶故事，相传甚久，影响深远。

宜宾县石城山茶歌有："后阳一窝茶，摘回家中揉。亲亲两姊妹，揉出两样茶。""茶叶树儿高，拦中砍一刀。妹儿要采茶，嫂嫂要柴烧。""后园茶一窝，拿来煮一锅。干的没得吃，得口汤来喝。"

（三）茶品牌文化

随着茶产业的发展，宜宾茶文化日渐成熟，其体现主要表现在茶品类的品牌塑造上，早白尖工夫红茶、叙府龙芽以及天宫碧绿等皆为宜宾著名的茶叶品牌。当下中国的茶品牌发展的趋势表现为茶叶品牌区域化，例如：西湖龙井、黄山毛峰、武夷岩茶、天府龙芽、川红工夫等品牌皆是由单一的产茶区域推出的地方品牌发展壮大而成。这当中离不开传统品牌战略文化的支撑以及各地茶俗文化的递推。品牌的区域化不仅能够增强本地茶叶的市场竞争力，对于本地传统茶文化的传承与推广也起到一定的推波助澜的作用。

宜宾的茶叶茶形独特、味道香醇，深受人们的喜爱，历史上很多名茶都出自宜宾。如珙县所产的"鹿鸣茶"在明代以前就作为贡茶而闻名天下，明清之际筠连的"黄芽茶"、江安的"梅岭茶"、雷波的"黄朗毛尖"等在全国也很出名。二十世纪七十年代后，宜宾实行名茶战略，传承千年茶文化，打造了上百个茶叶品牌。1978年宜宾茶厂生产的"早白尖工夫红茶"，参加葡萄牙里斯本举行的第二十四届世界食品博览会，获金奖，成为川红工夫红茶的极品；叙府茶叶公司生产的"叙府龙芽"荣获"99国际名茶"金奖和中国国际农博会名牌产品，叙府牌绿茶系列被国家认定为"无公害产品"，此外，宜宾还有"天宫碧绿""水上银针""龙湖翠"等在国际国内获奖的优质茶叶品牌。宜宾茶叶不仅质量上乘，而且种类丰富，红茶、绿茶、黑茶、花茶等都有出产，很多茶叶品牌不仅拥有很大国内市场，其产品还销往国外，扩大了宜宾茶叶的影响力。

（四）茶节文化

从2008年开始，连续开展九届中国·宜宾早茶节。宜宾是全国最大的早茶生产基地、全国重要的工夫红茶生产加工基地，全国最大的木樨科粗壮女贞苦丁茶生产基地，是四川茶叶主产区中茶叶品类最全、产业链条最完整的地区。由于宜宾属于典型的中亚热带湿润性季风气候，宜宾地区常年雨量充沛，雨热同季，冬季气温较高，空气湿度大，春季回暖早，茶叶在2月上旬即可开园生产上市，比省内其他地方和江、浙一代主产茶区早15—30天。

早优双绝，"宜宾早茶"公共区域品牌在2015年意大利米兰世博会上获得"百年世博·中国名茶金奖"，成功跻身中国名茶行列，品牌价值达到111.09亿元。

（五）茶道文化

宜宾真武山是川南道家的发源地。道家的学说则为茶人的茶道注入了"天人合一"的哲学思想，树立了茶道的灵魂。同时，还提供了崇尚自然，崇尚朴素，崇尚真的美学理念和重生、贵生、养生的思想。茶道强调"道法自然"，包含了物质、行为、精神三个层次。物质方面，中国茶道认为："茶是南方之嘉木。"是大自然恩赐的"珍木灵芽"，在种茶、采茶、制茶时必须顺应大自然的规律才能产出好茶。行为方面，中国茶道讲究在茶事活动中，一切要以自然味美，朴实味美，东则行云流水，静如山岳磐石，笑则如春花自开，言则如山泉吟诉，一举手，一投足，一颦一笑都应发自自然，任由心性，好不造作。精神方面，道法自然，返璞归真，表现为自己的心性得到完全解放，使自己的心境得到清静、恬淡、寂寞、无为，使自己的心灵随茶香弥漫，仿佛自己与宇宙融合，升华到"悟我"的境界。君不语，茶里品味，可以除疲劳、涤思想、振精神。通过品茶，达到修身养性；通过品茶，提升精气神智。

道家"天人合一"的思想在茶文化当中可体现为，制作好茶需"天时、地利、人和"，宜宾属于中亚热带湿润季风气候，此为天时；本地地处北纬28°，平均海拔800—1000米，土壤大多为酸性土壤，此为地利；宜宾还有许许多多的制茶大师、茶文化先驱者，此为人和；因此，在这三方面的影响下搭配着宜宾茶俗文化的嵌入正印证了宜宾产好茶的观点。

（六）其他茶俗

宜宾还有很多有趣的茶风茶俗。如过年过节客人来了先摆"茶"，这样的"茶"除了喝茶还有糖果、糕点之类；娘家父母大寿，女儿要回家烧茶；种田栽秧要呷茶；走亲访友要封茶；结亲送礼要送茶；扯皮撕筋（土语，即民事纠纷）请吃茶；打发客人送茶钱；过年耍龙灯要摆茶；赶场遇熟人要坐茶馆；中秋赏月必设茶；七月半接老人要祭茶。这些茶俗内容丰富，构成了宜宾民间文化的重要组成部分。

二、宜宾茶俗文化对茶叶产业发展的历史贡献

我国茶俗文化与茶产业之间自古以来就具有相辅相成，相互促进的关系。茶产业多个环节中都体现着茶俗文化的积淀，并且茶俗文化的传播与集成也需要依靠茶产业的发展，在茶俗文化与茶产业的相互促动下，茶俗文化对茶产业做出了一定贡献。

（一）茶俗文化对茶叶生产的贡献

通过茶俗文化中的茶馆这一集中销售模式，一家茶馆一月卖出数斤茶叶，通过城乡众多茶馆的销售，促进了茶叶生产，这就是茶俗文化对茶叶生产的贡献。茶俗文化的推动性作用表现为对当代茶叶生产有着潜移默化的影响力，茶叶的生产离不开原料的支持供应，因此在这方面对于茶农及贫困地区的群众创收以及茶俗文化的传承对当代国家及政府的"扶贫"项目有着重大意义。

（二）茶俗文化对茶叶品牌的贡献

文化的作用是一脉相传，代代传承的，茶俗文化作为宜宾重要文化之一对品牌的传承有着深远影响，除此之外茶叶品牌对现代人的影响当中又能折射出宜宾茶俗文化的作用，这使得茶俗文化能够历久弥新，传承至今。做茶就是做文化，做好品牌就是做好茶俗文化。企业运用茶俗文化来打造现代茶叶品牌，重视茶的延展性，走出不一样的品牌之路。用茶叶直接来赚钱，你就是背着包袱在前进，如果你用茶叶来交友，反倒会赚钱，慢慢沉淀出品牌。茶俗文化中的茶叶品牌，宜宾明代以前的"鹿鸣茶"作为贡茶，明清的"黄芽茶"，二十世纪七十年代的"早百尖工夫红茶"获得国际大奖。茶叶品牌好价格高，农民收益提高，调动了茶农的积极性，促进了茶叶产业的发展。

（三）茶俗文化对茶叶销售的贡献

由于宜宾有深厚的茶俗文化，特别是近几年举办宜宾早茶节后，这些茶俗文化促进了茶叶的销售，也就促进了茶农的生产，茶俗文化对茶叶销售的贡献。

三、将历史贡献再次转化为现实的经济效益路径

茶叶是世界三大无醇饮料之一。在茶叶消费日趋全球化和国内茶产业"东茶西移"发展新形势下，四川省委、省政府提出"重振川茶雄风、打造千亿产业"战略目标，为全省茶产业大发展、大提升提供了难得的历史机遇。宜宾茶产业发展基础条件得天独厚，进一步抢抓机遇，发挥优势，科学规划，认真学习借鉴先进地区发展经验，树立"跳出茶叶看茶叶"的广阔视野，做强做大以"川红工夫"为代表的宜宾茶，争当千亿川茶产业排头兵，切实打造富民产业、支柱产业，把宜宾茶打造成为代表"中国茶"的宜宾第二张城市名片。

（一）进一步研究宜宾的茶俗文化

进一步研究宜宾的茶俗文化，市政府大力传承千年茶文化，连续主办了早茶节活动向海内外推广茶文化，采茶姑娘对歌赛、打造的具有当地特色的茶叶专卖店是城市一道亮丽的风景线，当地许多茶企以"心静自然和"为品牌理念追求茶之道、和之道也成为宜宾发扬茶文化的重要载体。随着宜宾茶文化的传

播，宜宾城市文化品牌在海内外的知名度、美誉度也不断得到提高和提升。宜宾茶文化的传播不仅要在社会中继续维持，而且要在结合当代社会发展的背景下不断创新，尤其是对当代教育当中的渗透，只有当代年轻一代的人对茶俗文化进行继承与发扬，宜宾茶俗文化才能不断地延续，影响着一代又一代的人。

（二）进一步做好宜宾茶叶的品牌

充分发挥深厚的文化品牌优势，以品牌带动发展。文化是产业的延续，产业是文化的继承。宜宾具有3000多年茶叶生产历史，是世界茶叶发源地之一，巴蜀历史上的著名茶区，茶马古道的重要驿站，中国早茶之乡、"川红"工夫红茶的故里和发源地，是中国茶文化母体的重要组成部分。"宜宾早茶"、"川红工夫"、筠连苦丁茶、屏山炒青、宜宾黑茶、边销茶知名度和影响力逐步扩大。全市茶叶品牌先后多次获得国际国内名茶评比金奖，"川红工夫"分别于1985、1986年获得第二十四届、第二十五届国际食品博览会金奖和银奖，叙府龙芽被认定为中国驰名商标，早白尖正在申报中国驰名商标。宜宾已经拥有的茶文化和茶品牌，是茶产业发展的宝贵财富，推动文化、品牌与产业互动共融发展极具发展潜力。文化具有海纳百川的包容性，茶俗文化也不例外，因此，茶叶品牌的集群化与区域化不论是在文化的作用下还是当代社会经济的发展下都是必然的举措，只有通过大品牌，公共品牌的打造才能进一步地做大做强宜宾茶叶品牌，扩大其广大的影响力。

（三）进一步发挥人才科技优势

以创新推动发展。叙府茶业"国家认定企业技术中心"是全国茶叶行业中首家国家认定的企业技术中心，并成功创建以茶叶产业为主导产业的"四川宜宾国家农业科技园区"。四川省茶叶工程技术中心、四川省绿茶质量检测中心也分别落户叙府茶业和屏山县。在科技创新的引领下，四川省早白尖公司选育的"乌蒙早"新品种、高县峰顶寺公司选育的"宜早1号"新品种分别于2011、2013年成功通过省级农作物品种审定。叙府茶业公司会同湖南农大研发成功"优黑优红"新产品；川红、醒世等红茶生产企业成功改良红茶加工工艺，从单一的"橘糖香"型逐步变为"橘糖香"型、"玫瑰香"型等多种风格的产品，产品体系不断丰富和完善。宜宾在人才技术方面的优势，必将在提升茶产业发展层次和水平方面发挥重要的作用。

（四）进一步改进经营模式

进一步加大宣传营销力度，常态化举办茶事活动，继续办好"中国宜宾早茶节"，积极争取茶博会在宜宾召开。规划建设全国最大茶叶交易批发市场，大力推进电子商务和茶叶电商发展，积极探索创新特定茶叶品类交易方式，有力促进产业发展和品牌打造。注重将宣传营销与茶文化推广相结合，认真梳理宜宾茶文化的历史脉络，提升产业文化内涵。尽快启动茶博城规划建设，推进宜宾茶产业集中展示的国际化。强化区域合作，借助组建"川茶集团"的契机，加快建设宜宾茶产业发展平台。加快实施"走出去"战略，与国际茶叶经销商、大型连锁、商会合作，通过加盟、连锁、捆绑品牌和渠道等多种营销方式，推进宜宾茶与国际市场接轨。在大众创新、万众创业的国家政策领导下，加大扶植群众及当代大学生在茶产业当中创业人员的力度，传统企业的影响力自然不必多说，在此基础上扶植茶产业创业人员的举措不仅能使宜宾茶俗文化的传播越加广泛还能使宜宾茶叶经营规模越加扩大，一步步地将宜宾茶推向全国乃至全世界。

（五）为四川茶产业发展提供动力和有效支撑

据四川省农业厅业务统计数据显示，2015年末四川省茶园面积481.55万亩，增长5.02%；总产量25.97万吨，增长11%；总产值达157亿元，增长20.77%；全省380万茶农人均增收近500元；全省1至10月出口4448吨，增长132.8%；出口值1743万美元，增长81.18%。目前，四川省在茶叶种植面积、干毛茶产量、干毛茶产值均居全国前列。四川省是中国产茶大省，根据省内自然生态条件、区域比较优势、产业化基础、市场占有率与发展前景等，四川茶叶产业逐步向川西名优绿茶区、川南优质早茶区、川东北优质富硒茶区聚集，三大优势区加快发展，构成了四川茶叶产业的主体。2014年四川省茶叶产量23.6万吨，比上年增产5.7%。

川南优质早茶区。包括宜宾市翠屏区、高县、筠连县、屏山县、宜宾县、泸州市纳溪区、叙永县、古蔺县、珙县、荣县等县（区）。宜宾茶俗文化对宜宾茶产业产生巨大推力的同时，也是对四川省茶产业的一次优化，并为其今后的发展提供动力和有效的支撑。

五、研究综述

英印时期有关印茶入藏问题的报道和研究述论
——以中文报刊为例

宋维君

（陕西师范大学）

    在17、18世纪，英国的主要财政收入都来自茶叶，19世纪，英国人嗜茶如命，加之茶叶贸易的丰厚利润以及中国的垄断地位促使西方人企图开拓中国之外的茶叶产区，当时还是英国殖民地的印度成为首选之地。印度茶业从十九世纪末开始崛起，使得曾经独霸世界的中国茶叶受到很大冲击，当时以手工制作为主的中国茶，开始无法同工业流水线上产出的印度茶抗衡，华茶在国际市场全面萎缩，印度茶叶兴起的时代，英国人控制了绝大多数的茶园。印度真正生产茶叶的历史还不到二百年，但它却一度超过中国，成为世界第一大茶叶出口大国。印茶与华茶竞争国际出口市场的同时，在中国西南边疆，通过印茶入藏的方式，与我国的边茶也开展着贸易竞争。但二者不同之处在于，前者更多的是为了获得丰厚的茶利，后者则是英帝国主义蓄谋已久瓜分中国的殖民侵略。

    英印时期（1858—1947）是印度茶叶兴起的时代，也是华茶出口贸易受挫、地位每况愈下的时代。这一时期，国家、地方及社会精英利用报刊新闻，在抵制印茶入藏、复兴茶叶、边茶改革等多方面做出了巨大努力，留下了许多珍贵资料，这些报道体现了特定历史时空下不同群体对统一历史事件的不同看法，本文主要基于晚清、民国期刊全文数据库（1833—1949）的资料，辅以近代报刊系列数据库、中国历史文献总库·近代报纸数据库之收藏，从印茶入藏的相关报道和刊载情况、边茶与印茶的博弈、边茶改革等方面逐一进行梳理，呈现这一时期报刊中的文本书写，在对比分析的基础上，反思近代知识精英对历史事件的认知差异及相关学术问题。

一、发表与刊载情况分析

由于其他报刊数据库年份、内容不全，本文主要基于晚清、民国期刊全文数据库（1833—1949）之收藏，以"印度茶叶""印茶""边茶""藏茶""印茶入藏"等为检索关键词，从刊载数量及逐年变化、发文之主要报刊、作者构成及分类三个方面对此时期有关印茶入藏问题的期刊和报道概况梳理如下：

（一）刊载数量及逐年变化

印茶入藏涉及印茶的流入、边印茶叶之争、印茶藏销的结果等方面，是一个完整的历史过程，因此，下文先按检索关键词和年份分类，将该时期各年份刊登的相关主题报道及文章数量呈现如下：

表 1　各年份期刊发表文章数量一览表

印度茶叶							
年份	1873—1879	1880—1889	1890—1899	1900—1909	1920—1929	1930—1939	1940—1949
数量	4	2	1	1	11	33	11
印茶							
年份	1881—1889	1890—1899	1900—1909	1910—1919	1920—1929	1930—1939	1940—1948
数量	4	17	29	12	17	190	42
边茶							
年份	1905—1909	1910—1919	1920—1929	1930—1939	1940—1948		
数量	1	13	8	41	26		
藏茶							
年份	1906—1909	1910—1919	1920—1929	1930—1939	1940—1947		
数量	10	5	5	53	24		

此外，以"印茶入藏"为检索词，仅有 1907 年的 3 篇报道，以"茶叶藏销"为检索词，仅有 1942—1946 年间的 5 篇报道。从表 1 可以看出，有关印茶的最早报道始于 1873 年，自此至 1900 年，有关印茶的报道相对较少，总共不超过 20 篇（除去表 1 和表 2 中的相同报道）。进入 20 世纪，相关报道开始增加，1930—1939 年间达到顶峰。由此看出，19 世纪末，国家和社会精英开始关注印

茶在西藏的贸易问题，20世纪初，印茶入藏问题首次被提出，至20世纪30年代，对边印茶叶之争的研究达到高峰期。

（二）涉及的主要报刊及其分类

据晚清、民国期刊全文数据库（1833—1949）之收藏，该时期报道和发表相关文章的报刊及其文章数量情况如下：

表2　发文之主要报刊及文章数量一览表

刊名	数量
国际贸易导报，共计1类	47
实业部月刊，共计1类	17
中行月刊，共计1类	16
康藏前锋，共计1类	15
川边季刊，共计1类	11
农学报、商情报告、外交部公报，共计3类	10
工商半月刊、国际贸易情报、万国公报、北洋官报、广益丛报	8
农商公报，共计1类	7
康导月刊、财政月刊，共计2类	6
蒙藏月报、实业公报、国外情报选编、四川官报，共计4类	5
南洋官报、钱业月报、工商公报、财政日刊、苏华商业月报、湖北商务报、工商调查通讯、征信新闻（重庆）、政治官报、茶叶研究、中央边报，共计11类	4
国货月刊（广州）、经济旬刊、农业周报、南洋情报、财政公报、农声、中外经济周刊、贸易月刊、边政公论、行政院公报、茶报，共计11类	3
边事研究、富阳县政府公报、成都商报、秦中官报、西陲宣化使公署月刊、大众画报、西康建省委员会公报、新西康、政府公报、四川农业、湖南官报、经济通讯（汉口）、税务公报（南京1932）、河北省政府公报、福建省政府工作报告、中华农学会报、中华农学会丛刊、贸易半月刊、福建农业、益闻录、画图新报、西康省政府公报，共计22类	2
西康经济季刊、东方杂志、新新月报、浙茶通讯、中农月刊、训练月刊、金融周刊、南社、吉林官报、人与地、四川经济月刊、四川月报、小说月报（上海1910）、西康经济季刊、四川经济季刊、青年月刊：边疆问题、中国学报（北京1912）、上游、浙茶通讯、广西农业通讯、侨务、时务报、生草、教会新报、上海总商会月报、南洋商务报、中国商业循环录、万川通讯汇订本、中华国货产销协会每周汇报、中华农学会通讯、经济汇报、国货月报（上海1924）、时时周报、中西闻见录、述报、萃报、集成报、经世报、学务杂志、鹭江报、大同报（上海）、浙江新政交儆报、湖南演说通俗报、绍兴白话报、安徽官报、商务官报、福建公报、安徽实业杂志、世界月报、大共和星期画报、四川财政汇编、政府公报分类汇编、边疆、边声月刊、边政、边疆通讯、蒙藏旬刊、新闻天地、国货与实业、新光，共计60类	1

从表2所列可以看出，1873—1949年，报道相关问题的期刊多达125种[1]，刊载数量最多者为《国际贸易导报》，数量达47份，最少为1份。文章涉及印度茶叶的发展历史、印度茶叶统制条例、印度阿萨姆茶叶公司及茶叶试验场的参观考察报告、中印茶叶销藏问题、边茶与康藏商务、西康建省、开发边疆间的关系等，可谓内容丰富。从以上各刊物及所刊文章数量等可以看出，政府主导作用较为明显，新闻媒体在抵制印茶入藏、复兴茶叶、边茶改革、开发边疆等方面发挥着重要作用。

（三）作者构成及分类

据晚清、民国期刊全文数据库（1833—1949）之收藏，该时期相关报道作者或署名人除政府部门、机构等之外[2]，其他以个人名义发文情况及其文章数量如下：

表3 相关期刊作者或署名人情况一览表

作者或署名人	发文数
吴觉农，共计1人	11
览远，共计1人	10
印、吴学农、孔祥熙，共计3人	6
陈寿彭，共计1人	5
夏、梅思平、杨逸农、张堂恒，共计4人	4
刚父、吴鼎昌、张美基、翁礼卿、王小亭，共计5人	3
吴国桢、胡松年居士、陈公博、余建寅、徐世昌、尹徵尧、刘文辉，共计7人	2
Blokzeyl、K. R. F.、Rao, M. K. S.、丁廸良、俞海清、周海龄、善稽、庸、张祖声、思耕、曾广铨、柔佛、沈秋实、叶作丹、蔡莹、（印）喀本条、（英）高葆真、于右任、伯诚、前人、刘淦芝、刘苾、印敏之、吴仁润、夏震、（日）田边贡原、上佑、刘孔贵、吴忠信、姚在藩、姜郁文、廖云、彭桂尊、徐长生、徐方幹、戈易、成文美、文、李锦贵、乐吾、树坚、段白莼、汪席丰、沈吟龙、沈月书、洪裕昆、游时敏、渔、王信隆、罗绳武、茶隐、葛稚苏、亢冗、余体先、金飞、侯九霞、俊德、倪良钧、冈本末藏、福田胜藏、张俊德、李万华、李鉴铭、汪继壂、董天休、金飞、警民、言、马裕恒、茶隐、蒋、杨志洵、茶龛、姚在藩，共计73人	1

---

[1] 该统计仅是基于晚清、民国期刊全文数据库（1833—1949），由于近代报刊系列数据库、中国历史文献总库•近代报纸数据库不全，暂未统计在内。

[2] 这一时期，还有一些政府官方部门署名的文章，如外交部情报司[4]、驻加尔各答总领事馆[2]、四川官报[1]、北洋官报[1]、吉林官报[1]等（括号内数字为在此期间该署名者的发文数）。

从表3所列可以看出，1873—1949年，报道或刊出相关文章的作者或署名人数为95人[①]，分为政府官员、专职茶叶科研者、学者、商人阶层、留洋学士等，而且还涉及不少印度、英国、日本学者和社会精英的文章。发刊数量最多者为茶叶科研者吴觉农，数量达11份，最少者为1份。由此看出，19世纪末至新中国成立前，在国家政府的引导下，社会各阶层的精英、学者、有志青年广泛参与和讨论边疆地区的茶叶贸易问题，特别是边茶与印茶之争。是时，英帝国妄图通过干预西藏分裂中国，野心日渐暴露，而开发边疆的呼声正高扬全国，人们再次意识到边茶贸易在边疆发展中的关键作用。

综合表1、2、3，晚清、民国期刊全文数据库（1833—1949）中有关印茶入藏问题的发表与刊载情况如下：

表4 1873—1949有关印茶入藏问题刊载概况

年份	刊名	署名
1873—1899	中西闻见录（1）、教会新报（1）、万国公报（8）、时务报（1）、益闻录（2）、画图新报（2）、述报（1）、农学报（6）、湖北商务报（3）、萃报（1）、集成报（1）、经世报（1）	丁韪良（1）、曾广铨（1）、陈寿彭（5）
1900—1929	南洋商务报（1）、中华农学会报（2）、中外经济周刊（3）、国货月报（上海1924）（3）、中华农学会丛刊（2）、经济汇报（1）、侨务（1）、上海总商会月报（1）、北洋官报（7）、南洋官报（4）、农学报（4）、湖南官报（2）、政治官报（6）、学务杂志（1）、鹭江报（1）、大同报（上海）（1）、东方杂志（1）、浙江新政交儆报（1）、湖南演说通俗报（1）、绍兴白话报（1）、湖北商务报（1）、四川官报（5）、吉林官报（2）、安徽官报（1）、商务官报（1）、农商公报（6）、福建公报（1）、安徽实业杂志（1）、世界月报（1）、大共和星期画报（1）、四川财政汇编（1）、政府公报（3）、政府公报分类汇编（1）、财政月刊（6）、上海总商会月报（2）、银行月刊（2）、军事委员会公报（1）、财务月刊（1）、农商公报（1）、江苏实业月志（1）、浙江省农会报（1）、银行周报（1）、成都商报（2）、中国学报（北京1912）（1）、南社（1）、税务月刊（1）、上游（1）、商业杂志（上海1926）（1）、钱业月报（1）、神州国光集（3）、秦中官报（2）	Blokzeyl, K. R. F.（1）、蔡莹（1）、柔佛（1）、善稽（1）、夏（4）、（英）高葆真（1）、杨志洵（1）、伯诚（1）、印（1）、姜郁文（2）徐世昌（2）、文（1）、渔（1）、乐吾（1）、树坚（1）、茶龛（1）、茶龛所（1）

[①] 该统计仅是基于晚清、民国期刊全文数据库（1833—1949），近代报刊系列数据库、中国历史文献总库·近代报纸数据库中还涉及部分文章。

续表

年份	刊名	署名
1930—1939	中行月刊(18)、茶报(3)、乡建通讯(3)、国际贸易导报(47)、中国商业循环录(1)、新新月报(1)、外交部公报(10)、工商半月刊(8)、农报(1)、贸易半月刊(2)、国外情报选编(5)、时时周报(1)、实业部月刊(17)、国际贸易情报(8)、实业公报(7)、苏华商业月报(4)、财政日刊(4)、经济旬刊(3)、财政公报(3)、南洋情报(3)、国货月刊(广州)(3)、农业周报(3)、农声(3)、钱业月报(3)、湖北省政府公报(2)、税务公报(南京1932)(2)、法令周刊(2)、贸易(2)、外部周刊(2)、工商新闻(2)、实业公报(南京1939)(1)、新广东(1)、茶业杂志(1)、浙江省政府公报(1)、茶叶丛刊(1)、美术生活(1)、川边季刊(12)、行政院公报(3)、康藏前锋(15)、康导月刊(4)、边事研究(2)、富阳县政府公报(2)、青年月刊：边疆问题(1)、四川农业(2)、四川月报(1)、四川经济月刊(1)、建设周讯(1)、华洋月报(1)、农业推广通讯(1)、蒙藏旬刊(1)、商情报告(1)、边疆(1)、边声月刊(1)、边政(1)、觉路(1)、司法公报(1)、西康省政府公报(1)、申声月刊(4)、蒙藏月报(3)、西陲宣化使公署月刊(2)、大众画报(1)、西康省委员会公报(2)、新西康(1)、东方杂志(1)、华语月刊(1)、申报月刊(1)、边事研究(1)	驻加尔各答总领事馆(2)、外交部情报司(5)、吴觉农(11)、览远(10)、吴学农(6)、孔祥熙(6)、印(5)、刚父(3)、吴鼎昌(3)、张美基(1)、翁礼卿(3)、驻巨港领事馆(3)、驻巴达威亚总领事馆(4)、吴国桢(2)、陈公博(4)、驻泗水领事馆(2)、于右任(1)、前人(1)、刘芷(1)、夏震(1)、廉隅(1)、张人杰(1)、张南印(1)、张纶(1)、舒恬波(1)、庄灿彰(1)、陈迪光(1)、陆印全(1)、鲁兆庆(1)、尹徵尧(1)、(日)田边贡原(1)、上佑(1)、刘文辉(1)、廖云(1)、彭桂萼(1)、戈易(1)、成文美(1)、汪席丰(1)、段白莼(1)、沈月书(1)、洪裕昆(1)、王信隆(1)、葛稚荪(1)、霍尔茶孟(1)、黄以仁(1)、王小亭(3)、金飞(1)、侯九霞(1)、俊德(1)、吴忠信(1)、福田胜藏(1)、董天休(1)、言(1)、警民(1)、金飞(1)、马裕恒(1)
1940—1949	生草(1)、中华农学会通讯(1)、茶叶研究(5)、万川通讯汇订本(1)、福建农业(1)、浙茶通讯(2)、闽茶(3)、中华国货产销协会每周汇报(1)、商情报告(9)、工商公报(4)、经济通讯(汉口)(2)、福建省政府工作报告(2)、征信所报(2)、觉有情(1)、满洲兴业银行周报(1)、税务公报(南京1940)(1)、康导月刊(2)、银行周报(1)、现代经济通讯(1)、华侨先锋(1)、农报(1)、国际贸易(1)、贸易月刊(4)、边政公论(3)、蒙藏月报(2)、广西农业通讯(1)、浙茶通讯(1)、四川经济季刊(1)、西康经济季刊(2)、中央边报(蒙文)(1)、训练月刊(1)、金融周刊(1)、新光(1)、康导月刊(1)、中央边报(维文)(1)、中央边报(藏文)(1)、经济研究(1)、经济汇报(1)、征信新闻(南京)(1)、边疆通讯(1)、良友(1)、中央边报(1)、征信新闻(重庆)(4)、工商调查通讯(4)、中农月刊(1)、国货与实业(1)、新闻天地(1)、边政公论(1)、西康省政府公报(1)	叶作丹(1)、沈秋实(1)、周海龄(1)、张堂恒(4)、张祖声(1)、梅思平(4)、胡松年居士(2)、Rao, M. K. S.(1)、(印)喀本条(1)、刘淦芝(1)、印敏之(1)、吴仁润(1)、李弼(1)、渔人(1)、范铸(1)、茶博士(1)、蒋学楷(1)、许培圻(1)、轶刘(1)、余建寅(2)、姚在藩(1)、刘孔贵(1)、徐世长(1)、徐方幹(1)、李锦贵(1)、沈吟龙(1)、游时敏(1)、罗绳武(1)、茶隐(1)、蒋(1)、刘文辉(1)、亢冗(1)、倪良钧(1)、李万华(1)、李鉴铭(1)、杨逸农(2)

注：括号内数字为在此期间该刊物或作者的发文数。

至此可见，清朝末年，曾广铨、陈寿彭、杨志洵等近代知识精英关注到印度开始培植茶叶以及后来印茶在世界范围内扩大销路[①]，这一变化逐步冲击着以华茶为中心的国际茶叶贸易结构，大大影响了清廷的经济税收，朝廷提倡效仿印锡制茶法[②]，派专员前往印锡一带考察茶土制造方法[③]，亦寻求改良之法。同时印茶也开始蚕食我国内销茶之市场，流入西藏地区，与边茶争利，抵制印茶的呼声渐起[④]。民国初年，百废待兴，工商业的发展成为社会各界的共识。南京临时政府、北洋政府相继颁布一系列发展工商业的方针政策，以徐世昌、姜郁文为代表的政府官员纷纷发声，力图通过减免繁重的茶税挽回茶利[⑤]，一系列措施为茶业的发展提供了有利的政治环境。二十世纪三十年代抗战爆发，印茶入藏严重阻碍了边疆安全与国家统一。随着国家对边疆开发、康藏建设的关注，《康藏前锋》《边疆》《康导月刊》等官方刊物诞生，有关边印茶叶之争的大量文章在此类刊物上报道。此外，这一时期还出现了专职茶叶研究人员，从茶叶培植、制作工艺到销售推广方法，都有细致深入的研究。因此，清末民初的印茶入藏跨越了一个世纪、两个国家，其历史沿革涉及社会现实、文化、经济、风俗习惯、政治制度等多方面内容，下面将就其具体过程分析和探讨相关问题。

二、边茶与印茶的博弈

（一）边茶藏销历史

1. 边茶之概况

（1）何为边茶？

四川物产富饶，亦产茶著名。川西蒙山至雅州一带，高山起伏，便是盛产

---

① 曾广铨：《西文译编：外国时务：印度茶叶商务》，《时务报》1897年第49期。陈寿彭：《西报选译：印茶入英》，《农学报》1897年第13期；《西报译选：印茶销售》，《农学报》1897年第8期；《西报选译：印锡茶叶条例》，《农学报》1897年第16期。杨志洵：《印锡茶扩张美国销路情形》，《商务官报》1909年第34期。除此之外，《万国公报》《教会新报》《中西闻见录》具有类似报道。
② 《论中国茶叶宜仿印度锡兰新法以求改良（续二十一册）》，《南洋商务报》1907年第22期。
③ 《各省新闻：派员考察锡印茶土制法》，《北洋官报》1905年第672期。
④ 《公牍：川省司道等会详印茶入藏设法维持川茶文附川督赵批》，《吉林官报》1907年第75期；《公牍：藩学臬司盐茶道、商务局会详遵议印茶入藏设法维持文并批》，《四川官报》1907年第25期；《公牍录要：四川藩司等会详印茶入藏设法维持川茶文并批》，《北洋官报》1907年第1591期。
⑤ 姜郁文：《专件：纪全国实业会议（续）：（三七）减免川边茶税以恤商艰并抵制印茶案》，《钱业月报》1924年第4卷第11期。徐世昌：《财政部呈遵核边茶关税情形文并批令》，《政府公报》1916年第108期。

茶之区。"四川产区的茶叶按其销场而言，可分为腹茶及边茶二种，腹茶销于省内，约占三分之二，边茶则销于康藏及川西南边境之各屯区，约占三分之一。"①由此可知，边茶实为内销茶之一种。"夫茶，康藏人民生活中之日常用品也，适其地又非产茶之区，是以康藏各地所用之茶，大多取给于川省边界雅安、天全、荥经、名山诸县，此等输入康藏各地之茶，即所谓'边茶'是也。"②具体而言，"出产于四川之雅安、天全、名山、邛崃、荥经五县，故亦有五县茶山之称"③。可见，起初的边茶是指产区为雅安、天全、荥经、名山、邛崃五县的茶叶。后来，人们又按照不同运销区，将边茶进一步分为南路和西路。"川康边茶就其生产区域划分：凡雅安、天全、荥经、名山、邛崃五县所产者系属南路；灌县、大邑、什邡、安县、平武、北川、汶川等县所产者系属西路。就运销区域划分：行销于松潘、理番、茂县等地者谓之西路边茶，行销于康、藏、卫等地者谓之南路边茶。"④还有将产销区与种类合二为一，把边茶"分为西路茶（崇宁、什邡、彭县各县）、南路茶（崇宁、大邑、邛崃、雅安、雷波、马边、筠连、高县各县）、正西路（灌县附近韩家壩、茅亭、龙溪、麻溪、漩口、中兴场、玉堂场、蒲村各地）、茅亭茶（正西路之最佳者）、大路茶（天全、荥经）、小路茶（雅安、崇宁）、小路粗茶（天全茶）"⑤。至此，"边茶"特指运销康藏卫，并且产于四川省或民国时西康省的雅安、邛崃、天全、名山、荥经等地的南路边茶及灌县、平武、北川、茂县等地的西路边茶。

后来"边茶"含义进一步得到完善。"边茶即销于边省的茶叶之谓；凡销于蒙古、绥远、热河、察哈尔、新疆、青海、西康、西藏等边省的茶叶，都叫作边茶"⑥，类似还有，"边茶之名，创自清代，但发源至早；据臆测当在唐贞元九年纳盐铁使张滂之奏，开征茶税以前。其含义有二：就狭义言，专指川康一带所产运销藏卫之茶，就广义言，凡两湖黑茶老青茶、云南紧茶之行销甘、宁、新、青及康藏等地者，莫不属之"⑦。

综上，"边茶"有广义狭义之分，但本文探讨的英印时期印茶入藏问题中的

---

① 马裕恒：《川茶之概况及其对川康藏贸易之重大关系》，《康藏前锋》1935 第 3 卷第 4 期。
② 上佑：《时评：边茶之厄运》，《康藏前锋》1934 年第 2 卷第 1 期。
③ 《边事近闻：西康茶叶近情调查》，《蒙藏旬刊》1934 年第 92 期。
④ 余建寅：《边茶之产销与改进》，《康导月刊》1943 年第 5 卷第 4 期。
⑤ 马裕恒：《川茶之概况及其对川康藏贸易之重大关系》，《康藏前锋》1935 第 3 卷第 4 期。
⑥ 罗绳武：《边茶贸易问题》，《贸易月刊》1941 年第 2 卷第 7 期。
⑦ 余建寅：《边茶之产销与改进》，《康导月刊》1943 年第 5 卷第 4 期。

边茶,仅指狭义边茶,即由四川产茶区生产的专销藏区的茶叶。

(2)边茶之种类

边茶的种类,大致有两种分法。一是将其分为粗茶和细茶。"雅州附近出产较多,有粗茶和细茶两种。细茶运销内地各省,粗茶即茶砖、红茶和捧捧茶等类,因味浓价贱颇适藏人需要,故年中川茶输入康藏的数目狠巨。"① 这里仅提到雅安粗茶为边茶之一类,而实际上,"康藏所销之茶分细茶粗茶二种,细茶为天全、荥经等县出产,又称小路茶,粗茶为雅安、崇宁数县所产,又称大路茶"②,即天全、荥经等县的细茶为边茶另一类。粗茶和细茶的区别在于,"立夏前采者曰细茶,立夏后采者曰粗茶。细茶包括:毛尖(清明前后采摘)、芽字(谷雨前采)、芽砖(谷雨后采);粗茶包括:金尖(立夏后采,多为粗叶)、金玉(端阳后刈割,叶更粗,并多细嫩枝条)、金仓(刈割期不定,多系嫩枝粗杆,叶甚少)"③。可见,第一种分法是按采摘时间,将边茶进行分类。

二是按照边茶之形态分类。"康藏间销行之茶大可分为以下数种:砖茶、金玉茶、毛尖茶、大茶、金仓茶、粗茶、金尖茶七种。"④ 此外,还有五分法,"茶之种类,共分五种,属于细茶者,有毛尖茶、砖茶、金尖茶三种,属于粗茶者,有金玉、金仓茶两种,第一区分,则天全所产为小路茶,雅、荥各县所产为大路茶,各种茶均系以竹片编成长包,内装茶叶,每包均重十六斤左右"⑤。以上茶类均属于红茶,砖茶虽分红砖茶和绿砖茶,但后者亦为红茶所制⑥。

2. 边茶之运销

(1)集散地

"边茶之集散地凡四,(一)灌县:灌县为西路茶之转输地,经营边茶者极多,皆销松理茂边地,陕甘西藏亦间来此购买,有时藏人(住川边屯区地方者)常以牛羊皮及药材来灌易茶,惟以自行贩往时为多。(二)松潘:松潘有汉商六家,专营边茶,均向财政厅注册,承领引票配销,每引票一张,规定一二三斤,六家共领引票一万六七千张,每年共约配销二百万斤,每年面市,分为冬夏二季。(三)雅安:雅安茶叶分边茶及腹茶二种,但以营边茶者为多,民初为五万

---

① 王小亭:《四川茶与西藏人:中国游记(第六段):川藏的茶贩》,《大众画报》1934年第6期。
② 王小亭:《四川茶与西藏人:中国游记(第六段):川藏的茶贩》,《大众画报》1934年第6期。
③ 姚在藩:《有关经边大计之南路边茶》,《边政公论》1945年第4卷第9—12期。
④ 言:《康藏之茶盐问题》,《康藏前锋》1934年第8期。
⑤ 《边事近闻:西康茶叶近情调查》,《蒙藏旬刊》1934年第92期。
⑥ 马裕恒:《川茶之概况及其对川康藏贸易之重大关系》,《康藏前锋》1935第3卷第4期。

引，每引配茶五包，包重二十斤，共五百万斤，民二十一减为四万引，每引包数同，每茶减为十九斤，共三百八十万斤。民二十二年仍销四万引，但每茶减为十七斤，共三百四十万斤。每年不足之数，准于嘉城一带采购。（四）康定：经营茶叶之商店约五十余家，分为雅安、邛崃、荥经、名山、大邑五帮，此外各大商号亦多兼营，就中独资经营者，凡二十三家，资本总额约七十余万元，余皆系合资，总额为三十余万元。"①其中，川藏通商以康定（炉城）为吞吐地，故雅州茶商大都在康定设有支店，或派专人常驻以便直接与藏人接洽贸易。

（2）运输

"西康边茶以雅运康途程而言，约四百余华里，由于交通工具缺乏，多时人力背负，每一背夫，负重七至十二包不等，日行三四十华里，则四百余华里，当需时十日以上……由康定运茶至拉萨，大小约经百余站，由牦牛驮运，所经则崇山峻岭鸟径羊肠之险，须逾越万尺以上之雪山，行千九百余华里之长途，跋涉需时，自四五月至十余月不等。"②又如，"从雅州至康定间全用人力运输，平均每人背负百廿余斤，结二三十人一队，一行十余天的路程，沿途都是崇山峻岭，历尽崎岖而所得工资极微，川人生活苦况，便可想见了"③。

由于交通工具缺乏，生产力低下，从雅安出发的边茶到达藏区的康定，一路翻山越岭，车马难行，只有依靠运茶的背夫，即"茶背子"，茶背子都是为求生存的穷苦人，农忙时种地，农闲时背茶。这段路程，茶叶包装用一种特制的竹筐，每筐约二十斤，合六七筐为一捆。茶叶运至康定后，"康藏商之来康运茶者，由锅庄（以旅馆兼堆栈并营，边茶由产地运康即堆存于此，或有另行存放者）之人介绍（交涉买卖面取报酬）行原始交易，（以物易物）藏商驱牦牛载运土产（如药材皮毛之类）而来，负茶而返（有时多以英印香烟布匹之属掉换）"④。川茶卖给藏人后，如需转运康属边地及西藏，藏人改以生牛皮袋包装。康定至西藏段，多以畜力运输。

（3）消费

西康运茶以消费者购买力之大小不同，销售市场亦不同。"运拉萨之茶，多为毛尖、砖茶、金尖茶等；金沙江以东各地，销金玉茶、金仓茶；各地牛厂哇

---

① 马裕恒：《川茶之概况及其对川康藏贸易之重大关系》，《康藏前锋》1935 第 3 卷第 4 期。
② 李锦贵：《西康边茶之研究》，《西康经济季刊》1948 年第 15/16 期。
③ 王小亭：《四川茶与西藏人：中国游记（第六段）：川藏的茶贩》，《大众画报》1934 年第 6 期。
④ 李锦贵：《西康边茶之研究》，《西康经济季刊》1948 年第 15/16 期。

销金玉茶及天全小路粗茶；喇嘛寺销毛尖及金玉茶；富人则销上等毛尖茶。"① 再如，"其（茶叶）寻常价值，则系一律定价，并称生银（五十两）可购最上等之毛尖六包，可购上等之砖茶十三包，可购中等之金尖茶十五包，可购下等金玉茶二十包，可购末等之金仓十三包，而天全小路之金玉茶因其质劣内含杞木叶之假茶，故每秤生银可购至四十余包"②。传统西藏社会是一个等级社会，不同阶层对茶叶的占有、消费存在明显区别，有一些有着宗教光环的特殊群体无须付出即可享受珍贵、上好的茶叶，而社会底层的农牧民则饮用的是老叶、粗梗制成的粗茶。可以说，也正是西藏茶叶消费与社会等级紧密相关的特点，为英帝国主义者侵销印茶、分裂中国的殖民野心埋下了伏笔。

3. 边茶之于藏人

茶为康藏人民生活中之主要饮料，亦为日常生活中之必需品。无论贵族、喇嘛、平民均不能离此而生活，这与康藏日常食料与环境气候不同密切相关。"藏人食物除牛乳和牛羊肉外，以麦类中之青稞为主。将青稞晒干研粉制成糌粑作食。惟这种食物性质狠燥，须饮茶来作调和，故藏人不论贵贱者皆嗜茶如命"③，藏人饮食结构以乳酪、肉制品和糌粑为主，而"茶由蔬菜果品之功能……康藏边胞，以缺乏蔬菜果品，维他命无从获得，而能于茶中取得之，且植物性蛋白质，亦从而获得矣，茶能助消化，边胞食牛羊肉及乳酪，其肥腻非茶莫解，以茶能分解脂肪，易使油脂消化，至糌粑食后，常发胀生热，以茶味清凉之剂，消化不良之现象，迎刃而解，茶于胜利上之功用，最要者尚有忘倦，醒睡解醉，解毒驱除口臭，强心利尿，及增进工作效率等七种宜为康藏边胞之以饮茶为命也"④。西康边茶（西康茶属低温茶区），为抗寒性之山地或寒地茶，对高寒区域必须采取脂肪以保体温之游牧民族为最适宜。因此，特殊高原气候与由此而生的饮食结构决定了"康藏人民不可一日无茶"。

此外，"边茶适于康藏其故有二，因康藏人民日食牛茶糌粑……此其一。又因积食生熟，时患疾病，一食边茶取其清凉性质可以愈病，此其二"⑤，康藏人民素食边茶，因此茶不但香味兼美，特殊情况下，且能治疗疾病。

---

① 马裕恒：《川茶之概况及其对川康藏贸易之重大关系》，《康藏前锋》1935 第 3 卷第 4 期。
② 《边事近闻：西康茶叶近情调查》，《蒙藏旬刊》1934 年第 92 期。
③ 王小亭：《四川茶与西藏人：中国游记（第六段）：川藏的茶贩》，《大众画报》1934 年第 6 期。
④ 李锦贵：《西康边茶之研究》，《西康经济季刊》1948 年第 15/16 期。
⑤ 洪裕昆：《调查边茶计划书》，《康导月刊》1939 年第 2 卷第 4 期。

最后，除了物质实用外，茶在藏族人民的人情往来中也发挥着重要作用。"康人多以茶为交换货物之媒介，即太古时代以物易物之旧法也。如亲朋之往还或邻人有喜事丧事之类多以茶为礼物，而非像内地送币送物者可比，故云茶于康藏人民之生活上颇有密切之关系也。"①

4. 边茶的特点

综上，边茶具有以下几个特质：第一，边茶的消费区域，绝对不是边茶的产制区域。从自然地理上看来，北起蒙古高原，经新疆、青海以迄西南之西藏等地，都是茶的消费区，同时也是不产茶区。即西北与西南各不产茶边省对于腹地各产茶省有经济上的依存关系。第二，边茶的消费者多为高寒气候区的少数民族。此区域，多不能耕种食用作物，仅能从事游牧业，即所谓"逐水草而居之游牧生活"。一方面，茶叶对于地处气候干燥与依畜牧为生的高原与沙漠民族而言，成为日常生活之必需品。另一方面，茶对于以"禁杀戒酒""定心清神"为教条而要求一种有益健康的饮料品的宗教民族而言，也是仪式生活中必不可少之物。第三，由于地理的限制，这些极需茶饮料的少数民族的居留地，恰是不产茶区，于是茶天然成为联系汉民族与西北西南少数民族的经济纽带，并含有政治上的作用了。茶虽然是中国腹地产物，而饮茶之风，约自五世纪（北魏）以来，便逐渐而且普遍地传到西北与西南少数民族地区，很早成为国内及世界的重要商品，并构成中国经济与政治上的特种因素。也因而自唐宋以来，茶与盐一样，遂形成中国专制大帝国独占贸易政策的基础，且进一步成为沟通西北与西南民族的有力的外交工具②。

（二）印茶入藏的历史

1. 东印度公司的茶叶贸易活动

东印度公司为英人灭亡印度之刽子手，此为不可否认之事实，不过茶叶之输入欧洲当推东印度公司居首功，然同时亦为鸦片输入中国之罪魁。乌苟斯氏 Willism H. Ukers 在其所著 *All about Tea* 一书中对于该公司发展之经过叙述甚详，兹特择要节译，以明该公司对于茶叶贸易之贡献，及其对

---

① 言：《康藏之茶盐问题》，《康藏前锋》1934 第 8 期。
② 罗绳武：《边茶贸易问题》，《贸易月刊》1941 年第 2 卷第 7 期；杨逸农：《中印茶叶藏销问题》，《中农月刊》1942 年第 3 卷第 5 期。

于英国之功罪，亦为留心世界贸易史者所乐闻矣。——译者

东印度公司原名约翰公司，当其在全盛时代握有华茶贸易之独占权，极尽垄断操纵之能事。但在他方面该公司亦为第一次对于茶叶宣传之一种动力，宣传之结果，促成英国之饮料革命，使英人移其对于咖啡多年之嗜好一变而嗜茶，不到数年英人之嗜好为之不变，亦可见其宣传效力之宏大矣。东印度公司除享受商业上之特殊权利外，在政治方面亦有极大之势力，举凡占领土地，铸造钱币，以及一切内政外交皆由该公司一手包办，俨然一强有力之行政机构，固不仅以商业称雄于世界而已。

东印度公司人员第一次于一六三七年春远入广州，但若单对于茶叶似尚不感兴趣。在中国及日本之英侨虽早于一六一五年已知饮茶，然从未有将茶叶携回国内者。

东印度公司第一次所购之茶尚不到一担（合英衡一一二磅）之数。但不久茶叶之销行日广，该公司乃向中国大批收购，源源运往英国，惟其所购均属品质优良之茶叶，至于次等之茶则由荷人及俄斯顿德人收买，大部分系走私而偷运至英国。

在十七世纪茶叶走私之风甚盛，政府下令严禁茶叶从欧洲各地运入英国。后来因东印度公司所运之茶实际上常有供不应求之势，故不得不变通办理，准许本国或他国商人亦得领照运销，不过东印度公司从中国运来之茶叶综较任何人为多，在一七六六年由该公司装运茶叶之数字为六,〇〇〇,〇〇〇磅，次之由荷兰装运者四,五〇〇,〇〇〇磅，其余均在三,〇〇〇,〇〇〇磅以下。

广东总督于一六三五年七月允许英人在广州通商，东印度公司在广州经商最早之记录系在一六三七年四月六日。初因葡人在东方之势力颇大，以致英人之商业多受阻抑，直至一六五四年英皇克伦威尔（Olier Cromwell）与葡王约翰四世订立协约，始规定尔国商船待在东印度各口岸自由出入。

该公司于一六六四年在澳门觅得房屋一所，自一六七八年起开始经营对华直接与经常之贸易，在一六八四年得中国政府之许可在广州择地建造工厂，惟以一切商业上之活动必须限于该区域内为广州设立欧洲工厂之滥觞。次年即一六八五年该公司在厦门之代理处重行开办，在一七〇二年在舟山岛（译者 Chwsan Tsland）上设立一贸易站，直至一七一五年英船始得

驶入黄易停泊，而与广州直接通商。

在一七七一年印度公司得中国官方之许可，在营业期间可在广州居住，惟一遇营业季各外国公司之商业代办均跟从其所指定设立之工厂内一年一度的回至澳门，或本国，一切商船在西南季节风将告终止时——自四月至九月——驶入，至东北季节风时期内开去。曾为英商所反对之公行制止一七八一年取消，而于一七八二年由行商起而代之，此单行商有经营国外贸易之特权，同时对于外人之一切安全行动亦须负担保之责。中国当局于一八三一年对于广州之外商予以极严厉之限制，致使东印度公司有与中国停止一切商业关系之恫吓，但结果终于屈服，若单将英国工厂之锁送交中国官场，以示降服之意。五月三十日在广州有一次情绪愤激之聚会，群起攻击该公司持政策之恼弱，在到会之人中有一小部分为自由贸易商人，如查尔丁（Jardine）马索尔（matnesor）等人。

东印度公司之势力虽已一落千丈，但外侨团体始终拒绝向中国当局屈膝，……该公司之独占权到一八三四年废止，在他方面中国政府认为战事迫在眉睫，乃于一八三二年发出一道上谕，饬令沿海各省赶筑炮台，建造战船，以备肃清海洋，驱逐或将在海岸发现之西洋兵船，同时更下令禁止外国船支在伶仃洋面逗留。在一八三四年英国对华贸易从广州出口之主要商品中茶占首位，达三二，〇〇〇，〇〇〇磅。英国众议院于一八四七年组设一委员会，专事调查与中国之商业关系，在证人提出之报告中载有许多关于英国茶叶贸易之消息，该委员会向政府建议每磅二先令二又四分之一便士之茶税应酌予减少。英国在一八四六年输入之茶叶约五六，五〇〇，〇〇〇磅，在一九二九年为五六〇，七二〇，〇〇〇磅，即等于一八四六年之十倍。

至一七一八年茶已开始代丝而为中国出口贸易之大宗。在一七二一年西方情形亦发生变化，当窝尔波尔（Koder Nalpole）执政时代取消茶叶进口税，而代以在提货时征收国库税。

因此种政策之变更随之而有禁止茶叶从欧洲各地运入之命令以制造成东印度公司之专卖权更臻稳固，泊乎一七二五在英国之茶叶因受东印度公司垄断之结果，已变成一种神圣不可侵犯之物品，且严厉取缔假冒偷运等情事。

在广州之对外贸易中茶叶跃居最重要之地位，已如上述，当时其余大陆诸东印度公司所装运之茶叶远过于英国公司所装运之数量，其理由极为显明，因大多数茶叶系由走私而运至英国及美洲，总之，高昂之税率在在足为"自由贸易"之诱。

所堪注意者，美洲殖民地在十八世纪时已成为茶之大雇主，正如在以后世纪中澳人之为茶之大消费者一样，不过若辈自始即喜购用走私廉价之茶，而不愿出重价向伦敦购买纳税之茶。原来殖民地商人为最富自由思想而相信自由贸易之个人主义者，若辈对于东印度公司之茶叶专卖权本极感不满，加以政府之偏袒，遂致激动公愤，而酿成独立战争，英国政府为东印度公司之故而不惜断送一大国，其计亦殊左矣。[①]

从以上这则报道可知：17世纪30年代，东印度公司初入广州时，对茶叶的兴趣并不大，或者说，这时候饮茶在英国并未普及。八十多年后，随着茶叶在英国社会各阶层普及以及茶叶进口税的取消，东印度公司的茶叶专卖权更加稳固，英国对华贸易在广州出口的主要商品中，茶叶占首位。1834年，东印度公司之独占权被废止，自由贸易时代的到来，加速了人们对茶利的追逐，正是在这一背景下，英帝国企图开拓中国之外的茶叶产区，当时还是英国殖民地的印度成为首选之地。

2. 印度茶叶小史

（1）草创时期

自1834年印度总督正式派定一考查委员会考查印度本地茶叶并研究华茶移植问题之日起，至1838年正式运茶之日止为草创时间。

印度茶叶的开端，与英国并吞阿萨姆省有密切关系。东印度公司虽经营中国茶叶贸易，久思求得一可以统制之茶叶来源。1780年曾从广州运来少数茶树，栽植于加尔各答。1788年Josepb Banka爵士受公司委托，研究印度种茶问题，建议以Bhar及Cooch两地为茶区，但当时阿萨姆省尚未并入版图，故未及之。

19世纪初叶，许多旅印欧人已知上阿萨姆有茶，土人且仿缅甸办法腌

---

① 沈秋实（译）：《英国的印度锡兰茶业推广计划（英帝国经济委员会茶叶报告书）》，《国际贸易导报》1934年第6卷第6期。

制食用。1823年，R. Bruce先生旅行内地，听说当地有茶树，乃设法求得若干株以遣其兄C. R. Bruce。其时缅甸正与阿萨姆构衅，阿萨姆人不胜，乃求助英人。1825年乱平，Scott也求得类似茶叶样本，即与此数株同送加尔各答审查，因无种子及花，故无从判断其植物品性，然其为类似中国茶树之品种，则已不成问题。当时极少人注意及此，故二人所发现之茶树，或已不复存在茶园中。

在阿萨姆服务的某位队长，将此消息传给在Sadiya服务之Chariton队长，后者将本地茶树所得花果及制成茶叶，于1834年11月8日呈送加尔各答，经证明与中国茶树同一品类。加尔各答人士为之大喜，同时，Manpinr山区与Tippera地方乃阿萨姆省他处均发现本地茶树，不幸Chariton队长因铁尼土人叛变受伤，而以与第一次发现茶树有关之C. A. Bruce代之，Bruce遂为此后印茶发展之重要人物。

1834年印督Bentinck派定一委员会研究印度植茶问题，该委员会征求各方意见讨论何处较宜植茶，同时委员会秘书M. F. Gwdon被派赴华采办茶籽及茶树，并访求善于植茶与之茶华人。各方关于茶区意见甚多，咸以喜马拉雅山麓及山谷，印度东部及Nilgiris与印度中部南部山区等地较适宜，唯其根据不甚可靠，且疆界亦不清楚，故无重大价值。1835年又派一科学考察团前往阿萨姆实地考察，一为Wdllich博士，一为Gnffth博士，一为Mc. Clelldnd先生，第二人为有名植物学者，第三人则为地质学者。他们于1836年达到Sadiya，看到由中国运来的茶苗、苗圃常为牛马践踏，土质不良，野草又多，二万茶苗之中，只有五百尚生存着。在各地发现本地茶树甚多，多数有野生者，但Brahmaputtra河以北则并无茶树，茶树之是否本地土生，或系他处移来，乃成为一植物学上悬案。最终，考察结果Wdllich与Gnffth意见不一致，前者以为喜马拉雅山区较阿萨姆省为优良茶区，而不赞成输入华种，后者以为阿萨姆省较为适宜，惟赞成输入华种，结果大家赞成后者主张，于是又派Gwdon赴华，再度采办茶叶种子。当1835春天华茶达到加尔各答，即在该处育成为四万二千茶苗，分配于阿萨姆，喜马拉雅及Nilgiris各地，除喜马拉雅地带者发育尚为良好外，其他各地皆不甚好。为加速茶叶推广起见，他们又把中国茶树和本地茶树混种在一起，结果都死了。之后又在Jdipnr及Doenjcy等地种植中国茶树，也没有多达效果。

同时本地茶树研究有了进展。1836 年 C. R. Bruce 被任为官有茶林监督，从事于本地茶林之搜寻，结果在 Mdtak 一带找到 80 片茶林，其他地方亦有四五十片。因为输入华茶，改良华茶，需时较久，乃采摘本地茶叶，仿照中国制茶方法从事茶叶制造。1838 年且有少量运抵英伦，英伦人士为之骚动，出卖时每磅价高至二英镑，可见一斑人民对于茶叶事业之关心。[①]

（2）发展时期

1839 年孟加拉茶叶公司至欧战为发展时期。

印度茶叶大道开辟之后，许多资本家乃呈准政府请领官有茶林，从事茶叶之栽培与制造。1839 年在加尔各答成立了一家孟加拉茶叶公司，在伦敦也成立了一个合股茶叶公司，二公司不久即宣告合并，称为阿萨姆公司，并获得政府试验茶林约三分之二。阿萨姆公司最初缺乏茶工，于是大招华工。1841 年该公司即有茶园二千六百三十八英亩。不过每亩茶树甚稀，平均每亩仅有茶树四百五十七棵，故 1841 年即以产茶一万零七百一十二磅。产量虽增加甚速，然成本亦不资，故公司毫无赢利，日在风雨飘摇之中。至 1847 年 Sfeplen Mandy 被任为阿萨姆经理，Henry Bnrkinyonng 被任为加尔各答经理，公司始日有起色，至 1852 年始有红利可分，从此该公司事业始扶摇日上。

1853 年，George Williausia 继任为阿萨姆经理，感觉中国茶树不习本地需要，且中国植茶方法不合科学原理，于是在三四月减少采摘，公司董事为之大惊，然而全年产量反因之大增。后经种种方法改良，阿萨姆每英亩产量，遂由二百余磅而三百余磅而四百余磅而五百余磅，至 1915 年时达到每英亩六百之最高峰。此后因大战关系，采叶较嫩，故每英亩又稍为降低至五百余磅。

印度茶叶最初虽由东印度公司、阿萨姆公司等机关出资提倡，然因私人资本家投资者甚众，故仍以私人企业为多。直至 19 世纪末叶以后，有限公司始渐增多，组织日形发展，因大部茶园多为白人投资，多在白人之手，故公司多设于英伦，而只有代表或经纪在加尔各答照应一切。因之在加尔

---

① 思耕：《印度茶叶小史》，《贸易半月刊》1939 年第 1 卷第 19—20 期。

各答有若干经纪事业产生,在1881年各代表且联合组成加尔各答印度茶叶协会,以谋印度茶叶事业之推进。印度茶园协会在每一重要产茶地方均有分会,以解决本地各种困难问题。印度人自有之茶园,亦有一联合组织,名为印度人茶农公会,设本部于 Jalpaiguri,因该地印度人自有之茶园,比较他区为多也。

综计印度东北各地茶叶在1885年前后,已有公司数百家之多,茶园二十八九万英亩,每年产茶八九千万磅,约合百余万箱,三四十年之努力,取得了世界茶叶重要地位。虽其全国产量尚远不及华茶,然其所产茶几全为出口之用,故其出口总额超过华茶出口之半数。至20世纪初年,印度各地茶叶皆大为发展,尤以东北部分为甚,茶树面积增至四十七万英亩以上,每年产量增至一万九千万磅左右,约合二百余万箱,输入数额已可与华茶相埒。此后华茶输出日减,印茶输出日增,至1930年以后,华茶仅及印茶四分之一。①

(3)限制时期

欧战以来至1933年国际茶叶限制实行,再到茶叶复趋稳定为印茶限制时期。

阿萨姆公司原有茶园本甚辽阔,后来卖去一部分于北阿萨姆公司和私人企业。以后茶业日益发展,公司日益增多,至1924年已有四千三百茶园之多,1933年则为四千九百七十余茶园,以上茶园有五分之一在阿萨姆省。阿萨姆省茶园规模较大,面积四十余万英亩,雇工五十余万人,均占全印度半数以上。

1933年因茶价惨落,乃有印度、锡兰、荷印三国茶叶协定之签订,印度中央政府乃颁布茶叶统制条例,并设立一茶叶管理委员会以管理生产限制与出口限制两大方案。委员会由各有关茶叶团体选举,由中央政府任命。按照1929、1930、1931年各年最高面积,规定各年生产比额及此后增加成数,再根据生产情形及国际会议决定各国比额,决定各家出口比额,凡出口茶商非按上项比额,向委员会呈领特许证不得运茶出口。②

---

① 思耕:《印度茶叶小史》,《贸易半月刊》1939年第1卷第19—20期。
② 思耕:《印度茶叶小史》,《贸易半月刊》1939年第1卷第19—20期。

3. 印茶销藏概况

印度销往西藏的茶叶，主要产自阿萨姆。"印度阿萨姆 Assam，为世界上多雨之区，惜其雨量分布不匀，春季甚为干燥，夏季则雨水充足，且干季与湿季之时期，相距过长，一般农作物，于春季不易萌芽，多于夏季始能萌芽生长，又以生长期太短，不能成熟，故该区食粮之生产量不多，但茶叶例外，成为该区特产，因阿区气候温暖，土壤为酸性而多沙，茶树之根向下直生能吸收地下水之故，但春季亦不能良好萌芽，至夏季始有茂盛之生长，因其不甚柔嫩，只能用以制成红茶，于是阿萨姆遂成为世界上红茶之生产中心，举世著名之 Lipton 红茶，便产于此，阿萨姆之茶叶大多为英人所经营，产量甚丰，行销世界各处云"[1]。

在 1904 年以前，正值清末，国家多事，虽英国人之势力，渐次伸入西藏，但印茶尚不能输入藏境。是时，西藏消费的茶叶仍然仰赖中国边茶。英兵于 1904 年侵入拉萨以后，印茶始能输入藏境，与中国之边茶竞销角逐。印茶之所以能够侵销西藏，相较于边茶，有其自身优势。首先，价格低廉。一方面，印度茶业以茶园为单位，大规模生产，机械化程度高，产业效率高；另一方面，印茶入藏，交通便利，运输时间短，因此，印茶的成本较低。"售茶则以轻本为主，印茶入藏，火车铁轨路捷费轻，川茶入藏，人负马驮途长，用重成本之多寡，既判茶价之低昂"[2]，又如"中国内地运往西藏之茶，沿途用骡马驼运，非有数月之久不能到达西藏，故而运费增加，其茶之价值益大。而印度至大吉岭之铁路早已修竣，大吉岭到拉萨亦不过一周途程，中印间之交通既若斯悬殊，其茶之价值当然大异"[3]。其次，印茶包装精美。"近来英人在印种茶，装潢制造，备极精奇。"[4] 最后，印茶善于改良。"自印藏纠纷解决以后，而锡兰茶便长驱直入西藏，但康人因饮惯川滇茶的关系，对锡兰茶便不表欢迎，于是英人之茶叶失败。随后英人究其原因，系茶之制造不同，故味色亦异，后乃模仿中国制法并加以科学改良，于是一蹴而在中国茶之上。"[5] 正是因此，至 20 世纪 30 年代，

---

[1] 《印度阿萨姆之茶叶》，《中华农学会通讯》1945 年第 52/53 期。
[2] 《公牍：藩学臬司盐茶道、商务局会详遵议印茶入藏设法维持文并批》，《四川官报》1907 年第 25 期；《公牍录要：四川藩司等会详印茶入藏设法维持川茶文并批》，《北洋官报》1907 年第 1591 期；《公牍：川省司道等会详印茶入藏设法维持川茶文附川督赵批》，《吉林官报》1907 年第 75 期。
[3] 言：《康藏之茶盐问题》，《康藏前锋》1934 年第 8 期。
[4] 《专件：北京全国实业会议纪要（续）：（三四）减免川边茶税以恤商艰并抵制印茶案》，《国货月报（上海 1924）》1924 年第 1 卷第 9 期。
[5] 言：《康藏之茶盐问题》，《康藏前锋》1934 年第 8 期。

印茶不仅畅销西藏，蚕食边茶市场，并且已由西藏而进入西康，更达松潘草地，严重威胁到我国边茶市场。

4. 印茶入藏之结果

阿萨姆省所产印茶，与中国产茶截然不同，其味浓厚而富有刺激性，当不及华茶香味之隽永耳。因此，当印度茶叶随英国兵而进入西藏，因其不适于西藏之嗜好，以致茶叶贸易无大发展：

"印度红茶，曾数度竞争，结果以康藏人民口味不喝，华茶乃得不败，各商亦赖以撑持"[1]；"在一九〇四年以后，印度茶叶虽能输入西藏，但西藏人自彼时以迄于今，仍不嗜好。西藏人感觉中国茶叶，为更滋补，更卫生，更味美。因此印度茶叶颇遭贱视，本地人认为只可与西藏市场最劣茶叶相伯仲。在目前，印度茶叶诚不易销于西藏！除非将其形状与气味，完全变成中国茶叶，则庶几可以在西藏市场插入一足"[2]；"近来英人在印种茶，装潢制造，备极精奇。居心积虑，即在攘夺我边茶利权，所幸者该茶产自热带边地人民，食不相宜，因之行销亦不畅旺"[3]；"自印藏纠纷解决以后，而锡兰茶便长驱直入西藏，但康人因饮惯川滇茶的关系，对锡兰茶便不表欢迎，于是英人之茶叶失败"[4]。

由此可知，西藏人本不喜爱印茶的口味，但因为英国人惨淡经营，初则以印度茶叶赠送西藏人，使其贪图小惠，改变其观念，继则以廉价倾销，无息贷放，迟付货价等优惠条件，使藏商为之折服。随后英人又努力模仿中国制法，并加以科学改良，精求改善，于是印茶一蹴而在中国茶之上，种种利诱，始得我国西藏边茶市场之一隅。

三、印茶入藏的影响

（一）整顿边茶

印茶入藏对边茶改良和茶政改革产生了最直接的影响。先要削减茶税，上

---

[1] 《调查资料：经济：商业：出口业：雅属茶业衰落》，《川边季刊》1935年第1卷第2期。
[2] 杨逸农：《中印茶叶藏销问题》，《中农月刊》1942年第3卷第5期。
[3] 《专件：北京全国实业会议纪要（续）：（三四）减免川边茶税以恤商艰并抵制印茶案》，《国货月报（上海1924）》1924年第1卷第9期。
[4] 言：《康藏之茶盐问题》，《康藏前锋》1934年第8期。

至商部，下至茶商，都提出减税恤商抵制印茶。再要改良边茶品质和制造方法，从质量上取胜印茶。商部曾饬令："川省茶业相以运销西藏为大宗，近自印度锡兰等处产茶甚旺，侵销藏地，致川茶销路疲滞，茶商仍不知讲求制造以资抵制，数年后，藏地川茶之利恐尽为印茶所夺，近商部为维持川省茶叶起见，特电饬川督锡制军，请将运茶入藏税章妥为修改，有务须除去烦苛之语，一面仍转饬各茶叶改良制造，以期价廉物美，足以挽回川茶利权，闻制军现已札饬盐茶道遵照办理，以期振兴茶业云"[1]。川边总商会会长姜郁文也就此指出只有减免茶税，才能在印茶侵销西藏的背景之下维系茶务实业。"边茶成本过高税率太重，印茶本小税轻，又加贱价出售，边藏无识中下产茶叶番民，往往乐于便宜，私相购买。若再长此拖延，不思有以预防，仍听边印茶价相悬，边茶之不受印茶排斥者几希，今欲为抵制印茶挽回利权计，非减税恤商，无由补救，查边茶产自四川印雅五属，每票一张，配茶百斤，粗细成本，平均不过五两有余，而公家税率，每茶百斤，竟收至库平银一两之多，商人负痛，已历年所，远考泰西，近征国内，世界无此重税，揆之我国现行值抽五通税，其相去何止倍蓰，因之时有不肖商人，阴掺劣货，竟图获利，以伪乱真者，皆由税重为之使然也……川边茶务，亦实业之一，欲图对外竞争胜利，应恳政府体恤商艰，援照维持国产办法，酌量减去边茶重税，以纾民困，而挽利权，国家幸甚，商业幸甚。况边茶关系藏人生活颇巨，即就中藏开隙事谕之，历年藏人之不敢公然断绝我国家者，实借此边茶由以维系之耳，如不及早减轻商累，恐边茶终为印茶战胜，噬脐无及，本席家庭为茶商之一，深知此中危险，难安缄默……"[2]还有提议要从边茶藏销之产制、运销、易货、品质等方面进行改良，复兴中茶藏销之希望，"西藏为我中国西部之屏藩，且为中国边茶之贸易中心，关系既密且久，而康藏之国民经济，亦以边茶贸易占重要之地位。边茶在西藏之销行，早已普遍于各地，而为西藏人民生活上不可一日缺少之饮料。有此种种原故，吾人亟欲据茶政者，应负起复兴边茶藏销之责任！努力设法，另开边茶藏销之产制区域……果能如是，则我国边茶不仅有复兴藏销之希望，而且能促成民族精诚团结，增加国家税收，改善国民经济"[3]。

---

[1] 《各省新闻：整顿川藏茶叶》，《北洋官报》1906年第908期。
[2] 《专件：北京全国实业会议纪要（续）：（三四）减免川边茶税以恤商艰并抵制印茶案》，《国货月报（上海1924）》1924年第1卷第9期卷。
[3] 杨逸农：《中印茶叶藏销问题》，《中农月刊》1942年第3卷第5期。

（二）边疆安全

除了从发展民族实业、维护经济利益方面考虑之外，也有不少社会精英人士注意到英人争夺茶利背后的"良苦用心"。1840年鸦片战争之后，中国逐步沦为一个半殖民地半封建社会，英国趁清朝中央政府虚弱之际，加速推进其所谓的印度安全战略，一次次挑动"西藏独立"，企图把西藏变为"缓冲国"，英帝国认为只要控制了西藏，就能有效遏制沙俄势力继续南下，并可通过藏传佛教影响蒙古，削弱俄国在蒙古地区的影响，另外，通过控制青藏高原，将其势力深入长江上游，与东南沿海侵入的力量连成一片。在1894年《中英藏印条约补遗》中规定开放通商，弹药、武器、鸦片等英国货物免税入藏，1907年西姆拉会议上也就商场设置、沿途旅舍和印度茶叶入藏的税收等问题上有所争执，由此可以看出，印茶入藏背后英帝国主义者的险恶用心。

"（印茶）……近查藏中下等社会利其价廉，虽非本愿，亦改食印茶以图节省，其上中社会仍嗜边茶，此为印茶行销浸入藏中之原因，但恐藏民购食成惯，愈染愈宽，抵制边茶，亟应特别注意。"① 传统中国用高茶税来维持等级制，而英帝国则试图用低茶税来冲击等级制。印茶作为现代世界体系生产的大宗商品将社会下层大众作为其目标群体，力图打破等级的区隔，再定义西藏社会的等级，挑战维系边疆封建等级形态的边茶。

"边茶实为康藏人民必要之联结，藏人因嗜边茶故，常结驼队，载其土产来康易茶，土产不足，则转贸中央亚细亚与印度海外之物以足成之，盖驼队不空来去，亦不能不载货来康也……因茶而交易盛，因交易盛而汉藏接触频繁，因汉藏之接触频繁，而汉藏之感情易生，了解亦易，感情既生，了解既易，则政治之施设不难推行，故边茶由陆路运藏，不独使荒山峡谷间之康定变为政治经济之中心，而实别有微妙之作用也……边茶山海道运藏，必经印度，印茶方与我争藏销场，以印茶不为藏人所嗜，不能与我争，若海运习惯养成，印度政府，从关税运道之间，操纵把持，则我将失藏中茶叶销场，而藏中土货，亦将由印运出，加增外人税收，本国不但无坐制权，英藏因茶而生之交易必盛，交易盛而接触必繁，接触繁则藏英感情易生，而于我之联结，将不若由路道运藏时之团结不解矣"②。面对边茶究竟是陆运还是海运时，人们意识到海运的最大弊端是

---

① 洪裕昆：《调查边茶计划书》，《康导月刊》1939年第2卷第4期。
② 金飞：《南路边茶与康藏》，《新西康》1938年第1卷第2期；金飞：《南路边茶与康藏》，《康导月刊》1939年第1卷第7期。

"藏英感情易生，而于我之联结，将不若由路道运藏时之团结不解矣"，显然，在近代民族国家观念的影响下，人们认为，发展边茶贸易（或抵制印茶）与民族团结、国家复兴息息相关。而恢复西藏茶叶市场、挽回边茶利权成为康藏今后社会之发达、商业之盛衰以及国防前途之巩固的关键。

由上可知，印茶入藏虽然仅仅是清末民初西南茶叶贸易的一环，但其既牵扯殖民力量，又涉及茶叶之争引起的内地与边疆关系的微妙转变，还包括茶叶流动过程中各民族间的利益、情感纠纷，可以说，印茶入藏是特定时空下多种话语以及各种偶然或必然因素综合作用的结果，其产生的影响也是多方面、多维度的。首先，印茶入藏冲击了我国内销茶市场，导致了印茶与边茶的贸易战，影响了财政税收，反过来，这也促进了茶务整顿，不得不说，一系列茶税政策改革对于我国民族实业的发展、近代化进程产生了积极作用。其次，印茶入藏使人们再度反思历代边疆地区茶政制度的沿革与重要作用，开发边疆、保卫边疆的呼声高涨。而民国初期正值现代民族国家观念的萌芽阶段，在这一话语背景下，恢复茶业成为复兴民族发展、促进民族团结、提高国民经济的"代名词"，印茶入藏最终由一场经济危机转变为一场政治危机。当然，由于篇幅有限，本文仅从以上两个方面探讨了印茶入藏问题的实质，茶叶流动过程中各民族间的利益、情感纠纷，茶叶这一全球性商品在不同地域场景中的文化及社会意义以及这一时期中印关系的发展都还有待进一步的深入研究和反思。但无一例外，都必须将这一历史进程置于国家、政治、经济、文化、社会发展的整体脉络中加以把握，只有这样，才能更好地理解诸多历史和现实问题。

西南茶马古道文献资料整理与遗产保护研究学术研讨会综述

王佳薇

(武汉大学)

2023年7月1日，武汉大学举行了"西南茶马古道文献资料整理与遗产保护研究学术研讨会"。本次会议是基于国家社会科学基金重大项目"'一带一路'视野下的西南茶马古道文献资料整理与遗产保护研究"的基础上开展的。此次会议由武汉大学主办，武汉大学长江文明考古研究院和武汉大学茶文化研究中心承办。来自北京大学、四川大学、北京师范大学、河南大学、湖北大学、中国社会科学院、人民出版社、光明日报、中国社会科学报、江汉论坛等知名高校、科研机构、文化机构、报刊媒体等专家学者济济一堂，探讨西南茶马古道文献资料整理与遗产保护的路径。

武汉大学人文社会科学研究院副院长兼学术服务处处长陶军主持开幕式，武汉大学党委副书记赵雪梅教授和武汉大学原副校长、人文社科资深教授、历史学院博士生导师胡德坤先生分别致辞。

赵雪梅教授在致辞中表示，本次会议旨在进一步推动西南茶马古道的研究，继续探究其历史积淀和文化底蕴，拓宽文明的交流与互鉴，铸牢中华民族多元一体格局的共同体意识，进而为"一带一路"倡议与人类命运共同体提供理论和实践双重支撑。西南茶马古道作为物质文化遗产，承载着中华民族的基因和血脉，是不可再生、不可替代的中华文明优质资源。如何把文物保护好、传承好、利用好，是坚定历史自信、传承中华文明的实际行动，是推动文化自信自强、铸就社会主义文化新辉煌的重要内容。

胡德坤先生在致辞中指出，西南茶马古道是我国历史上内地同西南边疆地区和周边邻国进行商贸、文化交流的重要通道，也是中国西南地区民族经济文化交流的走廊，对维护祖国统一、巩固国家边防安全，树牢"治国必治边、治边先稳藏"的意识，建设团结、富裕、文明、和谐、美丽的社会主义新边疆，促进中华文明的交流与互鉴具有深远的历史意义和现实意义。西南茶马古道的研究，学界还需要更进一步整合资源，推进研究领域的长远发展，使西南茶马古道这一媲美丝绸之路的人类文明交流发展大通道获得应有的知名度和关注度，凸显古道在边疆治理、民族融合、文化互动方面的重要意义，为引导各族人民树立正确的国家观、历史观、民族观、文化观、宗教观提供学术支持。本次研讨会主要分为主旨报告和论文研讨两个阶段，主旨报告阶段由武汉大学历史学院党委书记、长江文明考古研究院院长刘礼堂教授主持，四川大学文科杰出教授、历史文化学院学术院长霍巍，北京大学考古文博学院教授孙华，北京师范大学地理科学学部教授席格伦，中国社会科学院历史研究院研究员沈冬梅，中国国际茶文化研究会副会长、原雅安市副市长孙前分别进行了主旨报告。

一、主旨报告

四川大学文科杰出教授、历史文化学院学术院长霍巍以"高原丝路与茶马古道"为题做了主旨报告演讲。霍巍教授指出，通过对西藏阿里地区的考古出土铜器分析，及对其内部茶叶状的食物残缺进行碳14测年，可以确定铜器内的植物遗存是茶叶，而且是迄今为止最早的茶叶遗物。霍巍教授还讲述了唐蕃交流中有关茶的故事，在当时，茶传入藏区的途径很可能是后来唐宋的"茶马古道"。最后，霍巍教授对未来西南茶马古道文献资料整理与遗产保护的路径提出了几点新思路：首先是要拓展对茶马古道的研究事业，重视考古与文献资料的整合；其次是要关注茶马古道、茶马贸易与其他古道及相关交流、交往之间的密切联系；最后是在具体的茶、马贸易等方面，可拓展时、空观察，注意比较研究。

北京大学考古文博学院孙华教授以"再论茶马古道的若干问题"为主题做了汇报。首先，孙华教授指出茶马古道是以古代某交通线路的主要商品为标志的商品贸易和文化交流路线，茶马古道分为狭义和广义，狭义茶马古道范围小但价值高，主要指宋明时期的茶马互市道路；广义茶马古道范围广，包括唐代以后至近代的茶土贸易道路。孙华教授还说到茶马古道的研究和保护需要明确不同含义和范围，狭义茶马古道利用现有国内道路，如川陕古道，且不包括国际道路。广义茶马古道分布广远，如"万里茶道"，但不可无限延长。最后，孙华教授做出总结，茶马古道作为文化遗产，可归入世界遗产的文化线路类型，狭义茶马古道可纳入线性遗产的沟通类型，通过评估并保护相关设施，甚至独立或与其他古道一同申报世界遗产；广义茶马古道可与茶业及相关文化整合，借鉴欧洲朝圣线路的思路，将其归入文化线路的范畴，发展文化旅游项目。

北京师范大学地理科学学部教授席格伦以"文化线路遗产与现代性：中国西南茶马古道为例"为题，提出茶马古道是连接中国西南茶叶产区与消费区的文化遗产网络，它不仅代表了茶叶的生产和贸易，具有重要的符号意义，对于形成西南地区的集体认同也具有重要意义。席格伦教授还提出茶马古道的概念直到20世纪90年代初才被提出，对茶马古道的命名也是一种创造性的符号学行为，它与其他经济、社会和文化事件相互交织，形成了一个超越创造者初衷的实体，其概念化、传承化、商品化和扩散背后体现了现代性的背景和意义，同时也是研究中国现代性与西方现代性的一种手段，而茶马古道及其概念发展为理解、再现和表达过去提供了一个区域认同的案例研究。

中国社会科学院历史研究院研究员沈冬梅以"茶文献与茶文化研究"为题，首先分享了自己在搜集茶文献时的经验，不仅要重视基础茶文献，例如茶书、正史茶资料、地方志茶资料、笔记小说、茶诗文、民间传说、民歌、石刻等；而且要兼顾对物质文献的搜集与整理，包括书画、茶具、茶家具、茶空间、装饰、工业、市镇、贸易相关用具；同时，社会、经济文献也不能忽视，例如商帮、商号茶庄、政策茶法、海关数据和现代茶企业等。针对未来茶马古道文献搜集和整理的方向和路径，沈冬梅研究员还提出了几点可资借鉴的经验，要兼顾社会史、经济史（商业史）、文化交流与民族文化，并从文献、田野、器物和海外文献中进行多方且全面的研究。

中国国际茶文化研究会副会长、原雅安市副市长孙前以"老材料，新视野——茶马古道辩证"为题，就茶进入中亚、蜀羌区域贸易以及茶何时进入卫藏等问题与大家分享了自己多年的研究成果。孙前指出，在川陕甘青、川藏、滇藏三条茶马古道中，川藏道是影响最大、时间最久远、最艰难的一条。起初被忽略了上千年，直到现在才开始被正视。川藏道的功能是以茶易马，起初是为了国家战争的需要，后来发展成为民间贸易和羁縻边民的交流之道。茶马古道与南北丝绸之路、羁縻戍边、民族和睦等历史事件有关，是一个热门话题。

在现今的宣传中，茶马古道的功能和影响被夸大，让人误以为它是中华走向世界的主力军。然而，随着更多材料的出现，一些被忽略、不被重视或误读的历史事实被发现，我们可以更客观地审视茶马古道，其对边疆稳定、文化交流、旅游发展、民族团结等方面仍然具有重要作用，应该得到高度重视。

二、论文研讨

在论文研讨环节，先后有木仕华、杨海潮、孔又专、龚伟、凌文锋、陈书谦、黄柏权、高富华、兰犁、何强、康健、陆晗昱、宋时磊、冯晓光、罗承勇、罗光德、王少琛、池心怡等18位专家学者结合西南茶马古道和沿线遗产保护等问题，就深入推进课题研究展开热烈的交流与研讨。各位与会专家介绍了自己对西南茶马古道文献资料整理与遗产保护方面最新的研究成果，他们从不同时代、不同线路、不同主体来关注西南茶马古道交流与记录的学术动态，从沿线茶叶贸易、文明交流与互鉴及遗产保护等角度切入，将研究新思路贯穿于探索研究过程和研究范式中。在此过程中，各位与会学者相继提出自己的观点和研究结论，共同探讨西南茶马古道的历史与文化，并为西南茶马古道的研究、文化线路遗产的保护提出崇论宏议，为西南茶马古道未来的研究提供了可参考的理论依据和实践方式。

（一）文化交流与文明互鉴

中国社会科学院民族学与人类学研究所研究员木仕华以"茶马古道之雅安藏茶与汉藏关系的维系"为题展开叙述。木仕华表示通过在西藏阿里地区的考古新发现证实，茶叶在汉晋时代甚至更早就已经传入西藏高原，将西藏的饮茶历史追溯到了汉晋时代，与之前认为茶叶于唐朝时期入藏的说法相比，时间间隔仅为约200年。木仕华研究员还指出，茶叶传入西藏的具体路线仍然是未解之谜，可能是通过南方丝绸之路进入阿里地区，或者是沿着南方丝绸之路经印缅古道传入阿里地区。同时，茶马贸易对西部地区的社会经济发展和内地与西部民族政治经济关系的维系做出了重要贡献。

四川省雅安市融媒体中心高级记者高富华以"彼岸的目光——外国人眼中的蒙顶山茶和川藏茶马古道"为题，为未来茶马古道的再发展给出了两点建议：

首先是要寻找和建设一批重要的茶马古道文化地标，重点打造川藏茶马古道的沿线城市如雅安、康定、昌都等重要节点城市，吸引游客；其次是建设高水平的茶马古道文化博物馆：建立小而精的专题馆，收集与茶马古道相关的文献资料、字画刻石、影像等，打造一个茶马古道风情园，展示茶马古道的历史和文化。

武汉大学茶文化研究中心研究员陆晗昱以"试论西南茶马古道的发展与多民族文化交流"为题向各位专家学者分享自己的研究成果。陆晗昱指出，西南茶马古道是中国历史上内地与西南边疆及周边国家进行商贸和文化交流的重要通道，分为青藏、川藏、滇藏三条主要线路和众多支线道路。通过这条古道，商贸活动蓬勃发展，多民族之间的文化交流与融合也日益密切，汉藏多民族文化在文化典籍、语言文字、科技工艺、宗教信仰、价值观念、审美趣味、思维方式等方面展开交流融合。西南茶马古道历史上的文化交流对于加强地区发展、与沿线国家合作、形成协调机制等具有重要的借鉴作用和现实意义。

武汉大学茶文化研究中心研究员宋时磊以"茶马古道概念在日本的接受与传播"为题做出汇报。宋时磊表示茶马古道是中国提出的学术概念，在日本、韩国和西方等地产生了广泛影响，其概念传播表明了文明交流和互鉴。日本研究者通过各种媒介传播茶马古道概念，进行茶马贸易的研究和实地调研，并从多个学科的角度进行研究，得出其在日本的传播呈现出一定的规律和特征。同时，茶马古道的概念也在美国、英国、韩国等国家传播，并融入了各国的话语体系和社会文化生活。茶马古道的概念传播是一个跨文化的过程，中国学者提出的原创概念在不同的语境中被接受和传播而且是是多元互动的传播，甚至有反向传播，是文明交流互鉴的例证，也展示了中国学术话语和文化输出能力的增强。

赤壁青砖茶研究院执行院长冯晓光以"茶马古道与万里茶道的文化融合和时代担当"为题与参会专家分享自己的研究成果。冯晓光指出茶马古道和万里茶道是中国西南地区的国际贸易通道，茶马古道连接了中国西南地区和周边国家，其承载着茶叶的贸易和文化交流，成为民族间经济文化交融的通道；万里茶道则是中俄之间茶叶贸易的重要路线。这两条古道不仅展示了中国茶叶贸易的辉煌历史，也承担着融入"一带一路"和与沿途国家合作的使命。现在，川茶、普洱茶等重要茶叶正努力传承创新，积极融入茶马古道和万里茶道的文化和经贸交流，沿线地区也应以申遗为抓手，推动茶文化的复兴和中国茶产业的振兴，为和平发展和共同繁荣做出贡献。

重庆市国资委二级巡视员罗承勇以"浅析西南茶马古道对重庆及其流域内茶文化的传播及影响"为题展开叙述。罗承勇表示西南茶马古道在历史、文化、经济和社会方面对重庆茶文化的传播和发展起到了重要作用，其存在促进了茶叶品种的引进、与当地风俗的融合、茶文化旅游的发展以及与文学艺术的结合。茶马古道与重庆茶文化的交流与融合，丰富了茶叶的品种和特色，影响了人们的生活方式和社会关系。同时，茶文化的传播与西南茶马古道的发展共同构建了一个独特而美好的茶文化世界。

（二）文化线路及遗产保护

成都师范学院史地与旅游学院教授孔又专和各位与会专家学者分享了几点关于中央统战部中国光彩事业基金会项目"川藏茶马古道历史遗产调查及文旅融合产业创新"执行过程中的感想。孔又专教授首先与大家介绍了该课题的项目成果，并指出川藏茶马古道有丰富的历史文化遗产资源，在考察其非物质文化遗产传承状况后，探索出了川藏茶马古道茶叶种资源库的建立及川藏茶马古道文旅融合产业创新路径，以文化产业赋能川藏茶马古道乡村振兴，这对于进一步提升四川省文化遗产系统性保护水平，推进文旅融合乡村振兴产业发展，铸牢中华民族共同体意识具有十分重要的意义，同时也将有力推动雅安文化资源的挖掘利用和文化旅游产业融合发展，也为西南茶马古道文献资料整理与遗产保护研究提供一个新发展思路。

雅安市博物馆副馆长兰犁以"茶马古道（雅安段）考古调查研究"为题，运用田野调查的方式，以最新的考古材料作为支撑，与各位专家学者分享雅安市博物馆团队的研究成果。兰犁首先指出茶马古道的概念是由多位学者提出的，在文化遗产保护共识中被概括为中国西部地区以茶马贸易为主要内容的古老商贸通道，不仅是经济交往通道，也是民族文化交流和感情沟通的纽带；其次兰犁副馆长提出茶马古道的保护、开发仍存在问题，部分区县政府对其重视度不够，古建筑面临破坏。在此基础上，兰犁副馆长建议继续对遗迹进行深入工作，加强对茶马古道保护和开发重要性的认识，利用文物优势推进文旅融合，同时，雅安政府也正在积极探索文旅商融合发展的方式，并完善公共设施，推动高质量产业发展。

四川日报驻雅安办事处主任罗光德以"川藏茶马古道文化遗存管窥"为题

做出汇报。罗光德表示：茶马古道是我国西南地区连接汉、藏及其他少数民族的商贸路网系统，主要由川藏道、川甘青道和川滇道组成，部分保存较完整，其中川西地区是茶马贸易的发源地和茶叶主要输出地。茶马古道沿途的遗存展现了古代居民的生活方式和文化传统，成为一条多元文化走廊。挖掘和利用茶马古道的文化底蕴对于保护和传承文化遗产、发展旅游产业和推进经济社会发展至关重要。同时，如何传承、保护和利用茶马古道文化资源已成为当务之急。

伦敦大学学院考古学院博士生王少琛以"茶马古道的保护、提名与管理：文化线路概念的运用和探究"为题与各位与会专家学者分享了几点根据遗产不同功能进行分类带来的优势。王少琛指出，茶马古道上有各种类型的遗产，包括文化景观、古遗址、传统村落和历史古城等，通过其不同功能分类，可以更好地探索不同类型遗产对茶马古道的价值和意义。由于各个遗产地的发展和状态各不相同，管理和保护还处于初级阶段，需要整合记录和评估后进行规划和管理，而文化线路的概念对于茶马古道的申遗和长期保护起到了积极的作用。同时，茶马古道的内涵和价值随着时间的推移发生变化，虽被现代交通所取代，但仍在促进西南地区的民族团结和共同富裕中发挥作用。

武汉大学历史学院博士生池心怡以"文化线路视野下茶马古道的动态性与遗产价值"为题做出汇报。池心怡指出，"动态性"是后过程考古学中的研究视角之一，用于定义人类社会在时间和空间上的连续变化。茶马古道作为文化线路体系，体现了不同族群间的交流与互动、物质与非物质文化遗产的流动与对话。通过研究动态特征，可理解茶马古道的普遍价值，为保护遗产提供参考。同时，在保护茶马古道时，应考虑不同类型遗产的整体保护与展示，以更好地理解其历史演进和价值。

（三）沿线茶叶贸易

四川师范大学巴蜀文化研究中心副研究员龚伟以"蜀布、庸赁与边茶：岷江道上的贸易变迁与边徼治理"为题向与会专家分享研究成果。龚伟指出，岷江道的贸易变迁与边徼治理关系紧密相连。在先秦时期，岷江道通过丝绸技艺和贸易活动成为古蜀与西夷间的纽带，促进了文化和经济联系。然而，在秦汉时期，中央政权采取了打击商业活动的政策，导致岷江道的贸易衰落。唐宋时期，茶引制度加强了岷江道的商业功能，被视为维持边徼地区稳固的黏合剂。茶马互市和岷江道的治理重点也转向经济活动，促进了多民族的交流和发展。

总而言之，贸易经济活动是岷江道的底色，对于维持边徼地区的稳定起到了重要作用。

湖北大学历史文化学院副教授何强以"从自发行为到政府行为——近代中国的茶叶出口检验实践"为题，指出近代中国茶叶出口质量管理存在政府缺位的问题。南京国民政府初期积极推行茶叶出口检验，以此改善茶品质，挽回声誉，取得一定成效。但该实践因抗战中断，且存在标准执行不严等问题。长期来看，这为新中国茶叶检验制度奠定了基础，对比新中国成立初期的制度、设备、方法和程序可见南京政府实践的痕迹，这是对近代中国茶叶出口检验实践的贡献。

安徽师范大学历史学院副研究员康健以"明清徽商在西南地区的茶叶贸易"为演讲主题做出汇报。康健指出，明清时期，徽商是西南地区茶业贸易的重要商业力量，范围广泛涵盖云南、四川、贵州、西藏、湖南等地。他们不仅将徽州茶运往西南地区，还将西南地区的茶叶销售到外地。在激烈的市场竞争中，徽商依靠宗族和乡邻的凝聚力，同时积极寻求地方官府的支持，取得经济权益，推动茶叶贸易的发展。徽商的活跃促进了茶马贸易的繁荣，加强了徽州与西南地区的经济文化交流，推动了西南地区社会经济的进一步发展。

此外，西南林业大学茶文化研究中心秘书长杨海潮以"滇南茶碑调查研究"为主题，以碑刻为切入点，通过对云南西双版纳勐腊县重要史料清代碑刻的调查研究，揭示了茶马古道上地方社会的政治、经济、民族、文化等多方面的信息。同时，该研究通过对原碑及其环境与社会的调查，并结合相关史料如方志和档案，对碑文进行考校后得出，这批碑刻呈现的是雍正七年改土归流后当地的历史文化以及文化深入当地的传播过程，这对相关问题的研究具有重要价值。

河南大学文化产业与旅游管理学院副教授凌文锋以"茶马古道研究知识图谱分析"为题，针对茶马古道研究领域中理论问题研究较少的现象与各位参会人员展开讨论。凌文锋副教授利用 CNKI 和 CSSCI 收录的期刊文献数据样本，使用 CiteSpace 绘制知识图谱，对茶马古道知识演进进行可视化分析。研究结果显示，茶马古道研究的热点主要涉及茶马古道概念与分布、茶文化传播、节点城镇、物资与文化交流、线性文化遗产保护与开发、旅游资源开发保护等领域。虽然研究成果较多，但高质量的成果较少，学者之间的联系也较少，跨机构、跨区域的学者合作也不多见。在新形势下，茶马古道对人类命运共同体建设、沿线传统村落振兴、文化旅游开发等问题将成为研究的热点。然而，学术理论问题的研究仍存在不足，茶马古道研究还有很大的提升空间。

四川茶叶流通协会秘书长陈书谦以"四川茶马古道历史地位和作用研究"为题，从茶马古道的概念、溯源及分类与各位参会人员分享了几点研究成果，陈书谦指出，茶马古道是中国古代因"茶马互市"而形成的庞大道路网络，以茶马文化为主要载体。四川茶马古道是最悠久、最遥远复杂的主线之一，具有重要的历史地位。它是连接内地和边疆的重要通道，连接亚、欧各国的桥梁，促进汉族与少数民族的交流发展，维护祖国统一和民族团结的纽带。

湖北大学历史文化学院院长黄柏权以"乡村振兴背景下茶叶区域公共品牌建设研究"为题，在现实角度下，以当今中国最新的理论成果作为研究背景，指出中国拥有丰富的茶叶资源，茶叶区域公用品牌在中国茶叶产业中扮演着重要角色，这些品牌由于地域独特的自然和人文环境而得以成长，部分品牌已完成商标注册和使用授权。茶叶区域公用品牌的建设需要在"三茶"统筹理念下，社会各界共同努力，优化建设路径，发挥社会效益，促进农村茶叶经济发展，带动乡村产业振兴、人才振兴、文化振兴、生态振兴和组织振兴等目标的实现。

三、结语

自 2020 年该课题立项以来，课题组就对西南茶马古道沿线及其省、自治区及市县博物馆、档案馆、图书馆等进行全面考察和多方探索，对沿线重要遗迹进行重点走访调查。本次研讨会的成功举办，将有利于推动西南茶马古道的研究拓展，学界还需要更进一步整合资源，推进研究领域的长远发展，使西南茶马古道这一媲美丝绸之路的人类文明交流发展大通道获得应有的知名度和关注度，凸显古道在边疆治理、民族融合、文化互动方面的重要意义，为引导各族人民树立正确的国家观、历史观、民族观、文化观、宗教观提供学术支持。

最后，西南茶马古道作为物质文化遗产，承载着中华民族的基因和血脉，是不可再生、不可替代的中华文明优质资源。如何把文物保护好、传承好、利用好，是坚定历史自信、传承中华文明的实际行动，是推动文化自信自强、铸就社会主义文化新辉煌的重要内容。未来，广大专家学者将继续助力中华优秀传统文化创造性转化、创新性发展，探究文化遗产价值，为传承中华优秀传统文化、推进文化自信自强注入旺盛活力，为"两个结合"开创新的篇章！